Clemens Löbe

Die Theorieausbildung
für die Privatpilotenlizenz

PPL(A) nach JAR-FCL

**Luftrecht
Allgemeine Navigation
Funknavigation
Aerodynamik
Technik
Meteorologie
Menschliches Leistungsvermögen
Sprechfunk**

C.L.-Verlag

© 2004

C.L.-Verlag
Clemens Löbe, Kleinreuther Weg 6, 13587 Berlin
Tel: 030-3550 6808
Alle Rechte, insbesondere das der Vervielfältigung
und der elektronischen Verwertung, vorbehalten
Umschlaggestaltung: Beatrice Jockusch
Druck: conrad city-druck, Berlin
Bindung: Ghaddar und Schulz, Berlin
4. Auflage November 2005
ISBN 3-937405-00-3

www.loebe.com

Vorwort

Sie halten eine neue Ausgabe unseres PPL(A)-Lehrbuches nach JAR-FCL in den Händen. Wir haben einige kleinere Korrekturen vorgenommen und zehn neue Seiten zum Thema *Flugplanung* hinzugefügt, ansonsten ist das Buch der vorigen Ausgabe gegenüber unverändert.

Wir versuchen mit unserem Buch einerseits, den Unterricht in der Flugschule mit vielen neuen Bildern und Grafiken anschaulicher zu gestalten und andererseits, das Selbststudium in der Ausbildung und auch nach der Prüfung zu ermöglichen. Es ist eine Herausforderung, das gesamte Wissen für die Privatpilotenlizenz in einem Band zu präsentieren ohne dabei zu ausführlich oder zu knapp zu sein.

Das Buch enthält entlang der Struktur des amtlichen Fragenkataloges Erklärungen zu allen dort abgefragten Sachverhalten, darunter auch zum neuen Fach *Menschliches Leistungsvermögen* und zum *Sprechfunk*. Inbegriffen sind ebenfalls die ehemalige CVFR-Ausbildung (im Teil Funknavigation) und Fragen zum Reisemotorsegler. Das Prüfungsfach *Verhalten in besonderen Fällen* hat kein eigenes Kapitel erhalten, das erforderliche Wissen ist aber in allen anderen Kapiteln eingearbeitet und mit Hilfe eines ausführlichen Stichwortverzeichnisses zu erschließen.

Wir freuen uns, daß schon viele Flugschulen in der Bundesrepublik unser Buch für den Theorieunterricht verwenden – eine Auswahl dieser Schulen finden Sie umseitig.

Sie erhalten die Formulare für den Flugdurchführungsplan (Seite AN 26) und den GAFOR (Seite M 40) als kostenloses download von unserer Internetseite www.loebe.com. Dort finden Sie auch Updates zu unserem Buch.

Wir wünschen Ihnen viel Erfolg bei der Prüfung und hoffen, dass unser Buch auch in Ihrem späteren Pilotenleben ein gern benutztes Nachschlagewerk bleibt!

Auch wenn wir unser Bestes gegeben haben – jedes Buch kann Fehler haben... wir freuen uns über jede Form von konstruktiver Kritik!

Berlin, im November 2005

Clemens Löbe (Autor)
Beatrice Jockusch (Verlag)

Adressen einiger Flugschulen, die dieses Buch im Unterricht verwenden

Flugschule	Telefon	Internet
AirColleg Buchenweg 17, 35789 Weilmünster	06472-911 390	www.aircolleg.de
AFC - Aero Flight Center Hildesheim GmbH Butterborn 19-20, 31134 Hildesheim	05121-690 580	www.flightcenter-hildesheim.de
Arrow Air Service Flugplatz Strausberg, 15344 Strausberg	03341-215 054	www.arrow-airservice.com
Drive & Fly Luftfahrt GmbH Flugplatz-Industriepark, 54343 Trier-Föhren	06502-980 787	www.drive-and-fly.de
DVS - Deutsche Verkehrsfliegerschule GmbH Schulungszentrum Hamburg, Weg beim Jäger 208, 22335 Hamburg Schulungszentrum Berlin, Mittelstr. 9, 12529 Berlin-Schönefeld	040-593 9490 (HH) 030-6340 9444 (B)	www.dvs-flugschule.com
FFH – Südwestdeutsche Verkehrsfliegerschule Am Flughafen 8, 79108 Freiburg	0761-500 579	www.ffh-flight-training.de
Fläming Air GmbH Flugplatz Oehna, 14913 Zellendorf	033742-6170	www.flaemingair.de
Fliegerclub Region Trier e.V. Zum Schloßpark 15, 54295 Trier	06502-8280	www.fliegerclub-trier.de
Fliegergruppe Wien Ing. Walter Bergmann, Pfarrer-Matz-Gasse 7/24, A-1210 Wien		Walter.Bergmann@VAOE.SOZVERS.AT
Fliegerverein München e.V. Nadistraße 30, 80809 München	08821-981 911	www.fvmev.de
FLUGSPORTZENTRUM – TIROL Postfach 727, A-6021 Innsbruck	0043 650 3555 759	nikolaus-meschik@aon.at
FTC - Flight Training Cologne GmbH & Co KG Flughafen Halle 6 Flugschule, 51147 Köln	02203-402 452	www.ft-cgn.de
Flugschule ARDEX Berlin-Brandenburg GmbH Flugplatz Kyritz, 16866 Heinrichsfelde	033971-52238	www.flugschule-ardex.de
LGM Luftfahrt GmbH Flugplatz Neuostheim, 68163 Mannheim	0621-328 180	www.lgm-mannheim.de
LIPS Flugdienst GmbH Kochstr. 24 A, 04275 Leipzig	0341-393 9170	www.lips-flugdienst.de
Ostseeflug GmbH Parkstr. 102, 18299 Weitendorf	038454-21125	www.ostseeflug.net
PTL Pilot Training und Luftfahrtunternehmen GmbH Flugplatzstr. 4, 84034 Landshut	08765-920 100	www.ptl-luftfahrt.de
Rent a Star - Flugschule Flugzeugvermietung Kirchstr. 3, 85254 Sulzemoos	08135-8628	www.flugzeug-vermietung.de
Sportaviation Saar (Wallerfangen-Düren) Carsten Licht, Zum Saargau 4, 66663 Merzig/ Büdingen	06869-1725	www.sportaviation.de
TANNHEIMER FLIEGER- UND FREIZEITZENTRUM GmbH Flugplatz, 88459 Tannheim	08395-1244	www.flugplatz-tannheim.de
Theorieschule Klaus Hübschen Wilhelm Heinrich Str. 41, 61250 Usingen	0171-460 4697	www.a-d-f.net
Ultraleicht Flugschule Hildesheim GmbH Am Flugplatz 26, 31137 Hildesheim	05121-280980	www.Flugschule-Hildesheim.de

Luftrecht

1. Gesetzesgrundlagen .... L 1
   1.1 Internationale Abkommen und Organisationen .... L 1
      1.1.1 Warschauer Abkommen .... L 1
      1.1.2 Abkommen über die internationale Zivilluftfahrt von Chicago .... L 1
      1.1.3 International Civil Aviation Organization (ICAO) .... L 1
      1.1.4 Internationaler Fernmeldevertrag und Internationale Fernmeldeunion .... L 1
   1.2 Behörden und Institutionen .... L 2
      1.2.1 Bundesministerium für Verkehr, Bau- und Wohnungswesen (BMVBW) .... L 2
      1.2.2 Luftfahrt-Bundesamt (LBA) .... L 2
      1.2.3 Deutscher Wetterdienst (DWD) .... L 2
      1.2.4 Landesluftfahrtbehörden (LLFB) .... L 3
      1.2.5 Deutsche Flugsicherung GmbH (DFS) .... L 3
      1.2.6 Such- und Rettungsdienst (SAR) und militärische Dienststellen .... L 3
      1.2.7 Bundesstelle für Flugunfalluntersuchung (BFU) .... L 3
   1.3 Luftverkehrsrecht der Bundesrepublik Deutschland .... L 4
      1.3.1 Aufbau .... L 4
      1.3.2 Grundgesetz (GG) .... L 4
      1.3.3 Luftverkehrsgesetz (LuftVG) .... L 4
      1.3.4 Gesetz über das Luftfahrt-Bundesamt .... L 6
      1.3.5 Fernmeldeanlagengesetz .... L 6
      1.3.6 Gesetz zum Schutz gegen Fluglärm .... L 6
      1.3.7 JAR-FCL .... L 6
      1.3.8 Begriffe und Abkürzungen im Rahmen der JAR-FCL .... L 7

2. Luftfahrtpersonal .... L 7
   2.1 Einteilung von Luftfahrtpersonal .... L 7
   2.2 Die Privatpilotenlizenzen .... L 8
      2.2.1 Durchgehende Ausbildung zum PPL(A) nach JAR-FCL .... L 9
      2.2.2 Modulare Ausbildung über nationalen PPL-N zum PPL(A) nach JAR-FCL .... L 10
      2.2.3 Voraussetzungen .... L 11
      2.2.4 Theorieausbildung .... L 12
      2.2.5 Praktische Flugausbildung .... L 13
      2.2.6 Erleichterungen und Umschulungen .... L 14
      2.2.7 Prüfung .... L 15
      2.2.8 Erteilung und Umfang der Lizenzen .... L 16
      2.2.9 Gültigkeitsdauer, Verlängerung und Erneuerung der Lizenzen .... L 16
      2.2.10 Nachweis der fliegerischen Tätigkeit (Flugbuch) .... L 17
   2.3 Berechtigungen .... L 18
      2.3.1 Klassenberechtigung / Class Rating (CR) .... L 18
      2.3.2 Musterberechtigung / Type Rating (TR) .... L 20
      2.3.3 Unterschiedsschulung (Differences Training/D) .... L 20
      2.3.4 Vertrautmachen (Familiarisation/F) .... L 20
      2.3.5 Nachtflugqualifikation .... L 20
      2.3.6 Sonstige Berechtigungen .... L 20
   2.4 Flugfunkzeugnisse .... L 22
   2.5 Sonstige Bestimmungen .... L 22
      2.5.1 Ausbildungsberechtigte Stellen .... L 22
      2.5.2 Alleinflüge während Ausbildungen .... L 23
      2.5.3 Verantwortlicher Flugzeugführer .... L 23
      2.5.4 Mitnahme von Fluggästen .... L 23
      2.5.5 Rollschein .... L 24
      2.5.6 Sachkundige Personen .... L 24
      2.5.7 Selbstkostenflüge .... L 24

3. Lufträume .... L 24
   3.1 Unterer und oberer Luftraum .... L 24
   3.2 Fluginformationsgebiete .... L 25
   3.3 Kontrollbezirke .... L 26
   3.4 Luftraumklassen .... L 26
      3.4.1 Struktur der Lufträume C, D, E, F, G .... L 26
      3.4.2 Nutzungsbedingungen für Lufträume A, B, C, D, E, F, G .... L 28
      3.4.3 Flugbeschränkungsgebiete (ED-R...) und TRA .... L 29
      3.4.4 Gefahrengebiete (ED-D...) .... L 29
      3.4.5 Sperrgebiete (ED-P...) .... L 29
      3.4.6 Kennzeichnung HX .... L 29

4. Flugsicherung .... L 30
   4.1 Deutsche Flugsicherung GmbH .... L 30
      4.1.1 Organisation .... L 30
      4.1.2 Flugverkehrsdienste .... L 31
      4.1.3 Betriebsdienste .... L 31
   4.2 EUROCONTROL .... L 32
   4.3 Flugplan .... L 32

Inhaltsverzeichnis

- 4.3.1 Flugplanpflichtige Flüge ... L 32
- 4.3.2 Ausfüllen des Flugplanformulares ... L 33
- 4.3.3 Aufgabe des Flugplanes ... L 35
- 4.3.4 Start- und Landemeldung ... L 36
- 4.4 Sprechfunkverkehr ... L 36
- 4.5 Flugverkehrskontrollfreigaben ... L 36
- 4.6 Staffelung ... L 37

5. Luftverkehrsregeln ... L 39
- 5.1 Verhaltensgrundregeln ... L 39
- 5.2 Flugvorbereitung ... L 40
- 5.3 Höhenmesserbezugseinstellungen ... L 41
- 5.4 Halbkreisflugflächen ... L 41
- 5.5 Transponder ... L 41
- 5.6 Sicherheitsmindesthöhen und -abstände ... L 42
- 5.7 Ausweichregeln (Right of Way) ... L 42
- 5.8 VFR-Nachtflüge (NVFR) ... L 43
- 5.9 VFR über Wolken (VFR on Top) ... L 43
- 5.10 Grenzüberschreitende Flüge ... L 43
- 5.11 Kunstflüge ... L 43
- 5.12 Schlepp- und Reklameflüge ... L 44

6. Signale und Zeichen ... L 44
- 6.1 Pisten ... L 44
- 6.2 Bodensignale ... L 45
- 6.3 Lichtsignale und Leuchtraketen ... L 46
- 6.4 Einwinker ... L 47
- 6.5 Visuelle Anflughilfen ... L 48
- 6.6 Ansteuerung durch Militärflugzeuge ... L 49

7. Flugplätze ... L 49
- 7.1 Einteilung von Flugplätzen ... L 49
- 7.2 Ortskennung ... L 49
- 7.3 Flugplatzanlage ... L 50
- 7.4 Flugverkehrskontrolle und Fluginformationsdienst ... L 50
- 7.5 Verkehrsregeln ... L 51
  - 7.5.1 Flugplatzzwang ... L 51
  - 7.5.2 Rollen ... L 51
  - 7.5.3 Platzrunde ... L 52
  - 7.5.4 Anflüge ... L 52
- 7.6 Militärflugplätze ... L 53

8. Luftfahrzeuge ... L 53
- 8.1 Allgemeines ... L 53
- 8.2 Zulassung ... L 53
  - 8.2.1 Eigentümer und Halter ... L 53
  - 8.2.2 Musterzulassung (Musterprüfung, Gerätekennblatt) ... L 53
  - 8.2.3 Verkehrszulassung (Stückprüfung, Lufttüchtigkeitszeugnis und -kategorie) ... L 54
  - 8.2.4 Luftfahrzeugrolle (Eintragungsschein) ... L 55
  - 8.2.5 Kennzeichen ... L 55
- 8.3 Nachprüfungen und Instandhaltungsprüfungen (Nachprüfschein) ... L 55
- 8.4 Dokumente ... L 56
  - 8.4.1 Flughandbuch ... L 56
  - 8.4.2 Bordbuch ... L 56
- 8.5 Instandhaltung ... L 57
  - 8.5.1 Allgemeines ... L 57
  - 8.5.2 Wartung (incl. kleine Reparaturen) ... L 57
  - 8.5.3 Überholung ... L 57
  - 8.5.4 Große Reparaturen ... L 57
- 8.6 Flugzeugausrüstung ... L 58
  - 8.6.1 Lichterführung ... L 58
  - 8.6.2 Grundausrüstung ... L 58
  - 8.6.3 Flugsicherungsausrüstung für VFR-Flüge ... L 59
  - 8.6.4 Ergänzungsausrüstung ... L 59

9. Veröffentlichungen ... L 60
- 9.1 Büro der Nachrichten für Luftfahrer ... L 60
- 9.2 Luftfahrthandbuch (AIP) ... L 61
- 9.3 Navigationskarten ... L 62
- 9.4 NfL (Nachrichten für Luftfahrer) ... L 62
- 9.5 NOTAM (Notices to Airmen) ... L 62
- 9.6 AIC (Aeronautical Information Circular) ... L 62
- 9.7 VFR-Bulletin ... L 62

10. Rechtsverstöße und Haftung ... L 63
- 10.1 Rechtsverstöße ... L 63

10.1.1 Einstufung von Rechtsverstößen .... L 63
    10.1.2 Ordnungswidrigkeiten .... L 63
    10.1.3 Straftaten .... L 63
10.2 Haftpflicht .... L 64
    10.2.1 Allgemeine Begriffe .... L 64
    10.2.2 Haftung für Personen und Sachen, die nicht im Luftfahrzeug befördert werden .... L 64
    10.2.3 Haftung aus dem Beförderungsvertrag .... L 65

Allgemeine Navigation

1. Grundlagen .... AN 1
    1.1 Navigationsarten .... AN 1
    1.2 Geometrie der Erde .... AN 1
    1.3 Erdkoordinatensystem .... AN 2
    1.4 Kursrose .... AN 3
    1.5 Erdbewegung und Zeit .... AN 3
2. Kartenkunde .... AN 5
    2.1 Eigenschaften einer Luftfahrtkarte .... AN 5
    2.2 Kartenmaßstab .... AN 5
    2.3 Projektionsverfahren .... AN 5
    2.4 Messung des rechtweisenden Kurses .... AN 7
3. Winddreieck .... AN 7
    3.1 Allgemeines .... AN 7
    3.2 Zeichnerische Konstruktion .... AN 8
    3.3 Konstruktion mit dem Navigationsrechner .... AN 8
    3.4 Ermittlung von Quer- und Gegenwindkomponenten (Windwinkel, Windeinfallswinkel) .... AN 8
    3.5 Abdrift und Zusätzliche Drift .... AN 9
    3.6 Winddreiecks-Übungsaufgaben .... AN 9
        3.6.1 Ermittlung des Luvwinkels und der Geschwindigkeit über Grund .... AN 9
        3.6.2 Ermittlung des aktuellen Windes .... AN 10
        3.6.3 Ermittlung von Abtrift und Geschwindigkeit über Grund .... AN 10
    3.7 Faustformel für Luvwinkel .... AN 10
4. Magnetkompaß .... AN 11
    4.1 Funktionsprinzip .... AN 11
        4.1.1 Erdmagnetfeld .... AN 11
        4.1.2 Aufbau und Anzeige des Magnetkompasses .... AN 12
        4.1.3 Inklination .... AN 12
        4.1.4 Deviation .... AN 13
        4.1.5 Arten von Deviationstabellen .... AN 13
    4.2 Berechnung des mißweisenden- und Kompaßsteuerkurses .... AN 13
    4.3 Kompaßfehler .... AN 14
        4.3.1 Drehfehler .... AN 14
        4.3.2 Beschleunigungsfehler .... AN 15
        4.3.3 A-, B- und C-Fehler .... AN 15
        4.3.4 Timed Turns bzw. Kurven nach Zeit .... AN 15
5. Kursschema .... AN 16
    5.1 Zeichnerische Darstellung .... AN 16
    5.2 Bezeichnungen im Kursschema (deutsch und englisch) .... AN 16
6. Kurskorrekturen .... AN 16
    6.1 Eins-zu-Sechzig-Regel / Rule of Sixty .... AN 16
        6.1.1 Weiterflug mit Parallelkurs .... AN 17
        6.1.2 Weiterflug zum Ziel .... AN 17
    6.2 Umkehrsteuerkurs .... AN 17
7. Flugplanung .... AN 18
    7.1 Benötigte Hilfsmittel .... AN 18
    7.2 Flugplanungsmethoden .... AN 18
        7.2.1 Overhead-Overhead .... AN 18
        7.2.2 Direkte Berechnung mit Steig- und Sinkflug .... AN 18
    7.3 Ermittlung von Flugleistungsdaten .... AN 19
        7.3.1 Lineare Interpolation .... AN 19
        7.3.2 Methode der sicheren Seite .... AN 19
    7.4 Ausfüllen des Flugdurchführungsplanes .... AN 20
        7.4.1 Rechtweisender Kurs .... AN 20
        7.4.2 Sicherheitshöhe .... AN 20
        7.4.3 Flughöhe .... AN 20
        7.4.4 Eigengeschwindigkeit .... AN 20
        7.4.5 Geschwindigkeit über Grund und Luvwinkel .... AN 20
        7.4.6 Flugzeiten .... AN 21

7.4.7 Entfernungen .... AN 21
7.4.8 Voraussichtliche und tatsächliche Überflugzeiten (ETO und ATO) .... AN 21
7.4.9 Flugplanungsbeispiel .... AN 22
7.4.10 Kraftstoffberechnung .... AN 27

Funknavigation

1. Elektromagnetische Wellen .... FN 1
   1.1 Wellenausbreitung .... FN 1
   1.2 Frequenzbänder .... FN 1
   1.3 Wellenarten .... FN 2
   1.4 Berechnung der quasioptischen Reichweite direkter Wellen .... FN 2
   1.5 Störungen auf die Wellenausbreitung .... FN 2
      1.5.1 Absorption (auch Dämpfung) .... FN 2
      1.5.2 Reflexion .... FN 3
      1.5.3 Refraktion (auch Beugung) .... FN 3
      1.5.4 Difraktion .... FN 3
      1.5.5 Interferenz .... FN 3
      1.5.6 Sonstige Einflüsse .... FN 3
   1.6 Modulation .... FN 4
   1.7 Sendearten .... FN 4

2. Peilungen .... FN 5
   2.1 Eigenpeilung .... FN 5
   2.2 Fremdpeilung .... FN 5
   2.3 Funkstandlinie / Line of Position .... FN 5
   2.4 Angabe des Richtungssinnes zur oder von der Station .... FN 5
   2.5 Q-Gruppen .... FN 5
   2.6 Funkseitenpeilung / Relative Bearing (RB) .... FN 6
   2.7 Peilsprung .... FN 6

3. NDB und ADF .... FN 7
   3.1 Sender NDB .... FN 7
   3.2 Empfänger ADF .... FN 7
      3.2.1 Allgemeines .... FN 7
      3.2.2 Antennenanlage .... FN 7
      3.2.3 Bedienteil .... FN 8
      3.2.4 Identifizierung .... FN 8
      3.2.5 Anzeige .... FN 8

4. UKW-Sprechfunkgerät .... FN 10
5. VDF .... FN 10
6. VOR .... FN 11
   6.1 Sender VOR .... FN 11
      6.1.1 Funktionsweise .... FN 11
      6.1.2 Arten von VOR und Kombinationen .... FN 12
   6.2 Empfänger VOR .... FN 12
      6.2.1 Bedienteil .... FN 12
      6.2.2 Anzeige .... FN 13
      6.2.3 Interpretation der Anzeige .... FN 14
      6.2.4 Antennenanlage .... FN 15

7. DME .... FN 15
   7.1 Bodenanlage .... FN 15
   7.2 Bordanlage .... FN 16
   7.3 Entfernungsbestimmung .... FN 16
   7.4 Anzeige der Geschwindigkeit über Grund .... FN 16
   7.5 Antennenanlage .... FN 16

8. RADAR und Transponder .... FN 17
   8.1 Primärradar .... FN 17
      8.1.1 Funktionsweise .... FN 17
      8.1.2 Primärradarversionen .... FN 17
   8.2 Sekundärradar und Transponder .... FN 17
      8.2.1 Funktionsweise .... FN 17
      8.2.2 Verwendungszweck .... FN 18
      8.2.3 Bedienteil .... FN 18
      8.2.4 Modi .... FN 18
      8.2.5 Betriebsvorschriften .... FN 18
      8.2.6 Antennenanlage am Luftfahrzeug .... FN 18

9. Funknavigationsverfahren .... FN 19
   9.1 Standardkurve / Rate One Turn .... FN 19
   9.2 Standortbestimmung durch Kreuzpeilung .... FN 19

Inhaltsverzeichnis

9.3 Interception nach D-Plus-30-Methode .... FN 20
9.4 Homing (Hundekurve / dog leg) .... FN 21
9.5 Stehende Peilung (Constant Bearing) .... FN 21
9.6 Kursflugverfahren (Tracking) .... FN 22
9.7 Überflug (Schweigekegel / cone of silence) und Outbound Interception .... FN 22
9.8 Funknavigatorische Auffanglinien .... FN 22
9.9 Abstandsbetsimmungen (Time and Distance Checks) .... FN 22
    9.9.1 90-Grad-Methode .... FN 22
    9.9.2 45-Grad-Methode .... FN 23
    9.9.3 30-Grad-Methode .... FN 23
9.10 Verfahrenskurven .... FN 23

Aerodynamik

1. Auftrieb .... AE 1
    1.1 Massenerhaltungssatz .... AE 1
    1.2 Gesetz von Bernoulli .... AE 1
    1.3 Umströmung eines Tragflügelprofils .... AE 2
2. Widerstand .... AE 4
    2.1 Druck- oder Formwiderstand .... AE 4
    2.2 Reibungswiderstand .... AE 4
    2.3 Induzierter Widerstand .... AE 4
    2.4 Interferenzwiderstand .... AE 5
    2.5 Widerstandsanteile .... AE 6
3. Flügelprofile .... AE 6
    3.1 Profilgeometrie .... AE 6
    3.2 Druckpunkt .... AE 6
    3.3 Einstellwinkel .... AE 7
    3.4 Anstellwinkel .... AE 7
    3.5 Auftriebszusammenbruch .... AE 7
    3.6 Profilpolaren .... AE 8
    3.7 Überziehverhalten von Profilen .... AE 8
    3.8 Profilarten .... AE 9
4. Flügel .... AE 10
    4.1 Flügelgeometrie .... AE 10
    4.2 Flügelaufbau .... AE 12
    4.3 Schränkung .... AE 12
    4.4 Grenzschichtbeeinflussung .... AE 13

Technik

1. Flugmechanik .... T 1
    1.1 Steuerung .... T 1
        1.1.1 Wirkungsprinzip .... T 1
        1.1.2 Achsensystem .... T 1
        1.1.3 Primärsteuerung .... T 1
            1.1.3.1 Primärsteuerungselemente .... T 1
            1.1.3.2 Gierrollmoment .... T 1
            1.1.3.3 Negatives Wendemoment (Differenzierte Querruder) .... T 1
        1.1.4 Sekundärsteuerung .... T 2
            1.1.4.1 Sekundärsteuerungselemente .... T 2
            1.1.4.2 Landeklappen .... T 2
            1.1.4.3 Vorflügel .... T 5
            1,1.4.4 Störklappen (Spoilers) .... T 5
            1.1.4.5 Aufgelöste Auftriebspolare mit Klappen und Vorflügeln .... T 5
            1.1.4.6 Trimmung .... T 5
        1.1.5 Ruderausgleich .... T 7
    1.2 Flugphasen .... T 7
        1.2.1 Horizontalflug .... T 8
        1.2.2 Steigflug .... T 8
            1.2.2.1 Kräfteparallelogramm .... T 8
            1.2.2.2 Bester Steigwinkel und beste Steigrate (v_x und v_y) .... T 8
        1.2.3 Sinkflug (mit Motorleistung) .... T 8
        1.2.4 Gleitflug (ohne Motorleistung) .... T 9
            1.2.4.1 Kräfteparallelogramm .... T 9
            1.2.4.2 Geringste Sinkrate und bester Sinkwinkel .... T 9
        1.2.5 Kurvenflug .... T 9
            1.2.5.1 Koordinierte Kurve .... T 9

- 1.2.5.2 Standardkurve (rate one turn) ... T 10
- 1.2.5.3 Lastvielfaches ... T 10
- 1.2.5.4 Flugzeugkategorien ... T 10
- 1.2.5.5 Schmier- und Schiebekurve ... T 11
- 1.2.5.6 Steilkurven (steep turns) ... T 11
- 1.2.6 Langsamflug (slow flight) ... T 11
- 1.2.7 Überziehen (stall) ... T 12
- 1.2.8 Trudeln (spin) ... T 12
  - 1.2.8.1 Normal- oder Steiltrudeln ... T 12
  - 1.2.8.2 Flachtrudeln ... T 12
- 1.2.9 Seitengleitflug (slip) ... T 12
- 1.2.10 Steilspirale (steep diving spiral) ... T 13
- 1.2.11 Rollen am Boden ... T 13
- 1.2.12 Anflug und Landung ... T 14
  - 1.2.12.1 Bei Seitenwind ... T 14
  - 1.2.12.2 Bei böigem Wind ... T 14
  - 1.2.12.3 Bei starkem Gegenwind ... T 14
- 1.3 Stabilität ... T 14
  - 1.3.1 Längsstabilität ... T 15
  - 1.3.2 Kursstabilität ... T 15
  - 1.3.3 Querstabilität ... T 16
  - 1.3.4 Seitenstabilität ... T 16
- 1.4 Masse und Schwerpunkt ... T 16
  - 1.4.1 Warum Massen- und Schwerpunktsberechnung ? ... T 16
  - 1.4.2 Masseneinteilung ... T 17
  - 1.4.3 Schwerpunkt, Hebelarm und Drehmoment ... T 18
  - 1.4.4 Massen- und Schwerpunktsberechnung am Beispiel C172 ... T 20

2. Flugzeugkunde ... T 22
- 2.1 Einteilung der Luftfahrzeuge ... T 22
- 2.2 Bauart des Luftfahrzeuges ... T 23
  - 2.2.1 Baugruppen ... T 23
  - 2.2.2 Anordnung und Bauform der Tragflügel ... T 23
  - 2.2.3 Motorenanzahl ... T 23
  - 2.2.4 Betriebsarten (Land/See) ... T 23
  - 2.2.5 Anordnung der Luftschrauben ... T 23
  - 2.2.6 Antriebsarten ... T 24
  - 2.2.7 Werkstoffe ... T 24
- 2.3 Zelle ... T 24
  - 2.3.1 Rumpf ... T 24
  - 2.3.2 Flügel ... T 24
  - 2.3.3 Leitwerk ... T 25
- 2.4 Fahrwerk ... T 25
  - 2.4.1 Fahrwerksanordnungen ... T 25
  - 2.4.2 Hauptfahrwerk ... T 25
  - 2.4.3 Bugfahrwerk ... T 25
  - 2.4.4 Einziehbares Fahrwerk ... T 26
  - 2.4.5 Federung ... T 26
  - 2.4.6 Räder und Felgen ... T 26
- 2.5 Übertragungsmechanismen ... T 26
  - 2.5.1 Allgemeines ... T 26
  - 2.5.2 Mechanisch ... T 27
  - 2.5.3 Hydraulisch ... T 27
  - 2.5.4 Elektrisch ... T 27
- 2.6 Bremsen ... T 27
  - 2.6.1 Betriebsbremse ... T 27
  - 2.6.2 Feststellbremse ... T 27
- 2.7 Kraftstoffanlage ... T 28
  - 2.7.1 Systemübersicht ... T 28
  - 2.7.2 Betanken ... T 29
  - 2.7.3 Überwachung von Kraftstoffanlagen ... T 29
- 2.8 Elektrik ... T 29
  - 2.8.1 Systemübersicht ... T 29
  - 2.8.2 Elektrische Energiequellen ... T 30
  - 2.8.3 Elemente des elektrischen Systems ... T 31
  - 2.8.4 Stromkreise ... T 32

Inhaltsverzeichnis

- 3. Antriebe .... T 33
  - 3.1 Kolbentriebwerke .... T 33
    - 3.1.1 Einteilung .... T 33
    - 3.1.2 Arbeitsweise .... T 33
    - 3.1.3 Anzahl der Takte .... T 34
    - 3.1.4 Anordnung der Zylinder .... T 36
    - 3.1.5 Klopfen und Glühzündungen .... T 37
  - 3.2 Kraftstoffe und Kraftstoffzufuhr .... T 38
    - 3.2.1 Kraftstoffe .... T 38
    - 3.2.2 Vergaser .... T 39
    - 3.2.3 Beschleunigerpumpe .... T 40
    - 3.2.4 Anlasseinspritzpumpe (Primer) .... T 40
    - 3.2.5 Vergaservorwärmung .... T 40
    - 3.2.6 Einspritzsystem .... T 41
    - 3.2.7 Gemischregelung (Mixture) .... T 41
    - 3.2.8 Einstellung der Motorleistung .... T 42
  - 3.3 Magnetzündung .... T 43
    - 3.3.1 Funktion einer Hochspannungsanlage .... T 43
    - 3.3.2 Doppelzündung .... T 44
    - 3.3.3 Magnetcheck .... T 44
  - 3.4 Schmierung .... T 44
    - 3.4.1 Aufgaben der Schmierung .... T 44
    - 3.4.2 Viskosität .... T 44
    - 3.4.3 Nasssumpfschmierung .... T 45
    - 3.4.4 Trockensumpfumlaufschmierung .... T 46
    - 3.4.5 Besondere Situationen im Flugbetrieb .... T 47
  - 3.5 Luftschraube .... T 47
    - 3.5.1 Entstehung der Vortriebskraft .... T 47
    - 3.5.2 Steigung .... T 48
    - 3.5.3 Schränkung .... T 48
    - 3.5.4 Propellerverstellung .... T 49
    - 3.5.5 Betriebsverhalten .... T 50
    - 3.5.6 Beeinflussung des Flugzeuges durch den drehenden Propeller .... T 51
    - 3.5.7 Anwerfen von Hand .... T 52

- 4. Bordinstrumente .... T 52
  - 4.1 Grundlagen .... T 52
    - 4.1.1 Barometrische Druckaufnehmer .... T 52
    - 4.1.2 Kreiselprinzip .... T 53
      - 4.1.2.1 Allgemeines .... T 53
      - 4.1.2.2 Physikalisches Prinzip .... T 53
  - 4.2 Flugüberwachungsinstrumente .... T 54
    - 4.2.1 Anordnung im *Basic-T* .... T 54
    - 4.2.2 Fahrtmesser .... T 54
      - 4.2.2.1 Funktionsweise .... T 54
      - 4.2.2.2 Angezeigte Fluggeschwindigkeit .... T 55
      - 4.2.2.3 Instrumentenfehler .... T 56
      - 4.2.2.4 Einbaufehler und Ermittlung der CAS bzw. RAS .... T 56
      - 4.2.2.5 Kompressibilitätsfehler und Ermittlung der EAS .... T 56
      - 4.2.2.6 Dichtefehler und Ermittlung der Wahren Eigengeschwindigkeit v_E bzw. TAS ..... T 57
    - 4.2.3 Barometrischer Höhenmesser .... T 58
      - 4.2.3.1 Funktionsweise .... T 58
      - 4.2.3.2 Anzeige .... T 58
      - 4.2.3.3 Bezugsdruckeinstellungen und Höhenbegriffe .... T 59
      - 4.2.3.4 Systemfehler und Ermittlung der Wahren Höhe .... T 60
    - 4.2.4 Variometer .... T 61
      - 4.2.4.1 Steig- und Sinkrate .... T 61
      - 4.2.4.2 Funktionsweisen von Variometern .... T 62
      - 4.2.4.3 Anzeige .... T 62
      - 4.2.4.4 Varianten .... T 63
    - 4.2.5 Libelle .... T 63
    - 4.2.6 Wendezeiger .... T 63
      - 4.2.6.1 Funktionsweise .... T 63
      - 4.2.6.2 Anzeige .... T 64
    - 4.2.7 Künstlicher Horizont .... T 65
      - 4.2.7.1 Funktionsweise .... T 65
      - 4.2.7.2 Anzeige .... T 66
  - 4.3 Navigationsinstrumente .... T 68
    - 4.3.1 Magnetkompaß .... T 68
    - 4.3.2 Kurskreisel .... T 68
      - 4.3.2.1 Funktionsweise .... T 68
      - 4.3.2.2 Anzeige .... T 68
    - 4.3.3 Funknavigationsgeräte .... T 69

C.L. Inhaltsverzeichnis

- 4.4 Triebwerksüberwachungsinstrumente .... T 69
    - 4.4.1 Drehzahlmesser .... T 69
        - 4.4.1.1 Übersicht .... T 69
        - 4.4.1.2 Fliehkraftdrehzahlmesser .... T 69
        - 4.4.1.3 Wirbelstromdrehzahlmesser .... T 69
        - 4.4.1.4 Impulsdrehzahlmesser .... T 70
        - 4.4.1.5 Anzeige .... T 70
    - 4.4.2 Druckmesser .... T 71
        - 4.4.2.1 Absoluter Druck und Differenzdruck .... T 71
        - 4.4.2.2 Einheiten .... T 71
        - 4.4.2.3 Ladedruck .... T 71
        - 4.4.2.4 Öldruck .... T 72
        - 4.4.2.5 Kraftstoffdruck .... T 72
        - 4.4.2.6 Unterdruck (Suction) .... T 73
    - 4.4.3 Temperaturmesser .... T 73
        - 4.4.3.1 Übersicht .... T 73
        - 4.4.3.2 Öltemperatur .... T 73
        - 4.4.3.3 Abgastemperatur (EGT) .... T 73
        - 4.4.3.4 Zylinderkopftemperatur (CHT) .... T 74
        - 4.4.3.5 Vergasertemperatur .... T 74
        - 4.4.3.6 Außentemperatur (OAT) .... T 74
    - 4.4.4 Verbrauchsmesser .... T 74
    - 4.4.5 Vorratsmesser .... T 75
- 4.5 Flugwerk- und Anlagenüberwachungsinstrumente .... T 75
    - 4.5.1 Stellungsanzeigen .... T 75
    - 4.5.2 Unterdruckanzeigen .... T 76
    - 4.5.3 Überziehwarnung .... T 76
    - 4.5.4 Kontrollampen .... T 76

5. Flugleistungen .... T 77
    - 5.1 Allgemeines .... T 77
    - 5.2 Startstrecke und Startrollstrecke .... T 77
    - 5.3 Steilstes und bestes Steigen .... T 79
    - 5.4 Reiseleistung .... T 80
    - 5.5 Überziehgeschwindigkeiten .... T 80
    - 5.6 Absolute Gipfelhöhe und Dienstgipfelhöhe .... T 80
    - 5.7 Reichweiten .... T 80
    - 5.8 Geringste Sinkrate und bestes Gleiten .... T 80
    - 5.9 Landestrecke und Landerollstrecke .... T 81

Meteorologie

1. Luft .... M 1
    - 1.1 Allgemeines .... M 1
    - 1.2 Stoffanteile .... M 1
        - 1.3 Wärme .... M 1
            - 1.3.1 Wärmestrahlung und -übertragung .... M 1
            - 1.3.2 Lufttemperatur .... M 2
    - 1.4 Statischer Luftdruck .... M 2
        - 1.4.1 Messung .... M 2
        - 1.4.2 Einflussfaktoren .... M 3
    - 1.5 Luftfeuchtigkeit .... M 3
        - 1.5.1 Aggregatzustände von Wasser .... M 3
        - 1.5.2 Messung der Luftfeuchtigkeit .... M 4
        - 1.5.3 Sichteinschränkung (Taupunkt und Spread) .... M 5
        - 1.5.4 Gewicht feuchter Luft .... M 5
        - 1.5.5 Verdampfen, Dampfdruck und Sättigungsdampfdruck .... M 6
        - 1.5.6 Verdunsten .... M 6
    - 1.6 Sichtweitenmessung .... M 6
    - 1.7 Luftdichte .... M 7

2. Erdatmosphäre .... M 7
    - 2.1 Internationale Standardatmosphäre (ISA) .... M 7
        - 2.1.1 Statischer Luftdruck .... M 8
        - 2.1.2 Luftdichte .... M 9
        - 2.1.3 Lufttemperatur .... M 10
        - 2.1.4 Luftfeuchtigkeit .... M 10
    - 2.2 Reale Erdatmosphäre .... M 10

3. Nebel und Dunst .... M 11
    - 3.1 Nebel .... M 11
    - 3.2 Dunst .... M 12

Inhaltsverzeichnis

4. Wolken .... M 12
    4.1 Wolkenmessung .... M 12
        4.1.1 Wolkenuntergrenzen (Hauptwolkenuntergrenze) .... M 12
        4.1.2 Bedeckungsgrad .... M 13
        4.1.3 Erscheinungsform .... M 13
        4.1.4 Wolkengattungen, -arten und -stockwerke .... M 13
        4.1.5 Bestandteile der Wolkengattungen .... M 14
    4.2 Grundprinzip der Entstehung .... M 16
        4.2.1 Adiabatische Vorgänge .... M 16
        4.2.2 Thermik .... M 17
        4.2.3 Atmosphärische Schichtung .... M 17
    4.3 Konvektionsbewölkung .... M 18
    4.4 Bewölkung durch Hindernisse .... M 19
        4.4.1 Luvseite .... M 19
        4.4.2 Leeseite .... M 20
    4.5 Frontenbewölkung .... M 20
        4.5.1 Warmfrontbewölkung .... M 20
        4.5.2 Kaltfrontbewölkung .... M 20
    4.6 Strahlungsbewölkung .... M 20
    4.7 Gewitter .... M 21
        4.7.1 Gewitterarten und -entstehung .... M 21
        4.7.2 Gewitterstadien .... M 21
        4.7.3 Gefahren .... M 22
        4.7.4 Verhalten des Piloten .... M 22

5. Inversionen .... M 23
    5.1 Absinkinversion .... M 23
    5.2 Aufgleitinversion .... M 23
    5.3 Bodeninversion .... M 23
    5.4 Wettergeschehen bei Inversionen .... M 24

6. Niederschlag .... M 24
    6.1 Niederschlagsentstehung .... M 24
    6.2 Hydrometeore .... M 24
    6.3 Arten von Hydrometeoren .... M 25
        6.3.1 Flüssige Hydrometeore .... M 25
        6.3.2 Feste Hydrometeore .... M 25
        6.3.3 Wolkenzuordnung .... M 25
    6.4 Wolken ohne Niederschläge .... M 26
    6.5 Tau und Reif .... M 26
    6.6 Messung von Niederschlagsmengen .... M 26
    6.7 Vereisung .... M 26
        6.7.1 Entstehung .... M 26
        6.7.2 Arten der Vereisung .... M 26

7. Wind .... M 27
    7.1 Gradientkraft .... M 27
    7.2 Corioliskraft .... M 27
    7.3 Geostrophischer Wind .... M 28
    7.4 Bodenwind .... M 28
    7.5 Lokale Winde .... M 29
        7.5.1 Land- und Seewind .... M 29
        7.5.2 Berg- und Talwind .... M 29
        7.5.3 Orographische Winde .... M 30
    7.6 Böigkeit, Turbulenz und Windscherungen .... M 30
    7.7 Windmessung und -einteilung .... M 31

8. Globales Wetter .... M 31
    8.1 Allgemeine atmosphärische Zirkulation .... M 31
    8.2 Tief- und Hochdruckgebiete .... M 32
    8.3 Konvergenzen .... M 32
    8.4 Fronten .... M 33
        8.4.1 Warm- und Kaltfront .... M 33
        8.4.2 Wettergeschehen beim Frontendurchzug .... M 33
        8.4.3 Zwischenhoch .... M 34
        8.4.4 Okklusion .... M 34
        8.4.5 Stationäre Front .... M 35
    8.5 Hauptluftmassen .... M 35
        8.5.1 Einteilung .... M 35
        8.5.2 Prägung des Hauptluftmassencharakters .... M 35
            8.5.2.1 Prägung durch direkten Weg .... M 36
            8.5.2.2 Prägung durch Umwege (Überformung) .... M 36

9. Flugwetterberatung .... M 37
    9.1 Allgemeines und gesetzliche Grundlagen .... M 37
    9.2 Flugwetterberatungsmöglichkeiten .... M 37

9.2.1 Persönliche Beratungen	M 37
9.2.1.1 Luftfahrtberatungszentralen	M 37
9.2.1.2 INFOMET	M 37
9.2.2 Automatisierte Beratung	M 38
9.2.2.1 Übersicht	M 38
9.2.2.2 AFWA / GAFOR	M 38
9.2.2.3 pc_met	M 41
9.2.2.4 Telefaxabruf	M 41
9.2.2.5 Telefonansagedienst PID	M 41
9.3 Standardisierte Flugwetterberatungsunterlagen	M 41
9.3.1 METAR, SPECI und TAF	M 41
9.3.1.1 Allgemeines	M 41
9.3.1.2 Aufbau	M 43
9.3.1.3 Wetterschlüssel	M 44
9.3.1.4 Beispiele für METAR und TAF	M 45
9.3.2 SIGMET	M 46
9.3.3 VOLMET	M 46
9.3.4 GAMET	M 46
9.3.5 Wetterkarten	M 47
9.3.5.1 Allgemeines	M 47
9.3.5.2 Bodenwetterkarte	M 51
9.3.5.3 Windkarten	M 52
9.3.5.4 Significant Weather Charts (SWC)	M 53

Menschliches Leistungsvermögen

1. Flugunfälle und menschliche Faktoren	ML 1
2. Eingeschränkte Flugtauglichkeit	ML 1
2.1 Selbsteinschätzung	ML 1
2.2 Einholen einer Weisung	ML 1
2.3 Automatisches Ruhen des Tauglichkeitszeugnisses	ML 2
2.4 Wiedererlangung der Tauglichkeit	ML 2
3. Atmung und Blutkreislauf	ML 2
3.1 Funktion	ML 2
3.2 Gasaustausch durch Diffusion wegen unterschiedlichen Partialdrücken	ML 3
3.3 Sauerstoffmangel (Hypoxie)	ML 3
3.4 Hyperventilation	ML 5
3.5 Druckfallkrankheit	ML 5
4. Sehvermögen	ML 6
4.1 Aufbau des Auges	ML 6
4.2 Sehstörungen	ML 7
4.3 Fehlsichtigkeit	ML 7
4.4 Nachtblindheit	ML 7
5. Gehör und Lärm	ML 7
5.1 Aufbau des Gehörorgans	ML 7
5.2 Ablauf des Hörprozesses	ML 8
5.3 Hörschädigung durch Lärm	ML 8
5.4 Krankheiten	ML 8
5.4.1 Störungen des Druckausgleichs im Mittelohr	ML 8
5.4.2 Schnupfen und Erkältung (Valsalva-Manöver)	ML 8
5.4.3 Mittelohrentzündung	ML 8
6. Gleichgewichtssinn	ML 9
6.1 Funktionsweise des Vestibularorgans	ML 9
6.1.1 Realisierung von Beschleunigungen	ML 9
6.1.2 Während des Kurven- und Trudelfluges	ML 10
6.1.3 Während des beschleunigten oder verzögerten Geradeausfluges	ML 10
6.2 Störungen des Gleichgewichtssinnes	ML 11
6.2.1 Kinetose oder Bewegungskrankheit (auch Reisekrankheit oder Luftkrankheit)	ML 11
6.2.2 Vertigo oder Drehschwindel (auch Coriolis Effekt)	ML 11
6.2.3 Räumliche Desorientierung	ML 11
7. Optische Sinnestäuschung durch ungewohnte Perspektive beim Landeanflug	ML 12
8. Alkohol	ML 13
9. Medikamente und Impfungen	ML 13

Sprechfunkverfahren

1. Rangfolge und Definitionen von Meldungen .... S 1
    1.1 Rangfolge von Meldungen .... S 1
    1.2 Definitionen von Meldungen .... S 1
    1.3 Notmeldungen .... S 1
    1.4 Dringlichkeitsmeldungen .... S 1
    1.5 Peilfunkmeldungen .... S 1
    1.6 Flugsicherheitsmeldungen .... S 2
    1.7 Wettermeldungen .... S 2
    1.8 Flugbetriebsmeldungen .... S 2
    1.9 Staatstelegramme .... S 2

2. Allgemeine Sprechfunkverfahren .... S 2
    2.1 Wechselsprechen .... S 2
    2.2 Blockieren der Frequenz .... S 2
    2.3 Erstanruf .... S 2
    2.4 Rufzeichen von deutschen Luftfunkstellen .... S 2
    2.5 Rufzeichen von Bodenfunkstellen .... S 3
    2.6 Übermittlung von Buchstaben (ICAO-Alphabet) .... S 3
    2.7 Übermittlung von Zahlen .... S 3
    2.8 Bestätigung von Meldungen .... S 3
    2.9 Testsendung .... S 4
    2.10 Allgemeiner Anruf .... S 4
    2.11 Mehrfachanruf .... S 4
    2.12 Unklarheit über eine Meldung .... S 4
    2.13 Bord-Bord-Sprechfunkverkehr .... S 4
    2.14 Hörbereitschaft .... S 4
    2.15 Wichtige Sprechgruppen .... S 5
    2.16 Sprechfunkverfahren an kontrollierten Flugplätzen .... S 5

3. Funkausfallverfahren .... S 7

4. Beispiele für An- und Abflugverfahren .... S 8
    4.1 Deutsch .... S 8
        4.1.1 Abflug .... S 8
        4.1.2 Anflug .... S 9
    4.2 Englisch .... S 10
        4.2.1 Departure .... S 10
        4.2.2 Arrival .... S 11

Luftrecht

1. Gesetzesgrundlagen

1.1 Internationale Abkommen und Organisationen

1.1.1 Warschauer Abkommen

Das Warschauer Abkommen (1929) regelt Rechtsfragen bei der Beförderung von Personen und Gütern (keine Post) im internationalen Luftverkehr. Dazu gehören insbesondere der Inhalt der Beförderungsdokumente und die Haftung des Luftfrachtführers.

1.1.2 Abkommen über die internationale Zivilluftfahrt von Chicago

Das Abkommen über die internationale Zivilluftfahrt von Chicago (1944) besteht aus folgenden vier Teilen:
1. Richtlinien und Empfehlungen
2. International Civil Aviation Organization (ICAO)
3. Fragen zum internationalen Luftverkehr
4. Schlussbestimmungen des Abkommens

Die unter 1. genannten Richtlinien (Standards) müssen, Empfehlungen (Recommended Practices) sollten von den ICAO-Mitgliedern übernommen werden.

1.1.3 International Civil Aviation Organization (ICAO)

1944 wurde in Chicago die INTERNATIONAL CIVIL AVIATION ORGANIZATION (ICAO) beim Abkommen über die internationale Zivilluftfahrt von Chicago gegründet. Sitz der ICAO ist Montreal.
Die Bundesrepublik Deutschland ist seit 1956 Mitglied der ICAO. (im Dez. 2003 188 Mitgliedsstaaten).
Zweck der ICAO ist es, durch Richtlinien und Empfehlungen die Planung, Entwicklung und technische Infrastruktur des internationalen Luftverkehrs zu fördern. Als Grundlage dienen der ICAO dabei folgende 18 Anhänge (ANNEX):

ANNEX 1 - Zulassung von Luftfahrtpersonal
ANNEX 2 - Luftverkehrsregeln
ANNEX 3 - Wetterschlüssel
ANNEX 4 - Luftfahrtkarten
ANNEX 5 - Maßeinheiten
ANNEX 6 - Betrieb von Luftfahrzeugen
ANNEX 7 - Staatszugehörigkeits- und Eintragungszeichen
ANNEX 8 - Lufttüchtigkeit
ANNEX 9 - Erleichterungen für den Luftverkehr
ANNEX 10 - Flugfernmeldewesen
ANNEX 11 - Flugverkehrsdienste
ANNEX 12 - Such- und Rettungsdienste
ANNEX 13 - Luftfahrzeugunfalluntersuchung
ANNEX 14 - Flughäfen
ANNEX 15 - Flugberatungsdienste
ANNEX 16 - Lärmminderung
ANNEX 17 - Luftsicherheit
ANNEX 18 - Transport gefährlicher Güter

1.1.4 Internationaler Fernmeldevertrag und Internationale Fernmeldeunion

1948 wurde durch den Internationalen Fernmeldevertrag (IFV) die Internationale Fernmeldeunion (UIT / L'Union internationale des telecommunications), eine Sonderorganisation der UNO mit Sitz in Genf gegründet. Der IFV enthält allgemeine Bestimmungen über den Fernmeldedienst. Die Bundesrepublik Deutschland hat sich verpflichtet, die Bestimmungen des IFV anzuwenden.

1.2 Behörden und Institutionen

1.2.1 Bundesministerium für Verkehr, Bau- und Wohnungswesen (BMVBW)

Höchste Instanz der bundesdeutschen behördlichen Hierarchie der Luftfahrt ist das **Bundesministerium für Verkehr, Bau- und Wohnungswesen (BMVBW)**. Lt. dem Grundgesetz (GG) der Bundesrepublik Deutschland (Artikel 73, Absatz 6) besitzt der Bund die Lufthoheit. Mit der Ausübung der Lufthoheit (entspricht der Luftverkehrsverwaltung) ist das BMVBW beauftragt; das bedeutet auch, dass ausschließlich das BMVBW das Recht zur Gesetzgebung auf dem Gebiet der Luftfahrt hat. Das BMVBW delegiert seine Aufgaben zur Erfüllung der Lufthoheit und Luftaufsicht an nachgeordnete Stellen wie das Luftfahrt-Bundesamt (LBA); die Deutschen Flugsicherung GmbH (DFS), die Landesluftfahrtbehörden (LLFB) und den Deutschen Wetterdienst (DWD).

Aufgrund einer Verwaltungsvereinbarung arbeiten das BMVBW und das **Bundesministerium für Verteidigung (BMVg)** eng im Bereich der Flugsicherung und des Such- und Rettungsdienstes zusammen.

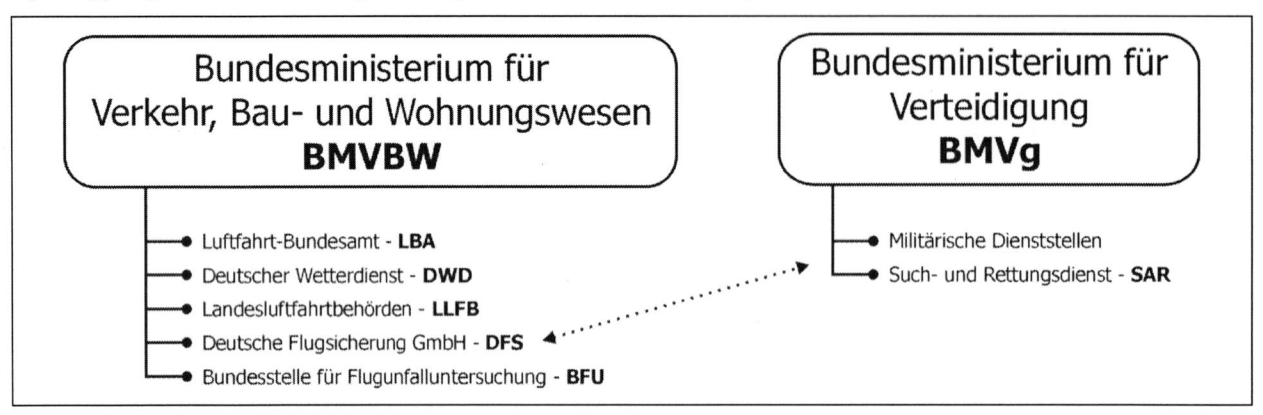

```
┌─────────────────────────────────────────────────────────────────────────────┐
│   Bundesministerium für                        Bundesministerium für        │
│   Verkehr, Bau- und Wohnungswesen              Verteidigung                 │
│              BMVBW                                    BMVg                  │
│                                                                             │
│     • Luftfahrt-Bundesamt - LBA                 • Militärische Dienststellen│
│     • Deutscher Wetterdienst - DWD              • Such- und Rettungsdienst - SAR │
│     • Landesluftfahrtbehörden - LLFB                                        │
│     • Deutsche Flugsicherung GmbH - DFS ◄ . . . . . . . . .                 │
│     • Bundesstelle für Flugunfalluntersuchung - BFU                         │
└─────────────────────────────────────────────────────────────────────────────┘
```

1.2.2 Luftfahrt-Bundesamt (LBA)

Das Luftfahrt-Bundesamt (LBA) wurde 1955 als Bundesoberbehörde gegründet und untersteht der Abteilung Luft- und Raumfahrt des BMVBW. Der Sitz des LBA ist Braunschweig mit Außenstellen auf den Flughäfen Berlin-Schönefeld, Hamburg, Düsseldorf, Frankfurt, Stuttgart und München. Die Aufgaben des LBA beziehen sich auf die Zivilluftfahrt und sind in dem Gesetz über das Luftfahrt-Bundesamt festgelegt; dazu gehören u.a.:

- Überwachung von Muster-, Stück- und Nachprüfungen (s. Kap. L 8)
- Verkehrszulassungen von Luftfahrzeugen (Führung der Luftfahrzeugrolle), (s. Kap. L 8)
- Prüfung und Erteilung von Erlaubnissen und Berechtigungen für kommerzielles Flugpersonal, Flugsicherungspersonal und Prüfer von Luftfahrtgerät; (während mit den Prüfungen und Erteilungen von Erlaubnissen und Berechtigungen für Privatpilotenlizenzen ausschließlich die Landesluftfahrtbehörden beauftragt sind, werden Instrumentenflugberechtigungen für alle Arten von Flugpersonal (privat und kommerziell) vom LBA erteilt)
- Genehmigung und Überwachung von Luftfahrtunternehmen, Instandhaltungsbetrieben, flugmedizinischen Untersuchungsstellen und Ausbildungsbetrieben für kommerzielles Flugpersonal der Kategorien FTO und TRTO (s. L 1.3.8)
- Bearbeitung von Ordnungswidrigkeiten

Das LBA ist gem. § 20 LuftVZO dazu ermächtigt, durch Rechtsverordnungen Einzelheiten zu regeln, die die JAR-FCL 1-4 und den § 32 LuftVG betreffen; dazu gehören u.a. die Ausbildung von Luftfahrtpersonal und der Betrieb von Luftfahrzeugen.

1.2.3 Deutscher Wetterdienst (DWD)

Die Aufgaben des Deutschen Wetterdienstes (DWD) sind im § 27e LuftVG (s. L 1.3.3) festgelegt. Dazu gehört u.a. der Flugwetterdienst, der durch die Luftfahrtberatungszentralen in einigen deutschen Großstädten und den Flugwetterwarten auf den meisten deutschen Verkehrsflughäfen durchgeführt wird. Die Zentralstelle des DWD liegt in Offenbach.

1.2.4 Landesluftfahrtbehörden (LLFB)

Die Landesluftfahrtbehörden haben u.a. folgende Aufgaben:
- Erteilung von Erlaubnissen und bestimmten Berechtigungen für Privatpiloten (Ausnahme: die Instrumentenflugberechtigung, die auch für PPL-Inhaber vom LBA erteilt wird)
- Festlegen von Bauschutzbereichen für Flugplätze und Segelfluggelände
- Genehmigungen von Luftfahrtunternehmen für den Gelegenheitsverkehr, Ausbildungsbetrieben für die Privatpilotenausbildung der Kategorien FTO und RF (s. L1.3.8) und Luftfahrtveranstaltungen
- Genehmigungen von Außenstarts und –landungen und für das Unterschreiten von Sicherheitsmindesthöhen (s. L 5.6)

1.2.5 Deutsche Flugsicherung GmbH (DFS)

Die Deutsche Flugsicherung GmbH - DFS untersteht dem BMVBW. Die Unternehmenszentrale ist in Langen, nahe Frankfurt beheimatet. Die DFS ist als bundeseigenes, privatrechtlich organisiertes Unternehmen seit 1993 Nachfolgerin der Bundesanstalt für Flugsicherung - BFS. Um ihr als privatrechtlichem Unternehmen die Wahrnehmung lufthoheitlicher Aufgaben zu ermöglichen, musste vor ihrer Gründung der Grundgesetzartikel 87d geändert werden. Die Aufgaben und Zuständigkeitsbereiche sind im LuftVG, in der FSBetrV und FS-AuftragsV festgelegt. Die Aufgaben der DFS erstrecken sich über:

- Flugberatung (Entgegennahme, Bearbeitung und Weiterleitung von Flugplänen)
- Flugdatenbearbeitung
- Verkehrslenkung bzw. Flugverkehrskontrolle und Einleitung von Such- und Rettungsaktionen
- Planung, Errichtung und Inbetriebhaltung von Flugsicherungstechnik
- Ausbildung von Flugsicherungspersonal
- Luftraumgestaltung
- Aufgaben der überörtlichen militärischen Flugsicherung

Weitere Details werden in diesem Buch im Abschnitt L 4 erläutert.

1.2.6 Such- und Rettungsdienst (SAR) und militärische Dienststellen

Der Such- und Rettungsdienst (Search and Rescue / SAR) wird gemeinsam durch zivile und militärische Stellen, die dem Bundesministerium für Verkehr, Bau- und Wohnungswesen und dem Bundesminister für Verteidigung unterstellt sind, durchgeführt. Rettungseinheiten werden von Bundeswehr, Bundesgrenzschutzes, Polizei, Feuerwehr, Bergwacht usw. vorgehalten. Die Rettungseinheiten werden im Notfall von dem Flugalarmdienst - ALS der DFS alarmiert (s. L 4.1.1 und 4.1.2).

1.2.7 Bundesstelle für Flugunfalluntersuchung (BFU)

Die Bundesstelle für Flugunfalluntersuchung (BFU) hat die Aufgabe, sowohl Unfälle als auch schwere Störungen ohne Unfallfolge (Fastzusammenstöße, Brände, Versagen technischer Einrichtungen an Bord von Luftfahrzeugen etc.) beim Betrieb von Luftfahrzeugen in Deutschland zu untersuchen und deren Ursachen zu ermitteln. Die Untersuchungen richten sich nach dem ICAO-Annex 13 und nach der Richtlinie 94/56 EG der Europäischen Union und haben zum Ziel, ausschließlich Erkenntnisse zur Vermeidung künftiger Unfälle und Störungen zu vermeiden, die jedoch nicht zur Klärung der Schuld- und Haftungsfrage dienen sollen. Um eine objektive Flugunfalluntersuchung sicherzustellen, ist die BFU fachlich vom LBA getrennt und direkt dem BMVBW unterstellt.

1.3 Luftverkehrsrecht der Bundesrepublik Deutschland

1.3.1 Aufbau

Das deutsche Luftverkehrsrecht ist durch das Luftverkehrsgesetz, das DFS-Gesetz, das LBA-Gesetz, das Fernmeldegesetz und das Fluglärmgesetz festgelegt. Lt. § 32 LuftVG erlässt das Bundesministerium für Verkehr, Bau- und Wohnungswesen mit Zustimmung des Bundesrates die zur Durchführung dieses Gesetzes notwendigen Rechtsverordnungen. Diese werden von Durchführungsverordnungen (DV) ergänzt. Die Durchführungsverordnungen dienen insbesondere der Erfüllung der von der ICAO herausgegebenen Richtlinien, Empfehlungen und Verfahrensweisen.

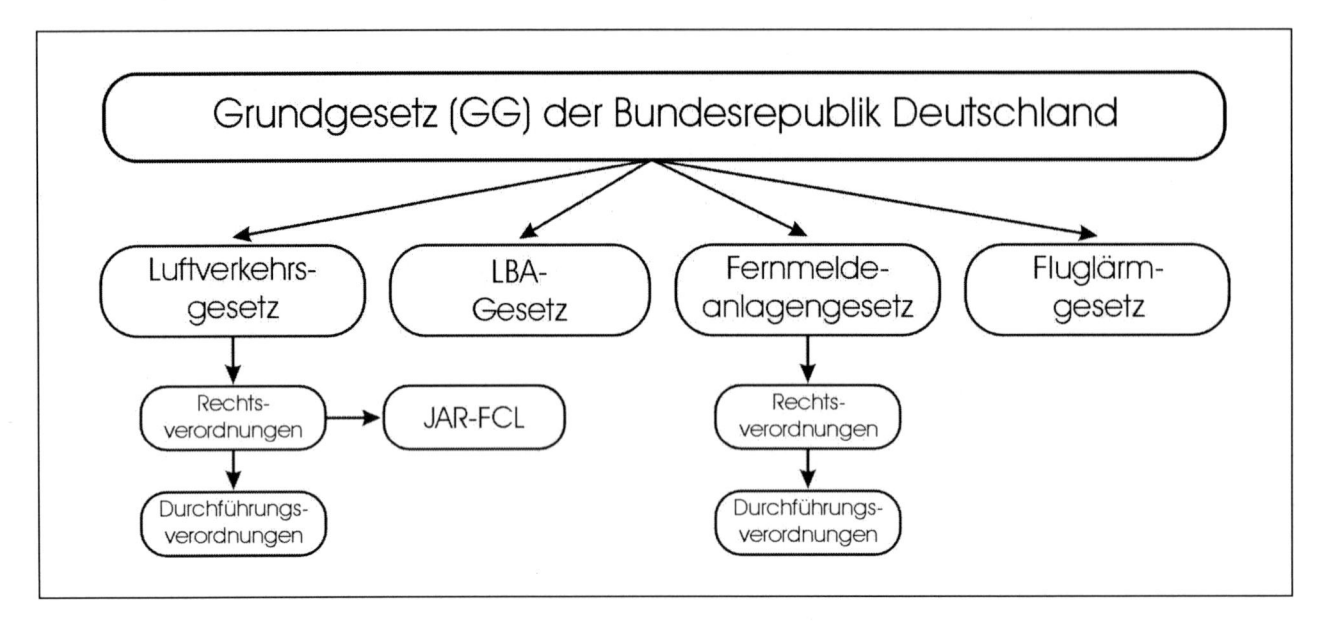

1.3.2 Grundgesetz (GG)

Im Artikel 73, Absatz 6 des Grundgesetzes (GG) der Bundesrepublik Deutschland wird festgelegt, dass der Bund über die ausschließliche Gesetzgebung über den Luftverkehr und damit über die Lufthoheit verfügt.

1.3.3 Luftverkehrsgesetz (LuftVG)

Basierend auf diesem Artikel 73 ist das bundesdeutsche Luftverkehrsgesetz (LuftVG) entstanden. Das LuftVG besteht aus folgenden Abschnitten:

Abschnitt	Wichtige Unterabschnitte bzw. Erläuterung
1. Luftverkehr	• Luftfahrzeuge und Luftfahrtpersonal • Flugplätze • Luftfahrtunternehmen und -veranstaltungen • Verkehrsvorschriften • Flughafenkoordinierung, Flugsicherung, Flugwetterdienst • Vorzeitige Besitzeinweisung und Enteignung • Gemeinsame Vorschriften
2. Haftpflicht	• Haftung für Personen und Sachen, die nicht im Luftfahrzeug befördert werden • Haftung aus dem Beförderungsvertrag • Haftung für militärische Luftfahrzeuge • Gemeinsame Vorschriften für die Haftpflicht
3. Straf- und Bußgeldvorschriften	Aufzählung von Ordnungswidrigkeiten und Straftaten und entsprechenden Geld- oder Freiheitsstrafen
4. Luftfahrtdateien	Beim LBA und bei anderen entsprechend beauftragten Stellen werden Daten aller im Inland zum Verkehr zugelassenen Luftfahrzeuge in Luftfahrtdateien (sog. Luftfahrzeugrolle und Luftsportgeräteverzeichnis) gespeichert (vgl. § 64 LuftVG).

Rechtsverordnungen und Durchführungsverordnungen

Im § 32 LuftVG wird vorgeschrieben, dass das Bundesministerium für Verkehr, Bau- und Wohnungswesen mit Zustimmung des Bundesrates die zur Durchführung des Luftverkehrsgesetzes notwendigen Rechtsverordnungen erlässt. Diese Rechtsverordnungen werden durch Anlagen und Durchführungsverordnungen (DV) ergänzt und sie beinhalten einen Verweis auf die JAR-FCL. Sofern Rechtsverordnungen der nationalen Erfüllung von Richtlinien, Empfehlungen und Verfahrensanweisungen der ICAO dienen, ist die Zustimmung des Bundesrates nicht erforderlich. Festlegungen, die in der Verordnung über Flugfunkzeugnisse (FlugfunkV) enthalten sind, werden in Zusammenarbeit des BMVBW mit der Regulierungsbehörde für Telekommunikation und Post (RegTP) erlassen.

Rechtsverordnungen des LuftVG:	Die wichtigsten Inhalte:
Luftverkehrordnung (LuftVO)	Luftverkehrsregeln und Flugsicherungsbestimmungen
Luftverkehrs-Zulassungs-Ordnung (LuftVZO)	• Musterzulassung, Verkehrszulassung, Luftfahrzeugrolle, Kennzeichen • Luftfahrtpersonal und dessen Ausbildung • Flugplätze • Verwendung und Betrieb von Luftfahrtgerät (Selbstkostenflüge, Mitführen gefährlicher Güter, Auslandsflüge usw.) • Haftpflicht- und Unfallversicherung • Kosten, Ordnungswidrigkeiten • **Verweis auf JAR-FCL 1-4 deutsch**
Betriebsordnung für Luftfahrtgerät (LuftBO)	• Allg. Vorschriften (Grundregeln für den Flugbetrieb) • Technische Betriebsvorschriften (Instandhaltung usw.) • Ausrüstung der Luftfahrzeuge • Flugbetriebsvorschriften (Flugbetrieb, -besatzung, Anzeigepflichten, Mindestflughöhen usw.) • Bußgeldvorschriften
Verordnung zur Prüfung von Luftfahrtgerät (LuftGerPV)	Prüfung von Luftfahrtgerät (Musterprüfung, Stückprüfung, Nachprüfung usw.)
Verordnung zur Beauftragung eines Flugsicherungsunternehmens (FS-AuftragsV)	Beauftragung der Deutschen Flugsicherung GmbH mit der Wahrnehmung der in § 27c (2) LuftVG genannten Aufgaben
Verordnung über die Betriebsdienste der Flugsicherung (FSBetrV)	• Flugverkehrskontrolle • Verkehrsflussregelung, Steuerung der Luftraumnutzung und Vorrang • Fluginformationsdienst • Flugalarmdienst • Flugberatungsdienst • Flugfernmeldedienst • Dokumentation von Betriebsdaten
Verordnung über das erlaubnispflichtige Personal für die Flugsicherung und seine Ausbildung (FSPAV)	Regelt die Ausbildung und Prüfungen und sonstigen Bestimmungen für Erlaubnisse und Berechtigungen von Flugsicherungspersonal
Kostenverordnung der Luftfahrtverwaltung (LuftKostV)	Gebührenaufstellung u.a. für Amtshandlungen der Luftfahrtbehörden
Luftsicherheitsverordnung (LuftSiV)	Regelt das Inkrafttreten der §§ 19 und 20 LuftVG, in denen von Unternehmen von Verkehrsflughäfen und Luftfahrtunternehmen, die Luftfahrzeuge mit mehr als 5,7 t Höchstgewicht betreiben, bestimmte Sicherungsmaßnahmen gefordert werden
Verordnung über Flugfunkzeugnisse (FlugfunkV)	Beschreibt die Arten der Flugfunkzeugnisse und die Prüfungsbestimmungen für den Erwerb der Zeugnisse (auch Gebührenaufstellung)
Verordnung über die Flugsicherungsausrüstung der Luftfahrzeuge (FSAV)	Legt die Flugsicherungsausrüstungen für Flüge nach Instrumenten- und Sichtflugregeln fest
Verordnung über Luftfahrtpersonal (LuftPersV)	Legt die Bestimmungen über die Erlaubnisse und Berechtigungen für Luftfahrtpersonal fest (vgl. L 2)

1.3.4 Gesetz über das Luftfahrt-Bundesamt

Das Gesetz legt die oben beschriebenen Aufgaben und Zuständigkeitsbereiche des Luftfahrt-Bundesamtes fest.

1.3.5 Fernmeldeanlagengesetz

Das Fernmeldeanlagengesetz basiert auf dem IFV und schreibt ausschließlich dem Bund die Fernmeldehoheit zu. Fernmeldehoheit bedeutet das Recht, Fernmeldeanlagen zu errichten und zu betreiben. Die Fernmeldehoheit wird von der Regulierungsbehörde für Telekommunikation und Post (RegTP) ausgeübt. Die Errichtung und der Betrieb einzelner Anlagen müssen daher von der RegTP genehmigt werden. Vorschriften über die Wahrung des Fernmeldegeheimnisses sind u.a. im Fernmeldeanlagengesetz enthalten.

Die zugehörige Verordnung über Flugfunkzeugnisse (FlugfunkV) enthält alle für die Flugfunkprüfungen relevanten Regelungen. Außerdem wird in dieser Verordnung vorgeschrieben, dass zur Ausübung des Flugfunkdienstes bei Boden- und Luftfunkstellen es grundsätzlich eines von der RegTP ausgestellten Flugfunkzeugnisses bedarf (vgl. L 2.4).

1.3.6 Gesetz zum Schutz gegen Fluglärm

Das Gesetz zum Schutz gegen Fluglärm betrifft Verkehrsflughäfen, die dem Linienverkehr angeschlossen sind und militärische Flugplätze, auf denen Luftfahrzeuge mit Strahltriebwerken betrieben werden. Es werden Maßnahmen vorgeschrieben (z.B. Festlegung von Lärmschutzbereichen), die zum Schutz der Allgemeinheit vor Gefahren, erheblichen Nachteilen und Belästigungen durch Fluglärm in der Umgebung dieser Flugplätze dienen.

1.3.7 JAR-FCL

Die seit dem 1. Mai 2003 in Deutschland gültigen **JAR-FCL 1-4 deutsch** sind durch einen Verweis im § 20 (2) LuftVZO dem LuftVG angebunden worden.

Die 4 einzelnen Kapitel betreffen folgendes Luftfahrtpersonal bzw. folgende Themen:

JAR-FCL 1	Privatflugzeugführer Berufsflugzeugführer Verkehrsflugzeugführer
JAR-FCL 2	Privathubschrauberführer Berufshubschrauberführer Verkehrshubschrauberführer
JAR-FCL 3	Anforderungen an die Tauglichkeit
JAR-FCL 4	Flugingenieure

1.3.8 Begriffe und Abkürzungen im Rahmen der JAR-FCL

(A)	Airplane	Flugzeug
AMC	Aeronautical Medical Center	Flugmedizinisches Zentrum
AME	Aeronautical Medical Examiner	Fliegerarzt
AMS	Aeronautical Medical Section	LBA, Referat Flugmedizin
CR	Class Rating	Klassenberechtigung
CRI	Class Rating Instructor	Lehrberechtigter für Klassenberechtigungen
FCL	Flight Crew Licensing	Lizenzierung des Flugpersonals
FE	Flight Examiner	Prüfungsberechtigter
FI	Flight Instructor	Lehrberechtigter für Flugausbildung
FNPT	Flight Navigation Procedure Trainer	Verfahrenstrainer
FTO	Flight Training Organization	Ausbildungsbetrieb für Flugausbildung (Flugschule mit Qualitätssicherungssystem)
IR	Instrument Rating	Instrumentenflugberechtigung
IRI	Instrument Rating Instructor	Lehrberechtigter für Instrumentenflug
JAR	Joint Aviation Regulations	Europäische Regulierungen für die Luftfahrt
RF	Registered Facility	Registrierte Ausbildungseinrichtung (Flugschule ohne Qualitätssicherungssystem)
SFI	Synthetic Flight Instructor	Lehrberechtigter für synthetische Flugübungsgeräte
STD	Synthetic Training Device	Flugsimulator
TR	Type Rating	Musterberechtigung
TRI	Type Rating Instructor	Lehrberechtigter für Musterberechtigungen
TRTO	Type Rating Training Organization	Ausbildungsbetrieb für Musterberechtigungen

2 Luftfahrtpersonal

2.1 Einteilung von Luftfahrtpersonal

Die fachlichen Voraussetzungen und Prüfungen für Erwerb, Umfang, Gültigkeitsdauer, Verlängerung und Erneuerung der Lizenzen und Berechtigungen für Luftfahrtpersonal richten sich nach der **Verordnung über Luftfahrtpersonal (LuftPersV)** und nach der **JAR-FCL**. Die grau unterlegten Lizenzen werden im Rahmen dieses Lehrbuches besprochen:

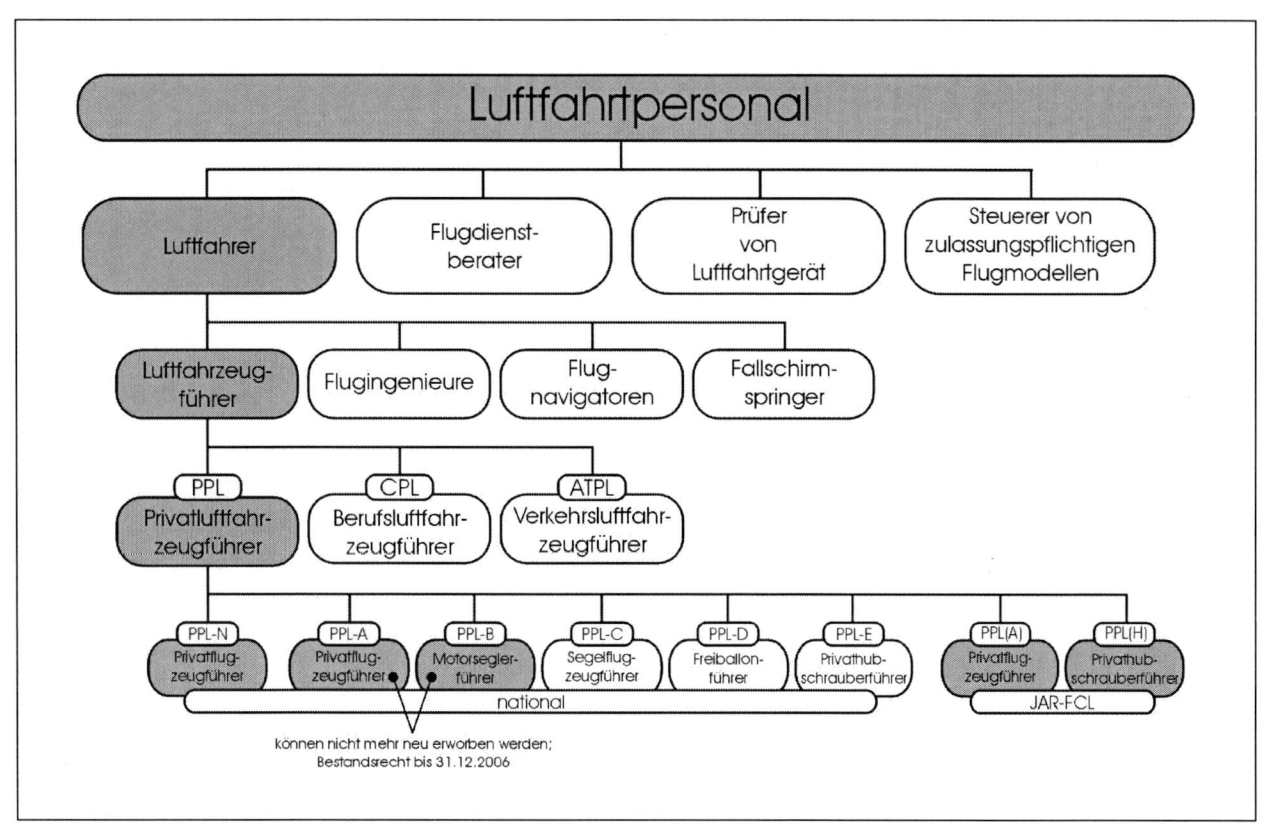

2.2 Die Privatpilotenlizenzen

Seit Einführung der JAR-FCL 1-4 deutsch gibt es in der Bundesrepublik Deutschland folgende unterschiedliche Privatpilotenlizenzen für Flugzeuge und Reisemotorsegler:

1. Die **nationale Privatpilotenlizenz PPL-N** ermöglicht ausschließlich Flüge innerhalb der Bundesrepublik Deutschland.
2. Die **internationale Privatpilotenlizenz PPL(A) nach JAR-FCL** erlaubt auch Flüge in das Ausland. Diese Lizenz kann auf verschiedenen Wegen erlangt werden, die in diesem Kapitel noch näher erläutert werden.
3. Es gilt eine **Besitzstandswahrung** der **alten Lizenzen PPL-A und PPL-B** bis 31.12.2006, d.h. solange die alte Fassung der LuftPersV gültig bleiben wird. Mit diesen Lizenzen kann auf in Deutschland zugelassenen Flugzeugen bzw. Reisemotorseglern im Umfang der eingetragenen Berechtigungen nach wie vor auch im Ausland geflogen werden (vorausgesetzt, dass der Eintrag "Ausgestellt nach den Richtlinien der ICAO" in der Lizenz enthalten ist. Die alten Lizenzen können - sofern man im Besitz der CVFR-Berechtigung ist - ab sofort nach einem formlosen schriftlichen Antrag bei der zuständigen Behörde in eine JAR-Lizenz umgeschrieben werden. Hierzu muss der Antragsteller bestätigen, dass er sich die bezüglich der JAR-FCL notwendigen Kenntnisse erworben hat (dies darf sowohl im Selbststudium als auch durch einen entsprechenden Lehrgang geschehen). [§ 5 LuftPersV] Ist die CVFR-Berechtigung nicht vorhanden, kann sie ab jetzt in Form des **Funknavigationsmoduls** nachgeholt werden.

Die Flugzeuge, die mit einer Lizenz geflogen werden dürfen, richten sich nach der in der Lizenz eingetragenen **Klassenberechtigung**. In den meisten Fällen besitzt ein Privatflugzeugführer eine oder mehrere der folgenden Klassenberechtigungen:

Klassenberechtigung (Class Rating)	PPL-N	PPL(A) nach JAR
VLA - (Very Light Aircraft) kolbengetriebene Landluftfahrzeuge bis 750 kg	möglich	in SEP ohne Gewichtsbeschränkung enthalten
SEP – (Single Engine Piston Land) kolbengetriebene Landluftfahrzeuge bis 2000 kg	möglich	in SEP ohne Gewichtsbeschränkung enthalten
SEP – (Single Engine Piston Land) kolbengetriebene Landluftfahrzeuge ohne Gewichtsbeschränkung	nicht möglich	möglich
TMG – (Touring Motor Glider) Reisemotorsegler	möglich	möglich

Weitere mögliche Klassenberechtigungen sind im L 2.3.1 aufgelistet.

Flugzeuge, die mit den alten Lizenzen PPL-A und PPL-B geflogen werden konnten, dürfen auch nach Einführung der JAR-FCL zukünftig weitergeflogen werden (gem. Besitzstandswahrung bis 31.12.2006).

2.2.1 Durchgehende Ausbildung zum PPL(A) nach JAR-FCL

Wer die Privatpilotenlizenz PPL(A) nach JAR-FCL anstrebt, wird bis zum Abschluss der Ausbildung als **Flugschüler** (roter Kasten) und danach, sobald er zur Prüfung angemeldet worden ist, bis zum Erhalt der Lizenz als **Bewerber** (hellgelber Kasten) eingestuft. Der Bewerber muss das Mindestalter von 17 Jahren erreicht haben, die Ausbildung darf jedoch schon vorher begonnen und abgeschlossen werden.

Die angestrebte **Klassenberechtigung** (VLA, TMG oder SEP) bestimmt das Flugzeugmuster, das in der Flugausbildung verwendet wird; die Inhalte der Theorieausbildung und –prüfung müssen entsprechend abgestimmt sein.

Die **Theorieprüfung** kann jederzeit nach Beendigung der Theorieausbildung erfolgen. Danach ist zu beachten, dass das Datum der bestandenen Theorieprüfung nicht länger als 24 Monate vor Erteilung der Lizenz zurückliegen darf. Der Zeitraum für evtl. Wiederholungen der Theorieprüfung bis zum Bestehen darf nicht länger als 12 Monate betragen. Für die 5 h Überlandflüge solo ist die bestandene Theorieprüfung Voraussetzung.

Die **praktische Prüfung** muss innerhalb von 6 Monaten nach Abschluss der Flugausbildung absolviert werden.

Die durchgehende Ausbildung erfolgt nach folgendem Schema:

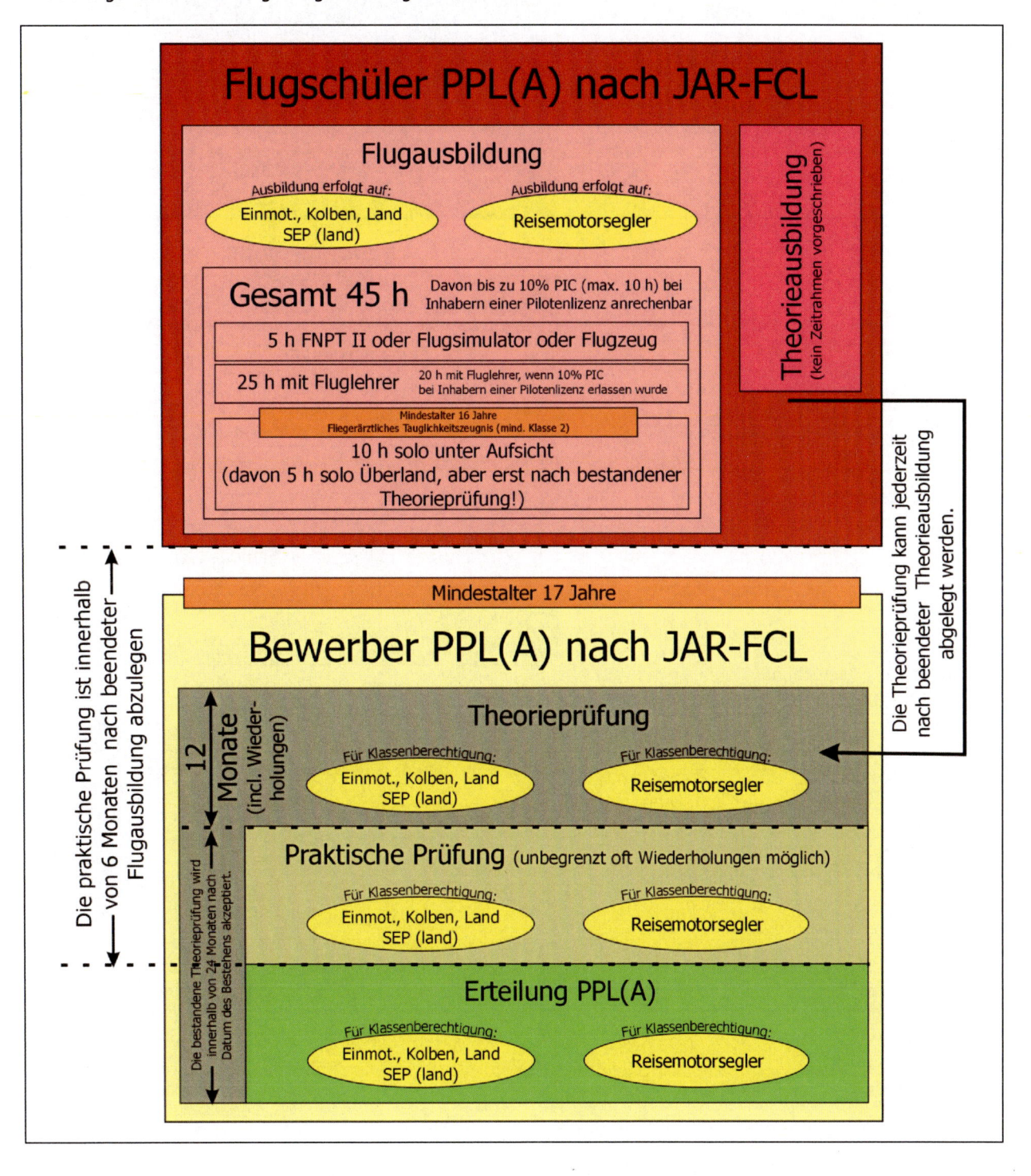

Flugschüler PPL(A) nach JAR-FCL

Flugausbildung

Ausbildung erfolgt auf: Einmot., Kolben, Land SEP (land)
Ausbildung erfolgt auf: Reisemotorsegler

Gesamt 45 h – Davon bis zu 10% PIC (max. 10 h) bei Inhabern einer Pilotenlizenz anrechenbar

5 h FNPT II oder Flugsimulator oder Flugzeug

25 h mit Fluglehrer – 20 h mit Fluglehrer, wenn 10% PIC bei Inhabern einer Pilotenlizenz erlassen wurde

Mindestalter 16 Jahre
Fliegerärztliches Tauglichkeitszeugnis (mind. Klasse 2)

10 h solo unter Aufsicht
(davon 5 h solo Überland, aber erst nach bestandener Theorieprüfung!)

Theorieausbildung (kein Zeitrahmen vorgeschrieben)

Mindestalter 17 Jahre

Bewerber PPL(A) nach JAR-FCL

Theorieprüfung

12 Monate (incl. Wiederholungen)

Für Klassenberechtigung: Einmot., Kolben, Land SEP (land)
Für Klassenberechtigung: Reisemotorsegler

Praktische Prüfung (unbegrenzt oft Wiederholungen möglich)

Für Klassenberechtigung: Einmot., Kolben, Land SEP (land)
Für Klassenberechtigung: Reisemotorsegler

Erteilung PPL(A)

Für Klassenberechtigung: Einmot., Kolben, Land SEP (land)
Für Klassenberechtigung: Reisemotorsegler

Die Theorieprüfung kann jederzeit nach beendeter Theorieausbildung abgelegt werden.

Die praktische Prüfung ist innerhalb von 6 Monaten nach beendeter Flugausbildung abzulegen.

Die bestandene Theorieprüfung wird innerhalb von 24 Monaten nach Datum des Bestehens akzeptiert.

2.2.2 Modulare Ausbildung über nationalen PPL-N zum PPL(A) nach JAR-FCL

Die nationale Privatpilotenlizenz PPL-N kann durch Anhängen von folgenden drei Modulen zu einer PPL(A) nach JAR-FCL ausgebaut werden (modulare Ausbildung).

Dabei werden theoretische Ausbildung und Prüfung nach den Vorschriften der JAR-FCL während der Ausbildung im **Modul 1** absolviert.

[§ 1 LuftPersV] Die Flugausbildung beläuft sich auf 35 Stunden (nur 30 Std., wenn die Flugausbildung innerhalb 4 Monaten beendet wird) auf einmotorigen, kolbengetriebenen Landflugzeugen bis 750 kg innerhalb der letzten 4 Jahre vor Ablegung der Prüfung. Davon müssen 10 h im Alleinflug absolviert werden. Außerdem ist ein Überlandflug von 150 NM (270 km) Länge mit 2 Zwischenlandungen durchzuführen. Es muss mindestens ein zweites Flugzeugmuster geflogen werden, wobei dies auch (allerdings für max. 15 h) ein Reisemotorsegler sein darf. Im letzten Fall wird trotzdem nur die Klassenberechtigung bis 750 kg erteilt. Nach bestandener praktischer Prüfung nach LuftPersV wird die nationale Erlaubnis mit der Musterberechtigung für einmot., kolbengetriebene Landflugzeuge bis 750 kg erteilt, die allerdings nur am Tage und innerhalb Deutschlands geflogen werden dürfen. Bei entsprechender Ausbildung kann auch die Klassenberechtigung für Reisemotorsegler mit dem PPL-N erworben werden.

Das **Modul 2** dient zum Erwerb der Musterberechtigung für einmotorige, kolbengetriebene Landflugzeuge bis 2000 kg. Hierzu bedarf es einer 5-stündigen Einweisung und mind. 10 Starts und Landungen mit Lehrer und 10 Starts und Landungen ohne Lehrer. Die praktische Prüfung richtet sich nach den Maßgaben der LuftPersV. Auch im Modul 2 gelten die Einschränkungen, nur am Tage und innerhalb Deutschland zu fliegen.

Das **Modul 3** schließlich führt zum Erwerb der PPL(A) nach JAR-FCL. Hierfür muss das Funknavigationsmodul mit 10 Stunden Flugausbildung durchlaufen werden (davon können bis zu 5 Flugstunden auf einem FNPT II oder Flugsimulator durchgeführt werden). Anschließend kann man die praktische Prüfung nach den Kriterien der JAR-FCL absolvieren. Der Inhaber ist nun berechtigt, auch außerhalb des Hoheitsgebietes der Bundesrepublik Deutschland zu fliegen, allerdings ohne einer Nachtflugausbildung nach wie vor nur am Tage. Nach JAR-FCL entfällt die Gewichtsbeschränkung bis 2000 kg für die Klassenberechtigung einmotoriger, kolbengetriebener Landflugzeuge.

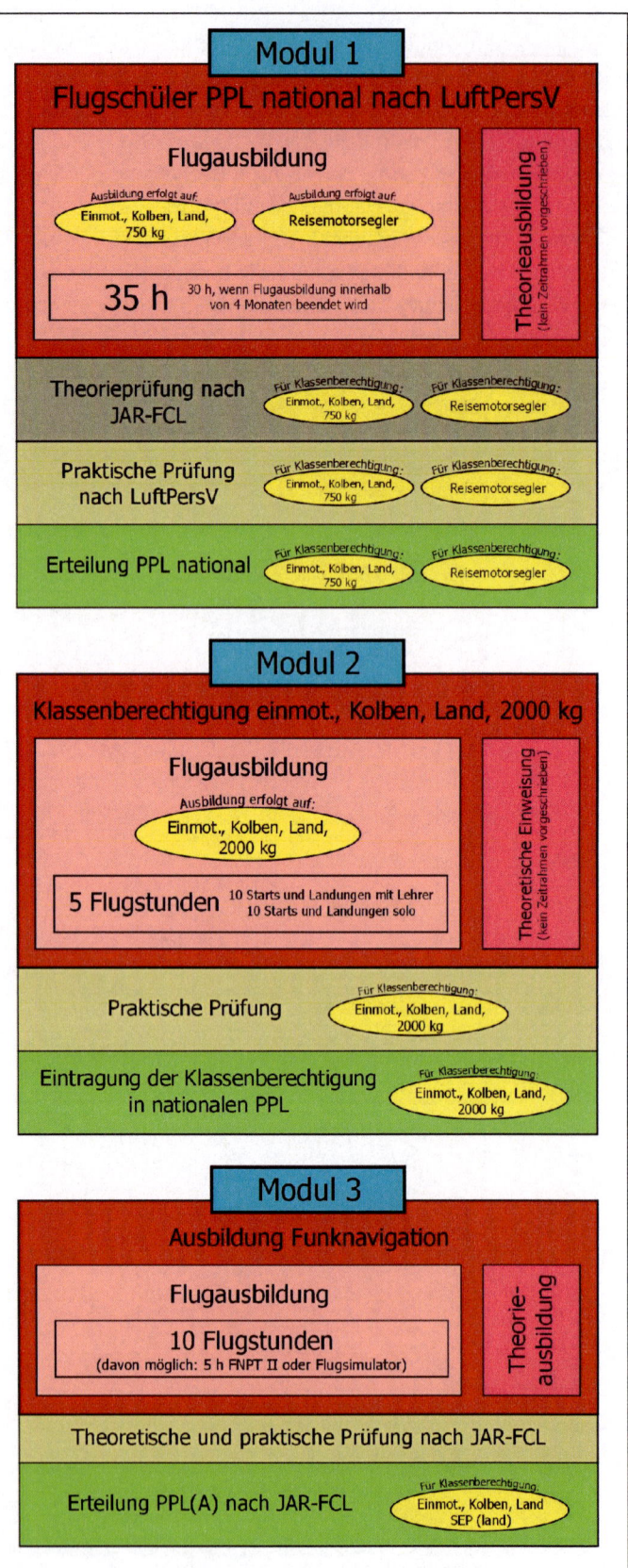

2.2.3 Voraussetzungen

[§ 23 LuftVZO, JAR-FCL 1.090] Das **Mindestalter** für den Beginn der Ausbildung zum PPL-N oder PPL(A) beträgt 16 Jahre. Im Einzelfall kann die zuständige Behörde auf Antrag einen früheren Ausbildungsbeginn zulassen.

[JAR-FCL 1.100] Der Bewerber für PPL-N oder PPL(A) muss mindestens 17 Jahre alt sein.

[§ 24 LuftVZO] Es dürfen keine Tatsachen vorliegen, die den Bewerber als **untauglich** erscheinen lassen (z.B. Trunk- oder Medikamentensucht u.ä.).

[§ 24 LuftVZO] Vor dem Beginn der Ausbildung müssen der Flugschule folgende Unterlagen vorgelegt werden, die spätestens bis zum ersten Alleinflug der zuständigen Behörde weitergereicht worden sein müssen:
1. Personalausweis oder Pass (Kopie)
2. Fliegerärztliches Tauglichkeitszeugnis (mind. Klasse II)
3. Erklärung über schwebende Strafverfahren
4. Bestätigung, dass ein Antrag auf ein Führungszeugnis gestellt worden ist
5. bei Minderjährigen eine Zustimmung des gesetzlichen Vertreters
6. Nachweis einer Ausbildung in Sofortmaßnahmen am Unfallort (8 Stunden á 45 Min.)

[§ 24 LuftVZO] Die Anmeldung eines neuen Flugschülers durch die Flugschule muss innerhalb von 8 Tagen nach Ausbildungsbeginn bei der zuständigen Behörde vorliegen.

[§ 24 LuftVZO] Die Flugschule muss Zweifel an der Tauglichkeit oder Zuverlässigkeit eines Flugschülers bzw. Bewerbers der zuständigen Behörde melden. Diese kann die Fortführung der Ausbildung davon abhängig machen, ob der Flugschüler oder Bewerber seine Tauglichkeit und Zuverlässigkeit nachweisen kann.

Flugmedizinische Tauglichkeitsuntersuchung

[§ 24a LuftVZO, JAR-FCL 1.095 + 1.105] Die Anforderungen an die fliegerärztliche Tauglichkeit richten sich für alle Arten der Privatpilotenlizenzen nach der JAR-FCL 3. Das **fliegerärztliche Tauglichkeitszeugnis** (für PPL reicht Klasse 2) muss spätestens vor dem ersten Alleinflug während der Flugausbildung vorliegen.

[§ 24b LuftVZO] Wer eine Lizenz für Privatluftfahrzeugführer anstrebt, kann die **Erstuntersuchung** zur fliegerärztlichen Tauglichkeit und Nachuntersuchungen der Klasse 2 bei einer beliebigen der drei folgenden Untersuchungsstellen durchführen lassen (Erstuntersuchungen sind für Klasse 1 nur bei AMC und AMS möglich):

AMC	Aeronautical Medical Center	Flugmedizinisches Zentrum
AME	Aeronautical Medical Examiner	Fliegerarzt
AMS	Aeronautical Medical Section	LBA, Referat Flugmedizin

Bei einer Nachuntersuchung muss das letzte Tauglichkeitszeugnis vorgelegt werden. Das Tauglichkeitszeugnis wird in doppelter Ausführung ausgestellt. Ein Originalexemplar muss an die zuständige Behörde weitergereicht werden. **Das andere Exemplar des Tauglichkeitszeugnisses muss der Lizenzinhaber jederzeit bei fliegerischer Aktivität bei sich tragen.**

§ 24d (2) LuftVZO Grundsätzlich beträgt der **Gültigkeitszeitraum** der Tauglichkeit ab dem Datum der Tauglichkeitsuntersuchung:

Klasse 1	12 Monate (bis zur Vollendung des 40. Lebensjahres)
	6 Monate (ab dem 40. Lebensjahr)
Klasse 2 für JAR-Lizenzinhaber	60 Monate (bis zur Vollendung des 30. Lebensjahres)
	24 Monate (bis zur Vollendung des 50. Lebensjahres)
	12 Monate (ab dem 50. Lebensjahr)
Klasse 2 für Inhaber einer nationalen Lizenz	bei bis zum 31.12.2004 ausgestellten Tauglichkeitszeugnissen 24 Monate

Ein Tauglichkeitszeugnis der Klasse 1 schließt die Tauglichkeit der Klasse 2 mit der dieser zugeordneten Gültigkeitsdauer ein.

§ 24d (4) LuftVZO Der Gültigkeitszeitraum der Tauglichkeit kann zeitlich **verkürzt** werden oder mit Auflagen (z.B. Tragen einer Sehhilfe) verbunden sein.

§ 24d (3) LuftVZO Bei der **wiederholten Erteilung** eines Tauglichkeitszeugnisses beginnen die o.g. Gültigkeitszeiträume zum Zeitpunkt des Ablaufes der Gültigkeit des vorhergehenden Tauglichkeitszeugnisses, wenn die Nachuntersuchung innerhalb der letzten **45 Tage** vor diesem Zeitpunkt durchgeführt worden ist.

Wird der **45-Tage-Zeitraum verpasst**, verfällt das Tauglichkeitszeugnis. Es kann durch eine Untersuchung bei den folgenden flugmedizinischen Einrichtungen in Abhängigkeit des Zeitraumes seit dem Verfallsdatum wiedererlangt werden:

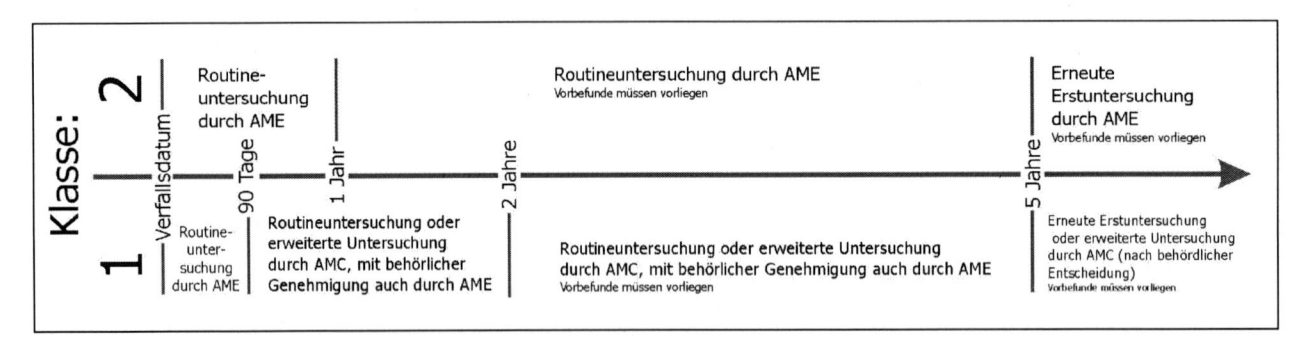

2.2.4 Theorieausbildung

§ 1 LuftPersV Für die theoretische Ausbildung bei allen PPL-Varianten ist kein bestimmter Zeitumfang festgelegt; sie umfasst die Sachgebiete:

- **Luftrecht** (Gesetzliche Grundlagen, Luftverkehrsregeln, Luftverkehrsvorschriften, Flugverkehrsdienste, JAA-Vorschriften)
- **Allgemeine Luftfahrzeugkenntnisse (Flugzeug)** (Zelle, Triebwerk, Bordinstrumente, Lufttüchtigkeit)
- **Flugleistung und Flugplanung** (Masse und Schwerpunktlage, Flugleistungen)
- **Menschliches Leistungsvermögen** (Grundlagen der Physiologie und der Psychologie)
- **Meteorologie**
- **Navigation** (Allgemeine Navigation, Funknavigation)
- **Flugbetriebliche Verfahren**
- **Aerodynamik**
- **Sprechfunkverkehr**

§ 121 LuftPersV Die Theorieausbildung muss in Form eines **Unterrichtsbuches** durch den Flugschüler (bei geschlossenen Lehrgängen durch die Flugschule) nachgewiesen werden. Dabei sind folgende Angaben zu machen:

Datum	Sachgebiet	Unterrichtsstoff	Dauer	Name des Lehrers	Unterschrift des Lehrers

2.2.5 Praktische Flugausbildung

Durchgehende Ausbildung zur PPL(A) nach JAR-FCL

[JAR-FCL 1.125] Die vorgeschriebene Dauer der praktischen **Flugausbildung** beträgt mindestens **25 Flugstunden mit Lehrberechtigtem** und **10 Flugstunden im Alleinflug unter Aufsicht**. In den 10 Alleinflugstunden müssen mindestens **5 Flugstunden auf Allein-Überlandflügen** und der **150-NM-Dreiecksflug** absolviert werden.

[JAR-FCL 1.120] Allerdings wird von dem Bewerber für eine PPL(A) eine **Gesamtflugzeit** von mindestens **45 Stunden** als Pilot auf Flugzeugen gefordert. Von den 45 Flugstunden dürfen (müssen aber nicht!) bis zu **5 Stunden** auf einem **FNPT II oder Flugsimulator** durchgeführt werden. Besitzt der Flugschüler bereits eine Lizenz, können sich die vom Bewerber geforderten Flugstunden wie unter L 2.2.6 oder in nebenstehender Tabelle beschrieben, reduzieren. Das bedeutet für Bewerber, die noch keine Lizenz für Flugzeuge besitzen, dass in der Ausbildung auf jeden Fall 45 Flugstunden absolviert werden müssen. Die nebenstehende Tabelle kann zur Planung der eigenen Flugausbildung verwendet werden:

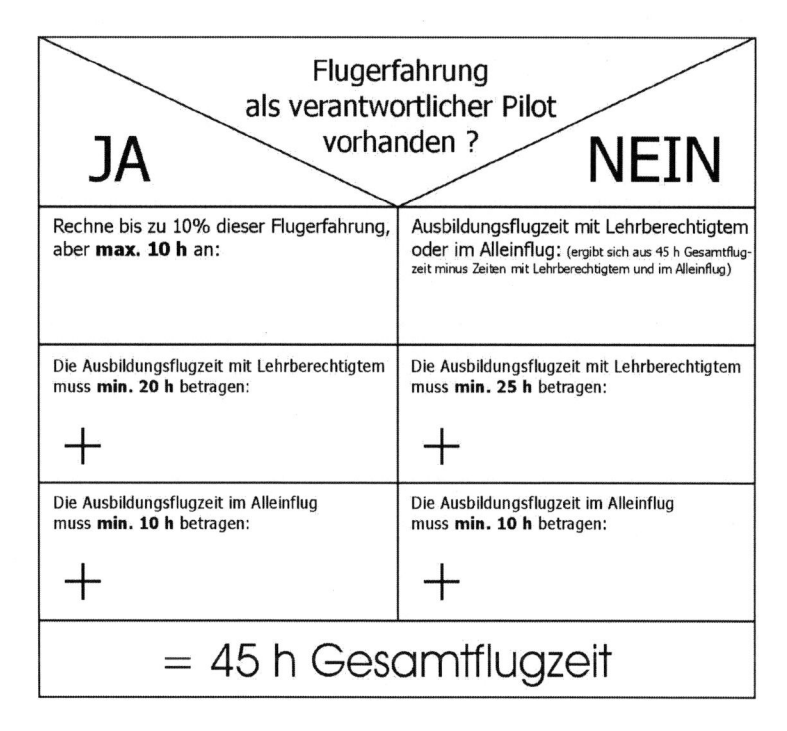

Flugerfahrung als verantwortlicher Pilot vorhanden?	
JA	**NEIN**
Rechne bis zu 10% dieser Flugerfahrung, aber **max. 10 h** an:	Ausbildungsflugzeit mit Lehrberechtigtem oder im Alleinflug: (ergibt sich aus 45 h Gesamtflugzeit minus Zeiten mit Lehrberechtigtem und im Alleinflug)
Die Ausbildungsflugzeit mit Lehrberechtigtem muss **min. 20 h** betragen: +	Die Ausbildungsflugzeit mit Lehrberechtigtem muss **min. 25 h** betragen: +
Die Ausbildungsflugzeit im Alleinflug muss **min. 10 h** betragen: +	Die Ausbildungsflugzeit im Alleinflug muss **min. 10 h** betragen: +
= 45 h Gesamtflugzeit	

Unter FNPT II ist ein **Flight Navigation Procedure Trainer** der Kategorie II zu verstehen, durch den ein generisches zweimotoriges Flugzeug simuliert wird. Die 5 Stunden Ausbildung auf einem FNPT II oder Flugsimulator sind optional, d.h. sie können durch ein Flugzeug ersetzt werden.

Die in der Ausbildung verwendeten **Flugzeuge** müssen nach JAR-Standards für die jeweilige Art des beabsichtigten Fluges ausgerüstet sein und instand gehalten werden. Außerdem müssen sie von der Behörde zum Zwecke der Ausbildung zugelassen sein.

Ausbildung zum nationalen PPL-N

[§ 1 LuftPersV] Die praktische Ausbildung zum nationalen PPL-N beinhaltet die Programmpunkte des in L 2.2.2 beschriebenen Moduls 1.

[§ 1 LuftPersV und JAR-FCL 1.125] **Programmpunkte beider Ausbildungsarten:**

- Flugvorbereitung (Bestimmung Masse und Schwerpunktlage, Kontrolle und Bereitstellung des Flugzeuges)
- Platzrundenverfahren, Verfahren zur Vermeidung von Zusammenstößen und Vorsichtsmaßnahmen
- Führen des Flugzeuges nach Sicht nach außen (Einhaltung der VFR-Bedingungen)
- Grenzflugzustände im unteren Geschwindigkeitsbereich; Erkennen und Beenden von beginnenden und voll überzogenen Flugzuständen
- Grenzflugzustände im oberen Geschwindigkeitsbereich; Erkennen und Beenden von Spiralsturzzuständen
- Starts und Landungen bei Seitenwind
- Starts mit höchstzulässiger Leistung auf kurzen Pisten und unter Berücksichtigung der Hindernisfreiheit und Landungen auf kurzen Pisten
- Führen des Flugzeuges ausschließlich nach Instrumenten, einschließlich einer Horizontalkurve von 180° (dieser Teil der Ausbildung kann von einem FI(A) durchgeführt werden (dieser Punkt gilt nur für PPL(A) nach JAR-FCL)
- Überlandflüge mit Sicht nach außen, Koppelnavigation und Funknavigationshilfen
- Notverfahren, einschließlich simulierter Ausfälle der Flugzeugausrüstung
- An- und Abflüge zu und von kontrollierten Flugplätzen, Durchflüge von Kontrollzonen, Einhaltung von Flugverkehrsverfahren, Sprechfunkverkehr und Sprechgruppen

2.2.6 Erleichterungen und Umschulungen

Durchgehende Ausbildung zur PPL(A) nach JAR-FCL

[JAR-FCL 1.120 und 1.125] Ein Bewerber für die PPL(A), der bereits eine Pilotenlizenz für Hubschrauber, UL-Hubschrauber, Flugschrauber, aerodynamisch gesteuertes UL-Flugzeug mit starren Tragflügeln, Segelflugzeug oder Motorsegler besitzt, kann 10% seiner Flugzeit als verantwortlicher Pilot (PIC Time) (max. aber 10 Stunden) auf die geforderten 45 Flugstunden Flugerfahrung anrechnen lassen. In diesem Fall können die normalerweise geforderten 25 Stunden mit Fluglehrer auf 20 Std. reduziert werden.

Modulare Ausbildung

[§ 1a LuftPersV] Für Lizenzinhaber anderer Luftfahrzeugkategorien ändert sich der Weg der modularen Ausbildung zum PPL(A) nach JAR-FCL wie folgt:
- Segelflugzeugführer und Hubschrauberführer benötigen für die Flugausbildung im Modul 1 nur 20 Flugstunden.
- Ultraleichtflugzeugführer (aerodynamisch gesteuert) benötigen für die Flugausbildung im Modul 1 nur 7 Flugstunden (davon mind. 10 Starts und Landungen).
- Segelflugzeugführer mit der Klassenberechtigung Reisemotorsegler benötigen für die Flugausbildung im Modul 1 nur 5 Flugstunden (davon mind. 10 Starts und Landungen).

Hier schließen sich bei allen die Theorie- und praktische Prüfung im Modul 1 an und die anderen beiden Module müssen ebenso durchlaufen werden, bis der PPL(A) nach JAR-FCL erteilt werden kann.

Anmerkung: Im Modul 2 kann auch bei Verwendung eines Reisemotorseglers während der Ausbildung nach bestandener Prüfung die Klassenberechtigung für Reisemotorsegler erworben werden. Allerdings muss, wer die PPL(A) nach JAR-FCL erlangen möchte, auch in diesem Fall erst die Klassenberechtigung SEP (land) für einmotorige, kolbengetriebene Landflugzeuge.

2.2.7 Prüfung

Theorieprüfung

§ 2 LuftPersV und Anh. 1 zu JAR-FCL 1.130 u. 1.135 In der max. 6-stündigen Theorieprüfung wird der Bewerber in untenstehenden neun Fächern schriftlich geprüft. Der Umfang der gesamten Prüfung beträgt mindestens 120 Fragen, von denen die meisten in Form von multiple choice beantwortet werden müssen. Dabei dürfen die nachfolgend pro Fach angegebenen Bearbeitungszeiten nicht überschritten werden:

Sachgebiet	Maximale Bearbeitungszeit in Minuten
Luftrecht und ATC-Verfahren, Sprechfunkverkehr	75
Aerodynamik	45
Allgemeine Luftfahrzeugkunde, Flugleistung und Flugplanung	60
Navigation, Flugleistung und Flugplanung	90
Meteorologie	30
Flugbetriebliche Verfahren, Verhalten in besonderen Fällen	30
Menschliches Leistungsvermögen	30
Praktische Sprechfunkverfahren können nach Ermessen der prüfenden Stelle Inhalt der Prüfung sein	nicht festgelegt

Zum Bestehen eines Prüfungsfaches sind mindestens 75% der maximal möglichen Punktezahl erforderlich. Die gesamte Prüfung kann nur bestanden werden, wenn innerhalb von 12 Monaten alle einzelnen Prüfungsfächer bestanden worden sind. Eine bestandene Prüfung wird von der Behörde maximal 24 Monate nach dem Datum des Bestehens für die Erteilung der PPL(A) akzeptiert.

Praktische Prüfung

§ 2 LuftPersV und Anh. 1 zu JAR-FCL 1.130 u. 1.135 Vor der Teilnahme an der praktischen Prüfung muss die theoretische Prüfung erfolgreich abgeschlossen sein; allerdings können für Bewerber aus der durchgehenden Ausbildung diesbezüglich Ausnahmen gemacht werden. Auf jeden Fall muss die Theorieausbildung vor der praktischen Prüfung beendet worden sein. Zwischen dem Datum der Beendigung der Flugausbildung und der praktischen Prüfung dürfen nicht mehr als 6 Monate liegen.

Durch einen bestandenen Prüfungsflug erwirbt der Bewerber (automatisch) die Klassen- oder Musterberechtigung auf dem in der Prüfung verwendeten Flugzeug.

Anh. 1 zu JAR-FCL 1.130 u. 1.135 Toleranzen bei der praktischen Prüfung:

Flughöhe	normaler Flug:	± 150 ft
	mit simulierten Triebwerksausfall:	± 200 ft
Steuerkurs und Einhalten	normaler Flug:	± 10°
einer Funkstandlinie	mit simulierten Triebwerksausfall:	± 15°
Geschwindigkeit	Start und Anflug:	+ 15 / - 5 kt
	alle anderen Flugzustände:	± 15 kt

2.2.8 Erteilung und Umfang der Lizenzen

Die Privatpilotenlizenzen und auch deren Berechtigungen (vgl. L 2.3) werden von der Luftfahrtbehörde des Landes, in dem der Bewerber seinen Hauptwohnsitz hat oder ausgebildet wurde, erteilt. Inhaber eines PPL mit Instrumentenberechtigung erhalten ihre Lizenz vom LBA.

[§ 26 LuftVZO] Die Lizenz, das fliegerärztliche Tauglichkeitszeugnis, das Flugbuch und der Personalausweis oder Reisepass sind bei der Ausübung der fliegerischen Tätigkeit mitzuführen.

[§ 3 LuftPersV, JAR-FCL 1.110] Als Inhaber einer Privatpilotenlizenz ist man berechtigt, als verantwortlicher Pilot auf Flugzeugen der eingetragenen Klassenberechtigungen im nichtgewerbsmäßigen Luftverkehr tätig zu sein. Als berufliche Tätigkeit (allerdings nur im nichtgewerbsmäßigen Luftverkehr) dürfen mit einem PPL folgende Tätigkeiten als verantwortlicher Pilot ausgeführt werden, wenn die entsprechenden Berechtigungen im Schein eingetragen sind:

- Schleppen von Gegenständen
- Ausbildung von Privatflugzeugführern

Alle erwähnten Tätigkeiten dürfen mit PPL-N nur innerhalb Deutschlands, mit PPL(A) auch im Ausland ausgeführt werden.

2.2.9 Gültigkeitsdauer, Verlängerung und Erneuerung der Lizenzen

	Nationaler PPL-N	**PPL(A) nach JAR-FCL**
Gültigkeitsdauer	[§ 4 (1) LuftPersV] Die Lizenz für den nationalen PPL wird mit einer Gültigkeitsdauer von **60 Monaten** erteilt. Die Gültigkeit der Lizenz richtet sich nach der Gültigkeit des fliegerärztlichen **Tauglichkeitszeugnisses** (s. L 2.2.3).	[§ 3 1.DV LuftPersV] Die Gültigkeitsdauer richtet sich nach den Bestimmungen der JAR-FCL 1 und beträgt für die PPL(A) höchstens **60 Monate**. [JAR-FCL 1.025 (b)] Die Gültigkeit der Lizenz wird durch die Gültigkeit der eingetragenen **Berechtigungen** und das **Tauglichkeitszeugnis** bestimmt.
Verlängerung	[§ 4 (3) LuftPersV] Innerhalb des Gültigkeitszeitraumes wird die Lizenz auf **Antrag** durch den Lizenzinhaber, **verlängert**; dabei werden noch gültige **Berechtigungen** in die neu auszustellende Lizenz übernommen.	In JAR-FCL wird nicht von einer Verlängerung der Lizenz gesprochen, sondern von einer **Neuausstellung**. Der Lizenzinhaber hat einen **Antrag** auf Neuausstellung zu stellen. [JAR-FCL 1.025 (c)] Innerhalb der Gültigkeitsdauer wird die Lizenz in folgenden Fällen neu ausgestellt:
Erneuerung	[§ 4 (3) LuftPersV] Wurde in dem Zeitraum von 45 Tagen vor Ablauf der Lizenz keine fliegerärztliche Tauglichkeitsuntersuchung durchgeführt, kann die Lizenz nur noch **erneuert** werden. In diesem Falle müssen die gleichen Voraussetzungen wie für die Verlängerung erfüllt werden.	(1) beim Ersterwerb sowie bei der Erneuerung einer Berechtigung; (2) wenn unter Punkt XII der Lizenz kein Platz für weitere Eintragungen zur Verfügung steht; (3) aus verwaltungstechnischen Gründen; (4) nach Ermessen der zuständigen Stelle bei Verlängerung einer Berechtigung. Gültige Berechtigungen werden in die neu ausgestellte Lizenz übernommen.

- Eine Klassenberechtigung ist dann gültig, wenn die nach L 2.3.1 genannten Voraussetzungen für die Ausübung der Rechte einer Klassenberechtigung erfüllt werden.
- Weitere Voraussetzung für eine Lizenzverlängerung ist die Vorlage eines gültigen **Tauglichkeitszeugnisses**; dabei ist die unter L 2.2.3 (s. Flugmedizinische Tauglichkeitsuntersuchung) beschriebene "45-Tage-Regelung" einzuhalten. Wurde dieser Zeitraum **verpasst**, gelten die unter L 2.2.3 (Flugmedizinische Tauglichkeitsuntersuchung) genannten Regelungen für die Verlängerung

2.2.10 Nachweis der fliegerischen Tätigkeit (Flugbuch)

§ 120 LuftPersV Privatluftfahrzeugführer müssen folgende Angaben über die ausgeübte fliegerische Tätigkeit in einem Flugbuch festhalten (das Flugbuch muss 2 Jahre nach der letzten Eintragung aufgehoben werden):

Datum	Art des Fluges (VFR/IFR)	Kennzeichen Lfz	Abflugzeit	Landezeit	Flugdauer	Abflugort	Landeort

JAR-FCL 1.080 Folgende Daten sind im Flugbuch zu vermerken:

Datum	
Name des verantwortlichen Piloten	
Startflugplatz	
Abflugzeit	als Blockzeit in UTC; Blockzeit ist die Zeit der erstmaligen Bewegung eines Luftfahrzeuges mit eigener oder fremder Kraft zum Zwecke des Abfluges
Muster	Bauart, Modell und Baureihe
Kennzeichen	des Flugzeuges
ein- oder mehrmotoriges Flugzeug single engine / SE oder multi engine / ME	
Angaben zum FNPT	s. JAR-FCL 1.080
Zeit als verantwortlicher Pilot **Pilot in Command / PIC**	dazu gehören alle Zeiten, in denen der man als verantwortlicher Pilot tätig ist: **Alleinflugzeit:** Die Flugzeit, in der sich der Flugschüler allein an Bord befindet **Ausbildungszeit als verantwortlicher Pilot** **Student Pilot-In-Command / SPIC:** Die Flugzeit, in der ein Flugschüler die Tätigkeit des verantwortlichen Piloten ausübt und der Lehrberechtigte ihn nur beobachtet und den Flug nicht beeinflusst **Flugzeit als verantwortlicher Pilot unter Aufsicht** **Pilot-In-Command Under Supervision / PICUS:** Die Flugzeit, in der ein Pilot (z.B. Copilot) die Tätigkeit des verantwortlichen Piloten ausübt und der verantwortliche Pilot ihn nur beobachtet und den Flug nicht beeinflusst **Zeit als Lehrberechtigter oder Prüfer**
Zeit als Copilot	Zeit der Tätigkeit, die ein Copilot nicht als verantwortlicher Pilot ausübt an Bord eines Flugzeuges, für das eine Mindestbesatzung von 2 Piloten vorgeschrieben ist
Flugzeit ist nach JAR-FCL die Blockzeit / Blocktime	Blockzeit ist die anrechenbare Gesamtzeit zwischen der erstmaligen Bewegung eines Luftfahrzeuges mit eigener oder fremder Kraft zum Zwecke des Abfluges bis zum Stillstand nach der Beendigung des Fluges [JAR-FCL 1.001 und §2 (3) 1.DV zur LuftPersV]
Ausbildungszeit mit Lehrberechtigtem	Zeiten der Flugausbildung für eine Lizenz, Berechtigung
Instrumentenzeit	**Instrumentenflugzeit:** Die Zeit, in der ein Pilot ein Luftfahrzeug ausschließlich nach Instrumenten unter tatsächlichen oder simulierten Instrumentenflugbedingungen führt **Instrumentenbodenzeit** Die Zeit, in der ein Pilot eine Ausbildung im simulierten Instrumentenflug in synthetischen Flugübungsgeräten (Synthetic Training Devices / STDs) erhält
Überlandflugzeit / Cross Country Time	Die Flugzeit, während der man den Verkehr in der Platzrunde nicht sehen kann.
Nachtflüge	Flugzeiten zwischen Sunset plus 30 Minuten bis Sunrise minus 30 Minuten

Flugbücher müssen bei Überlandflügen (auch von Flugschülern) an Bord mitgeführt werden.

2.3 Berechtigungen

2.3.1 Klassenberechtigung / Class Rating (CR)

Regelungen für den nationalen PPL-N

Klassen-berechtigung	Reisemotorsegler § 3a LuftPersV	Einmotorige kolbengetriebene Landflugzeuge bis 2000 kg § 3b LuftPersV
Voraussetzungen	PPL-N	
Ausbildung	• **5 Flugstunden** Einweisung in die Führung und Bedienung der entsprechenden Flugzeuge, deren Beherrschung in besonderen Flugzuständen und Verhalten in Notfällen • darin enthalten: **10 Starts und Landungen mit Fluglehrer** • und: **10 Starts und Landungen im Soloflug** Für die Klassenberechtigung für Reisemotorsegler müssen jeweils 5 der Landungen mit und ohne Lehrer mit **abgestelltem Triebwerk** erfolgen.	
Prüfung	praktische Prüfung	
Gültigkeitsdauer	24 Monate	
Ausübung	§ 4 (2) LuftPersV Die Rechte der Klassenberechtigung dürfen nur ausgeübt werden, wenn innerhalb der letzten **24 Monate** folgende Kriterien erfüllt werden: **entweder:** • **12 Flugstunden** (davon **6 Stunden** als verantwortlicher Luftfahrzeugführer) auf einmotorigen kolbengetriebenen Landflugzeug oder Reisemotorsegler oder aerodynamisch gesteuerten UL • darin enthalten: **12 Starts und Landungen** • und: 1 **Übungsflug** mit Fluglehrer (mindestens 1 Stunde Flugzeit) **oder:** • **Befähigungsüberprüfung** mit einem Prüfer innerhalb der letzten 3 Monate vor Ablauf der Gültigkeit (dieser Flug kann durch jede andere Befähigungsüberprüfung oder praktische Prüfung für eine Klassen- oder Musterberechtigung ersetzt werden) Der Übungsflug oder die Befähigungsüberprüfung müssen durch **Unterschrift** des Fluglehrers oder Prüfers im Flugbuch nachgewiesen werden.	

Regelungen für PPL(A) nach JAR-FCL

JAR-FCL 1.215 Flugzeuge, die von **einem Piloten** geflogen werden dürfen und **keine Musterberechtigung** erfordern, werden in folgenden **Klassenberechtigungen** zusammengefasst:

	Piston (kolbengetrieben)		Propeller-**T**urbine
	Single **E**ngine einmotorig	**M**ulti **E**ngine mehrmotorig	**S**ingle **E**ngine einmotorig
Land	**SEP** (land)	**MEP** (land)	**SET** (land)
See	**SEP** (sea)	**MEP** (sea)	**SET** (sea)

JAR-FCL 1.220 Für mehrmotorige Flugzeuge mit Propellerturbinenantrieb – MET ist eine Musterberechtigung notwendig.

Motorsegler gehören zu der Klasse **TMG** (Touring Motor Glider) bzw. Reisemotorsegler

C.L. Luftrecht L 19

Für den Wechsel auf ein anderes Muster oder auf eine andere Baureihe innerhalb einer Klassenberechtigung ist entweder eine **Unterschiedsschulung (Differences Training/D)** (s. L 2.3.3) oder ein **Vertrautmachen (Familiarization/F)** (s. L 2.3.4) erforderlich. Welche Art jeweils nötig ist, wird im **Anhang 1 M zur 1. DV LuftPersV** festgelegt.

Klassenberechtigung	JAR-FCL 1.215 **Alle Klassenberechtigungen für** Flugzeuge, die von **einem Piloten** geflogen werden dürfen und **keine Musterberechtigung** erfordern SEP (land), SEP (sea), TMG, SET (land), SET (sea), MEP
Voraussetzungen	PPL-(A) nach JAR-FCL JAR-FCL 1.260 für mehrmotorige Flugzeuge mindestens **70 Flugstunden** als verantwortlicher Pilot
Ausbildung	JAR-FCL 1.261(a) **theoretische Ausbildung** nach Anhang 1 zu JAR-FCL 1.261(a) und nach Anhang 1 G zur 1. DV LuftPersV; für einmotorige Flugzeuge ist für die theoretische Ausbildung kein Zeitrahmen vorgeschrieben, für mehrmotorige Flugzeuge sind mindestens 7 Stunden Unterricht nachzuweisen JAR-FCL 1.261(b) **praktische Ausbildung** ohne festgelegten Zeitrahmen (gilt für ein- und mehrmotorige Flugzeuge) JAR-FCL 1.261(c)(3) die **theoretische und praktische Ausbildung** für SEP und TMG kann von einem FI(A) oder CRI(A) durchgeführt werden; alle anderen Klassenberechtigungen müssen in einer FTO oder TRTO erworben werden
Prüfung	JAR-FCL 1.262(a) praktische Prüfung
Gültigkeitsdauer	JAR-FCL 1.245(c) 2 Jahre für einmotorige Flugzeuge mit einem Piloten JAR-FCL 1.245(a) 1 Jahr für zweimotorige Flugzeuge JAR-FCL 1.2.35 (c) Wurden auf der Baureihe innerhalb eines Zeitraumes von 2 Jahren nach der Unterschiedsschulung keine Flüge durchgeführt, ist eine erneute Unterschiedsschulung oder eine Befähigungsüberprüfung auf einem Flugzeug dieser Baureihe erforderlich, außer für Muster oder Baureihen innerhalb der Klassenberechtigung SEP.
Verlängerung	JAR-FCL 1.245(c)(1) für SEP (land) **und/oder** TMG gilt: **entweder:** - **innerhalb der letzten 12 Monate** vor Ablauf der Gültigkeitsdauer **12 Flugstunden** (diese dürfen sich kumulativ aus den Flugstunden beider Klassen zusammen ergeben) (davon **6 Stunden** als verantwortlicher steuernder Pilot) auf einmotorigen kolbengetriebenen Landflugzeug oder Reisemotorsegler; die Formulierung *als verantwortlicher steuernder Pilot* bedeutet Flugzeiten, die z.B. mit Fluglehrer oder Einweisungsberechtigtem geflogen wurden - darin enthalten: **12 Starts und Landungen** - und: 1 **Übungsflug** mit Fluglehrer (mindestens 1 Stunde Flugzeit) **oder:** - **Befähigungsüberprüfung mit einem Prüfer innerhalb der letzten 3 Monate** vor Ablauf der Gültigkeit (dieser Flug kann durch jede andere Befähigungsüberprüfung oder praktische Prüfung für eine Klassen- oder Musterberechtigung ersetzt werden) Der Übungsflug oder die Befähigungsüberprüfung müssen durch **Unterschrift** des Fluglehrers oder Prüfers im Flugbuch nachgewiesen werden. JAR-FCL 1.245(b) und JAR-FCL 1.245(c)(2) für zweimotorige Flugzeuge und SET (land) **Befähigungsüberprüfung** mit einem Prüfer innerhalb der letzten 3 Monate vor Ablauf der Gültigkeit
Abgelaufene Berechtigung	JAR-FCL 1.245(c)(2) für einmotorige Flugzeuge mit einem Piloten: praktische Prüfung JAR-FCL 1.245(c)(1) für mehrmotorige Flugzeuge: Auffrischungsschulung und Befähigungsüberprüfung

2.3.2 Musterberechtigung / Type Rating (TR)

Flugzeuge, die sich aufgrund gewisser Eigenschaften von anderen stark unterscheiden, können nicht in Klassenberechtigungen zusammengefasst, sondern es müssen für diese einzelne Musterberechtigungen erteilt werden. Darunter fallen Flugzeuge, die

- von 2 Piloten betrieben werden müssen
- von einem Piloten betrieben werden dürfen und mehrere Motoren mit Propellerturbinen- oder Strahlturbinenantrieb haben
- von einem Piloten betrieben werden dürfen und einen einmotorigen Strahlturbinenantrieb haben
- von der Behörde aus anderen Gründen (z.B. wegen spezieller Flugeigenschaften) entsprechend eingestuft werden

Zum **Erwerb** einer Musterberechtigung muss ein Lehrgang besucht werden, der innerhalb von 6 Monaten vor der praktischen Prüfung zu absolvieren ist.

Für den Wechsel auf eine andere Baureihe innerhalb einer Musterberechtigung ist entweder eine **Unterschiedsschulung (Differences Training/D)** (s. L 2.3.3) oder ein **Vertrautmachen (Familiarization/F)** (s. L2.3.4) erforderlich. Welche Art jeweils nötig ist, wird im **Anhang 1 N zur 1. DV LuftPersV** festgelegt.

Eine Musterberechtigung für ein Flugzeug, das als **HPA (High Performance Aeroplane / Hochleistungsflugzeuge)** eingestuft wird, erfordert das Aneignen zusätzlicher theoretischer Kenntnisse, wenn man nicht Inhaber der ATPL(A) ist, oder diese Kenntnisse bereits anderweitig erlangt hat.

Nach **Ablauf der Gültigkeit** einer Musterberechtigung muss u.a. eine Befähigungsüberprüfung abgelegt werden.

2.3.3 Unterschiedsschulung (Differences Training/D)

[JAR-FCL 1.235 (1)] Eine Unterschiedsschulung erfordert zusätzliche Kenntnisse und eine Schulung auf dem Flugzeug oder einem geeigneten Übungsgerät. Die Unterschiedsschulung ist in das Flugbuch des Piloten einzutragen und von einem CRI/TRI/SFI(A) oder FI(A) abzuzeichnen.

2.3.4 Vertrautmachen (Familiarization/F)

[JAR-FCL 1.235 (1)] Ein Vertrautmachen erfordert den Erwerb zusätzlicher Kenntnisse.

2.3.5 Nachtflugqualifikation

[§ 3 LuftPersV] Mit PPL-N und PPL(A) kann durch eine entsprechende Ausbildung die **Nachtflugqualifikation** erworben werden. Diese setzt mindestens 5 zusätzliche Flugstunden bei Nacht voraus, von denen mindestens 3 Stunden mit Fluglehrer und eine Stunde als Überlandflug durchgeführt werden müssen. Dazu sind mindestens 5 solo Starts- und Landungen (bis zum Stillstand) zu absolvieren. Die Nachtflugqualifikation wird in die Lizenz eingetragen.

2.3.6 Sonstige Berechtigungen

Berechtigungen werden mit dem jeweiligen Ablauf ihrer Gültigkeitsdauer in die Lizenz eingetragen. Die Berechtigungen für Kunstflug, Schleppflug sowie Streuen und Sprühen bleiben nationale Berechtigungen, d.h. sie sind auch nur national gültig; sie werden auf einem gesonderten Beiblatt eingetragen. Andere JAA-Staaten können ebenso landesspezifische Berechtigungen haben (z.B. die Gletscherflugberechtigung in der Schweiz).

Luftrecht

Berechtigung	Kunstflug	Schleppen ohne Fangschlepp	Schleppen mit Fangschlepp	Wolkenflug für Segelflugzeugführer	Streuen und Sprühen	Fluglehrer FI(A) nach JAR-FCL	Fluglehrer für Privatflugzeugführer nach § 1 LuftPersV
Fundstelle	§ 81 LuftPersV	§ 84 LuftPersV	§ 84 LuftPersV	§ 85 LuftPersV	§ 86 LuftPersV	§ 88 LuftPersV und JAR-FCL 1.320	§ 88a LuftPersV
Zweck	Durchführung von Kunstflug	Schleppen von Motorseglern, Segelflugzeugen oder Gegenständen ohne Fangschlepp	Schleppen von Motorseglern, Segelflugzeugen oder Gegenständen mit Fangschlepp	Einflug in Wolken	Streuen und Sprühen von Stoffen aus Flugzeugen	Praktische Ausbildung nach JAR-FCL	Praktische Ausbildung von Privatflugzeugführern nach § 1 LuftPersV
Voraussetzungen	50 h PIC nach Erwerb der Erlaubnis	30 h PIC nach Erwerb der Erlaubnis; davon 5 h auf dem Muster, für das die Berechtigung erworben werden soll	90 h PIC nach Erwerb der Erlaubnis; davon 5 h auf dem Muster, für das die Berechtigung erworben werden soll	70 h PIC für Segelflugzeugführer	400 h PIC auf dem Muster, auf dem die Berechtigung erworben werden soll; diese Voraussetzung entfällt, wenn gleichzeitig eine Berufsflugzeugführerlizenz angestrebt wird	200 h, davon 150 h PIC als PPL(A)-Inhaber; CPL(A)-Theorie-Kenntnisse; 30 h SEP von denen mind. 5 h während der letzten 6 Monate vor Auswahlprüfung; 10 h Ausbildung im Instrumentenflug; 20 h Überlandflüge als PIC davon einen 300 NM-Dreiecksflug	200 h PIC, davon können 50 h auf Heli und/oder Segelflugzeug oder 170 auf Reisemotorsegler geflogen worden sein; CVFR-Berechtigung; BZF I oder AZF; Auswahlprüfung
Ausbildung	5 Flugstunden; die Ausbildung von Flugzeugführern und Segelflugzeugführern kann auf Motorseglern erfolgen	5 Flüge mit Segelflugzeug oder Gegenständen im Schlepp (Bewerber ohne Segelflugberechtigung müssen an 5 F-Schlepp-Starts teilnehmen)	5 Flüge, bei denen die Schlinge ohne Schleppgegenstand aufzunehmen ist und 5 Flüge, bei denen der Schleppgegenstand im Fangschlepp aufzunehmen ist	10 h Instrumentenflugübungen (CVFR-Inhaber: 6 h; IFR-Inhaber:prakt. Einweisung) ohne Sicht nach aussen mit Lehrer auf Segelflugzeug oder MoSe innerhalb letzte 12 Monate vor Antragstellung	30 h Theoriestunden und 30 Flugstunden	Theorie und Praxis in einer FTO; 30 Flugstunden, davon 25 h mit Fluglehrer und 5 h können mit weiterem Anwärter oder 5 h auf FNPT II	zweiwöchiger Lehrgang mit 80 Stunden Theorie und Flugausbildung
Max. Ausbildungsdauer	nicht festgelegt	6	6	10	12	nicht festgelegt	6
Prüfung	Praxis	keine	keine	prakt. Überprüfung durch Sachverständigen		Theorie und Praxis	
Gültigkeit	richtet sich nach Lizenz	die Rechte dürfen nur ausgeübt werden, wenn 5 Schleppflüge innerhalb letzte 12 Monate durchgeführt		richtet sich nach Lizenz	richtet sich nach Lizenz und Klassenberechtigung	3 Jahre	
Verlängerung	eine noch gültige Berechtigung wird bei Lizenzverlängerung in die neue Lizenz übernommen					mind. 2 der folg. Voraussetzungen: (1) 100 h Flugausbildungstätigkeit als FI, CRI, IRI oder Prüfer, davon 30 h letzte 12 Monate; (2) FI-Fortbildungslehrgang; (3) Befähigungsüberprüfung letzte 12 Monate	mind. 2 der folg. Voraussetzungen: (1) 10 h Flugausbildungstätigkeit oder 60 Starts und Landungen als Fluglehrer oder Prüfer; (2) Fortbildungslehrgang für Fluglehrer letzte 12 Monate; (3) Befähigungsüberprüfung letzte 12 Monate

2.4 Flugfunkzeugnisse

Definitionen

Luftfunkstelle ist eine bewegliche Funkstelle des beweglichen Flugfunkdienstes an Bord eines Lfz

Bodenfunkstelle ist eine ortsfeste Funkstelle des beweglichen Flugfunkdienstes

Beweglicher Flugfunkdienst zwischen Boden- und Luftfunkstellen oder zwischen Luftfunkstellen

§ 1 FlugfunkV Wer in der Bundesrepublik Deutschland an Bord eines Luftfahrzeuges oder am Boden den Flugfunkdienst ausübt, benötigt ein von der Regulierungsbehörde für Telekommunikation und Post (RegTP) ausgestelltes oder anerkanntes Flugfunkzeugnis. Ausgenommen hiervon ist die Ausübung des Flugfunkdienstes bei Luftfunkstellen an Bord von Luftfahrzeugen, die bei der Ausbildung von Luftfahrtpersonal verwendet werden.

§ 2 FlugfunkV Die Regulierungsbehörde für Telekommunikation und Post stellt folgende Flugfunkzeugnisse aus:

AZF	Allgemeines Sprechfunkzeugnis für den Flugfunkdienst	berechtigt, den Sprechfunk bei einer Boden- oder Luftfunkstelle uneingeschränkt auszuüben.
BZF I	Beschränkt gültiges Sprechfunkzeugnis I für den Flugfunkdienst	berechtigt, den Sprechfunk bei einer Luftfunkstelle an Bord eines Luftfahrzeuges, das nach Sichtflugregeln fliegt, oder bei einer Bodenfunkstelle mit Luftfunkstellen der vorgenannten Art auszuüben
BZF II	Beschränkt gültiges Sprechfunkzeugnis II für den Flugfunkdienst	berechtigt, den Sprechfunk innerhalb der Bundesrepublik Deutschland nur in deutscher Sprache bei einer Luftfunkstelle an Bord eines Luftfahrzeuges, oder bei einer Bodenfunkstelle mit Luftfunkstellen der vorgenannten Art auszuüben

2.5 Sonstige Bestimmungen

2.5.1 Ausbildungsberechtigte Stellen

§ 30 LuftVZO Nach JAR werden die Flugschulen als **FTO – Flight Training Organization** (Ausbildungsbetrieb) bzw. **RF – Registered Facility** (Registrierte Ausbildungseinrichtung) unterschieden.

	Ausbildung durch FTO oder RF	Ausbildung durch Fluglehrer oder Einweisungsberechtigten
PPL	muss	nein
Funknavigationsmodul	muss	nein
Kunstflugberechtigung	muss	nein
Schleppberechtigung	kann	kann
Nachtflugberechtigung	muss	nein
Klassen- oder Musterberechtigung	kann	kann
Erneuerung einer ruhenden Erlaubnis	kann	kann • z.B. wenn der Fluglehrer eigenes Flugzeug, welches nicht in einer Schule oder in einem Verein gemeldet ist, besitzt • alle norm. Verlängerungsbedingungen müssen mit Flugauftrag erfüllt werden, der 3 x 100 km Überlandflug in Begleitung eines Fluglehrers

2.5.2 Alleinflüge während Ausbildungen

§ 117 LuftPersV Alleinflüge zum Erwerb, zur Erweiterung oder Erneuerung von Lizenzen oder Berechtigungen dürfen nur mit einem Flugauftrag des Fluglehrers durchgeführt werden. Zuvor muss sich der Fluglehrer von der Befähigung des Flugschülers überzeugt haben. Vor dem allererstem Alleinflug bedarf es der Zustimmung eines zweiten Fluglehrers.
In der Ausbildung zum Privatluftfahrzeugführer muss der Flugschüler vor Flügen außerhalb der Sichtweite des Fluglehrers:

1. mindestens 16 Jahre alt sein
2. das fliegerärztliche Tauglichkeitszeugnis mind. Klasse II besitzen
3. die theoretische Prüfung bestanden haben
4. eine theoretische und praktische Einweisung in besondere Flugzustände und in das Verhalten bei Notfällen erhalten haben
5. mindestens zwei Überlandeinweisungen erhalten haben
6. einen schriftlichen Flugauftrag erhalten haben, den er während des Fluges mit sich führt.

2.5.3 Verantwortlicher Flugzeugführer

§ 2 LuftVO Die in diesem Paragrafen festgelegten **Rechte und Pflichten** des verantwortlichen Luftfahrzeugführers gelten unabhängig davon, ob er das Luftfahrzeug selbst führt oder nicht. Grundsätzlich hat der verantwortliche Luftfahrzeugführer das Luftfahrzeug während des Fluges und am Boden zu führen.
Sofern mehrere berechtigte Luftfahrzeugführer an Bord sind, entscheidet der **Halter**, wer der verantwortliche Luftfahrzeugführer ist. Ist der verantwortliche Luftfahrzeugführer nicht benannt worden, ist der verantwortliche Luftfahrzeugführer derjenige, der das Luftfahrzeug von dem **Sitzplatz** des verantwortlichen Luftfahrzeugführers aus führt.
Sofern dieser Sitz nicht im Flughandbuch oder anderweitig festgelegt ist, handelt es sich bei nebeneinander angeordneten Sitzen bei Flugzeugen, Motorseglern und Segelflugzeugen um den **linken Sitz**, bei Hubschraubern um den rechten Sitz, bei hintereinander angeordneten Sitzen um den Sitz, der bei Alleinflügen eingenommen werden muss. Ausschließlich bei **Ausbildungs,- Einweisungs- und Prüfungsflügen** darf der verantwortliche Luftfahrzeugführer von dieser Regelung abweichen.

§ 3 LuftVO Der Luftfahrzeugführer hat das **Entscheidungsrecht** über die Führung des Luftfahrzeuges.

2.5.4 Mitnahme von Fluggästen

| **Flug-erfahrung des Luftfahrzeug-führers** | JAR-FCL 1.026 (a) Ein Pilot darf als verantwortlicher Pilot oder Copilot auf Flugzeugen bei der Beförderung von Fluggästen nur tätig werden, wenn er innerhalb der vorangegangenen **90 Tage drei Starts und drei Landungen als steuernder Pilot** auf einem Flugzeug desselben Musters/derselben Klasse oder in einem Flugsimulator des/der verwendeten Musters/Klasse durchgeführt hat (vgl. auch § 122 (1) LuftPersV)

JAR-FCL 1.026 (b) Der Inhaber einer Lizenz, die keine Instrumentenflugberechtigung (Flugzeug) beinhaltet, darf als verantwortlicher Pilot auf Flugzeugen bei der Beförderung von Fluggästen bei Nacht nur tätig werden, wenn er innerhalb der vorangegangenen 90 Tage mindestens einen Start und eine Landung gemäß JAR-FCL 1.026 (a) bei Nacht durchgeführt hat. (vgl. auch § 122 (2) LuftPersV)

§ 122 (4) LuftPersV Kunstflüge mit Passagieren dürfen nur durchgeführt werden, wenn der Lizenzinhaber mindestens **50 Kunstflüge** im Alleinflug nach Erhalt der Berechtigung nachweisen kann; davon müssen **3 Kunstflüge** innerhalb der letzten **90 Tage** durchgeführt worden sein.

§ 8 LuftVO Außerdem müssen die Passagiere mit dem Kunstflug **einverstanden** sein. |
|---|---|
| **Unterbringung von Fluggästen** | Fluggäste dürfen auch auf einem Führersitz untergebracht werden; die Überlassung der Steuerung ist jedoch nicht erlaubt.

§ 19 (1) LuftBO Zwei Kinder im Alter bis zu zehn Jahren dürfen gemeinsam auf einem Sitz untergebracht werden, sofern das Luftfahrzeug nicht zur Lufttüchtigkeitsgruppe "Verkehrsflugzeuge" gehört. Ein Kind unter zwei Jahren darf von einem Erwachsenen auf dem Schoß mitgenommen werden. |

2.5.5 Rollschein

Ein Flugzeugführer, in dessen Beiblatt zum Luftfahrerschein die Musterberechtigung für ein bestimmtes Muster nicht eingetragen ist, darf ein solches Luftfahrzeug rollen, sofern er es beherrscht und vom Flugzeughalter schriftlich mit dem Rollen des Flugzeuges beauftragt worden ist.

2.5.6 Sachkundige Personen

Triebwerke dürfen nur in Betrieb genommen werden, wenn sich im Führersitz eine sachkundige Person befindet und Personen nicht gefährdet werden.

2.5.7 Selbstkostenflüge

§ 20 LuftVG Generell darf ein PPL-Inhaber gegen Entgelt (also gegen Erstattung der Selbst- oder Betriebskosten) nichtgewerbsmäßig Fluggäste und/oder Fracht befördern, wenn das dazu verwendete Luftfahrzeug für höchstens 4 Personen zugelassen ist. Für Selbstkostenflüge mit Luftfahrzeugen, die für mehr als 4 Personen zugelassen sind, benötigt man eine Genehmigung. Diese Genehmigung liegt registrierten Luftfahrtunternehmen generell vor.

3. Lufträume

3.1 Unterer und oberer Luftraum

Der gesamte Luftraum über der Bundesrepublik Deutschland ist in den **unteren** und **oberen Luftraum** eingeteilt. Der untere Luftraum beginnt ab dem **Erdboden (GND - ground)**. Die Trennhöhe zwischen beiden Lufträumen ist die Flugfläche 245 bzw. FL 245 (zur Erklärung des Begriffes Flugfläche s. L 5.3).

Die Obergrenze des oberen Luftraumes ist **unbegrenzt (UNL - unlimited)**. Lufträume enthalten **Kontrollbezirke**, in denen der Luftverkehr einer Verkehrslenkung durch Flugverkehrskontrollstellen unterliegt und **Fluginformationsgebiete**, in denen Flugzeugführern Fluginformationen zwecks einer sicheren Flugdurchführung gegeben werden.

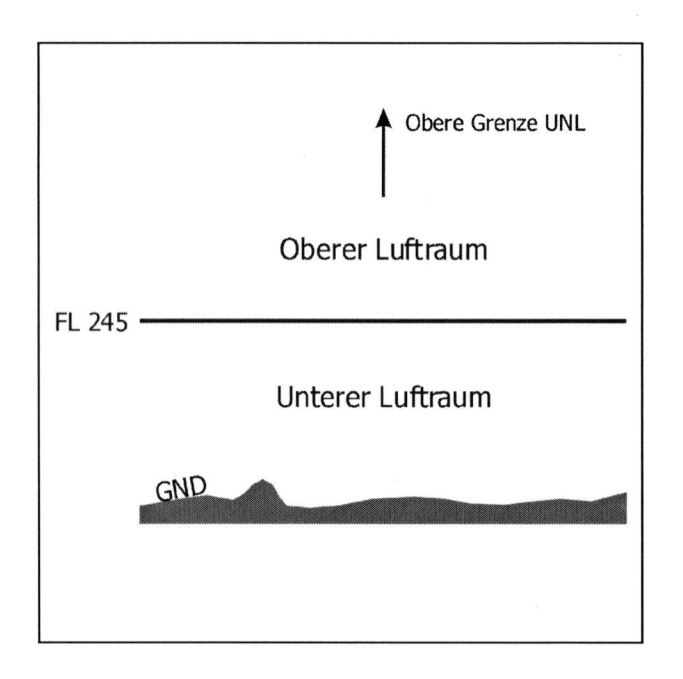

3.2 Fluginformationsgebiete

§ 10 (1) LuftVO Das BMVBW legt Fluginformationsgebiete zur Durchführung des Fluginformationsdienstes und des Flugalarmdienstes (vgl. L 4.1.1 u. 4.1.2) fest:

Fluginformationsgebiete im unteren Luftraum

Der untere Luftraum ist in die fünf **Fluginformationsgebiete (FIR - Flight Information Region)**
- **Berlin**
- **Bremen**
- **Düsseldorf**
- **Frankfurt**
- **München**

aufgeteilt. Die FIRs beinhalten die FIS-Sektoren, deren Unterteilung auf den Luftfahrtkarten ICAO (1:500.000) aufgezeichnet sind und im AIP-GEN enthalten sind. Die Fluginformationsgebiete erstrecken sich von GND bis FL 245.

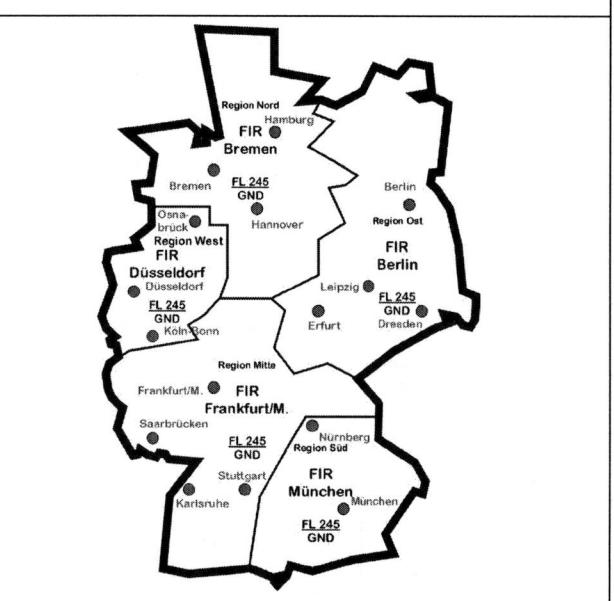

Obere Fluginformationsgebiete im oberen Luftraum

Der obere Luftraum ist in die drei **oberen Fluginformationsgebiete (UIR / Upper Flight Information Region)**
- **Berlin**
- **Hannover**
- **Rhein**

aufgeteilt. Alle oberen Fluginformationsgebiete erstrecken sich von FL 245 bis UNL.

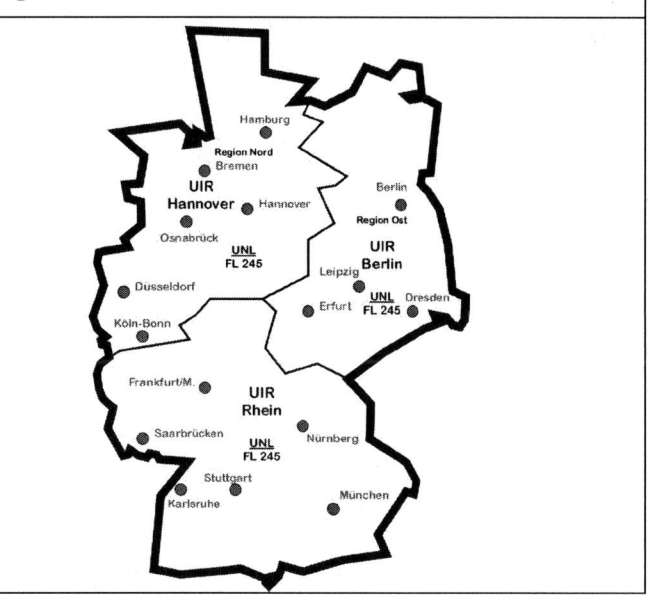

§ 10 (2) LuftVO Innerhalb der Fluginformationsgebiete befinden sich die kontrollierten Lufträume A, B, C, D und E und die unkontrollierten Lufträume F und G:

Fluginformationsgebiete
Flight Information Regions (FIR)
§ 10 LuftVO

Kontrollierte Lufträume:	Unkontrollierte Lufträume:
A, B, C, D, E	F, G

3.3 Kontrollbezirke

Der untere Luftraum ist in untere Kontrollbezirke bzw. **Area Control Centers (ACC)** unterteilt, die in ihren lateralen Ausmaßen identisch mit den FIR sind. Da die ACC ausschließlich den gesamten kontrollierten Luftraum und damit u.a. die Lufträume C, D, E umfassen, sind die Untergrenzen entsprechend unterschiedlich; die Obergrenze liegt entsprechend bei der Obergrenze des unteren Luftraumes bei FL 245. Die unteren Kontrollbezirke werden von den folgenden Kontrollzentralen der DFS kontrolliert:

- ACC-Berlin (Kontrollzentrale Berlin-Tempelhof)
- ACC-Bremen (Kontrollzentrale Bremen)
- ACC-Düsseldorf (Kontrollzentrale Langen)
- ACC-Frankfurt (Kontrollzentrale Langen)
- ACC-München (Kontrollzentrale München)

Für die Flugverkehrskontrolle im oberen Luftraum existieren drei obere Kontrollbezirke bzw. **Upper Area Control Centers (UAC)**, deren lateralen Ausmaße identisch sind mit denen der UIR, die Obergrenze liegt jedoch bei FL 460:

- UAC-Berlin (Regionalstelle Berlin-Tempelhof)
- UAC-Hannover (EUROCONTROL-Zentrale Maastricht)
- UAC-Rhein

3.4 Luftraumklassen

3.4.1 Struktur der Lufträume C, D, E, F, G

Gem. LuftVO § 10 (2) legt das Bundesministerium für Verkehr, Bau- und Wohnungswesen die kontrollierten und die unkontrollierten Lufträume auf der Grundlage der nachfolgend beschriebenen Klassifizierung der Lufträume fest. Die folgende Abbildung stellt die vertikale Luftraumstruktur dar. Die Farben entsprechen den für diese Lufträume auf Navigationskarten verwendeten Farben. Zum Verständnis der nachfolgenden Beschreibungen der einzelnen Lufträume seien zunächst einige Begriffe erläutert:

Unter **FVK-Freigabe** ist eine Flugverkehrskontrollfreigabe nach § 26 LuftVO zu verstehen. Diese bedeutet die Genehmigung der zuständigen Flugverkehrskontrollstelle im Einzelfall, dass ein Luftfahrzeug in den entsprechenden kontrollierten Luftraum einfliegen darf, wobei die Flugverkehrskontrollstelle den weiteren Flugverlauf im Luftraum insbesondere durch Flugweg- und Höhenanweisungen lenken kann.

Unter **Flugsicht** versteht man die vom Flugzeugführer festgestellte horizontale Sichtweite aus dem Flugzeug heraus (vgl. M 1.6).

Die **Bodensicht** ist die von einer amtlichen Person festgestellte Rundsicht am Erdboden (vgl. M 1.6).

Erdsicht ist vorhanden, wenn der Luftfahrzeugführer den Erdboden vom Luftfahrzeug aus sehen kann (vgl. M 1.6).

Die **Hauptwolkenuntergrenze** (Ceiling) ist die Untergrenze der niedrigsten Wolkenschicht über Grund oder Wasser, die mehr als die Hälfte (4/8) des Himmels bedeckt und unterhalb 20000 ft (6000 m) liegt (vgl. M 4.1.1).

Die in L 3.4.2 aufgeführten **Wetter-Minima** für Sichtflüge in den einzelnen Lufträumen lassen sich einfacher merken, wenn man sich folgende Bedingungen vor Augen führt:

In kontrollierten Lufträumen gilt:
- **Aufgrund der Geschwindigkeitsbeschränkung unterhalb FL 100 kann man dort bei schlechteren Sichten, also 5 km, noch fliegen. In und oberhalb FL 100 ist die Geschwindigkeitsbeschränkung aufgehoben, daher werden größere Sichtwerte ab 8 km gefordert.**
  Ausnahmen:
- **Der Luftraum E ist der einzige Luftraum unterhalb FL 100, in dem auch 8 km Flugsicht gefordert werden. Diese Einschränkung ist auf den dort vorhandenen Mix von kontrollierten IFR- und unkontrollierten VFR-Flügen zurückzuführen**
- **Im Luftraum B gibt es keine Geschwindigkeitsbeschränkung.**

In der Bundesrepublik Deutschland existieren z. Z. keine Lufträume der **Klassen A und B**.

Luftrecht

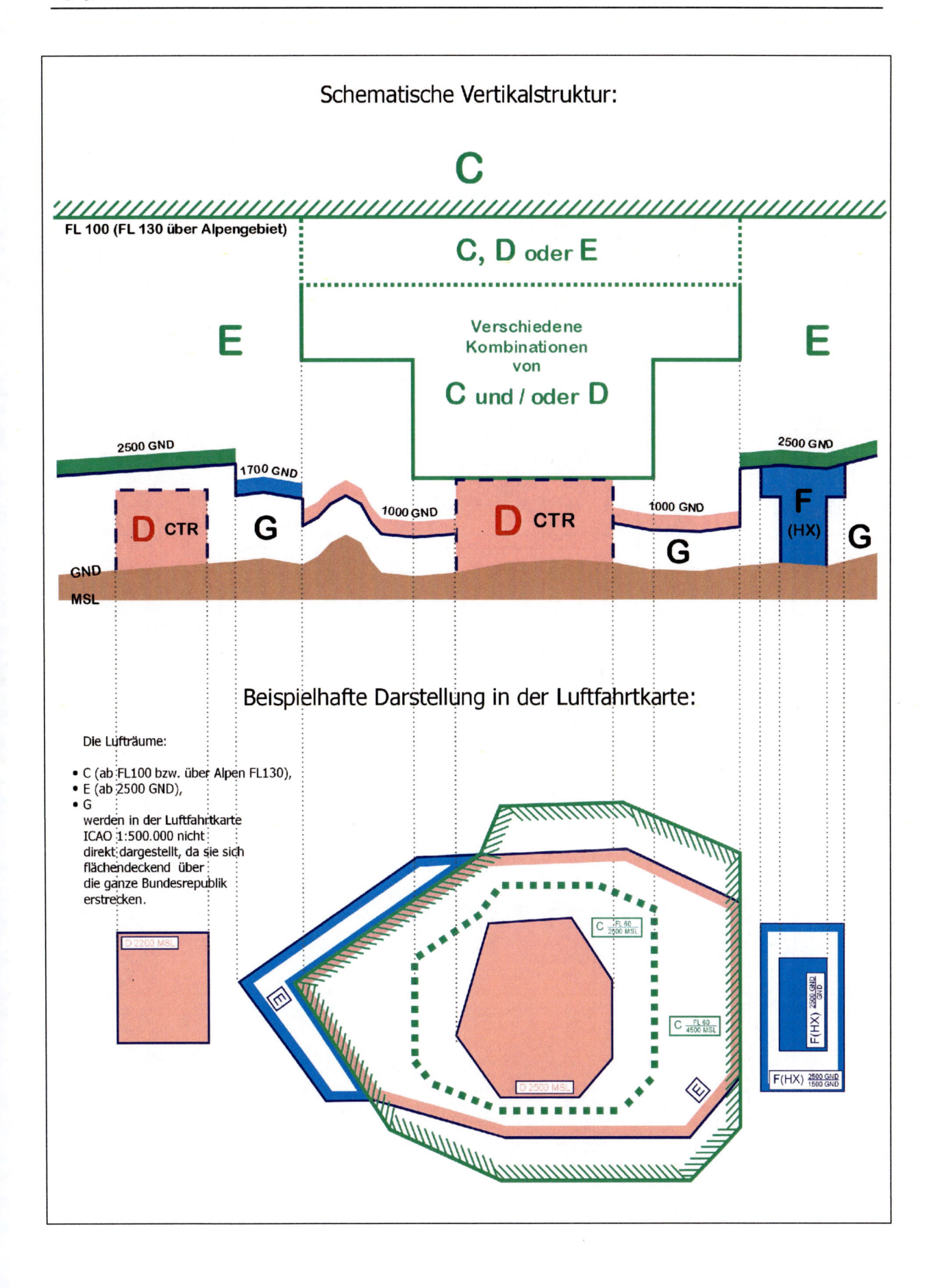

L 27

Schematische Vertikalstruktur:

C

FL 100 (FL 130 über Alpengebiet)

C, D oder E

E

Verschiedene Kombinationen von **C und / oder D**

E

2500 GND

1700 GND

2500 GND

1000 GND

1000 GND

D CTR

G

D CTR

G

F (HX)

G

GND
MSL

Beispielhafte Darstellung in der Luftfahrtkarte:

Die Lufträume:

- C (ab FL100 bzw. über Alpen FL130),
- E (ab 2500 GND),
- G

werden in der Luftfahrtkarte ICAO 1:500.000 nicht direkt dargestellt, da sie sich flächendeckend über die ganze Bundesrepublik erstrecken.

D 2200 MSL

C FL 60 / 2500 MSL

C FL 60 / 4500 MSL

D 2500 MSL

F(HX) 2500 GND / GND

F(HX) 2500 GND / 1500 GND

3.4.2 Nutzungsbedingungen für Lufträume A, B, C, D, E, F, G

Status	kontrolliert					unkontrolliert	
Bezeichnung	**A**	**B**	**C**	**D** (nicht Kontrollzone)	**D** (Kontrollzone - CTR)	**E**	**F**	**G**
zugelassene Flugregeln	IFR			IFR und VFR				VFR
Staffelung	alle		IFR von IFR VFR von IFR	IFR von IFR SVFR von SVFR und IFR VFR von IFR		IFR von IFR	IFR von IFR (soweit bekannt)	entfällt
Dienst	Flugverkehrskontrolle		Flugverkehrskontrolle, Verkehrsinformationen für VFR (Ausweichempfehlungen auf Anfrage)				Verkehrsinformationen (FIS)	
Geschwindigkeitsbeschränkung 250 kt IAS unter FL 100	nicht vorgeschrieben		nur für VFR			alle		
Sprechfunk	erforderlich			dauernde Hörbereitschaft		erforderlich; Einflug nur, wenn Verkehrsverhältnisse dies zulassen	nicht erforderlich	
Flugverkehrs-freigabe	erforderlich		erforderlich; Einflug nur, wenn Verkehrsverhältnisse dies zulassen und nur mit CVFR- oder höherwertiger Berechtigung				nicht erforderlich	
Karten-darstellung	entfällt		grün schraffiert bzw. gepunktete Umrandung mit Angabe von Unter- und Obergrenze	erforderlich	rotes Feld mit blau gestrichelter Umrandung mit Angabe von Unter- und Obergrenze	A (ab 1000 ft GND): rot umrandet B (ab 1700 ft GND): blau umrandet C (ab 2500 ft GND): in Luftfahrtkarte ICAO 1:500.000 nicht explizit dargestellt, ansonsten grüne Felder	blaues Feld mit blauer Umrandung mit Angabe von Unter- und Obergrenze	in Luftfahrtkarte ICAO 1:500.000 nicht explizit dargestellt; flächendeckend in der Bundesrepublik Deutschland
Minimale Flugsicht	entfällt		8 km in/über FL 100 5 km darunter	5 km 1500 m bei SVFR	5 km 1500 m bei SVFR Drehflügler 800 m bei SVFR	8 km	8 km in/über FL 100 5 km darunter	1500 m (800 m für Freiballone, Drehflügler, Luftschiffe)
Bodensicht	entfällt		nicht erforderlich	erforderlich		nicht erforderlich		erforderlich
Erdsicht	entfällt		nicht erforderlich					
Minimaler Wolkenabstand	frei von Wolken		1500 m horizontal 1000 ft vertikal	frei von Wolken		1500 m horizontal 1000 ft vertikal		frei von Wolken
Min. Hauptwolkenuntergrenze			keine	1500 ft GND 500 ft bei SVFR		keine		Untergrenze immer GND
Anmerkung	Lufträume A und B gibt es nicht in Bundesrepublik Deutschland		Mindestausrüstung: Kurskreisel, Wendezeiger o. künstl. Horizont, Variometer, UKW-Sprechfunkgerät, VOR-Empfänger, Transponder A/4096 Modus C oder S Liegen die bordseitigen Voraussetzungen nicht vor, werden Flugverkehrsfreigaben nur in Ausnahmefällen erteilt				in der Umgebung unkontrollierter Flugplätze mit IFR-Betrieb; bei Kennzeichnung "HX" nur aktiv, während IFR-An- oder Abflüge stattfinden	Untergrenze immer GND

3.4.3 Flugbeschränkungsgebiete (ED-R...) und TRA

§ 26 (2) LuftVG und § 11 LuftVO **Flugbeschränkungsgebiete / Restricted Areas** sind Lufträume, deren Durchflug besonderen Beschränkungen unterworfen wird.

Sie sind eingerichtet worden, um Bodenanlagen zu schützen, oder um die Luftfahrt wegen bestimmter meist militärischer Aktivitäten am Boden oder in der Luft zu schützen. Flugbeschränkungsgebiete werden blau schraffiert umrandet dargestellt und mit **ED-R...** gefolgt von einer Ordnungszahl (R steht für restricted) oder mit **ED-R.../TRA** (Temporary Reserved Area) bezeichnet. Unter TRA versteht man zeitweilig für militärischen Luftverkehr reservierte Lufträume. Die lateralen und vertikalen Ausdehnungen von Flugbeschränkungsgebieten sind je nach Bedarf unterschiedlich und sind in der Luftfahrtkarte ICAO (1:500.000) blau eingezeichnet.

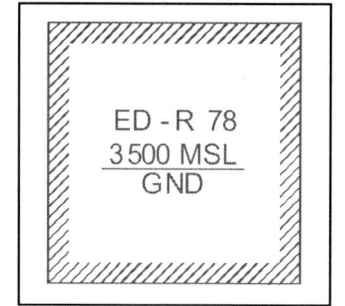

```
ED - R 78
3500 MSL
GND
```

Zu welchen Uhrzeiten die Flugbeschränkungsgebiete voraussichtlich aktiv sind, kann im AIP-ENR nachgeschlagen werden. Aktuelle Änderungen dieser Zeiten werden in NOTAMs und im VFR-Bulletin (s. L 9.5 ff.) veröffentlicht. Da Flugbeschränkungsgebiete aber auch außerhalb dieser veröffentlichten Zeiten aktiviert werden könnten, empfiehlt es sich, **immer** vor einem Einflug beim zuständigen FIS den aktuellen Status zu erfragen. Im Einzelfall ist es möglich durch ein aktives Flugbeschränkungsgebiet zu fliegen, wenn man dazu vom zuständigen FIS eine Genehmigung erhalten hat. Falls man sich keine hundertprozentige Sicherheit über den Status verschaffen kann, ist das Gebiet als aktiv zu betrachten und der Einflug zu unterlassen. Durchflüge durch nicht aktive Flugbeschränkungsgebiete sind generell erlaubt.

Das Flugbeschränkungsgebiet der **Identifizierungszone / Identification Zone** entlang der deutsch/polnischen Grenze ist seit Frühjahr 2006 zurückgezogen worden.

3.4.4 Gefahrengebiete

Gefahrengebiete / Danger Areas mit der Kennzeichnung **ED-D...** gefolgt von Ordnungszahlen (D steht für danger) existieren über der Nordsee und Ostsee außerhalb des Hoheitsgebietes der Bundesrepublik Deutschland. Sie dürfen zwar immer durchflogen werden, sollten jedoch im Interesse auch der eigenen Sicherheit während ihrer zeitlichen Wirksamkeit gemieden werden (es können z.B. Schießübungen, Truppenübungen und Fallschirmabsprünge etc. stattfinden). Die zeitlichen Wirksamkeiten sind im AIP-ENR enthalten. Die lateralen und vertikalen Ausdehnungen von Gefahrengebieten sind je nach Bedarf unterschiedlich und sind in der Luftfahrtkarte ICAO (1:500.000) blau eingezeichnet.

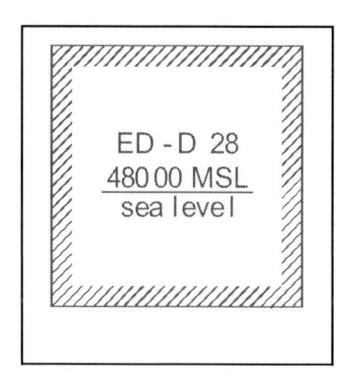

```
ED - D 28
48000 MSL
sea level
```

3.4.5 Sperrgebiete (ED-P...)

§ 26 (1) LuftVG und § 11 LuftVO Durchflüge durch **Sperrgebiete / Prohibited Areas** sind untersagt. Sperrgebiete werden meistens nur temporär eingerichtet, um bestimmte besonders empfindliche Gebiete vor dem öffentlichem Flugverkehr zu sperren (z.B. bei Waldbränden, Hochwasser, politischen Veranstaltungen etc.).

Die Bezeichnung ist **ED-P ...**, wobei das "P" für "prohibited" steht, gefolgt von einer Ordnungszahl.

3.4.6 Kennzeichnung HX

Lufträume mit Kennzeichnung **HX** sind **nicht ständig aktiv**. Vor dem Einflug in solche Lufträume ist der Luftfahrzeugführer verpflichtet, sich über den aktuellen Betriebszustand informieren. Diese Informationen kann er über Funk bei der zuständigen FIS-Stelle oder bei den Bodenstellen (z.B. Tower) der betreffenden Flugplätze einholen. Wird auf diese Überprüfung verzichtet, sind die betreffenden Lufträume als aktiv zu betrachten und die entsprechende Regeln sind zu beachten.

In der Regel handelt es sich um die Lufträume D (Kontrollzonen von Militärflugplätzen und einiger Zivilflugplätze), Lufträume E und F, die mit HX deklariert werden.

4. Flugsicherung

4.1 Deutsche Flugsicherung GmbH

4.1.1 Organisation

Bis zum 1. Januar 1993 war die **Bundesanstalt für Flugsicherung (BFS)** als Bundesbehörde 39 Jahre lang mit der Flugsicherung in Deutschland betraut. Seit diesem Tag wurde diese Aufgabe der **Deutschen Flugsicherung GmbH (DFS)** übertragen, die als ein bundeseigenes, privatrechtlich organisiertes Unternehmen durch das BMVBW vertreten wird.

4.1.2 Flugsicherungsbetriebsdienste

Die von der DFS ausgeführten Dienste werden als **Flugsicherungsbetriebsdienste** bezeichnet. Von diesen sind die **Flugverkehrsdienste** für die Lenkung des zu kontrollierenden Luftverkehrs zuständig. Zu dem zu kontrollierenden Luftverkehr gehören Flüge nach Instrumentenflugregeln (IFR) im kontrollierten Luftraum, der Flugplatzverkehr an kontrollierten Flugplätzen und bestimmte Flüge nach Sichtflugregeln (VFR), die im Abschnitt L 3.4.2 erläutert werden. Flugverkehrskontrolle wird flächendeckend über der Bundesrepublik Deutschland durch insgesamt 18 **Tower** und 6 **Kontrollzentralen** durchgeführt.

Als Flugzeugführer erreicht man im Regelfall die Stellen der **Air Traffic Services – ATS / Flugverkehrsdienste** über Sprechfunk. Der **Aeronautical Information Service – AIS / Flugberatungsdienst** steht dem Piloten vor dem Flug über Internet, telefonisch oder persönlich zur Verfügung.

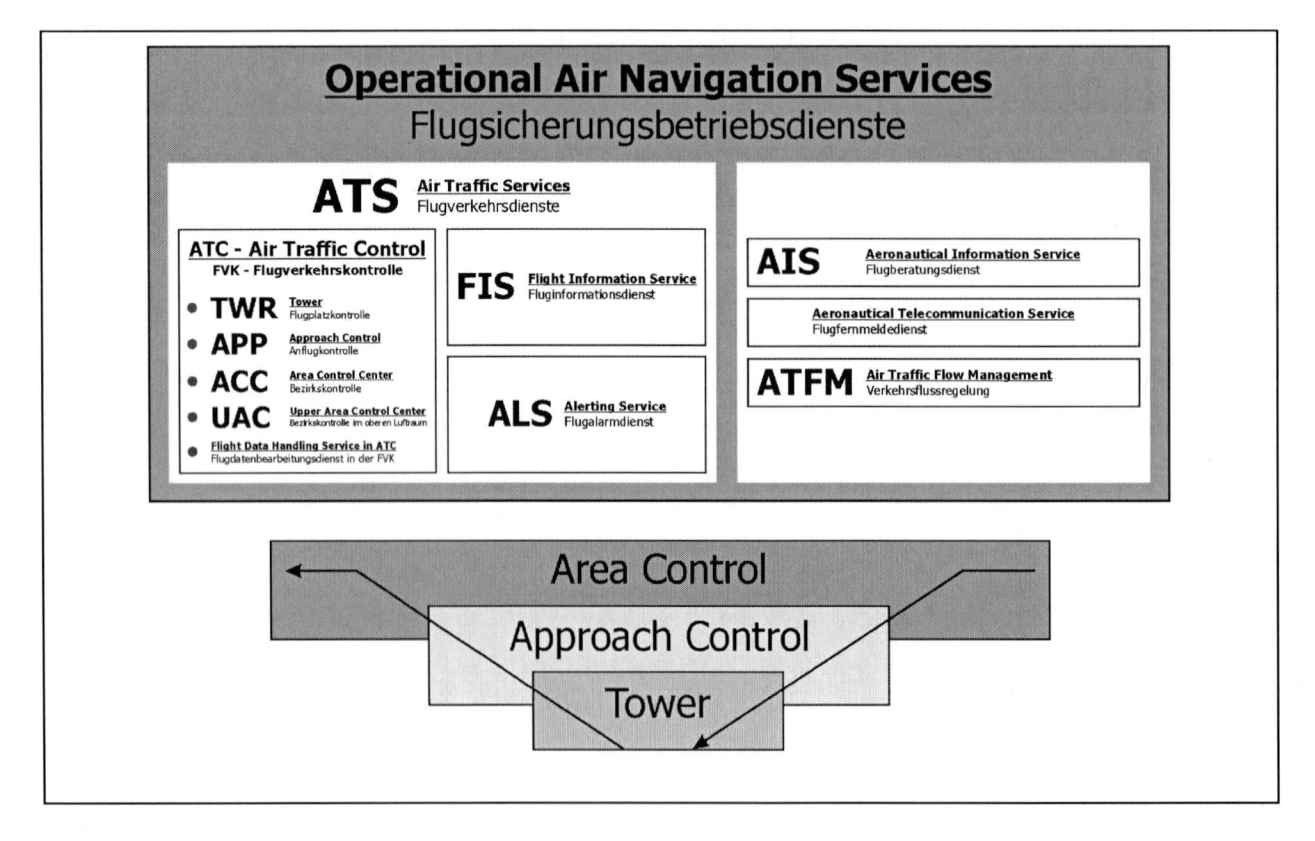

Operational Air Navigation Services
Flugsicherungsbetriebsdienste

ATS Air Traffic Services / Flugverkehrsdienste

ATC - Air Traffic Control
FVK - Flugverkehrskontrolle
- **TWR** Tower / Flugplatzkontrolle
- **APP** Approach Control / Anflugkontrolle
- **ACC** Area Control Center / Bezirkskontrolle
- **UAC** Upper Area Control Center / Bezirkskontrolle im oberen Luftraum
- Flight Data Handling Service in ATC / Flugdatenbearbeitungsdienst in der FVK

FIS Flight Information Service / Fluginformationsdienst

ALS Alerting Service / Flugalarmdienst

AIS Aeronautical Information Service / Flugberatungsdienst

Aeronautical Telecommunication Service / Flugfernmeldedienst

ATFM Air Traffic Flow Management / Verkehrsflussregelung

Area Control
Approach Control
Tower

Flugverkehrsdienste können vom Luftfahrzeugführer aus der Luft **über Funk** erreicht werden:

Aufgabe	Rufzeichen im Sprechfunk	Anmerkung
TWR - Aerodrome Control Towers / Flugplatzkontrolle Die Flugplatzkontrolle regelt (wenn das Wetter es zulässt, mit Sichtkontakt) den Flugverkehr auf Start- und Landebahnen und in dem unmittelbar den Flughafen umgebenden Luftraum (Kontrollzone).	• ROLLKONTROLLE bzw. GROUND • TURM bzw. TOWER • DELIVERY • VORFELD bzw. APRON	**18 Tower:** Berlin-Schönefeld, Berlin-Tegel, Berlin-Tempelhof, Bremen, Dresden, Düsseldorf Erfurt, Frankfurt, Hamburg, Hannover, Köln/Bonn, Laarbruch, Leipzig, München, Münster/Osnabrück, Nürnberg, Saarbrücken, Stuttgart
APP - Approach Control / Anflugkontrolle Sie leitet abfliegende Luftfahrzeuge bis zu einer vorgegebenen Höhe und übergibt sie dann an die Bezirkskontrollstellen weiter. Anfliegende Luftfahrzeug leitet sie bis zur Übergabe an den Tower.	• RADAR (mit RADAR) • DEPARTURE (mit RADAR) • ARRIVAL (mit RADAR) • APPROACH (ohne RADAR) • DIRECTOR (mit RADAR) • PRECISION (mit Präzisionsradar)	APP und ACC werden in den folgenden Kontrollzentralen des unteren Luftraumes durchgeführt: • Berlin-Tempelhof • Bremen • Langen • München
ACC - Area Control Center / Bezirkskontrolle im unteren Luftraum Noch während des Steigfluges und während des gesamten Streckenfluges übernimmt die Bezirkskontrolle die Verkehrslenkung.		
UAC - Upper Area Control Center / Bezirkskontrolle im oberen Luftraum Kontrolle kontrollierter Flüge auf Flugverkehrsstrecken (ATS-Routes) in den Kontrollbezirken im **oberen Luftraum**	• RADAR (mit RADAR) • CONTROL (ohne RADAR)	UAC wird in den Kontrollzentralen des oberen Luftraumes durchgeführt: • Berlin-Tempelhof (Ostdeutschland) • Eurocontrol-Zentrale Maastricht (Norddeutschland) • Karlsruhe (Süddeutschland) • München (Süddeutschland)
FIS - Flight Information Service / Fluginformationsdienst im unteren Luftraum zuständig innerhalb der FIR`s (Flight Information Regions / Fluginformationsgebiete) für Fluginformationen für IFR u. VFR im kontr. und unkontr. Luftraum: • Wetter (METAR, VOLMET, SIGMET) • Start- und Landeinformationen (ATIS) • Flugplätze und Bodenanlagen • Navigationshilfen, Luftraumbeschränkungen • Verkehrsinformationen über andere Lfz • Luftnotfälle, Katastropheneinsätze, SAR-Einsätze	• INFORMATION	die FIS-Sektoren, Frequenzen und Rufzeichen sind zu finden: • im AIP-GEN • auf der Luftfahrtkarte ICAO 1:500000
ALS - Alerting Service / Flugalarmdienst wird in allen Lufträumen vorgehalten; Überwachung aller über Flugpläne oder anderweitig bekannt gewordenen Flüge. Bei Störungen Alarmierung von SAR-Diensten.		Drei Alarmstufen: 1. **INCERFA** (Ungewißheitsstufe): 30 min nach bestimmtem Zeitpunkt keine Landung oder Meldung 2. **ALERFA** (Bereitschaftsstufe): 5 min nach Landefreigabe keine Landung oder Meldung 3. **DETRESFA** (Notstufe): Ablauf der Höchstflugdauer oder Absturz

Die anderen Betriebsdienste können **nicht während des Fluges** in Anspruch genommen werden:

AIS - Aeronautical Information Service / Flugberatungsdienst • Sammlung und Ausgabe von Nachrichten die für eine sichere, geordnete und flüssige Flugdurchführung wichtig sind. • Herstellung und Veröffentlichung von Luftfahrtkarten. • Hilfe bei der Flugvorbereitung. • Entgegennahme von Flugplänen. • Büro für Nachrichten für Luftfahrer (BÜRO NfL). • Flugberatungsstellen meistens an Verkehrsflughäfen
Aeronautical Telecommunication Service / Flugfernmeldedienst • Übermittlung von für den Luftverkehr wichtigen Nachrichten über das Flugfernmeldenetz AFTN (Aeronautical Fixed Telecommunication Network) oder Fernsprechverbindungen oder Sprechfunk.
FST - Aeronautical Navigation Service • Unterstützung bei Navigation durch Bereitstellen von Funknavigationsanlagen

4.2 EUROCONTROL

Die 1963 gegründete EUROCONTROL mit Sitz in Brüssel basiert auf einem europäisch-internationalen Übereinkommen. Das übergeordnete Ziel dieser Organisation ist die Entwicklung eines einheitlichen und koordinierten Flugsicherungssystems in Europa. Die direkte Aufgabe von EUROCONTROL ist die **Kontrolle** bestimmter Bereiche des **oberen Luftraumes**, also ab FL 245. (Die Luftverkehrs-Sicherungsdienste im unteren Luftraum sind nicht international organisiert; sie obliegen der Verantwortung der einzelnen Vertragsstaaten.) Die eingerichteten Flugverkehrsbereiche werden allein nach den Verkehrsbedürfnissen unabhängig von nationalen Grenzen festgelegt (vgl. L 3.1). Die Organisation unterteilt sich in folgende verschiedene Zentralen:

1. **Air Traffic Control Centre Maastricht UAC** (Flugverkehrszentrale) in Maastricht / Niederlande kontrolliert den oberen Luftraum in den Niederlanden, Luxemburg und im Nordwesten von Deutschland.
2. **Versuchszentrum in Bretigny-Sur Orge** / Frankreich; hier werden neue Systeme zur Flugsicherung, sowie Strategien und Methoden zur Organisation des Luftverkehrs mit Hilfe von Echtzeitsimulationen erforscht.
3. **Zentrale Gebührenstelle in Brüssel** / Belgien; Betrieb der "Central Flow Management Unit - CFMU" mit dem Ziel der optimalen Nutzung des europäischen Luftraumes und der Vermeidung von Behinderungen im Luftverkehr

Insgesamt sind 31 europäische Staaten der EUROCONTROL beigetreten (Stand Dez. 2003):

Albanien, Österreich, Belgien, Bulgarien, Kroatien, Zypern, Tschechien, Dänemark, Finnland, Frankreich, Bundesrepublik Deutschland, Griechenland, Ungarn, Irland, Italien, Luxemburg, Mazedonien, Malta, Moldawien, Monaco, Niederlande, Norwegen, Portugal, Rumänien, Slowakei, Slowenien, Spanien, Schweden, Türkei, und Großbritannien.

4.3 Flugplan

4.3.1 Flugplanpflichtige Flüge

§25 LuftVO Für folgende Flüge ist ein Flugplan aufzugeben:

1. Flüge, die nach Instrumentenflugregeln durchgeführt werden (auch für Flüge mit Flugregelwechsel: IFR nach VFR oder umgekehrt)
2. Flüge nach Sichtflugregeln bei Nacht, soweit sie über die Umgebung des Flugplatzes hinausführen (Überlandflüge)
3. Kunstflüge im kontrollierten Luftraum und über Flugplätzen mit Flugverkehrskontrollstelle
4. Wolkenflüge mit Segelflugzeugen
5. Flüge in Gebiete mit Flugbeschränkungen, soweit dies ausdrücklich bei der Festlegung der Gebiete angeordnet ist (z.Zt. nur nötig innerhalb der Identifizierungszone (s. L 3.4.3), wenn bestimmte Voraussetzungen nicht erfüllt werden)
6. Flüge nach Sichtflugregeln aus der oder in die Bundesrepublik Deutschland mit folgenden Ausnahmen (Einzelheiten zu diesen Ausnahmen sind u.a. im AIP und in den NfL niedergelegt und können beim AIS erfragt werden):
   - die Flugplanpflicht kann für VFR-Flüge zwischen bestimmten Staaten, insbesondere den Schengen-Staaten, aufgehoben sein
   - für VFR-Flüge am Tag zwischen bestimmten deutschen, niederländischen und belgischen Flugplätzen sind keine Flugpläne vorgeschrieben

Grundsätzlich darf auch für nicht-flugplanpflichtige Flüge ein Flugplan aufgegeben werden, um die Überwachung der zeitgerechten Landung durch den Flugberatungsdienst zu überwachen und ggf. die Durchführung des SAR-Dienstes zu erleichtern.

C.L. Luftrecht L 33

4.3.2 Ausfüllen des Flugplanformulares

BUNDESREPUBLIK DEUTSCHLAND — DFS Deutsche Flugsicherung — **FLIGHTPLAN / FLUGPLAN**

« ≡ FF → ADDRESSEE(S) ANSCHRIFT(EN)

FILING TIME / AUFGABEZEIT → ORIGINATOR / AUFGEBER

SPECIFIC IDENT OF ADDRESSEE(S) AND/OR ORIGINATOR
BESONDERE ANSCHRIFTEN UND/ODER AUFGEBER

« ≡ (FPL 7 AIRCRAFT IDENTIFICATION / LFZ.-KENNUNG   8 FLIGHT RULES / FLUGREGELN   TYPE OF FLIGHT / ART DES FLUGES

9 NUMBER / ANZAHL   TYPE OF AIRCRAFT / MUSTER D. LFZ   WAKE TURBULENCE CATEGORY / WIRBELSCHLEPPENKATEGORIE   EQUIPMENT / AUSRÜSTUNG

13 DEPARTURE AERODROME / STARTFLUGPLATZ   TIME / ZEIT

15 SPEED / GESCHWINDIGKEIT   LEVEL / REISEFLUGHÖHE   ROUTE / ROUTE

16 DESTINATION AERODROME / ZIELFLUGPLATZ   TOTAL EET VORAUSS. GESAMTFLUGDAUER HR MIN   ALTERNATE AERODROME / AUSWEICHFLUGPLATZ   2° ALTERNATE AERODROME / 2. AUSWEICHFLUGPLATZ

18 OTHER INFORMATION / ANDERE ANGABEN

SUPPLEMENTARY INFORMATION · ERGÄNZENDE ANGABEN

19 ENDURANCE / HÖCHSTFLUGDAUER HR MIN   PERS. ON BOARD / PERS. AN BORD   EMERGENCY RADIO / NOTFUNKFREQUENZ UHF VHF ELBA

E /   → P /   → R / U V E

SURVIVAL EQUIPMENT / RETTUNGSAUSRÜSTUNG   POLAR DESERT MARITIME JUNGLE   JACKETS SCHWIMMWESTEN LIGHT FLUORES UHF VHF

→ S / P D M J   J / L F U V

DINGHIES / SCHLAUCHBOOTE
NUMBER/ANZAHL CAPACITY/TRAGFÄHIGKEIT COVER COLOUR/FARBE

→ D /   → C →

AIRCRAFT COLOUR AND MARKINGS / FARBE UND MARKIERUNG D. LFZ

A /

REMARKS / BEMERKUNGEN

→ N /

PILOT IN COMMAND / VERANTWORTLICHER LFZ.-FÜHRER

C /

REMARKS NOT FOR TRANSMISSION
BEMERKUNGEN NICHT ZU ÜBERMITTELN

FILED BY / NAME DES FLUGPLANAUFGEBERS   SIGNATURE AIS / UNTERSCHRIFT FB

Zusätzliche Angaben sofern erforderlich
Additional remarks if applicable

Erreichbarkeit bis EOBT-Tel.: _____
Available until EOBT   -FAX.: _____

Bitte Beratung / Request Briefing   3+

Feld	Anmerkung
7	Bei mehreren Luftfahrzeugen ist die Kennung des führenden oder des zuerst startenden Luftfahrzeugs anzugeben; die Kennungen weiterer Luftfahrzeuge sind im Feld 18 mit der Kenngruppe "REG /" anzugeben.

8	• Flugregeln:
	    – "V" = VFR
	    – "VN" = NVFR
	    – "Y" = Flugregelwechsel von IFR nach VFR
	    – "Z" = Flugregelwechsel von VFR nach IFR
	• Art des Fluges:
	    – "G" = General Aviation
	    – "X" = Ausbildungs-, Test,- und Erprobungsflüge
	    – "C" = Gewerblich / Commercial

9	• Anzahl der Luftfahrzeuge;
	• falls keine allg. vierstellige Musterbezeichnung bekannt ist, wird hier "ZZZZ" eingetragen und im Feld 18 mit der Kenngruppe "TYP /" das Luftfahrzeugmuster im Klartext genannt;
	• Wirbelschleppenkategorie:
	    – "L" = Light (höchstzulässige Startmasse / MTOW <= 7 t)
	    – "M" = Medium (7 t < MTOW < 136 t)
	    – "H" = Heavy (MTOW >= 136 t)

10	• Vor dem Schrägstrich ist die Sprechfunk- (COM) und Funknavigationsausrüstung (NAV) anzugeben:
	    – "N" = keine Ausrüstung vorhanden oder betriebsbereit
	    – "S" = Standardausrüstung (VHF RTF, ADF, VOR, ILS) wird mitgeführt und ist betriebsbereit (s. L 8.6.3)
	    – "F" = ADF
	    – "H" = Sprechfunk (HF)
	    – "O" = VOR
	    – "U" = Sprechfunk (UHF)
	    – "V" = Sprechfunk (VHF)
	    – "Z" = andere Ausrüstung (in Feld 18 mit Kenngruppe "COM /" bzw. "NAV /" im Klartext angeben)
	• Nach dem Schrägstrich ist für den Transponder anzugeben:
	    – "A" = Transponder nur Mode A
	    – "C" = Transponder Mode A und C
	    – "S" = Transponder Mode S

13	• Startflugplatz gemäß des Four-Letter-Codes des Flugplatzes (s. AIP Band III (VFR) Abschnitt ENR); ist keine Ortskennung bekannt, dann "ZZZZ" und in Feld 18 mit der Kenngruppe "DEP /" Starflugplatz im Klartext • Im Feld Zeit ist die voraussichtliche Abblockzeit (EOBT / Beginn der Bewegung) in UTC anzugeben

15	• Wahre Eigengeschwindigkeit (TAS) in Knoten immer VIERSTELLIG angeben:
	    – (z.B. "N0110" = TAS 110 kt)
	• Reiseflughöhe immer DREISTELLIG angeben (Vierstellige Angaben nur bei Höhenangaben in Metern!):
	    – "A040" = Flughöhe (Altitude) 4000 ft MSL
	    – "F055" = Flugfläche (Flight Level) FL55
	• Als Route müssen Streckenpunkte (z.B. Funknavigationsanlagen oder Meldepunkte wie folgt angegeben werden:
	    – alle 30 min Flugzeit oder alle 200 NM
	    – bei Richtungsänderungen
	    – Flugregelwechsel (s. AIP)

16	• Zielflugplatz und Ausweichflugplatz gemäß des Four-Letter-Codes des Flugplatzes (s. AIP Band III (VFR) Abschnitt AGA); ist keine Ortskennung bekannt, dann "ZZZZ" und in Feld 18 mit der Kenngruppe "DEST /" Zielflugplatz im Klartext bzw. "ALTN /" für den Ausweichflugplatz • Voraussichtliche Gesamtflugdauer ist für VFR-Flüge die in der Flugvorbereitung ermittelte Flugzeit vom Start bis zum Erreichen des Zielflugplatzes

18	• Bisher nicht erläuterte Kenngruppen, die in diesem Feld verwendet werden können:
	    – "DOF /" = Tag des Abfluges, wenn der Flugplan mehr als 24 h vor EOBT aufgegeben wird (Angabe in Reihenfolge JAHR-MONAT-TAG)
	    – "RMK /" = sonstige Angaben
	    – "STS /" = Begründung für beantragte Vorrangbehandlung

19	• Höchstflugdauer (E/) richtet sich in der Regel nach dem tatsächlichen Kraftstoffvorrat • Anzahl der Personen (P /) einschließlich Besatzung • Bei den nachfolgenden Positionen (R /, S /, J /, D /) sind nicht vorhandene Ausrüstungsgegenstände zu streichen. Der fettgedruckte Buchstabe kann gestrichen werden, falls keines der Ausrüstungsgegenstände an Bord mitgeführt wird

4.3.3 Aufgabe des Flugplanes

Annahmestellen

Flugpläne für Flüge der allgemeinen Luftfahrt können **persönlich, fernmündlich, per FAX, Selfbriefing System oder Internet** bei der für den Startflugplatz zuständigen Flugberatungsstelle (AIS) aufgegeben werden. Für alle Flüge, die flugplanpflichtig sind, erteilt der Flugberatungsdienst eine Flugberatung. Der Flugberatungsdienst unterstützt den Luftfahrzeugführer auf Wunsch bei der Auswertung der Beratungsunterlagen und beim Ausfüllen des Flugplanformulars. Für VFR-Flüge innerhalb der Bundesrepublik Deutschland wird die Kenntnis der Angaben im VFR-Bulletin vorausgesetzt; sofern das VFR-Bulletin und der zusätzlich notwendige Nachtrag dazu in Umfang und Inhalt für den beabsichtigten Flug ausreichen, ist damit die Pflicht zur Einholung einer Flugberatung nach § 3a LuftVO erfüllt.
Der Flugplan kann auch während des Fluges aufgegeben werden (in der Regel über FIS), wenn besondere, vor dem Start nicht bekannte Umstände (z.B. Wetterverschlechterung) dies erfordern (nicht zulässig bei Flügen in das Ausland und weiterführende Flüge nach Zwischenlandungen). Der Flugplan ist angenommen, wenn seitens der annehmenden Flugberatungsstelle kein Widerspruch erfolgt (mündliche Einverständniserklärung oder Unterschrift).
Anmerkung: Ein aufgegebener und akzeptierter Flugplan entbindet nicht von der Pflicht, eine Flugverkehrskontrollfreigabe einzuholen.

Annahmezeiten

Der Flugplan ist vor der voraussichtlichen Abblockzeit (Estimated Off Block Time / EOBT) aufzugeben:
- nicht früher als 6 Tage
- mindestens 60 min

Bei später eingehenden Flugplänen muss mit einer Verzögerung in der Flugplanbearbeitung gerechnet werden.

Änderungen

Änderungen zum aufgegebenen Flugplan sind dem Flugberatungsdienst auf einem der o.g. Wegen mitzuteilen. Während des Fluges nimmt FIS die Flugplanänderung entgegen und leitet diese an den Flugberatungsdienst weiter.

Verspätung

Ist absehbar, dass die tatsächliche EOBT um mehr als 30 min später liegt, als im Flugplan angegeben, ist eine Verspätungsmeldung beim AIS abzugeben. Falls keine neue EOBT im Moment angegeben werden kann, muss der Flugplan vom Luftfahrzeugführer aufgehoben werden.

Aufhebung

Generell kann der Flugplan vor dem Abflug aufgehoben werden. Während des Fluges kann der Flugplan mit folgenden Sprechgruppen aufgehoben werden, wenn für die verbleibende Strecke kein Flugplan vorgeschrieben ist:

Anfrage des Piloten:	Die Flugverkehrskontrollstelle bestätigt:
"Erbitte Aufhebung meines Flugplanes"	"Flugplan aufgehoben um [Zeit-UTC]"
"Request to close my flight plan"	"Flight plan closed at [Time-UTC]"

Bevorzugte Freigabe

Ein Pilot kann im Flugplan eine bevorzugte Freigabe beantragen, z.B. wenn er beabsichtigt, eine lebensgefährlich verletzte Person zu befördern, etc.

4.3.4 Start- und Landemeldung

Startmeldung

Eine Startmeldung muss nur dann übermittelt werden, wenn der Start auf einem Flugplatz OHNE FLUGVERKEHRS-KONTROLLE durchgeführt worden ist. Die tatsächliche Startzeit ist entweder unverzüglich nach dem Start vom Flugzeugführer über Funk beim FIS durchzugeben, der die Meldung an die zuständige AIS-Stelle weiterleitet, oder vor dem Start wird jemand beauftragt (per Telefon) die Meldung an AIS weiterzugeben.

Die Startmeldung enthält folgende Angaben:
- Kennung
- Startflugplatz
- Startzeit
- Zielflugplatz

Landemeldung

Eine Landemeldung dient zum Schließen des Flugplanes und ist immer dann abzusetzen, wenn der Flug zu einem Flugplatz OHNE FLUGVERKEHRSKONTROLLE führt, oder außerplanmäßig auf einem anderen als im Flugplan angegebenen Flugplatz gelandet wird. Die Meldung kann entweder per Funk an die FIS-Stelle übermittelt werden, wenn sich das Flugzeug in der Platzrunde befindet und die Landung sichergestellt ist, oder unverzüglich nach der Landung per Telefon an die zuständige AIS. Die Landemeldung enthält folgende Angaben:
- Kennung
- Landeflugplatz
- Landezeit
- Startflugplatz
- Bestimmungsflugplatz (sofern die Landung nicht auf dem im Flugplan angegebenen Bestimmungsflugplatz stattgefunden hat).

! Achtung: Ein verantwortlicher Flugzeugführer, der vergisst, den Flugplan zu schließen, muss damit rechnen, dass ihm Kosten für begonnene Such- und Rettungsmaßnahmen in Rechnung gestellt werden!

4.4 Sprechfunkverkehr

Bei den nachstehend aufgeführten Flügen hat der Luftfahrzeugführer eine dauernde Hörbereitschaft auf den festgelegten Frequenzen der Flugverkehrskontrollstelle aufrechtzuerhalten und im Bedarfsfall den Funkverkehr mit ihr herzustellen. Der Sprechfunkverkehr kann in deutscher und in englischer Sprache durchgeführt werden.

Art des Fluges	Luftraum	Anmerkung
CVFR	C	oberhalb FL100 nur englisch
VFR (Tag) SVFR	D	Kontrollzone
NVFR	C, D, E	Nacht-VFR im gesamten kontrollierten Luftraum

4.5 Flugverkehrskontrollfreigaben

Eine Flugverkehrskontrollfreigabe ist eine Genehmigung, unter den von einer Flugverkehrskontrollstelle festgelegten Bedingungen zu verkehren.

Eine Flugverkehrskontrollfreigabe wird für alle flugplanpflichtigen Flüge (vgl. L 4.3.1), sowie zusätzlich für alle Flüge, die sonst der Flugverkehrskontrolle unterstehen, erforderlich. Dazu gehören sämtliche Flüge, die teilweise oder ganz in den Lufträumen C und D verlaufen.

Die Flugverkehrskontrollfreigabe für Flüge ohne vorgeschriebenen Sprechfunkverkehr wird erteilt durch die Annahme des Flugplanes (z.B. grenzüberschreitende Flüge). Bei Verpflichtung zum Sprechfunkverkehr wird die Flugverkehrskontrollfreigabe durch die zuständige Flugverkehrskontrollstelle erteilt.

Von der Flugverkehrskontrollfreigabe darf der Luftfahrzeugführer nicht ohne Grund abweichen; liegt ein Grund vor (z.B. Wetterverschlechterung und damit Einflug in IMC), hat der Luftfahrzeugführer unverzüglich die Kontrollstelle zu informieren und eine geänderte Flugverkehrskontrollfreigabe einzuholen.

4.6 Staffelung

Staffelungsverfahren dienen dazu, zwischen Luftfahrzeugen eine räumliche Separation herzustellen und einzuhalten, um Kollisionen zu vermeiden. Auf die Staffelung von VFR-Flügen wird in den meisten Lufträumen verzichtet, es gilt das Prinzip "sehen und gesehen werden". Allerdings muss dazu sichergestellt sein, dass die Luftfahrzeugführer von nach VFR fliegenden Luftfahrzeugen sich gegenseitig erkennen können und selber geeignete Maßnahmen zum Ausweichen ergreifen oder nach Ausweichempfehlungen des Lotsen handeln. Beim IFR-Betrieb ist grundsätzlich Staffelung vorgeschrieben; dabei werden die folgenden Verfahren angewandt, wobei grundsätzlich zwischen konventioneller (d.h. nicht radargestützter) und radargestützter Staffelung zu unterscheiden ist:

a) konventionell

- beim Rollen hinter Luftfahrzeugen der Kategorien HEAVY und MEDIUM müssen 200 m Abstand eingehalten werden
- nicht starten bevor anderes Luftfahrzeug gelandet und die Bahn verlassen hat
- nicht starten bevor anderes Luftfahrzeug das Ende der Bahn passiert oder eine Kurve eingeleitet hat
- nicht bei Landung Schwelle überfliegen, bevor anderes Luftfahrzeug die Bahn überflogen oder eine Kurve eingeleitet hat
- nicht bei Landung Schwelle überfliegen, bevor anderes Luftfahrzeug die Bahn über Abrollweg verlassen hat
- Parallelbahnen: abhängig von Bahnabstand Betrieb möglich, aber kein antiparalleler Betrieb
- 1000 ft Vertikalstaffelung unterhalb FL 290
- 2000 ft Vertikalstaffelung oberhalb FL 290
- es existieren weitere Längsstaffelungskriterien, deren Ausführung aber den Rahmen dieses Skriptes sprengen würden.

b) radargestützt

Die lateralen Staffelungswerte zwischen Luftfahrzeugen sind von der Entfernung des Luftfahrzeuges vom Radargerät und von der Art der Datenverarbeitung des Radargerätes abhängig.

Umso größer die Entfernung des Luftfahrzeuges zur Station, umso relativ ungenauer wird das Radarprinzip und dementsprechend müssen größere Staffelungswerte eingehalten werden.

Generell können beim Analog-Radar engere Werte als beim Digital-Radar angewendet werden.

Dies ist damit begründet, dass bei einer analogen Informationsfolge eine stetige Darstellung des Radarzieles möglich ist; d.h. die Darstellung des Zieles auf dem Bildschirm des Lotsen stimmt jederzeit mit der augenblicklichen Position des Luftfahrzeuges überein. Bei digitaler Verarbeitung kommt es durch die "0 oder 1" – Zählweise zu Sprüngen in der Darstellung des Zieles. D.h. die Darstellung auf dem Bildschirm stimmt nur während eines kurzen Augenblickes mit der ganz exakten Position des Luftfahrzeuges überein; daher sind bei dieser relativ groben Verfahrensweise größere laterale Abstände zwischen den Luftfahrzeugen einzurichten. Die folgende Tabelle zeigt die vom Lotsen einzurichtenden lateralen Staffelungswerte:

Entfernungsumkreis des Luftfahrzeuges vom Radargerät	Analog-Radar	Digital-Radar
0 bis 30 NM	3 NM	4 NM
30 bis 60 NM	5 NM	6 NM
60 bis 120 NM	5 NM	8 NM
mehr als 120 NM	5 NM	10 NM
		3 NM im Endanflug

c) Staffelung bei Wirbelschleppengefahr

Wirbelschleppen treten grundsätzlich hinter allen fliegenden Luftfahrzeugen auf. Die Mächtigkeit der Wirbelschleppen hängt von der Größe (momentanes Fluggewicht), der Fluggeschwindigkeit und der Konfiguration (Klappenstellung) des Luftfahrzeuges ab. Hinter nahezu allen gängigen Verkehrsflugzeugen bilden sich Wirbelschleppen, die ein nachfolgendes kleineres Luftfahrzeug ernsthaft gefährden können (Verlust der Kontrolle und/oder Strukturschäden).

Die Situation, dass ein kleines einem großen Luftfahrzeug folgt, tritt besonders häufig auf Verkehrsflughäfen auf.

Achtung: Der Fluglotse wendet nur unter bestimmten Bedingungen, die nachfolgend erläutert werden, Staffelung für nach VFR fliegenden Luftfahrzeugen an. In der Regel ist er weder bei Start, Abflug, Anflug und/oder Landung dafür verantwortlich, dass ein nach VFR fliegendes Luftfahrzeug in die Wirbelschleppen eines vorausfliegenden Luftfahrzeuges gerät. Ebenso wenig ist er verpflichtet, auf die Gefahr hinzuweisen; tut er dies dennoch, lautet die offizielle Phraseologie: "Achtung Wirbelschleppen / Caution wake turbulences".

Ob der Lotse Staffelungsmaßnahmen anwendet oder nicht, hängt davon ab, ob der Pilot des unter VFR nachfolgenden Luftfahrzeuges das vorausfliegende in Sicht hat oder nicht:

1) Pilot hat vorausfliegendes Luftfahrzeug nicht in Sicht

Sofern der nachfolgende (VFR-)Pilot dem Fluglotsen erklärt hat, das vorausfliegende Verkehrsflugzeug nicht in Sicht zu haben, wird der Lotse dessen Anflug so staffeln, dass bei konventioneller Staffelung vorgeschriebene zeitliche bzw. bei radargestützter Staffelung streckenmäßige Abstände gewährleistet sind. In der Regel werden nach VFR fliegende Flugzeuge verzögert, indem man sie über bestimmten Punkten (derzeitige Position, Pflichtmeldepunkte, Warteschleifen etc.) Vollkreise *(Three-Sixties)* machen lässt, bis der nötige Abstand eingerichtet ist.

Bei der **konventionellen Methode** werden folgende zeitliche Staffelungskriterien angewendet:

Situation:	Vorausfliegendes Lfz:	Nachfolgendes Lfz:	Zeitstaffelung [Minuten]:
Beide Lfz im Anflug auf dieselbe Piste	HEAVY >= 136 t (auch B757)	MEDIUM (7 t bis 136 t)	2
	MEDIUM oder HEAVY	LIGHT (<= 7 t)	3
Beide Lfz beginnen Startlauf an derselben Stelle oder auf einer weniger als 760 m entfernten Parallelpiste	HEAVY	LIGHT oder MEDIUM	2
	MEDIUM	LIGHT	
Nachfolgendes Lfz startet von einer Kreuzung derselben oder einer weniger als 760 m entfernten Parallelpiste	HEAVY	LIGHT oder MEDIUM	3
	MEDIUM	LIGHT	
Vorausfliegendes Lfz ist auf versetzter Schwelle gelandet und nachfolgendes Lfz startet von der Schwelle	HEAVY (wird starten)	LIGHT oder MEDIUM (gelandet)	2
	MEDIUM (wird starten)	LIGHT (gelandet)	

Bei der **radargestützten Staffelung** werden folgende Distanzen eingerichtet:

Vorausfliegendes Luftfahrzeug	Nachfolgendes Luftfahrzeug	Staffelungsminimum [NM]
HEAVY	HEAVY	4
HEAVY	MEDIUM	5
HEAVY	LIGHT	6
MEDIUM	LIGHT	5
Diese Staffelungswerte finden Anwendung, wenn: • ein Luftfahrzeug sich direkt hinter einem Luftfahrzeug in derselben Flughöhe oder weniger als 1000 ft darunter befindet • beide Luftfahrzeuge dieselbe Piste oder Parallelpisten benutzen, die weniger als 760 m entfernt ist • ein Luftfahrzeug hinter einem anderen Luftfahrzeug, dessen 6 Uhr-Position in derselben Flughöhe oder in weniger als 1000 ft darunter kreuzt.		

2) Pilot hat vorausfliegendes Luftfahrzeug in Sicht

Hat der nachfolgende Pilot erklärt, das vorausfliegende Luftfahrzeug in Sicht zu haben, muss er auf Wirbelschleppen des vorausfliegenden Verkehrsflugzeuges selbst achten, da der Fluglotse nun nicht mehr verpflichtet ist, Staffelungsmaßnahmen anzuwenden. In diesem Fall sollte man als Pilot wie folgt vorgehen:

Landung hinter landendem Verkehrsflugzeug	Selber steil anfliegen; so bleibt man oberhalb des fast immer ca. 3° betragenden Gleitwinkels des Verkehrsflugzeuges; Aufsetzpunkt des Verkehrsflugzeuges beobachten (ab hier werden keine nennenswerten Wirbelschleppen mehr erzeugt); man kann erwarten, dass das Verkehrsflugzeug zwecks Ausnutzung der Piste fast immer sehr weit vorn (nahe der Schwelle) aufsetzen wird; eigenen Aufsetzpunkt erst nach diesem Punkt einrichten (die zur Verfügung stehende Landestrecke sollt dann normalerweise noch reichen !)
Start hinter landendem Verkehrsflugzeug	Zeit vergehen lassen (2 Minuten), da in diesem Fall ein Durchqueren des Wirbelschleppengebietes kaum zu umgehen sein wird; am Boden ist man dann immer noch am sichersten (ggf. dem Lotsen mitteilen, dass man noch etwas warten möchte)
Landung hinter startendem Verkehrsflugzeug	Den Abhebepunkt des Verkehrsflugzeuges beobachten; für ein kleines Luftfahrzeug sollte es kein Problem sein, vor diesem Punkt auszurollen, wenn man eine möglichst kurze Landung gemacht hat. Die gefährlichen Wirbelschleppen entstehen erst beim Abheben des Verkehrsflugzeuges.
Start hinter startendem Verkehrsflugzeug	Den Abhebepunkt des Verkehrsflugzeuges beobachten; für ein kleines Luftfahrzeug sollte es kein Problem sein, vor diesem Punkt abzuheben. Die gefährlichen Wirbelschleppen entstehen erst beim Abheben des Verkehrsflugzeuges. Da das Verkehrsflugzeug in der Regel einen sehr steilen Abflug ausführt, bleibt dem nachfolgenden Flugzeug nichts weiter übrig, als so früh wie möglich durch einen entsprechenden Richtungswechsel das Gebiet der Wirbelschleppen zu meiden (dabei auf Windversatz achten!)

Bei allen beschriebenen Taktiken der Wirbelschleppenvermeidung gilt, dass bei Seitenwind mit einem Windversatz in Leerichtung der Wirbelschleppen gerechnet werden kann. Im Luvgebiet kann daher auch ein kleines Luftfahrzeug sicher fliegen. Außerdem sinken die Wirbelschleppen mit zunehmender Entfernung des sie verursachenden Luftfahrzeuges in Richtung Erdboden ab; dabei verlieren sie zwar an Umdrehungsgeschwindigkeit und entsprechend an Stärke, sie werden aber von ihrem Umfang her größer. Das gilt so lange, bis sie sich schließlich aufgelöst haben.

5 Luftverkehrsregeln

5.1 Verhaltensgrundregeln

- Jeder Teilnehmer am Luftverkehr hat sich so zu verhalten, dass Sicherheit und Ordnung im Luftverkehr gewährleistet sind und kein anderer gefährdet, geschädigt oder mehr als nach den Umständen unvermeidbar behindert oder belästigt wird (§ 1 LuftVO).
- Die Schallemission ist unter Berücksichtigung der ordnungsgemäßen Führung des Luftfahrzeuges so niedrig wie möglich zu halten.
- Wer durch berauschende Mittel oder durch geistige oder körperliche Mängel behindert ist, darf als Luftfahrzeugführer nicht tätig werden; er handelt sonst ordnungswidrig.
- Der Luftfahrzeugführer hat beim Rollen, Starten, Landen und während des Fluges alle notwendigen Sicherheitsmaßnahmen zu treffen.

5.2 Flugvorbereitung

Nach §3a LuftVO ist jeder Luftfahrzeugführer dazu verpflichtet, vor dem Flug eine Flugvorbereitung durchzuführen, wobei besonders die nachfolgend beschriebenen Punkte zu beachten sind:

Unterlagen und Informationen	Im Gesetzestext sind die Art und der Umfang dieser Unterlagen und Informationen nicht näher festgelegt. Es liegt jedoch nahe, dass es sich hier insbesondere um die **Veröffentlichungen des Büros der Nachrichten für Luftfahrer** handelt, wie sie in L 9 beschrieben werden.
Verkehrssicherheit von Luftfahrzeug und Ladung	Der Luftfahrzeugführer hat sich davon zu überzeugen, dass sich das Luftfahrzeug und die Ladung in einem **verkehrssicheren Zustand** befinden. Dazu gehören sowohl die Überprüfung der Gültigkeit der mitzuführenden Ausweise und Dokumente als auch die persönliche Kontrolle des Luftfahrzeuges vor Ort anhand vom Checklisten.
Einhaltung zulässiger Massen und Schwerpunktslagen	Hierzu zählen die Massen- und Schwerpunktsermittlung (s. T 1.4) und die persönliche Überprüfung des Luftfahrzeuges und der Ladung.
Ausweise und Dokumente	An Bord des Luftfahrzeuges müssen während der Ausübung der erlaubnispflichtigen Tätigkeit (das gilt bereits während des Rollens) folgende Ausweise und Dokumente mitgeführt werden: • § 26 (2) LuftVZO Luftfahrerschein, Personalausweis (oder Reisepass), Tauglichkeitszeugnis • Flugbuch • Bordbuch • Eintragungsschein • Nachweis über Nachprüfung (Jahresnachprüfung oder eine gesetzlich festgelegte Nachprüfung bei gewerblichem Lfz) • Lufttüchtigkeitszeugnis • Flughandbuch • Genehmigungsurkunde der Luftfunkstelle
Eintragungen in Bordbücher	In das flugzeugbezogene Bordbuch ist der Flug durch Eintragungen, wie z.B. Name der Besatzung, Start- und Zielort, Flugdauer usw. zu dokumentieren.
Wetterberatung	Für alle Überlandflüge ist eine Flugwetterberatung einzuholen. Ein Flug gilt als Überlandflug, wenn der Verkehr in der Platzrunde nicht mehr gesehen werden kann.
Flugberatung	Sofern für einen Flug die Abgabe eines Flugplanes vorgeschrieben ist (s. L 4.3.1), ist eine Flugberatung beim Flugberatungsdienst der DFS (s. L 4.1.3) einzuholen.
Dokumentation und Nachweis der Flugvorbereitung (Flugdurchführungsplan)	Der Gesetzgeber schreibt für VFR-Flüge keine bestimmte Form des Nachweises der Flugvorbereitung vor. Dennoch empfiehlt es sich, einen Flugdurchführungsplan (der für IFR-Flüge übrigens Vorschrift ist) zu erstellen. Zum einen bietet der Flugdurchführungsplan dem Piloten eine nicht zu unterschätzende Hilfe vor und während des Fluges, zum anderen erleichtert es ihm die Nachweisführung für die ordnungsgemäß abgeschlossenen Flugvorbereitung im Falle einer Überprüfung durch einen **Beauftragten für Luftaufsicht.** Dieser hat nämlich nach §24 LuftVO das Recht, die Flugvorbereitung und das Mitführen der vorgeschriebenen Ausweise und Dokumente zu überprüfen.

5.3 Höhenmesserbezugseinstellungen

Grundsätzlich ist der Höhenmesser in/unterhalb 5000 ft MSL oder in/unterhalb 2000 ft GND (der höhere Wert gilt) auf das **QNH** des zur Flugstrecke nächstgelegenen zivilen Flugplatzes mit Flugverkehrskontrollstelle einzustellen.

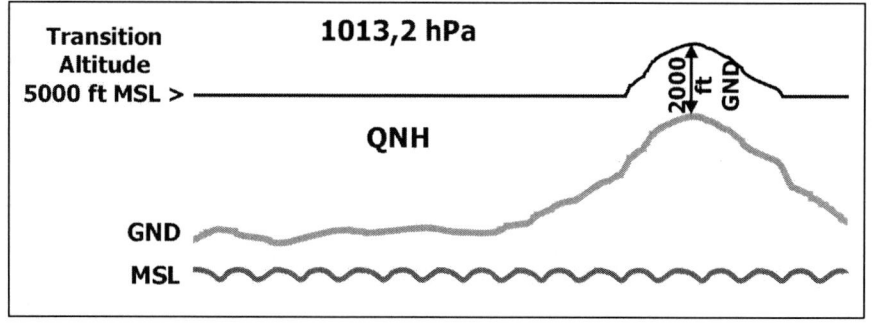

Ein auf QNH eingestellter Höhenmesser zeigt die Flughöhe über Meeresspiegelniveau MSL an.
Oberhalb dieser Höhen muss auf **1013,2 hPa** (Standard-Höhenmessereinstellung) umgestellt werden, so dass der Höhenmesser die Höhe über der 1013,2-hPa-Bezugsdruckfläche anzeigt. In diesem Fall wird die Höhe als Flugfläche (englisch Flight Level) bezeichnet und der Zahlenwert wird immer dreistellig unter Weglassung der Einer- und Zehnerstellen angegeben, z.B.: FL 075 entspricht einer Höhe von 7500 ft über der 1013,2-hPa-Bezugsdruckfläche.
Zur Funktionsweise des barometrischen Höhenmessers s. auch T 4.2.3.

5.4 Halbkreisflugflächen

Bei VFR-Flügen nach Standard-Höhenmessereinstellung 1013,2 hPa sind folgende Halbkreisflugflächen einzuhalten:

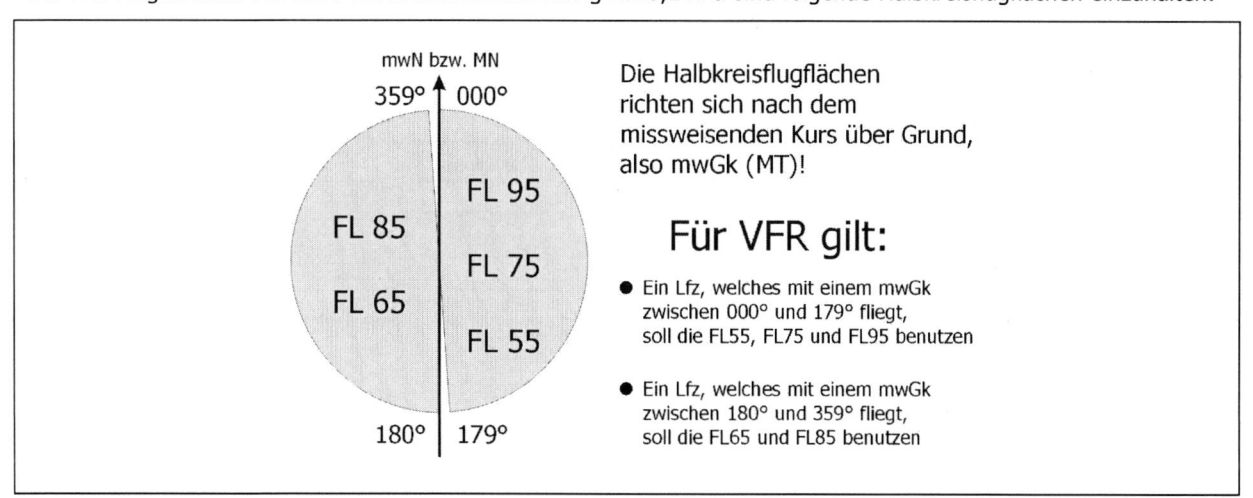

Die Halbkreisflugflächen richten sich nach dem missweisenden Kurs über Grund, also mwGk (MT)!

Für VFR gilt:

- Ein Lfz, welches mit einem mwGk zwischen 000° und 179° fliegt, soll die FL55, FL75 und FL95 benutzen
- Ein Lfz, welches mit einem mwGk zwischen 180° und 359° fliegt, soll die FL65 und FL85 benutzen

5.5 Transponder

Bei VFR-Flügen mit zivilen, motorgetriebenen Luftfahrzeugen ist **vorgeschrieben**, den Transponder unaufgefordert (d.h. auch ohne Funkkontakt zur Flugsicherung) oberhalb von 5000 ft MSL oder 3500 ft GND (der höhere Wert gilt) auf **A/C 0022** zu stellen.

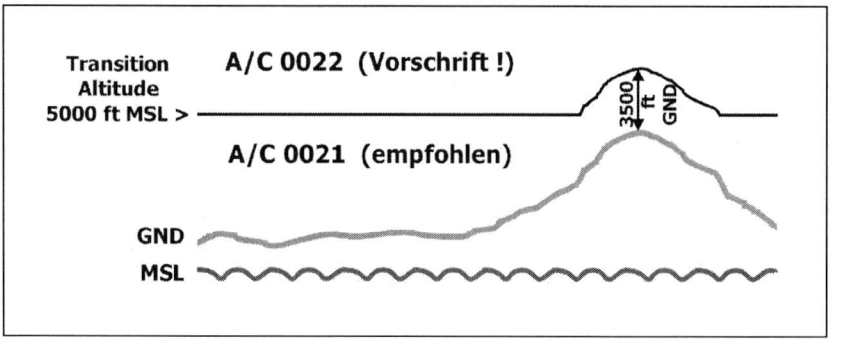

Diese Regelung gilt nicht im Luftraum C, da hier ohnehin Kontakt zu einer Flugverkehrskontrollstelle bestehen muss. Unterhalb dieser Flughöhe wird **empfohlen**, den Transponder auf **A/C 0021** zu schalten. Bei Verlassen dieser Lufträume ist der Code unaufgefordert abzuschalten.

Das hier beschriebene Verfahren bedeutet nicht, dass die betreffenden Flüge kontrolliert werden, sondern es dient der Flugsicherung dazu, bessere Verkehrsinformationen zu geben.

5.6 Sicherheitsmindesthöhen und –abstände

Nach § 6 LuftVO ist die Sicherheitsmindesthöhe die Höhe, bei der weder eine unnötige Lärmbelästigung (§ 1 LuftVO) noch im Falle einer Notlandung eine unnötige Gefährdung von Personen und Sachen zu befürchten ist.

Zusätzlich muß über **Städten**, anderen **dichtbesiedelten Gebieten und Menschenansammlungen** eine Höhe von **300 m (1000 Fuß)** über dem höchsten Hindernis in einem **Umkreis von 600 m**, in allen übrigen Fällen eine Höhe von **150 m (500 Fuß)** über Grund oder Wasser eingehalten werden. Die Sicherheitsmindesthöhe darf nur unterschritten werden, soweit es bei Start und Landung notwendig ist. Brücken und ähnliche Bauten sowie Freileitungen und Antennen dürfen nicht unterflogen werden. Zusätzlich gilt, dass **VFR-Überlandflüge** mit motorgetriebenen Luftfahrzeugen in einer Höhe von mindestens **600 m (2000 Fuß)** über Grund oder Wasser durchzuführen sind, falls die Luftraumordnung, die Wetterminima oder Flugverkehrskontrollfreigaben keine geringeren Höhen erfordern. Allgemein gilt, dass für Flüge zu besonderen Zwecken die örtlich zuständige Luftfahrtbehörde des Landes Ausnahmen zulassen kann.

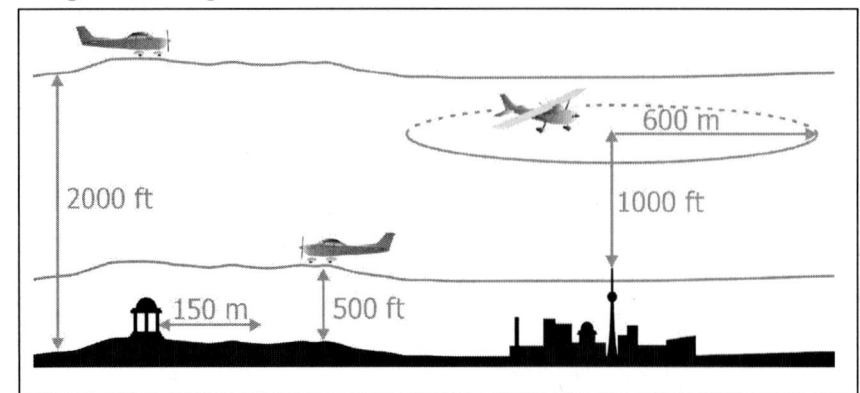

Nach § 12 LuftVO ist im Fluge (ausgenommen bei Start und Landung) zu **einzelnen** Bauwerken oder Hindernissen ein seitlicher Mindestabstand von 150 m einzuhalten.

5.7 Ausweichregeln (Right of Way)

Situation	Ausweichregel
Gegenflug	Beide Lfz nach rechts
Kreuzende Flugwege	Das von links kommende Lfz hat auszuweichen
Überholen	Das überholende Luftfahrzeug hat den Flugweg des anderen Luftfahrzeuges zu meiden und grundsätzlich (auch wenn es sinkt oder steigt) nach rechts auszuweichen. Ein Luftfahrzeug überholt ein anderes, wenn es sich dem anderen von hinten in einer Flugrichtung nähert, die mit der Flugrichtung des anderen einen Winkel von weniger als 70° bildet.
Landeanflug	**Flugzeugen im Landeanflug ist immer auszuweichen!** Bei mehreren anfliegenden Luftfahrzeugen haben Flugzeuge und Motorsegler mit Motorkraft anderen Luftfahrzeugen auszuweichen, hat das tieferfliegende Luftfahrzeug Vorflugrecht und das tiefer fliegende das höher fliegende Luftfahrzeug nicht zu unterfliegen oder überholen.
Not	In Not befindlichen Luftfahrzeugen ist immer auszuweichen!
Bevorrechtigtes Luftfahrzeug	Der Luftfahrzeugführer des bevorrechtigten Luftfahrzeuges muss Kurs und Höhe beibehalten, bis ein Zusammenstoß ausgeschlossen ist. Diese Regelung entbindet ihn jedoch nicht von der Verpflichtung, einen Zusammenstoß zu vermeiden.

Ausweichrangfolge	Motorgetriebene Luftfahrzeuge weichen aus:
	   Luftschiffe weichen aus:
	     Motorgetriebene Luftfahrzeuge, die Luftfahrzeuge oder Gegenstände schleppen, weichen aus:
	       Segelflugzeuge (incl. Motorsegler mit stehendem Motor), Hängegleiter und Gleitsegel weichen aus:
	         Ballone

5.8 VFR-Nachtflüge (NVFR)

§ 33 LuftVO Als **Nacht** gilt der Zeitraum zwischen einer halben Stunde nach Sonnenuntergang und einer halben Stunde vor Sonnenaufgang. Flüge nach Sichtflugregeln bei Nacht mit Luftsportgeräten, ausgenommen einsitzige Sprungfallschirme, sind nicht erlaubt. Die Zeiten für Sonnenunter- und –aufgang sind im Luftfahrthandbuch **AIP GEN 2-27** aufgelistet.

	Im unkontrollierten Luftraum in der Umgebung (Sichtweite) des Flugplatzes	**Außerhalb der Umgebung (Sichtweite) des Flugplatzes (Überlandflug)**
Flugplan	Nicht erforderlich	Erforderlich
Flugverkehrsfreigabe	Nicht erforderlich	Erforderlich
Funkverkehr	Nicht erforderlich	Dauernde Hörbereitschaft
Flugsicherungsausrüstung	s. L 8.6.3	
Zusatzausrüstung	• Positionslichter • Instrumentenbeleuchtung • Taschenlampe	
Voraussetzungen	Gesamtflugerfahrung mind. 75 h 10 Nachtstarts und Nachtlandungen mit Fluglehrer	Nachtflugberechtigung

5.9 VFR über Wolken (VFR on Top)

Flugplan	in Abhängigkeit des durchflogenen Luftraumes
Flugverkehrsfreigabe	
Funkverkehr	
Flugsicherungsausrüstung	s. L 8.6.3
Zusatzausrüstung	Nicht erforderlich
§ 32 LuftVO	• Flughöhe mindestens 1000 ft GND o. MSL • Flugweg muss eingehalten werden können • Landung unter VMC ist sichergestellt • über den Wolken müssen die VMC-Minima des Luftraumes E erfüllt sein

5.10 Grenzüberschreitende Flüge

Grenzüberschreitende Flüge sind grundsätzlich flugplanpflichtig (für Staaten des Schengener Abkommens können Ausnahmen bestehen; vgl. L 4.3.1). Sofern im Ausland eine Landung durchgeführt wird, ist eine Zollabfertigung zu veranlassen. In diesem Falle besteht Zollflugplatzzwang. Der letzte Flugplatz in Deutschland und der erste Flugplatz im Ausland müssen als Grenzübergangsstelle zugelassen sein. Beim Führen deutscher Luftfahrzeuge im Ausland gelten Ausweise, Scheine und Zeugnisse uneingeschränkt.

Beim Führen ausländischer Luftfahrzeuge im Ausland sind die Bestimmungen des Staates über Gültigkeit von Erlaubnissen und Berechtigungen zu befolgen. Informationen über ausländische Bestimmungen können in den AIPs des jeweiligen Staates bei den meisten deutschen AIS-Dienststellen eingesehen bzw. erfragt werden.

5.11 Kunstflüge

Gem. § 8 LuftVO dürfen Kunstflüge nur als VFR-Flüge durchgeführt werden, wenn das Flugzeug zum Kunstflug zugelassen ist, der Luftfahrzeugführer eine Kunstflugberechtigung besitzt und alle Insassen des Luftfahrzeuges zugestimmt haben. Dabei darf nicht über Städten, dichtbesiedelten Gebieten, Menschenansammlungen und Flughäfen geflogen werden, außer es liegt im Einzelfall eine Ausnahme der örtlich zuständigen Luftfahrtbehörde vor. Die einzuhaltende Mindesthöhe beträgt 1500 ft GND (450 m GND). Zusätzlich ist für Kunstflüge in der Umgebung eines unkontrollierten Flugplatzes die Zustimmung der zuständigen Luftaufsicht erforderlich. Kunstflüge im kontrollierten Luftraum (C, D, E) sind flugplanpflichtig und es ist (auch im Luftraum E!) eine Flugverkehrsfreigabe (FVK-Freigabe) einzuholen.

5.12 Schlepp- und Reklameflüge

Schleppflüge (Flugzeug- oder Bannerschlepp) erfordern eine Schleppflugberechtigung. Das Schleppen von Segelflugzeugen ist genehmigungsfrei. Alle anderen Schleppflüge unterliegen folgenden Einschränkungen:
- Zustimmung der Landesluftfahrtbehörde des Landes, in dem der Antragsteller seinen Wohnsitz hat
- Haftpflichtversicherung für die geschleppten Gegenstände
- Ein Barograph muss an Bord mitgeführt werden
- Mindesthöhe 1000 ft GND in einem Umkreis (Radius) von 600 m um das höchste Hindernis.
- Flüge mit reklamebeschrifteten Luftfahrzeugen bedürfen keiner Berechtigung oder Genehmigung.
- Lautsprecherübertragungen aus Luftfahrzeugen sind verboten.

6 Signale und Zeichen

6.1 Pisten

Die **Bezeichnungen** von Pisten (Start- und Landebahnen) richten sich nach der Ausrichtung der Piste bezogen auf magnetisch Nord; dieser Wert wird auch als **QUJ** bezeichnet. Von der dreistelligen Kursangabe des QUJ-Wertes wird die dritte Stelle weggelassen und anschließend auf- oder abgerundet. Beispiel: QUJ 253° ergibt die Pistenbezeichnung "25". Bei parallel verlaufenden Pisten werden die einzelnen Bezeichnungen mit dem Kürzel "L" und "R" für links und rechts erweitert. Ggf. bei 3 Parallelbahnen wird die mittlere zusätzlich mit "C" für center (sprich "Charlie") bezeichnet, z.B. in Hannover.

Eine Piste, die nur für Sichtanflüge zugelassen ist, verfügt über die Markierung für die Bezeichnung (hier 20 links) und über die Mittellinie.	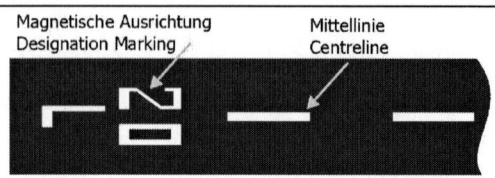 Magnetische Ausrichtung Designation Marking / Mittellinie Centreline
Auf einer Piste, die auch für Nichtpräzisionsanflüge zugelassen ist, ist zusätzlich die Landebahnschwelle (Threshold) markiert. Unter Nichtpräzisionsanflügen versteht man Instrumentenanflüge mit Hilfe von Navigationsanlagen, die nur Richtungsinformationen geben.	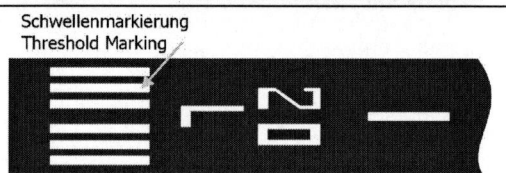 Schwellenmarkierung Threshold Marking

Eine Piste, die für Präzisionsanflüge zugelassen ist, verfügt zusätzlich über Markierungen für den Aufsetzpunkt (Touchdown zone markings). Präzisionsanflüge werden mit Hilfe von Navigationsanlagen durchgeführt, die sowohl Richtungs- als auch Höheninformation geben. Bei der Markierung des Aufsetzpunktes handelt es sich um ein Paar von drei parallelen Streifen beidseitig der Pistenmittellinie. Sie sind 500 ft von der Schwelle entfernt. Wird der Sinkflugwinkel, der normalerweise drei Grad beträgt, bis auf die Piste geflogen, erfolgt das Aufsetzen genau auf den Markierungen. Die Aufsetzzone erstreckt sich noch bis 3000 ft von der Schwelle entfernt. Bei der auf An- und Abflugkarten angegebenen Höhe der Aufsetzzone über NN (touchdown zone elevation / TDZE) handelt es sich um den höchsten Punkt innerhalb der Aufsetzzone.

Aufsetzzonenmarkierung Touchdown Zone Marking

Falls die Schwelle versetzt worden ist (z.B. wg. einer eingeschränkten Hindernisfreiheit im Anflugsektor), darf erst nach dem Überfliegen der Markierung der versetzten Schwelle aufgesetzt werden. Der Startlauf darf aber am Beginn der Piste begonnen werden.

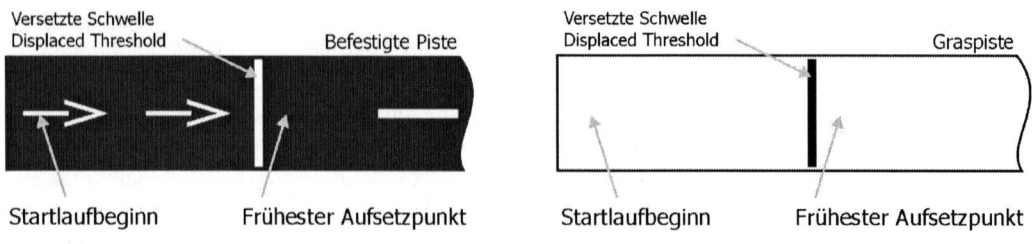

Versetzte Schwelle Displaced Threshold — Befestigte Piste
Startlaufbeginn — Frühester Aufsetzpunkt

Versetzte Schwelle Displaced Threshold — Graspiste
Startlaufbeginn — Frühester Aufsetzpunkt

6.2 Bodensignale

Falls ein unkontrollierter Flugplatz angeflogen wird, kann z.B. bei Funkausfall die Signalfläche überflogen werden und die Informationen können eingeholt werden.

 Landeverbot für längere Zeit. (roter Untergrund mit gelbem Kreuz)	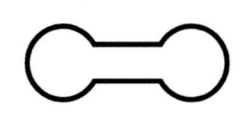 Zum Starten, Landen und Rollen dürfen nur Start- und Landebahnen und Rollbahnen benutzt werden.	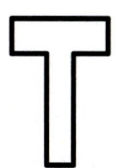 Starts und Landungen sind rechts, parallel zum Längsbalken des Lande-T in Richtung auf den Querbalken durchzuführen.	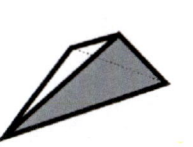 Starts und Landungen sind in der Richtung auszuführen, in die die Spitze des Tetraeders zeigt.
 Beim Landeanflug und bei der Landung ist wegen des schlechten Zustandes des Rollfeldes oder aus anderen Gründen besondere Vorsicht geboten. (roter Untergrund mit gelbem Querbalken)	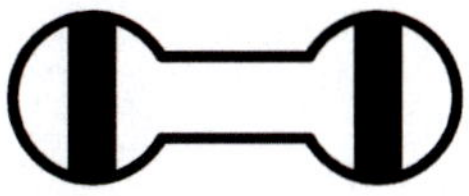 Zum Starten und Landen dürfen nur die Start- und Landebahnen benutzt werden; Rollbewegungen sind nicht auf Start- und Landebahnen oder Rollbahnen beschränkt.	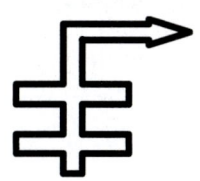 Getrennte Platzrunde für motorgetriebene Luftfahrzeuge und Segelflugzeuge. Nach dem Start und vor der Landung sind Richtungsänderungen für motorgetriebene Luftfahrzeuge nur in Pfeilrichtung, für Segelflugzeuge entgegengesetzt erlaubt.	 Angabe der Startrichtung, abgerundet auf die nächstliegenden zehn Grad der mißweisenden Kompaßrose (meist am Tower).
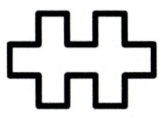 Am Flugplatz wird Segelflugbetrieb durchgeführt	 Der durch diese Kreuze bezeichnete oder begrenzte Teil des Rollfeldes ist nicht benutzbar.	 Nach dem Start und vor der Landung sind Richtungsänderungen nur nach rechts erlaubt.	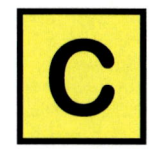 Flugsicherungsmeldungen sind an der so bezeichneten Stelle abzugeben (Landegebühren) (gelber Untergrund mit schwarzem C)

6.3 Lichtsignale und Leuchtraketen

Anzeigen einer Notlage

Grundsätzlich darf ein Luftfahrzeugführer in einer Notlage jedes verfügbare Mittel benutzen, um sich bemerkbar zu machen, seinen Standort bekannt zu geben und / oder um Hilfe herbeizurufen.

Befindet sich ein Luftfahrzeug in einer Notlage, die es zur Landung zwingt, kann durch wiederholtes Ein- und Ausschalten der Landescheinwerfer die Notlage angezeigt werden.

Warnsignale vom Boden und von Luftfahrzeugen

Leuchtgeschosse, die vom Boden oder von Luftfahrzeugen im Abstand von ca. 10 sec abgegeben werden, die sich in rote und grüne Sterne zerlegen, sind Warnsignale, wenn z.B. unerlaubterweise in ein Flugbeschränkungs,- Gefahren- oder Sperrgebiet eingeflogen worden ist.

Lichtsignale zur Regelung des Flugplatzverkehrs

Besteht mit einer für den jeweiligen Flugplatz zuständigen Flugverkehrskontrollstelle Funkverbindung, dann haben Funkanweisungen Vorrang vor allen folgenden Licht- und Bodensignalen. Nur das Signal von roten Feuerwerkskörpern bezüglich des Flugplatzverkehrs hat Vorrang vor Funkanweisungen. Der Luftfahrzeugführer bestätigt zwischen Sonnenaufgang bis Sonnenuntergang mit Bewegen der Querruder; zwischen Sonnenuntergang und Sonnenaufgang mit zweimaligen Einschalten der Positionslichter.

Lichtsignal	am Boden	in der Luft
Grünes Dauersignal	Start frei	Landung frei
Rotes Dauersignal	Halt, anderes Flugzeug hat Vorrang	Platzrunde fortsetzen, anderes Luftfahrzeug hat Vorflug
Grünes Blinksignal	Rollen frei	Zur Landung zurückkehren oder Anflug zur Landung fortsetzen (keine Landefreigabe!)
Rotes Blinksignal	Benutzte Landefläche frei machen	Nicht landen, Flugplatz unbenutzbar
Weißes Blinksignal	Zum Ausgangspunkt auf dem Flugplatz zurückkehren	Auf diesem Flugplatz landen und zum Vorfeld rollen (Lande- u. Rollfreigabe muss gesondert erteilt werden)
Rote Feuerwerkskörper		Ungeachtet aller früheren Anweisungen und Freigaben z.Zt. nicht landen

am Boden:		in der Luft:
Start frei	🟢	Landung frei
Rollen frei	🟢 🟢 🟢	Zurück, Anflug fortsetzen
Halt	🔴 Anderer hat Vorrang	Platzrunde fortsetzen
Landefläche freimachen	🔴 🔴 🔴	Flugplatz unbenutzbar
Zurück	⚪ ⚪ ⚪	Hier landen und zum Vorfeld rollen

C.L.   Luftrecht   L 47

6.4 Einwinker

Nach §7 LuftVO werden dem Piloten Zeichen durch den Einwinker mittels Signalkellen, Leuchtstablampen, Taschenlampen oder nur mit den Armen und Händen gegeben. Dabei steht bei Starrflüglern der Einwinker mit Blickrichtung zum Luftfahrzeug vor der linken Tragflächenspitze im Blickfeld des Luftfahrzeugführers:

Signal	Abbildung	Beschreibung
Auf Zeichen des Einwinkers achten!		Rechter Arm senkrecht nach oben gestreckt und wiederholt von links nach rechts bewegt
Hier Stillstand !		Beide Arme werden senkrecht nach oben ausgestreckt, die Handflächen zeigen nach innen
Geradeaus rollen!		Die leicht seitlich ausgestreckten Arme mit nach rückwärts gerichteten Handflächen winken aus Schulterhöhe wiederholt vorwärts - rückwärts
Nach links drehen!		Der rechte Arm zeigt abwärts, der linke Arm winkt wiederholt aufwärts – rückwärts; die Schnelligkeit der Bewegung zeigt die erforderliche Drehgeschwindigkeit an
Nach rechts drehen!		Der linke Arm zeigt abwärts, der rechte Arm winkt wiederholt aufwärts - rückwärts; die Schnelligkeit der Bewegung zeigt die erforderliche Drehgeschwindigkeit an
Halt!		Beide Arme werden wiederholt über dem Kopf gekreuzt; die Schnelligkeit der Armbewegung entspricht der Dringlichkeit des Anhaltens
Triebwerk abstellen!		Rechter oder linker Arm wird mit der Handfläche nach unten und mit dem Daumen vor der Kehle in Schulterhöhe gehalten; die Hand wird bei angewinkeltem Arm seitlich hin- und herbewegt
Langsamer rollen!		Arme hängen mit nach unten zeigenden Handflächen herab und werden wiederholt auf- und abbewegt

6.5 Visuelle Anflughilfen

Unter **VASI (Visual Approach Slope Indicator)** versteht man ein System von Lichtern, die beim Anflug auf die Piste visuelle Informationen über den Gleitpfadwinkel geben. Die Lichter sind bei Tage 3-5 NM, bei Nacht bis zu 20 NM oder mehr zu erkennen. Das System gewährleistet eine sichere Hindernisfreihöhe (Obstruction Clearance) innerhalb 10° jeweils rechts und links der verlängerten Anfluggrundlinie auf eine Entfernung von 4 NM von der Schwelle. Sofern man die VASI als Anflughilfe benutzt, sollte der Sinkflug nicht vorher eingeleitet werden, bevor das Luftfahrzeug auf der verlängerte Anfluggrundlinie ausgerichtet ist, da sonst die Hindernisfreihöhe nicht mehr gewährleistet sein kann. Ein **Two-bar VASI** bietet lediglich Informationen über einen einzigen Gleitpfad (zu niedrig, auf dem Gleitpfad und zu hoch). Normalerweise beträgt dieser Gleitpfadwinkel drei Grad.

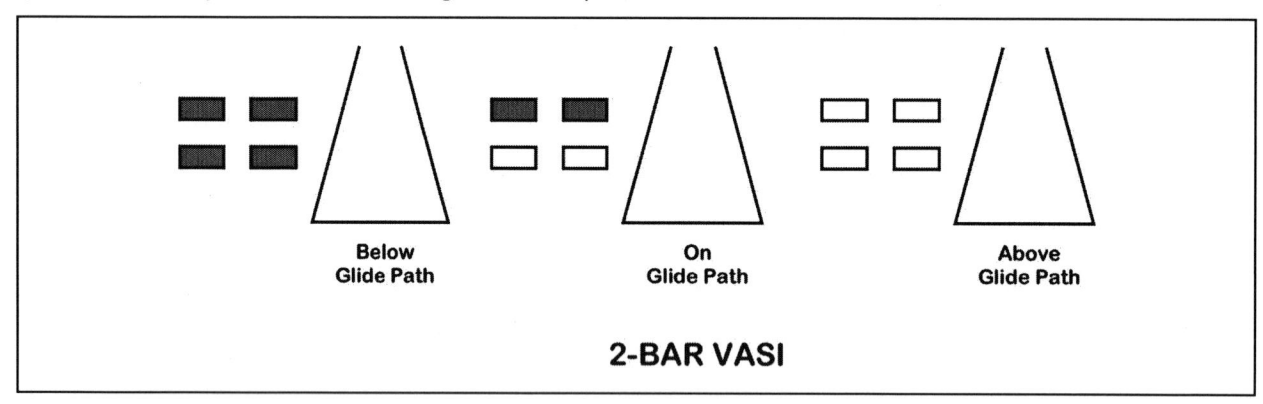

2-BAR VASI

Eine **Three-bar VASI** gibt Informationen über zwei möglich Gleitpfade (Unter beiden Gleitpfaden, auf dem unteren Gleitpfad, auf dem oberen Gleitpfad und über beiden Gleitpfaden). Der untere Gleitpfad entspricht normalerweise einem Gleitwinkel von drei Grad, der obere verläuft normalerweise ¼ Grad höher.

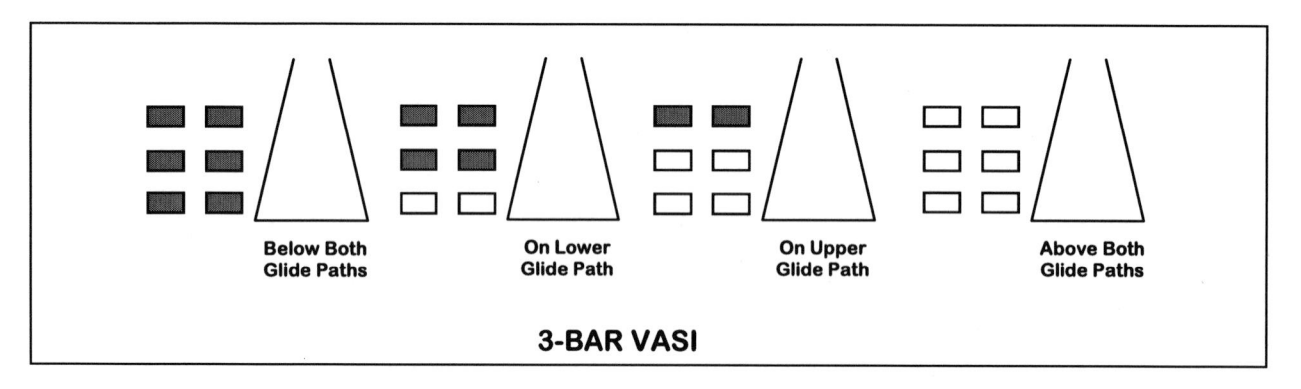

3-BAR VASI

Der **PAPI (Precision Approach Path Indicator)** funktioniert vom Prinzip wie die VASI aber besteht nur aus einer Reihe von zwei oder vier Lichtern, meistens auf der linken Seite der Piste. Die Erkennbarkeit bei Tag und Nacht entspricht in etwa denen der VASI. Bei dem aus vier Lichtern bestehenden System werden drei Gleitpfade angezeigt (etwas zu hoch 3,2°, auf dem Gleitpfad 3° und etwas zu niedrig 2,8°) angezeigt; bei dem aus zwei Lichtern bestehenden System lediglich ein Gleitpfad.

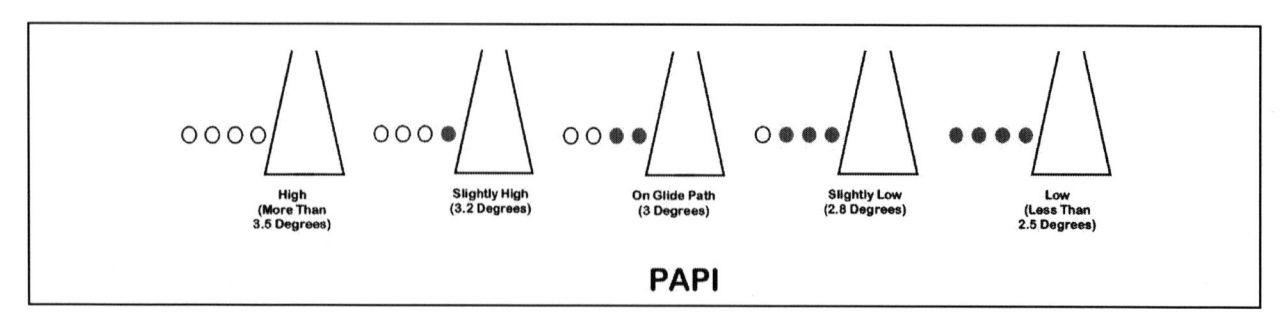

PAPI

6.6 Ansteuerung durch Militärflugzeuge

Bei unerlaubter Luftraumbenutzung kann Ansteuerung durch Militärflugzeuge erfolgen. Erste Maßnahmen des Luftfahrzeugführers:
1. Der Luftfahrzeugführer hat den Anweisungen des Militärflugzeuges zu folgen
2. Die zuständige Flugverkehrskontrollstelle per Funk benachrichtigen
3. Auf der internationalen Notfrequenz 121,50 MHz versuchen, Kontakt zum Militärflugzeug oder zur Ansteuerungskontrollstelle zu erreichen

Wenn zum Militärflugzeug kein Funkkontakt besteht, sind folgende Signale und Zeichen zu beachten:

Anweisung	Aktion des Militärflugzeuges	Maßnahme des Luftfahrzeugführers
"Folgen sie mir!"	Militärflugzeug betätigt Querruder und führt eine flache Kurve aus.	Luftfahrzeugführer bestätigt mit Querruder und folgt.
"Sie können weiter fliegen!"	Militärflugzeug betätigt Querruder und führt eine hochgezogen 90°-Kurve aus.	Luftfahrzeugführer bestätigt mit Querruder.
"Landen sie!"	Militärflugzeug fliegt Platzrunde, fährt Fahrwerk aus und überfliegt Piste in Landerichtung.	Luftfahrzeugführer folgt und leitet Landevorgang ein.

7 Flugplätze

7.1 Einteilung von Flugplätzen

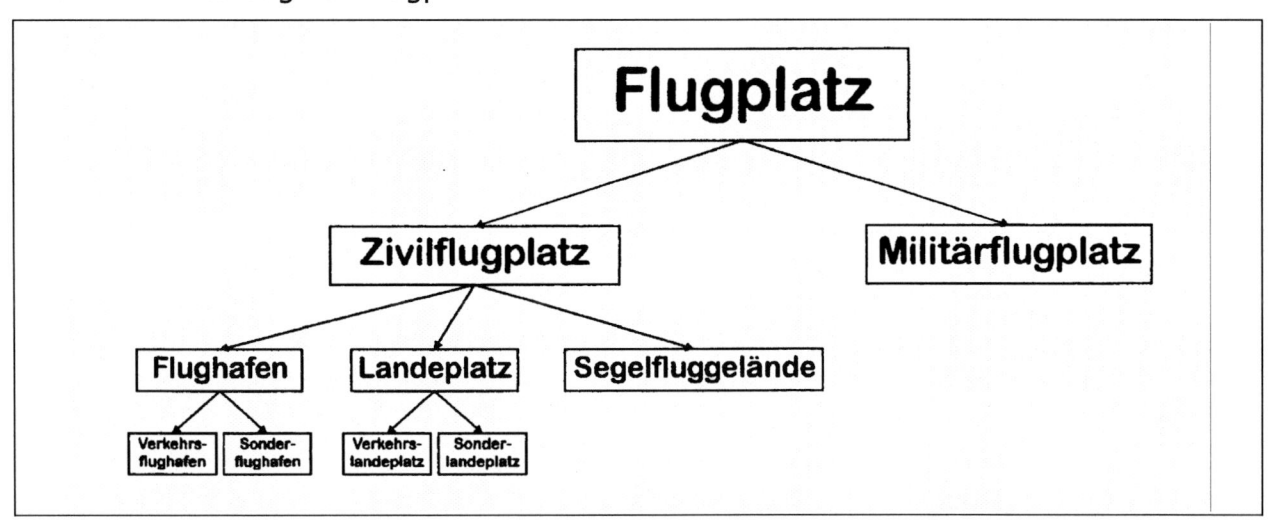

```
                        Flugplatz
                       /        \
              Zivilflugplatz    Militärflugplatz
             /      |      \
      Flughafen  Landeplatz  Segelfluggelände
       /    \      /    \
  Verkehrs- Sonder- Verkehrs- Sonder-
  flughafen flughafen landeplatz landeplatz
```

Die Besonderheit zwischen Flughäfen und Landeplätzen ist, dass für Flughäfen nach § 38 LuftVZO Bauschutzbereiche vorgeschrieben sind.

7.2 Ortskennung

Den Flugplätzen sind Ortskennungen zugeordnet worden, um die Übermittlung durch den Flugfernmeldedienst zu erleichtern. Die Ortskennungen sind im AIP-AD, in den An- und Abflugkarten und der Luftfahrtkarte ICAO (1:500.000) enthalten und können im AIP-GEN entschlüsselt werden (Vorgabe der Kennung und Ermittlung des Flugplatzes und umgekehrt). Für zivile Flughäfen und Landeplätze wird die Landkennung "ED" verwendet (z.B. EDBO für Flugplatz Oehna), für militärische Flugplätze gilt die Landkennung "ET" (z.B. ETNL – Flugplatz Laage) und für internationale Verkehrsflughäfen "EDD" (z.B. EDDI - Berlin Tempelhof).

7.3 Flugplatzanlage

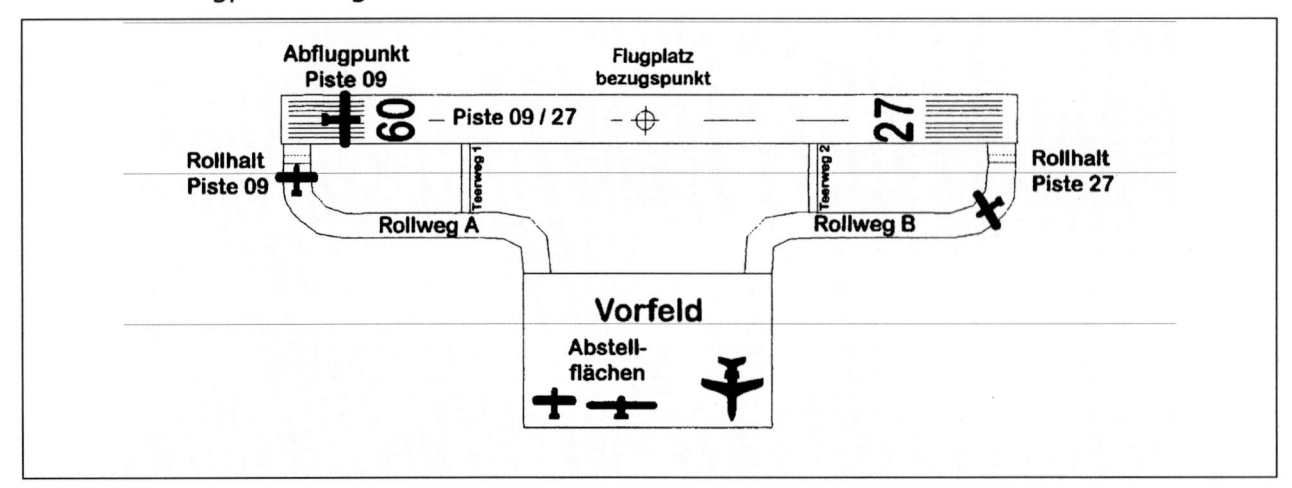

```
                    Abflugpunkt              Flugplatz
                    Piste 09               bezugspunkt
    ┌─────────────────────────────────────────────────────────────┐
    │        ✈  60  — Piste 09 / 27  —⊕—              27         │
    │ Rollhalt                                          Rollhalt  │
    │ Piste 09 ✚                                      ✖ Piste 27 │
    │              Rollweg A              Rollweg B              │
    │                        ┌──────────┐                        │
    │                        │ Vorfeld  │                        │
    │                        │ Abstell- │                        │
    │                        │ flächen  │                        │
    │                        │ ✚  ✚  ✈ │                        │
    │                        └──────────┘                        │
    └─────────────────────────────────────────────────────────────┘
```

Das **Vorfeld**, auf dem sich die Abstellflächen für die Allgemeine Luftfahrt befinden, wird auf Verkehrsflughäfen als General Aviation Terminal (GAT) bezeichnet.

Unter dem **Rollfeld** sind nach § 21 a (2) die Start- und Landebahnen sowie die weiteren für Start und Landung bestimmten Teile eines Flugplatzes einschließlich der sie umgebenden Schutzstreifen und die Rollbahnen sowie die weiteren zum Rollen bestimmten Teile eines Flugplatzes außerhalb des Vorfeldes zu verstehen; das Vorfeld ist nicht Bestandteil des Rollfeldes.

Unter dem **Flugfeld** werden das Vorfeld und das Rollfeld zusammengefasst.

Der **Flughafenbezugspunkt** ist der geometrische Mittelpunkt des Systems der Start- und Landebahnen.

Die Start- und Landebahnen sind nur bis zu einem maximalen **Gewicht** zugelassen; dabei werden folgende Angaben verwendet:

- Höchstzulässiges Fluggewicht des Luftfahrzeuges oder Maximum Permission Weight (MPW)

- Tragfähigkeitszahl bei höheren Belastungen oder Load Classification Number (LCN)

7.4 Flugverkehrskontrolle und Fluginformationsdienst

Das Vorfeld untersteht dem **Flugplatzhalter** und damit der **Luftaufsicht**.

Rollfeld und Luftraum um kontrollierte Flugplätze unterstehen der **Flugverkehrskontrolle**, die von den Flugplatzkontrollstellen **Turm und Rollkontrolle** der DFS durchgeführt wird. Die Rufzeichen im Sprechfunkverkehr dieser Stellen lauten Turm bzw. Rollkontrolle.

Auf kontrollierten Flugplätzen sind Luftfahrzeugführer verpflichtet, durch Funk oder Zeichen die vorherige **Genehmigung** für alle Bewegungen einzuholen, die das Rollen, Starten und Landen einleiten. Sie müssen ständige **Hörbereitschaft** halten und auf Signale und Zeichen achten.

Flugplatzinformationsdienst wird nach AIP-AD 1-1 an Flugplätzen ohne Flugverkehrskontrolle von einer **Luftaufsichtsstelle** (wenn der Flugplatzhalter das Land ist) oder einer **Flugleitung** (wenn der Flugplatzhalter eine Privatperson oder ein Verein ist) durchgeführt. Die Luftaufsicht ist die Vertretung der Luftfahrtbehörde des Landes mit entsprechender Vollmacht; die Flugleitung nimmt das Hausrecht des privaten Halters wahr. Aus Sicherheitsgründen kann die Luftaufsicht ein Verbot für Starts und Landungen auf Verkehrslandeplätzen aussprechen. Der Flugplatzinformationsdienst wird für den Flugverkehr auf einem Flugplatz oder in dessen Umgebung sowie für den Rollverkehr und den Fahrzeugverkehr auf den Betriebsflächen des Flugplatzes durchgeführt Darüber hinaus werden verfügbare Fluginformationen auf Ersuchen auch den außerhalb der Platzrunde fliegenden Luftfahrzeugen erteilt (z.B. das Wetter am Flugplatz). Die Aufgaben des Flugplatzinformationsdienstes bestehen insbesondere in der Erteilung von Hinweisen über aktuelle Verkehrssituationen und Gefahrenquellen, Alarmierung von Rettungsdiensten

Das **Rufzeichen** der Bodenfunkstelle des Flugplatzinformationsdienstes lautet INFO.

7.5 Verkehrsregeln

7.5.1 Flugplatzzwang

Der Luftfahrzeugführer ist verpflichtet, für Start und Landung einen Flugplatz zu benutzen (sog. **Flugplatzzwang**).

§ 25 LuftVG – Verkehrsvorschriften

(1) Luftfahrzeuge dürfen außerhalb der für sie genehmigten Flugplätze nur starten und landen, wenn der Grundstückseigentümer oder sonst Berechtigte zugestimmt und die Luftfahrtbehörde eine Erlaubnis erteilt hat. [...] Luftfahrzeuge dürfen außerdem auf Flugplätzen

1. außerhalb der in der Flugplatzgenehmigung festgelegten Start- oder Landebahnen oder
2. außerhalb der Betriebsstunden des Flugplatzes oder
3. innerhalb von Betriebsbeschränkungszeiten für den Flugplatz

nur starten und landen, wenn der Flugplatzunternehmer zugestimmt und die Genehmigungsbehörde eine Erlaubnis erteilt hat. [...]
(2) Absatz 1 gilt nicht, wenn
1. der Ort der Landung infolge der Eigenschaften des Luftfahrzeuges (Segelflugzeuge, Ballone) nicht vorausbestimmbar ist oder
2. die Landung aus Gründen der Sicherheit (z.B. Orientierungsverlust, Wetterverschlechterung) oder zur Hilfestellung (z.B. Straßenverkehrsunfall) bei einer Gefahr für Leib und Leben einer Person erforderlich ist. Das gleiche gilt für den Wiederstart nach einer solchen Landung mit Ausnahme nach einer Notlandung. **Der Wiederstart nach einer Notlandung ist genehmigungspflichtig durch die Luftfahrtbehörde des Landes.** In diesem Fall ist die Besatzung des Luftfahrzeuges verpflichtet, dem Berechtigten über Namen und Wohnsitz des Halters, des Luftfahrzeugführers sowie des Versicherers Auskunft zu geben; [...]. Nach Erteilung der Auskunft darf der Berechtigte den Abflug oder die Abbeförderung des Luftfahrzeuges nicht verhindern. **Nach Außenlandungen und evtl. Verletzten und / oder materiellen Schäden ist die Polizei hinzuzuziehen.**

Die Flugplatzanlage darf nur innerhalb der Betriebszeit (in UTC) benutzt werden. Außerhalb der Betriebszeiten ist die Nutzung nur mit Genehmigung der Luftfahrtbehörde des Landes erlaubt Die Betriebszeiten sind angegeben im AIP - AD enthalten. Auch innerhalb der Betriebszeit ist bei einigen Flugplätzen eine Anmeldung und Genehmigung notwendig. Zu erkennen aus den nachstehenden Abkürzungen:

- **O/R**   **On Request** / Auf Anfrage / Vorherige Anmeldung ist erforderlich / Betriebspflicht!
- **PPR**   **Prior Permission Required** / Vorherige Genehmigung erforderlich / Keine Betriebspflicht!

Die Benutzung eines Flugplatzes außerhalb der Beschränkungen ist mit Genehmigung der Luftfahrtbehörde des Landes und Zustimmung des Flugplatzunternehmers möglich. Beispiele:
- Benutzung eines Segelfluggeländes mit Motorflugzeug
- Start von einer Rollbahn

7.5.2 Rollen

Rollfreigaben an kontrollierten Plätzen sind notwendig für:
- Rollen zwischen zwei Punkten auf dem Flugplatz, wenn das Rollfeld benutzt wird
- Rollen zum Start
- Rollen nach der Landung

In Betrieb befindliche Pisten dürfen nur überquert werden, wenn eine ausdrückliche Genehmigung erteilt worden ist. Der Rollhalt befindet sich kurz vor der Einmündung einer Rollbahn in die Piste. Er ist durch zwei parallele, senkrecht zur Rollrichtung gelbe Streifen markiert, von denen der erste durchgezogen, der zweite unterbrochen ist. Eine z.B. von der Rollkontrolle erteilte ROLLFREIGABE ZUR PISTE gilt grundsätzlich NUR BIS ZUM ROLLHALT, wenn man nicht ausdrücklich angewiesen worden ist, zum STARTPUNKT zu rollen.
Der Abflugpunkt befindet sich direkt auf der Piste. Um den Verkehrsablauf zu beschleunigen, können Rollfreigaben ausdrücklich bis zum Abflugpunkt erteilt werden, aber: EINE STARTFREIGABE IST DAMIT NOCH NICHT ERTEILT!

7.5.3 Platzrunde

Die Startfreigabe erlaubt dem Luftfahrzeugführer auf die Piste zu rollen und ohne lange Verzögerung mit dem Start zu beginnen. Der Start darf nicht verzögert werden, wenn der Lotse zu einem Sofortstart (Immediate Takeoff) auffordert. Ein Start, der nicht am Beginn der Piste, sondern an einer Rollbahneinmündung beginnt, heißt Intersection Takeoff

Normalerweise wird nach dem Start zunächst die vorgeschrieben Platzrunde geflogen, bevor man auf den geplanten Kurs zum Ziel geht. In diesem Fall wird die Platzrunde über den Gegenanflug verlassen. Die Linksplatzrunde wird oft als ICAO-Platzrunde oder auch Standardplatzrunde bezeichnet. In ihr werden grundsätzlich Linkskurven geflogen, d.h. im Gegenanflug ist der Flugplatz immer auf der linken Seite des Piloten. Da sie Standardplatzrunde ist, werden die einzelnen Abschnitte nicht explizit mit "links" zusätzlich bezeichnet. Alle Abschnitte der Rechtsplatzrunde werden mit "rechts" zusätzlich bezeichnet.

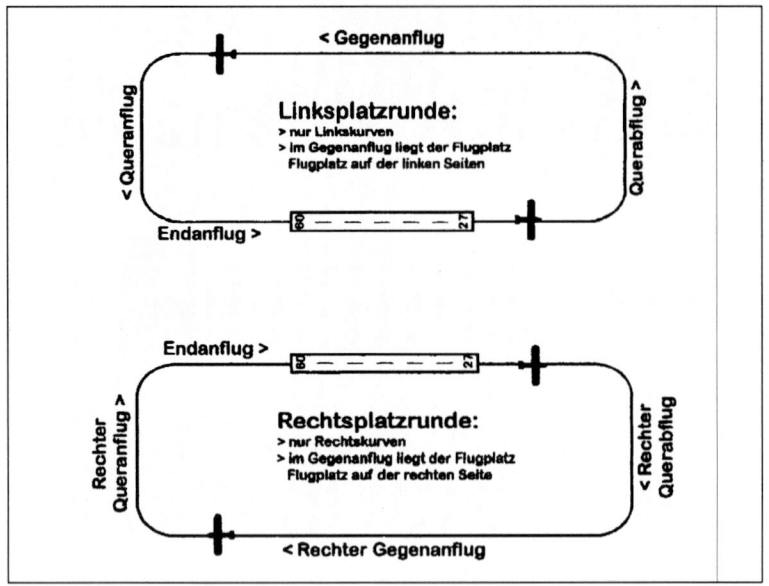

7.5.4 Anflüge

Der Einflug in die Platzrunde erfolgt über den **normalen Anflug**, wie in der unteren Abbildung dargestellt, wenn keine anderen Vereinbarungen getroffen worden sind. An kontrollierten Plätzen erfolgt ein normaler Anflug nach der Anweisung "Fliegen sie in die Platzrunde Piste 09" des Fluglotsen.

Direkte Queranflüge bzw. **Geradeausanflüge** müssen mit der Flugleitung abgesprochen bzw. vom Fluglotsen angewiesen werden, z.B.: "Fliegen sie direkt in den Queranflug Piste 09" oder "Machen sie Geradeausanflug Piste 09"

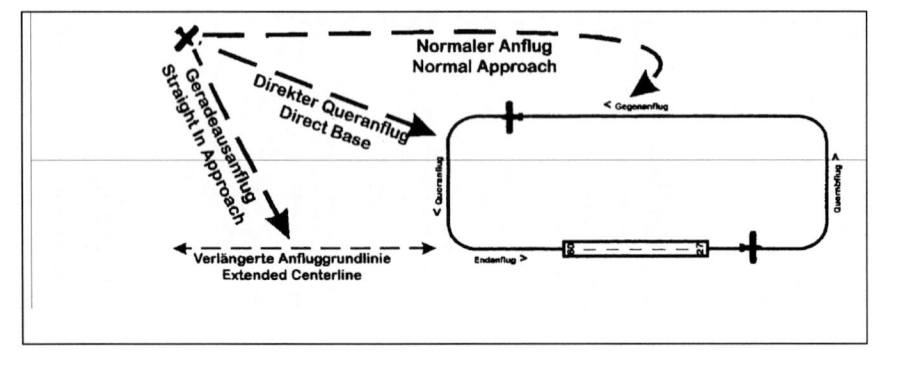

Aus betrieblichen Gründen kann es notwendig sein, die Platzrunde zu verkürzen oder zu verlängern. Auf Anweisung fliegt man einen **kurzen oder langen Anflug**:

Normalerweise liegt es im Ermessen des Luftfahrzeugführers, den Aufsetzpunkt zu bestimmen. Aus flugbetrieblichen Gründen muss u.U. der Aufsetzpunkt auf Anweisung möglichst kurz hinter der Landebahnschwelle liegen **(kurze Landung)** oder flugsicherheitstechnisch so weit wie möglich hinausgezögert werden **(lange Landung)**.

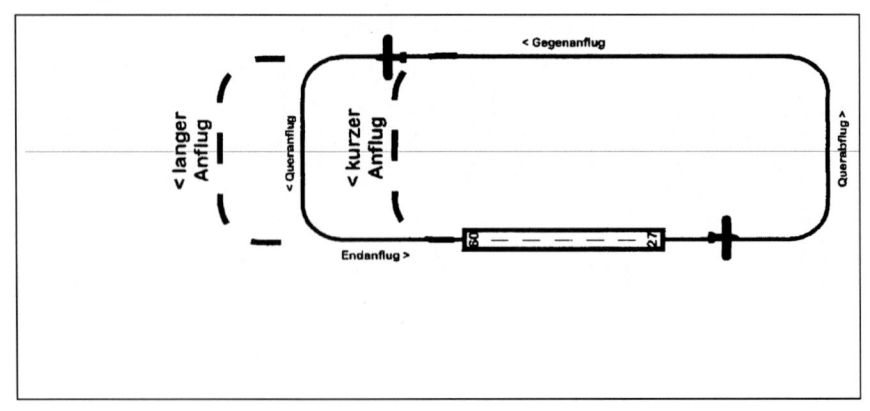

7.6 Militärflugplätze

Militärflugplätze, die für die zivile Mitbenutzung nicht freigegeben sind, dürfen nur mit einer vorher beim Flugplatzkommandanten zu beantragenden Erlaubnis angeflogen werden. Militärflugplätze haben ein grün-weißes Turmdrehlicht.

8 Luftfahrzeuge

8.1 Allgemeines

§ 1 (2) LuftVG Als **Luftfahrzeuge** gelten **Flugzeuge**, Drehflügler, Luftschiffe, Segelflugzeuge, **Motorsegler**, Frei- und Fesselballone, Drachen, Rettungsfallschirme, Flugmodelle, Luftsportgeräte und sonstige für die Benutzung des Luftraumes bestimmte Geräte, sofern sie in Höhen von mehr als dreißig Metern über Grund oder Wasser betrieben werden können. Raumfahrzeuge, Raketen und ähnliche Flugkörper gelten als Luftfahrzeuge, solange sie sich im Luftraum befinden.
Es ist leicht nachvollziehbar, dass für die Erhaltung der **Lufttüchtigkeit** von Luftfahrzeugen eines umfangreichen Regelwerkes bedarf. § 1 LuftGerPV Die in den Abschnitten 8.2 ff. beschriebenen Prüfungen der Lufttüchtigkeit erfolgen in allen "Lebensphasen" eines Luftfahrzeuges:

Entwicklungsphase	Muster- oder Einzelstückprüfungen
Herstellung	Stückprüfung oder Prüfungen in einem Qualitätsmanagementsystem
während des Betriebes	Nachprüfungen und Instandhaltungsprüfungen

8.2 Zulassung

8.2.1 Eigentümer und Halter

Halter des Luftfahrzeuges ist, wer das Luftfahrzeug für eigene Rechnung in Gebrauch hat und diejenige Verfügungsgewalt darüber besitzt, die ein solcher Gebrauch voraussetzt. Das Eigentum ist zwar grundsätzlich nicht entscheidend für die Haltereigenschaft; meist fallen jedoch Eigentümer und Halter zusammen, da das Eigentum das Recht gibt, eine Sache zu gebrauchen und darüber zu verfügen.

8.2.2 Musterzulassung (Musterprüfung, Gerätekennblatt)

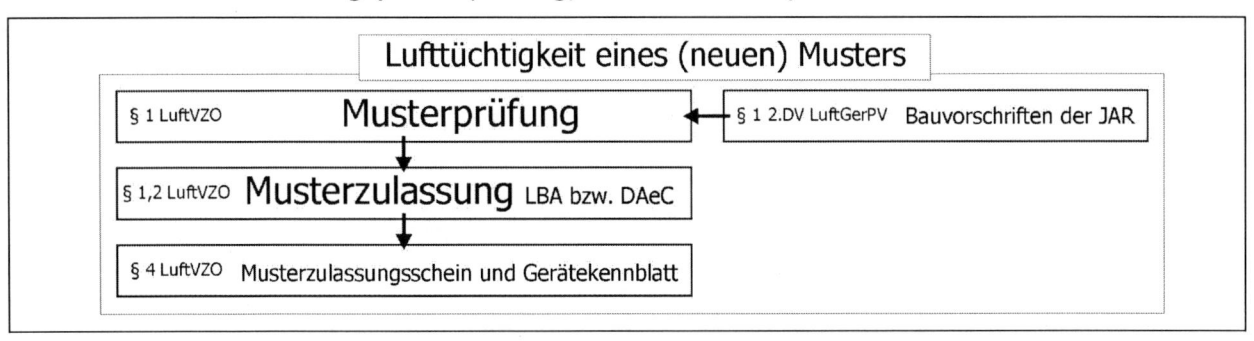

```
                    Lufttüchtigkeit eines (neuen) Musters
§ 1 LuftVZO         Musterprüfung         ← § 1 2.DV LuftGerPV  Bauvorschriften der JAR
                           ↓
§ 1,2 LuftVZO       Musterzulassung    LBA bzw. DAeC
                           ↓
§ 4 LuftVZO         Musterzulassungsschein und Gerätekennblatt
```

§1 LuftVZO Sofern nicht beabsichtigt ist, ein Muster als Einzelstück (d.h. ohne Nachbau weiterer Muster) zuzulassen, benötigen Flugzeuge, Drehflügler, Motorsegler, Segelflugzeuge, Luftschiffe, bemannte Ballone, Luftsportgeräte einschließlich Rettungs- und Schleppgeräte, Flugmodelle über 25 kg höchstzulässiger Startmasse, Flugmotoren, Propeller und sonstiges Luftfahrtgerät (Hängegleiter, Startwinden für Segelflugzeuge, bestimmte Ausrüstungs- oder Zubehörteile) eine **Musterzulassung**.
§2 LuftVZO Die Musterzulassung wird (u.a.) für Flugzeuge und Motorsegler vom **LBA** erteilt, Ultra-Lights erhalten die Musterzulassung vom **Deutschen Aero Club (DAeC)**.
§4 LuftVZO Generell erfolgt die Musterzulassung für Flugzeuge, Motorsegler und Ultra-Lights durch Erteilung eines **Musterzulassungsscheines**.

C.L. Luftrecht L 54

Bei der zuvor durchzuführenden **Musterprüfung** werden für Normal-, Nutz-, Akrobatik- und Zubringerflugzeuge die Bauvorschriften **JAR 23** zugrunde gelegt, für Einfachflugzeuge die **JAR-VLA** und für Motorsegler die **JAR 22**. Erfüllt das Muster die jeweiligen Bauvorschriften, erhält es eine Musterzulassung, d.h. nur in der der Musterzulassung zugrunde liegenden Konfiguration darf das Luftfahrtgerät gebaut und betrieben werden.

Mit Abschluss der Musterzulassung wird ein **Gerätekennblatt** erstellt. Es enthält Angaben über Art und Verwendungszweck (Kategorie) des Luftfahrtgerätes sowie Hersteller, Zulassungsdaten, Betriebsgrenzen und -beschränkungen und Betriebsanweisungen. Das Kennblatt wird in den NfL-Teil II bekannt gegeben.

8.2.3 Verkehrszulassung (Stückprüfung, Lufttüchtigkeitszeugnis und -kategorie)

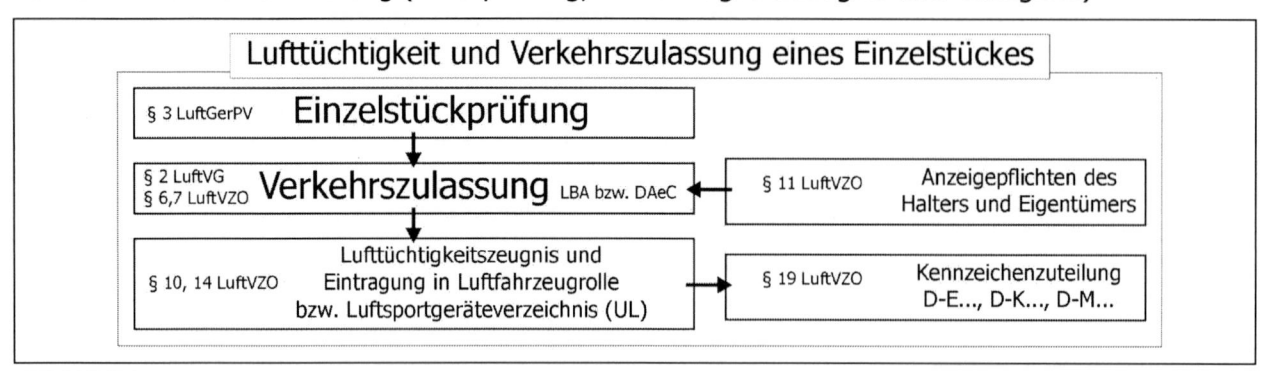

Lufttüchtigkeit und Verkehrszulassung eines Einzelstückes

- § 3 LuftGerPV: **Einzelstückprüfung**
- § 2 LuftVG, § 6,7 LuftVZO: **Verkehrszulassung** LBA bzw. DAeC ← § 11 LuftVZO: Anzeigepflichten des Halters und Eigentümers
- § 10, 14 LuftVZO: Lufttüchtigkeitszeugnis und Eintragung in Luftfahrzeugrolle bzw. Luftsportgeräteverzeichnis (UL) → § 19 LuftVZO: Kennzeichenzuteilung D-E..., D-K..., D-M...

§6 LuftVZO Luftfahrtgeräte, die einer **Verkehrszulassung** bedürfen, sind Flugzeuge, Drehflügler, Luftschiffe, Motorsegler, Segelflugzeuge, bemannte Ballone, Luftsportgeräte, Flugmodelle über 150 kg höchstzulässiger Startmasse und sonstiges Luftfahrtgerät. Ein- oder zweisitzige Luftsportgeräte ohne Motor (z.B. Hängegleiter) benötigen keine Verkehrszulassung.

Voraussetzungen für die Erteilung der Verkehrszulassung sind:
1. die Existenz der **Musterzulassung** für die Bundesrepublik Deutschland und die Feststellung in einer **Stückprüfung**, dass das Luftfahrzeug in allen Teilen und Eigenschaften dem zugelassenen Muster entspricht,
2. der Nachweis der Lufttüchtigkeit durch eine **Stück- bzw. Nachprüfung**,
3. der Nachweis über die Existenz einer **Haftpflichtversicherung** und
4. der Nachweis der Erfüllung der **Lärmschutzforderungen**.

Eine Verkehrszulassung gilt grundsätzlich bis zur **Rücknahme bzw. Widerruf** durch die Stelle, die sie erteilt hat.

§7 LuftVZO Die Verkehrszulassung für Flugzeuge und Motorsegler wird vom LBA erteilt, Ultra-Lights erhalten die Verkehrszulassung vom Deutschen Aero Club (DAeC).

§10 LuftVZO Mit der Verkehrszulassung wird für das Luftfahrzeug ein **Lufttüchtigkeitszeugnis** erteilt, in dem u.a. der **Verwendungszweck (Kategorie)** des Luftfahrzeuges durch Eintragung festgelegt wird:
- Kategorie Personenbeförderung 3 (TP 3) für gewerblich genutzte Luftfahrzeuge unter 5,7 t mit mindestens einem Motor
- Kategorie Nichtgewerblicher Verkehr (PR) für sämtliche ausschließlich privat genutzten Luftfahrzeuge

Das Lufttüchtigkeitszeugnis muss beim Betrieb des Luftfahrzeuges **immer mitgeführt** werden.

§11 LuftVZO Im Zusammenhang des Fortbestandes einer Verkehrszulassung unterliegen Eigentümer und Halter eines Luftfahrzeuges bestimmten **Anzeigepflichten** gegenüber der Zulassungsstelle:
- der Halter meldet unverzüglich:
    - technische Mängel, die nicht durch die vorgeschriebene Instandhaltung zu beheben sind
    - den Standortwechsel des Luftfahrzeuges
    - nach §104 LuftVZO die Unterbrechung oder Beendigung des Versicherungsverhältnisses
- der Eigentümer meldet unverzüglich:
    - einen länger als 6 Monate andauernden Halterwechsel

§12 LuftVZO Für technische Zwecke, Ausbildungs-, Vorführungs- und Überführungszwecke ist eine **vorläufige Verkehrszulassung (VVZ)** möglich. Zuständig sind wie im Falle der Verkehrszulassung das LBA bzw. für UL der DAeC.

8.2.4 Luftfahrzeugrolle (Eintragungsschein)

§14 LuftVZO Alle Flugzeuge und Motorsegler werden bei der Verkehrszulassung vom LBA in die **Luftfahrzeugrolle** (UL in das Luftsportgeräteverzeichnis) eingetragen. Als Bestätigung für diese Amtshandlung erhält der Eigentümer einen **Eintragungsschein**.

§ 3 (1) LuftVG Diese Eintragung erfolgt nur, wenn das Luftfahrzeug sich im Eigentum deutscher Staatsangehöriger oder Staatsangehöriger der Mitgliedsstaaten der Europäischen Union befindet. Dabei sind Ausnahmen im Einzelfalle möglich. Jeder darf Einblick in die Luftfahrzeugrolle nehmen.

8.2.5 Kennzeichen

§19 LuftVZO Bei der Verkehrszulassung bzw. der Eintragung in die Luftfahrzeugrolle bzw. in das Luftsportgeräteverzeichnis wird dem Luftfahrzeug ein Kennzeichen zugeteilt. Anlage 1 zu § 14 (1) LuftVZO Dieses besteht aus 4 Buchstaben (bei Segelflugzeugen 4 Zahlen), die dem "D-" nachgestellt werden. Der erste Buchstabe der Vierergruppe kennzeichnet die Luftfahrzeugklasse:

D - ...	Luftfahrzeuge	Max. Abfluggewicht [t]
A	Flugzeuge	über 20
B		14 - 20
C		5,7 - 14
E	Flugzeuge (nur einmotorig)	unter 2
F		2 - 5,7
G	Flugzeuge (nur mehrmotorig)	unter 2
I		2 - 5,7
H	Hubschrauber	kein Kriterium
K	Motorsegler	
L	Luftschiffe	
M	Luftsportgeräte mit Motor	
N	Luftsportgeräte ohne Motor	
O	Bemannte Ballone	

Anlage 1 zur LuftVZO Zusätzlich ist u.a. bei Flugzeugen und Motorseglern (nicht UL) die deutsche Bundesflagge in Form eines Farbanstriches auf beiden Seiten des Seitenleitwerkes anzubringen.

8.3 Nachprüfungen und Instandhaltungsprüfungen (Nachprüfschein)

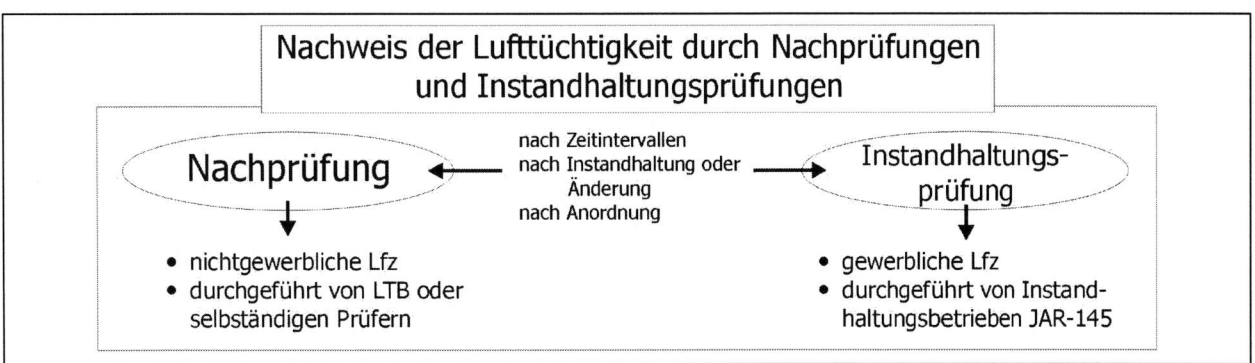

Nachweis der Lufttüchtigkeit durch Nachprüfungen und Instandhaltungsprüfungen

Nachprüfung ←— nach Zeitintervallen / nach Instandhaltung oder Änderung / nach Anordnung —→ **Instandhaltungsprüfung**

- nichtgewerbliche Lfz
- durchgeführt von LTB oder selbständigen Prüfern

- gewerbliche Lfz
- durchgeführt von Instandhaltungsbetrieben JAR-145

§2 (1) LuftBO Der Halter eines Luftfahrtgerätes trägt für die Einhaltung der zulässigen Betriebszeiten, die Instandhaltung und die dafür erforderlichen Betriebsaufzeichnungen die **Verantwortung**.

Die Aufrechterhaltung der Lufttüchtigkeit eines zum Verkehr zugelassenen Luftfahrzeuges muss durch entsprechende Prüfungen nachgewiesen werden.

[§ 11,14 LuftGerPV] Grundsätzlich unterscheidet man dabei zwischen **Nachprüfungen bei nichtgewerblich** und **Instandhaltungsprüfungen bei gewerblich** zugelassenen Luftfahrzeugen.

[§ 13,14 LuftGerPV] Nachprüfungen werden von **luftfahrttechnischen Betrieben (LTB)** vorgenommen, während Instandhaltungsprüfungen von **Instandhaltungsbetrieben**, die nach JAR-145 zertifiziert sein müssen, durchgeführt werden.

[§ 15,16 LuftGerPV] Die Nachprüfungen werden in vorgeschriebenen Zeitabständen (Jahresnachprüfung und je nach Vorschrift nach bestimmten Betriebsstundenintervallen) und nach der Instandhaltung oder Änderung des Luftfahrtgerätes durchgeführt.

[§ 17 LuftGerPV] Das LBA und der DAeC können jederzeit eine Instandhaltung und entsprechende Nachprüfung **(angeordnete Nachprüfung)** innerhalb einer bestimmten Frist anordnen, wenn beim Betrieb eines Luftfahrtgeräts Mängel entdeckt worden sind. [§ 14 LuftBO] Die Anordnung erfolgt in Form einer **luftfahrttechnischen Anweisung (LTA)**. Eine LTA kann sich u.U. auf das ganze Muster beziehen und wird in diesem Fall in den Nachrichten für Luftfahrer bekannt gemacht.

[§ 20 LuftGerPV] Alle hier genannten Arten der Nachprüfungen werden in sog. **Nachprüfscheinen** dokumentiert. Hierin wird die Lufttüchtigkeit und die Übereinstimmung des Luftfahrtgerätes mit dem Gerätekennblatt bestätigt. Der jeweils letzte Nachprüfschein ist grundsätzlich an Bord des Luftfahrzeuges mitzuführen (vgl. L 8.4.2).

[§ 25 LuftBO] Falls während des Betriebes eines Luftfahrzeuges lufttüchtigkeitseinschränkende Mängel auftreten, können LBA bzw. DAeC das Luftfahrzeug bis zum Nachweis der Wiedererlangung der Lufttüchtigkeit als luftuntüchtig erklären. Das Luftfahrzeug darf in diesem Fall nicht in Betrieb genommen werden. Im Ausnahmefall können LBA bzw. DAeC eine Genehmigung erteilen, das Luftfahrzeug zu einem Flugplatz zu fliegen, auf dem es instandgesetzt werden kann.

8.4 Dokumente

8.4.1 Flughandbuch

[§ 24 LuftBO] Das Luftfahrzeug darf nur Übereinstimmung mit dem Flughandbuch und anderen Betriebsanweisungen betrieben werden, um das Überschreiten von Betriebsgrenzen auszuschließen. Grundsätzlich ist das Flughandbuch immer an Bord des Luftfahrzeuges mitzuführen.

8.4.2 Bordbuch

[§ 30 LuftBO] Der Halter eines Luftfahrzeuges ist generell für die Führung eines Bordbuches verantwortlich (ausgenommen Luftsportgeräte). Das Bordbuch ist an Bord des Luftfahrzeuges **immer** mitzuführen. Darin müssen folgende Angaben und Dokumente enthalten sein:

in der Verantwortlichkeit des Halters:	in der Verantwortlichkeit des verantwortlichen Luftfahrzeugführers:
Gesamtbetriebszeit und Betriebszeit nach der letzten Grundüberholung	Angaben zu durchgeführten Flügen: Ort, Tag, Zeit von Abflug und Landung, Betriebszeit, Name des verantwortlichen Luftfahrzeugführers, Anzahl der Besatzung, Anzahl der Fluggäste, technische Störungen und besondere Vorkommnisse
Instandhaltung, Nachprüfungen, Änderungen des Luftfahrzeuges	Finden am selben Tag mehrere Flüge ausschließlich in der Umgebung eines Flugplatzes statt, können diese unter Angabe der Anzahl der Flüge und der Gesamtbetriebszeit (also ohne den einzelnen Start- und Landezeiten) als Sammeleintragung festgehalten werden
Eintragungsschein (vgl. L 8.2.4)	
Lufttüchtigkeitszeugnis	

Ein Bordbuch ist nach dem Tag der letzten Eintragung mindestens 2 Jahre aufzubewahren.

8.5 Instandhaltung

8.5.1 Allgemeines

Die Aufrechterhaltung der Lufttüchtigkeit ist in **Nachprüfungen**, die nur von LBA-anerkannten Prüfern von Luftfahrtgerät durchgeführt werden dürfen, festzustellen.

§ 28 LuftBO Falls der Luftfahrzeugführer **Mängel** beim Betrieb des Luftfahrzeuges feststellt, ist er verpflichtet, diese unverzüglich dem Halter mitzuteilen.

Um die **Lufttüchtigkeit** eines Luftfahrzeuges zu erhalten bzw. wiederherzustellen, sind regelmäßige und unregelmäßige (bei Bedarf) Instandhaltungsarbeiten durchzuführen.

§ 25 LuftBO Bei **Luftuntüchtigkeit** darf zum Zwecke der Herstellung der Lufttüchtigkeit das Luftfahrzeug zu einem anderen Flugplatz nur mit Zustimmung des LBA (bzw. DAeC) überführt werden.

§ 9 LuftBO und § 2 LuftGerPV **Instandhaltungsarbeiten** sind von Instandhaltungsbetrieben, luftfahrttechnischen Betrieben (LTB) oder Herstellungsbetrieben durchzuführen. Ausnahmen sind für Wartungsarbeiten und kleine Reparaturen möglich. Sofern das Flugzeug zur Lufttüchtigkeitsgruppe "Nichtgewerblicher Verkehr" (PR) gehört, dürfen Luftfahrzeugführer oder sachkundige Personen mit den notwendigen Fachkenntnissen Wartungsarbeiten und kleine Reparaturen an eigenen Luftfahrzeugen durchführen.

§ 5 LuftBO Die Instandhaltung umfasst die Wartung einschließlich kleiner Reparaturen, die Überholung und die großen Reparaturen.

8.5.2 Wartung (incl. kleine Reparaturen)

§ 6 LuftBO Bei der Wartung sind durchzuführen:
- planmäßige Kontrollen und Arbeiten, die zur Aufrechterhaltung und Überwachung der Lufttüchtigkeit erforderlich sind
- nichtplanmäßige zusätzliche Arbeiten und kleine Reparaturen, die zur Behebung beanstandeter oder festgestellter Mängel erforderlich sind und mit einfachen Mitteln zu beheben sind. Dazu gehört der Einbau von geprüften Teilen im Austausch gegen überholungs-, reparatur- oder änderungsbedürftiger Teile.

8.5.3 Überholung

§ 7 LuftBO Hat ein Luftfahrtgerät die zulässige Betriebszeit erreicht oder sind beim Betrieb Mängel festgestellt worden, die im Rahmen der Wartung nicht behoben werden können, ist das Gerät ganz oder teilweise zu überholen (Grund- oder Teilüberholung).

8.5.4 Große Reparaturen

§ 8 LuftBO Hat ein Luftfahrtgerät einen Schaden erlitten, der im Rahmen der Wartung nicht behoben werden kann, ist eine große Reparatur durchzuführen.

8.6 Flugzeugausrüstung

§ 18 LuftBO Die Flugzeugausrüstung wird unterteilt in:

Grundausrüstung - Flugsicherungsausrüstung - Ergänzungsausrüstung

8.6.1 Lichterführung

§ 17-19 LuftVO Die von Luftfahrzeugen zu führenden Lichter gehören zur **Grundausrüstung**.

Positionslichter

Von Sonnenuntergang bis Sonnenaufgang müssen Luftfahrzeuge folgende Positionslichter (Position Lights) führen:

- ein rotes Licht, das unbehindert von genau voraus nach links über einen Winkel von 110° nach oben und nach unten scheint
- ein grünes Licht (wie das rote aber nach rechts)
- ein weißes Licht, das unbehindert von genau nach hinten nach links und rechts über einen Winkel von jeweils 70° nach oben und nach unten scheint

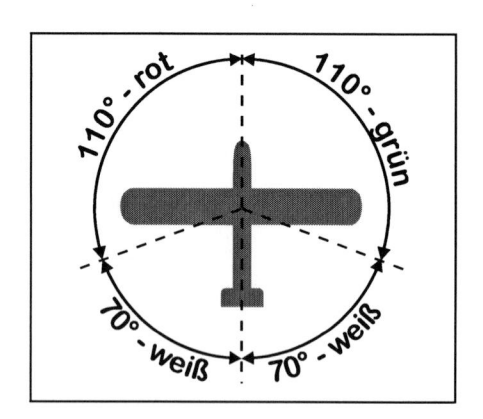

Zusammenstoßwarnlichter

Flugzeuge, Hubschrauber und Luftschiffe müssen mindestens ein rotes Zusammenstoßwarnlicht (Anti Collision Lights / ACL) führen. Motorsegler, Segelflugzeuge und Ballone sind entweder mit Zusammenstoßwarnlichtern oder anderen Mitteln besser erkennbar zu machen. Zusammenstoßwarnlichter sind unabhängig von der Tageszeit grundsätzlich von in Betrieb befindlichen Lfz einzuschalten.

8.6.2 Grundausrüstung

Um auf die Lufttüchtigkeit eines Luftfahrzeuges bereits während der Bauphase hinarbeiten zu können, sind diverse Gesetze, Durchführungsverordnungen und Bauvorschriften vom Gesetzesgeber erlassen worden, die die Grundausrüstung eines Luftfahrzeuges betreffen. Die folgende Auflistung gibt nur einige von vielen Vorschriften dieser Art wieder:

- VO und drei DVs zur Verordnung über die elektronische Ausrüstung der Luftfahrzeuge
- LuftBauO und DVs (Bau- und Lufttüchtigkeitsvorschriften)
- § 17-19 LuftVO (Lichterführung)
- LuftBO
- FAR Part 23 (Lufttüchtigkeitsforderungen für Normal-, Nutz- und Kunstflugzeuge mit neun oder weniger Passagiersitzen)
- JAR 25 (Lufttüchtigkeitsforderungen für Verkehrsflugzeuge) (früher FAR Part 25)
- JAR 22 (Lufttüchtigkeitsforderungen für Segelflugzeuge und Motorsegler)
- u.a. ...

8.6.3 Flugsicherungsausrüstung für VFR-Flüge

§ 4 FSAV Je nach Art des beabsichtigten VFR-Fluges folgende **Flugsicherungsausrüstungen** vorgeschrieben:

Art des VFR - Fluges		UKW-Sprechfunkgerät	VOR	ADF	Transponder
bei Tag innerhalb der Umgebung eines Startflugplatzes **ohne** Flugverkehrskontrollstelle					
bei Nacht außerhalb der Umgebung (Sichtweite) eines Startflugplatzes	im kontrollierten Luftraum		ja		
	im unkontrollierten Luftraum		entweder VOR oder ADF		ja
über Wolkendecken		ja			
im Luftraum C (CVFR)			ja		
oberhalb 5000 ft MSL oder oberhalb 3500 ft GND, wobei der höhere Wert maßgebend ist					
alle sonstigen					

Anmerkung:
- Das UKW-Sende-/Empfangsgerät muss den Frequenzbereich von **117,975 bis 137,000 MHz** abdecken.
- Der Transponder muss in den **Modi A/C** mit **4096 Antwortcodes** arbeiten können. Ab 1. Januar 2005 müssen Transponder zusätzlich mit **Modus S** arbeiten können (vgl. FN 8.2.4).

8.6.4 Ergänzungsausrüstung

§ 19-22 LuftBO Je nach Art des beabsichtigten Fluges sind folgende **Ergänzungsausrüstungen** vorgeschrieben:

	Sitz pro Person	Anschnallgurt pro Sitz	Sicherungseinrichtung für Gegenstände	Bordapotheke	Notaxt	Feuerlöscher	Vierteiliger Anschnallgurt pro Sitz	Schwimmwesten, wenn Land im Gleitflug nicht erreichbar	Sauerstoffanlage	Eisverhütungsanlage	Instrumentenbeleuchtung und Handlampe
Personenbeförderung	✓	✓	✓								
Frachtbeförderung			✓								
Gewerblicher Flug				✓	✓	✓					
Kunstflug							✓				
Flug über Wasser								✓			
12000 bis 13000 ft (länger als 30')									✓		
ab 13000 ft									✓		
Flug unter Vereisungsbedingungen										✓	
Nachtflug											✓

9 Veröffentlichungen
9.1 Büro der Nachrichten für Luftfahrer

Das Büro der Nachrichten für Luftfahrer ist dem Flugberatungsdienst der DFS zugeteilt. Es hat nach § 17 FSBetrV die Aufgabe, Nachrichten, die für eine sichere, geordnete und flüssige Durchführung von Flügen notwendig sind, zu sammeln, auszuwerten und bekanntzumachen und Luftfahrtkarten herzustellen und zu veröffentlichen.

§ 19 FSBetrV :

(1) Das Flugsicherungsunternehmen veröffentlicht Nachrichten für die Luftfahrt

a) in den **Nachrichten für Luftfahrer (NfL)** in deutscher Sprache,

b) im Luftfahrthandbuch (**Aeronautical Information Publication / AIP**) in deutscher und englischer Sprache,

c) als **NOTAM** in englischer Sprache; soweit eine Verbreitung nur innerhalb der Bundesrepublik Deutschland vorgesehen ist, können NOTAM auch in deutscher Sprache veröffentlicht werden,

d) als **Aeronautical Information Circular (AIC)** in deutscher und englischer Sprache.

Die Nachrichten werden den Beziehern auf dem Postweg zugesandt mit Ausnahme der NOTAM, deren Verbreitung fernschriftlich erfolgt.

(2) In den NfL sind bekanntzumachen:

1. Anordnungen für die Luftfahrt,
2. Informationen und Hinweise für die Luftfahrt, die keiner internationalen Verbreitung bedürfen.

(3) Im Luftfahrthandbuch sind alle Anordnungen, Informationen und Hinweise für die Luftfahrt zu veröffentlichen, die für einen unbefristeten Zeitraum gültig sind. Sie sind durch **Amendments (AMD)** auf dem neuesten Stand zu halten. Anordnungen, Informationen und Hinweise von befristeter Dauer werden dem Luftfahrthandbuch jeweils in Form von **Supplements (SUP)** beigefügt.

(4) Als NOTAM sind Anordnungen und Informationen für die Luftfahrt über das feste Fernmeldenetz (Flugfernmeldenetz AFTN) zu verbreiten, wenn eine rechtzeitige Bekanntgabe auf dem Postweg nicht mehr möglich ist und sie auf dem fernschriftlichen Wege sichergestellt werden kann. Wenn diese Nachrichten für einen längeren Zeitraum gültig sind, sind sie nach Maßgabe der Absätze 2 und 3 zusätzlich in den NfL und/oder im Luftfahrthandbuch bekanntzumachen.

(5) Als **AIC** sind Anordnungen sowie Informationen und Hinweise für die Luftfahrt bekanntzumachen, die nicht im Luftfahrthandbuch aufzunehmen oder als NOTAM zu veröffentlichen sind, deren Verbreitung jedoch auf Grund der internationalen Verflechtung auf dem Gebiet der Luftfahrt im rechtlichen betrieblichen und technischen Bereich oder im Interesse der Flugsicherheit zweckdienlich erscheint.

9.2 Luftfahrthandbuch (AIP)

Der Berichtigungsdienst des AIP (Aeronautical Information Publication) erfolgt alle 14 Tage an alle Abonnenten (postalisch).

Band I

Abschnitt	Inhalt (auszugsweise)
SUP – Supplements (Ergänzungen)	Ergänzungen, die noch nicht im AIP übernommen worden sind
GEN - General Information (Allgemeines)	GEN 0: Vorwort und Inhaltsverzeichnis GEN 1: Nationale Regelungen und Anforderungen GEN 2: Tabellen und Abkürzungen GEN 3: Dienste (Flugberatungsdienst, Flugverkehrsdienst, Meteorologischer Dienst, SAR) GEN 4: Gebühren für Flugplätze und Flugsicherungsdienste
ENR - Enroute Information (Strecke)	ENR 0: Inhaltsverzeichnis ENR 1: Allgemeine Regeln und Verfahren ENR 2: ATS-Luftraum ENR 3: ATS-Strecken ENR 4: Funknavigationsanlagen und -systeme ENR 5: Navigationswarnungen

Band II

Abschnitt	Inhalt (auszugsweise)
AD – Aerodromes (Fluplätze) (unterteilt in zwei Ordner: A-K, L-Z)	AD 0: Inhaltsverzeichnis AD AD 1, 2: Flugplätze AD 3: Hubschrauberlandeplätze

Band AIP VFR ist ein Ergänzungsband zu Band I. Er enthält Auszüge aus Band I und zusätzlich Kartenmaterial für VFR-Flüge. (Wichtigster Band für den VFR-Flieger !).

Abschnitt	Inhalt (auszugsweise)
SUP - Supplements	• Ergänzungen, die noch nicht im AIP übernommen worden sind
GEN - General Information	• Berichtigungen und Nachträge zur Luftfahrkarte ICAO (1:500.000) • Luftfahrerscheine • Flugsicherungsausrüstung der Luftfahrzeuge • Funkfrequenzen von Bodenfunkstellen, die nicht von der DFS betrieben werden • Abkürzungen • Kartenzeichen • Flugplatz-Ortskennungen • Umrechnungstabellen • Sonnenauf- und Sonnenuntergang • AIS, FIS • Rufzeichen von Bodenfunkstellen • Sprechgruppen für Funksprechverkehr • Flugwetter (incl. GAFOR)
ENR - Enroute Information	• Luftverkehrsvorschriften • Lufträume • Flugplan • Funknavigationsanlagen
AD - Aerodromes	• Informationslisten der Flugplätze • Signale für den Flugplatzverkehr • Sichtflug- und Flugplatzkarten

9.3 Navigationskarten

Karte	Maßstab	Beschreibung
Streckenkarte / Enroute Chart	1:1.000.000	• Funknavigation • Unterer Luftraum • Radarführungsmindesthöhenkarte • Besonderheit: Streckenkarte enthält keine Angaben über die Obergrenzen der Kontrollzonen (CTR)
Luftfahrtkarte ICAO (1:500.000)	1:500.000	• 8 Blätter: Hamburg, Rostock, Hannover, Berlin, Frankfurt/Main, Nürnberg, Stuttgart, München • laufend Berichtigungen im AIP VFR (Teil GEN 0-17) und im VFR-Bulletin; jährlich Neuausgabe aller Karten

9.4 NfL (Nachrichten für Luftfahrer)

NfL (Nachrichten für Luftfahrer) dienen der rechtlich bindenden Bekanntmachung von Anordnungen und wichtigen Informationen für die gesamte Luftfahrt.

NfL Teil I	Nfl Teil II
Betreffen den Flugbetrieb i.A.: • Flugplätze • Flugwetterdienst • Luftverkehrsvorschriften • Luftraumstruktur • Luftfahrtkarten	Betreffen Luftfahrtpersonal u. Luftfahrtgerät: • Musterzulassungen • Betrieb von Lfz • Unfalluntersuchung • Flugtauglichkeit

9.5 NOTAM (Notices to Airmen)

NOTAM Class I	NOTAM Class II
• Auszüge aus NfL-I • DRINGENDE den Flugbetrieb betreffende Nachrichten • Serie B für VFR-Flüge • Fernschriftlich (AFTN), national u. internat., englisch	• Auszüge aus NfL-II • Den Flugbetrieb betreffende Nachrichten von geringerer Dringlichkeit als NOTAM Class I. • Serie B für VFR-Flüge • Fernschriftlich (AFTN), national u. internat., englisch

9.6 AIC (Aeronautical Information Circulars)

Beschreibung	Verteiler	Beispiele für Inhalt
Informationen, die nach ICAO-Empfehlung weder als NfL oder NOTAM noch im Luftfahrthandbuch zu veröffentlichen sind, aber deren Verbreitung zweckdienlich ist.	• Postalisch • national und international • deutsch und englisch	• Planung und Durchführung von Fallschirmabsprüngen im kontrollierten Luftraum • Erhebung der Mehrwertsteuer ab 1. Jan. 93 für Flugsicherungsleistungen in der Bundesrepublik Deutschland • Bezugspreise für Veröffentlichungen des Büro der Nachrichten für Luftfahrer

9.7 VFR-Bulletin

Beschreibung	Verteiler	Beispiele für Inhalt
• Aktuelle NOTAMs Class I + II für VFR-Betrieb • Berichtigungen zur Luftfahrtkarte ICAO (1:500.000) • Berichtigungen zum AIP-Band III	• Postalisch • 14-tägig • deutsch	• außerplanmäßiger Aktivierung von Lufträumen • Änderungen an Navigationsanlagen • Streckeninformationen • Vogelzuginformationen • Flugplatzinformationen

10 Rechtsverstöße und Haftpflicht

10.1 Rechtsverstöße

10.1.1 Einstufung von Rechtsverstößen

Ein Rechtsverstoß ist immer dann gegeben, wenn dem Handelnden nicht im Einzelfall ausnahmsweise ein Rechtfertigungsgrund (Notwehr, Einwilligung des Verletzten) zur Seite steht. Rechtsverstöße werden entweder als Ordnungswidrigkeiten oder als Straftat eingestuft. Bei jedem Rechtsverstoß wird unterschieden, ob er durch **fahrlässiges oder vorsätzliches Handeln** hervorgerufen worden ist und entsprechend werden die Höhen der Geldbußen bzw. das Strafmaß bemessen. Fahrlässig begangene Rechtsverstöße werden in der Regel mit geringeren Bußgeldern oder Strafen geahndet als grob fahrlässige. Das höchste Strafmaß wird bei Straftaten angesetzt. Unter einer **Fahrlässigkeit** versteht man ein rechtswidriges Verhalten, dass vom Täter jedoch nicht gewollt oder nicht erkannt wurde. Eine **grobe Fahrlässigkeit** liegt dann vor, wenn der Täter in grober Achtlosigkeit nicht erkennt, dass er den Tatbestand verwirklicht. Als **Vorsatz** bezeichnet man eine rechtswidrige Handlungsweise, bei der der Täter weiß oder es für möglich hält, dass die Tat mit Strafe bedroht ist, und die Tat dennoch ausführt.

10.1.2 Ordnungswidrigkeiten

Bei einer Ordnungswidrigkeit handelt es sich um einen schuldhaften Rechtsverstoß, der keinen kriminellen Gehalt hat und deshalb nicht mit einer Strafe, sondern mit einer Geldbuße geahndet wird. Ordnungswidrigkeiten werden durch die Verwaltungsbehörden (in der Luftfahrt vom LBA) verfolgt.
Nach § 58 LuftVG handelt ordnungswidrig, wer vorsätzlich oder fahrlässig z.B.
- gegen Verfügungen der Luftaufsicht zuwiderhandelt,
- sich unberechtigten Zugang zu nicht allgemein zugänglichen Bereichen oder Anlagen, wie sie auf bestimmten Flugplätzen vorgeschrieben sind, verschafft,
- ohne Genehmigung Luftfahrzeuge betreibt (z.B. für gewerbsmäßige Rundflüge, gewerbsmäßige Beförderung von Personen und Sachen etc.),
- ohne Genehmigung Luftfahrtveranstaltungen durchführt,
- außerhalb der Betriebsstunden des Flugplatzes oder innerhalb von Betriebsbeschränkungszeiten für den Flugplatz nach startet oder landet,
- sich der Pflicht der Auskunftserteilung nach einer Außenlandung entzieht.

Die o.g. Ordnungswidrigkeiten können mit Geldbußen zwischen € 10000,-- bis € 50000,-- geahndet werden.
Die Unterlassung, die vorgeschriebenen Dokumente [vgl. Abschnitt L 5.2.4] an Bord mitzuführen, ist nach § 108 LuftVZO und § 57 LuftBO eine Ordnungswidrigkeit.
Nach § 57 LuftBO ist es eine Ordnungswidrigkeit, den Flugdurchführungsplan [vgl. Abschnitt LRE 4.1] nicht richtig zu erstellen und /oder nicht die vorgeschriebene Menge an Treibstoff einschließlich der Reserven an Bord mitzuführen.

10.1.3 Straftaten

Eine **Straftat** ist ein krimineller und schuldhafter Rechtsverstoß, der durch die Staatsanwaltschaft verfolgt wird und mit Strafe bedroht ist. Unter **Strafe** versteht man u.a. Geldstrafen und Freiheitsstrafen; bei einer Geldbuße handelt es sich nicht um Strafe.
Nach § 59 LuftVG wird ein durch fahrlässiges oder grob pflichtwidriges Verhalten herbeigeführter Verstoß gegen eine von einer Luftaufsicht erlassene Verfügung, bei der Leib oder Leben eines anderen oder fremde Sachen von bedeutendem Wert gefährdet werden, wird als Straftat verfolgt.
Ebenso werden Rechtsverstöße nach § 60 LuftVG als Straftaten geahndet, wenn jemand
- ein Luftfahrzeug führt, das nicht zum Verkehr zugelassen ist,
- ein Luftfahrzeug ohne die entsprechende Erlaubnis führt,
- praktische Flugausbildung ohne eine entsprechende Lehrberechtigung erteilt,
- ohne Erlaubnis als gefährlich eingestufte Güter transportiert oder im Handgepäck oder sonst bei sich trägt,
- elektronische Geräte an Bord betreibt, die Störungen der Bordelektronik verursachen können,
- an Bord oder nicht allgemein zugänglichen Bereichen auf Flugplätzen Waffen, Munition, explosionsgefährliche Stoffe und Gegenstände, die durch ihre Form den Anschein erwecken, dass es sich um Waffen, Munition, explosionsgefährliche Stoffe handelt, im Handgepäck oder sonst bei sich trägt

Nach § 62 LuftVG begeht ein Luftfahrzeugführer, der entgegen der Vorschriften in Luftsperr- oder Flugbeschränkungsgebiete einfliegt eine Straftat.

10.2 Haftpflicht

10.2.1 Allgemeine Begriffe

Luftfahrzeugeigentümer	Person, Gruppe oder juristische Person, die Eigentumsrechte am Luftfahrzeug besitzt.
Luftfahrzeughalter	Person, Gruppe oder juristische Person, die den Nutzen aus dem Luftfahrzeug zieht. Kann der Eigentümer sein.
Luftfrachtführer	Person, Gruppe oder juristische Person, die aufgrund eines mündlichen oder schriftlichen Beförderungsvertrages es übernommen hat, Personen oder Güter zu befördern. Kann der Halter sein.
Luftfahrzeugführer	Person, die ein Luftfahrzeug führt. Kann Luftfrachtführer sein.
Luftfahrzeugbesitzer	Person, Gruppe oder juristische Person, die aufgrund eines mit dem Halter geschlossenen Vertrages Besitzrechte erworben hat. (z.B. auch der Charterer)
Luftfahrtunternehmen	Unternehmen, das Personen und Güter durch Luftfahrzeuge gewerbsmäßig befördert. Eine Flugschule oder ein Vercharterunternehmen sind nicht zwangsläufig Luftfahrtunternehmen.

Das Luftverkehrsgesetz unterscheidet zwischen der Haftung
1. für Personen und Sachen, die nicht im Luftfahrzeug befördert werden und
2. aus dem Beförderungsvertrag.

10.2.2 Haftung für Personen und Sachen, die nicht im Luftfahrzeug befördert werden

Nach § 33 LuftVG haftet der **Luftfahrzeughalter** für Personen und Sachen, die nicht im Luftfahrzeug befördert werden (sog. **Drittschäden**), sofern der Benutzer des Luftfahrzeuges bei dem Halter für den Betrieb des Luftfahrzeuges angestellt ist, oder das Luftfahrzeug vom Halter überlassen bekommen hat. Weitere Regelungen sind für die Benutzung des Luftfahrzeuges ohne Wissen und Willen des Halters festgelegt.

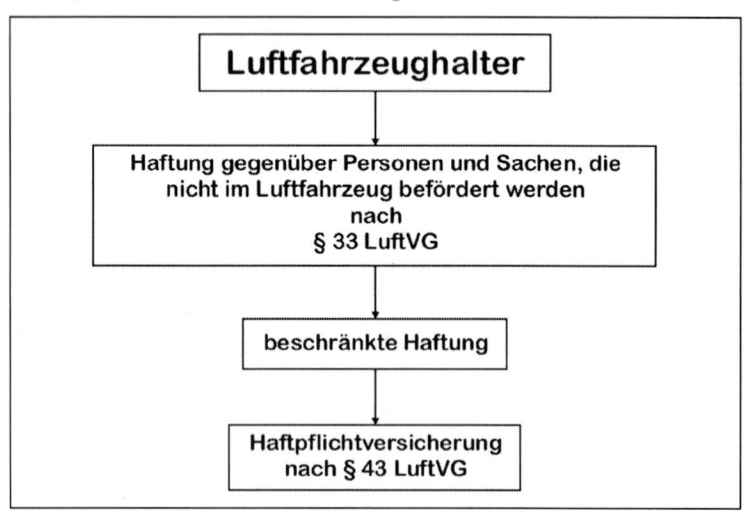

```
Luftfahrzeughalter
        ↓
Haftung gegenüber Personen und Sachen, die
nicht im Luftfahrzeug befördert werden
nach
§ 33 LuftVG
        ↓
beschränkte Haftung
        ↓
Haftpflichtversicherung
nach § 43 LuftVG
```

Die **Haftungssummen** sind im § 37 LuftVG festgelegt. Sie hängen wie folgt vom Gewicht des Luftfahrzeuges ab:

Maximales Abfluggewicht	Haftung bis zu
bis 25 kg (Flugmodelle) und Luftfahrzeuge ohne Verbrennungsmotor bis 750 kg	€ 1,5 Mio.
bis 1200 kg	€ 3 Mio.
bis 2000 kg	€ 4,5 Mio.
bis 5700 kg	€ 9 Mio.
bis 14000 kg	€ 24 Mio.
mehr als 14000 kg	€ 60 Mio.

Nach § 43 LuftVG ist der Halter des Luftfahrzeuges verpflichtet, zur Sicherung der o.g. Haftungssummen eine **Haftpflichtversicherung** abzuschließen, oder Geld oder Wertpapiere zu hinterlegen.

10.2.3 Haftung aus dem Beförderungsvertrag

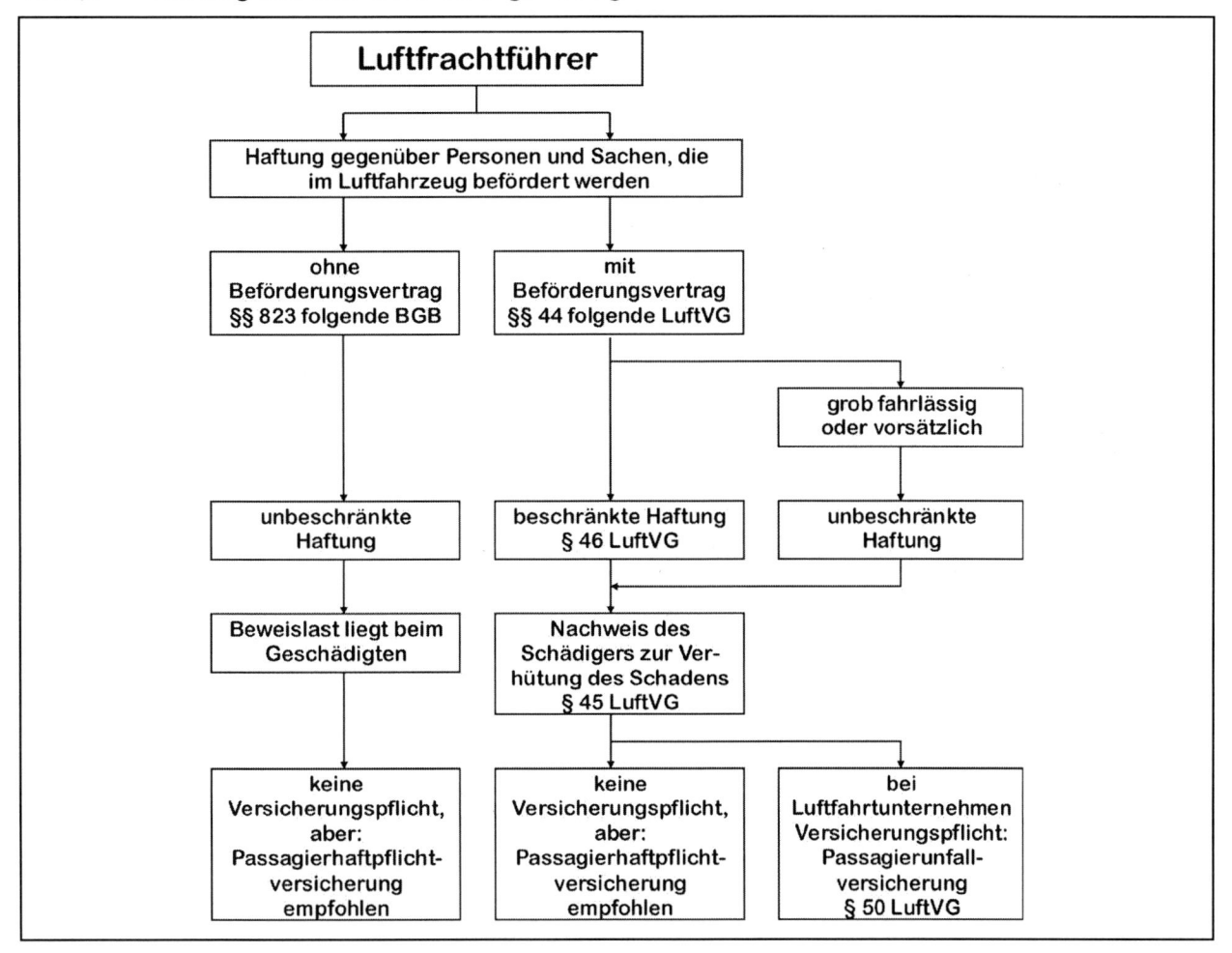

```
                        Luftfrachtführer
                              │
              Haftung gegenüber Personen und Sachen, die
                   im Luftfahrzeug befördert werden
                    │                    │
                    │                    │
                  ohne                  mit
            Beförderungsvertrag    Beförderungsvertrag
             §§ 823 folgende BGB    §§ 44 folgende LuftVG
                                            │
                                            │─────────────┐
                                            │       grob fahrlässig
                                            │       oder vorsätzlich
                                            │             │
                  unbeschränkte        beschränkte Haftung    unbeschränkte
                    Haftung              § 46 LuftVG           Haftung
                    │                         │                  │
                  Beweislast liegt       Nachweis des            │
                  beim Geschädigten      Schädigers zur Ver-     │
                                         hütung des Schadens     │
                                         § 45 LuftVG             │
                    │                         │                  │
                  keine                    keine              bei
              Versicherungspflicht,   Versicherungspflicht,  Luftfahrtunternehmen
                   aber:                   aber:          Versicherungspflicht:
              Passagierhaftpflicht-  Passagierhaftpflicht-  Passagierunfall-
                versicherung             versicherung          versicherung
                 empfohlen                empfohlen             § 50 LuftVG
```

Unter einem **Beförderungsvertrag** versteht man einen Vertrag zwischen dem Fluggast und dem Luftfrachtführer (kann der Pilot sein) über die Beförderung von Personen und Gütern. Dieser Vertrag kommt bereits zustande, wenn der Fluggast seinen Willen, an dem Flug teilzunehmen, zu erkennen gibt, auch ohne dass eine ausdrückliche Erklärung vorliegt. Das Existieren eines Beförderungsvertrages bedeutet in der Regel eine beschränkte Haftung des Luftfrachtführers. Die Form eines Beförderungsvertrages ist nicht vorgeschrieben, d.h. er kann sowohl mündlich als auch schriftlich sein. Die Haftung aus dem Beförderungsvertrag erstreckt sich auf Schäden, die ein Fluggast an Bord eines Luftfahrzeuges oder beim Ein- und Aussteigen an seiner Person, oder an seinem aufgegebenen Reisegepäck erleidet. Nach dem Gesetz haftet in diesem Fall der **Luftfrachtführer** abhängig von der Existenz eines Beförderungsvertrages. Sofern kein Beförderungsvertrag vorhanden ist, haftet der Luftfrachtführer in vollem Umfang für den verursachten Schaden nach den §§ 823 ff. des Bürgerlichen Gesetzbuches (BGB) (das gilt auch bei Selbstkostenflügen); anderenfalls ist die Haftung beschränkt, sofern dem Luftfrachtführer kein grob fahrlässiges oder vorsätzliches Handeln nachgewiesen werden kann. Nach § 45 LuftVG ist der Luftfrachtführer zu keinem Schadensersatz verpflichtet, wenn er nachweisen kann, dass er alle erforderlichen Maßnahmen zur Verhütung des Schadens getroffen hat.

Die **Haftungssummen** belaufen sich nach § 46 LuftVG im Falle der fahrlässigen Tötung oder Verletzung einer beförderten Person pro Person auf € 600000, für beschädigte Gegenstände auf höchstens € 1700 pro Fluggast. Im Falle eines grob fahrlässigen oder vorsätzlichen Verhaltens haftet der Luftfrachtführer unbegrenzt.

Für private Flüge, bei denen keinerlei gewerbliches Interesse besteht (Selbstkostenflügen) kann ein **Haftungsausschluß** vereinbart werden. Nach § 49 LuftVG können die Luftfrachtführer eines Luftfahrtunternehmens und sonstige Luftfrachtführer, die jemanden gegen Entgelt befördern, keinen Haftungsausschluß vereinbaren.

Gem. § 50 LuftVG ist ein Luftfahrtunternehmen verpflichtet, eine **Passagierunfallversicherung** für den Fall des Todes oder der dauernden Erwerbsunfähigkeit in Höhe von mindestens € 20000 abzuschließen.

Nach § 49 LuftVG haftet auch der Luftfahrzeugführer wie ein Luftfrachtführer.

Allgemeine Navigation

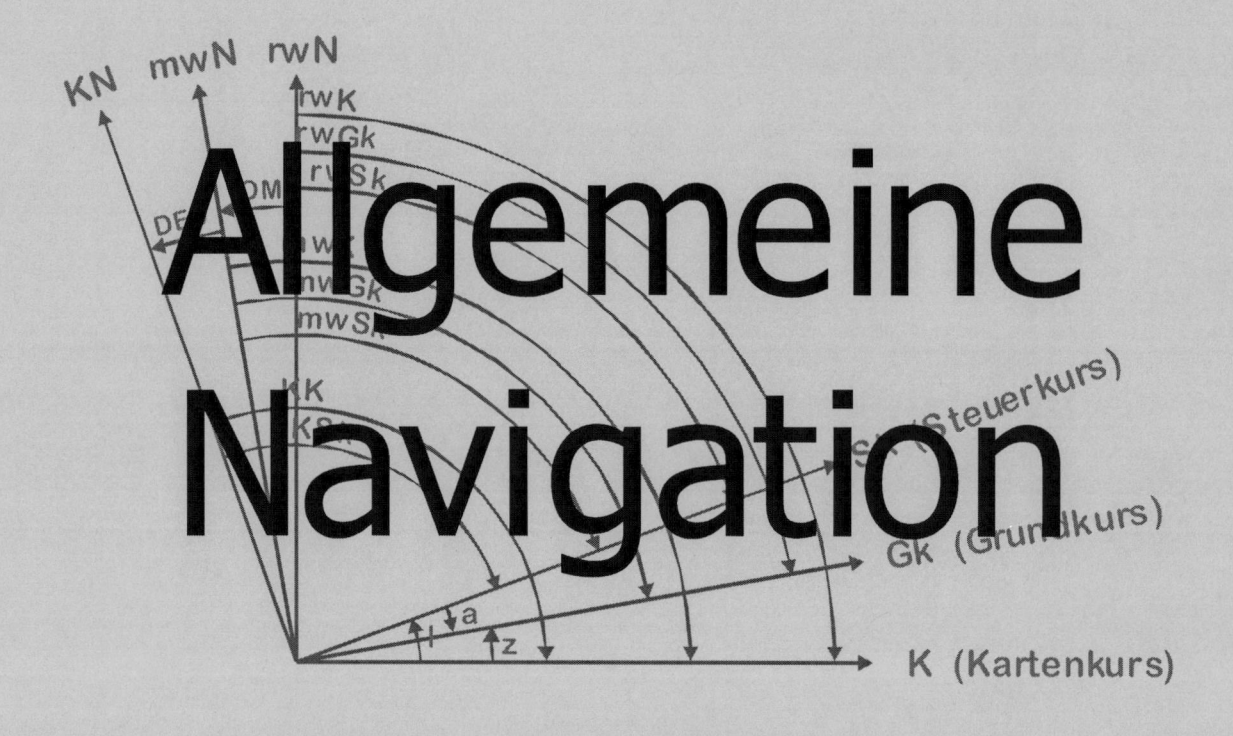

C.L.   Allgemeine Navigation   AN 1

1. Grundlagen

1.1 Navigationsarten

In der Ausbildung zur PPL lernt der Flugschüler eine Kombination von terrestrischer-, Kompaß-, Koppel- und Funknavigation anzuwenden. Bei der **terrestrischen Navigation** wird das überflogene Gelände mit einer entsprechenden Karte verglichen. Bei bekannten Windverhältnissen kann man einen Steuerkurs und eine Flugzeit im voraus berechnen, um einen bestimmten Ort zu erreichen; dieses Verfahren wird mit **Koppelnavigation** bezeichnet. Um dabei den Steuerkurs einhalten zu können, kann z.B. der magnetische Kompaß verwendet werden; man spricht dann von **Kompaßnavigation**. Bei entsprechender Ausrüstung des Luftfahrzeuges bedient man sich auch der **Funknavigation**, bei der man seine eigene Position durch Peilungen in Bezug zu Funkstationen am Erdboden oder Satelliten, deren Standorte genau bekannt sind, ermittelt.

Das Verfahren der **Trägheitsnavigation** findet heutzutage hauptsächlich in der Verkehrsluftfahrt auf Langstrecken Anwendung, die über Gebiete führen mit wenigen bzw. keinen Bodenstationen, um Funknavigation durchzuführen. Ein Trägheitsnavigationssystem mißt ständig die Beschleunigungen und Verzögerungen des Luftfahrzeuges und berechnet daraus die aktuelle Position auf der Basis einer bekannten Position (z.B. des Startortes). Auf früheren Langstreckenflügen wurde meist **astronomisch navigiert**; d.h. durch visuelles Anpeilen von Gestirnen wurde die aktuelle Luftfahrzeugposition ermittelt. Unter **Meteorologischer Navigation** versteht man die Bestimmung der Abdrift durch Berechnung der Querwindkomponenten aus Druckdifferenzen zwischen Luftmassen (barisches Windgesetz).

1.2 Geometrie der Erde

Die Erde ist nicht kugelförmig, sondern sie ist an den beiden Polen etwas abgeflacht; man spricht von einem Rotationsellipsoid. Der Durchmesser über die Pole beträgt ca. 12714 km, am Äquator ca. 12757 km. Für unsere Berechnungen reicht es aus, die Erde als kugelförmig zu betrachten mit einem mittleren Durchmesser von 12733 km oder 6875 NM. Letzter Wert entspricht einem Erdradius von 3438 NM. Setzt man diesen Wert in die Formel für die Kreisumfangsberechnung (U = 2 x π x r) ein, erhält man einen mittleren Erdumfang von 21600 NM bzw. 40000 km.

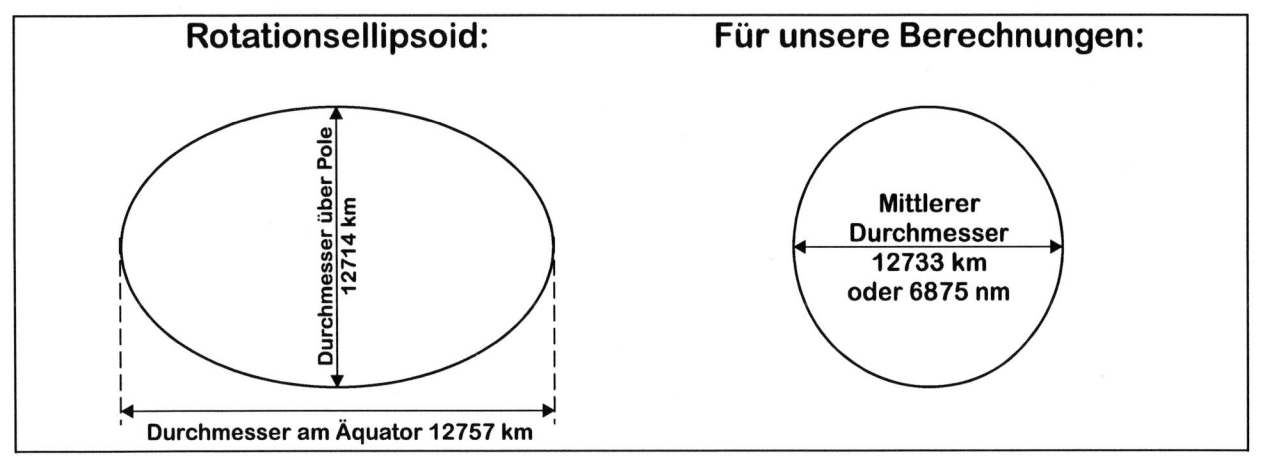

Rotationsellipsoid: Durchmesser über Pole 12714 km; Durchmesser am Äquator 12757 km.

Für unsere Berechnungen: Mittlerer Durchmesser 12733 km oder 6875 nm.

Ein Vollkreis setzt sich aus 360° zusammen; ein Grad aus 60 Bogenminuten (60'). D.h. ein Vollkreis besteht aus 21600 Bogenminuten. Also entspricht eine Bogenminute genau einer Nautischen Meile; diese Gleichsetzung gilt, wie wir später sehen werden, nur auf Großkreisen:

1' = 1 NM

Die **kürzeste Verbindung** zwischen zwei Orten auf der Erdkugel wird als **Großkreis oder Orthodrome** bezeichnet. Eine Großkreisebene schneidet immer den Erdmittelpunkt. Sämtliche Längenkreise und der Äquator sind Großkreise und es sind unendlich viele weitere Großkreise möglich. Wie oben bereits bemerkt, gilt nur auf Großkreisen folgende Beziehung:

1' auf Großkreis = 1 NM = 1,852 km
1° auf Großkreis = 60 NM = 111 km

Als **Kleinkreise** werden alle Verbindungen auf der Erdoberfläche bezeichnet, deren zugehörige Kreisebenen nicht durch den Erdmittelpunkt verlaufen. Bewegt man sich auf einem Kleinkreisabschnitt von einem Ort zum anderen, bedeutet dies grundsätzlich eine **längere Entfernung** als über den Großkreis. Kleinkreise, die parallel zur

Äquatorebene liegen, werden als **Breitenkreise** oder Breitenparallel bezeichnet. Der Äquator ist gleichzeitig Großkreis und Breitenkreis. Breitenkreise schneiden die Längenkreise immer im rechten Winkel.
Entfernungen auf Breitenkreisen lassen sich wie folgt berechnen:

> **1' auf Breitenkreis = 1 x cos (Breitengrad) [NM] = 1,852 x cos (Breitengrad) [km]**
>
> **1° auf Breitenkreis = 60 x cos (Breitengrad) [NM] = 111 x cos (Breitengrad) [km]**

Als **Kursgleiche oder Loxodrome** bezeichnet man eine Kurve, die sämtliche Längenkreise unter dem gleichen Winkel bzw. Kurs schneidet. Alle Längenkreise und Breitenkreise sind Loxodromen; alle Längenkreise und der Äquator sind gleichzeitig Loxodromen und Orthodromen.

1.3 Erdkoordinatensystem

Über die gesamte Erdkugel wird ein **geographisches Koordinatensystem** gelegt. Es besteht aus 360 Verbindungskreisen zwischen den beiden Polen, die als **Längenkreise (en.: Longitude)** oder Meridiane bezeichnet werden. Längenkreise haben folgende Eigenschaften:
- die Ebenen aller Längenkreise schneiden den Erdmittelpunkt und die beiden Pole
- die Ebenen aller Längenkreise stehen immer senkrecht zum Äquator
- der Bezugsmeridian ist 0° (= Greenwich)
- Von 0° ausgehend nach rechts (Ost) bis 180° östlicher Länge
- Von 0° ausgehend nach links (West) bis 180° westlicher Länge
- die Entfernung zwischen den Längenkreisen wird zu den Polen hin immer kleiner (**Abweitung oder Meridiankonvergenz**); am Pol ist die Abweitung Null.

Nach Norden und nach Süden verlaufen parallel zum Äquator Kreise, die als **Breitenkreise (en.: Latitude)** bezeichnet werden. Breitenkreise haben folgende Eigenschaften:
- alle Breitenkreise liegen parallel zur Äquatorebene
- Bezugsbreitenkreis ist der Äquator (0°)
- Von 0° ausgehend nach oben (Nord) bis 90° nördlicher Breite (geographischer Nordpol)
- Von 0° ausgehend nach unten (Süd) bis 90° südlicher Breite (geographischer Südpol)

Erste geographische Koordinate:

90° N (Geographischer Nordpol)
60° N
30° nördlicher Breite
0° (Äquator)
Breitenkreise
30° südlicher Breite
60° S
90° S (Geographischer Südpol)

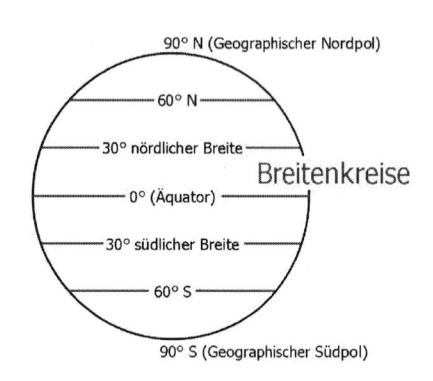

en.: Latitude

- Alle Breitenkreise (nicht der Äquator) sind Kleinkreise
- Der Äquator ist ein Breitenkreis

Zweite geographische Koordinate:

180°
bis 179° W
bis 179° E
90° W
60° W
30° westlicher Länge
0° Greenwich
30° östlicher Länge
60° E
90° E
Längenkreise

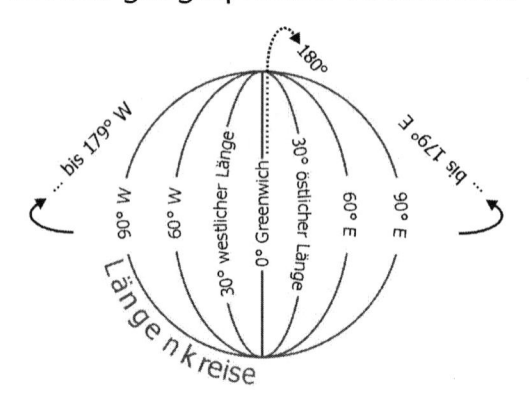

en.: Longitude

- Alle Längenkreise sind Großkreise
- Der Äquator ist ein Großkreis
- Alle Längenkreise verlaufen durch die geographischen Pole
- Es gibt unendlich viele Großkreise
- Längenkreise heißen auch als Meridiane oder Mittagslinien

Alle Längenkreise verlaufen senkrecht zu den Breitenkreisen

Durch Angabe von geographischer Länge und Breite kann jeder **Ort bzw. jede Position** auf der Erdoberfläche eindeutig bestimmt werden. Die Angabe (z.B. für den Flugplatz Oehna) erfolgt:

entweder in Grad [°] und Dezimalminuten [']:   Breite: N 51° 53,94'   Länge: E 13° 03,35'

oder in Grad [°], Minuten ['] und Sekunden ["]:   Breite: N 51° 53' 56"   Länge: E 13° 03' 21"

1.4 Kursrose

In der Navigation versteht man unter Kursen Winkel zwischen einer bestimmten Nordrichtung und einer bestimmten Richtung auf der Karte, auf der Erde oder der Flugzeuglängsachse. Sämtliche möglichen Nordrichtungen stimmen mit den Winkelangaben 0° bzw. 360° überein. Von Norden im Uhrzeigersinn (nach rechts) ausgehend erhält man alle weiteren Gradzahlen. Damit ergibt sich die sog. **Kursrose**, die in unterschiedlich feinen Gradaufteilungen vorliegen kann. Eine relativ grobe Orientierung kann durch die Angabe der Himmelsrichtungen in 22,5°-Schritten nach nebenstehend abgebildeter Kursrose erfolgen:

Für navigatorische Zwecke und im Luftfahrzeug selbst werden genauere Kursangaben benötigt. Zweckmäßig ist in diesem Fall eine Einteilung der Kursrose in 5°-Schritten.

Das nebenstehende Instrument (Kompaßkreisel oder Gyro) zeigt dem Flugzeugführer den **Steuerkurs** an, d.h. den Winkel zwischen einer Nordrichtung und der Flugzeuglängsachse.

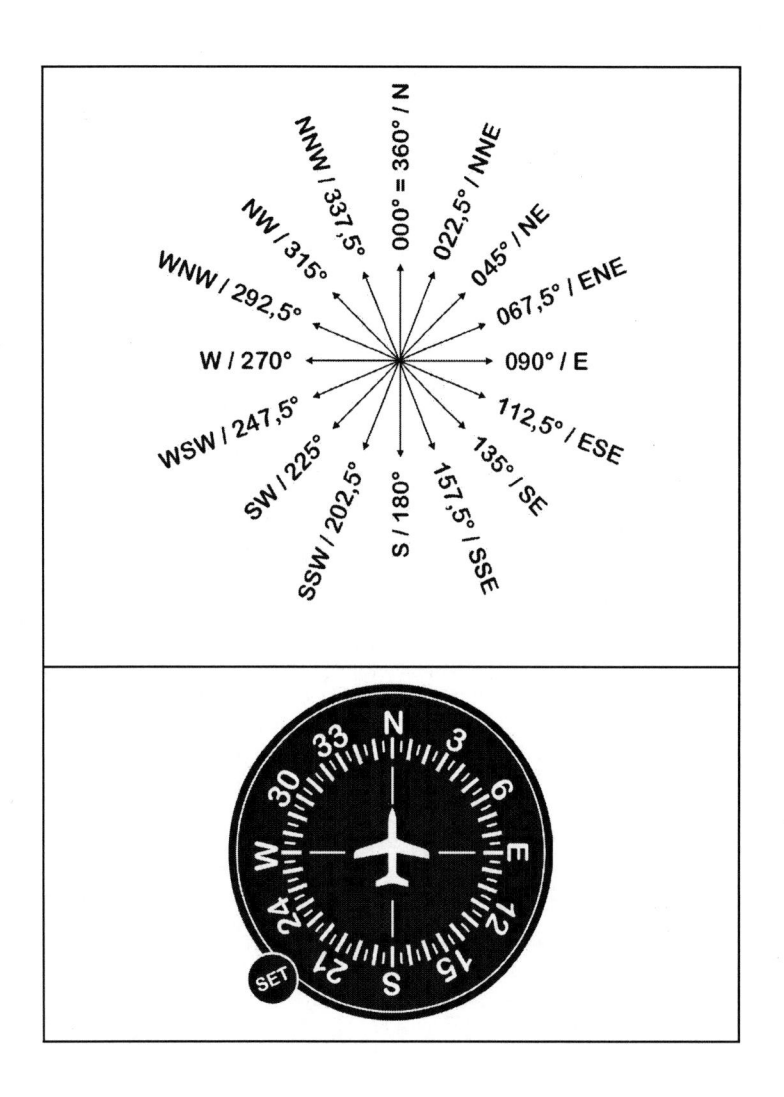

1.5 Erdbewegung und Zeit

Die Erde dreht sich um sich selbst **(Erdrotation)**. Die Drehachse verläuft durch den geographischen Nord- und Südpol. Blickt man "aus dem Weltall" auf den Nordpol, dreht sich die Erde dem Uhrzeiger entgegen, also von Westen nach Osten. Dementsprechend geht die Sonne im Osten auf und im Westen unter. Eine komplette Umdrehung dauert ca. 24 Stunden bzw. einen Tag. Somit benötigt die Erde 4 Minuten, um sich um 1° um sich selbst weiterzudrehen. Der höchste Sonnenstand am Himmel (Kulminationspunkt) wird an jedem Ort um die Mittagszeit erreicht.

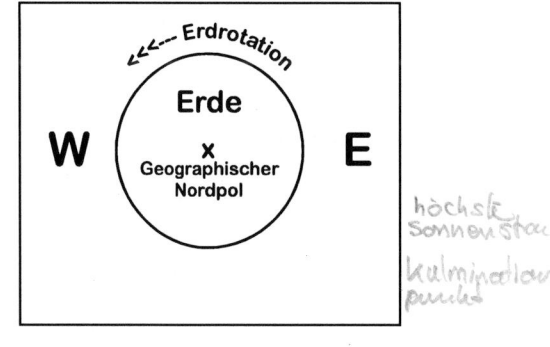

Da dieser Kulminationspunkt sich pro 1° Längendifferenz um 4 Minuten verschiebt, hat jeder geographische Längengrad eine andere Ortszeit. Da man daher auf Reisen ständig die Uhr umstellen müßte, hat man die gesamte Erde in 24 Zeitzonen eingeteilt, die jeweils vom Nord- zum Südpol verlaufen und 15 Längengrade breit sind. Innerhalb jeder Zone gilt die gleiche Zonenzeit. Die für uns gültige Zonenzeit ist die **Mitteleuropäische Zeit (MEZ)** oder Central European Time (CET). Sie ist auf 15° östlicher Länge bezogen und gilt für alle Orte, die sich zwischen 7,5° und 22,5° östlicher Länge befinden. Für die Weltluftfahrt von besonderer Bedeutung ist die auf 0° Länge bezogene Zeitzone. Dieser Längengrad verläuft u.a. exakt durch den britischen Ort Greenwich; die Zeitzone wird als Greenwich Mean Time (GMT), Westeuropäische Zeit (WEZ), Weltzeit, Zulu-Time oder **Universal Time Coordinated (UTC)** bezeichnet. Um von der CET auf die UTC umzurechnen, muß man von CET eine Stunde abziehen; während der gesetzlichen Sommerzeit müssen zwei Stunden abgezogen werden.

Die Erde führt eine weitere Drehung auf einer elliptischen Bahn um die Sonne aus **(Erdrevolution)**. Die Sonne befindet sich in einem der beiden Ellipsenbrennpunkte. Eine vollständige Erdrevolution dauert ein Jahr bzw. ca. 365 Tage.

Die Äquatorebene der Erde ist gegenüber der elliptischen Bahnebene um die Sonne um 23,5° geneigt. Der Winkel wird als **Ekliptik** bezeichnet. Wegen der Ekliptik wird die Erdkugel auf ihrer Bahn um die Sonne jeden Tag unter einem anderen Winkel bestrahlt; durch die unterschiedliche Wärmezufuhr entstehen die vier Jahreszeiten.

Jeweils 23,5° nördlich und südlich des Äquators liegen die beiden **Wendekreise**. Am 21. Juni (Tag der Sommersonnenwende) ist die Nordhalbkugel tagsüber am stärksten der Sonne zugeneigt und ein Punkt auf 23,5° nördl. Breite wird mittags senkrecht von den Sonnenstrahlen getroffen. Für die Nordhalbkugel beginnt der Sommer, für die Südhalbkugel der Winter:

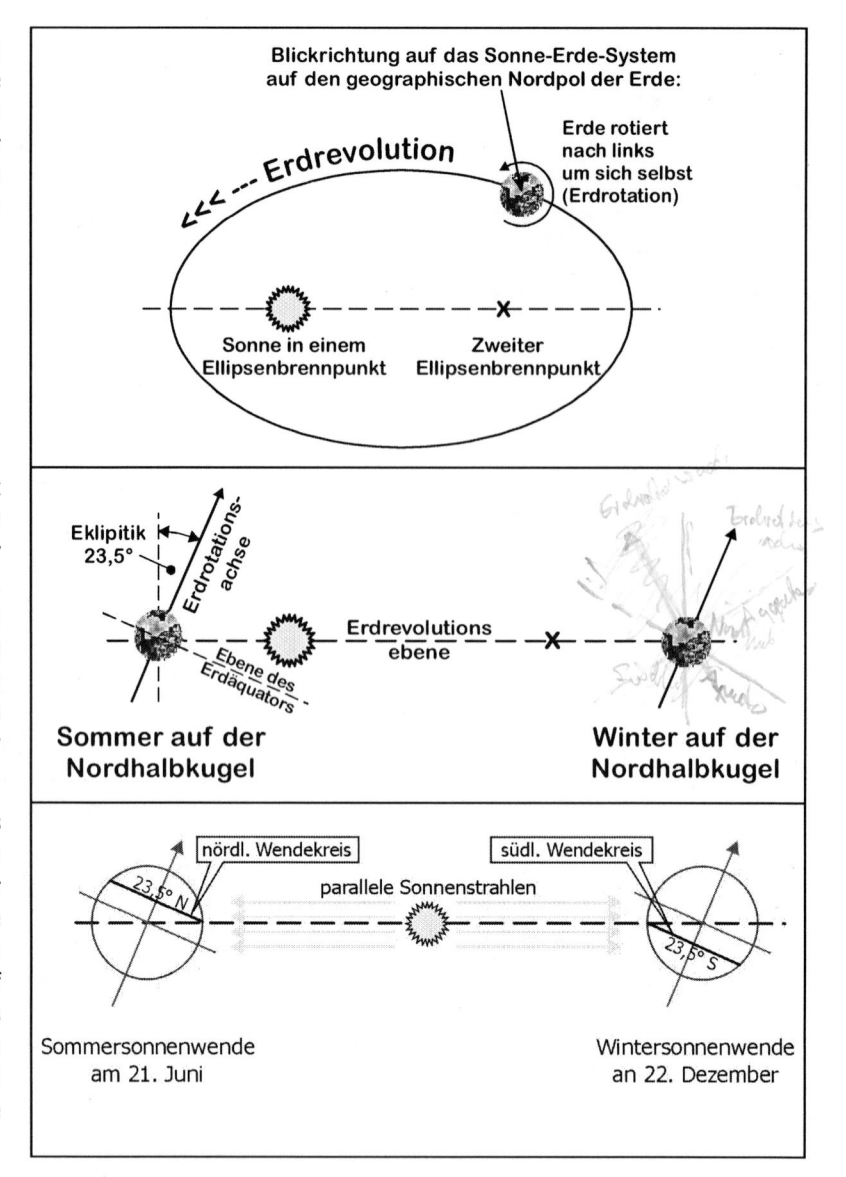

Bis zum 21. Juni werden die hellen Abschnitte der Tage länger, danach wieder kürzer. Die Sonne wechselt also an dem nördlichen Wendekreis ihre scheinbare Bewegungsrichtung. Am 22. Dezember (Tag der Wintersonnenwende) sind die Verhältnisse umgekehrt; die Sonne strahlt dann mittags senkrecht auf den südlichen Wendekreis.

Als **Polarkreise** werden die beiden Breitenkreise 66,5° N und S, die also jeweils 23,5° von den beiden Polen entfernt sind, bezeichnet. Alle Orte zwischen den Polarkreisen und den entsprechenden Polen sind von den Polartagen und -nächten betroffen. Unter einer Polarnacht versteht man mindestens einen ganzen Tag, an dem die Sonne nicht aufgeht und entsprechend umgekehrt gibt es an einem Polartag keinen Sonnenuntergang. Für die beiden Pole selbst dauern die Polartage und -nächte jeweils ein halbes Jahr. Zwischen beiden Polarkreisen liegen alle Orte, an denen ausschließlich jeden Tag die Sonne auf- und untergeht. Per Definition sind die Polarkreise die Breitenkreise, die die Polarzonen (arktische und antarktische Zone) von den gemäßigten Zonen trennen:

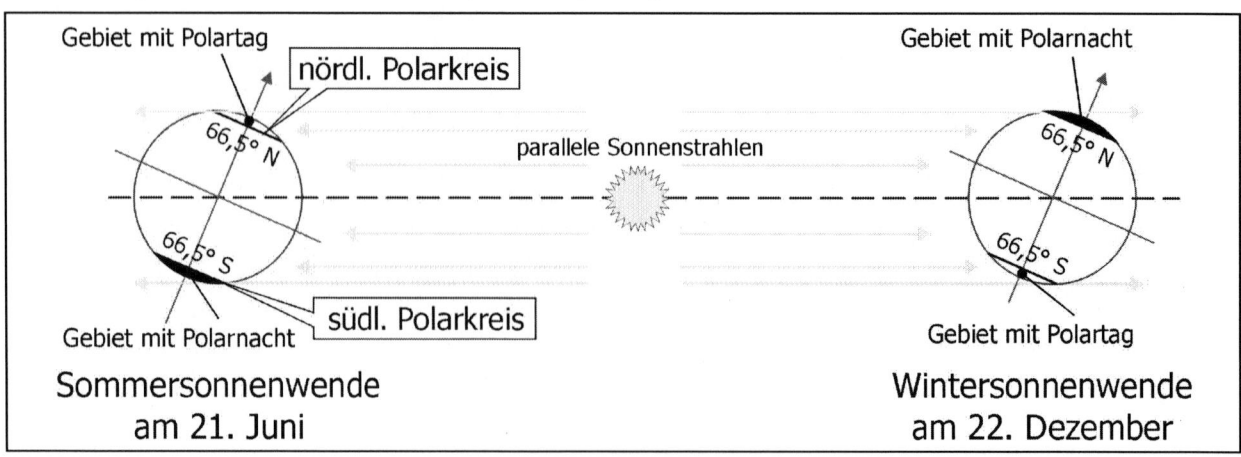

2 Kartenkunde

2.1 Eigenschaften einer Luftfahrtkarte

Landkarten bilden bestimmte Ausschnitte der Erdoberfläche ab. Das Problem bei der Herstellung einer solchen Karte besteht darin, dass die Erdoberfläche kugelförmig ist und die Karte wegen ihrer Handlichkeit ein ebenes Blatt Papier sein soll. Alle Karten werden daher immer gewisse Verzerrungen aufweisen, die sich in Ungenauigkeiten bei der Darstellung von Längen, Winkeln und Flächen bemerkbar machen. Karten, die diesbezüglich besonders gute Eigenschaften besitzen, werden als **längen-, winkel- und flächentreu** bezeichnet. Eine Navigationskarte muss in Bezug auf alle dieser Eigenschaften möglichst optimal sein, damit Entfernungen, Kurse und Strukturen der Erdoberfläche (Formen und Ausmaße von Seen, Städten, Wäldern usw.) möglichst exakt proportional dargestellt werden. Es gibt aber auch Karten, bei denen die gewünschten Verwendungszwecke andere oder weitere Eigenschaften erfordern (z.B. sollen Langstreckenkarten und viele Wetterkarten möglichst große Gebiete der Erdoberfläche darstellen).

2.2 Kartenmaßstab

Unter dem Kartenmaßstab versteht man das Größenverhältnis zwischen der Abbildung auf der Karte zum dargestellten Original. Der Maßstab der **Luftfahrtkarte ICAO 1:500.000** beträgt 1:500.000. Somit entspricht 1 cm auf der Karte 500.000 cm bzw. 5 km in der Natur. Ein Maßstab wird als "groß" bezeichnet, wenn die Abbildung in der Karte relativ wenig verkleinert dargestellt wird, z.B.:

1:1.000.000	kleiner Maßstab
1: 10	großer Maßstab

2.3 Projektionsverfahren

Die Eigenschaften einer Karte hängen von dem bei der Herstellung angewendeten Projektionsverfahren ab. Im nachfolgenden sollen die wichtigsten zur Verfügung stehenden Verfahren und die mit ihnen erreichbaren Eigenschaften erläutert werden.

Bei allen Verfahren kann man sich im Prinzip vorstellen, dass eine Projektorlampe das Bild eines lichtdurchlässigen Globus auf eine Leinwand projiziert. Dabei unterscheidet man die Verfahren danach:

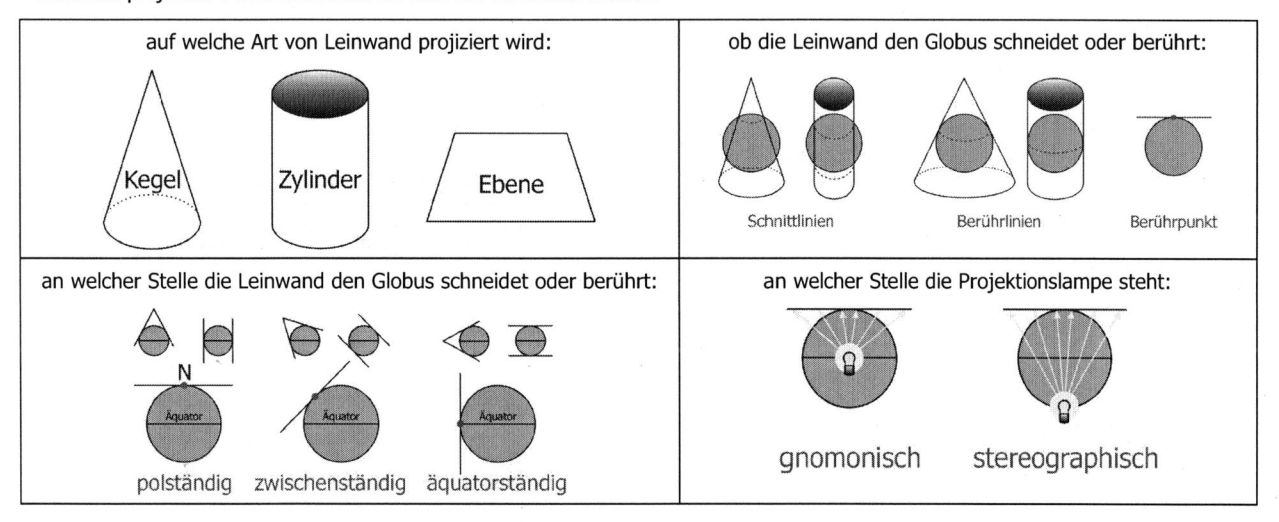

auf welche Art von Leinwand projiziert wird:	ob die Leinwand den Globus schneidet oder berührt:
Kegel, Zylinder, Ebene	Schnittlinien, Berührlinien, Berührpunkt
an welcher Stelle die Leinwand den Globus schneidet oder berührt:	an welcher Stelle die Projektionslampe steht:
polständig, zwischenständig, äquatorständig	gnomonisch, stereographisch

Bei den polständigen Kegel- oder Zylinderprojektionen entsprechen die Schnitt- oder Berührlinien Breitenkreisen, die als **Bezugsbreitenkreise oder auch Standardparallelen** bezeichnet werden. Die Güte der Karteneigenschaften ist im Bereich der Schnitt- oder Berührlinien und am Berührpunkt am größten und nimmt mit zunehmender Entfernung ab.

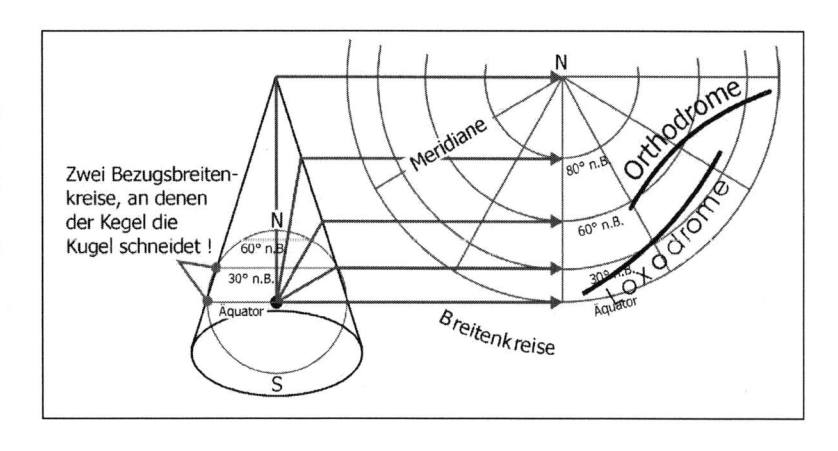

Schnittkegelprojektion

Die Meridiane sind zu den Polen hin konvergierende (zusammenlaufende) Geraden und sie schneiden die Breitenkreise unter einem rechten Winkel (90°). Die Breitenkreise sind konzentrische Kreise, deren Abstände mit zunehmender Entfernung vom Bezugsbreitenkreis zunehmen; daher ist diese Projektion zunächst einmal nicht winkeltreu und für navigatorische Zwecke ungeeignet. Die Loxodrome ist äquatorwärts gekrümmt; die Orthodrome ist polwärts gekrümmt (vgl. AN 1.2).

Zwei Bezugsbreitenkreise, an denen der Kegel die Kugel schneidet!

Lambertsche Schnittkegelprojektion

Der deutsche Universalgelehrte Lambert hat im 18. Jh. ein analytisches Verfahren entwickelt, welches die Abstände der bei der Schnittkegelprojektion entstehenden Breitenkreise so verschiebt, dass für navigatorische Zwecke ausreichende **Winkel-, Längen- und Flächentreue** entstehen. Längen- und Flächentreue sind im Bereich der beiden Bezugsbreitenkreise am genauesten. Die von VFR-Piloten genutzte **Luftfahrtkarte ICAO 1:500.000**, die Streckenkarte 1:1.000.000 u.a. werden mit diesem Verfahren hergestellt. Da in dieser Projektion die Breitenkreise annähernd gleiche Abstände aufweisen, können die Abstände auch zur Entfernungsmessung benutzt werden (auf den Meridianen gilt: **1 Bogenminute = 1 nm**). Wegen der Meridiankonvergenz ist die **Loxodrome** eine äquatorwärts gekrümmte Linie und zur Kursmessung muss daher das unter AN 2.4 beschriebene Verfahren angewendet werden. Die **Orthodrome** ist nahezu eine Gerade, so dass eine mit einem Lineal eingezeichnete Verbindung zwischen zwei Orten die kürzeste Verbindung darstellt.

Berührkegelprojektion

Die Berührkegelprojektion hat für Luftfahrtkarten nur wenig Bedeutung, da sie nur einen Bezugsbreitenkreis besitzt und dementsprechend in Bezug auf Winkel-, Längen- und Flächentreue gegenüber der Lambertschen Schnittkegelprojektion benachteiligt ist. Sie sei aber trotzdem der Vollständigkeit halber hier erwähnt.

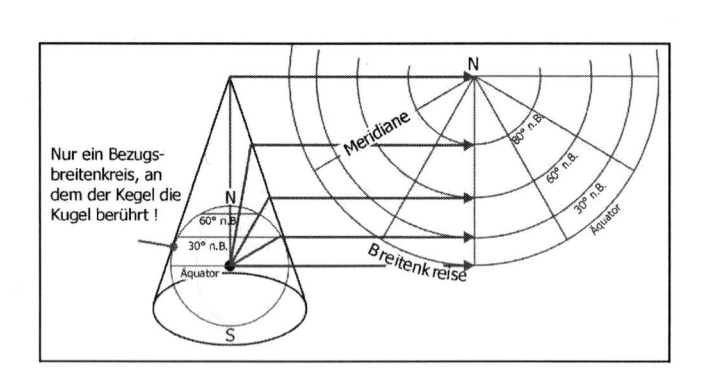

Nur ein Bezugsbreitenkreis, an dem der Kegel die Kugel berührt!

Zylinder- und Mercatorprojektion

Bei polständigen Zylinderprojektionen erscheinen die Meridiane und Breitenkreise als exakte Geraden. Daher sind Längengeraden und Breitenkreise untereinander exakt parallel. Längengeraden und Breitenkreise verlaufen zueinander senkrecht.

Bei der ursprünglichen Zylinderprojektion ist die Loxodrome gekrümmt, sie ist also vom Prinzip nicht winkeltreu. Außerdem ist diese Projektion **nicht flächentreu**, da die Abstände der Breitenkreise mit zunehmender Entfernung von der Berührlinie größer werden. Die **Orthodrome ist polwärts gekrümmt**.

Durch das **Mercator-Rechenverfahren** werden die Breitenkreise so verschoben, dass die **Loxodrome geradlinig** und die Projektion **winkeltreu** werden. Die Karte ist somit für navigatorische Zwecke (v.a. in der Seefahrt) verwendbar.

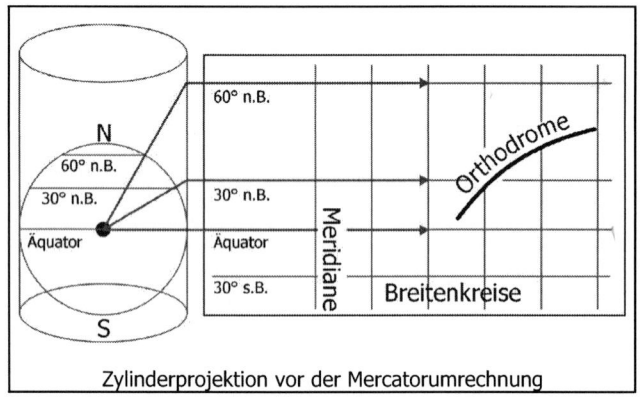

Zylinderprojektion vor der Mercatorumrechnung

Ebenen- oder Azimutalprojektion

Der Vorteil der Azimutalprojektionen ist, dass prinzipiell große Gebiete der Erdoberfläche dargestellt werden können.

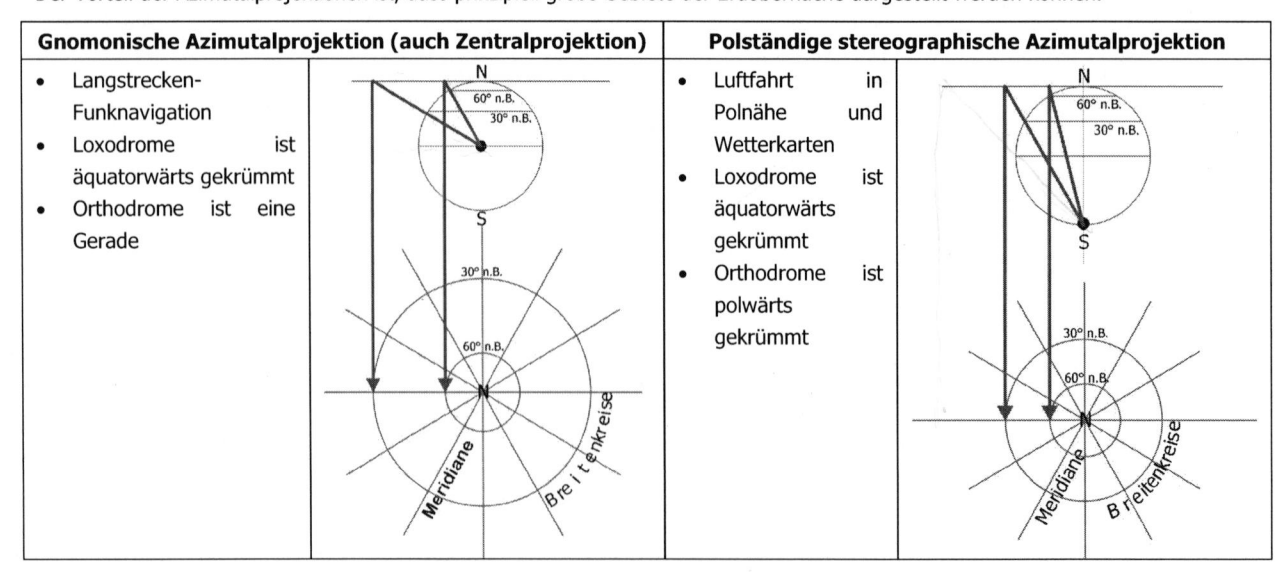

Gnomonische Azimutalprojektion (auch Zentralprojektion)	Polständige stereographische Azimutalprojektion
• Langstrecken-Funknavigation • Loxodrome ist äquatorwärts gekrümmt • Orthodrome ist eine Gerade	• Luftfahrt in Polnähe und Wetterkarten • Loxodrome ist äquatorwärts gekrümmt • Orthodrome ist polwärts gekrümmt

2.4 Messung des rechtweisenden Kurses

Die Messung des rechtweisenden Kurses in einer Karte, die nach der Lambertschen Schnittkegelprojektion hergestellt worden ist, erfolgt wegen der Meridiankonvergenz am **mittleren Meridian** zwischen Start- und Zielort. Auf diese Weise macht man zwar an Start- und Zielort jeweils einen kleinen Fehler (da man auf der Loxodromen fliegt), der jedoch durch die Messung am mittleren Meridian ausgeglichen wird. Die Messung erfolgt durch Anlegen der Hypotenuse des Kursdreieckes an die rechtweisende Kurslinie in der Karte. Die Hypotenuse ist die dem rechten Winkel gegenüberliegende größte Seite.

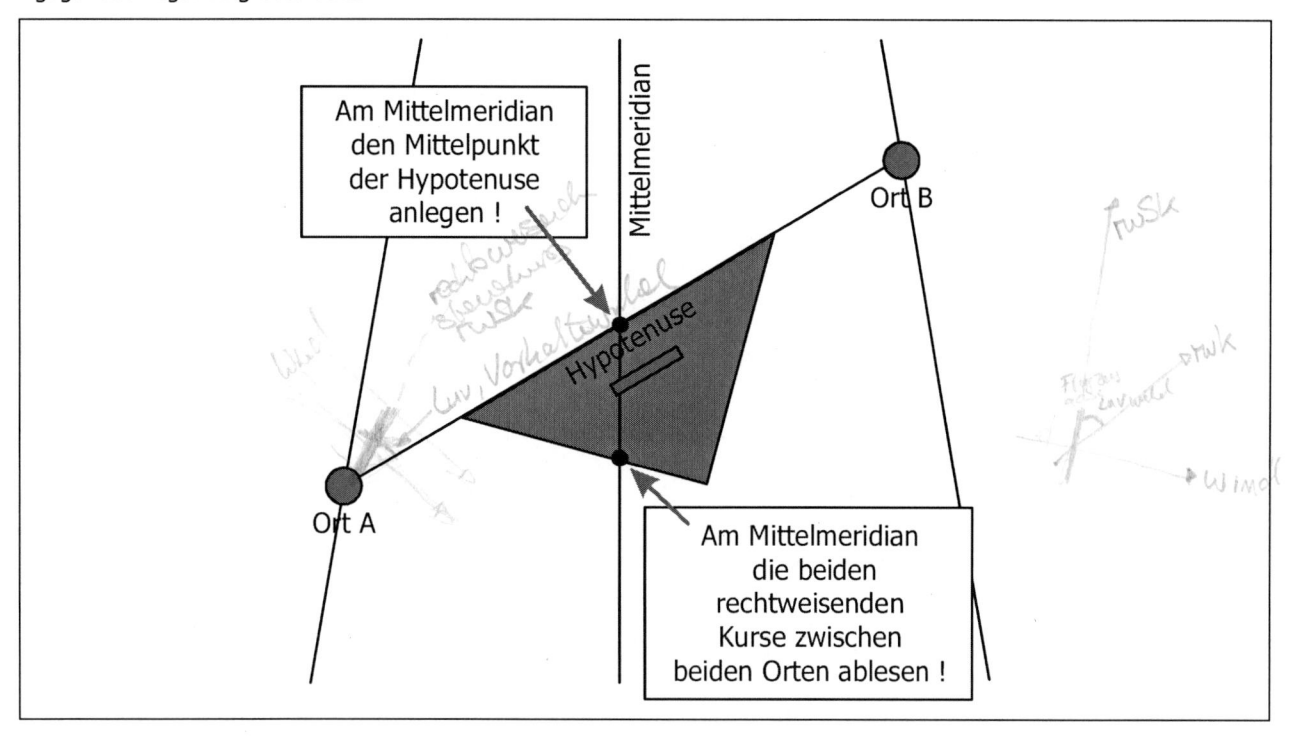

Es ist dabei gleichgültig, auf welcher Seite der Kartenkurslinie die Hypotenuse angelegt wird; daher kann auch am Kartenrand problemlos gemessen werden. Der Mittelpunkt der Hypotenuse muß genau auf dem Mittelmeridian aufliegen. Der Wert des Kurses ergibt sich nun aus dem Schnittpunkt des mittleren Meridians mit dem der Hypotenuse gegenüberliegenden Schenkel des Kursdreieckes.

3 Winddreieck

3.1 Allgemeines

Ein Luftfahrzeug bewegt sich im Fluge innerhalb einer Luftmasse, die sich selbst gegenüber der Erdoberfläche aufgrund des Windes bewegt. Das Luftfahrzeug wird von der Luftmasse mit derselben Geschwindigkeit und Richtung der Luftmasse mitbewegt. Um von einem Ort A zu einem Ort B auf einem bestimmten **rechtweisenden Kurs rwK** zu fliegen, muß daher vorgehalten werden, d.h. die Flugzeuglängsachse muß in den Wind gedreht werden. Das Maß für diese Richtungsänderung der Flugzeuglängsachse wird als **Luv- oder Vorhaltewinkel L** bezeichnet. Der Luvwinkel ist der Winkel zwischen dem rechtweisenden Kurs zwischen A und B und dem **rechtweisenden Steuerkurs rwSK**, der immer mit der Richtung der Flugzeuglängsachse übereinstimmt. Die Geschwindigkeit der Luftmasse überlagert sich grundsätzlich mit der **wahren Eigengeschwindigkeit v_E** des Luftfahrzeuges, so daß eine **Fluggeschwindigkeit über Grund v_G** entsteht, die für die Berechnung der Flugzeit von A nach B zu verwenden ist.

Gegeben:		Gesucht:	
• Rechtweisender Kurs:	rwK	Rechtweisender Steuerkurs:	rwSk
• Windrichtung und -stärke:	W/V	Luvwinkel:	L
• Wahre Eigengeschwindigkeit:	v_E	Geschwindigkeit über Grund:	v_G

3.2 Zeichnerische Konstruktion

1. Maßstab festlegen, z.B.: 1 cm = 10 kt
2. Lageskizze des Winddreieckes anfertigen, um mittig auf Papier zu positionieren
3. Vektor rwN einzeichnen
4. Windpunkt auf Vektor rwN festlegen
5. Windvektor in Richtung des Windpunktes einzeichnen (die Länge des Windvektors ergibt den Windstillepunkt)
6. Isochrone um Windstillepunkt mit Zirkel einzeichnen
7. Vektor rwK in Richtung des Windpunktes einzeichnen (die Länge des Vektors rwK, die durch die Isochrone begrenzt ist, ergibt die Geschwindigkeit über Grund v_G)
8. Den Schnittpunkt des Vektors rwK mit der Isochronen und den Windstillepunkt verbinden (ergibt den Vektor rwSK und den Luvwinkel L)

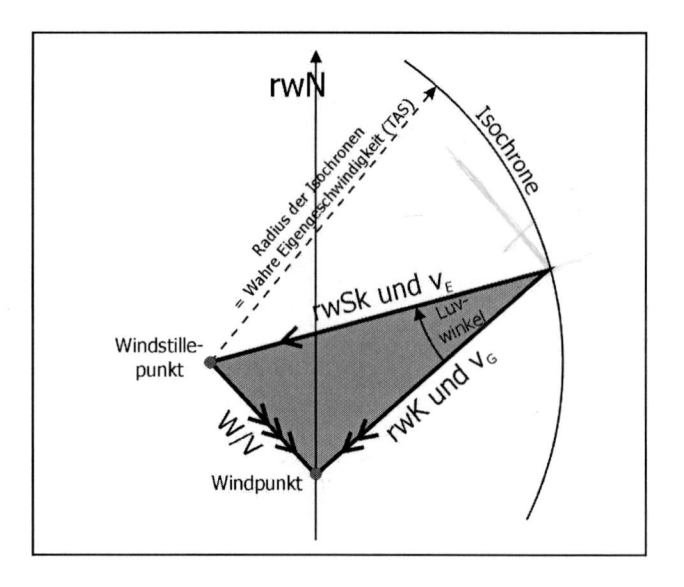

3.3 Konstruktion mit dem Navigationsrechner

Auch bei der Konstruktion mit den Navigationsrechnern ist darauf zu achten, daß in einem Winddreieck für alle Geschwindigkeiten (Wahre Eigengeschwindigkeit, Geschwindigkeit über Grund und Windgeschwindigkeit) dieselben Einheiten (kt oder km/h) verwendet werden.

Jeppesen	Aristo
1. Windrichtung unter True Index einstellen	1. Rechtweisenden Kurs unter True Index einstellen
2. Windpunkt einzeichnen (entspricht dem Abtragen der Windgeschwindigkeit vom Drehscheibenmittelpunkt nach oben auf der lubber line)	2. Winddrehzeiger auf die Windrichtung drehen
3. Rechtweisenden Kurs unter True Index einstellen	3. Die Isochrone für die wahre Eigengeschwindigkeit mit dem Windpunkt in Übereinstimmung bringen
4. Die Isochrone für die wahre Eigengeschwindigkeit mit dem Windpunkt in Übereinstimmung bringen	4. Den Luvwinkel ablesen (ist Windpunkt links der lubber line, Luvwinkel abziehen / ist Windpunkt rechts der lubber line, Luvwinkel addieren)
5. Den Luvwinkel ablesen (ist Windpunkt links der lubber line, Luvwinkel abziehen / ist Windpunkt rechts der lubber line, Luvwinkel addieren)	5. Die Geschwindigkeit über Grund im Drehscheibenmittelpunkt ablesen
6. Die Geschwindigkeit über Grund im Drehscheibenmittelpunkt ablesen	

3.4 Ermittlung von Quer- und Gegenwindkomponenten (Windwinkel und Windeinfallswinkel)

Die Kenntnis der Quer- und Gegenwindkomponenten ist insbesondere bei Start, Anflug und Landung von Bedeutung. Jedes Luftfahrzeug ist lt. Flughandbuch nur bis zu einer bestimmten Querwindkomponente für Starts- und Landungen empfohlen; diese beträgt bei den meisten Luftfahrzeugen der E-Klasse und Motorseglern ca. 15 kt. Die Quer- oder Seitenwindkomponente ist der auf die Flugzeuglängsachse senkrecht einfallende Anteil des Windvektors; die Gegen- oder Rückenwindkomponente ist immer parallel zur Flugzeuglängsachse. Der **Windeinfallswinkel WE** ist der Winkel zwischen der Windrichtung und dem rechtweisendem Steuerkurs bzw. der Flugzeuglängsachse. Der **Windwinkel WW** ist der Winkel zwischen Windrichtung und rechtweisendem Kurs:

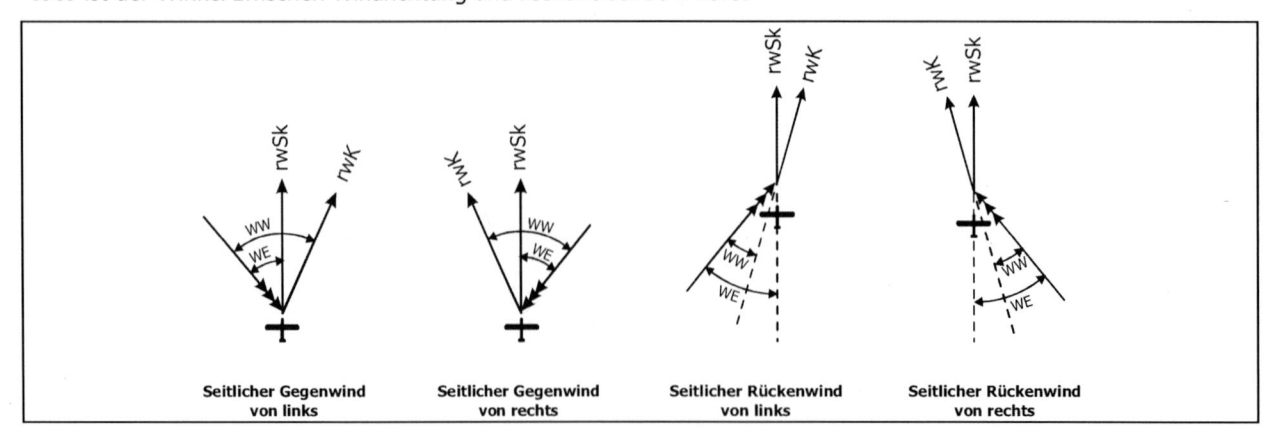

Allgemeine Navigation AN 9

Zeichnerische Ermittlung

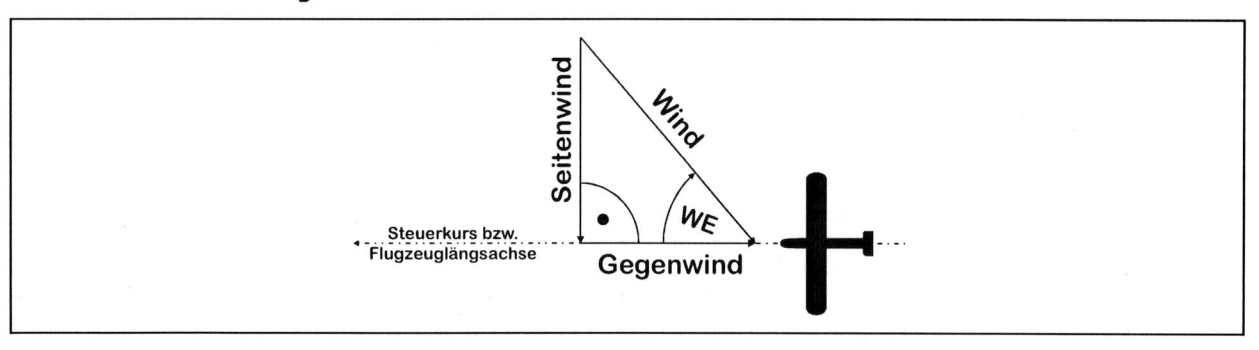

Faustformel

Die beiden Komponenten lassen sich überschlagsmäßig durch Multiplikation der Windstärke mit den Faktoren folgender Tabelle berechnen:

Windeinfallswinkel WE	0°	15°	30°	45°	60°	75°	90°
Gegenwind	1	1,0	0,9	0,7	0,5	0,3	0
Querwind	0	0,3	0,5	0,7	0,9	1,0	1

Berechnung

Die genaue Berechnung erfolgt über die Sinus- und Cosinus-Funktionen:

Gegenwindkomponente = Windstärke x cos (Windeinfallswinkel WE)
Seitenwindkomponente = Windstärke x sin (Windeinfallswinkel WE)

3.5 Abdrift und Zusätzliche Drift

Wenn der Wind richtig berücksichtigt worden ist, ist der Luvwinkel L gleich der Abtrift a und eine zusätzliche Trift z tritt nicht auf. Falls während des Fluges eine nicht vorhergesehene Windänderung auftritt, entsteht eine zusätzliche Trift z. In diesem Fall setzt sich der Luvwinkel aus den Beträgen der beiden Winkel a und z zusammen, also L = a + z.

- Abtrift a   Winkel vom rwSK ausgehend zum rwGK
- Zusätzliche Trift z   Winkel vom rwK ausgehend zum rwGK

3.6 Winddreieck-Übungsaufgaben

3.6.1 Ermittlung des Luvwinkels und der Geschwindigkeit über Grund

GEGEBEN			GESUCHT			
Rechtweisender Kurs rwK [°]	Wahre Eigengeschwindigkeit v_E [kt]	Wind W/V [° / kt]	Windwinkel WW [°]	Luvwinkel L [°]	Rechtweisender Steuerkurs rwSK [°]	Geschwindigkeit über Grund v_G [kt]
180	95	240/15	060	+8	188	87
045	110	360/20	045	-7	038	95
120	125	250/35	050	+12	132	145
232	90	270/25	038	+10	242	69
280	120	150/30	050	-11	269	137
315	110	360/20	045	+7	322	95
084	130	050/15	034	-4	080	117
357	140	120/40	057	+14	011	158
024	100	310/20	074	-11	013	93
164	115	030/25	046	-9	155	131

C.L. Allgemeine Navigation AN 10

3.6.2 Ermittlung des aktuellen Windes

GEGEBEN				GESUCHT	
Rechtweisender Steuerkurs rwSK [°]	Wahre Eigengeschwindigkeit v_E [kt]	Rechtweisender Grundkurs rwGK [°]	Geschwindigkeit über Grund v_G [kt]	Abtrift a [°]	Wind W/V [kt / °]
210	120	204	128	-6	330/15
095	95	080	80	-15	144/27
010	115	021	143	+11	238/37
305	130	298	108	-7	335/26
006	110	356	95	-10	051/23
135	100	139	116	+4	343/18
292	140	304	156	+12	181/35
060	120	052	96	-8	088/28
115	90	100	126	-15	250/45
356	125	012	128	+16	270/35

3.6.3 Ermittlung von Abtrift und Geschwindigkeit über Grund

Die zeichnerische Ermittlung ist in diesem Fall relativ leicht nachzuvollziehen. Mit dem Navigationsrechner muß man sich jedoch vorstellen, alles spiegelbildlich wie folgt einzustellen:

Jeppesen	Aristo
1. Windrichtung unter True Index einstellen 2. Windpunkt einzeichnen (entspricht dem Abtragen der Windgeschwindigkeit vom Drehscheibenmittelpunkt diesmal nach unten !!! auf der lubber line) 3. Rechtweisenden Steuerkurs unter True Index einstellen 4. Die wahre Eigengeschwindigkeit unter Drehscheibenmittelpunkt einstellen 5. Den Abtriftwinkel ablesen (ist Windpunkt links der lubber line, ist Abtriftwinkel negativ / ist Windpunkt rechts der lubber line, ist Abtriftwinkel positiv) 6. Die Geschwindigkeit über Grund unter dem Windpunkt ablesen	1. Rechtweisenden Steuerkurs unter True Index einstellen 2. Die wahre Eigengeschwindigkeit unter Drehscheibenmittelpunkt einstellen 3. Winddrehzeiger auf die Windrichtung drehen (in diesem Fall die innere schwarze Skala) 4. Auf dem Winddrehzeiger die Windgeschwindigkeit suchen und unter diesem Punkt die Geschwindigkeit über Grund und die Abtrift ablesen (ist Windpunkt links der lubber line, ist Abtriftwinkel negativ / ist Windpunkt rechts der lubber line, ist Abtriftwinkel positiv)

GEGEBEN			GESUCHT	
Rechtweisender Steuerkurs rwSk [°]	Wahre Eigengeschwindigkeit v_E [kt]	Wind W/V [° / kt]	Abtrift DA [°]	Geschwindigkeit über Grund v_G [kt]
290	120	220/40	20 rechts (+)	113
120	200	220/30	8 links (-)	208
030	190	340/30	8 rechts (+)	172

3.7 Faustformel für den Luvwinkel

Der Luvwinkel kann betragsmäßig auch mit folgender Faustformel berechnet werden; für das Vorzeichen gilt jedoch wie zuvor:

kommt der Wind von rechts:	**positives Vorzeichen**
kommt der Wind von links:	**negatives Vorzeichen**

$$\text{Luvwinkel} = \frac{\text{Windwinkel WW} \times \text{Windgeschwindigkeit } v_W}{\text{Wahre Eigengeschwindigkeit } v_E}$$

Wenn WW um 50° subtrahiere 10%
Wenn WW um 70° subtrahiere 20%
Wenn WW um 90° subtrahiere 30%

oder, wenn kein Wind, aber ein erlittener Peilsprung bekannt ist:

$$\text{Luvwinkel} = \frac{\text{Restflugdauer}}{\text{Versetzungsdauer}} \times \text{Peilsprung}$$

4 Magnetkompaß

4.1 Funktionsprinzip

4.1.1 Erdmagnetfeld

Die Erde ist von einem Magnetfeld umgeben, welches in seiner Form dem eines **Stabmagneten** gleicht. Daher kann man sich einen entsprechend dimensionierten Stabmagneten innerhalb der Erde vorstellen. Die **Feldlinien** eines Magnetfeldes verlaufen immer vom **magnetischen Nordpol** (blau markiert beim Stabmagnet) zum **magnetischen Südpol** (rot markiert). Ein in dieses Magnetfeld eingebrachter frei beweglicher Magnet erfährt eine Kraftwirkung entlang dieser Feldlinien, wobei sich jeweils die **Gegenpole anziehen** (der Nordpol des freien Magneten wird vom Südpol des großen Magneten angezogen und umgekehrt). Genau diese Kraftwirkung ist auch der Grund, warum die Nadel eines Magnetkompasses immer die magnetische Nordrichtung anzeigen kann.

Die Kreisebene, die senkrecht zu dem Stabmagneten und auch senkrecht zu den Magnetfeldlinien verläuft, wird als **magnetischer Äquator** bezeichnet. Der geomagnetische Äquator des Erdmagnetfeldes ist gegenüber der Rotationsachse der Erde schräg gelagert. Die Schiefstellung bewirkt, dass die geomagnetischen Pole nicht mit den geographischen Polen übereinstimmen. Die **Position** des magnetischen Nordpols liegt im nördlichen Gebiet der Hudson Bai (Kanada) bei ca. 70°N 97°W, während sich der magnetische Südpol in South Victorialand (Antarktis), etwa bei 72°S 150°E befindet.

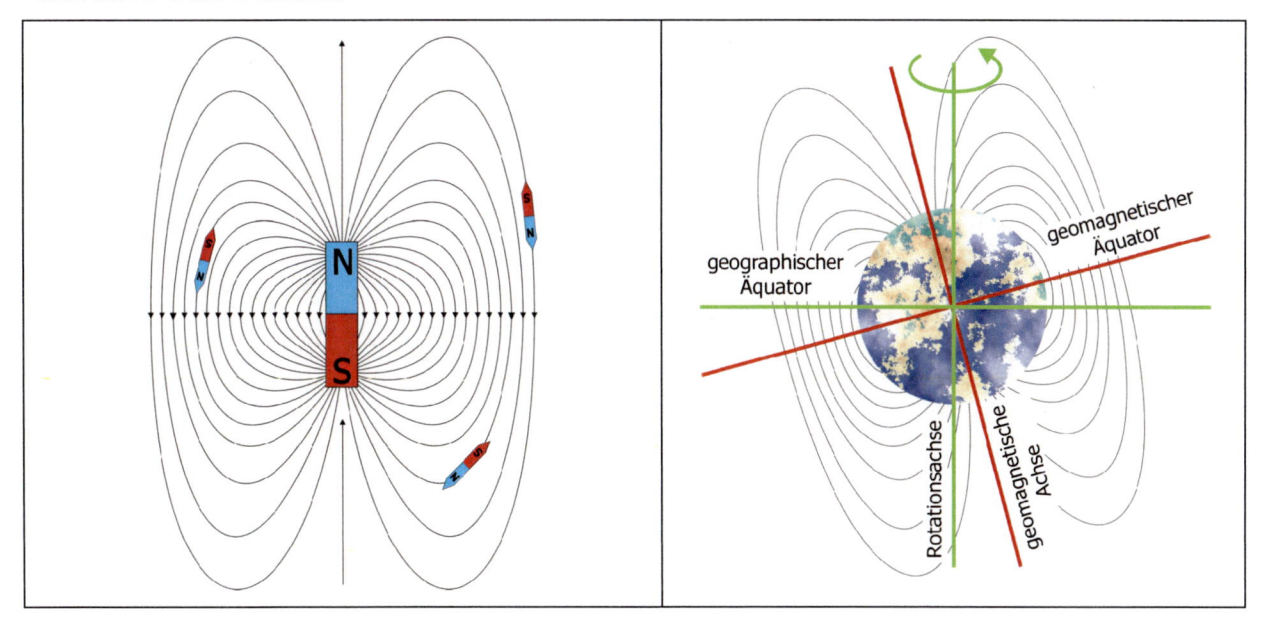

Die Abweichung des magnetischen Nordpols (MN) vom geographischen Nordpol (GN) wird in der Navigation durch einen Winkel, der als **Ortsmissweisung (OM)** oder **Deklination** oder im Englischen als **Variation (VAR)** bezeichnet wird, berücksichtigt. Die Ortsmissweisung ist der Winkel zwischen der geographischen und der magnetischen Nordrichtung:

Hinzu kommt, dass sich diese Positionen der magnetischen Pole im Laufe der Jahre verändern, so dass auch die Ortsmissweisung auf lange Sicht **kein konstanter Wert** sein kann. Ein weiterer Einflussfaktor auf den Wert der Ortsmissweisung sind lokale Eisenerzvorkommen innerhalb der Erde. Durch deren magnetische Wirkung wird das Erdmagnetfeld so gestört, dass die Ausrichtung eines Kompasses in Richtung des magnetischen Nordpols verfälscht wird.

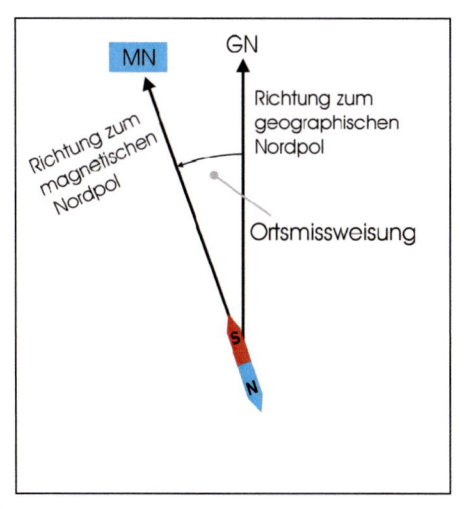

In der Navigationskarte werden Linien konstanter Ortsmissweisung (**Isogonen**) blau gestrichelt eingetragen. An der Stelle, wo die Isogone den Kartenrand schneidet, ist der Zahlenwert der Ortsmissweisung eingetragen. Da Deutschland, der magnetische und der geographische Nordpol zur Zeit nahezu auf einem Großkreis liegen, sind die Werte der Ortsmissweisungen in Deutschland relativ klein (von lokalen Störungen abgesehen liegen die Werte zwischen 0 und 1°).

4.1.2 Aufbau und Anzeige des Magnetkompasses

Der Magnetkompass beinhaltet eine kleine Magnetnadel, die sich nahezu reibungsfrei entlang der Feldlinien des Erdmagnetfeldes ausrichten kann. Mit der Magnetnadel ist ein Schwimmer verbunden, auf dem die Kompassrose mit der Gradeinteilung aufgezeichnet ist. Um die Anzeige zu stabilisieren und zu dämpfen, bewegt sich die Magnetnadel mit dem Schwimmer in einer alkoholhaltigen Flüssigkeit in dem Kompassgehäuse. Um die Dämpfung zu verstärken, sind unter dem Schwimmer kleine Dämpfungsflügel angebracht. Trotz dieser dämpfungsfördernden Maßnahmen ist die Magnetkompassanzeige aufgrund der Bewegungen des Flugzeuges (Kurvenflüge, Vibrationen, Turbulenzen) sehr instabil. Meistens ist es daher notwendig, durch mehrere Blicke auf die Anzeige einen Mittelwert zu ermitteln.

Der Kompaßsteuerkurs wird auf der Kompassrose durch eine Glasplatte mit Hilfe eines Steuerstriches dem Piloten angezeigt:

4.1.3 Inklination

Der Winkel zwischen der Magnetfeldlinie und dem Erdhorizont wird als **Inklination** ϑ bezeichnet. Linien konstanter Inklinationswinkel werden als **Isoklinen** bezeichnet.

Während die Magnetfeldlinien in der Nähe des geomagnetischen Äquators nahezu parallel zum Erdhorizont ($\vartheta = 0°$) verlaufen, krümmen sie sich polwärts, so dass sie dort unter einem senkrechten Winkel ($\vartheta = 90°$) ein- bzw. austreten. Über den dazwischen liegenden geomagnetischen Breiten nehmen die Inklinationswinkel dementsprechend vom geomagnetischen Äquator ausgehend jeweils polwärts stetig zu. **In Europa beträgt ϑ ca. 65°.**

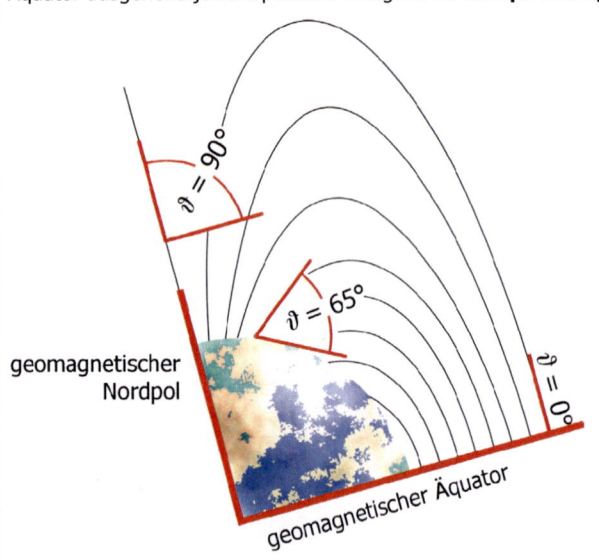

Die Kompassnadel richtet sich immer tangential zu der Magnetfeldlinie aus. Die Kraft, die dabei auf sie ausgeübt wird, wird als Totalintensität bezeichnet. Wie alle Kräfte, kann auch diese Kraft in zwei unterschiedliche Komponenten zerlegt werden: erstens die Horizontalintensität (parallel zur Erdoberfläche) und zweitens die Vertikalintensität (senkrecht zur Erdoberfläche) an.

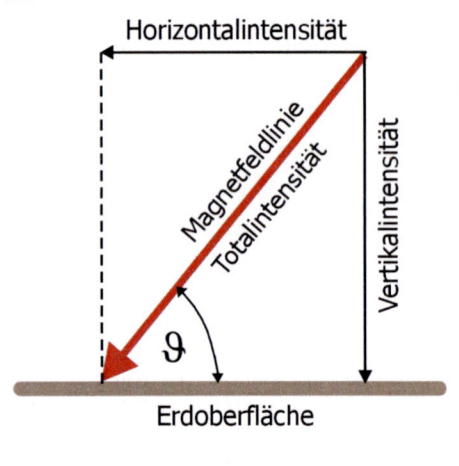

Durch die Ausrichtung entlang der Magnetfeldlinie entsteht das Problem, daß die Kompaßrose durch eine geeignete Maßnahme in die (meist) zum Erdhorizont parallel verlaufende Flugzeuglängsachse (Reiseflug) aufgerichtet werden muß. Dies geschieht mit Hilfe eines Ausgleichsgewichtes auf der südgerichteten Seite der Kompaßnadel, die den Schwerpunkt der Rose so verschiebt, daß sie im Reiseflug horizontal liegt. Falls diese Aufrichtung nicht exakt parallel zur Flugzeuglängsachse sein sollte, entsteht bei der Kompaßanzeige der sog. Aufstellungs- oder A-Fehler; dies ist z.B. der Fall, wenn das Luftfahrzeug in Regionen abweichender Inklinationswinkel ohne vorangegangener Kompensation betrieben würde.

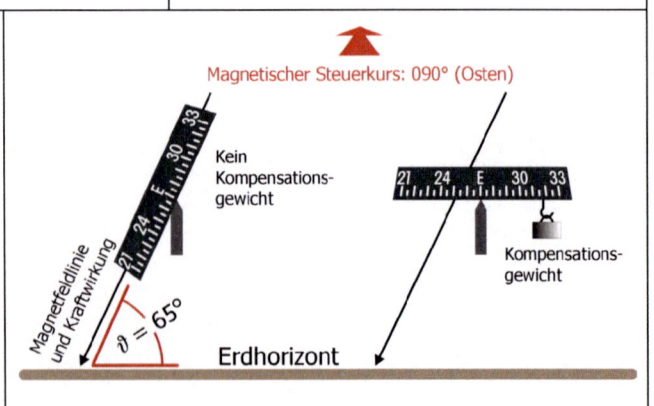

4.1.4 Deviation

Bisher haben wir besprochen, dass die Kompassnadel durch den Winkel der Ortsmissweisung von der geographischen Nordrichtung weggelenkt wird. Es gibt aber einen weiteren Faktor der die Abweichung weiter vergrößern, aber auch verkleinern kann. Hierbei handelt es sich um magnetische Störfelder, die durch metallische und stromführende Teile des Luftfahrzeuges, in dem der Magnetkompass eingebaut ist, hervorgerufen werden.

Durch diese störenden Kräfte wird die Kompaßnadel zusätzlich nach links oder rechts ausgelenkt. Diese Auslenkung wird als **Deviation (DEV)** (sowohl im Deutschen als auch im Englischen) bezeichnet. Die Größe der Auslenkung hängt von der Flugrichtung des Luftfahrzeuges ab und wird in Form von Deviationstabellen, die immer in der Nähe des Magnetkompasses angebracht sein müssen, angegeben. Zur Berechnung des Kompaßsteuerkurses, müssen die hier angegebenen Werte berücksichtigt werden. Die Deviationstabellen müssen bei jeder Jahresnachprüfung und bei der Veränderung von Bauteilen im Luftfahrzeug neu ermittelt werden und ggf. muß dann der Kompaß, falls Maximalwerte überschritten werden, neu eingestellt (kompensiert) werden. Hierzu dient eine Kompensiereinrichtung auf dem Kompaßgehäuse, welche verschiebbare Kompensationsmagneten enthält. Hiermit können die sog. B- und C-Fehler (Fehler in Richtung zur Längs- und Querachse des Luftfahrzeuges) minimiert werden. Die nicht kompensierbaren Restfehler werden in der Deviationstabelle eingetragen.

4.1.5 Arten von Deviationstabellen

Es werden zwei verschiedene Arten von Deviationstabellen verwendet, wobei immer vom mwSk als SOLL ausgegangen wird, um den Kompaßsteuerkurs zu erhalten:

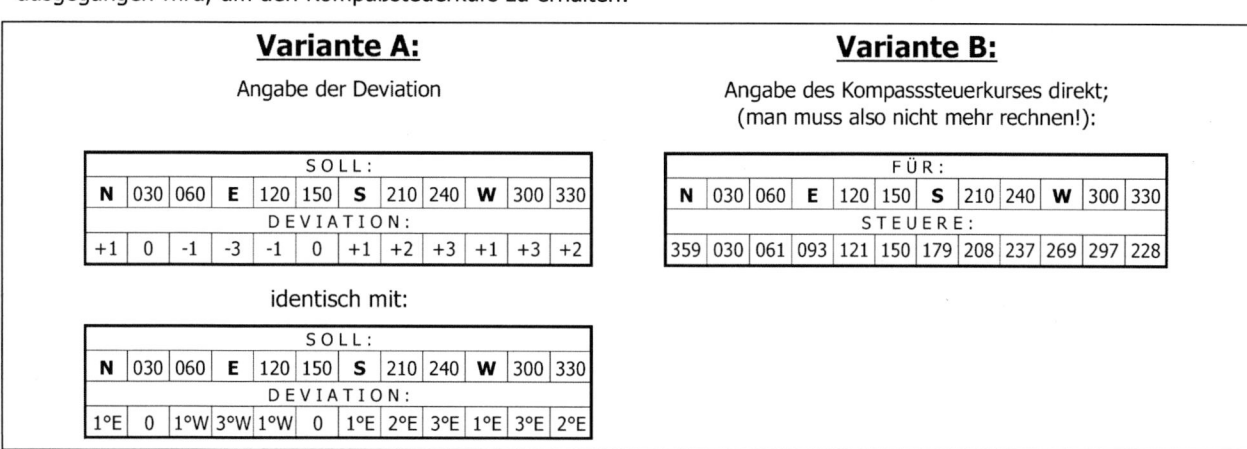

Variante A:

Angabe der Deviation

SOLL:											
N	030	060	E	120	150	S	210	240	W	300	330
DEVIATION:											
+1	0	-1	-3	-1	0	+1	+2	+3	+1	+3	+2

identisch mit:

SOLL:											
N	030	060	E	120	150	S	210	240	W	300	330
DEVIATION:											
1°E	0	1°W	3°W	1°W	0	1°E	2°E	3°E	1°E	3°E	2°E

Variante B:

Angabe des Kompasssteuerkurses direkt;
(man muss also nicht mehr rechnen!):

FÜR:											
N	030	060	E	120	150	S	210	240	W	300	330
STEUERE:											
359	030	061	093	121	150	179	208	237	269	297	228

Mit der in AN 4.2 beschriebenen Regelung des Vorzeichens für Ortsmißweisung und Deviation läßt sich nachvollziehen, daß beide hier beispielhaft dargestellten Varianten von Deviationstabellen die gleichen Kompaßsteuerkurse ergeben.

4.2 Berechnung des mißweisenden- und Kompaßsteuerkurses

Das **Vorzeichen** der Ortsmißweisung OM und der Deviation DEV richtet sich **IMMER** nach folgendem Schema:
- Eine **östliche** Richtung von OM oder DEV bedeutet, daß die Kurswerte von rwN (= 360°) aus gesehen **GRÖSSER** werden. Daher wird eine östliche OM oder DEV mit einem **POSITIVEN** Vorzeichen angegeben.
- Eine **westliche** Richtung von OM oder DEV bedeutet, daß die Kurswerte von rwN aus gesehen **KLEINER** werden. Daher wird eine westliche OM oder DEV mit einem **NEGATIVEN** Vorzeichen angegeben.

Bildlich dargestellt:

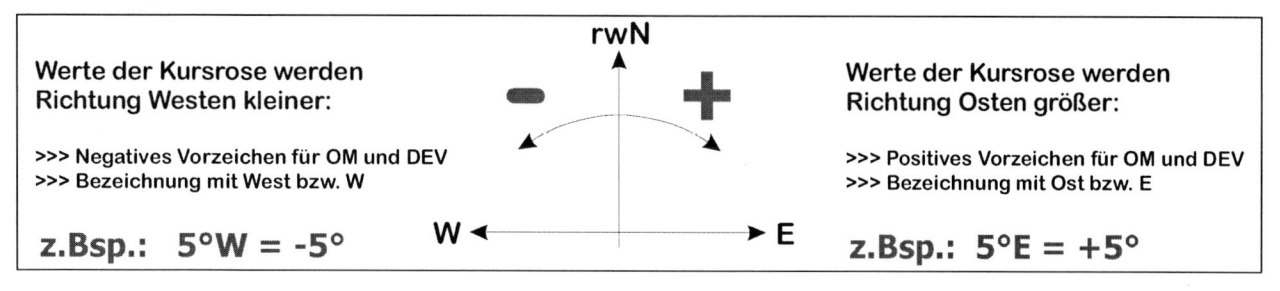

Werte der Kursrose werden Richtung Westen kleiner:	rwN	Werte der Kursrose werden Richtung Osten größer:
>>> Negatives Vorzeichen für OM und DEV >>> Bezeichnung mit West bzw. W	− + W ◄───────► E	>>> Positives Vorzeichen für OM und DEV >>> Bezeichnung mit Ost bzw. E
z.Bsp.: 5°W = -5°		z.Bsp.: 5°E = +5°

Für Berechnungen im **Kursschema** (s. AN 5) wird genau diese Vorzeichenregel benötigt. Dabei kann es vorkommen, daß sowohl vom rechtweisenden zum mißweisenden Kurs aber auch umgekehrt gerechnet werden muß. Dabei muß nach folgender Regel vorgegangen werden:

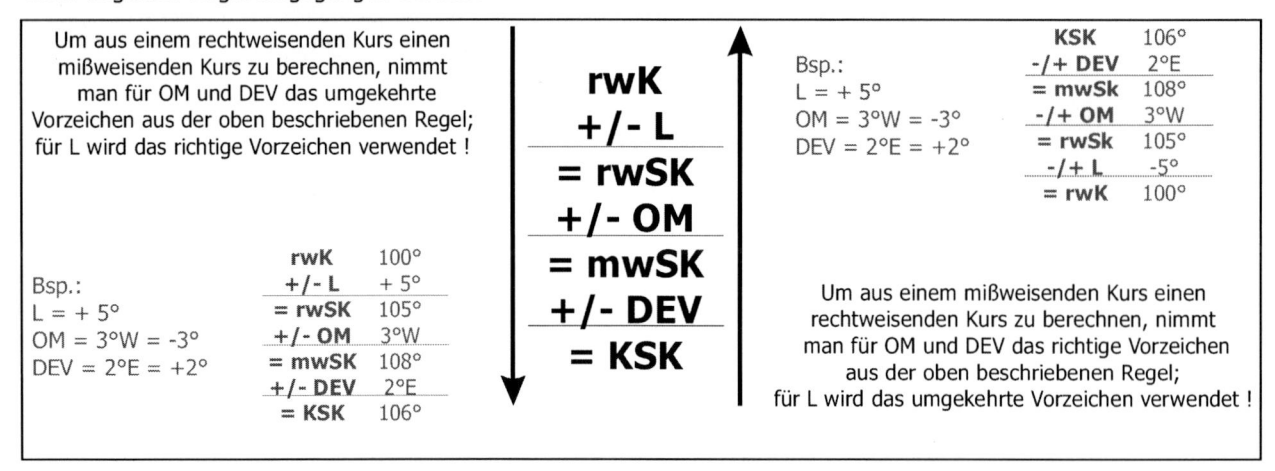

| Um aus einem rechtweisenden Kurs einen mißweisenden Kurs zu berechnen, nimmt man für OM und DEV das umgekehrte Vorzeichen aus der oben beschriebenen Regel; für L wird das richtige Vorzeichen verwendet! | rwK
+/- L
= rwSK
+/- OM
= mwSK
+/- DEV
= KSK | Um aus einem mißweisenden Kurs einen rechtweisenden Kurs zu berechnen, nimmt man für OM und DEV das richtige Vorzeichen aus der oben beschriebenen Regel; für L wird das umgekehrte Vorzeichen verwendet! |

Bsp.:
L = + 5°
OM = 3°W = -3°
DEV = 2°E = +2°

	rwK	100°
	+/- L	+ 5°
	= rwSK	105°
	+/- OM	3°W
	= mwSK	108°
	+/- DEV	2°E
	= KSK	106°

Bsp.:
L = + 5°
OM = 3°W = -3°
DEV = 2°E = +2°

	KSK	106°
	-/+ DEV	2°E
	= mwSk	108°
	-/+ OM	3°W
	= rwSk	105°
	-/+ L	-5°
	= rwK	100°

Übungsbeispiele zum Kursschema:

Gegeben:				Gesucht und Lösungen:		
rwk	L	OM	DEV	rwSK	mwSK	KSK
250	+18	3°W	2°E	268	271	269
128	- 7	2°E	1°W	121	119	120
345	+15	-1°	+2°	360	001	359
034	-19	+3°	-1°	015	012	013

4.3 Kompaßfehler

4.3.1 Drehfehler

Der Drehfehler setzt sich zusammen aus dem **Querneigungsfehler** und dem **Fliehkraftfehler**; der Drehfehler ist in den Richtungen:

Nord-Süd = max.   **Ost-West = 0**

Der **Querneigungsfehler** entsteht beim Kurvenflug des Luftfahrzeuges und ist in Nord- und Südrichtung am größten; in Ost- und Westrichtung tritt er nicht auf. Durch die Schräglage teilt sich die Kraft der Totalintensität in zwei Komponenten auf: Ein Anteil der in Richtung der Hochachse des Luftfahrzeuges wirkt und ein weiterer, der entlang der Querachse in Richtung des hängenden Flügels wirkt. Letzterer bewirkt eine Drehung der Kompaßrose in Richtung der hängenden Fläche, was in Richtung Norden zu kleineren Anzeigen und in Richtung Süden zu größeren Anzeigen führt.

Der **Fliehkraftfehler** tritt ebenso während des Kurvenfluges auf und ist in Nord- und Südrichtung am größten; in Ost- und Westrichtung tritt er nicht auf. Die Kurvenfliehkraft und die Totalintensität setzen sich zu einer Resultierenden R zusammen, die das Ausgleichsgewicht aus der Kurve hinaus ziehen.

Leitet man z.B. beim Flug nach Norden eine Linkskurve ein, zieht die Resultierende das Ausgleichsgewicht nach rechts, was zu einer Anzeige von 030° führt; entsprechend muß man beim Ausleiten auf Nord bei einer Linkskurve schon bei 030° ausleiten!

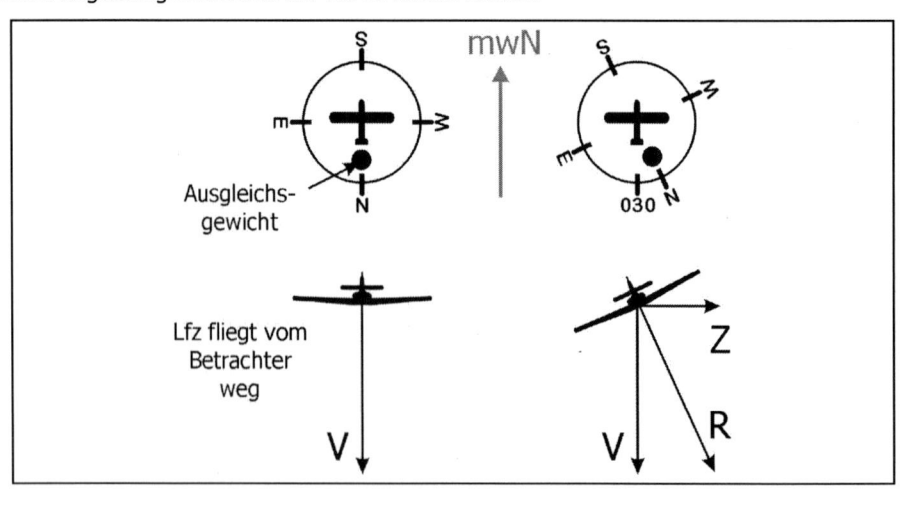

Um trotz Kompaßdrehfehler auf einem bestimmten Kurs auszuleiten, muß man rechtsstehendes Verfahren anwenden; dieses funktioniert nur, wenn die Kurven als Standardkurve geflogen werden (s. FN 9.1):

Für Soll KSK:	Leite aus bei Kompaßanzeige von:	
	bei Linkskurve:	bei Rechtskurve:
360	030	330
030	050	010
060	070	050
090	090	090
120	110	130
150	130	170
180	150	210
210	190	230
240	230	250
270	270	270
300	310	290
330	350	310

Bsp.: es soll mit einer Linkskurve bei einem KSK von 060° ausgeleitet werden: der Pilot rechnet für Nord um 10° **vorher** ausleiten; er legt die Flügel bei einer Kompaßanzeige von 060+10=070° gerade; die Kompaßanzeige pendelt kurze Zeit später auf 060° ein.

4.3.2 Beschleunigungsfehler

Der Beschleunigungsfehler ist am größten beim beschleunigten oder verzögerten Flug Richtung Osten oder Westen. In Nord- oder Südrichtung tritt er nicht auf:

Nord-Süd = 0   Ost-West = max.

Wie der Fliehkraftfehler entsteht der Beschleunigungsfehler nur dann, wenn an der Kompaßnadel ein Ausgleichsgewicht angebracht worden ist. Beim Beschleunigen oder Verzögern wird durch die Massenträgheit des Ausgleichsgewichtes die Kompaßrose folgendermaßen gedreht:

Flugrichtung:	Beim Beschleunigen bzw. Bahnneigungsflug wird die Anzeige...	Beim Verzögern bzw. Steigflug wird die Anzeige ...
West	größer (dreht also Richtung Nord)	kleiner (dreht also Richtung Süd)
Ost	kleiner (dreht also Richtung Nord)	größer (dreht also Richtung Süd)

4.3.3 A-, B- und C-Fehler

Fehler	Beschreibung	Kompensation
A-Fehler	Montagefehler, der durch Verdrehen des Gehäuses kompensiert werden kann	Verdrehen des Gehäuses
B-Fehler	Störkräfte, die in Richtung Nord und Süd wirken und daher in Nord-Süd-Richtung nur den Betrag der Horizontalintensität verändern und daher nicht die Kompaßrose verdrehen; in Ost-West-Richtung jedoch bewirkt der B-Fehler eine Verdrehung der Kompaßrose; **Nord-Süd = 0 ; Ost-West = max.**	Kompensiermagnete
C-Fehler	Störkräfte, die in Richtung Ost und West wirken und daher in Ost-West-Richtung nur den Betrag der Horizontalintensität verändern und daher nicht die Kompaßrose verdrehen; in Nord-Süd-Richtung jedoch bewirkt der C-Fehler eine Verdrehung der Kompaßrose; **Nord-Süd = max. ; Ost-West = 0**	Kompensiermagnete

Die nicht kompensierbaren Fehlanzeigen werden in den Deviationstabellen (s. AN 4.1.5) angegeben.

4.3.4 Timed Turns bzw. Kurven nach Zeit

Der Magnetkompaß ist wegen des Kompaßfehlers (bei turbulentem Wetter) schwer abzulesen; die Anwendung von **Timed Turns bzw. Kurven nach Zeit** kann dann das Navigieren erleichtern. Dazu legt man die Standardkurve (also einen Vollkreis, der 2 Minuten dauert) zugrunde. Die Kursänderungen werden mit Hilfe einer Stoppuhr geflogen oder bei geringen Kursänderungen reicht es aus, die Zeit abzuschätzen ("21-22-23-24-25"). Nach dem Ausleiten der Kurve vergleicht man den angezeigten mit dem Sollkurs und führt dann ggf. kleine Korrekturen durch.

Kursänderung um ...	360°	180°	30°	15°
dauert...	120 sec	60 sec	10 sec	5 sec

5 Kursschema

5.1 Zeichnerische Darstellung

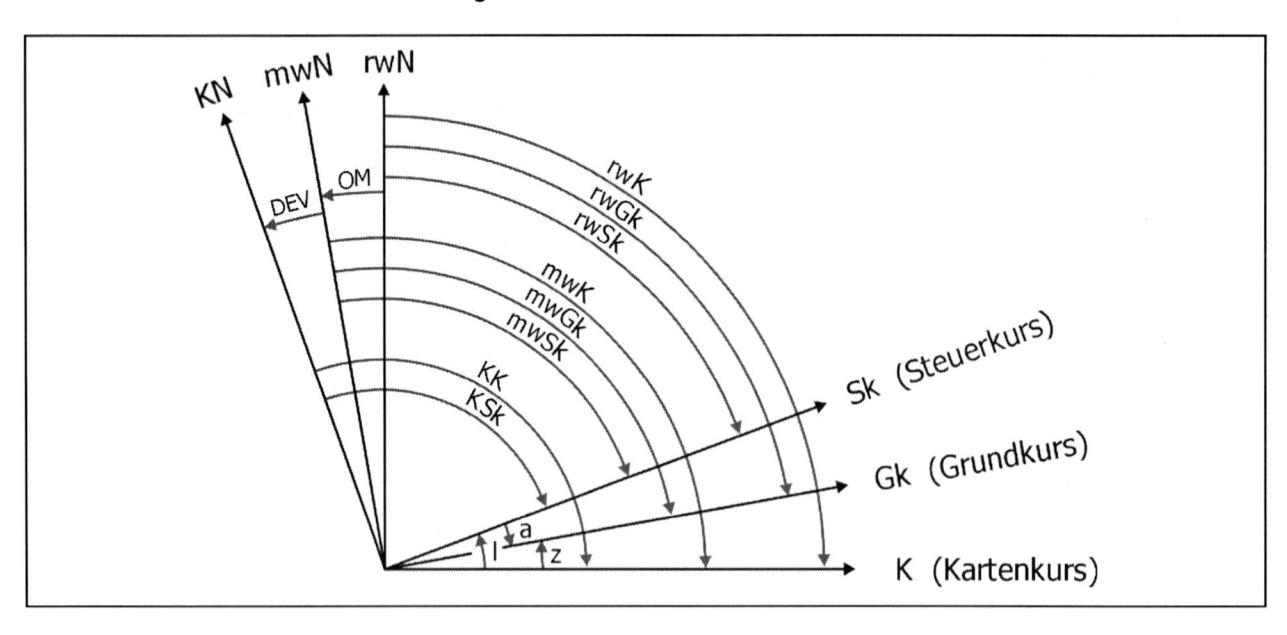

5.2 Bezeichnungen im Kursschema (deutsch und englisch)

Abkürzung deutsch	Begriff deutsch	Abkürzung englisch	Begriff englisch
rwK	rechtweisender Kurs	TC	true course
rwGK	rechtweisender Grundkurs	TT	true track
rwSK	rechtweisender Steuerkurs	TH	true heading
mwK	mißweisender Kurs	MC	magnetic course
mwGK	mißweisender Grundkurs	MT	magnetic track
mwSK	mißweisender Steuerkurs	MH	magnetic heading
KK	Kompaßkurs	CC	compas course
KSK	Kompaßsteuerkurs	CH	compas heading
L	Luvwinkel	WCA	wind correction angle
a	Abtrift	DA	drift angle
z	zusätzliche Trift	DZ	additional drift
WE	Windeinfallswinkel	RWA	relative wind angle
WW	Windwinkel	WA	wind angle
rwN	rechtweisend Nord	TN	true north
mwN	mißweisend Nord	MN	magnetic north
KN	Kompaßnord	CN	compas north
OM	Ortsmißweisung	VAR	variation
Dev	Deviation	DEV	deviation

6 Kurskorrekturen

6.1 Eins-zu-Sechzig-Regel / Rule of sixty

Der Pilot beabsichtigt mit einem geplanten Steuerkurs $rwSk_P$ von A nach B zu fliegen. Nach einer gewissen Zeit stellt er fest, daß er sich über dem Versetzungsort C befindet; die reale Seitenwindkomponente ist also stärker als die des geplanten Windes. Der entstandene seitliche Abstand vom geplanten Kurs wird mit d (lateral displacement) bezeichnet und in [nm] angegeben; zwischen dem Kurs AB und dem Grundkurs AC liegt nun der Winkel der zusätzlichen Drift z (vgl. AN 3.5).

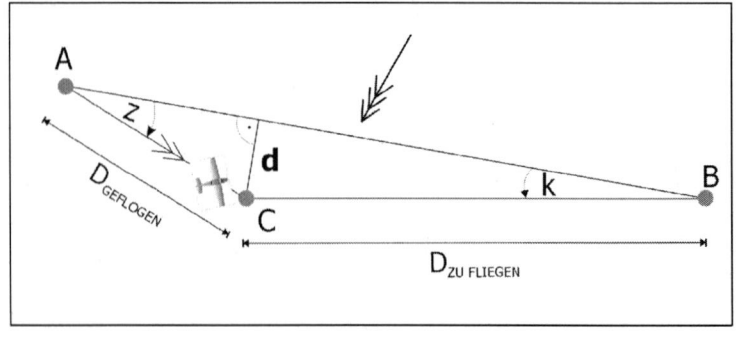

Am Zielort B ist der Winkel des Kursfehlers k entstanden. Die bereits geflogene Entfernung zwischen A und C wird als $D_{GEFLOGEN}$, die noch zu fliegende Entfernung von C nach B als $D_{ZU\ FLIEGEN}$ bezeichnet.

Allgemeine Navigation

Um nicht weiter abzutreiben, muß der Pilot seinen Vorhaltewinkel gegen den Wind erhöhen. Vorher sollte er entscheiden, ob er parallel zum geplanten Kurs weiterfliegen möchte oder von seinem Versetzungsort direkt zum Ziel oder zunächst auf die geplante Kurslinie und dann auf dieser weiter zum Zielort fliegen wird. Dabei wendet er folgende Verfahren an, die auf rein geometrischen Überlegungen basieren:

- **Um den Parallelkurs zu fliegen, korrigiere den Steuerkurs um die zusätzliche Drift z**
- **Um direkt vom Versetzungsort zum Ziel weiterzufliegen, korrigiere um z plus Kursfehler k**
- **Um nach Erreichen der geplanten Kurslinie auf dieser weiterzufliegen, korrigiere um z**

Im Grunde genommen handelt es sich um das gleiche Prinzip, das auch beim Erfliegen einer stehenden Peilung (s. FN 9.5) angewendet werden muß. Allerdings werden in diesem Fall die Winkel anders benannt und aus anderen Quellen als der Luftfahrtkarte bezogen.

6.1.1 Weiterflug mit Parallelkurs

Um auf Parallelkurs weiterzufliegen, muß der Steuerkurs gegen den Wind um die zusätzliche Drift z korrigiert werden: $\Delta SK = \pm z$

Den Winkel z kann man in der Karte messen, oder mit der folgenden Formel aus der Eins-zu-Sechzig-Regel berechnen:

$$z = \frac{d \cdot 60}{D_{GEFLOGEN}}$$

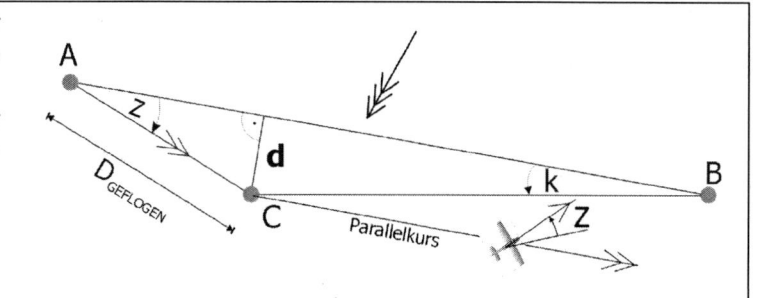

6.1.2 Weiterflug zum Ziel

Um direkt vom Versetzungsort C zum Ziel B zu fliegen, muß der Steuerkurs gegen den Wind um die Summe von z und Kursfehler k korrigiert werden: $\Delta SK = \pm z \pm k$

Auch der Winkel k läßt sich mit der Eins-zu-Sechzig-Regel ermitteln:

$$K = \frac{d \cdot 60}{D_{ZU\ FLIEGEN}}$$

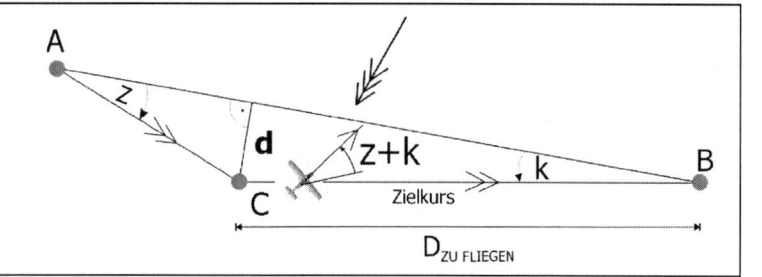

Um auf die Kurslinie AB zurückzufliegen, wählt man einen angemessenen Anschneidewinkel (max. 90°); auf der geplanten Kurslinie angekommen, wird mit dem um z korrigierten Steuerkurs zum Zielort B geflogen werden:

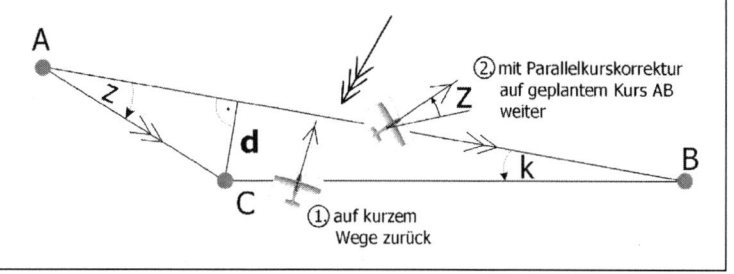

① auf kurzem Wege zurück
② mit Parallelkurskorrektur auf geplantem Kurs AB weiter

6.2 Umkehrsteuerkurs

Die Formel dient für den Fall, daß auf einem Flug von A nach B an der Stelle U der Flug (z.B. wegen schlechten Wetter) abgebrochen und zum Ausgangsort A zurückgeflogen werden soll.

Der Umkehrsteuerkurs berechnet sich durch Korrektur des alten Steuerkurses um 180° und zusätzlich durch den zweifachen Luvwinkel. In der folgenden Formel müssen derselbe Luvwinkel und dasselbe Vorzeichen des Luvwinkels eingesetzt werden, welche beim Flug von A Richtung B verwendet wurden:

$$SK_{Umkehr} = SK \pm 180° - (2 * Luvwinkel)$$

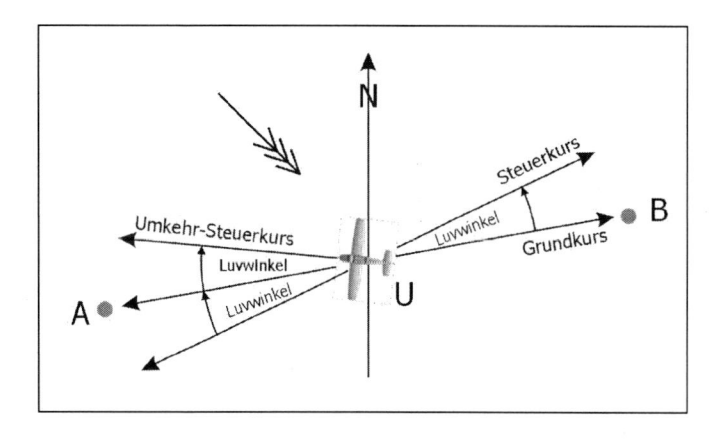

7. Flugplanung

7.1 Benötigte Hilfsmittel

Für die Flugplanung benötigt man folgende Hilfsmittel:
- Winkelmesser (Kursdreieck) und Lineal
- Navigationsrechner (Rechenschieber "Drehmeier", oder elektronischen Rechner)
- VFR-Navigationskarte ("ICAO-Karte" 1:500000)
- VFR-Anflugkarten aus AIP Band III
- VFR-Bulletin
- Flughandbuch

7.2 Flugplanungsmethoden

7.2.1 Overhead-Overhead

a) Zeitberechnung

Bei der Overhead-Overhead-Methode verzichtet man auf eine genaue Berechnung der Zeiten für die verschiedenen Flugphasen. Man ermittelt zunächst die Reiseflugzeit, als ob man vom Startflugplatz bis zum Zielflugplatz mit Reiseflugleistung in Reiseflughöhe fliegt:

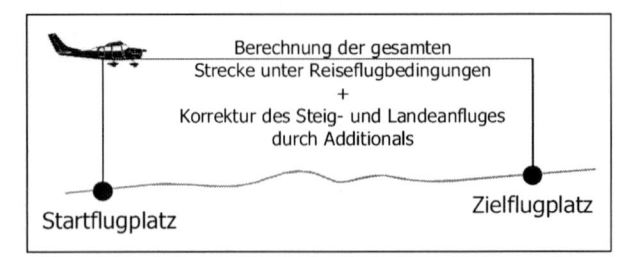

Da das Luftfahrzeug während des Steigfluges eine geringere TAS als im Reiseflug hat, muss die soeben ermittelte Reiseflugzeit mit Zuschlägen für die Steigflüge und Ab- und Anflug (**Time Additionals**) verbessert werden. Diese Zuschläge sind Erfahrungswerte und betragen in der Regel:

Flugphase:	Time Additional:
Steigflug	Addiere pro 3000 ft Steigflug 1 Minute Flugzeit
Ab- und Anflug	Addiere 10 Minuten
Sinkflug und Landeanflug	kein Time Additional, weil in der Regel beim Sinkflug genauso schnell geflogen werden kann wie im Reiseflug

b) Kraftstoffberechnung

Die Differenz zwischen dem Verbrauch im Reiseflug und im Steigflug wird mit einem sog. **Fuel Additional** berücksichtigt. Dieser Wert ist je nach Luftfahrzeugtyp stark unterschiedlich, und i.a. im Privatfliegerbereich nicht vorgegeben. Wer mit der Overhead-Overhead-Methode planen möchte, muss sich diesen Wert also selber aus dem Flughandbuch ermitteln. In vielen Flughandbüchern werden noch Kraftstoffzuschläge für Anlassen, Rollen und Start gemacht. Für Sinkflüge und Landeanflüge werden keine Fuel Additionals benutzt, da hier sowieso mit reduzierter Motorleistung und entsprechend geringerem Verbrauch geflogen wird.

7.2.2 Direkte Berechnung mit Steig- und Sinkflug

Etwas genauer ist die explizite Berechnung der einzelnen Flugphasen. Mit Hilfe der Diagramme im Flughandbuch werden die Zeiten und Verbrauchswerte während des Steigfluges, Reisefluges und Sinkfluges (Landeanfluges) einzeln ermittelt. Hierzu bedarf es der Ermittlung von Steigendpunkt (**Top of Climb / TOC**) und des Beginns des Sinkfluges (**Top of Descent / TOD**) Auf diese Art der Berechnung soll im später noch näher eingegangen werden.

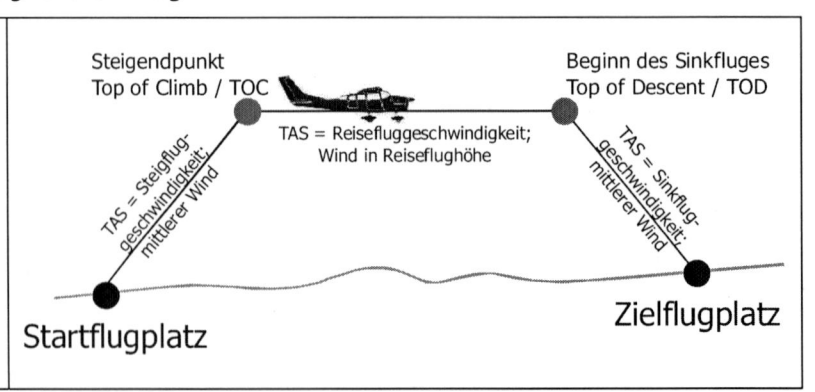

7.3 Ermittlung von Flugleistungsdaten

7.3.1 Lineare Interpolation

Viele Daten im Flughandbuch (z.B. Flugleistungsdaten) liegen in der Form von Tabellen vor. Zum Beispiel könnte das Flughandbuch folgende vereinfachte Tabelle anbieten:

Drehzahl [U/min]	Eigengeschwindigkeit [kt]
2000	70
2500	120

Grafisch dargestellt sähe das wie folgt aus:

Dabei kommt es oft vor, dass man einen Wert zwischen zwei angegebenen Werten benötigt.
Um z.B. die Eigengeschwindigkeit bei 2300 U/min zu ermitteln, kann man die lineare Interpolation anwenden. Dieses Verfahren geht (in vereinfachender Weise) davon aus, dass alle Werte zwischen zwei Tabellenwerten entlang einer Geraden (also linear) verlaufen:

Der gesuchte Wert ergibt sich nun durch folgende Überlegung: Die Verhältnisse der Differenzen auf der waagerechten Achse zwischen AB und AC müssen gleich sein wie auf der vertikalen Achse zwischen DE und der Strecke zwischen D und dem gesuchten Wert:

Bezogen auf die Tabelle im Flughandbuch sieht das so aus:

Drehzahl [U/min]	Eigengeschwindigkeit [kt]
A = 2000	D = 70
C = 2300	Gesuchter Wert = 100
B = 2500	E = 120

AB = 500, AC = 300, DE = 50

Rechnerisch ergibt sich dann der gesuchte Wert nach folgender Formel, die allgemein anwendbar ist:

$$\text{gesuchter Wert} = D + \frac{AC}{AB} \times DE$$

$$\text{gesuchter Wert} = 70 + \frac{300}{500} \times 50 = 100$$

Der in unserem Beispiel gesuchte Wert beträgt also 100 kt!

7.3.2 Methode der sicheren Seite

Die obere Beschreibung der linearen Interpolation zur Ermittlung eines konkreten Wertes lässt erkennen, dass mit diesem Verfahren ein relativ großer Rechenaufwand verbunden ist. In vielen Fällen reicht es jedoch aus, in der Tabelle angegebene Werte unter Annahme der jeweils ungünstigsten Einflussparameter direkt zu verwenden und dabei mit dem Ergebnis auf der sicheren Seite zu liegen. So kann man z.B. bei der Überprüfung der Startstrecke ermitteln, ob die tatsächlich vorhandene Startstrecke ausreicht; der konkrete Wert ist also gar nicht erforderlich.

7.4 Ausfüllen des Flugdurchführungsplanes

7.4.1 Rechtweisender Kurs

Wie bereits in AN 2.4 beschrieben, werden die Kurslinien der beabsichtigten Flugabschnitte in die Navigationskarte eingezeichnet. Es empfiehlt sich, dabei einen breiten Stift mit auffälliger Farbe zu verwenden, den man nach dem Flug wieder ausradieren kann. Verwendet man eine folierte Karte, kann man mit einem wasserlöslichen Filzstift arbeiten; nach dem Einzeichnen der Kurslinien sollten diese mit transparenten Tesafilm überklebt werden, da sie sonst leicht verwischen.

Die Kartenkurslinien beginnen und enden bei Flugplätzen ohne Meldepunkten direkt in der Mitte des Flugplatzsymbols. Bei Flugplätzen mit vorgeschriebenen Meldepunkten beginnen und enden die Kartenkurslinien bei einem Meldepunkt. Die Werte aller rechtweisenden Kurse werden in das Flugdurchführungsplanformular in die **Spalte rwK** eingetragen (s. Seite AN 25).

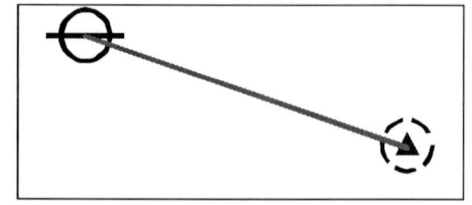

Im gleichen Zuge sollte man mit dem Entfernungslineal die Entfernungen in [NM] zwischen den einzelnen Wegpunkten messen und in die **Spalte Entfernung** eintragen.

7.4.2 Sicherheitshöhe

Um die sichere Flughöhe zu ermitteln, wird der Bereich zwischen zwei Wegpunkten 5 NM links und rechts der Kartenkurslinie auf das höchste Hindernis untersucht. Die sichere Höhe ergibt sich durch Aufaddieren und Aufrunden von 500 ft auf den Höhenwert des höchsten Hindernisses.

Alle so ermittelten Werte werden in die **Spalte Sicherheitshöhe** eingetragen.

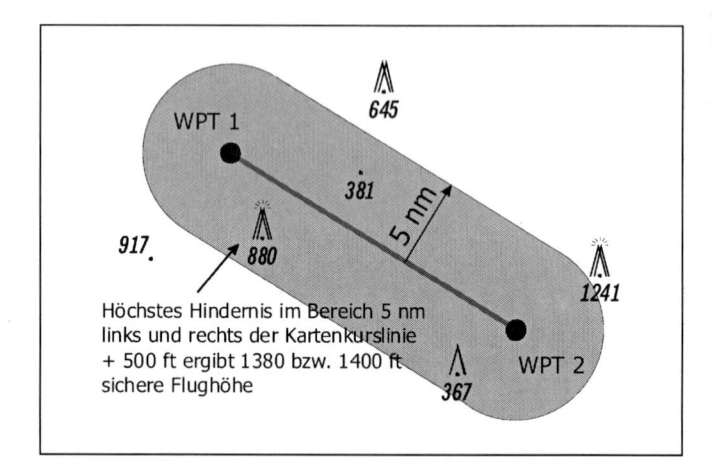

7.4.3 Flughöhe

Bei der Planung der Flughöhe ist zu beachten, dass dieser Wert nicht kleiner als die Sicherheitshöhe sein darf. Nach oben hin kann die Flughöhe durch Wolken, Lufträume (Wetterminima) und/oder die Flugleistungsparameter des Flugzeuges (Wettereinflüsse wie Wind, Temperatur, Druckhöhe etc.) eingeschränkt sein. Auf jeden Fall dürfen die Sicherheitsmindesthöhen nach **§ 6 LuftVO** (vgl. Abschnitt L 5.6) nicht unterschritten werden. Die geplanten Flughöhen werden in die entsprechende Spalte eingetragen.

Unseren Beispielflug beabsichtigen wir in einer Flughöhe von 2500 ft MSL durchzuführen.

7.4.4 Eigengeschwindigkeit

Oft wird der Einfachheit halber bei kleineren Flugzeugen eine konstante Eigengeschwindigkeit (TAS) für alle Flugabschnitte (in niedrigen Höhen durchaus ausreichend) angenommen. Trotzdem bieten Flughandbücher über das **Diagramm Reiseleistungen** die Möglichkeit, die Eigengeschwindigkeit in Abhängigkeit der geflogenen Druckhöhe, der gewünschten Motorleistung, des Treibstoffverbrauches und der Lufttemperatur zu ermitteln.

7.4.5 Geschwindigkeit über Grund und Luvwinkel

Wie im Abschnitt AN 3 beschrieben, werden für alle Flugabschnitte der Luvwinkel L und die Geschwindigkeit über Grund v_G ermittelt und in die entsprechenden Spalten des Flugdurchführungsplanes eingetragen. Der Wind für den Reiseflugabschnitt kann u.a. aus den Windkarten (s. M 9.3.5.3) ermittelt werden.

7.4.6 Flugzeiten

Die Flugzeiten für die einzelnen Flugabschnitte lassen sich entweder durch den Navigationsrechenschieber ermitteln oder aber mit folgender Formel:

Navigationsrechenschieber	Formel
1. die 60-Minuten-Markierung der weißen Drehscheibe unter die Geschwindigkeit über Grund stellen 2. am schwarzen Außenring den Wert der Entfernung suchen und darunter auf der weißen Drehscheibe die Zeit ablesen	$$\text{Zeit [min]} = \frac{\text{Entfernung [nm]}}{\text{Geschw. über Grund [kt]}} \times 60$$

Die für alle Flugabschnitte ermittelten Flugzeiten werden in die dafür vorgesehene Spalte im Flugdurchführungsplan eingetragen. Die Summe ergibt die voraussichtliche Gesamtflugdauer.

7.4.7 Entfernungen

Entfernungen werden entweder direkt aus der Karte ausgemessen oder aber unter Vorgabe der Zeit und der Geschwindigkeit über Grund v_G (z.B. bei TOC und TOD) mit folgender Formel berechnet:

Navigationsrechenschieber	Formel
3. die 60-Minuten-Markierung der weißen Drehscheibe unter die Geschwindigkeit über Grund stellen 4. auf der weißen Drehscheibe den Wert der Zeit suchen und darüber auf schwarzen Innenring die Entfernung ablesen	$$\text{Entfernung [nm]} = \frac{\text{Geschw. über Grund [kt]} \times \text{Zeit [min]}}{60}$$

7.4.8 Voraussichtliche und tatsächliche Überflugzeiten (ETO und ATO)

Die Spalten ETO (Estimated Time Over / Voraussichtliche Überflugzeit) und ATO (Actual Time Over / Tatsächliche Überflugzeit) werden erst während des Fluges ausgefüllt. Auf die Minuten der ATD (Actual Time of Departure / Tatsächliche Abflugzeit) wird nach dem Start die geplanten Minuten bis zum ersten Wegpunkt aufaddiert.
Zum Beispiel:

ATD 10:12, davon nur die Minuten: 12
3 Minuten bis zum ersten Wegpunkt: +3
ergibt ETO ersten Wegpunkt: =15

d.h., wir werden (wenn richtig gerechnet worden ist), um 10:15 über dem ersten Wegpunkt ankommen.
Zu dem Zeitpunkt, an dem man tatsächlich über dem ersten Wegpunkt ankommt, wird die ATO 10:14 gestoppt und in die entsprechende Spalte (auch nur die Minuten!) eingetragen:
ATO: = 14
d.h. wir sind effektiv 1 Minute schneller als geplant angekommen.

Das gleiche Verfahren wendet man für alle nachfolgenden Wegpunkte an.

C.L. Allgemeine Navigation AN 22

7.4.9 Flugplanungsbeispiel

VFR-Navigationskarte

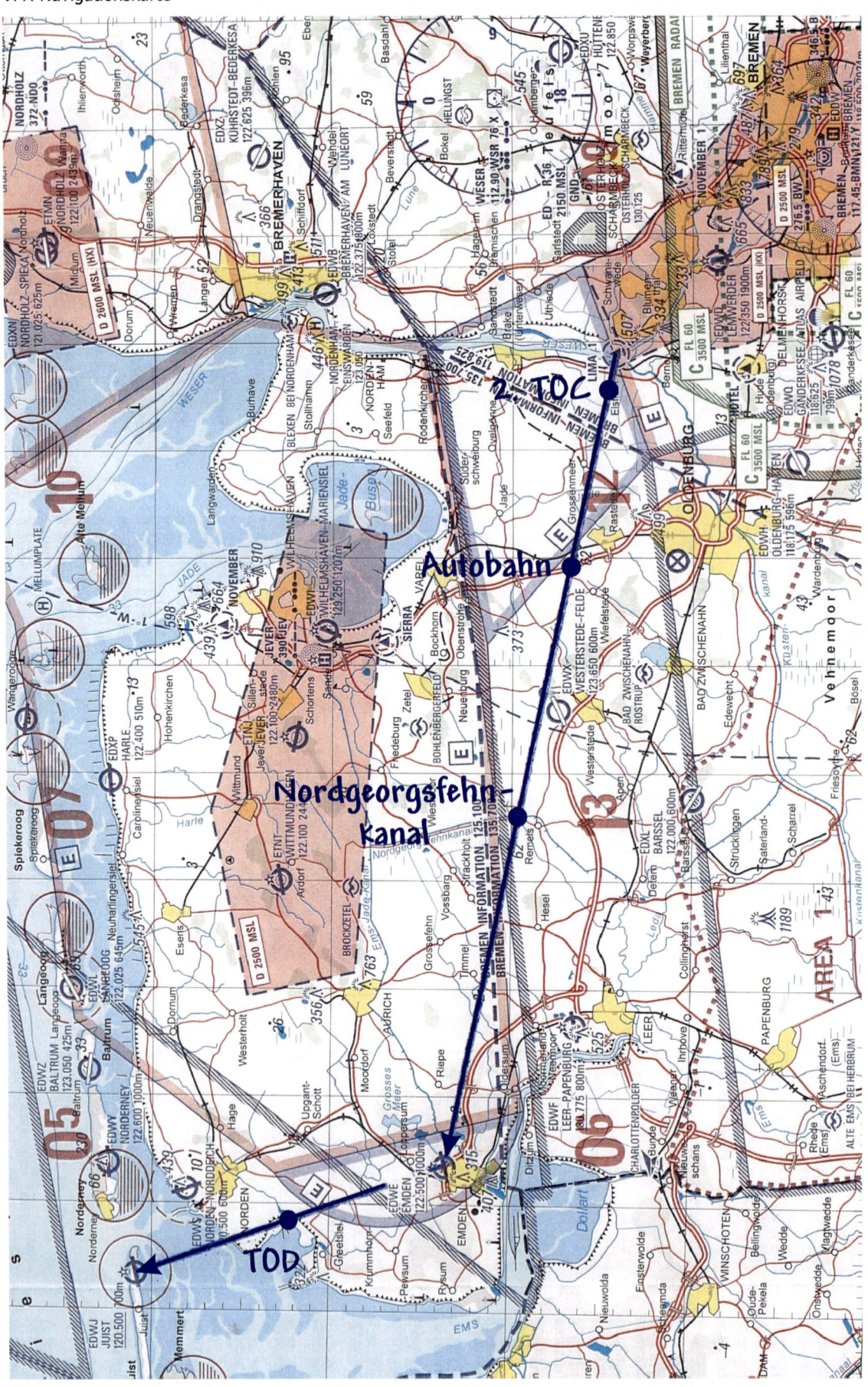

Allgemeine Navigation

AN 23

Sichtanflugkarte Bremen

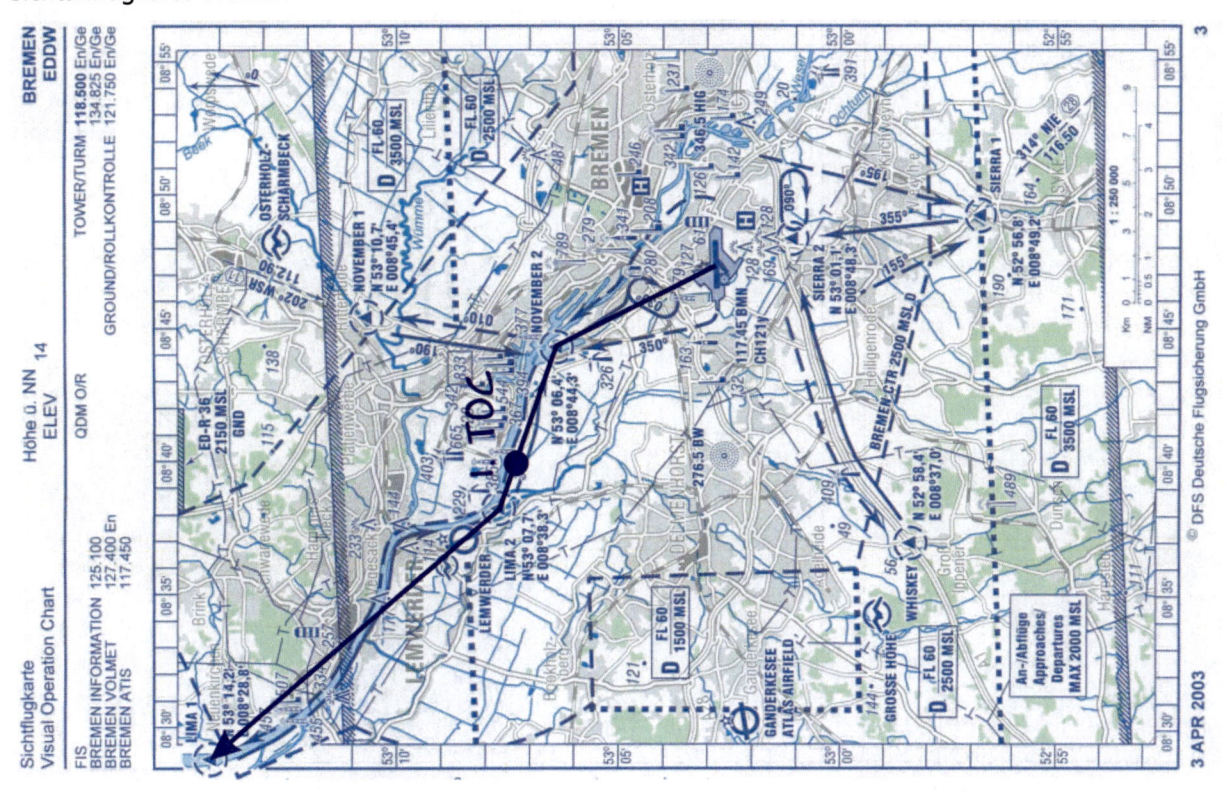

Sichtanflugkarte Juist

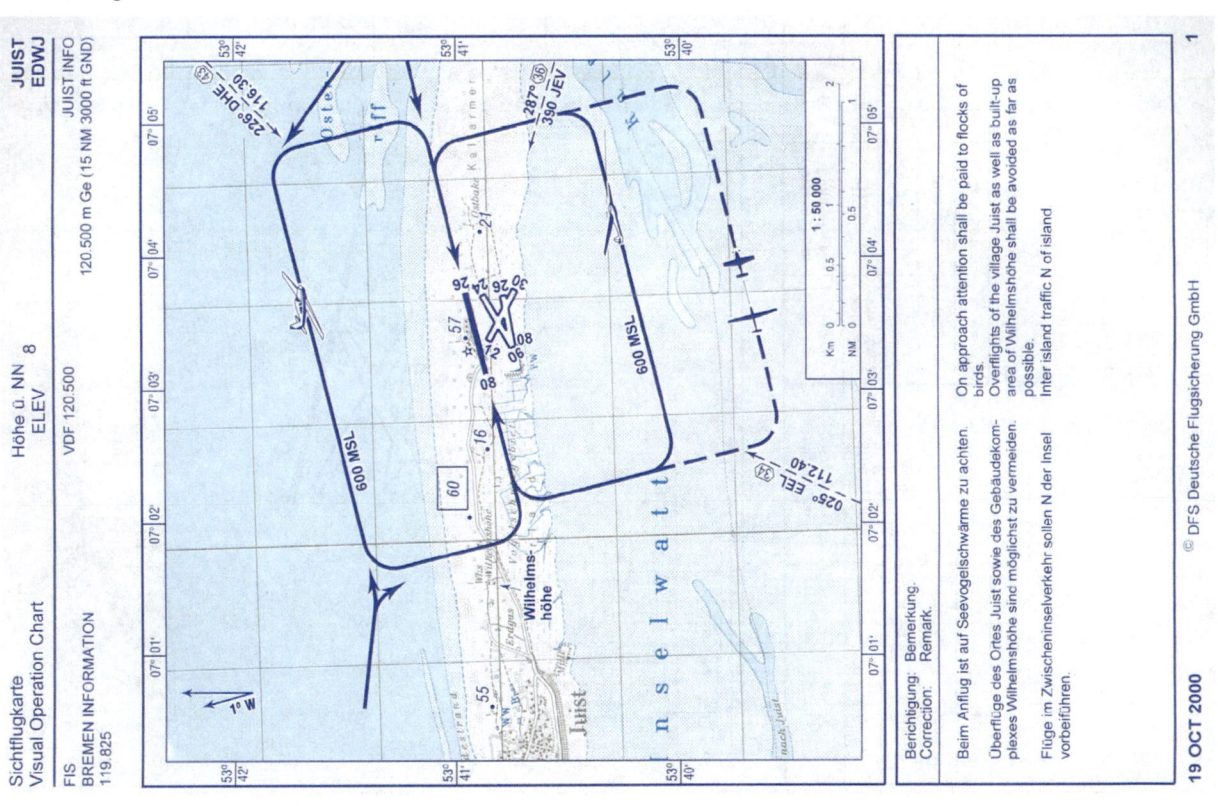

Der Flug unseres Flugplanungsbeispieles soll vom Verkehrsflughafen Bremen (EDDW) zum unkontrollierten Verkehrslandeplatz Juist (EDWJ) führen. Die Startzeit ist für 12:00 Uhr mitteleuropäischer Sommerzeit (entspricht 10:00 UTC) geplant.

Die Auswertung des METAR für Bremen (s. M 9.3.1.4) ergibt, dass eine Bewölkung mit einem Bedeckungsgrad von 3-4/8 (leicht bewölkt) in 5000 ft GND vorliegt und die Sichten mehr als 10 km betragen. Es sind also die Wetterminima für einen VFR-Flug in der Kontrollzone gegeben. Der Bodenwind beträgt laut METAR 340° mit 4 kt.

Die AFWA/GAFOR-Beratung (s. M 9.2.2.2) stuft das Wetter für den Zeitraum von 09.00 bis 15:00 UTC für die betreffenden Gebiete 01 und 05 mit Charly ein. Ein Reiseflug in 3000 ft MSL ist also möglich, da der im kontrollierten Luftraum E vorgeschriebene Vertikalabstand von 1000 ft gewährleistet ist. Der Wind in der Reiseflughöhe wird vom GAFOR mit 020°/10 kt angegeben. Die Windkarte für 2000 ft (s. M 9.3.5.3) bestätigt mit ca. 350°/10 kt für den ostfriesischen Bereich den GAFOR-Wert, wenn man berücksichtigt, dass der Wind bis ca. 3000 ft nach rechts dreht. Wir entscheiden uns also für den Wind aus dem GAFOR für den Reiseflug.

Für den Steigflug wird der Wind aus Bodenwind und Höhenwind gemittelt:

Bodenwind: 340°/4 kt
Höhenwind (GAFOR 3000 ft): 020°/10 kt
gemittelter Wind im Steigflug: 360°/7 kt

Für die folgenden Berechnungen entscheiden wir uns für die direkte Berechnung mit Steig- und Sinkflug (vgl. AN 7.2.2). Wir unterteilen zunächst die Strecke in Abschnitte (legs) von max. 20 NM bzw. max. 15 Minuten Flugzeit und lassen diese bei markanten Wegpunkten (waypoints) beginnen bzw. enden.

Da beim Abflug innerhalb der Kontrollzone von Bremen max. 2000 ft MSL geflogen werden darf (s. Sichtanflugkarte), wir aber den Reiseflug in 3000 ft MSL geplant haben, müssen wir zwei Steigendpunkte (TOC) festlegen. Den ersten Steigendpunkt auf 2000 ft MSL werden wir lt. Steigleistungsdiagramm aus dem Flughandbuch nach ca. 5,6 km Steigstrecke (entspricht ca. 3 NM) noch vor NOVEMBER 2 erreichen. Den zweiten Steigendpunkt auf 3000 ft MSL erreichen wir irgendwo zwischen LIMA 2 und der Autobahn.

Somit tragen wir folgende Wegpunkte in den Flugdurchführungsplan ein: Bremen (EDDW) – 1. TOC – NOVEMBER 2 – LIMA 2 – LIMA 1 – 2. TOC – Autobahn – Nordgeorgsfehnkanal – Emden (EDWE) – TOD – Juist (EDWJ). Anschließend werden die rechtweisenden Kurse ermittelt und in den Flugdurchführungsplan eingetragen.

Da TOC und TOD noch unbekannt sind, können wir zunächst nur die Entfernungen zwischen NOVEMBER 2 – LIMA 2, LIMA 2-LIMA 1 und zwischen Autobahn-Georgsfehnkanal und Georgsfehnkanal-Emden direkt aus der Karte ausmessen und in den Plan eintragen. Die übrigen Entfernungen ergeben sich nach Berechnung der Strecken, die bei den beiden Steigflügen und dem Sinkflug überflogen werden. Dazu benötigen wir die jeweilige TAS und die Steig- bzw. Sinkraten:

a) für den Steigflug

Bedingungen: Klappen eingefahren
Vollgas
Normtemperatur

1. Für Anlassen, Rollen und Start ist eine Kraftstoffmenge von 4,2 Liter hinzuzurechnen
2. Gemisch in Höhen über 3000 ft arm für maximale Drehzahl
3. Für je 10°C über der Normtemperatur sind die Werte für Zeit, Kraftstoffmenge und Steigstrecke um 10% zu vergrössern
4. Die angegebenen Strecken gelten bei Windstille

Flug-gewicht kp	Druck-höhe ft	Tempe-ratur °C	TAS kt IAS	Steigge-schwindig-keit ft/min	Zeit min	Kraftstoff-menge Liter	Steig-strecke km
1043	NN	15	73	770	0	0,0	0,0
	1000	13	73	725	1	1,1	3,7
	2000	11	72	675	3	2,3	5,6
	3000	9	72	630	4	3,4	9,3
	4000	7	71	580	6	4,5	14,8
	5000	5	71	535	8	6,1	18,5
	6000	3	70	485	10	7,2	22,2
	7000	1	69	440	12	8,7	27,8

Geplant: Steigflug von NN auf Druckhöhe 2000 ft

Gesucht: TAS im Steigflug

Lösung: Interpolation zwischen NN (73 kt) und 2000 ft (72 kt) ergibt: 72,5 kt --> 73 kt

Bis zum 1. TOC fliegen wir also mit einer TAS von 72 kt; dabei ergibt sich ein Wert für die Steigrate von 723 ft/min (Mittelwert zwischen NN 770 ft/min und 2000 ft 675 ft/min). Mit diesen Werten und dem oben ermittelten Wind von 360°/7 kt für den Steigflug wird aus der Winddreiecksberechnung (s. AN 3.2) eine Geschwindigkeit über Grund v_G von 65 kt und ein Luvwinkel von + 1° (also nach rechts) ermittelt. Ebenso erhalten wir aus dem Steigleistungsdiagramm die dafür notwendige Steigzeit von 3 Minuten. Damit ergibt sich nach AN 7.4.7 eine Steigstrecke von 3,25 NM (abgerundet 3 NM). Somit ist das erste leg (Bremen – TOC) vollständig berechnet und kann in die entsprechende Zeile des Flugdurchführungsplanes eingetragen werden. Der 1. TOC kann nun 3 NM vom

Flughafenmittelpunkt entfernt auf der Kurslinie eingetragen werden. Dadurch ergibt sich aus der Sichtanflugkarte eine Entfernung von aufgerundet 2 NM vom 1. TOC bis nach NOVEMBER 2; dieser Wert kann in den Plan eingetragen werden und mit den übrigen für dieses leg schon bekannten Werten können nun v_G, Luvwinkel und Zeit berechnet werden; es ergeben sich v_G = 97 kt, Luvwinkel 3° rechts und eine aufgerundete Zeit von 1 Minute.

b) für den Reiseflug

REISELEISTUNG C172

Druck- höhe ft	U/min	20°C unter Normtemperatur BHP %	TAS kn	Kraft- stoff- verbr. L/h	Normtemperatur BHP %	TAS kn	Kraft- stoff- verbr. L/h	20°C über Normtemperatur BHP %	TAS kn	Kraft- stoff- verbr. L/h
2000	2500	---	---	---	75	116	31,8	71	115	29,9
	2400	72	111	30,3	67	111	28,4	63	110	26,9
	2300	64	106	26,9	60	105	25,4	56	105	23,8
	2200	56	101	23,8	53	100	23,1	50	99	22,0
	2100	60	95	22,0	47	94	21,2	45	93	20,4
4000	2550	---	---	---	75	118	31,8	71	118	29,9
	2500	76	116	32,2	71	115	30,3	67	115	28,4
	2400	68	111	28,8	64	110	26,9	60	109	25,4
	2300	60	105	25,7	57	105	24,2	54	104	23,1
	2200	54	100	23,1	51	99	22,3	48	98	21,6
	2100	48	94	21,2	46	93	20,8	44	92	20,1
6000	2600	---	---	---	75	120	31,8	71	120	29,9
	2500	72	116	30,7	67	115	28,8	64	116	26,9
	2400	64	110	27,3	60	109	25,7	57	109	24,2
	2300	57	105	24,6	54	104	23,5	52	103	22,3
	2200	51	99	22,3	49	98	21,6	47	97	20,8
	2100	46	93	20,8	44	92	20,4	42	91	19,7
8000	2650	---	---	---	75	122	31,8	71	122	29,9
	2600	76	120	32,6	71	120	30,3	67	120	28,4
	2500	68	115	29,1	64	114	27,3	60	113	25,7
	2400	61	110	26,1	58	109	24,6	55	108	23,5

Geplant: Druckhöhe 3000 ft
U/min 2300
Normtemperatur

Gefragt: Eigengeschwindigkeit TAS kt

Lösung:
Eigengeschwindigkeit:
2000 ft: 105 kt
4000 ft: 105 kt

Da 3000 ft genau in der Mitte liegt, ergibt sich in 3000 ft eine TAS von 105 kt!

Die so ermittelten Eigengeschwindigkeiten können nun für die einzelne Flugabschnitte in die Spalte des Flugdurchführungsplanes eingetragen werden.

Zwischen NOVEMBER 2 nach LIMA 2 und LIMA 2 nach LIMA 1 ändern wir den Kurs und ermitteln mit den vorgebenen Werten die noch jeweils Unbekannten v_G, Luvwinkel und Zeit.

Ab LIMA 1 beginnt der endgültige Steigflug auf die geplante Reiseflughöhe; dabei sind 1000 ft zu überbrücken. Gemäß dem Steigleistungsdiagramm benötigen wir für den Steigflug zwischen 2000 und 3000 ft 1 Minute mit einer TAS von 72 kt. Daraus berechnen wir v_G, Luvwinkel und die Entfernung.

Die übrigen legs bis nach Emden lassen sich entsprechend berechnen.

Die letzten zwei legs (Emden – TOD – Juist) müssen wegen der noch unbekannten Lage des TOD "rückwärts" berechnet werden. Gehen wir davon aus, dass unserer Sinkflug in Juist in einer Platzrundenhöhe von 600 ft MSL enden soll. Dann müssen von Reiseflughöhe bis zur Platzrundenhöhe 2400 ft überbrückt werden. Eine "passagierfreundliche" Sinkrate von 500 ft/min ergibt bei einer Sinkfluggeschwindigkeit von 106 kt eine Sinkflugzeit von 2400/500 = 5 Minuten (aufgerundet). Nach Berechnung von v_G, kann mit der Sinkflugzeit nach AN 7.4.6 die während des Sinkfluges zurückgelegte Entfernung von 9 NM ermittelt werden. Bei diesem Wert sollte man ggf. ruhig aufrunden, da es ohnehin sinnvoll ist, die Platzrundenhöhe vor Erreichen der Platzrunde erreicht zu haben. Manche Piloten beginnen mit dem TOD sogar absichtlich einen bestimmten Wert (z.B. 5 NM) vor dem errechneten Wert, um auf alle Fälle vor der Platzrunde die Platzrundenhöhe zu erreichen. Da das gesamte leg zwischen Emden und Juist 18 NM lang ist, sind von Emden bis zum TOD 18 – 9 = 9 NM zu fliegen.

Die Deviationswerte erhalten wir aus der Deviationstabelle des verwendeten Luftfahrzeuges; im Beispiel wurden die Tabellen aus AN 4.1.4 verwendet.

Durch Addition aller Zeiten der einzelnen legs ergibt sich die voraussichtliche Reiseflugzeit von 49 Minuten.

Der Ausweichflugplatz wird vereinfachender Weise Werten des Reisefluges berechnet.

C.L. VFR Flight Log

D- ENTE
Ltz-Typ C172
Datum 13.9.2003

Abblockzeit: 10:03
Startzeit (ATC): 10:12
Landezeit (ATA): 11:03
Anblockzeit: 11:07
Sonnenuntergang: 17:52

Von/nach		Sicherheitshöhe	Geplante Flughöhe	vE	Wind	VG	rwMK	rwK	ISO	rwSK	DM	mwSK	DEV	KSK	Entfernung	Flugzeit	ETO	ATO	Anmerkungen / Frequenzen
Von Bremen (EDDW)																		
nach 1. TOC	flege:	1400	↗	73	360/7	65	350	350	1	351	0	351	-1	350	3	3	15	14	Bremen ATIS 117,45
nach NOVEMBER 2	flege:	1400	2000	106	020/10	97	350	350	3	353	0	353	-1	352	2	1	15	16	Bremen Rollkontrolle 121,75
nach LIMA 2	flege:	1400	2000	106	020/10	105	289	289	6	295	0	295	3	292	4	2	18	18	Bremen Turm 118,50
nach LIMA 1	flege:	1400	↗	106	020/10	100	319	319	5	324	0	324	2	322	4	5	23	24	Bremen Information 125,10
nach 2. TOC	flege:	1100	3000	72	020/10	72	282	282	9	291	0	291	3	288	1	1	25	25	
nach Autobahn	flege:	1100	3000	106	020/10	106	282	282	6	288	0	288	3	285	11	6	31	32	Westerstede INFO 123,65
nach Nordgeorgsfehnkanal	flege:	900	3000	106	020/10	106	282	282	6	288	-1	288	3	285	14	8	40	41	Emden INFO 122,50
nach Emden (EDWE)	flege:	900	3000	106	020/10	97	283	282	6	288	-1	289	3	286	20	11	51	51	
nach TOD	flege:	900	3000	106	020/10	97	341	340	4	344	-1	345	2	343	9	6	57	57	Norden INFO 120,50
nach Juist (EDWJ)	flege:	1000	↗	106	360/7	99	341	340	1	341	-1	342	2	340	9	5	02	02	Juist INFO 120,50
nach	flege:																		
nach	flege:																		
nach	flege:																		
nach	flege:														**Summen:**	49			
Ausweichflugplatz																			
nach Emden (EDWE)	flege:	1000	3000	106	020/10	124	161	160	-3	157	-1	158	0	158	18	9			
nach	flege:														**Summen:**	9			

Kraftstoffberechnung

Kraftstoffverbrauch Reiseflug	xxx	25,00
	Flugzeit [dez. h]	Kraftstoff
Reiseflug	0,73	18,3
Anlasser / Rollen (Fuel Add)	xxx	4,2
Steigflug (Fuel Add)	xxx	3,4
Ab- und Anflug (minc. 10 Min.)	0,17	4,3
Ausweichflugplatz	0,15	3,6
Reserve (30 Min)	0,50	12,5
Mindestkraftstoffbedarf	1,55	46,2
Extrakraftstoff	4,21	105,2
Max. Flugzeit	5,75	xxx
Sichere Zeit (max. Zeit - 30 Min)	5,25	xxx

MET:

Information	ATIS 1	ATIS 2	ATIS 3
	Foxtrott		
Met Rep Time	09:20		
RWY	27		
TL	70		
Wind	340/4		
Vis	> 10 Km		
Clouds	sct 050/sct 250		
Temp/DewPt	17/10		
QNH	1031		
Trend	NOSIG		

7.4.10 Kraftstoffberechnung

Für die Kraftstoffberechnung dient die Tabelle unten links auf dem Flugdurchführungsplan.

Man beginnt mit der Ermittlung des Kraftstoffverbrauches pro Stunde unter Reiseflugbedingungen. Diesen Wert erhält man aus dem Reiseleistungstabelle des Flughandbuches.

REISELEISTUNG C172

Druck-höhe ft	U/min	20°C unter Normtemperatur BHP %	TAS kn	Kraft-stoff-verbr. L/h	Normtemperatur BHP %	TAS kn	Kraft-stoff-verbr. L/h	20°C über Normtemperatur BHP %	TAS kn	Kraft-stoff-verbr. L/h
2000	2500	---	---	---	75	116	31,8	71	115	29,9
	2400	72	111	30,3	67	111	28,4	63	110	26,9
	2300	64	106	26,9	60	105	25,4	56	105	23,8
	2200	56	101	23,8	53	100	23,1	50	99	22,0
	2100	60	95	22,0	47	94	21,2	45	93	20,4
4000	2550	---	---	---	75	118	31,8	71	118	29,9
	2500	76	116	32,2	71	115	30,3	67	115	28,4
	2400	68	111	28,8	64	110	26,9	60	109	25,4
	2300	60	105	25,7	57	105	24,2	54	104	23,1
	2200	54	100	23,1	51	99	22,3	48	98	21,6
	2100	48	94	21,2	46	93	20,8	44	92	20,1
6000	2600	---	---	---	75	120	31,8	71	120	29,9
	2500	72	116	30,7	67	115	28,8	64	114	26,9
	2400	64	110	27,3	60	109	25,7	57	109	24,2
	2300	57	105	24,6	54	104	23,5	52	103	22,3
	2200	51	99	22,3	49	98	21,6	47	97	20,8
	2100	46	93	20,8	44	92	20,4	42	91	19,7
8000	2650	---	---	---	75	122	31,8	71	122	29,9
	2600	76	120	32,6	71	120	30,3	67	119	28,4
	2500	68	115	29,1	64	114	27,3	60	113	25,7
	2400	61	110	26,1	58	109	24,6	55	108	23,5

Geplant: Druckhöhe 3000 ft
U/min 2300
Normtemperatur

Gefragt: Kraftstoffverbrauch Liter/h

Lösung:
Verbrauch in:
2000 ft: 25,4 L/h
4000 ft: 24,2 L/h

Da 3000 ft genau in der Mitte liegt, ergibt sich in 3000 ft ein mittlerer Kraftstoffverbrauch von 24,8 --> 25,0 L/h !!

Mit diesem Verbrauchswert und der geplanten Reiseflugzeit wird der Reisekraftstoffverbrauch für die Reiseflugabschnitte (ohne Steigflüge) berechnet. Der Sinkflug wird mit dem gleichen Verbrauchswert berechnet, da man hier ohnehin mit verminderter Motorleistung fliegt und somit eine gewisse Reserve automatisch berücksichtigt.

Die Reiseflugzeit unseres Flugplanbeispieles beträgt demnach also 44 Minuten (entspricht 0,73 Std.). Damit kommen wir auf einen Verbrauch während des Reisefluges von 0,73 h x 25 L/h = 18,3 Litern.

Für das Anlassen, Rollen und Starten gibt die Steigleistungstabelle des Flughandbuches einen Pauschalwert von 4,2 Litern an, der in das entsprechende Kästchen eingetragen wird.

Für die gesamten Steigflüge von NN auf 3000 ft MSL gibt dieselbe Tabelle einen Verbrauchswert von 3,4 Litern an.

Pauschal wird gem. der Kraftstofftabelle auf dem Flugplanformular für An- und Abflug ein Additional von mind. 10 Minuten gefordert. Dieses Additional wird zweckmäßiger Weise mit dem Reisekraftstoffverbrauch von 25 Liter/h berechnet: 0,17 h x 25 L/h = 4,3 Liter.

Der für den Flug zum Ausweichflugplatz (Emden) benötigte Kraftstoff wird ab dem Zielflugplatz (Juist) unter Reiseflugbedingungen berechnet: 0,15 h x 25 L/h = 3,6 Liter.

Eine pauschale Reserve, die für VFR-Flüge 30 Minuten betragen sollte, wird durch Halbieren des Reisekraftstoffverbrauches pro Stunde ermittelt (also 12,5 L) und in den Plan eingetragen.

Alle ermittelten Kraftstoffwerte und Flugzeiten werden aufsummiert und ergeben den Mindestkraftstoffbedarf (46,2 L) und die entsprechende Flugzeit (1,55 h).

Sofern es die Beladung des Luftfahrzeuges zulässt, sollte noch ein Extrakraftstoff mitgenommen werden. Bei voller Betankung ergibt sich der Extrakraftstoff aus der Differenz des max. ausfliegbaren Kraftstoffes (s. Flughandbuch 151,4 Liter) und dem Mindestkraftstoffbedarf: 151,4 L – 46,2 L = 105,20 Liter. Die mit dem Extrakraftstoff mögliche Flugzeit wird über den Reisekraftstoffverbrauch ermittelt: 105,2 L / 25 L/h = 4,21 h.

Die Addition der Flugzeiten mit Mindestkraftstoffbedarf und Extrakraftstoff minus einer Reserve von 30 Minuten ergibt die sichere Flugzeit: 1,55 h + 4,21 h – 0,5 h = 5,26 h.

Die Flugplanung muss nun noch mit einer Massen- und Schwerpunktsberechnung (s. T 1.4) unter Berücksichtigung der geplanten Beladungssituation abgeschlossen werden.

Funk-Navigation

1. Elektromagnetische Wellen

1.1 Wellenausbreitung

Elektromagnetische Wellen breiten sich als eine **Sinusschwingung** aus. Die Höhe der Schwingung wird als **Amplitude** bezeichnet. Unter der **Wellenlänge** versteht man die Entfernung, die eine Welle zurücklegt während sie genau eine ganze Schwingung durchführt. Die **Ausbreitungsgeschwindigkeit** aller elektromagnetischer Wellen ist die **Lichtgeschwindigkeit c**; diese beträgt:

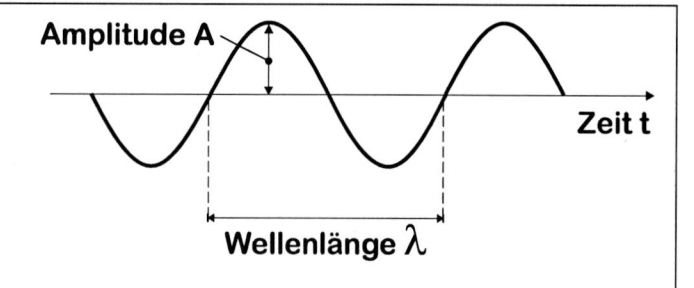

c = 300.000 km/s = 300.000.000 m/s.

Die **Frequenz** gibt die Anzahl der Schwingungen pro Sekunde an. Ihre Einheit ist [1/s] bzw. Hertz [Hz]. Sie läßt sich berechnen, indem man die Lichtgeschwindigkeit c durch die Wellenlänge dividiert:

$$\text{Frequenz } f = \frac{\text{Lichtgeschwindigkeit } c}{\text{Wellenlänge } \lambda}$$

Anhand der Formel kann man erkennen, dass bei hoher Frequenz die Wellenlänge kurz ist und entsprechend umgekehrt bei geringer Frequenz die Wellenlänge lang ist. Da Frequenzen große Zahlen annehmen können, werden sie wie folgt zusammengefaßt:

1 Kilohertz (kHz) =	1000 Hz (Eintausend Hertz)
1 Megahertz (MHz) =	1.000.000 Hz (Eine Million Hertz)
1 Gigahertz (GHz) =	1.000.000.000 Hz (Eine Milliarde Hertz)
1 Terahertz (THz) =	1.000.000.000.000 Hz (Eine Billion Hertz)

Die Einheit der **Wellenlänge** ist [km], [m], [mm] usw. Man erhält ihren Wert durch Division der Lichtgeschwindigkeit durch die Frequenz.

$$\text{Wellenlänge } \lambda = \frac{\text{Lichtgeschwindigkeit } c}{\text{Frequenz } f}$$

Somit läßt sich beispielsweise die Wellenlänge der Sprechfunkfrequenz 122,50 MHz berechnen

$$\lambda = \frac{c}{f} = \frac{300.000 \times 1000 \text{ m/s}}{122,5 \times 1.000.000 \text{ Hz}} = 2,449 \text{ m}$$

Die Wellenlänge der UKW-Sprechfunkfrequenz 122,5 MHz beträgt also ca. 2,4 m !

1.2 Frequenzbänder

Frequenzband	Wellenband	Wellenlängenbereich	Anwendung in der Luftfahrt
003 kHz - 030 kHz	VLF - Very Low Frequenicies - Längstwellen o. Myriameterwellen	100 bis 10 km - Kilometer 10 km = 10000 m	
030 kHz - 300 kHz	LF - Low Frequencies LW - Langwelle	10 bis 1 km - Kilometer 1 km = 1000 m	NDB
300 kHz - 003 MHz	MF - Medium Frequencies MW - Mittelwelle	1 km bis 1 hm - Hektometer 1 hm = 100 m	
003 MHz - 030 MHz	HF - High Frequencies KW - Kurzwelle	1 hm bis 1 dam - Dekameter 1 dam = 10 m	
030 MHz - 300 MHz	VHF - Very High Frequencies UKW - Ultrakurzwelle	1 dam bis 1 m - Meter	VOR, VDF, ILS, Sprechfunk, Marker
300 MHz - 003 GHz	UHF - Ultra High Frquencies dmW - Dezimeterwelle	1 m bis 1 dm - Dezimeter 1 dm = 0,1 m	RADAR, SSR, DME
003 GHz - 030 GHz	SHF - Super High Frequencies cmW - Zentimeterwelle	1 dm bis 1 cm - Zentimeter 1 cm = 0,01 m	RADAR
030 GHz - 300 GHz	EHF - Extreme High Frequencies mmW - Millimeterwelle	1 cm bis 1 mm - Millimeter 1 mm = 0,001 m	

Funknavigation

FN 2

Vorgeschriebene Frequenzbereiche und Kanalabstände

[1. DV LuftVO] Die Systeme der Flugsicherungsausrüstung müssen folgende Frequenzbereiche und Kanalabstände abdecken:

Anwendung	Frequenzbereich	Kanalabstand
Sprechfunk	117,975 - 137 MHz	25 kHz
	225 - 400 MHz (militärisch)	
	2 - 22 MHz (HF-Band für große Distanzen)	
VOR	108 - 117,975 MHz	50 kHz
ILS-Landekursempfangsanlage (LLZ - Localizer)	108 - 112 MHz	200 kHz
ILS-Gleitwegempfangsanlage (GP - Glide Path)	328,6 bis 333,4 MHz	300 kHz
NDB	200 - 450 kHz (manchmal Angabe von 500 kHz)	entfällt
ADF	200 - 526,5 kHz (manchmal Angabe von 150 bis 1750 kHz)	entfällt
DME	960 - 1215 MHz	100 kHz

1.3 Wellenarten

Je nach Ausbreitungsrichtung der von der Antenne ausgestrahlten elektromagnetischen Welle wird in drei Wellenarten unterschieden:

- Bodenwelle (NDB)
- Raumwelle (NDB)
- Direkte Welle (NDB, VOR, RADAR, Sprechfunk)

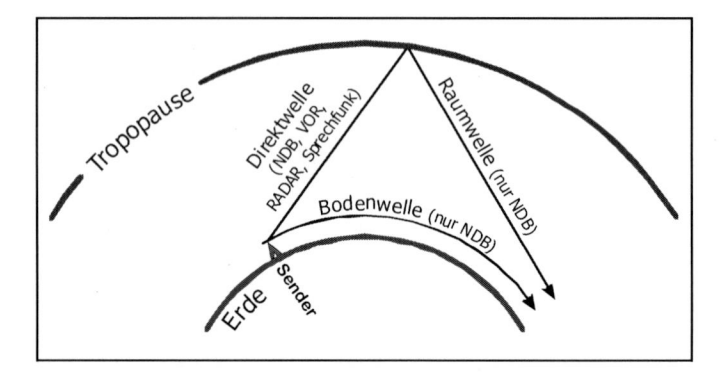

1.4 Berechnung der quasioptischen Reichweite direkter Wellen

Die Reichweite der quasioptischen Ausbreitung direkter Wellen läßt sich nach folgender Formel berechnen:

$$R = 1{,}23 \times \sqrt{H}$$

Reichweite R in [NM]

Flughöhe über Grund in [ft]

Also ist der Empfang bzw. die Empfangsmöglichkeit bei größerer Flughöhe besser !

1.5 Störungen auf die Wellenausbreitung

Im freien Raum breiten sich elektromagnetische Wellen geradlinig aus. Auf der Erde werden Radiowellen durch die Beschaffenheit und Krümmung der Erdoberfläche und durch den Aufbau der Atmosphäre beeinflußt. Dabei treten folgende Effekte auf:

1.5.1 Absorption (auch Dämpfung)

Die Absorptionsfähigkeit eines Mediums hängt von dessen elektrischer Leitfähigkeit ab. Trockene Luft z.B. absorbiert nicht; die Erdoberfläche oder Betonbauten absorbieren sehr stark. Die Absorption nimmt außerdem mit steigender Frequenz der Radiowelle zu. Die Feldstärke einer am Erdboden entlang sich fortpflanzenden Welle nimmt mit zunehmender Entfernung vom Sender ab. Der damit verbundene Energieverlust ist auf die Absorption durch die Erdoberfläche zurückzuführen. Die Reichweite einer Bodenwelle ist von der Antennenhöhe und Leistung des Senders und den Eigenschaften der überstrahlten Erdoberfläche abhängig. Als Richtwerte gelten kleine Absorption über Wasser, mittlere über freiem Land und starke Absorption über Wohnsiedlungen.

1.5.2 Reflexion

Elektromagnetische Wellen werden an leitenden Flächen wie Lichtstrahlen an einem Spiegel reflektiert. Dabei gilt, dass umso höher die elektrische Leitfähigkeit des Mediums und umso höher die Wellenfrequenz, desto größer die Reflexion. Dieser Effekt tritt an der Erdoberfläche, Bergflanken, Gebäuden und auch an der Ionosphäre auf. An der Ionosphäre werden besonders Wellen der Frequenzbereiche LF, MF und HF reflektiert. Auf diese Weise breitet sich eine direkte Welle nach der Reflexion als Raumwelle aus und erreicht somit über Grund größere Reichweiten. Diese Reichweitenentfernung vom Sender bis zu der Stelle, wo die Raumwelle wieder erdnahe Schichten erreicht, wird als **skip distance** bezeichnet. Eine spezielle Anwendung der Reflexion sind Richtstrahlantennen (Parabolreflexion).

1.5.3 Refraktion (auch Beugung)

Von Refraktion sind insbesondere Wellen der Frequenzbereiche LF und MF (also NDB / ADF) betroffen. Die Ausbreitungsgeschwindigkeit einer elektromagnetischen Welle hängt von dem Medium ab, in dem sie sich fortpflanzt. Dabei geht die Änderung des Geschwindigkeitsbetrages mit einer Änderung der Ausbreitungsrichtung einher. Der Effekt tritt besonders auf an Küstenlinien **(Küsteneffekt / Shore Line Effect),** wenn die Welle vom Wasser zum Land bzw. umgekehrt übergeht. Dabei können z.T. wesentliche Ungenauigkeiten z.B. von NDB-Signalen verursacht werden. In der Atmosphäre tritt dieser Effekt auch beim Durchgang durch Luftschichten unterschiedlicher Ionisationsintensität auf. Die Ionenintensität hängt von der Sonnen-UV-Einstrahlung ab. Während mittags eine hohe Ionendichte zur Absorption von LF und MF-Wellen in der Ionosphäre führt, bewirkt die schwankende Ionendichte während der Dämmerungsstunden und der Nacht, den sog. **Dämmerungs- und Nachteffekt bzw. Twilight Effect.** Dieser ruft eine Überlagerung der Raum - und Bodenwelle außerhalb der **skip distance** hervor, was sich teilweise durch Verstärkung aber auch durch Abschwächung oder sogar Auslöschung des Funksignals bemerkbar macht. Die dadurch auftretende Schwankung der Lautstärke wird als **Fading** bezeichnet; Peilfehler sind dann möglich. Aus diesem Grunde sollte man während dieser Zeit ein NDB möglichst nur innerhalb der skip distance (ca. 25 nm) zu Navigationszwecken verwenden, um möglichst nur die direkte und die Bodenwelle zu nutzen.

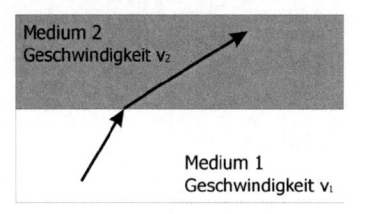

1.5.4 Difraktion

Difraktion bedeutet Beugung der elektromagnetischen Welle an Hindernissen (Mountain Effect). Sie ist abhängig von Höhe und Form des Hindernisses, Wellenlänge und der Dielektrizitätskonstanten der Erde. Mit wachsender Frequenz nimmt die Beugung ab; sie ist also besonders ausgeprägt im Langwellen und Mittelwellenbereich (NDB).

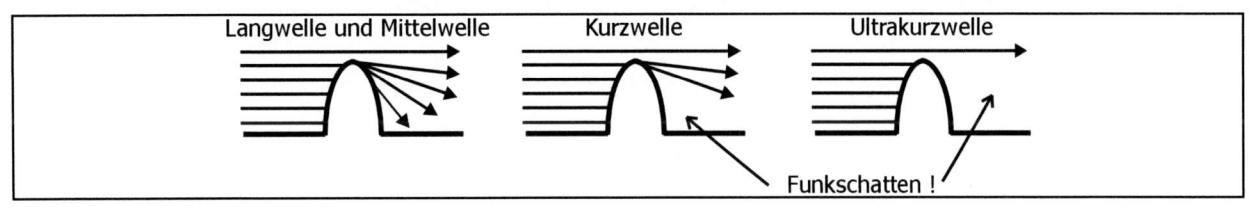

Langwelle und Mittelwelle	Kurzwelle	Ultrakurzwelle
		Funkschatten !

1.5.5 Interferenz

Interferenz bedeutet die Überlagerung von zwei einzelnen Wellen. Bei der Überlagerung kommt es zu Interferenzerscheinungen, die zu einer Verstärkung oder zu einer Abschwächung bis hin zur kompletten Auslöschung der Feldstärken beider Wellen führen können. Interferenzerscheinungen treten z.B. auf, wenn durch den Twilight Effect Raumwellen zur Erdoberfläche zurückgestrahlt werden und in Bodennähe auf Bodenwellen treffen.

1.5.6 Sonstige Einflüsse

Zusätzliche Einflüsse besonders bei der Navigation mit Funkfeuern im LW- und MW-Bereich haben Gewitter **(Atmospherics Effect).** Durch die Entladungen und die dabei ausgestrahlten elektromagnetischen Wellen kommt es zu Fehlanzeigen des ADF. Die Wellen des LW- und MW-Frequenzbereiches sind besonders beeinflußbar durch die Aufladung des Luftfahrzeuges während des Fluges durch feste Partikel (Regen und Wolkenflug). Durch die Reibung mit den Partikeln lädt sich das Luftfahrzeug elektrisch auf und bildet somit ein elektromagnetisches Feld aus, welches störend auf die entsprechenden Funknavigationsanzeigen wirkt **(Statics Effect).** Damit die Ladung des Luftfahrzeuges möglichst an die umströmende Luft wieder abgegeben wird, werden bei vielen Luftfahrzeugen Entlader (Discharger) an den Flügelhinterkanten befestigt.

1.6 Modulation

Die vom Sender ausgestrahlte Welle einer bestimmten Frequenz wird als Trägerwelle (CW / Carrier Wave) bezeichnet. Um eine Nachricht auf dieser Trägerwelle zu übertragen kann diese einfach unterbrochen werden, oder sie wird moduliert, indem sie mit einer zusätzlichen Frequenz beaufschlagt wird. Durch entsprechende Frequenzfilter können die Empfangsgeräte zwischen Trägerfrequenz und Modulationsfrequenz unterscheiden. Die drei Arten der Modulation sind:

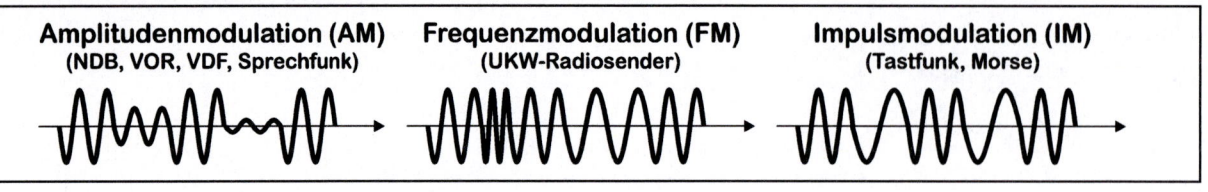

Amplitudenmodulation (AM)	**Frequenzmodulation (FM)**	**Impulsmodulation (IM)**
(NDB, VOR, VDF, Sprechfunk)	(UKW-Radiosender)	(Tastfunk, Morse)

1.7 Sendearten

N0N
unmoduliert, ungetastete Trägerwelle

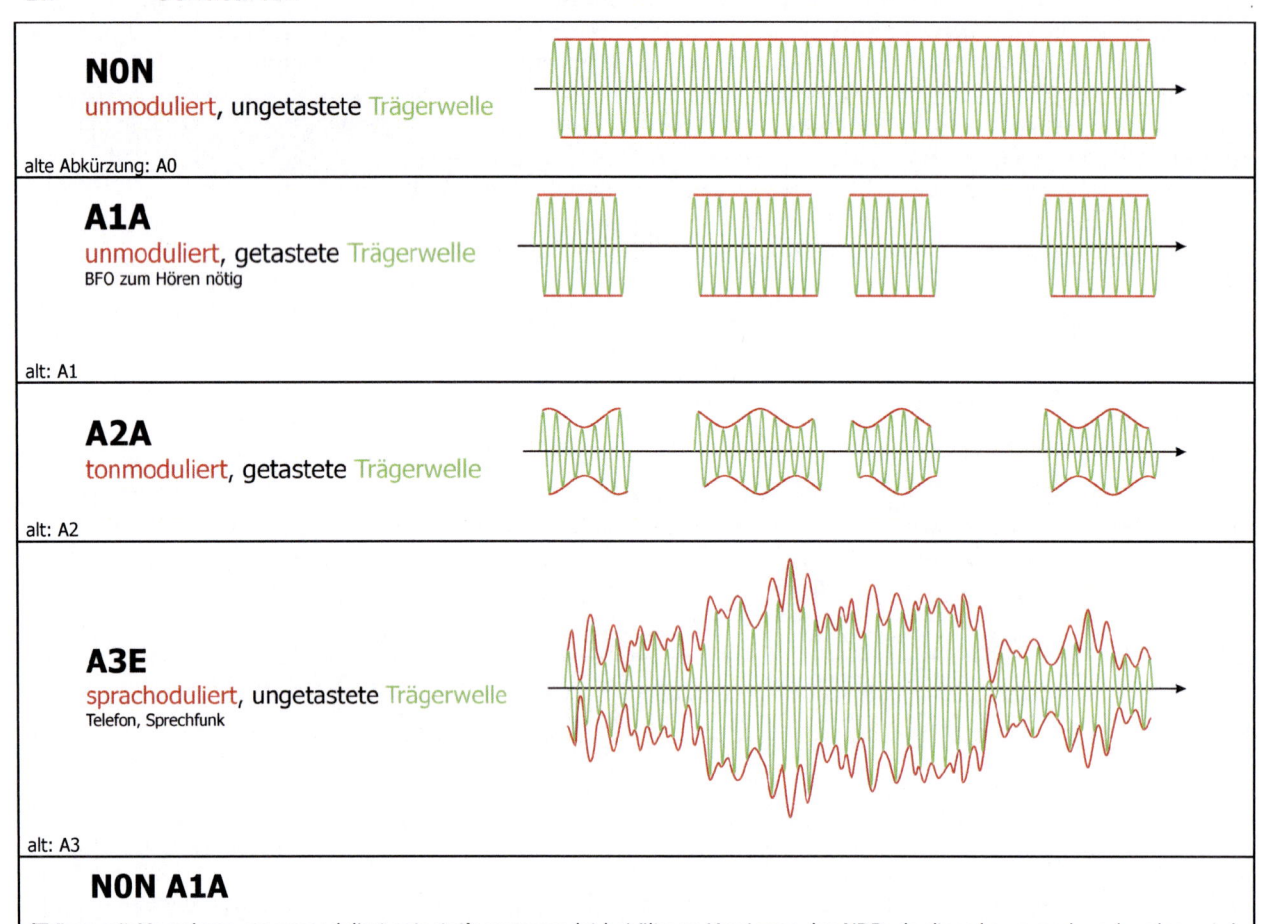

alte Abkürzung: A0

A1A
unmoduliert, getastete Trägerwelle
BFO zum Hören nötig

alt: A1

A2A
tonmoduliert, getastete Trägerwelle

alt: A2

A3E
sprachoduliert, ungetastete Trägerwelle
Telefon, Sprechfunk

alt: A3

N0N A1A
(Träger mit Morsekennung unmoduliert getastet); angewendet bei älteren Versionen des NDB; da diese kaum noch vorhanden, wird N0N A1A explizit in der ICAO-Karte mit "N0N A1A" gekennzeichnet.

alt: A0/A1

N0N A2A
rhythmisch, tonmoduliert, Trägerwelle

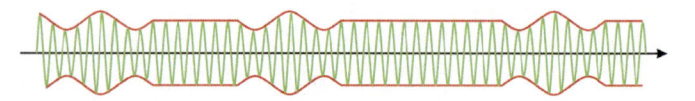

Diese Modulationsart wird bei "neueren" Versionen von NDB angewendet; sie wird nicht in der Luftfahrtkarte extra gekennzeichnet. N0N A2A (Träger mit Morsekennung moduliert mit 1020 Hz), sog. moduliert getastet; die Trägerwelle, wird nur an den Stellen moduliert, wo ein Ton zur Kennung erzeugt werden soll

alt: A0/A2

A9W
Kombination von A2A und A3E; Sprachmodulation; z.B. auf VOR-Trägerfrequenz aufmodulierte Sprache für ATIS

alt: A9 = A2/A3

C.L. Funknavigation FN 5

2 Peilungen

2.1 Eigenpeilung

Mit Eigenpeilung bezeichnet man die Nutzung bordeigener Peilanlagen. Das Prinzip besteht darin, dass elektromagnetische Ausstrahlungen von Bodenanlagen von den Peilgeräten an Bord (z.B. ADF, VOR-Empfänger) empfangen und ausgewertet werden.

2.2 Fremdpeilung

Fremdpeilung ist die Nutzung bordfremder Peilanlagen (z.B. VDF). Umgekehrtes Prinzip der Eigenpeilung.

2.3 Funkstandlinie / Line of Position

Eine Funkstandlinie hat keine Orientierung bzw. Richtung. Sie ist definiert als Verbindungslinie zwischen Luftfahrzeug und Funkstation.

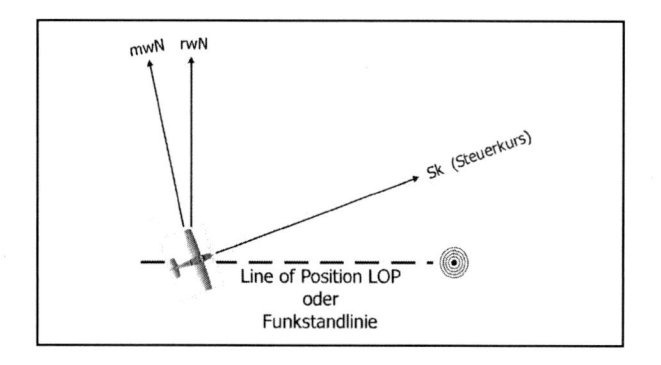

2.4 Angabe des Richtungssinnes zur oder von der Station

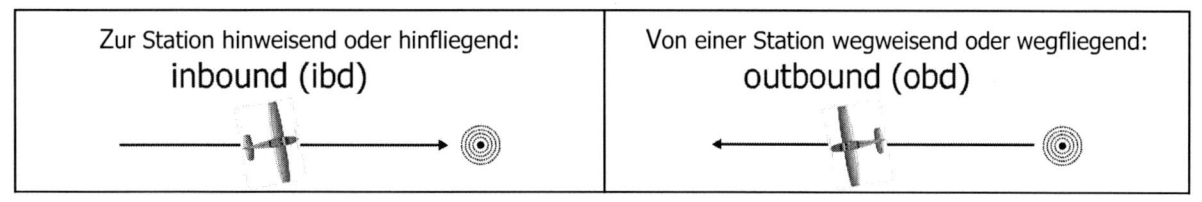

Zur Station hinweisend oder hinfliegend: **inbound (ibd)**	Von einer Station wegweisend oder wegfliegend: **outbound (obd)**

2.5 Q-Gruppen

QDM	mißweisend vom Luftfahrzeug zur Station	MB to station
QDR	mißweisend von der Station zum Luftfahrzeug	MB from station
QUJ	rechtweisend vom Luftfahrzeug zur Station	TB to station
QTE	rechtweisend von der Station zum Luftfahrzeug	TB from station

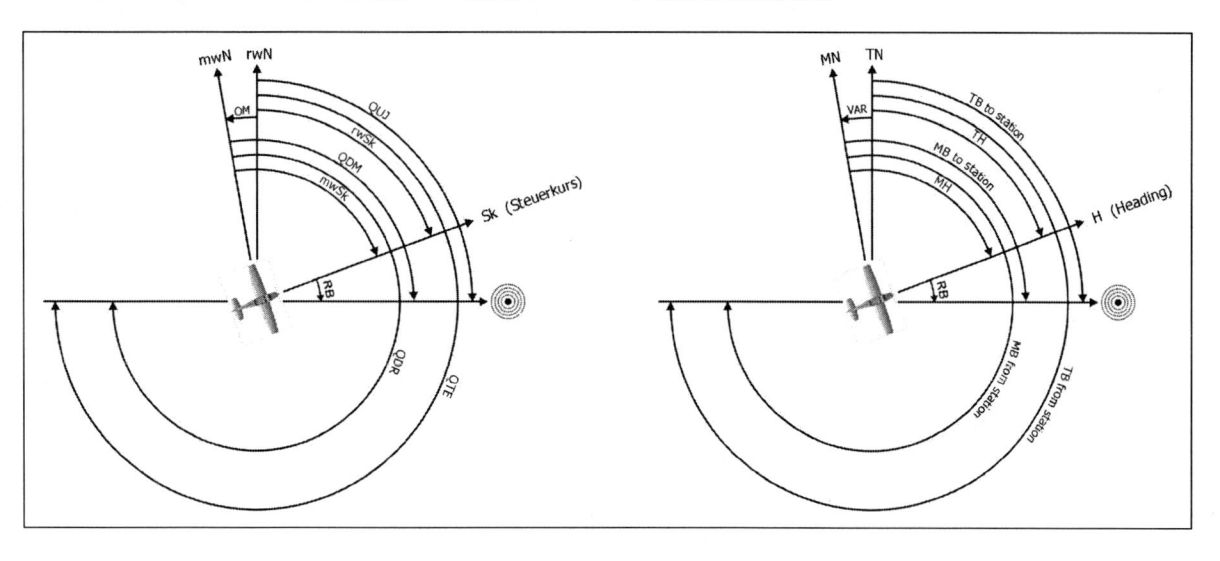

Die Q-Gruppen lassen sich wie folgt untereinander umrechnen:

QTE	QUJ	QUJ	QDM
+/- OM	+/- OM	+/- 180°	+/- 180°
QDR	**QDM**	**QTE**	**QDR**

2.6 Funkseitenpeilung / Relative Bearing (RB)

Das RB ist der Winkel zwischen der Funkstandlinie und der Flugzeuglängsachse.

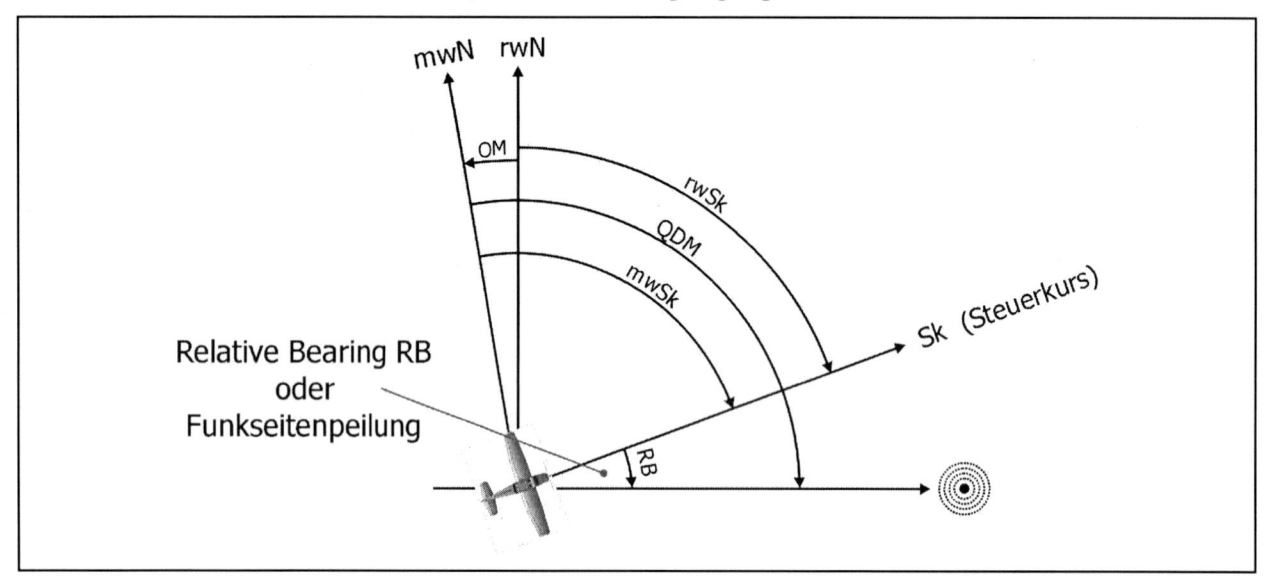

Der Wert des relative bearings RB läßt sich rechnerisch wie folgt verwenden:

rwSk	mwSk
+ RB	+ RB
QUJ	**QDM**

Diese Formeln gelten, wenn der Winkel RB ausschließlich vom Steuerkurs (bzw. von der Flugzeuglängsachse) aus nach rechts (im Uhrzeigersinn) abgetragen wird !

2.7 Peilsprung

Wird unter Windeinfluß eine Station angeflogen ohne den korrekten Vorhaltewinkel zu fliegen, werden sich die QDM-Werte ständig ändern. Die Differenz zweier QDM-Werte wird als **Peilsprung G** bezeichnet.

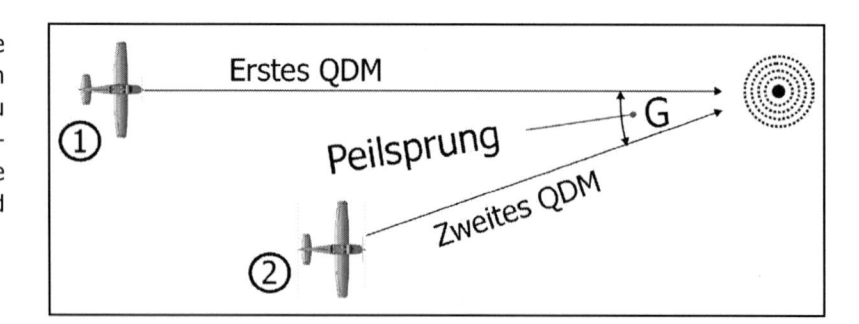

3 NDB und ADF

3.1 Sender NDB

Ein NDB (Non Directional Beacon / Ungerichtetes Funkfeuer) funktioniert prinzipiell wie ein Radiorundfunksender. Es wird eine ungerichtete (also in allen Richtungen gleichmäßige) elektromagnetische Trägerwelle ausgestrahlt. Die Frequenzen (deutscher NDB) liegen dabei im Bereich von 200 bis 526,6 kHz, also im Lang- und Mittelwellenbereich. Zur Identifizierung wird auf die Trägerwelle eine Kennung im Morsecode moduliert mit den Sendearten N0N A1A oder N0N A2A (vgl. FN 1.7). Die Identifizierung erfolgt durch Abhören dieser Kennungen.

In der ICAO-Karte wird ein NDB mit dem Namen (z.B. HOLZDORF), der Kennung in Buchstaben (z.B. HOZ), dem Morsecode, der der Kennung entspricht und der Frequenz (z.B. 406 kHz) wie folgt dargestellt:

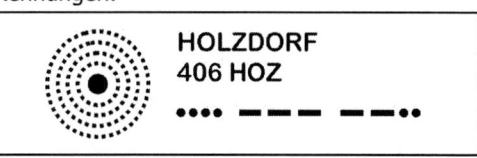

HOLZDORF
406 HOZ
•••• ——— ——••

NDB werden als Streckenfunkfeuer mit einer Reichweite von 25 nm bis 100 nm (in der Literatur findet man auch die Angabe 15 bis 60 nm) betrieben. Ein NDB-Streckenfunkfeuer erkennt man an einer Kennung, die 3 Buchstaben umfaßt. Eine zweite Anwendung sind Anflugfunkfeuer (Locater) mit einer max. Reichweite von 25 nm und nur 2 Buchstaben als Kennung. Locater stehen jeweils auf den verlängerten Anfluggrundlinien einer Piste (vgl. auch Streckenfunkfeuer VOR mit 3-Letter-Kennung und Anflughilfe ILS mit 2-Letter-Kennung). Außerdem werden NDB auch zur Markierung von Pflicht- und Bedarfsmeldepunkten benutzt. Der zulässige Peilfehler innerhalb der Betriebsüberdeckung beträgt max. +/- 5° !

3.2 Empfänger ADF

3.2.1 Allgemeines

Der zugehörige Empfänger an Bord wird als ADF (Automatic Direction Finder / Automatisches Peilfunkgerät / Radiokompaß) bezeichnet. Es besteht aus den zwei Antennen, dem Bedienteil und der Anzeige, die in drei verschiedenen Varianten auftreten kann. Der Empfänger deckt einen Frequenzbereich von 150 bis 1750 kHz ab. Die von der DFS angegebene Betriebsentfernung (Reichweite) ist im AIP / ENR 2-1 zu finden.
Der große Empfangsbereich ermöglicht auch die Wiedergabe von einigen Rundfunksendern. Die Verwendung dieser zu navigatorischen Zwecken ist aber wegen der Standortsicherheit des Senders nicht erlaubt und auch nicht zu empfehlen.

3.2.2 Antennenanlage

Das ADF benötigt zwei Antennen:
1. Hilfsantenne (Sense Wire Antenna oder Whip Antenna)
2. Rahmenantenne (Loop Antenna)

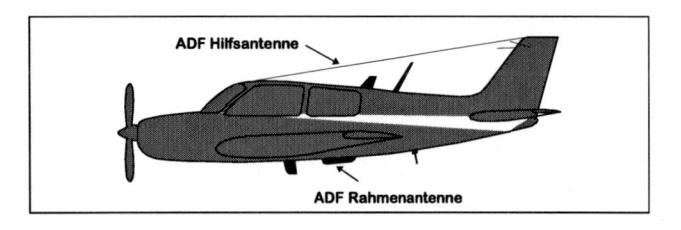

Die drehbar gelagerte Rahmenantenne wird automatisch immer so weit gedreht, bis die von der Bodenstation ausgestrahlte elektromagnetische Welle mit einer minimalen Feldstärke empfangen wird. Dies ist der Fall, wenn die Antenne senkrecht zu der Welle steht, denn das Minimum ergibt exaktere Werte als das Maximum. Die parallele und die senkrechte Antennenstellung ergeben jedoch jeweils zwei Minima bzw. Maxima, so dass auf diese Weise nur die Funkstandlinie ermittelt werden kann und noch nicht die Richtung zur Bodenstation.

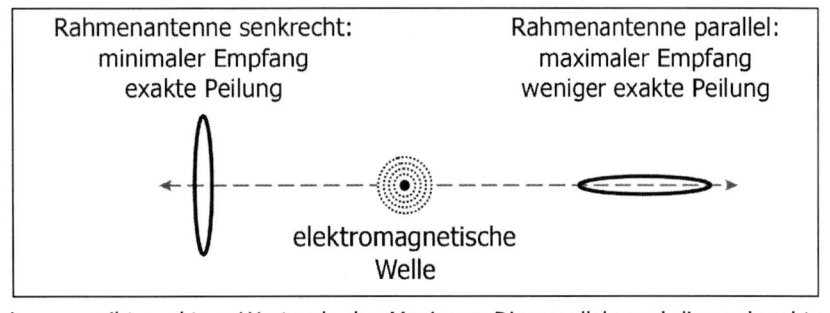

Rahmenantenne senkrecht: minimaler Empfang exakte Peilung

Rahmenantenne parallel: maximaler Empfang weniger exakte Peilung

elektromagnetische Welle

Daher wird die Hilfsantenne benötigt. Die beiden Empfangsdiagramme der beiden Antennenarten ergänzen sich gegenseitig zu einer sog. Cardioide, mit deren Hilfe sich die Richtung zur Station eindeutig feststellen läßt:

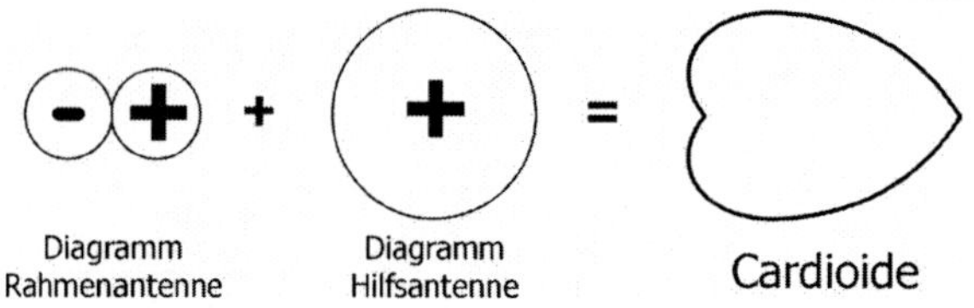

Während früher die Rahmenantenne aus einer Drahtschleife bestand, die durch ein Aluminiumrohr geführt wurde, bestehen modernere Systeme aus einem Ferritkern, um den die Drahtschleife herumgewickelt worden ist; diese zeichnet sich durch kleinere Baumaße und eine höhere Empfangsleistung aus.

3.2.3 Bedienteil

- **OFF** -> Gerät ist ausgeschaltet
- **ADF** oder **CW** -> Peilung ist aktiviert (Betriebsstellung !); also Rahmen- und Hilfsantenne sind aktiviert
- **ANT** -> keine Peilung! Nur Abhören der Kennung auf N0N A2A mittels Sense Antenne
- **BFO** -> keine Peilung! Nur Abhören der Kennung auf N0N A1A (Beat Frequency Oscillator)
- **VOL** -> Lautstärkeregelung beim Abhören der Kennung

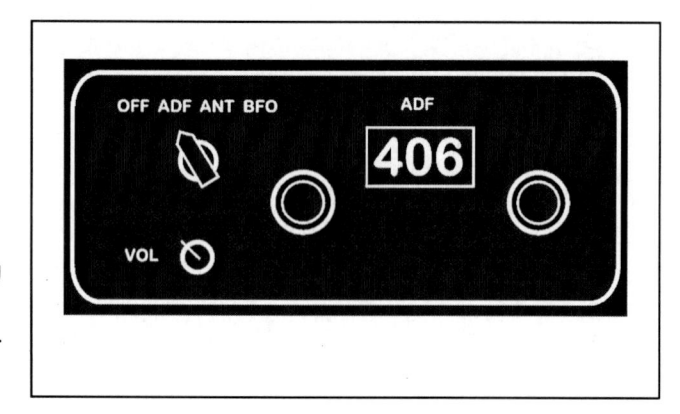

3.2.4 Identifizierung

Nach dem Rasten der NDB-Frequenz ist der Morsecode der Kennung zu verifizieren. Solange dieser nicht eindeutig empfangen wird, darf diese NDB nicht für Navigationszwecke verwendet werden. Es ist empfehlenswert, die Kennung einer NDB ständig abzuhören wegen möglicher Störfaktoren (vgl. FN 1.5).
Mit dem TEST-Button überprüfen, ob die Anzeige der Nadel wieder in die Ausgangsstellung zurückläuft und somit die Anzeige zuverlässig ist.

3.2.5 Anzeige

Üblicherweise ist an den ADF-Empfänger eines der drei nachfolgend beschriebenen Anzeigegeräte angeschlossen:
- RBI / Relative Bearing Indicator
- MDI / Moving Dial Indicator
- RMI / Radio Magnetic Indicator

In dieser Reihenfolge verbessert sich die Einfachheit der Ablesbarkeit des QDM-Wertes!

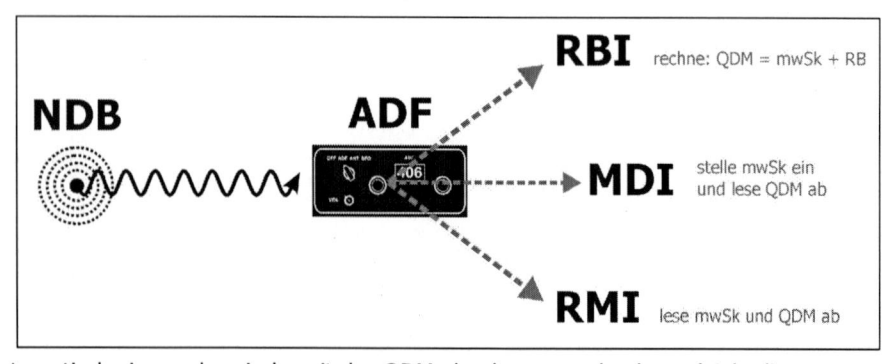

Beim RBI muß der Pilot den mwSk (z.B. vom Kreiselkompass) und das RB vom RBI ablesen; anschließend muß das QDM errechnet werden. Beim MDI besteht die Möglichkeit den mwSk manuell am ADF-Display einzustellen; die Nadelspitze zeigt dann auf das QDM. Das komfortabelste Gerät, das RMI, stellt den mwSk automatisch ein, so dass jederzeit das QDM abgelesen werden kann (viele dieser Variante lassen sich auf zwei Bodenstationen einstellen, so dass jederzeit eine Kreuzpeilung möglich ist).

RBI rechne: QDM = mwSk + RB
MDI stelle mwSk ein und lese QDM ab
RMI lese mwSk und QDM ab

Funknavigation

Relative Bearing Indicator / RBI

Die Kursrose ist nicht verstellbar, sondern fest mit der Flugzeuglängsachse verbunden (Nord zeigt immer in Richtung der Flugzeugachse). Daher kann nur das RB angezeigt werden, welches durch Aufaddieren auf den mißweisenden Steuerkurs das QDM zur Station ergibt. Es können nur NDB angepeilt werden.

Bsp.:
mwSK 315° (aktuell geflogen)
RB 027° (angezeigt)
QDM 342° (errechnet)

Moving Dial Indicator / MDI

Oder auch MBI: Magnetic Bearing Indicator. Der mißweisende Steuerkurs muß manuell am HDG-Knopf eingestellt werden; die Einstellung wird oben am dreieckigen Course Index angezeigt. Dann kann an der Nadelspitze direkt das QDM zur Station abgelesen werden. Es können nur NDB angepeilt werden.

Bsp.:
mwSK 315° (manuell eingestellt)
QDM 342° (automatisch angezeigt)
entspricht RB 027°

Radio Magnetic Indicator / RMI

Das RMI kann zwei unterschiedliche Funkstationen (2 NDB oder 2 VOR oder 1 NDB und 1 VOR) gleichzeitig anpeilen. Da es seine Kursrose automatisch auf den aktuell geflogenen (mißweisenden) Steuerkurs einstellt, können beide QDMs gleichzeitig abgelesen werden.

Bsp.:
mwSK 315° (automatisch eingestellt)
1. QDM 342° (automatisch angezeigt)
entspricht 1. RB 027°
2. QDM 260° (automatisch angezeigt)
entspricht 2. RB 305°

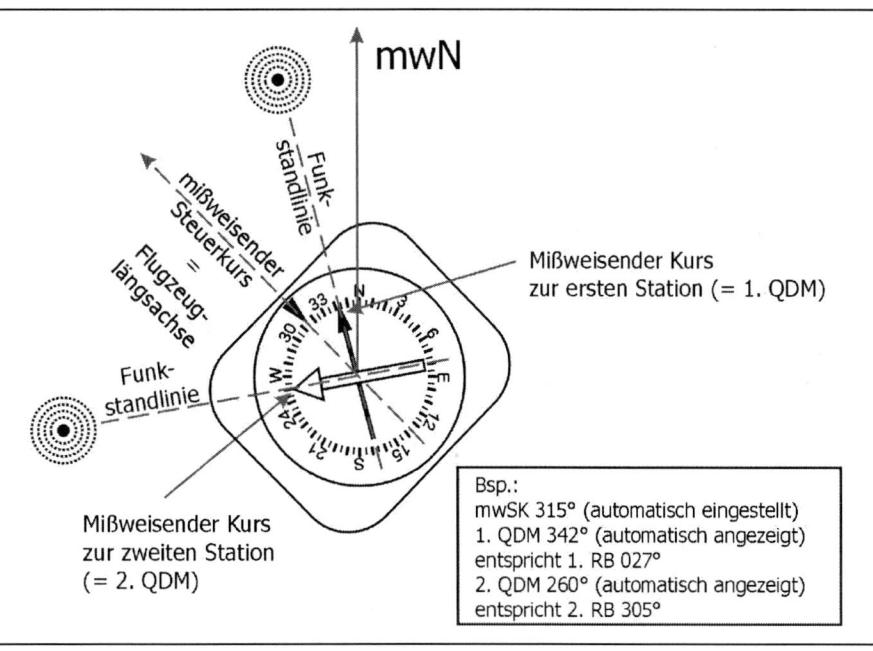

4 UKW-Sprechfunkgerät

Das UKW-Sprechfunkgerät (VHF-Transceiver, COM) sendet und empfängt im Bereich von 117,975 bis 137,000 MHz. Der kleinste mögliche Kanalabstand beträgt 0,025 MHz = 25 kHz. Oft sind die Bedienteile kombiniert mit dem Bedienteil des VOR-Empfängers (NAV), wie in nebenstehender Abbildung.

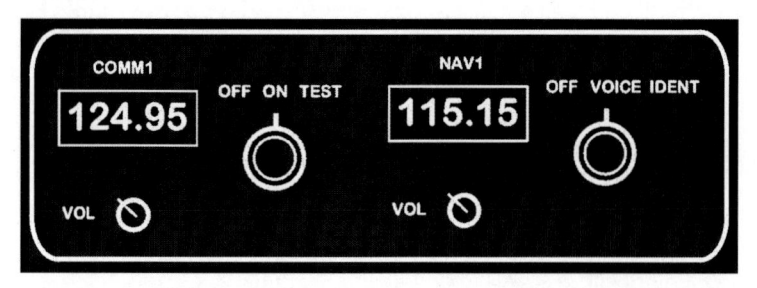

Beim abgebildeten Bedienteil wird mit der Schalterstellung TEST die Rauschsperre ausgeschaltet, so dass mit dem VOL-Knopf die gewünschte Lautstärke eingeregelt werden kann. Anschließend wird wieder auf die Betriebsstellung ON gerastet.

Antennenanlage

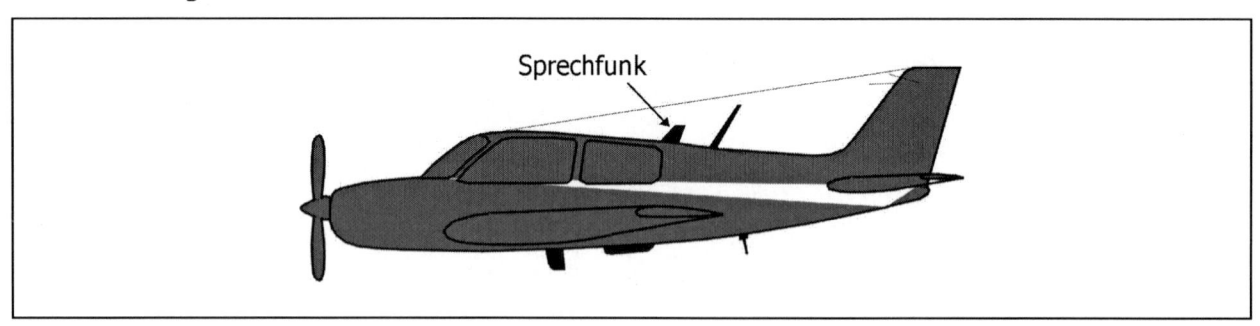

5 VDF

Das VDF (Very High Frequency Direction Finder) oder UKW-Peilfunkgerät ist eine Bodenstation, welche die von einem UKW-Sprechfunkgerät an Bord eines Luftfahrzeuges ausgestrahlte elektromagnetische Welle empfängt und peilt, d.h. die Funkstandlinie (Line of Position / LOP) ermittelt. Da sich das Peilgerät am Boden befindet, handelt es sich um ein Fremdpeilverfahren. Die Richtung der Funkstandlinie wird üblicherweise in Form eines QDMs angezeigt und dann vom Lotsen per Sprechfunk an den Piloten weitergegeben:

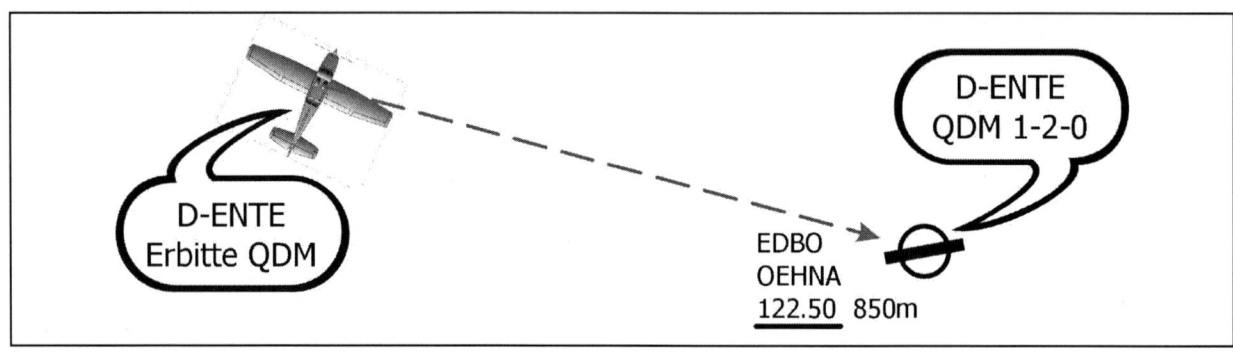

Flugplätze mit UKW-Peilfunkgeräten erkennt man in der ICAO-Karte an der unterstrichenen INFO-Frequenz !

Der Pilot kann diesen Wert vom Prinzip wie bei den anderen Peilverfahren zur Navigation (Anflug, Abflug, Kreuzpeilung zur Standortbestimmung etc.) verwenden, jedoch mit dem erheblichen Nachteil, dass jeder einzelne Peilwert einzeln abgefragt werden muß. Der Vorteil dieses Systems liegt darin, dass aufgrund des geringen Geräteaufwandes viele Flugplätze damit ausgestattet sind.
Die Peilgenauigkeit liegt im allgemeinen bei +/- 1 bis 2°.
Neben VDF gibt es UDF (Ultra High Frequency Direction Finder), die prinzipiell genauso arbeiten, jedoch im UHF-Band. Diese werden in der Regel nur in der Verkehrsfliegerei genutzt.

6 VOR

6.1 Sender VOR

6.1.1 Funktionsweise

Ein VOR-Sender strahlt zwei Signale in Form elektromagnetischer Wellen aus:
- ein **ungerichtetes Bezugssignal**
- ein **gerichtetes Umlaufsignal**

Das gerichtete Umlaufsignal wird durch einen Dipol erzeugt, der mit 30 Umdrehungen pro Sekunde rotiert; für den Empfänger in der Luft erscheint diese Drehung als ob die Trägerwelle mit 30 Hz moduliert sei, man spricht daher in diesem Fall von virtueller Modulation. Das ungerichtete Bezugssignal wird mit einer Frequenz von 30 Hz moduliert; es ist mit dem gerichteten Umlaufsignal so synchronisiert, dass es sein Maximum genau dann erreicht, wenn das Umlaufsignal die mißweisende Nordrichtung passiert. Die Phasendifferenz beider Signale beträgt in Richtung mißweisend Nord 0° (bzw. 360°) und in Richtung Süd 180° usw., d.h. die Phasendifferenz entspricht genau dem Radial. Der Bordempfänger kann also durch Messung der Phasendifferenz das Radial bestimmen und anzeigen.

Der Sender erzeugt 360 nutzbare Radials (Leitstrahlen), welche vom Sender weggehend definiert sind (entspricht QDR); s. Abb. rechts.

Da das R 360 auf mißweisend Nord ausgerichtet ist, sind die VOR-Kursrosen in Luftfahrtkarten um den Betrag der Ortsmißweisung gedreht:

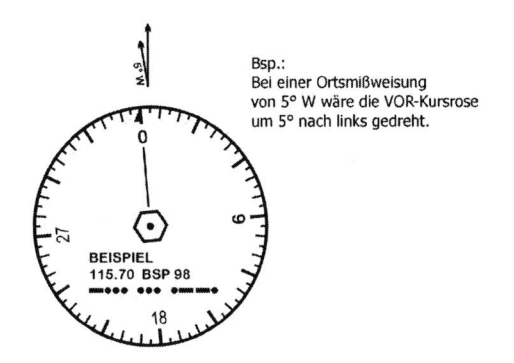

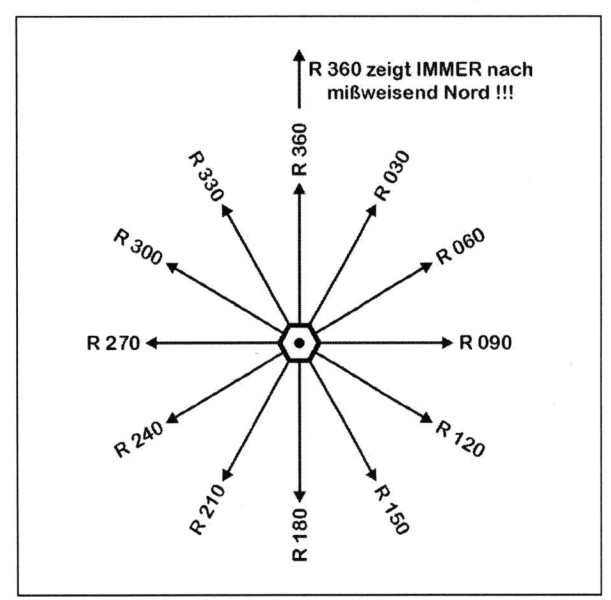

Bsp.:
Bei einer Ortsmißweisung von 5° W wäre die VOR-Kursrose um 5° nach links gedreht.

BEISPIEL
115.70 BSP 98

R 360 zeigt IMMER nach mißweisend Nord !!!

Die Frequenzen der Trägerwellen liegen im UKW-Bereich zwischen 108 MHz bis 117,975 MHz. Die einzelnen Frequenzen sind so verteilt, dass sich ein vom Gesetzgeber vorgeschriebener Kanalabstand von 50 kHz ergibt. VORs arbeiten im UKW-Bereich und sind daher bedeutend weniger anfällig gegenüber atmosphärischen **Störungen** als NDBs.

Die VOR-Trägerwelle eignet sich zur Sprachmodulation (Betriebsart A9W), so dass neben der Kennung (meistens bei TVORs) ATIS o.ä. ausgestrahlt werden kann.

Grundsätzlich ist vor der Aufnahme der VOR-Navigation darauf zu achten, dass keine NAV-Flags angezeigt werden.

Die gerastete Bodenstation muß wie folgt **identifiziert** werden: Identifizierung durch Morsekennung in den Betriebsarten:
- A2A (Morsekennung moduliert mit 1020 Hz)
- A9W (Morsekennung und sprachmoduliert / ATIS)

In der ICAO-Karte wird neben der Morsekennung und Frequenz auch der zugehörige Betriebskanal dargestellt. Der Betriebskanal wird überwiegend von militärischen Luftfahrzeugen benötigt.

VOR, die als Streckenfunkfeuer dienen, werden mit einer 3-Letter-Kennung versehen. Die Anflughilfe ILS, deren Funktionsprinzip auf der VOR basiert, wird mit einer 2-Letter-Kennung identifiziert. (Vgl. auch Streckenfunkfeuer NDB mit 3-Letter-Kennung und Anflughilfe Locater mit 2-Letter-Kennung.)
- Nach dem Rasten der VOR-Frequenz ist der Morsecode zu verifizieren. Solange dieser nicht eindeutig empfangen wird, darf diese VOR nicht für Navigationszwecke verwendet werden.
- Eine VOR darf ebenso nicht verwendet werden, solange NAV-WARNING-FLAGS angezeigt werden.

Die **Reichweite** der quasioptischen UKW-Wellen wird mit der Formel aus FN 1.4 berechnet. Die von der DFS angegebene sog. Betriebsentfernungen der einzelnen Stationen sind im AIP-ENR 2-1 zu finden. Die **Genauigkeit** einer VOR beträgt nach den ICAO-Richtlinien +/- 2°.

C.L. Funknavigation FN 12

Die vertikale Abstrahlcharakteristik einer VOR ergibt einen **Schweigekegel (Cone of Silence)** über der Station, der mit zunehmender Flughöhe immer größer wird. Innerhalb des Schweigekegels existiert kein für die Navigation verwertbarer Empfang. Aus diesem Grunde erscheint im Anzeigegerät beim Durchflug des Schweigekegels eine rote NAV-Warnflagge (vgl. auch FN 10.7)

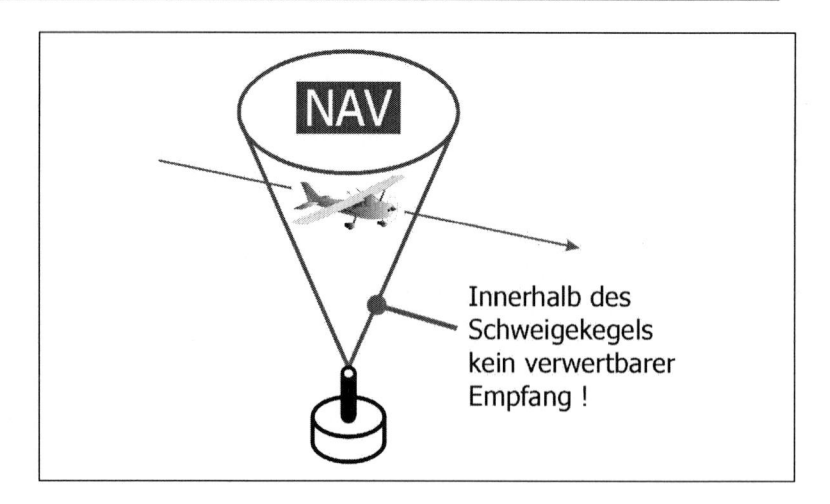

Innerhalb des Schweigekegels kein verwertbarer Empfang!

6.1.2 Arten von VOR und Kombinationen

Einrichtung	Kartensymbol	Anmerkung
VOR	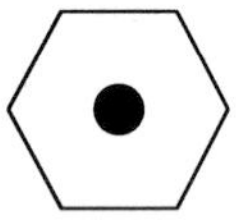 (Hexagon mit Punkt)	Strecken-VOR (Reichweite ca. 100 nm); Sendeleistung bei älteren Anlagen ca. 200 Watt, bei neueren nur noch 50 Watt
TVOR	wie VOR	Terminal-VOR zur Landehilfe (Reichweite ca. 20 nm)
VOT	wie VOR	Test-VOR; zur Überprüfung des Bordempfängers; kann nicht für navigatorische Zwecke benutzt werden; sendet alle Signale so aus, dass unabhängig vom Standort des Luftfahrzeuges nur die Anzeige 360° FROM geliefert wird
DVOR	wie VOR	Doppler-VOR; höhere Genauigkeit, die auf Anwendung des Doppler-Effektes zurückzuführen ist; kein Rotationsmechanismus; geringere Störanfälligkeit; keine Reflexionsfehler durch Geländeoberfläche
VORTAC	 (TACAN-Symbol)	Kombination einer VOR mit militärischer TACAN-Anlage (Tactical Air Navigation Aid); der VOR-Teil kann von zivilen Luftfahrzeugen normal benutzt werden; der TACAN-Teil kann von zivilen Luftfahrzeugen wie eine DME benutzt werden
DVORTAC	wie VORTAC	Doppler-VORTAC; besitzt die gleichen Vorteile wie das DVOR
VOR/DME	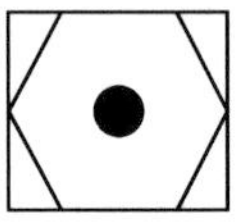 (Hexagon in Quadrat mit Punkt)	Kombination einer VOR mit einer DME
ILS-LLZ		Localizer-Komponente eines Instrumentenlandesystems, die nur ein nutzbares Radial in Landerichtung ausstrahlt

6.2 Empfänger VOR

6.2.1 Bedienteil

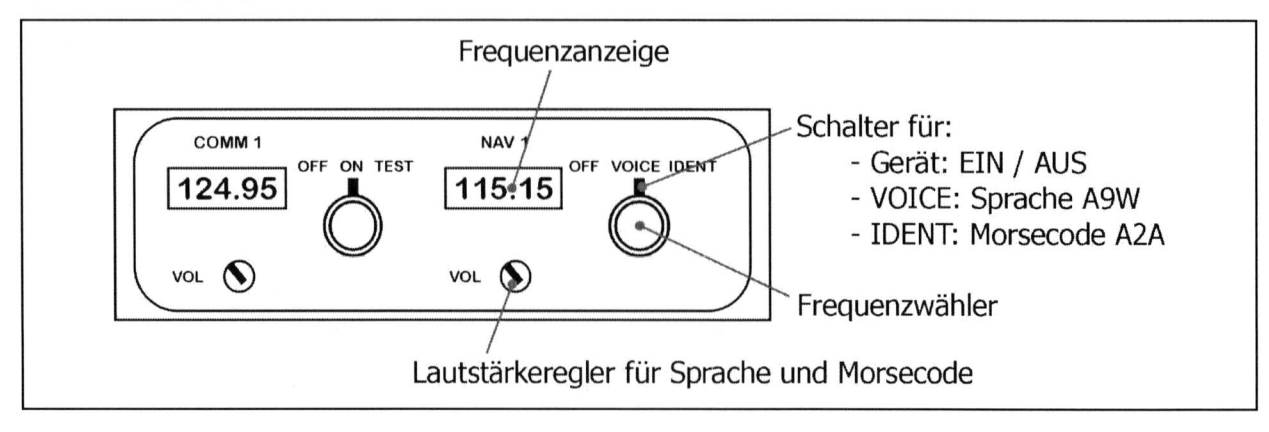

Frequenzanzeige

COMM 1: 124.95 — OFF ON TEST — VOL
NAV 1: 115.15 — OFF VOICE IDENT — VOL

Schalter für:
- Gerät: EIN / AUS
- VOICE: Sprache A9W
- IDENT: Morsecode A2A

Frequenzwähler

Lautstärkeregler für Sprache und Morsecode

6.2.2 Anzeige

Je nach Avionik-Ausstattung des Luftfahrzeuges werden folgende drei Anzeigegeräte zur VOR-Navigation verwendet:

a) konventionelle Anzeige

Unter der Kursanzeige wird das gewünschte Radial mit dem Kurswähler gem. der im nächsten Abschnitt (Interpretation der Anzeige) beschriebenen Verfahren so eingestellt, dass sich eine Kommandoanzeige ergibt.

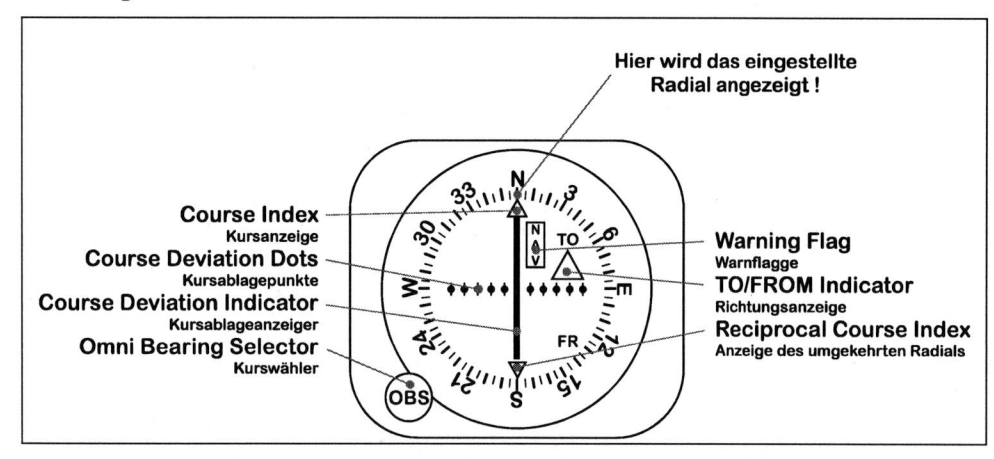

- Course Index — Kursanzeige
- Course Deviation Dots — Kursablagepunkte
- Course Deviation Indicator — Kursablageanzeiger
- Omni Bearing Selector — Kurswähler
- Hier wird das eingestellte Radial angezeigt!
- Warning Flag — Warnflagge
- TO/FROM Indicator — Richtungsanzeige
- Reciprocal Course Index — Anzeige des umgekehrten Radials

Zunächst ist zu prüfen, ob die richtige Bodenstation auch zuverlässig empfangen wird. Dies ist dann der Fall, wenn die rote Warnflagge vollständig aus dem Sichtbereich weggeklappt ist und der Morsecode der Stationskennung richtig empfangen wird. Dieser kann abgehört werden, wenn am Bedienteil der Schalter auf IDENT gerastet wird und die Lautstärke am VOLUME-Knopf eingestellt worden ist.

Befindet sich das Luftfahrzeug genau auf dem vorgewählten Radial (unabhängig ob im TO- oder FROM-Bereich und unabhängig, ob das Gerät als Kommandoanzeige oder Ablageanzeige eingestellt ist), befindet sich der Kursablageanzeiger in der Mitte. Ansonsten schlägt er seitlich aus und zwar pro 2° Abweichung vom vorgewählten Radial um einen Kursablagepunkt.

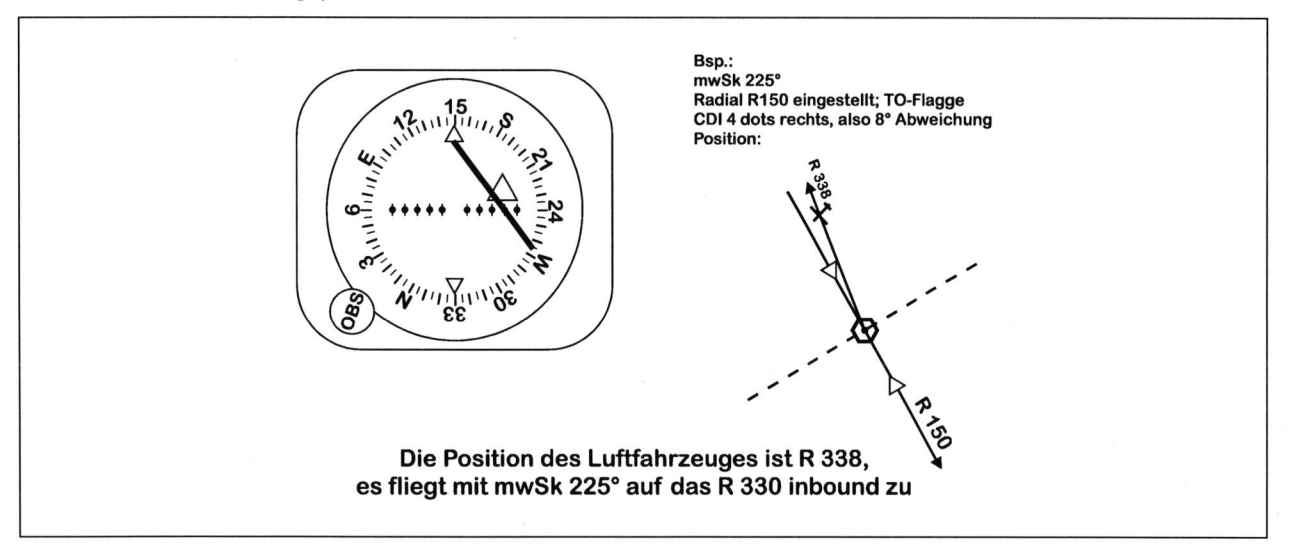

Bsp.:
mwSk 225°
Radial R150 eingestellt; TO-Flagge
CDI 4 dots rechts, also 8° Abweichung
Position:

Die Position des Luftfahrzeuges ist R 338, es fliegt mit mwSk 225° auf das R 330 inbound zu

Da zu jeder Seite 5 Ablagepunkte vorhanden sind, werden max. 10° Abweichung rechts/links angezeigt, bevor der Anschlag erreicht ist; d.h. steht die Nadel am Anschlag, beträgt die Abweichung 10° oder mehr. Am Anschlag kann zwar noch die Ablagerichtung des Radials, jedoch nicht mehr die Größe der Ablage selbst abgelesen werden. Systembedingte Fehler und störende Einflüsse können Falschanzeigen von bis zu +/- 4,5° bewirken.

b) Radio Magnetic Indicator

Das Anzeigegerät des Radio Magnetic Indicator (RMI) wurde bereits in FN 3.2.5 erläutert. Dabei ist zu beachten, dass das RMI sowohl die QDM's zu NDB- als auch VOR-Stationen anzeigen kann. Die Abweichung vom eingestellten Radial kann von diesem Gerät nicht so komfortabel (ohne weiteres Rechnen) wie bei den beiden anderen Versionen angezeigt werden. Das VOR wird also lediglich in der Funktion eines ungerichteten Funkfeuers (also NDB) benutzt.

Funknavigation

FN 14

c) Horizontal Situation Indicator

Das Horizontal Situation Indicator (HSI) ist das "komfortabelste" Gerät, in der Regel sind aber nur für IFR-Flüge zugelassene Luftfahrzeuge damit ausgestattet. Wie der Name des Gerätes schon besagt, zeigt es ständig die horizontale Situation des Luftfahrzeuges in Bezug auf ein am OBS eingestelltes Radial an. Die zentral gelagerte Nadel (**Pointer**) stellt das eingestellte Radial dar und dreht sich mit der Kursrose mit. Die Kursrose ist durch einen **Slaved Gyro** ferngesteuert und stellt sich automatisch auf den augenblicklich geflogenen mißweisenden Steuerkurs ein, der am Gerät oben angezeigt wird. In der Mittel des Pointers kann zu beiden Seiten die CDI-Nadel auswandern und somit wie beim konventionellen Anzeigegerät die Abweichung vom eingestellten Radial anzeigen.

Hier wird der augenblicklich geflogene mißweisende Steuerkurs angezeigt!

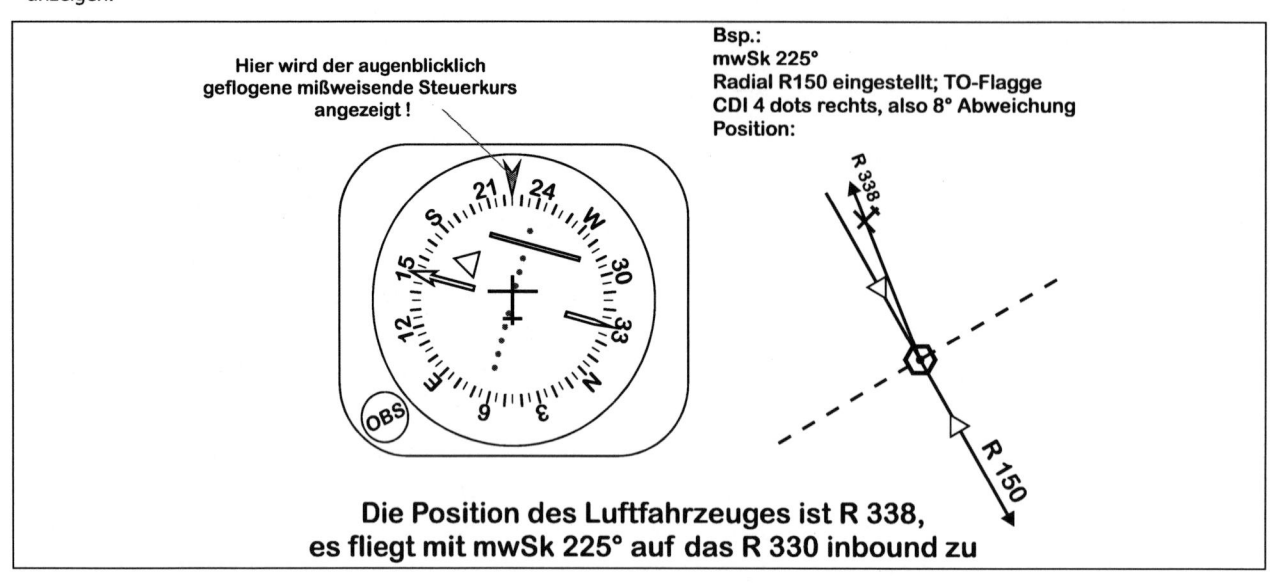

Bsp.:
mwSk 225°
Radial R150 eingestellt; TO-Flagge
CDI 4 dots rechts, also 8° Abweichung
Position:

**Die Position des Luftfahrzeuges ist R 338,
es fliegt mit mwSk 225° auf das R 330 inbound zu**

6.2.3 Interpretation der Anzeige

Grundsätzlich sind die Leitstrahlen des VOR-Senders von der Station weg auf mißweisend Nord bezogen; es handelt sich also um QDRs, wobei diese im Zusammenhang mit VORs als Radials bezeichnet werden:

Radial = QDR

Die VOR-Bordanlage ermöglicht jedoch auch die Nutzung der Leitstrahlen als QDM, also mißweisend zur Station.
Der Bordempfänger stellt grundsätzlich jeweils das Radial fest auf dem man sich gerade befindet. Die Anzeige im Cockpit ist jedoch von der Einstellung des Gerätes durch den Piloten abhängig. Um eine sinngemäße und leicht interpretierbare Anzeige zu erhalten, die auch als **Kommandoanzeige** bezeichnet wird, muß der Pilot sich an folgende Regel halten:

Anflug auf Station (inbound)	Abflug von Station (outbound)
• Beim Anflug auf die Station stellt er das Gegenradial (IST-Radial +/- 180°)ein	• Beim Abflug von der Station stellt er das IST-Radial ein, auf dem er sich augenblicklich befindet
• Das Gegenradial entspricht dem mißweisenden Kurs, auf dem er zur Station fliegen möchte	• Das IST-Radial entspricht dann auch dem Kurs, auf dem er von der Station wegfliegen will
• Die Einstellung des Gegenradials bewirkt eine Anzeige des TO-Bereichs	• Die Einstellung des IST-Radial bewirkt dabei eine Anzeige des FROM-Bereiches 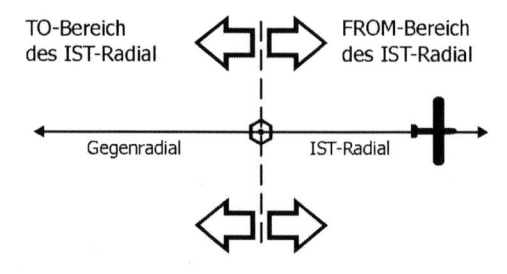
FROM-Bereich des Gegenradial ⇐ ⇒ TO-Bereich des Gegenradial Gegenradial ← → IST-Radial	TO-Bereich des IST-Radial ⇐ ⇒ FROM-Bereich des IST-Radial Gegenradial ← → IST-Radial
- Das Luftfahrzeug befindet sich im TO-Bereich des Gegenradials	- Das Luftfahrzeug befindet sich im FR-Bereich des IST-Radials
- Das Gegenradial ist unter Course Index eingestellt	- Das IST-Radial ist unter Course Index eingestellt
- Der TO/FROM Indicator zeigt auf TO	- Der TO/FROM Indicator zeigt auf FROM

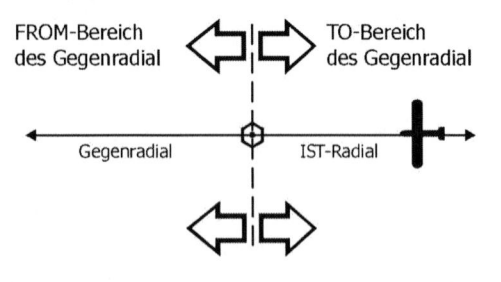

Ist das Bordgerät als **Kommandoanzeige** eingestellt, schlägt der Course Deviation Indicator (CDI) bei Abweichungen der Luftfahrtposition vom eingestellten Kurs zu der Seite hin aus, wo dieser Kurs sich tatsächlich befindet. Diese Tatsache ist davon unabhängig, ob das Luftfahrzeug zur Station hin- oder von ihr wegfliegt. Der Pilot muß also nur dem CDI folgen, um auf Kurs zu gelangen:

Kommandoanzeige:
Flugzeug fliegt zur Station, eingestellt ist das Gegenradial

- CDI befindet sich links
  TO/FR Indicator zeigt TO
- CDI befindet sich in der Mitte
  TO/FR Indicator zeigt TO
- CDI befindet sich rechts
  TO/FR Indicator zeigt TO

Wird die oben beschriebene Einstellung des Bordempfängers vertauscht, erhält man eine gegenteilige Anzeige; man spricht in diesem Fall von einer **Ablageanzeige (auch Anzeigegerät)**, d.h. der Course Deviation Indicator zeigt nun die Lage des Flugzeuges an. Bei dieser Einstellung müßte man also immer von der Nadel wegfliegen, um zum Radial zu gelangen. Diese Einstellung wird jedoch normalerweise nicht praktiziert.

Ablageanzeige:
Flugzeug fliegt zur Station, eingestellt ist das IST-Radial

- CDI befindet sich rechts
  TO/FR Indicator zeigt FROM
- CDI befindet sich in der Mitte
  TO/FR Indicator zeigt FROM
- CDI befindet sich links
  TO/FR Indicator zeigt FROM

6.2.4 Antennenanlage

Die VOR-Signale werden an Bord von einer v-förmigen Dipolantenne empfangen:

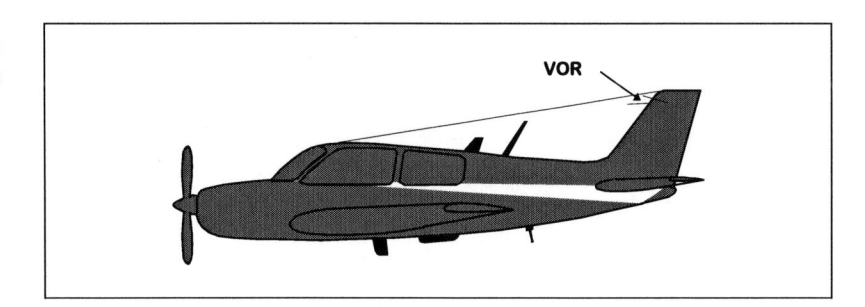

7 DME

7.1 Bodenanlage

Die Bodenanlage besteht aus einem UHF-Sender, der im Frequenzbereich von 960 bis 1215 MHz mit einem Kanalabstand von 100 kHz eine elektromagnetische Welle abstrahlt. Aufgrund der häufigen Kombination von DME mit anderen im VHF-Bereich ausstrahlenden Sendern sind die unterschiedlichen Frequenzen beider Anlagen derart gekoppelt (paired frequencies), dass die bordseitige DME-Anlage immer über die VHF-Frequenz zu aktivieren ist. Die Bodenanlage erhält von der bordseitigen Anlage Abfrageimpulse einer bestimmten Frequenz. Sie antwortet mit einer anderen Frequenz, jedoch mit derselben Impulsrate. Die Bordanlage wertet die Laufzeit zwischen Abstrahlen des Frageimpulses und Erhalt des Antwortimpulses aus und ermittelt somit die Entfernung zur Station und die Geschwindigkeit über Grund. Eine militärische VORTAC-Bodenanlage kann mit zivilen Navigationsgeräten sowohl als VOR als auch als DME benutzt werden.

Folgende Zeichen werden in Luftfahrtkarten für die Bodenanlagen verwendet:

DME	VOR/DME	VORTAC
▫•	⬡•	⏣•

7.2 Bordanlage

Die Bordanlage bestehend aus der Antenne und dem Empfangsgerät wird z.B. über folgendes Panel kontrolliert:

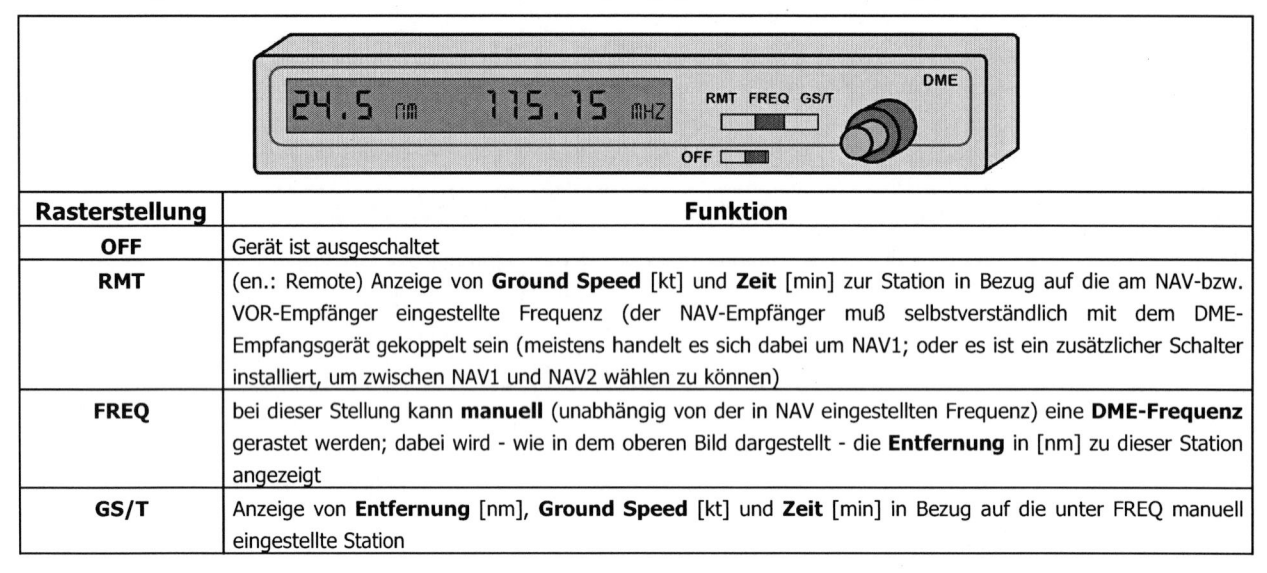

Rasterstellung	Funktion
OFF	Gerät ist ausgeschaltet
RMT	(en.: Remote) Anzeige von **Ground Speed** [kt] und **Zeit** [min] zur Station in Bezug auf die am NAV-bzw. VOR-Empfänger eingestellte Frequenz (der NAV-Empfänger muß selbstverständlich mit dem DME-Empfangsgerät gekoppelt sein (meistens handelt es sich dabei um NAV1; oder es ist ein zusätzlicher Schalter installiert, um zwischen NAV1 und NAV2 wählen zu können)
FREQ	bei dieser Stellung kann **manuell** (unabhängig von der in NAV eingestellten Frequenz) eine **DME-Frequenz** gerastet werden; dabei wird - wie in dem oberen Bild dargestellt - die **Entfernung** in [nm] zu dieser Station angezeigt
GS/T	Anzeige von **Entfernung** [nm], **Ground Speed** [kt] und **Zeit** [min] in Bezug auf die unter FREQ manuell eingestellte Station

7.3 Entfernungsbestimmung

Unter der angezeigten Entfernung ist nicht die horizontale Entfernung über Grund, sondern der direkte Abstand des Luftfahrzeuges von der Bodenstation unter Einrechnung der Flughöhe zu verstehen. Dieser Abstand wird als **slant range distance** (SRD) bezeichnet. Die Differenz zwischen slant range und der horizontalen Entfernung über Grund D nimmt mit der Flughöhe über Grund H und der Nähe des Luftfahrzeuges zur Bodenstation zu.

Die slant range distance berechnet sich aus der Wurzel aus den Quadraten der Entfernung und Flughöhe über Grund. Daraus ergibt sich, dass **beim Überflug der Station das Bordgerät die Höhe über der Station anzeigt (D = 0) und daher ist SRD = H.**

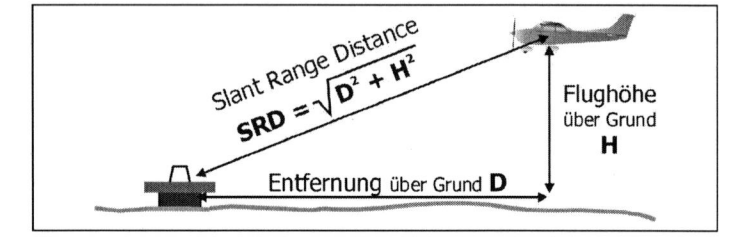

$$SRD = \sqrt{D^2 + H^2}$$

7.4 Anzeige der Geschwindigkeit über Grund

Die exakte Geschwindigkeit über Grund zur Station wird nur dann angezeigt, wenn man sich auf direktem Wege zur Station zu- oder von ihr weg bewegt.

7.5 Antennenanlage

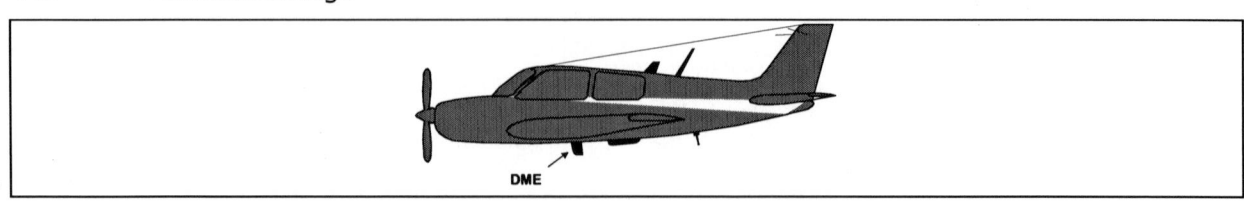

8 RADAR und Transponder

8.1 Primärradar

8.1.1 Funktionsweise

RADAR ist eine Abkürzung für **RAdio Detecting And Ranging**.

Das Primärradar strahlt einen Sendeimpuls aus, der von Gegenständen (Luftfahrzeugen, Wolken, Bergen und Gebäuden usw.) reflektiert wird. Die Reflexion wird vom Empfänger am Boden wieder aufgenommen und auf dem Bildschirm des Fluglotsen dargestellt. Das Primärradarverfahren wird auch als passive Funkortung bezeichnet. Da die vom RADAR ausgestrahlte elektromagnetische Welle sehr hochfrequent und somit sehr energiereich ist, breitet sich diese Welle quasioptisch auf. Das bedeutet dass die Verbindungslinie zwischen Luftfahrzeug und RADAR-Antenne immer hindernisfrei bleiben muß, um einen RADAR-Empfang zu ermöglichen; dies ist auch nur bei ausreichender Flughöhe der Fall. Das Primärradarverfahren ist jedoch mit einigen Nachteilen behaftet. Zum einen ist keine direkte Höhenerfassung des Flugzieles möglich, diese muß vom Lotsen über Sprechfunk erfragt werden, zum anderen kann im ersten Schritt keine eindeutige Zuordnung zwischen Flugziel und Leuchtpunkt auf dem Radarschirm erfolgen. Die Tatsache, dass nicht nur Luftfahrzeuge ein RADAR-Echo hervorrufen, führt zu einer relativ schwierig überschaubaren Darstellung auf dem Bildschirm. Zur Lösung dieses Problems und zwecks zusätzlicher Informationsdarstellung, wurde das Sekundärradar entwickelt.

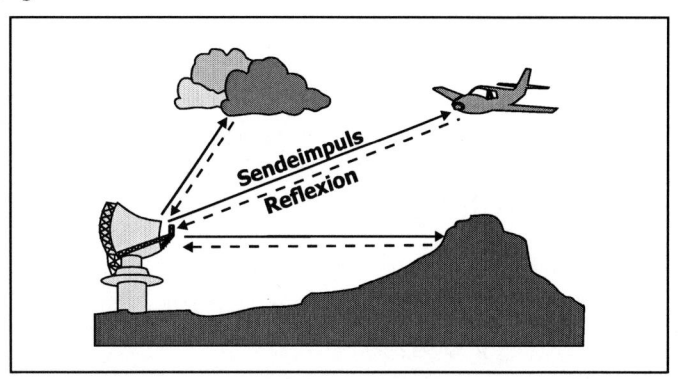

8.1.2 Primärradarversionen

Abkürzung	Bezeichnung
SRE	**Surveillance Radar Equipment** / Mittelbereichs-Rundsichtradar
PAR	**Precision Approach Radar** / Präzisionsanflugradar
ASDE	**Airport Surface Detection Equipment** / Rollfeld-Überwachungsradar
RSR	**Route Surveillance Radar** / Strecken-Rundsichtradar / Großraum-RSR haben eine Reichweite bis zu 120 nm; die Sendefrequenz beträgt 1300 MHz
ASR	**Airport Surveillance Radar** / Flughafen-Rundsichtradar

8.2 Sekundärradar und Transponder

8.2.1 Funktionsweise

Das **Sekundärradar** (en.: Secondary Surveillance RADAR / SSR) arbeitet zusammen mit dem Primärradar und wird als aktive Funkortung bezeichnet. Die Sekundärradar-Bodenanlage wird als **Interrogator** bezeichnet; deren Antenne befindet sich auf der rotierenden Primärradar-Antenne.

Der Interrogator sendet zusätzlich einen Abfrageimpuls auf einer Trägerfrequenz von 1030 MHz aus. Trifft der Abfrageimpuls das Luftfahrzeug (in diesem Augenblick leuchtet die Kontrollampe des Bediengerätes auf), sendet die Bordanlage (Transponder) einen Antwortimpuls mit 1090 MHz aus, der wiederum vom Empfänger am Boden auf dem Bildschirm des Lotsen dargestellt wird. Zwischen den beiden Rahmenimpulsen des Antwortsignales befinden sich max. 12 Informationsimpulse. Der Begriff Transponder setzt sich aus **Transceiver** (Sender und Empfänger) und **Responder** (Antwortgeber) zusammen; er wird als XPDR abgekürzt.

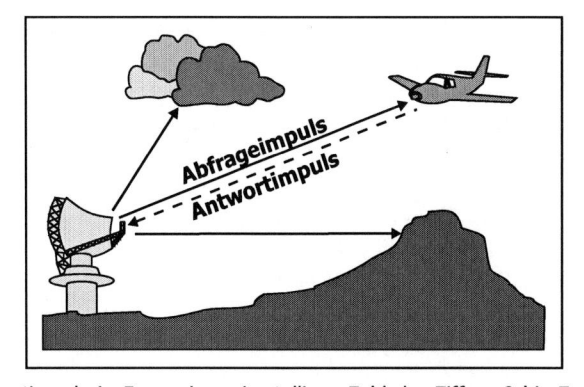

Da nur mit Transponder ausgerüstete Luftfahrzeuge u.a. einen Antwortimpuls in Form einer vierstelligen Zahl der Ziffern 0 bis 7 **(squawk-code)** ausstrahlen können, können diese leicht von den unerwünschten RADAR-Echos herausgefiltert werden, so dass die Bildschirmanzeige bedeutend übersichtlicher wird (synthetische RADAR-Bilddarstellung). Außerdem ergibt sich mit Sekundärradar im Vergleich zum Primärradar eine größere Reichweite. Moderne RADAR-Anlagen, wie sie bei der DFS Verwendung finden, sind in der Regel immer mit Sekundärradar-Technik ausgestattet.

Funknavigation

8.2.2 Verwendungszweck

RADAR-Hilfe kann von VFR-Fliegern bei Orientierungsverlust in Anspruch genommen werden.
Durch das Ausstrahlen des Transpondercodes 0021 bzw. 0022 (vgl. Luftrecht 5.5) können VFR-Flüge identifiziert werden und Luftfahrzeuge, die von der Flugverkehrskontrollstelle kontrolliert werden, von diesen informiert bzw. gestaffelt werden.
Aufgrund des synthetischen Sekundärradar-Bildes kann man keine Informationen über Schlechtwettergebiete erwarten.

8.2.3 Bedienteil

Schalter	Erläuterung
OFF	Gerät ist ausgeschaltet
STY	stand by = Bereitschaftsstellung
ON	Mode A (nur 4-stelliger Code wird übermittelt)
ALT	Mode C (4-stelliger Code und Höhe werden übermittelt)
TST	Funktionskontrolle / Kontrollampe blinkt
IDENT	IDENT-Taste
Kontrollampe	Blinkt im Rhythmus des eintreffenden Abfrageimpulses

Der Squawk-Code und der gewünschte Abfragemodus werden am Bediengerät der Bordstation eingestellt. Bevor man den Code verändert, sollte man auf STY stellen, damit während des Verstellens kein unerwünschter Code abgestrahlt wird.

8.2.4 Modi

Modus	Funktion
A	Im Modus A wird ausschließlich der eingestellte vierstellige Code übermittelt. Aus technischen Gründen sind maximal 4096 Codes möglich, wobei die Zahlen immer zwischen 0 und 7 liegen.
B	Identifizierung (wird z.Z. nicht benutzt)
C	Im Modus C übermittelt der Transponder neben dem eingestellten Code die aktuelle vom barometrischen Höhenmesser ermittelte Flughöhe in 100 ft – Schritten über der Standarddruckfläche (1013,2 hPa), - also unabhängig vom eingestellten Bezugsdruckwert ! - in 100 ft-Stufen. Um diese Antwort des Transponders zu erhalten, muß die Bodenstation mit beiden Modi A und C abfragen.
D	/
S	• Rufzeichen des Luftfahrzeuges wird übermittelt • genauere Höheninformation in 25 ft - Schritten • diverse weitere Eigenschaften des Systems, um die Arbeit des Lotsens zu entlasten • ab 31.3.2005 für VFR vorgeschrieben (Bestandsrecht für Luftfahrzeuge, die vor diesem Datum zugelassen worden sind bis 2008) • weitere Informationen: ICAO Annex 10 Volumes III and IV amendment 73
1,2 und 3	militärische Anwendung

8.2.5 Betriebsvorschriften

Grundsätzlich ist der Transponder nur auf Anweisung des Lotsen einzuschalten; es dürfen lediglich einige der folgenden Transpondercodes eigenmächtig eingeschaltet und gesendet werden:

A/C 0022	**Einschaltpflicht** ohne Aufforderung oberhalb 5000 ft MSL/3500 ft GND (aber nicht im Luftraum C einschalten - hier den vom Lotsen geforderten Code einstellen !)
A/C 0021	**Einschaltempfehlung** unterhalb 5000 ft MSL/3500 ft GND (aber nicht in der Platzrunde - hier sollte der Transponder aus- oder auf standby geschaltet werden !)
A/C 7500	**Entführung**; merke: man with knife -> seven five
A/C 7600	**Funkausfall**; merke: radio nix -> seven six
A/C 7700	**Notfall**; merke: pray to heaven -> seven seven
SBY	Auf Anweisung des Lotsen ist der Transponder auf Standby zu schalten; nicht auf OFF, damit er während des Fluges jederzeit wieder aktiviert werden kann
IDENT	Die IDENT-Funktion wird durch **kurzzeitiges** und **einmaliges** Drücken der IDENT-Taste auf Anweisung des Lotsen ("squawk ident") aktiviert

weitere Informationen: AIP VFR-ENR 1-17 ff.

8.2.6 Antennenanlage am Luftfahrzeug

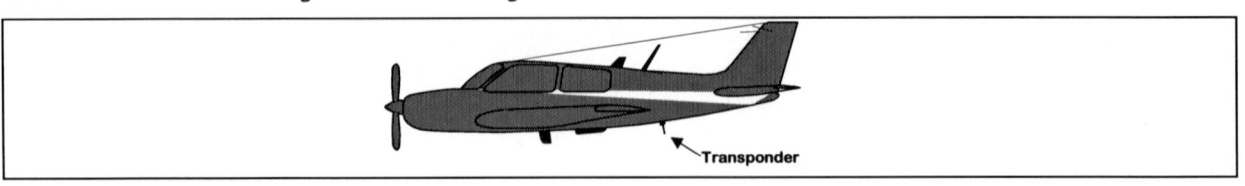

9 Funknavigationsverfahren

9.1 Standardkurve / Rate One Turn

Die meisten Flugverfahren, die beim Fliegen unter Flugverkehrskontrolle (IFR, CVFR) angewendet werden, sind entsprechend einer ICAO-Empfehlung für Standardkurven ausgelegt. Standardkurven haben den Vorteil eines hohen Passagierkomforts und sollten deshalb auch immer - wenn möglich – bei VFR-Flügen angewendet werden. Standardkurven bedeuten eine Drehgeschwindigkeit (oder Winkelgeschwindigkeit) um die Hochachse von 3°/Sekunde; das ergibt 2 Minuten für einen Vollkreis. Lt. ICAO-Empfehlung soll dabei die Schräglage (Bank Angle) von 25° nicht überschritten werden. Die Drehgeschwindigkeit ist von der Schräglage und von der Wahren Eigengeschwindigkeit (TAS) des Luftfahrzeuges abhängig:

- Standardkurven mit geringer TAS erfordern eine kleine Schräglage
- Standardkurven mit großer TAS erfordern eine große Schräglage

Mit folgender Formel kann der für Standardkurven nötige **Schräglagewinkel** ermittelt werden und am **künstlichen Horizont** abgelesen werden:

Bis max. 250 kt gilt:

$$\text{Schräglagewinkel}_{\text{STANDARDKURVE}} = \frac{\text{TAS}}{10} + 7°$$

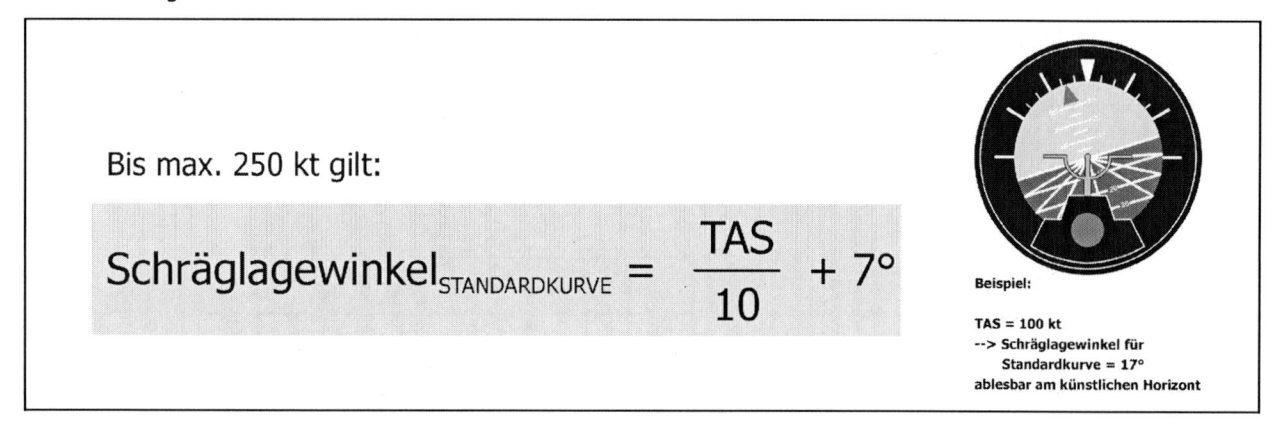

Beispiel:

TAS = 100 kt
--> Schräglagewinkel für Standardkurve = 17°
ablesbar am künstlichen Horizont

Die **Drehgeschwindigkeit** für die Standardkurve läßt sich direkt am **Wendezeiger** ablesen.

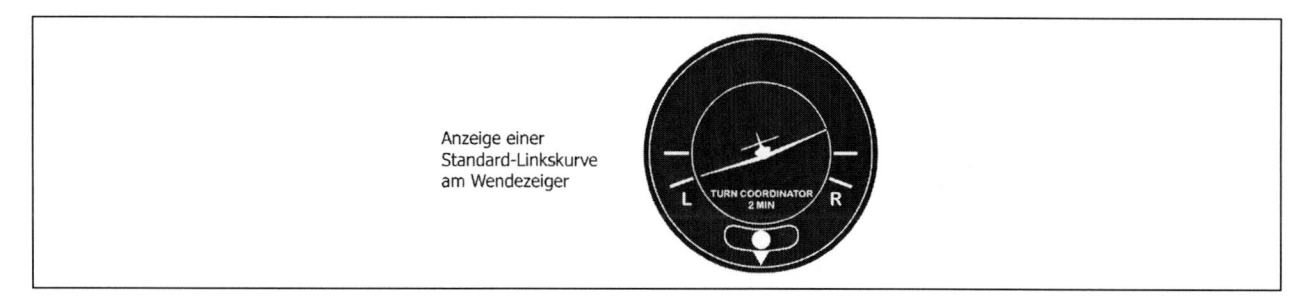

Anzeige einer Standard-Linkskurve am Wendezeiger

9.2 Standortbestimmung durch Kreuzpeilung

Durch Ermitteln der QDR-Peilwerte zu mindestens zwei Funkstationen ergibt sich die Position des Luftfahrzeuges im Kreuzungspunkt der beiden Funkstandlinien (lines of position):

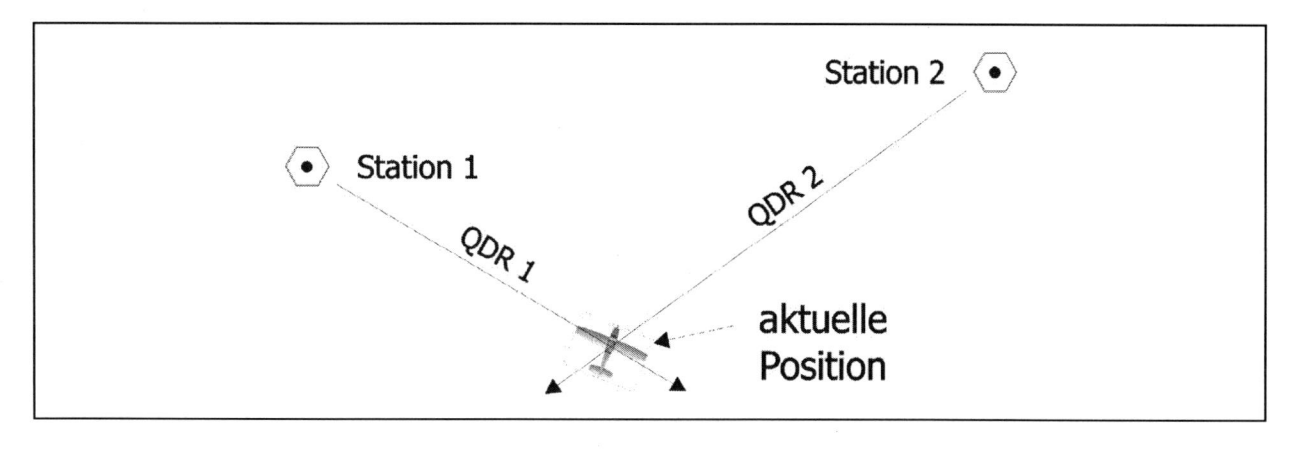

9.3 Interception nach D-Plus 30-Methode

D ist die Winkeldifferenz zwischen Ist- und Soll-QDM bzw. -QDR

a) Winkeldifferenz D kleiner als 60°

Wird Soll-QDM **kleiner**, dann steuere: Soll-QDM + (D+30°), also **größer**!	
Wird Soll-QDM **größer**, dann steuere: Soll-QDM - (D+30°), also **kleiner**!	
Wird Soll-QDR **kleiner**, dann steuere: Soll-QDR - (D+30°), also **kleiner**!	
Wird Soll-QDR **größer**, dann steuere: Soll-QDR + (D+30°), also **größer**!	

b) Winkeldifferenz 60° < D < 90°

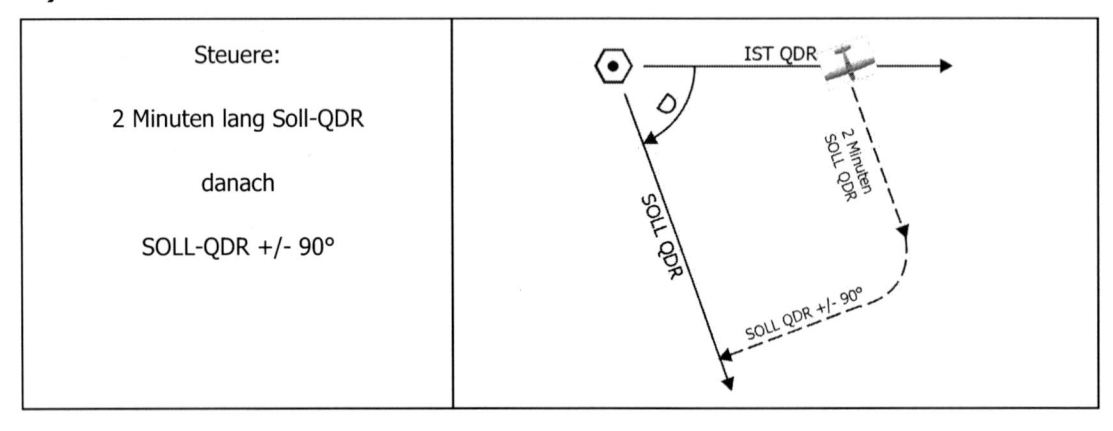

Steuere: 2 Minuten lang Soll-QDR danach SOLL-QDR +/- 90°	

c) Winkeldifferenz D größer als 90°

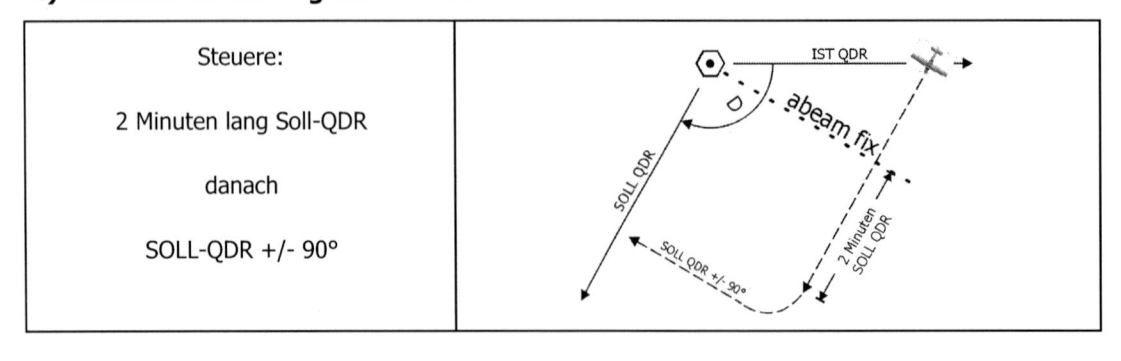

Steuere: 2 Minuten lang Soll-QDR danach SOLL-QDR +/- 90°	

9.4 Homing (Hundekurve / dog leg)

Unter Homing versteht man den Anflug auf eine NDB-Station ohne Windberücksichtigung, indem die Peilnadel des ADF immer in der Mitte gehalten wird (also parallel zur Flugzeuglängsachse). Bei Windeinfluß entsteht eine sog. "Hundekurve" bzw. ein "dog leg":

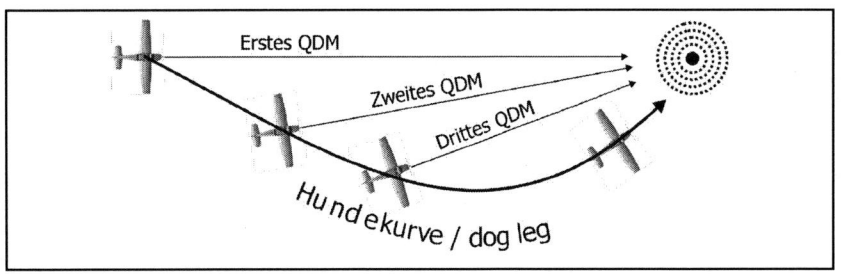

Das Homing kann nur beim Anflug (also inbound) auf eine Peilstation angewendet werden. Ein definierter Abflug (outbound) läßt sich nicht praktizieren, da der Abflugkurs ungewiß ist.

9.5 Stehende Peilung (Constant Bearing)

Das bestehende Grundproblem ist ähnlich der in AN 6.1 beschriebenen Ausgangssituation, mit dem Unterschied, dass der Zielort B nun eine Peilstation (z.B. NDB) ist; der Winkel des Kursfehlers k wird in dem vorliegenden Fall als Peilsprung PS bezeichnet. Der Peilsprung kann jederzeit am ADF als RB abgelesen werden:

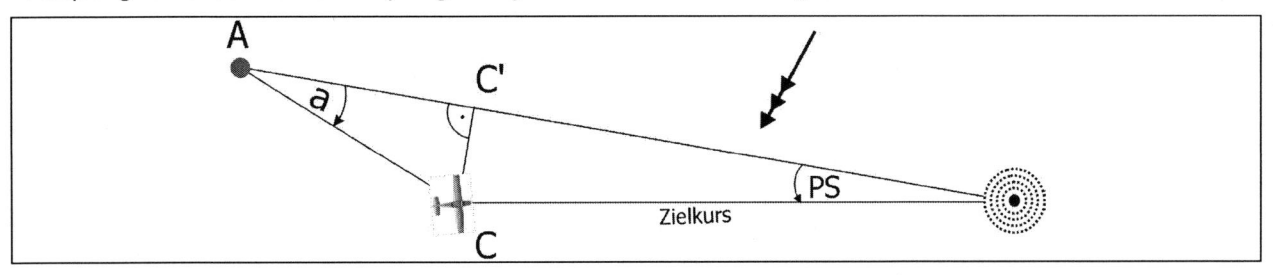

Der Unterschied zum Homing liegt bei der stehenden Peilung darin, dass man unter Berücksichtigung des Windes von Position C aus möglichst direkt (auf kürzestem Wege) zur Peilstation gelangen möchte, wobei der Zielkurs zur Station gleichgültig und z.B. nicht vom Lotsen vorgegeben ist. Grundsätzlich gilt in diesem Fall:

⇒ Wird das QDM größer, größer steuern ! (hear more - stear more !)
⇒ Wird das QDM kleiner, kleiner steuern ! (hear less - steer less !)

Mit dem soeben genannten Schema ist jedoch nicht mehr als ein intuitives Ausprobieren des gesuchten WCA möglich. Schematischer und vielleicht zuverlässiger gelangt man zum Ziel, wenn man dem in AN 6.1 beschriebenen Verfahren folgt. Zur Erinnerung: **"Um zum Ziel zurückzufliegen, korrigiere um WCA und Kursfehler k !"**. Überträgt man diese Aussage auf das Anfliegen einer Peilstation gilt:

Um direkt vom Versetzungspunkt zur Peilstation weiterzufliegen, korrigiere um WCA und Peilsprung PS

Oder bildlich dargestellt:

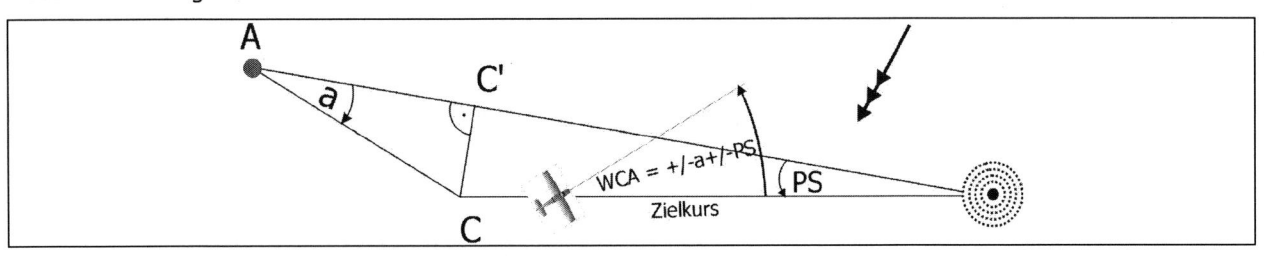

Der WCA läßt sich bei bekanntem Wind "auf die Schnelle" mit den in AN 3.7 beschriebenen Faustformeln ermitteln. In den meisten Fällen ist der Wind und daher der Vorhaltewinkel WCA jedoch nicht bekannt. In diesem Fall verwendet man einfach den abgelesenen Peilsprung und setzt ihn in die nächsten Faustformeln ein. Dabei geht die Entfernung, die während des Peilsprunges zurückgelegt worden ist und die Entfernung zur Peilstation mit ein. Statt der Entfernungen können (wenn bekannt) auch die Zeiten für diese Strecken eingesetzt werden.

Zeit/Strecke AC ist kleiner als Zeit/Strecke von C zur Peilstation,	WCA = 2,5 x PS !
Zeit/Strecke AC ist gleich Zeit/Strecke von C zur Peilstation,	WCA = 2 x PS !
Zeit/Strecke AC ist größer als Zeit/Strecke von C zur Peilstation,	WCA = 1,5 x PS !

Korrigiert man den ursprünglichen Steuerkurs, der dem ersten QDM entsprach um den soeben berechneten WCA, wird man im Idealfall unter Beibehaltung dieses Steuerkurses zur Station kommen. Oft müssen jedoch in der Praxis weitere Korrekturen nach demselben Schema vorgenommen werden.

Beispiel: Der Pilot erhält das erste QDM von 045° und fliegt zunächst diesen Wert als mißweisenden Steuerkurs. Eine Minute später erhält er das zweite QDM von 033°; also beträgt der Peilsprung G = 12°. Die Restflugzeit zur Station beträgt noch ca. 15 Minuten. Er korrigiert also seinen Steuerkurs mit dem 2,5-fachen des Peilsprunges (um 30°) und erhält mwSk = 015°.

Das Verfahren des Erfliegens einer stehenden Peilung kann nur beim Anflug (also inbound) auf eine Peilstation angewendet werden. Ein definierter Abflug (outbound) läßt sich nicht praktizieren, da der Abflugkurs ungewiß ist.

9.6 Kursflugverfahren (Tracking)

Beim Kursflugverfahren ist nach einer Versetzung zunächst auf den Sollkurs zurückzufliegen. Dabei eignet sich ein Anschneidewinkel von 30°, der als RB von 30 bzw. 330° am ADF abgelesen werden kann, wenn man den Sollkurs wieder erreicht hat. Als Korrektur muß jetzt nur noch mit dem einfachen WCA korrigiert werden, der sich wie im Falle der stehenden Peilung nach den Faustformeln aus N 1.3.7 abschätzen läßt.

Wenn der Wind nicht bekannt ist, versucht man zunächst einen WCA von 5°. Sollte dieser nicht ausreichen, erhöht man ihn um 10° usw. bis eine stehende Peilung erreicht wird. Evtl. sind auch Zwischenwerte erforderlich. Wenn die Peilung steht, entspricht das konstant angezeigte RB genau dem benötigten WCA. Das Kursflugverfahren läßt sich sowohl inbound als auch outbound praktizieren.

9.7 Überflug (Schweigekegel / cone of silence) und Outbound Interception

1. Auf den Anflug-Radial stehende Peilung erfliegen
2. Im Schweigekegel (Cone of Silence) **nicht mehr** der Nadel folgen, sondern stehende Peilung beibehalten bis die TO/FROM-Flagge eindeutig umgeschlagen ist
3. Nachdem die TO/FROM-Flagge eindeutig umgeschlagen ist, **sofort** auf den Steuerkurs gehen, der dem beabsichtigten Radial für den Abflug von der VOR entspricht und diesen Steuerkurs für 30 sec beibehalten
4. Innerhalb dieser 30 sec am OBS das Abflug-Radial einstellen
5. Nach Ablauf der 30 sec je nach Ablage der Nadel nach rechts oder links mit einem Anschneidewinkel von 45° das Abflug-Radial intercepten

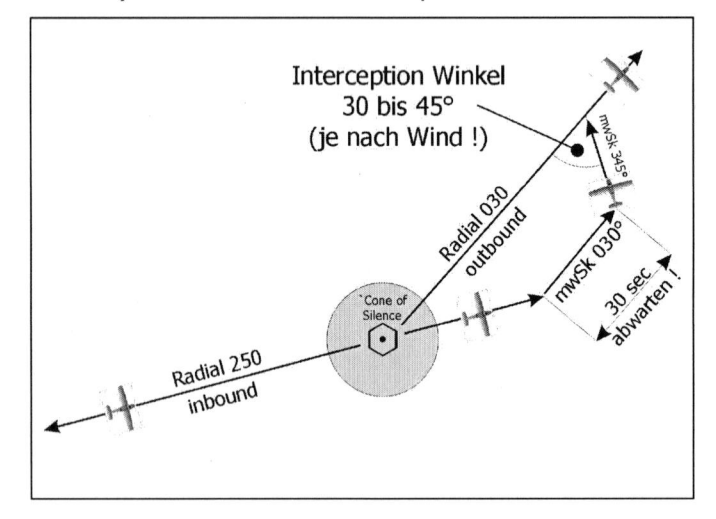

9.8 Funknavigatorische Auffanglinien

Es empfiehlt sich insbesondere bei fehlenden geographischen Auffanglinien (Flüsse, Autobahnen, Küstenlinien usw.), Funkstandlinien als Auffanglinien zu benutzen.

9.9 Abstandsbestimmungen (Time and Distance Checks)
9.9.1 90-Grad-Methode

1. Ermittle IST QDM
2. Kurve IST QDM +/- 80° (das entspricht IST QDR +/- 100°) und drehe dabei beim VOR das OBS auf den nächsten vollen 10°-Wert ENTGEGENGESETZT der Kurve
3. Behalte den Steuerkurs bei. Wenn die CDI-Nadel der VOR-Anzeige zentriert ist (bzw. am ADF ein RB von 085° angezeigt wird), starte die Stoppuhr
4. Behalte den Steuerkurs bei und drehe das OBS erneut um 10° in die gleiche Richtung wie oben
5. Wenn die CDI-Nadel zentriert ist bzw. ein RB von 095° angezeigt wird, stoppe die Stoppuhr
6. Die Zeit und Entfernung gem. Formeln berechnen

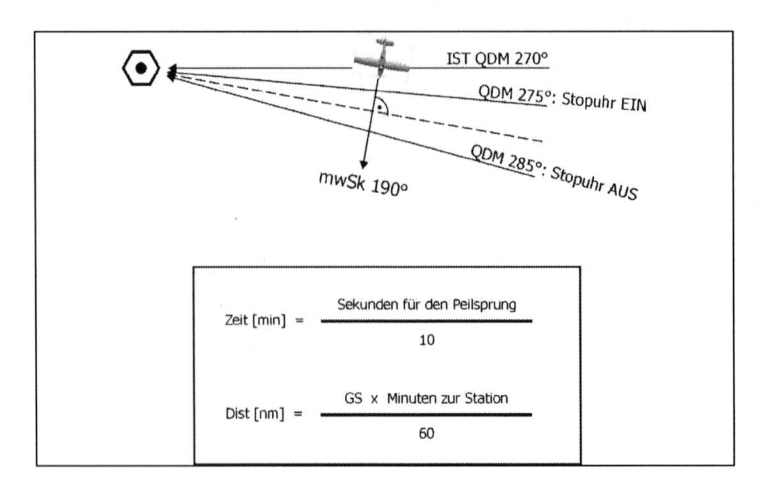

$$\text{Zeit [min]} = \frac{\text{Sekunden für den Peilsprung}}{10}$$

$$\text{Dist [nm]} = \frac{\text{GS} \times \text{Minuten zur Station}}{60}$$

9.9.2 45-Grad-Methode (auch Methode gleichschenkliges Dreieck)

Diese Methode basiert auf der Geometrie des gleichschenkligen Dreieckes, bei dem die beiden Katheten die gleiche Länge (also gleiche Flugzeit) haben:

1. Ermittle IST QDM
2. Steuere mwSk = IST QDM +/- 45° und Stoppuhr EIN
3. Nach einem Peilsprung von 45° Stoppuhr AUS

Zeit zur Station = Zeit für Peilsprung

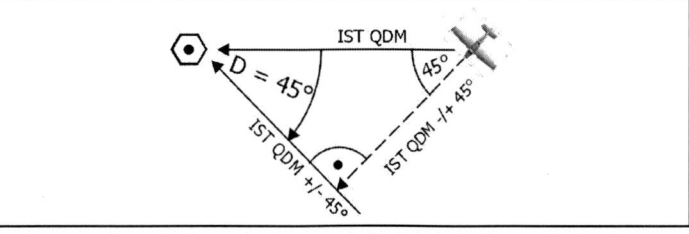

Die 45-Grad-Methode läßt sich auch auf beliebige Winkel anwenden. Es ist jedoch grundsätzlich bei dieser Methode zu beachten, dass der Wert des Peilsprungs D immer gleich dem Winkel ist mit dem man vom IST QDM wegfliegt !

9.9.3 30-Grad-Methode

1. Ermittle IST QDM
2. Steuere mwSk = IST QDM +/- 60° und Stoppuhr EIN
3. Nach einem Peilsprung von 30° Stoppuhr AUS
4. Die Zeit für den Peilsprung ist etwa gleich der Hälfte der Zeit zur Station bzw. genauer:

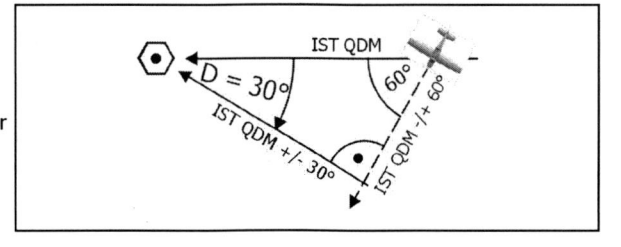

Zeit zur Station = 1,7 x Zeit für Peilsprung

9.10 Verfahrenskurven

Verfahren:	Skizze:	Anmerkung:
45° / 180° - Procedure Turn	Alle Kurven sind Standardkurven! 1 bis 3 MIN, 1 MIN (A u. B), 1 MIN 15 SEC (C u. D), 45°, 45°, Fix	**Kursumkehr** Zeitmessung beginnt entweder zu Beginn der 45°-Kurve (dann 1 min) oder nach dem Ausleiten dieser Kurve (dann 45 sec).
80° / 260° - Procedure Turn	Alle Kurven sind Standardkurven! 1 bis 3 MIN, 80°, Fix	**Kursumkehr** Zuerst um 80° wegkurven und gleich anschließend entgegengesetzt (also 260° zurück)
Base Turns (Wendekurve)	Alle Kurven sind Standardkurven! 1 MIN, 2 MIN, 3 MIN, Fix	**Kursumkehr** Die zu fliegenden Winkel sind lokal vom veröffentlichten Verfahren abhängig
Racetrack Pattern (Rennbahn-Verfahren)	1 MIN, 2 MIN, 3 MIN, Alle Kurven sind Standardkurven! Fix	**descent, holding** Anstelle der Zeitmessung kann die Stelle, wo wieder auf inbound leg zurückgedreht wird, mit DME oder intersection radial oder bearing definiert sein

Aerodynamik

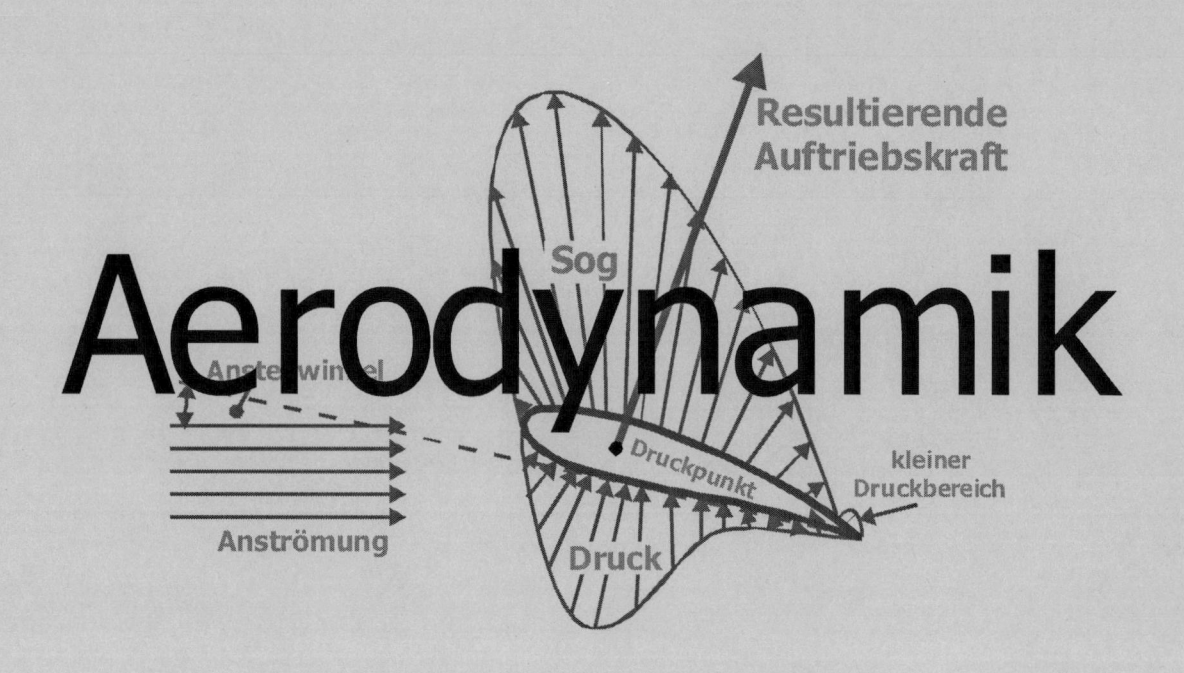

Resultierende Auftriebskraft

Sog

Anstellwinkel

Druckpunkt

kleiner Druckbereich

Anströmung

Druck

1. Auftrieb

1.1 Massenerhaltungssatz

Eine Röhre eines bestimmten Durchmessers wird in der Mitte auf einen geringeren Durchmesser verengt. Solange die Luft außerhalb und innerhalb der Röhre ruht, herrscht der statische Luftdruck p_{stat}, der auf der Gewichtskraft der darüber lastenden Luftsäule basiert. Wir beginnen nun z.B. mit einem Fön durch eine Öffnung der Röhre die Luft durch die Röhre strömen zu lassen. Der Fön erzeugt einen konstanten Luftstrom von z.B. 1 m³ / min. Der Massenerhaltungssatz schreibt vor, daß die gleiche Menge Luft pro Zeiteinheit an jeder beliebigen Stelle in der Röhre durchströmen muß. Angewendet auf die verengte Stelle bedeutet das, daß die Luft ihre Strömgeschwindigkeit hier erhöhen muß. Sobald sie die Verengung passiert hat, geht die Geschwindigkeit wieder auf den Ursprungswert zurück.

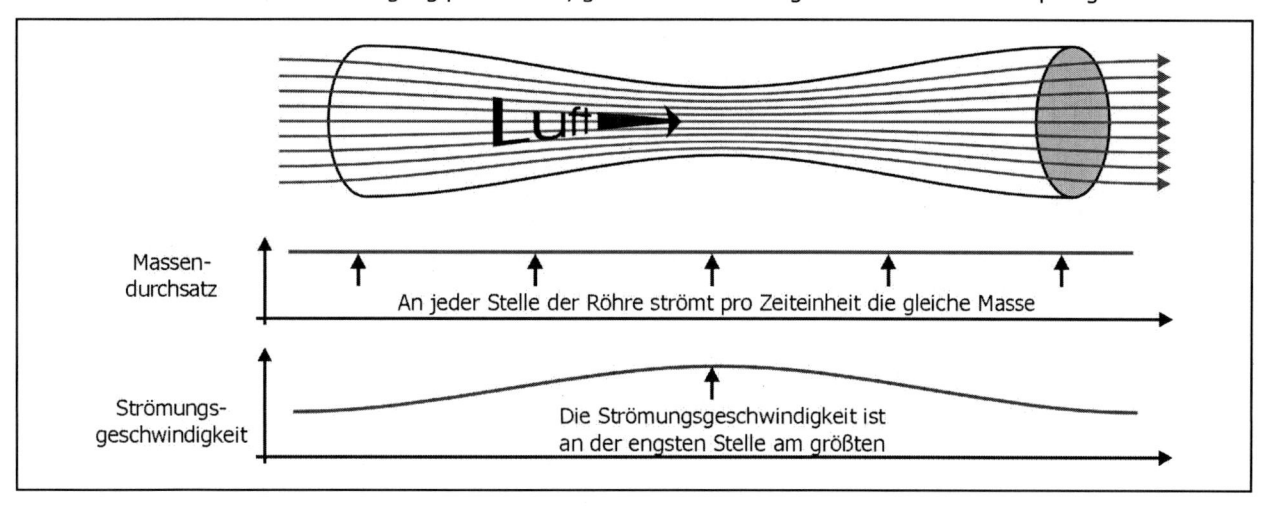

1.2 Gesetz von Bernoulli

Gesamtdruck

Das Gesetz von Bernoulli besagt, daß in einem zusammenhängenden Medium (in unserem Beispiel die Luft außerhalb und innerhalb der Röhre) unabhängig vom Bewegungszustand (ruhend oder strömend) an jeder Stelle ein konstanter Gesamtdruck p_{ges} herrscht. Dieser Gesamtdruck setzt sich zusammen aus einem statischen Druckanteil p_{stat} und einem dynamischen Anteil p_{dyn}.

$$p_{ges} = p_{stat} + p_{dyn}$$

Gesamtdruck = statischer Druck + dynamischer Druck

Staudruck (Dynamischer Druck)

Der Staudruck (auch dynamischer Druck) ist der Druck, der auf einen Gegenstand ausgeübt wird, der einer Luftströmung ausgesetzt wird (z.B. wenn man die Hand aus einem fahrendem Auto hält, spürt man hauptsächlich den Staudruck). Der Staudruck ist abhängig von der Luftdichte ρ und der Strömgeschwindigkeit und läßt sich rechnerisch wie folgt ausdrücken:

$$p_{dyn} = \frac{\rho}{2} v^2$$

Staudruck = (Dichte / 2) * (Geschwindigkeit)²

Für das beschriebene Beispiel folgt daraus: In dem Medium Luft herrscht an Stellen, an denen die Luft sich nicht bewegt, nur der statische Druck p_{stat}. An der Stelle, an der die Luft in die Röhre einströmt ist der Querschnitt noch groß. Allerdings gibt es hier bereits einen Geschwindigkeitsanteil v, der einen Staudruckanteil hervorruft. Folglich muß der statische Druckanteil verringert sein.

Der Effekt wird im verengten Querschnitt noch größer: die Luft ist noch schneller, folglich vergrößert sich der Staudruckanteil noch mehr, der statische Druck wird noch geringer.

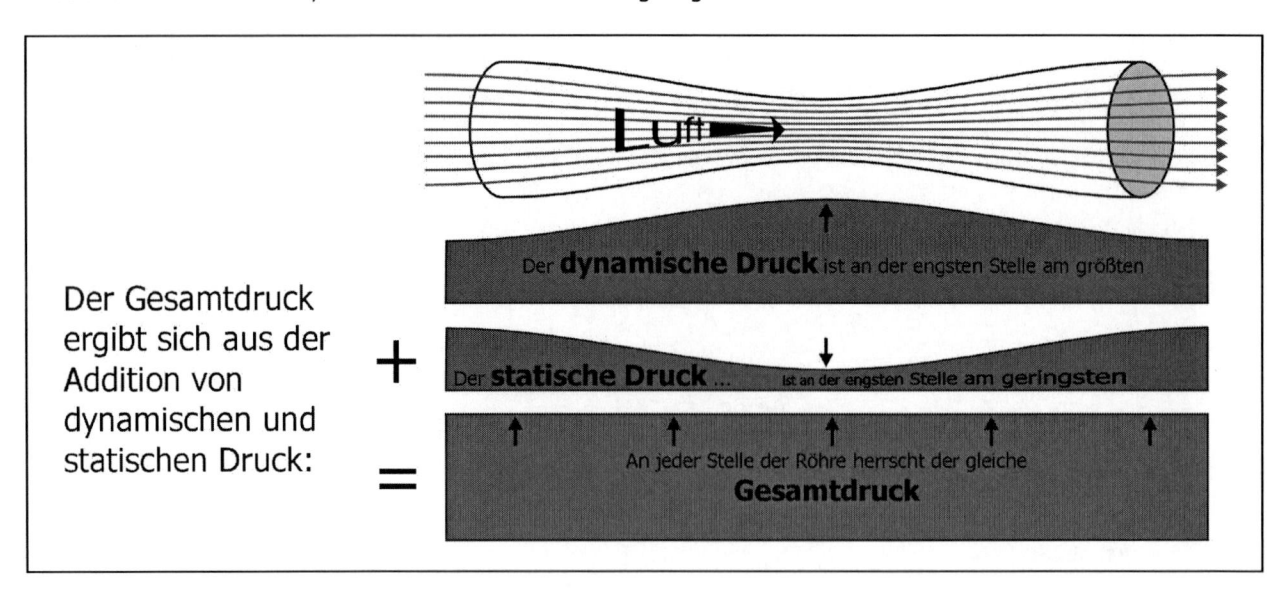

Der Gesamtdruck ergibt sich aus der Addition von dynamischen und statischen Druck:

+ Der **dynamische Druck** ist an der engsten Stelle am größten

Der **statische Druck** ... ist an der engsten Stelle am geringsten

= An jeder Stelle der Röhre herrscht der gleiche **Gesamtdruck**

1.3 Umströmung eines Tragflügelprofils

Das Gesetz von Bernoulli läßt sich auch auf das umströmte Tragflügelprofil übertragen:
Das Profil verengt auf seiner Oberseite die Stromlinien der anströmenden Luft. Folglich muß die Luft ihre Geschwindigkeit erhöhen, da der Massenerhaltungssatz auch hier gewährleistet sein muß. Eine Erhöhung der Geschwindigkeit bedeutet wieder eine Abnahme des statischen Druckanteiles, es herrscht also ein relativ geringer Druck. Auf der Profilunterseite hingegen kann die Luft annähernd ungestört vorbeifließen, die Geschwindigkeit wird also nicht erhöht, der relative hohe statische Druckanteil bleibt also erhalten. Es herrscht also ein Druckunterschied zwischen Profilober- und -unterseite, der sich in der Ausbildung einer aufwärts gerichteten Kraft, der **resultierenden Auftriebskraft**, bemerkbar macht. Die resultierende Auftriebskraft steht dabei immer senkrecht auf der Anströmrichtung:

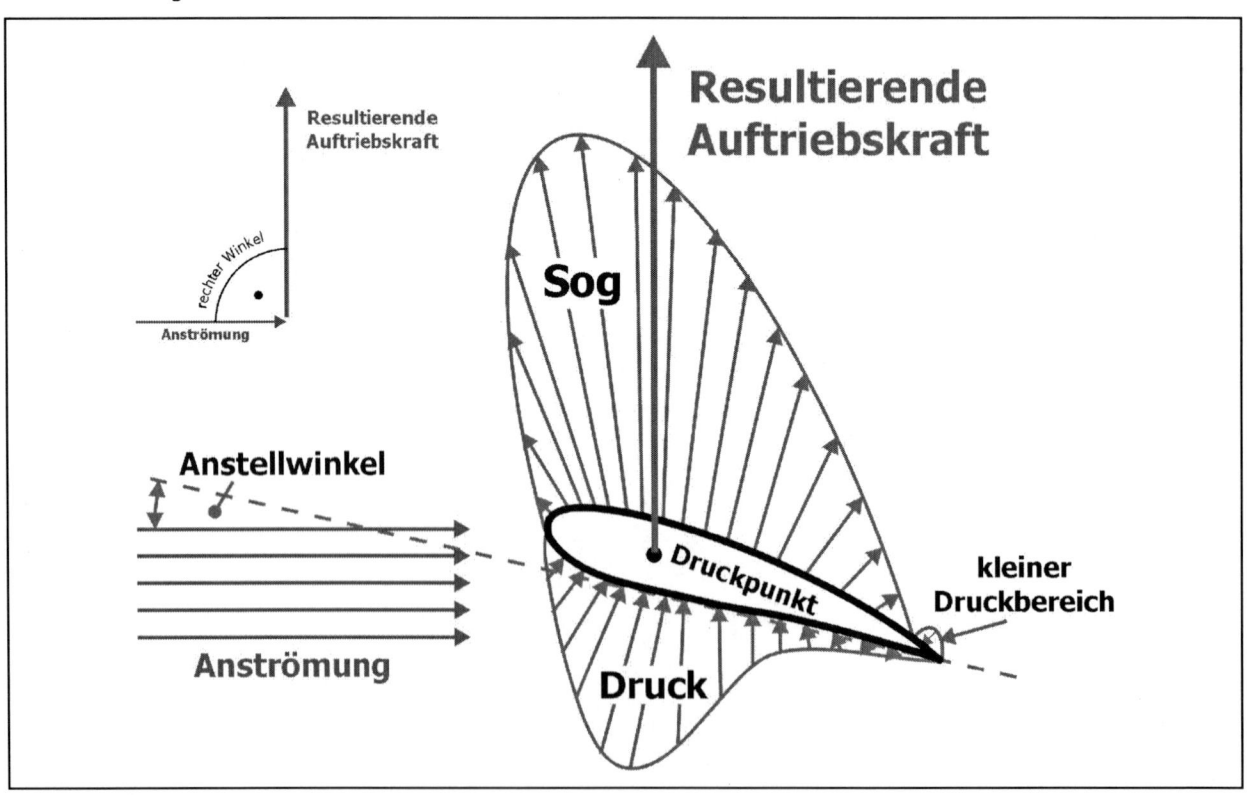

Auftriebsformel

$$A = c_A \frac{\rho}{2} v^2 \, F_{Sch}$$

Auftriebskraft = Auftriebsbeiwert * (Dichte / 2) * (Geschwindigkeit)² * Flügelschattenfläche

Staupunkt

Der Staupunkt ist der Punkt eines Körpers, an dem die bewegte Luft senkrecht auf die Körperoberfläche trifft und völlig zum Stillstand kommt. Nach allen Seiten von diesem Punkt weicht die Luftströmung aus, so daß eine Luftgeschwindigkeit herrscht, die größer als Null ist. Am Staupunkt ist die einzige Stelle, an der die Geschwindigkeit Null wird und die gesamte Geschwindigkeitsenergie in Druck umgewandelt wird. Der Druck entspricht dem Staudruck q.

Grenzschicht

Unter der Grenzschicht versteht man den Bereich in einer strömenden Luft in der Nähe einer Profiloberfläche, innerhalb dessen die Anströmgeschwindigkeit von Null auf den vollen Wert ansteigt. D.h. die umströmenden Luftteilchen, die direkt Kontakt mit der Profiloberfläche haben, „kleben" quasi fest. Aufgrund der relativen Zähigkeit der Luft, die auch als **Viskosität** bezeichnet wird, steigt die Geschwindigkeit der umströmenden Teilchen mit zunehmenden Abstand von der Profiloberfläche gemäß der folgenden Abbildung langsam auf den vollen Wert an. Der Abstand vom Profil, bis die vollen Geschwindigkeit erreicht wird, wird als Grenzschichtdicke d bezeichnet.

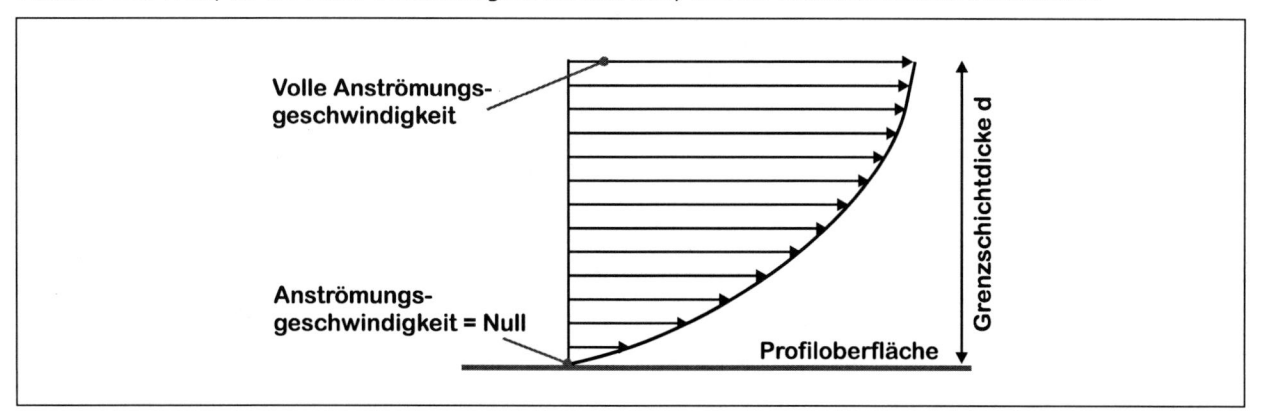

In der folgenden Abbildung erkennt man, daß sich bei der Umströmung eines Profils im Bereich der Profilnase eine **laminare Grenzschicht** ausbildet. Die Luftteilchen einer laminaren Strömung fließen alle parallel zu der Profiloberfläche. Laminare Grenzschichten besitzen eine relativ geringe Dicke. Auf der Profiloberseite ist die sogen. **laminare Anlaufstrecke** in der Regel kürzer als auf der Unterseite. Ab dem Umschlagpunkt wird die Grenzschicht **turbulent**, d.h. die umströmenden Luftpartikel strömen nicht nur ausschließlich parallel, sondern auch teilweise quer zur Anströmrichtung, was zu Leistungsverlusten führt und daher möglichst vermieden werden sollten (insbesondere bei Segelflugzeugen). Auf der anderen Seite ist eine turbulente Grenzschicht stabiler in Bezug auf den Ablösevorgang, der am sogen. Ablösepunkt beginnt. Ab dieser Stelle liegt die Grenzschicht gar nicht mehr an, was zu Auftriebsverlust führt.

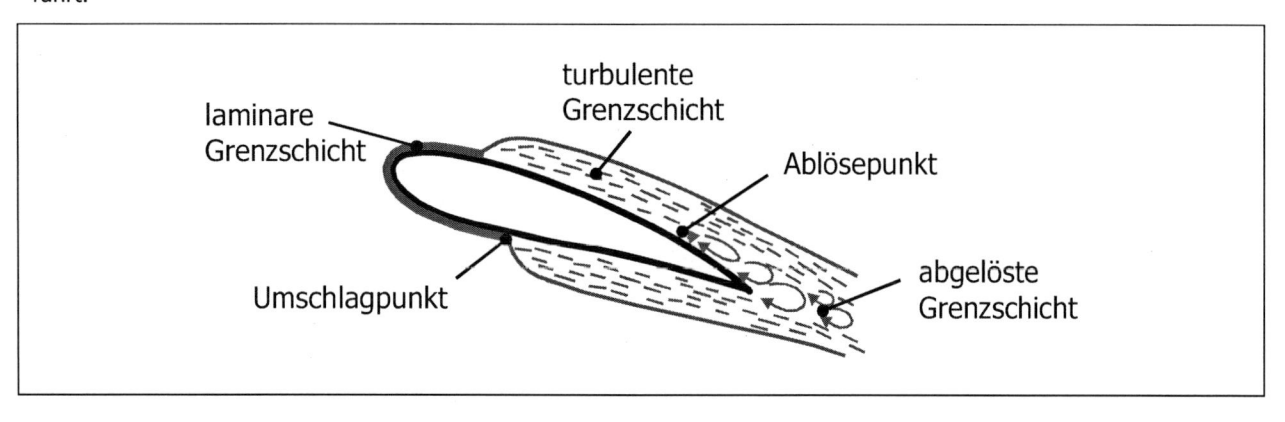

2 Widerstand

2.1 Druck- oder Formwiderstand

Der Druck- oder Formwiderstand (auch Stirnflächenwiderstand) entsteht immer dann, wenn ein Körper durch die Luft bewegt wird. Die Widerstandskraft verläuft dabei parallel zur Anströmrichtung und steht senkrecht zu resultierenden Auftriebskraft:

Der Druck- oder Formwiderstand ist abhängig von:

- der Luftdichte
- der Anströmgeschwindigkeit (im Quadrat)
- dem Widerstandsbeiwert des Körpers
- der Stirnfläche, die der Körper senkrecht zur Strömung hat

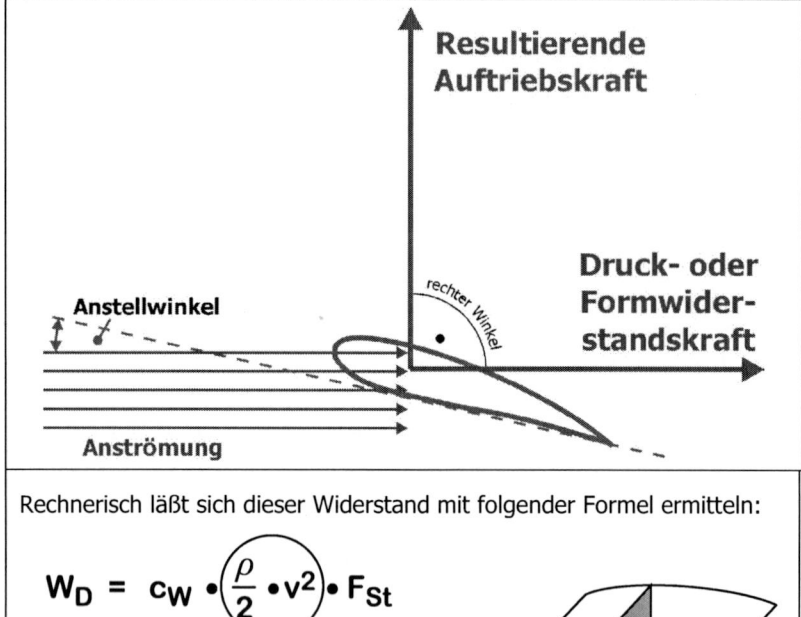

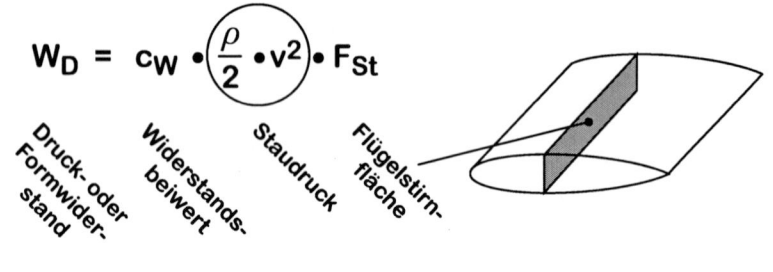

Rechnerisch läßt sich dieser Widerstand mit folgender Formel ermitteln:

$$W_D = c_W \cdot \left(\frac{\rho}{2} \cdot v^2\right) \cdot F_{St}$$

Der Druckwiderstand läßt sich durch geeignete Formgebung verringern:

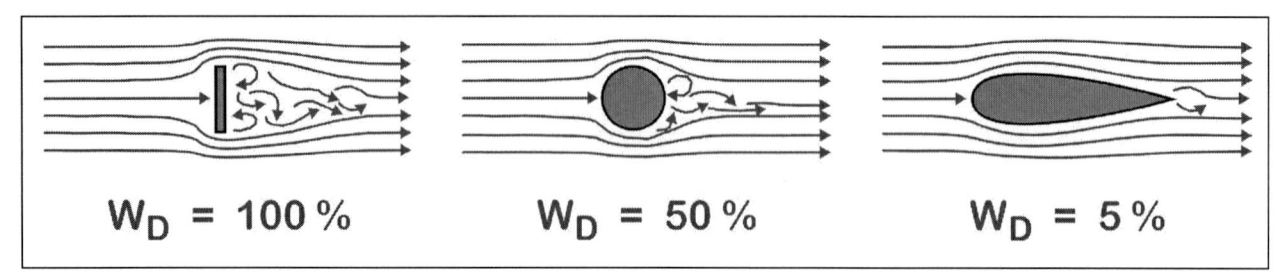

$W_D = 100\,\%$ $\quad W_D = 50\,\%$ $\quad W_D = 5\,\%$

2.2 Reibungswiderstand

Reibungswiderstand entsteht bei der Umströmung von rauhen oder unebenen Oberflächen. Rauhe bzw. unebene Oberflächen können auf Luftfahrzeugen entstehen durch Verschmutzungen der Flügelvorderkante durch Insektenleichen. Insbesondere bei modernen Luftfahrzeugen achtet man konstruktionsbedingt auf eine ebene Oberfläche, indem aus der Oberfläche herausragende Nieten und Blechüberlappungen möglichst vermieden werden.

2.3 Induzierter Widerstand

Der induzierte Widerstand entsteht durch Wirbelbildung insbesondere an den Flügelenden. Der Unterdruck auf der Flügeloberseite und der Überdruck auf der Unterseite tendieren dazu, sich durch Umströmen der Flügelenden von der Unterseite zur Oberseite hin auszugleichen. Da sich der Tragflügel ständig fortbewegt, d.h. nachdem er diese Ausgleichsumströmung initiiert hat, ist der Tragflügel nicht mehr an dieser Stelle vorhanden, setzt sich die

Ausgleichsumströmung ab jetzt in Wirbeln (sog. **Randwirbel / Wake Turbulences**) fort. Mit fortschreitender Zeit und damit zunehmendem Abstand vom Flugzeug werden die Wirbel im Durchmesser immer größer aber verlangsamen sich (Rotationsgeschwindigkeit nimmt ab), bis sie sich nach gewisser Zeit schließlich ganz auflösen. Die Energie (Bewegungsenergie) für die Wirbelbildung muß das System Flugzeug aufbringen.

Beeinflussung

Der induzierte Widerstand läßt sich verringern durch
- Erhöhung des Flügelseitenverhältnisses ((d.h. Flügel schlanker machen: s. Segelflugzeuge)
- Verringerung der Profiltiefe t an den Flügelenden (Flügelgrundrißform)
- geeignete Formgebung der Flügelenden (Randkörper, die die Umströmung verringern)
- Schränkung des Tragflügelprofils (aerodynamisch und / oder geometrisch)
- Randkörper: Endscheiben, Wirbelkeulen (Tanks), wing lets

Der elliptische Flügel hat den geringsten induzierten Widerstand, da die Tiefe am Flügelende gegen Null strebt.

Schränkung des Tragflügelprofils (vgl. AE 4.3)

Bei der Schränkung des Tragflügelprofils unterscheidet man
- Aerodynamische Schränkung (variieren des Flügelprofils)
- Geometrische Schränkung (variieren des Anstellwinkels)
- Kombinationen von aerodynamischer und geometrischer Schränkung

Der Tragflügel wird geschränkt, um
- den induzierten Widerstand zu verringern
- bei hohen Anstellwinkeln die Querruderwirksamkeit zu verbessern
- bei hohen Anstellwinkeln den Beginn des Abreißens der Strömung an die Flügelinnenseiten zu verlagern und damit ein abruptes und somit gefährliches Abreißen zu verhindern

Aerodynamische Schränkung (vgl. AE 4.3)

Bei der aerodynamischen Schränkung verändert sich das Normalprofil an der Flügelwurzel zum Flügelende hin immer mehr in ein symmetrisches Profil, das bei geringen Anstellwinkeln nur wenig Auftrieb erzeugt.

Geometrische Schränkung

Bei der geometrischen Schränkung wird der Einstellwinkel des Profils von der Flügelwurzel ausgehend hin zum Flügelende immer weiter verringert.

2.4 Interferenzwiderstand

Jedes Einzelteil eines Luftfahrzeuges, das der Luftströmung ausgesetzt ist, hat einen Einzelwiderstand. Es genügt nicht, die Einzelwiderstände aller Bauteile rechnerisch zu addieren, um den Gesamtwiderstand des Luftfahrzeuges zu erhalten. Durch die gegenseitige Beeinflussung (Interferenz) der Einzelteile im zusammengebauten Zustand kann es sowohl zur Erhöhung als auch zur Verringerung des Gesamtwiderstandes kommen.
Am stärksten wird der Interferenzwiderstand beeinflußt an den Verbindungsstellen von
- Rumpf / Flügel
- Rumpf / Leitwerk
- Flügel / Triebwerkaufhängung oder Rumpf / Triebwerkaufhängung

Beeinflussung

Wird die Summe der Einzelwiderstände durch die Interferenz im zusammengebauten Flugzeug reduziert, spricht man von negativen Interferenzwiderstand. In der Praxis entsteht dieser wünschenswerte negative Interferenzwiderstand vornehmlich bei hintereinander angeordneten Körpern ("Windschatten"). Turbulenzzonen werden hier durch Körper ausgefüllt.

2.5 Widerstandsanteile

Bei einem Airbus A300 ergeben sich im Reiseflug folgende Widerstandsanteile:

Reibungswiderstand: 48 %
Induzierter Widerstand: 40 %
Formwiderstand: 6 %
Interferenzwiderstand: 3 %
Sonstige: 3%
(Sonstige entsprechen Wellenwiderstand, parasitären Widerstand usw.)

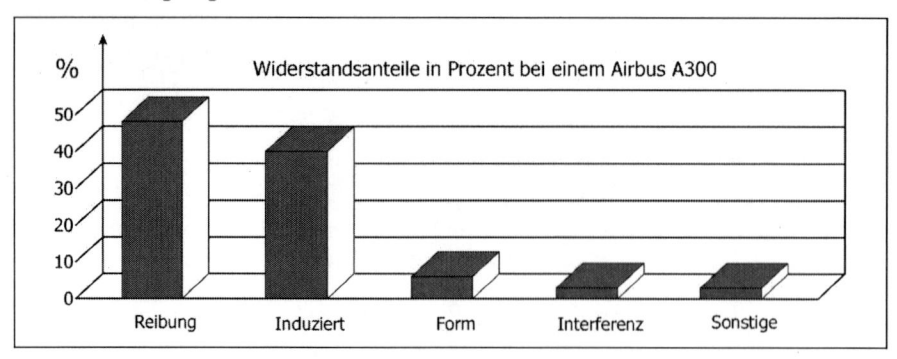

3 Flügelprofile

3.1 Profilgeometrie

Profildicke d	Profildicke	Durchmesser des größten Kreises, der in das Profil paßt
Profiltiefe t	Profiltiefe	Entfernung vom vordersten Punkt des Profils zum hintersten Punkt
Dickenverhältnis	d/t	Verhältnis der Profildicke d zur Profiltiefe t
Dickenrücklage	Dickenrücklage in % / 100 %	Angabe in Prozent der Profiltiefe für die Lage des Mittelpunktes des dicksten Kreises, der in das Profil implementiert werden kann
Profilsehne	Profilsehne	Verbindungsgerade vom vordersten Punkt des Profils zum hintersten Punkt. Bei Profilen, die eine hohle Unterseite haben, liegt das Profil auf der Profilsehne auf
Skelettlinie	Skelettlinie	Verbindungslinie aller Kreise, die das Profil bilden

3.2 Druckpunkt

Der Druckpunkt ist der Punkt auf der Profilsehne, in dem die beiden Luftkräfte Auftrieb A und Formwiderstand W angreifen. Es gibt Profile, bei denen sich die Lage des Druckpunktes kaum verändert (druckpunktfeste Profile; z.B. symmetrisches Profil). Bei den meisten anderen Profilen ist der Druckpunkt jedoch vom Anstellwinkel abhängig und verschiebt sich auf der Profilsehne mit zunehmendem Anstellwinkel nach vorn. Die Druckpunktwanderung hat zur Folge, daß der Druckpunkt vor oder hinter dem Profilschwerpunkt S liegen kann. Das Profil wird dann durch das Drehmoment (Kraft mal Hebelarm) mit der Nase nach oben, bzw. mit der Nase nach unten gedreht. Diese Drehmoment (Nickmoment) verursacht instabile Flugzustände und muß daher durch geeignete konstruktive Stabilisierungsmaßnahmen (s. T 1.3) kompensiert werden.

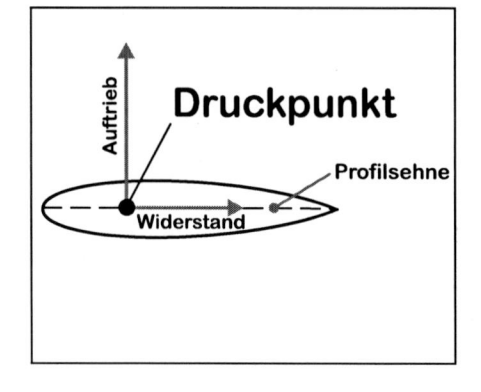

3.3 Einstellwinkel

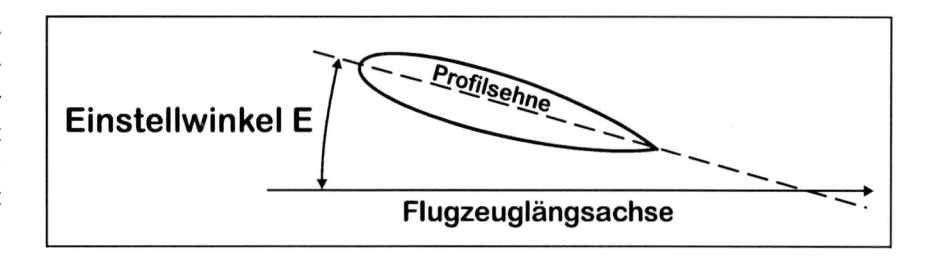

Der Einstellwinkel ist der Winkel zwischen der Profilsehne und der Flugzeuglängsachse. Er ist vom Hersteller vorgegeben und vom Piloten nicht beeinflußbar.

3.4 Anstellwinkel

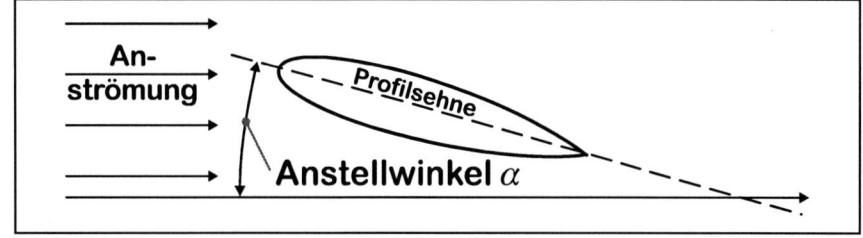

Der Anstellwinkel ist der Winkel zwischen der anströmenden Luft und der Profilsehne. Mit veränderlichem Anstellwinkel kann der Auftrieb innerhalb bestimmter Grenzen, die aus den Polarendiagrammen ersichtlich sind, variiert werden. Vergrößert man also den Anstellwinkels des Profils, vergrößern sich die Luftkräfte Auftrieb und Widerstand (Anhaltswert bis ca. 15°)

3.5 Auftriebszusammenbruch

Eine weitere Vergrößerung des Anstellwinkels bedeutet zunächst eine Abnahme des Auftriebs, da erste Ablöseerscheinungen (beginnend an der Flügelhinterkante auf der Oberseite und dann in Richtung Vorderkante weiter wandernd) den Effekt des Sogs nach oben vermindern. Eine darüber hinausgehende Anstellwinkelvergrößerung bedeutet schließlich ein völliges Ablösen der Strömung auf der gesamten Oberseite und führt damit zum Gesamtverlust des Auftriebes. Befindet sich das Luftfahrzeug nun in einem unsauberen Flugzustand (Schiebeflug o.ä.) kann Trudeln die Folge sein.

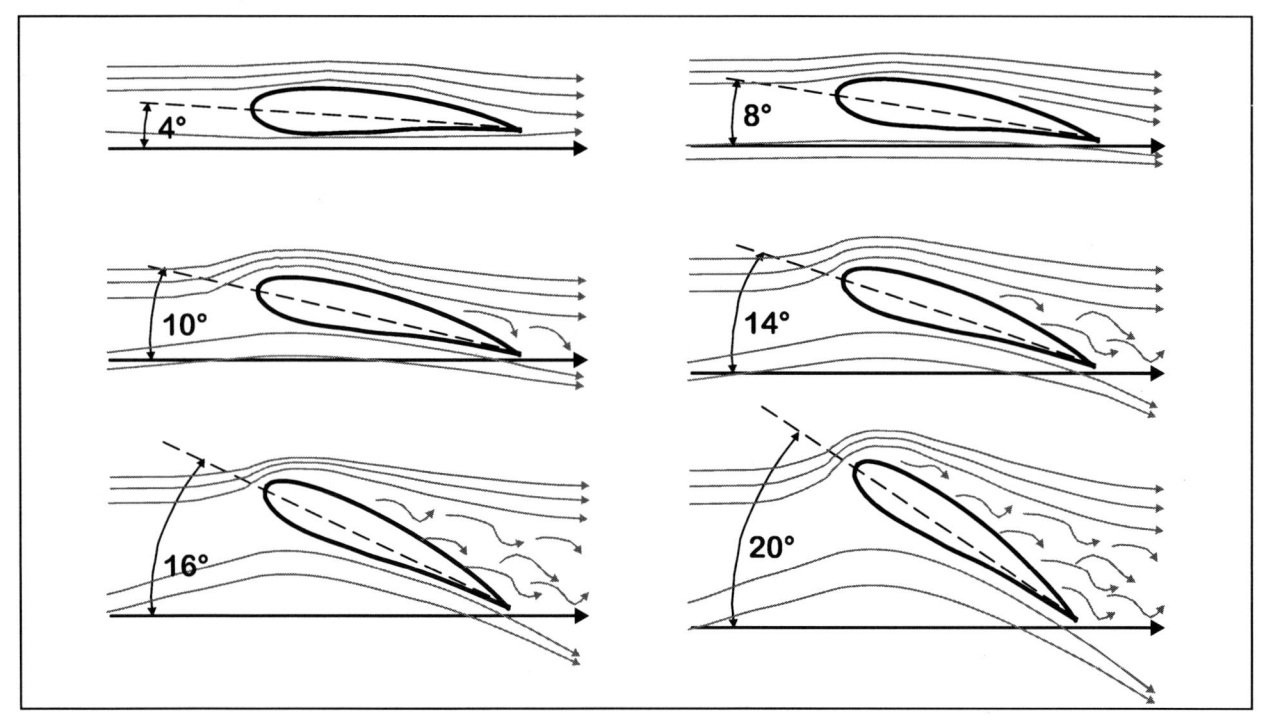

3.6 Profilpolaren

Aufgelöste Polaren

Die aufgelösten Polaren sind die beiden Bestandteile des Polarendiagramms nach Lilienthal.

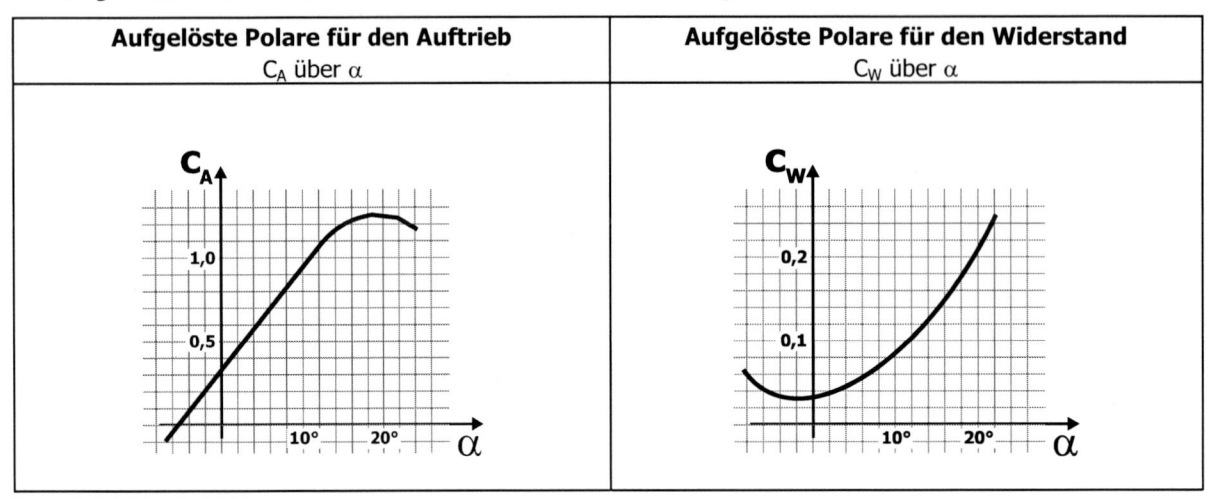

Aufgelöste Polare für den Auftrieb c_A über α	Aufgelöste Polare für den Widerstand c_W über α

Polarendiagramm nach Lilienthal

Das Polarendiagramm nach Lilienthal vereinigt die beiden aufgelösten Polaren.

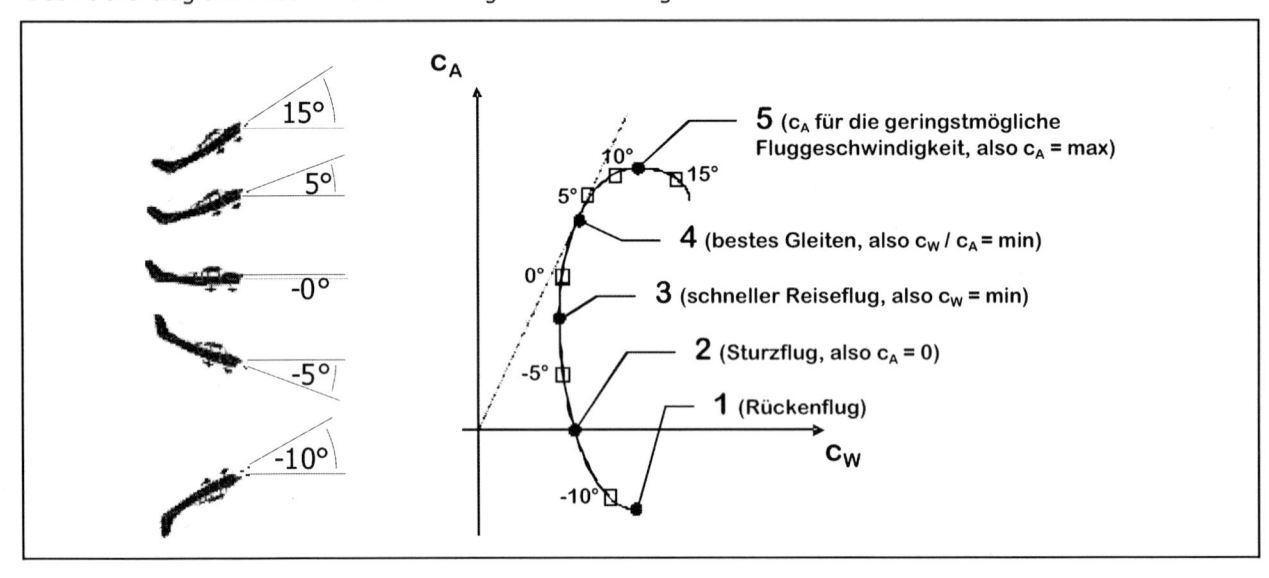

- **5** (c_A für die geringstmögliche Fluggeschwindigkeit, also c_A = max)
- **4** (bestes Gleiten, also c_W / c_A = min)
- **3** (schneller Reiseflug, also c_W = min)
- **2** (Sturzflug, also c_A = 0)
- **1** (Rückenflug)

3.7 Überziehverhalten von Profilen

Unter **gutmütigen Überziehverhalten** versteht man einen allmählichen Auftriebsverlust nach Erreichen von c_{AMAX} bei zunehmenden Anstellwinkeln 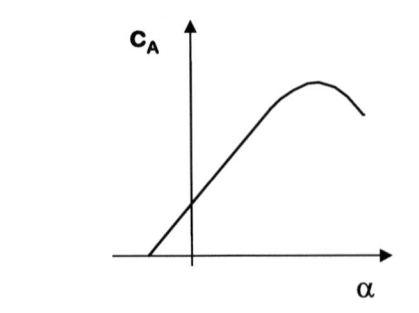	Unter **kritischem Überziehverhalten** versteht man einen schlagartigen Auftriebsverlust nach Erreichen von c_{AMAX} bei zunehmenden Anstellwinkeln 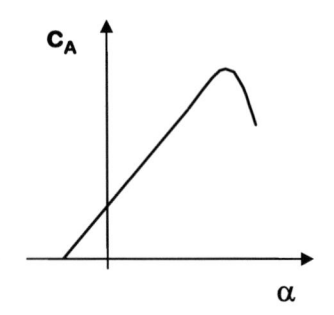

3.8 Profilarten

Bezeichnung	Beschreibung	Skizze
Normalprofil	• auch: Asymmetrisches Profil oder Langsamflugprofil • großer Auftrieb auch bei geringen Geschwindigkeiten • wg. großer Profildicke viel Widerstand • Umschlagpunkt bei ca. 30% Profiltiefe • gutmütiges Überziehverhalten wg. Rückseitenablösung • nicht druckpunktfest	
Laminarprofil	• große Dickenrücklage ermöglicht sehr lange laminare Anlaufstrecke • daher Umschlagpunkt erst bei ca. 50% Profiltiefe • mittlerer Auftrieb • wenig Widerstand wg. Laminarität • kritisches Überziehverhalten (schlagartiger Strömungsabriß) wg. Nasenablösung • nicht druckpunktfest • Verwendung im Segelflugbereich	
Schnellprofil	• geringe Dicke, wenig Wölbung • daher wenig Auftrieb und wenig Widerstand • kritisches Überziehverhalten (schlagartiger Strömungsabriß) wg. Nasenablösung • nicht druckpunktfest	
Symmetrisches Profil	• mittlerer Auftrieb, geringer Widerstand • druckpunktfest • wenn Anstellwinkel gleich Null, dann kein Auftrieb • Verwendung im Kunstflugbereich	
S-Profil	• mittlerer Auftrieb, geringer Widerstand • druckpunktfest	

4. Flügel

4.1 Flügelgeometrie

Einstellwinkel

Der Einstellwinkel ist der Winkel zwischen der Profilsehne und der Flugzeuglängsachse. Da dieser Winkel bereits bei der Konstruktion des Luftfahrzeuges festgelegt wird, ist er im Fluge vom Piloten nicht veränderbar.

Flächenbelastung

Die Flächenbelastung ist das Verhältnis von Fluggewicht zur Flügelschattenfläche. Bei der Berechnung der Schattenfläche ist die gemeinsame Fläche von Rumpf und Tragflügel mit einzurechnen.

Flügelformen

Bezeichnung	Beschreibung	Skizze
Rechteckflügel	• geringer Bauaufwand • größter induzierter Widerstand • geringe Neigung zum Abkippen	
Ellipsenflügel	• hoher Bauaufwand und daher hohes Gewicht • geringster induzierter Widerstand • geringe Neigung zum Abkippen	
Trapezflügel	• mittlerer Bauaufwand • geringer induzierter Widerstand • stärkere Neigung zum Abkippen • erhöht die Kursstabilität	
Deltaflügel	• mittlerer Bauaufwand • geringer induzierter Widerstand • stärkere Neigung zum Abkippen • erhöht die Kursstabilität	

Mittlere Flügeltiefe	Die mittlere Flügeltiefe ist die Tiefe des zu dem betreffenden Realflügels zugehörigen Vergleichsflügels. Der Vergleichsflügel ist rechteckig und besitzt die gleiche Spannweite und Schattenfläche des Realflügels.	
Pfeilung	Pfeilung wird in der Regel nur bei schnellfliegenden Luftfahrzeugen angewendet. Man löst damit das Problem, daß auf der Profiloberseite des ungepfeilten Flügels die Luft so stark beschleunigt wird, daß Überschallgeschwindigkeit erreicht wird und daher Dichtestöße die Struktur des Luftfahrzeuges stark belasten. Durch die Pfeilung wird das Profil relativ zur Längsrichtung gestreckt und damit die Anströmgeschwindigkeit relativ so verringert, daß keine Überschallgeschwindigkeiten mehr auftreten. Der Pfeilwinkel φ ist positiv, wenn die Flügelspitze entgegen der Flugrichtung verschoben wird und entsprechend umgekehrt.	
Seitenverhältnis	Kehrwert der Flügelstreckung also: Verhältnis von mittlerer Flügeltiefe t_m zur Spannweite b	
Spannweite	Maß zwischen beiden Flügelspitzen	
Streckung	Die Flügelstreckung Λ ist das Verhältnis von Spannweite b zur mittleren Flügeltiefe t_m. Bei Segelflugzeugen, die einen langen schlanken Tragflügel haben, ist daher die Streckung ein großer Wert. Eine Vergrößerung der Streckung bedeutet eine Verringerung des induzierten Widerstandes.	
V-Form	Die V-Form eines Tragflügels unterstützt die Querstabilität des Luftfahrzeuges. Man spricht von positiver V-Form, wenn die Flügelspitze über der Wurzel liegt und entsprechend umgekehrt von negativer Pfeilung. Der Winkel zwischen der Horizontalen und dem Flügel wird mit ν bezeichnet.	
Zuspitzung	Die Flügelzuspitzung λ ist das Verhältnis der Flügeltiefe an der Flügelspitze zur Flügeltiefe an der Flügelwurzel: $$\lambda = \frac{t_a}{t_i}$$	

4.2 Flügelaufbau

Die Profilform des Tragflügels basiert auf der Form der Rippen. Die Rippen werden über Holme (Gurte) verbunden. Holme sind die Hauptelemente zur Aufnahme der am Tragflügel angreifenden Torsions- und Biegemomente. Die Außenhaut (Beplankung) unterstützt die Holme bei der Ableitung der vorgenannten Belastungen.

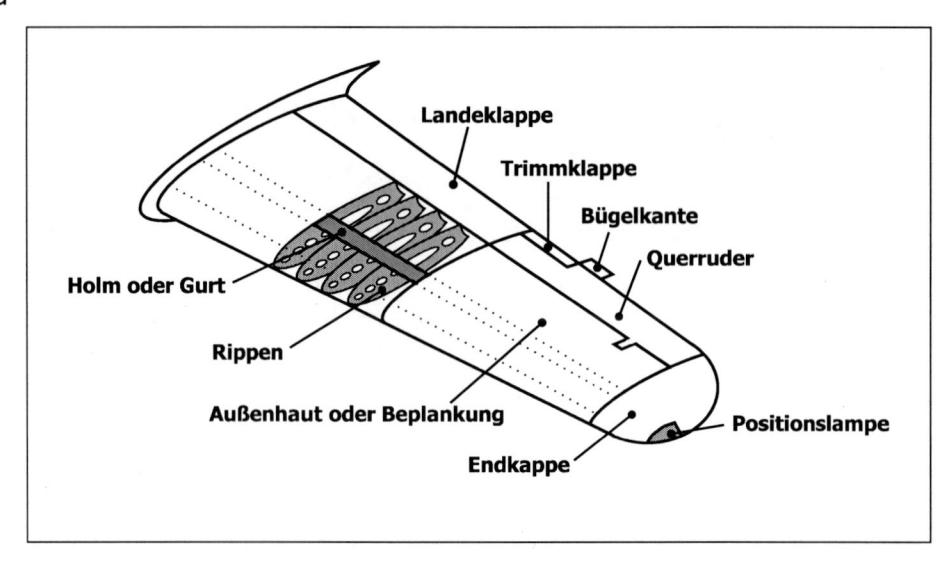

Die Flügelvorderkante muß grundsätzlich bis zum Holm aus einer Beplankung bestehen, da hier relativ starke Kräfte (Staudruck) auftreten. Nur bei Leichtflugzeugen kann die Verkleidung der übrigen Flügeloberfläche durch eine Bespannung erfolgen, da bei diesen Flugzeugen die Flächenbelastung nicht so hoch ist. Die Verbindungselemente (Schnittstellen) zwischen dem Flügel und den Rudern, Klappen, Vorflügeln und der Befestigung am Rumpf werden als Beschläge bezeichnet.

4.3 Schränkung

Tragflügel haben - wie bereits in Kap. AE 2.3 und 3.5 erläutert - zwei negative Eigenschaften:
0. an den Flügelenden wird der induzierte Widerstand produziert durch Randwirbelbildung
1. bei zunehmenden Anstellwinkeln gibt es eine Grenze, bei der die Strömung abreißt und der Auftrieb zusammenbricht.

Um beide Effekte zu reduzieren, wendet man die geometrische und aerodynamische Schränkung des Tragflügels an:

Geometrische Schränkung

Bei der geometrischen Schränkung reduziert man den Einstellwinkel der einzelnen den Tragflügel bildenden Profile von innen nach außen. Dadurch ergeben sich am inneren Flügel größere Anstellwinkel und daher größere Auftriebskräfte als außen und der Auftrieb reißt bei größeren Anstellwinkeln zuerst über dem Innenbereich ab. Der Pilot kann somit auf die frühen Warnsignale (Schütteln) reagieren, bevor über der gesamten Spannweite der Auftrieb zusammenbricht. Außerdem bleiben durch die außen länger anliegende Strömung die Querruder wirksam und damit das Flugzeug besser steuerbar.

Außerdem reduziert die geometrische Schränkung den induzierten Widerstand, da an den Flügelenden weniger Auftrieb erzeugt wird und somit die Stärke der Umströmung der Flügelenden verringert wird.

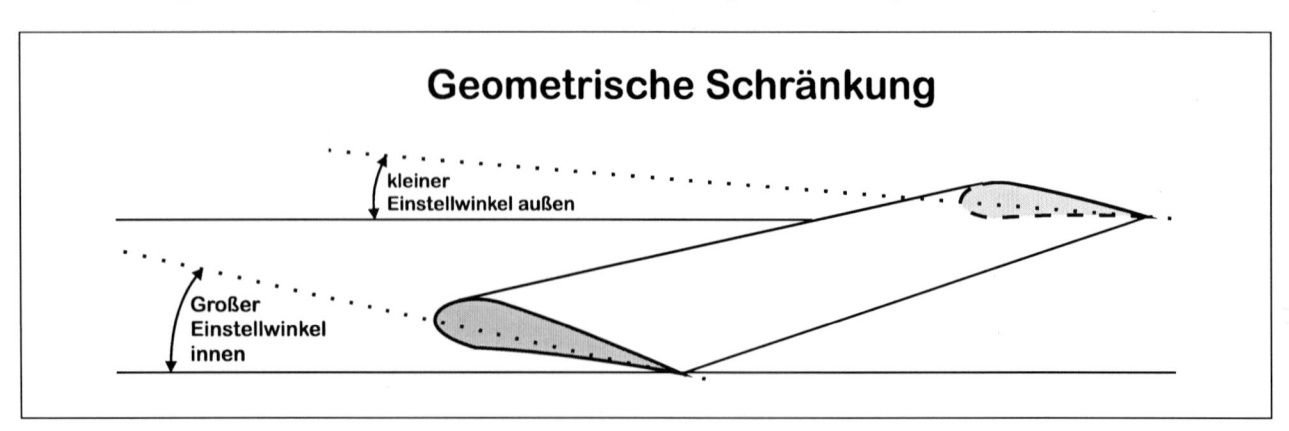

Aerodynamische Schränkung

Bei der aerodynamischen Schränkung verwendet man von innen nach außen Profile, die immer weniger Auftrieb erzeugen. Dies sind in erster Linie kleinere Profile, aber auch andere Profilformen (mit geringerer Wölbung, symmetrisch außen, asymmetrisch innen etc.).

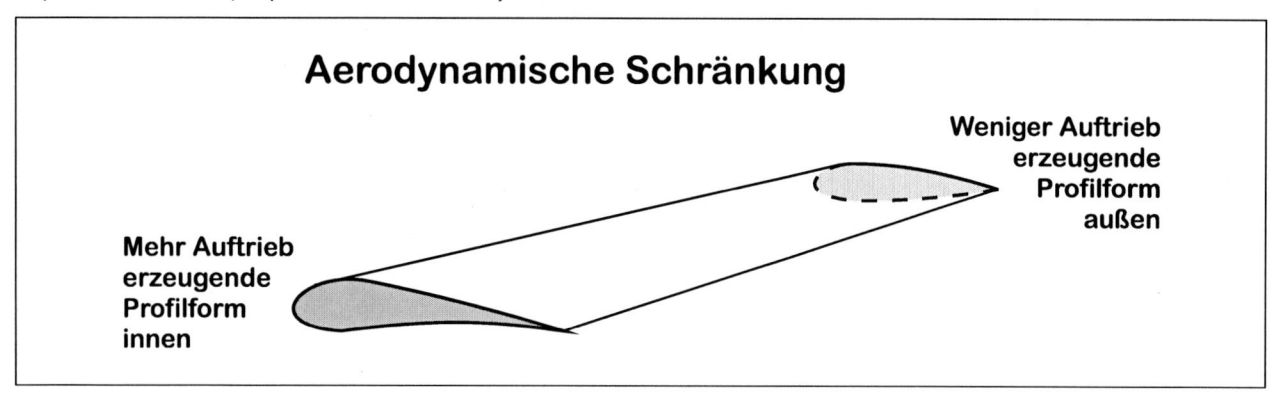

4.4 Grenzschichtbeeinflussung

Turbulenzblech oder vortex generator

Kleine Luftleitbleche auf der Flügeloberseite vor den Querrudern und / oder Landeklappen erzeugen absichtlich kleine Luftwirbel in der Grenzschicht (turbulente Grenzschicht). In den energiereichen Wirbeln ist die Grenzschichtgeschwindigkeit beschleunigt und somit wird die Ruder- und Klappenwirksamkeit erhöht.

Grenzschichtzaun

Grenzschichtzäune sind in Flugrichtung liegende, meistens auf der Flügeloberseite aufgenietete Blechstreifen. Sie verhindern besonders bei stark gepfeilten Flügeln ein Abfließen der anströmenden Luft zur Tragflächenspitze. Der induzierte Widerstand wird auf diese Weise verringert.

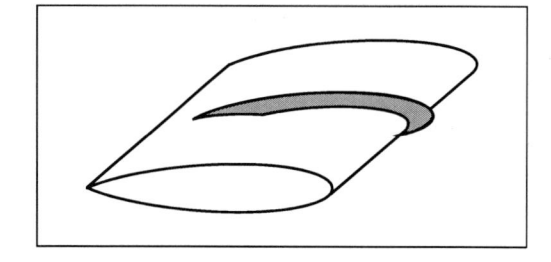

Turbulenzkante

(Auch Stolper- oder Abrißkante) Turbulenzkanten dienen in erster Linie zur positiven Beeinflussung des Überziehverhaltens. Sie werden an der Profilvorderkante in Rumpfnähe angebracht. Durch beabsichtigte Erzeugung einer turbulenten Grenzschicht wird die Eigenschaft dieser ausgenutzt, daß sie später ablöst als eine laminare Grenzschicht. Der Auftriebszusammenbruch im überzogenen Flugzustand wird somit verzögert.
Außerdem ruft die turbulente Grenzschicht im hohen Anstellwinkelbereich frühzeitig eine Wirbelschleppe hervor, die das Höhenleitwerk erfaßt und dort Vibrationen erzeugt, die den Piloten vor dem überzogenen Flugzustand warnen sollen.

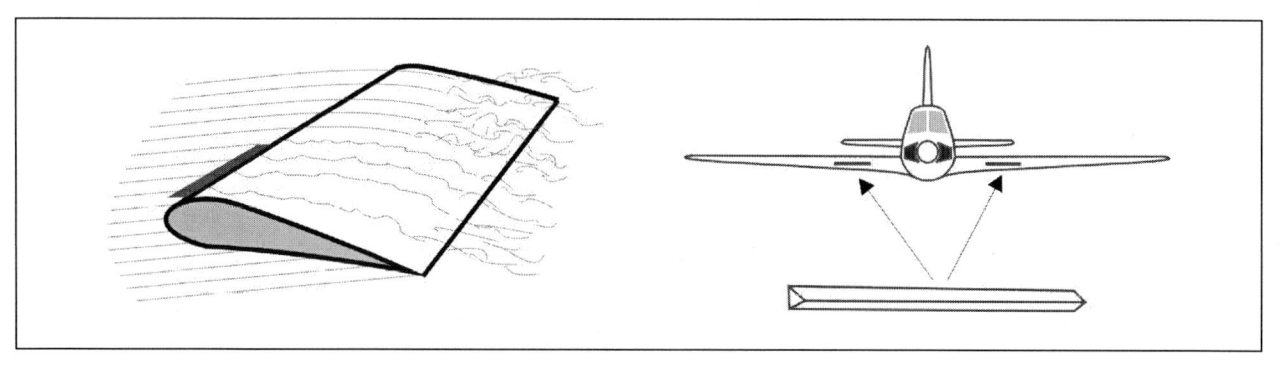

Grenzschichtabsaugung

Durch Absaugen der noch anliegenden Grenzschicht (im vorderen Bereich) folgt die Strömung länger dem Profil und reißt entsprechend erst später ab.

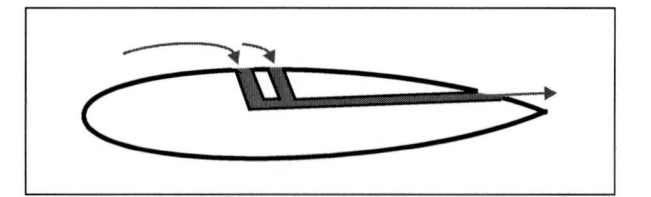

Grenzschichtausblasung

In dem Bereich, wo die Grenzschicht langsam beginnt zu „ermüden", wird Druckluft ausgeblasen, die die Grenzschicht zum längeren Anliegen „auffrischt".

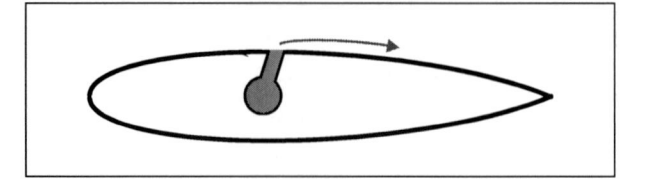

Randkörper

Randkörper an den Tragflügeln dienen zur Verringerung des induzierten Widerstandes (s. Kap. AE 2.3).

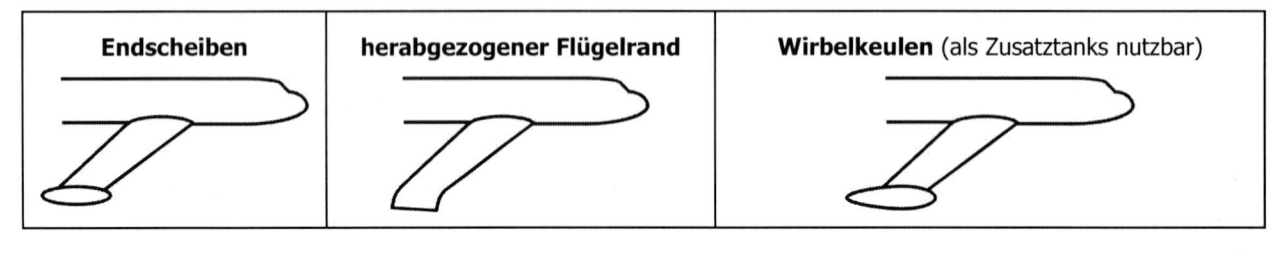

Endscheiben	herabgezogener Flügelrand	**Wirbelkeulen** (als Zusatztanks nutzbar)

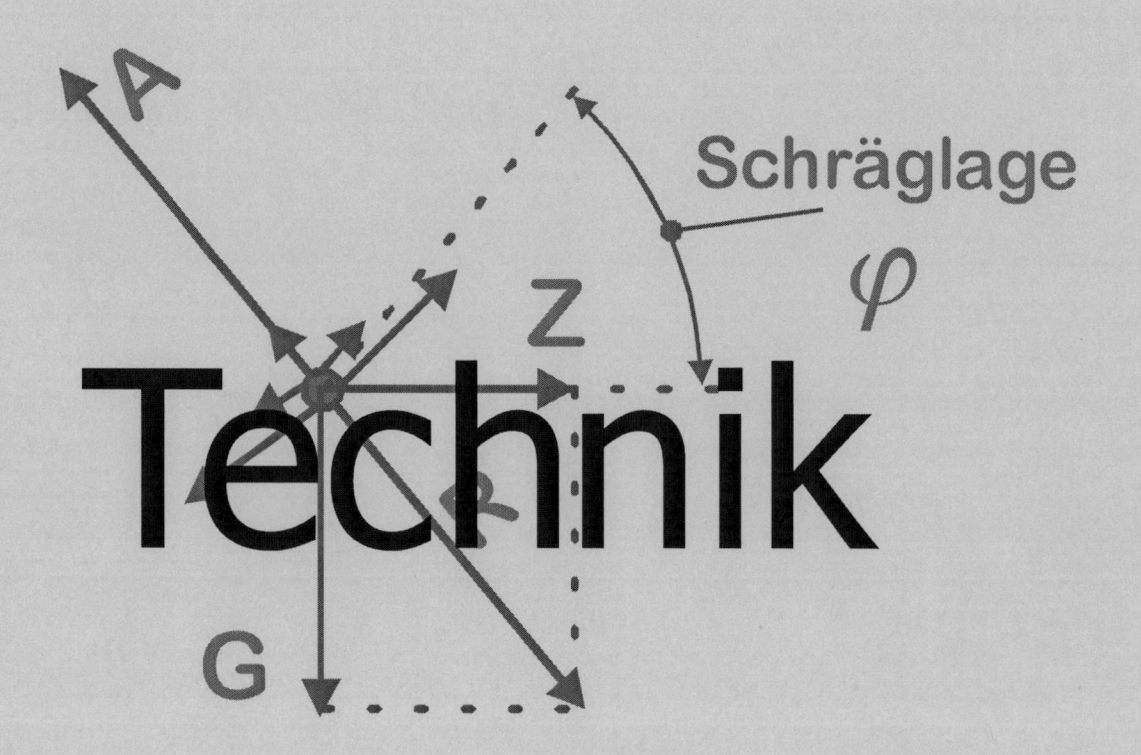

Technik

Schräglage φ

A
Z
G

1. Flugmechanik

1.1 Steuerung

1.1.1 Wirkungsprinzip

Die Steuerung dient dazu, dem Luftfahrzeug Lageänderungen bezüglich seiner drei Achsen zu ermöglichen. In der Regel beruht die Wirkung der Steuerung auf der Änderung der Wölbung der Steuerfläche und damit Veränderung der Kraft (Auftrieb) die aerodynamisch auf die Steuerfläche wirkt.

1.1.2 Achsensystem

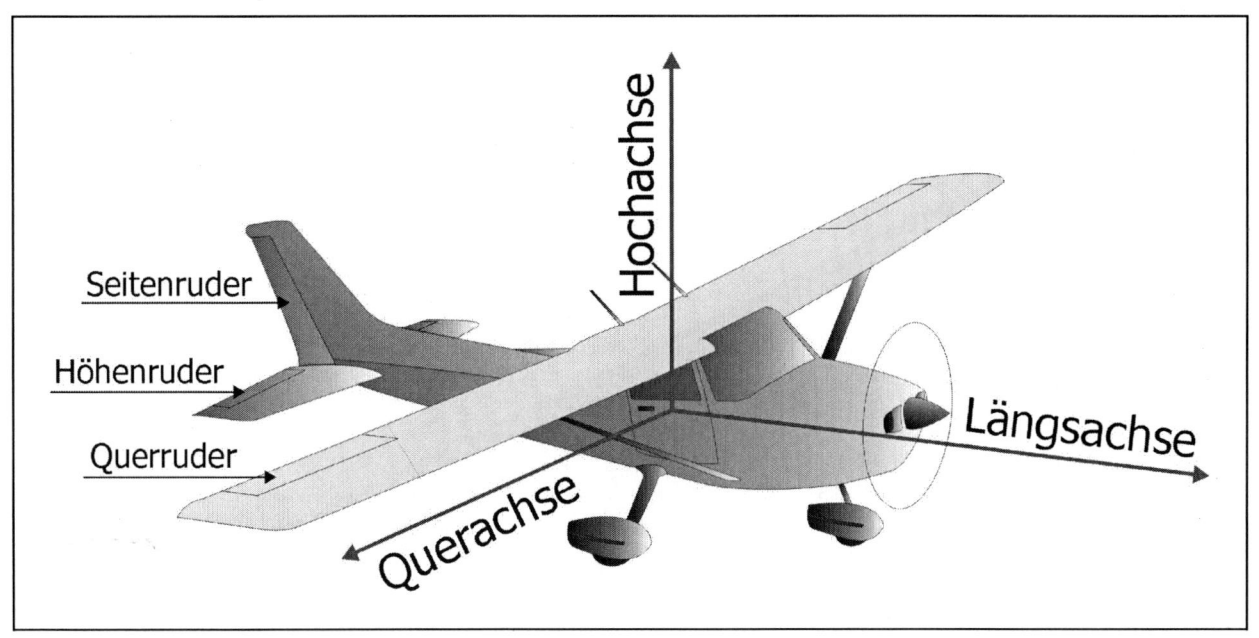

1.1.3 Primärsteuerung

1.1.3.1 Primärsteuerungselemente

Primärsteuerungselement:	Seitenruder	Querruder	Höhenruder
Bewegung um Achse:	Hochachse	Längsachse	Querachse
Bewegung heißt:	Gieren	Rollen	Nicken
Anmerkung:	Gierrollmoment	Negatives Wendemoment	

1.1.3.2 Gierrollmoment

(Auch Wenderollmoment) Ein alleiniger Ausschlag des Seitenruders bewirkt eine Gierbewegung des Luftfahrzeuges um seine Hochachse. Dabei wird ein Flügel beschleunigt, der andere verzögert. Der beschleunigte Flügel erzeugt mehr Auftrieb; das Luftfahrzeug beginnt daher eine Rollbewegung um die Längsachse auszuführen.

1.1.3.3 Negatives Wendemoment (Differenzierte Querruder)

(Auch negatives Giermoment) Ein alleiniger Ausschlag der Querruder bewirkt eine Rollbewegung um die Längsachse. Der durch mehr Auftrieb nach oben gehende Flügel erzeugt auch mehr Widerstand (vgl. Profilpolare nach Lilienthal) und bleibt daher zurück; das Luftfahrzeug macht eine dem Querruderausschlag entgegengesetzte Gierbewegung aus der Kurve (Schiebezustand).
Das negative Wendemoment ist grundsätzlich beim Einleiten von Kurven mit einem entsprechenden Seitenruderausschlag, der nach Erreichen der gewünschten Querlage zurückgenommen wird, zu kompensieren. Nur dann fliegt man eine sog. koordinierte oder schiebefreie Kurve. Ob eine Kurve koordiniert geflogen wird, kann vom Piloten am Wendezeiger (sofern er mit einer Libelle ausgestattet ist) abgelesen werden (s. T 4.2.4).

Differenzierte Querruder

Um das negative Wendemoment möglichst gering zu halten und somit den Piloten zu entlasten, werden differenzierte Querruder verwendet. Differenzierte Querruder bewirken nach oben einen größeren Ausschlag als nach unten. Damit wird der Widerstand des nach oben gehenden Flügels (bei dem das Querruder nach unten ausgeschlagen ist) verringert.

1.1.4 Sekundärsteuerung

1.1.4.1 Sekundärsteuerungselemente

Das Luftfahrzeug ist in der Regel konstruktiv so ausgelegt, daß es möglichst wenig Widerstand im Reiseflug besitzt (clean configuration), um somit den Energiebedarf bei der zeitlich längsten Flugphase zu minimieren. Bestimmte Flugphasen (besonders Start und Landung) erfordern jedoch eine veränderte Konfiguration (z.B. Auftriebserhöhung und/oder Widerstandszunahme). Um diese Aufgabe erfüllen zu können, müssen Elemente der Sekundärsteuerung eingesetzt werden. Zur Sekundärsteuerung gehören:

- Klappen
- Vorflügel
- Störklappen (spoilers)
- Trimmung

1.1.4.2 Landeklappen

Auftriebserhöhung bei Start und Landung

Klappen dienen in erster Linie zur Auftriebserhöhung, wenn eine geringe Fluggeschwindigkeit geflogen werden muß, also bei Start und Landung. Entsprechend der Auftriebsformel (s. T 1.1.3) wird durch Klappenfahren der Auftriebsbeiwert und die Flügelfläche so vergrößert, daß bei geringerer Geschwindigkeit die gleiche Auftriebskraft erzeugt wird; der Nebeneffekt der damit verbundenen Widerstandserhöhung ist dabei bei manchen Flugphasen (z.B. Landeanflug) sogar erwünscht.

Abflug		Anflug	
ohne Klappen	**mit Klappen**	**ohne Klappen**	**mit Klappen**
• Lange Startrollstrecke, da die Abhebegeschwindigkeit höher ist • große Steigrate	• Kurze Startrollstrecke, da die Abhebegeschwindigkeit geringer ist • geringe Steigrate	• Lange Landestrecke, da aufgrund der nötigen hohen Anfluggeschwindigkeit der Abfangbogen und die Landerollstrecke sehr lang sind • geringe Sinkrate, also flacher Anflug	• Kurze Landestrecke, da die Anfluggeschwindigkeit klein sein kann • hohe Sinkrate, also steiler Anflug

Bei den meisten Klappensystemen erfolgt für die ersten 15 - 25° Klappenstellung (mittlere Stellung) der größte Teil der Auftriebserhöhung. Weiteres Ausfahren der Klappe hat nur noch eine mäßige Auftriebserhöhung, aber eine beträchtliche Widerstandserhöhung zur Folge.

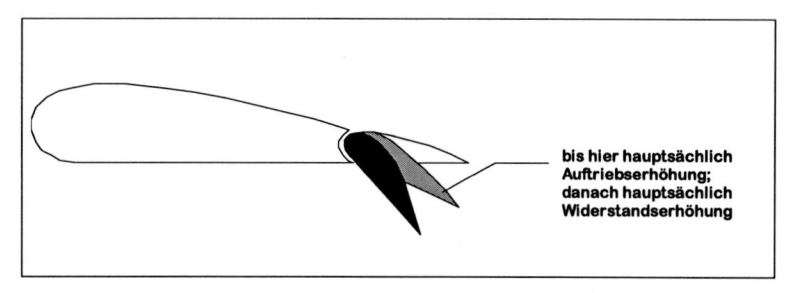

bis hier hauptsächlich Auftriebserhöhung; danach hauptsächlich Widerstandserhöhung

Aus diesem Grunde werden beim Start die Klappen maximal auf die vom Hersteller lt. Flughandbuch angegebenen Werte ausgefahren. Im Landeanflug, vor allem wenn der Sinkflug mit hoher Sinkrate durchgeführt werden soll, sind große Klappenstellungen sinnvoll.

Landestrecke in Abhängigkeit der Landeklappenstellung und des Fluggewichtes

Anhand des nachfolgenden Diagramms kann man erkennen, daß die Landestrecke sich verkürzt, um so weiter die Landeklappen ausgefahren sind (das Ausfahren von Vorflügeln hat denselben Effekt). Das läßt sich damit erklären, daß das Ausfahren der Landeklappen eine Zunahme des aerodynamischen Widerstandes bewirkt; außerdem wird wegen der Auftriebserhöhung durch ausgefahrene Klappen eine geringere Anfluggeschwindigkeit ermöglicht. Mit geringerem Fluggewicht nimmt die Landestrecke ebenso ab.

In allen betrachteten Fällen hängt also die Länge der Landestrecke davon ab, wieviel Energie bis zum Stillstand des Luftfahrzeuges abgebaut werden muß:

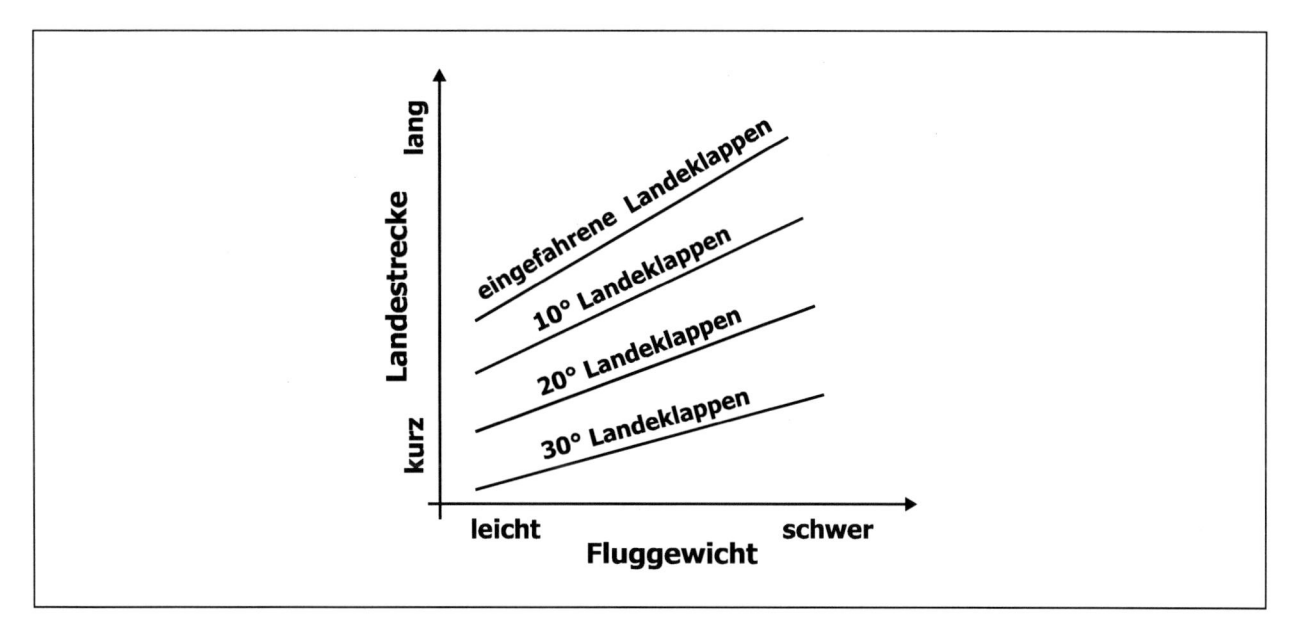

Landeklappenarten

Der Wert α dient als Anhaltswert für den Anstellwinkel, bei dem der maximale Auftrieb (c_{Amax}) erreicht wird.

Klappenart	Prinzip	α	Auftriebs-erhöhung
	Landeklappe Wölbungsvergrößerung	12°	50 %
	Spreizklappe Wölbungsvergrößerung	14°	60 %
	Schlitzklappe Wölbungsvergrößerung und Strömungsbeeinflussung durch Spalt	16°	65 %
	Junkers Doppelflügel Wölbungsvergrößerung	18°	70 %
	Zapklappe Wölbungs- und Flächenvergrößerung	13°	90 %
	Fowlerklappe Wölbungs- und Flächenvergrößerung	15°	95 %
	Fowlersystem Wölbungs- und Flächenvergrößerung	20°	100 %
	Krügerklappe Wölbungs- und Flächenvergrößerung	25°	50 %
	Vorflügel (slats) Wölbungs- und Flächenvergrößerung	22°	60 %
	Fowler- und Vorflügelsystem Wölbungs- und Flächenvergrößerung	28°	über 120 %

1.1.4.3 Vorflügel

Neben den oben beschriebenen beweglichen Vorflügeln (slats) gibt es Vorflügel, die nicht beweglich sind, diese werden als slots bezeichnet. Sie sind bei einigen Verkehrsflugzeugen auf der Flügelvorderkante verteilt. Bei slats und slots wird durch den entstehenden Schlitz die Luft von der Unterseite auf die Oberseite geführt, was zu einem Hinauszögern des Strömungsabrisses führt. Bei slats kommt der positive Effekt der Flächen- und Wölbungsvergrösserung hinzu. Im Vergleich zu den Klappen wird der mögliche max. Anstellwinkel durch Vorflügel um grössere Werte vergrößert.

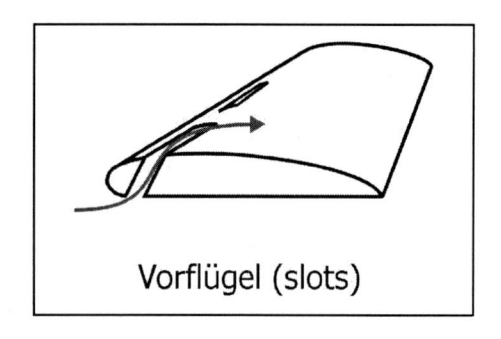

1.1.4.4 Störklappen (Spoilers)

Störklappen werden besonders im Segelflug- und Motorseglerbereich eingesetzt. Es handelt sich hier um nicht profilförmig ausgeführte Klappen, die senkrecht nach oben (bei manchen Typen zusätzlich auch nach unten) ausgefahren werden. Zweck in erster Linie ist die Vernichtung des Auftriebes und die Erhöhung des Widerstandes um den Gleitwinkel (im Landeanflug) zu verringern (= zu verschlechtern).

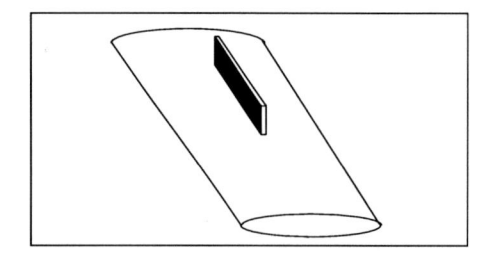

1.1.4.5 Aufgelöste Auftriebspolare mit Klappen und Vorflügeln

Der Auftrieb wird zwar durch Ausfahren der Klappen erhöht, der max. Anstellwinkel wird jedoch im Vergleich zum einfachen Flügel (clean configuration) verringert. Fliegt man also mit dem einfachen Flügel im überzogenen Flugzustand und fährt in diesem Moment die Klappen aus, bricht der Auftrieb zusammen; Trudeln kann die Folge sein. Vorflügel erhöhen sowohl den Auftrieb als auch den möglichen max. Anstellwinkel. Der größtmögliche max. Anstellwinkel sämtlicher Kombinationen ist nur mit den Vorflügeln zu erreichen. Eine Kombination zwischen Klappen und Vorflügeln erzeugt den größten Auftrieb und eine Verbesserung des max. Anstellwinkel im Vergleich zum einfachen Flügel.

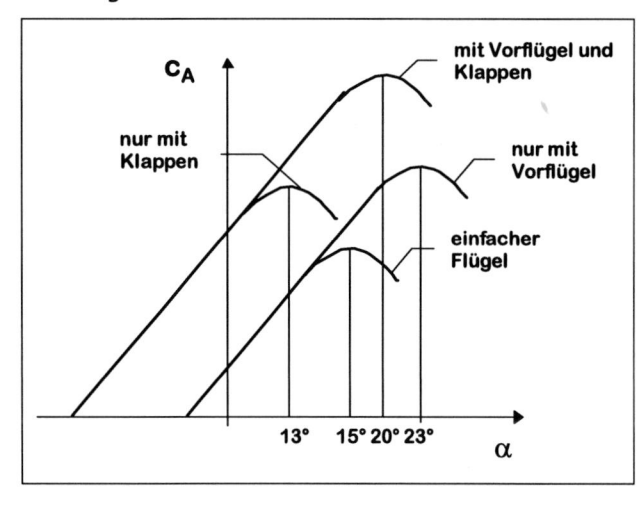

1.1.4.6 Trimmung

Funktion

Trimmungen dienen der Kompensation von Handkräften des Piloten bei der Steuerung des Luftfahrzeuges. In diesem Sinne wird die Trimmung so eingestellt, daß dauernde Steuerdrücke während eines stationären Flugzustandes (Steigflug, Horizontalflug, Sinkflug) vermieden werden.

Handhabung der Höhenrudertrimmung

Beim Einstellen der Höhenrudertrimmung ist wie folgt vorzugehen:
1. realisieren, ob das Höhenrudersteuer gedrückt oder gezogen werden muß, um die Höhe aufrechtzuerhalten (stationärer Flugzustand)

2. Steuer in der erforderlichen Stellung mit einer Hand festhalten, mit der anderen Hand die Trimmung so einstellen, daß man mit der am Steuer verbliebenen Hand keine Kräfte mehr aufbringen muß.

Hält man sich nicht an diese Reihenfolge, neigt man dazu, die Höhenrudersteuerung durch Trimruderausschläge zu ersetzen, was in aller Regel ein Aufschaukeln des Flugzeuges um die Querachse hervorruft; dadurch macht man sich es unnötig schwer, oder es wird unmöglich, die Höhe konstant zu halten.

Ruderbewegung am Beispiel der Höhenrudertrimmung

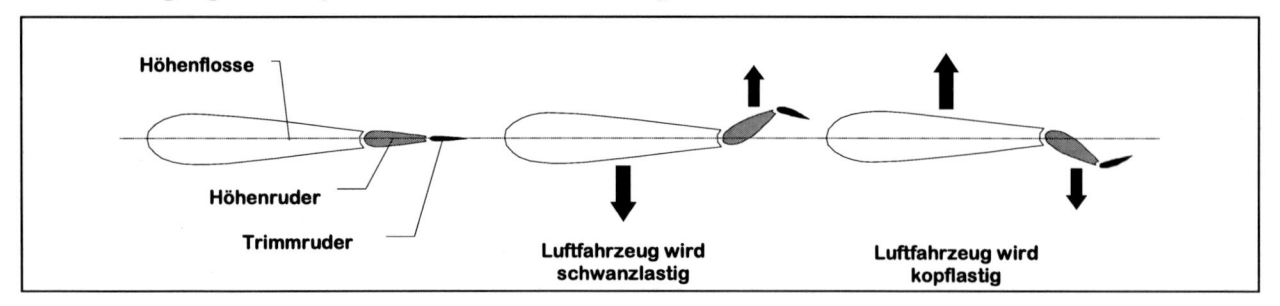

Trimmungsarten

Es ist konstruktiv möglich, das Luftfahrzeug bezüglich aller drei Achsen (Höhenruder-, Seiten-, Querrudertrimmung) trimmbar zu machen. In den meisten Luftfahrzeugen der allgemeinen Luftfahrt befindet sich nur eine Höhenrudertrimmung, um den Bauaufwand zu minimieren.

Typ	Funktion	Verwendung	im Fluge einstellbar
Trimm-ruder	• Das Trimmruder ist am Ruder (z.B. Höhenruder) angebracht und verändert die Wölbung des Ruders • Dadurch Auftriebs- bzw. Abtriebserzeugung am Ruder, welches nach oben bzw. unten ausschlägt ohne Kraftaufwendung des Piloten • das gesamte Steuersystem (Höhenflosse und -ruder) erzeugt damit Abtrieb bzw. Auftrieb • Luftfahrzeug wird schwanz- bzw. kopflastig	um alle drei Achsen	ja
Trimm-klappe	• wie Trimmruder • jedoch ist die Trimmklappe nicht im Fluge verstellbar (Spannschloß !) und dient daher nur der Korrektur vom Boden aus (wie die Bügelkante)	um alle drei Achsen	nein
Bügel-kante	• wie Trimmruder • jedoch ist die Bügelkante nicht im Fluge verstellbar (Blechstreifen !) und dient daher nur der Korrektur vom Boden aus (wie die Trimmklappe)	um alle drei Achsen	nein
Flossen-trimmung	• Veränderung des Einstellwinkels der Höhenflosse und damit Änderung der Auftriebsverhältnisse • Hoher Bauaufwand aber geringste Verluste durch Trimmwiderstand im Vergleich zu anderen Trimmungsarten • selten in der allgemeinen Luftfahrt	nur für Höhenruder-trimmung	ja
Federkraft-trimmung	• am Höhenrudersteuer ist eine über eine Schraube verstellbare Spiralfeder angebracht • gewünschte Höhenruderstellungen können somit eingestellt werden • oft im Segelflugbereich	meist nur für Höhenruder-trimmung	ja
Gewichts-trimmung	• durch Umpumpen von Kraftstoff in vorderen und hinteren Rumpftanks wird der Gesamtschwerpunkt des Luftfahrzeuges verändert • Hoher Bauaufwand aber geringste Verluste durch Trimmwiderstand im Vergleich zu anderen Trimmungsarten; meist nur Verkehrsflugzeuge	nur um Querachse	ja

1.1.5 Ruderausgleich

Anlagen des Ruderausgleichs dienen dazu, den Steuerdruck während in stationären Flugzuständen (z.B. Übergang Horizontalflug zu Steigflug) zu verringern. Ein Ruderausgleich muß so ausgelegt werden, daß nicht sämtliche Kräfte kompensiert werden; der Pilot muß über ein gewisses Maß an Restkraft einen kraftmäßigen Eindruck über Art und Stärke des Ruderausschlages zurückbehalten. Damit wird auch die Stabilität des Luftfahrzeuges nicht beeinträchtigt.

Bezeichnung	Beschreibung	Skizze
Gewichtsausgleich	<ul><li>mechanisch</li><li>Schwerpunktverlagerung des Ruders durch Einbau von Gewichten, die ein Drehmoment auf das Ruder ausüben, welches die nötigen Handkräfte des Piloten verringert</li></ul>	
Nasenausgleich	<ul><li>aerodynamisch</li><li>der Drehpunkt des Ruders wird so weit nach hinten verlegt, daß beim Ausschlag die Vorderkante des Ruders (Nase) in die Strömung ragt und ein unterstützendes Drehmoment erzeugt</li></ul>	
Hornausgleich	<ul><li>aerodynamisch</li><li>am Ende des Ruders wird ein Horn angebracht, welches beim Ausschlag Ruders in die Strömung ragt und ein unterstützendes Drehmoment erzeugt</li></ul>	
Flettnerruder	<ul><li>aerodynamisch</li><li>beim Ausschlag des Ruders schlägt ein Hilfsruder durch eine kinematische Verbindung immer in die andere Richtung aus; es entstehen Auftrieb bzw. Abtrieb am Ruder, die jeweils ein unterstützendes Drehmoment erzeugen</li></ul>	

1.2 Flugphasen

Sämtliche Flugphasen lassen sich durch das Zusammenspiel der vier Kräfte Auftrieb, Widerstand, Vortrieb (Schub) und Fluggewicht beschreiben. Die Kräfte werden dabei als Vektoren im Achsensystem wie es bereits in T 1.1.2 beschrieben worden ist, dargestellt. Die Resultierende Kraft aus Auftrieb und Widerstand wird als Luftkraft L bezeichnet. Sofern sämtliche am Luftfahrzeug angreifenden Kräfte, die jeweils in der gleichen Richtung entgegengesetzt wirken, im Gleichgewicht stehen, befindet sich das Luftfahrzeug in einem stationären Flugzustand, d.h. es wird nicht beschleunigt und behält somit seine ursprüngliche Geschwindigkeit bei. Flugzustände, bei denen Beschleunigungen auftreten, werden als instationär bezeichnet. Zu letzteren gehören vor allem die Übergänge vom Steig- in den Horizontalflug usw.

1.2.1 Horizontalflug

Im unbeschleunigten Reiseflug sind sämtliche am Luftfahrzeug angreifenden Kräfte im Gleichgewicht.
Es gilt: $A = -G$
 $V = -W$

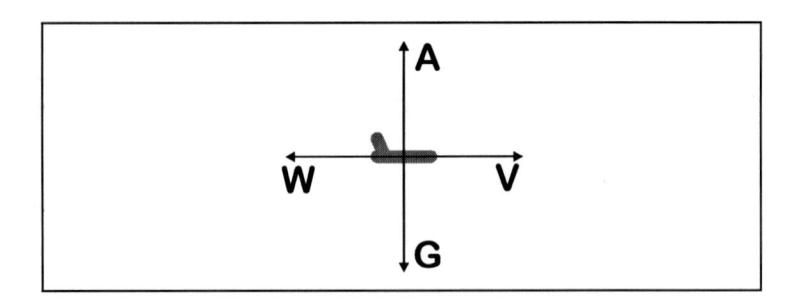

1.2.2 Steigflug

1.2.2.1 Kräfteparallelogramm

Im unbeschleunigten Steigflug sind die Resultierende aus Gewicht und Vortrieb und die Luftkraft gleich:
Es gilt: $L = R_{GV}$

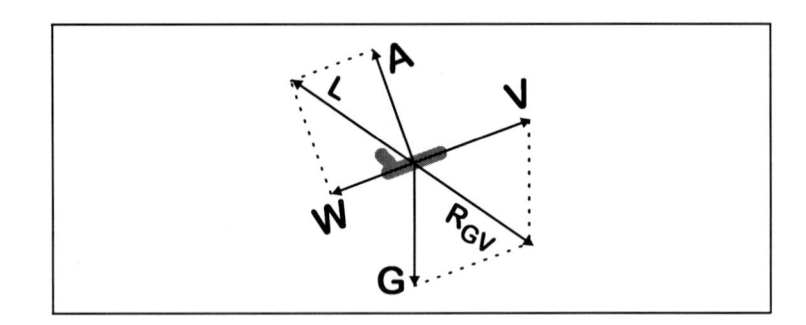

1.2.2.2 Bester Steigwinkel und beste Steigrate (v_x und v_y)

Bei einem Flug mit einer Geschwindigkeit für **Best Angle of Climb** (v_x) erreicht das Flugzeug eine bestimmte Flughöhe nach der kürzesten Flugstrecke, bei **Best Rate of Climb** (v_y) nach der kürzesten Flugzeit. Diese Werte stehen im Flughandbuch und können aus der Geschwindigkeitspolare für den Steigflug entnommen werden.

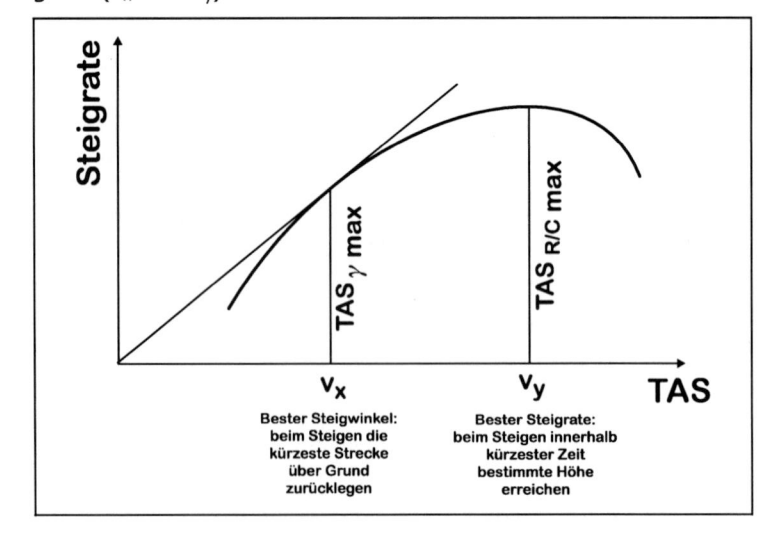

Bester Steigwinkel: beim Steigen die kürzeste Strecke über Grund zurücklegen

Bester Steigrate: beim Steigen innerhalb kürzester Zeit bestimmte Höhe erreichen

1.2.3 Sinkflug (mit Motorleistung)

Im unbeschleunigten Sinkflug sind die Resultierende aus Gewicht und Vortrieb und die Luftkraft gleich:
Es gilt: $L = R_{GV}$

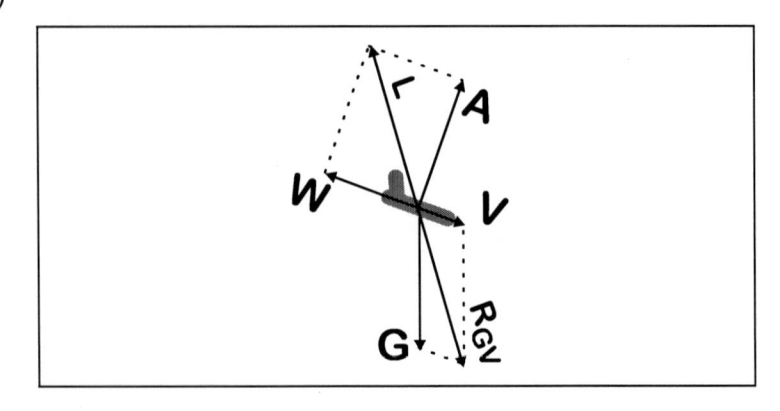

1.2.4 Gleitflug (ohne Motorleistung)

1.2.4.1 Kräfteparallelogramm

Unter dem Gleitflug versteht man einen Sinkflug ohne Motorleistung. Im unbeschleunigten Sinkflug sind die Gewichtskraft und die Luftkraft gleich:
Es gilt: L = G

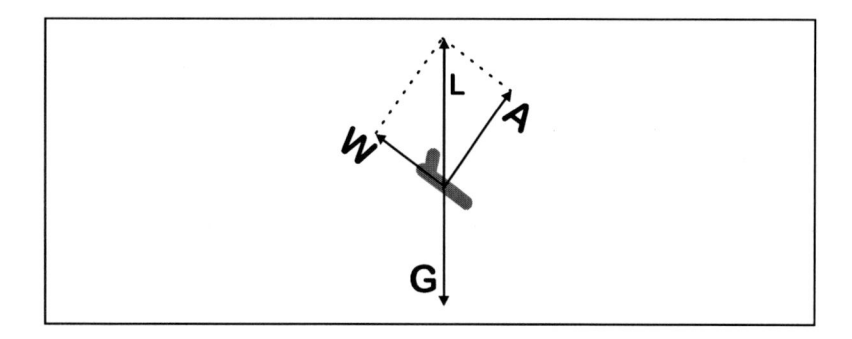

1.2.4.2 Geringste Sinkrate und bester Sinkwinkel

Mit der Geschwindigkeit der **geringsten Sinkrate** bleibt das Luftfahrzeug die längste Zeit in der Luft. Mit der Geschwindigkeit des **besten Sinkwinkels** erreicht das Luftfahrzeug die längste Strecke über Grund. Diese Werte stehen im Flughandbuch und können aus der Geschwindigkeitspolare für den Sinkflug entnommen werden.

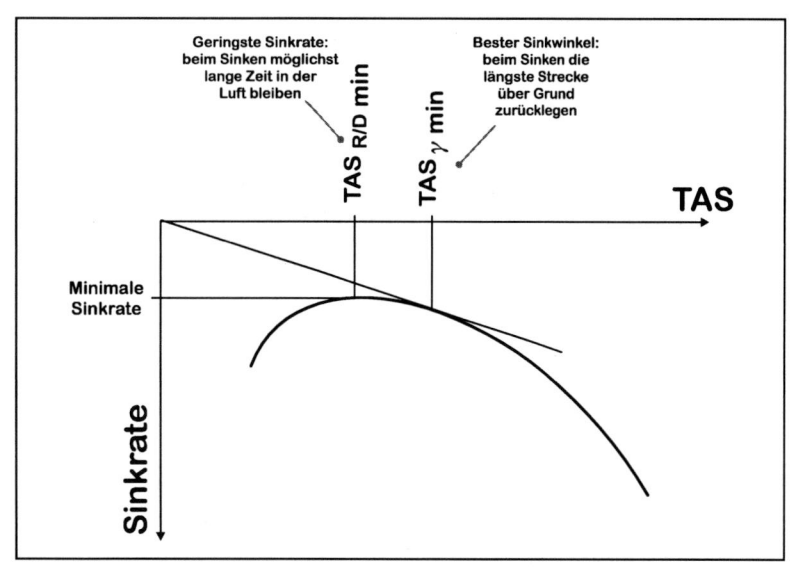

1.2.5 Kurvenflug

1.2.5.1 Koordinierte Kurve

Im Kurvenflug tritt zusätzlich die Zentrifugalkraft Z auf, die abhängig ist von der Flugzeugmasse, von der Fluggeschwindigkeit und dem Radius der geflogenen Kurve. Die Zentrifugalkraft wirkt immer aus der Kurve raus. Die Zentrifugalkraft ergibt zusammen mit der Fluggewichtskraft G eine resultierende Kraft R, die als Scheinlot oder Kurvengewichtskraft bezeichnet wird.

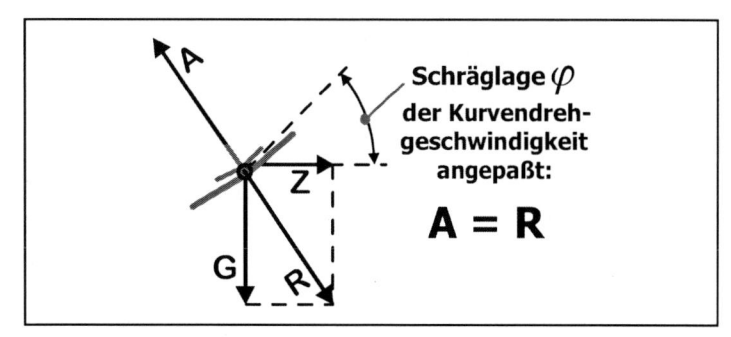

Das Luftfahrzeug erfährt also im Kurvenflug eine höhere Gewichtskraft R, die - sofern das Luftfahrzeug die Kurve konstant weiterfliegen soll - von der Auftriebskraft kompensiert werden muß. In der koordinierten Kurve gilt:

$$FA = -R$$

Um die Auftriebskraft im Kurvenflug zu erhöhen, können zwei Maßnahmen einzeln oder kombiniert angewendet werden:
- Fluggeschwindigkeit erhöhen durch erhöhte Motorleistung
- Anstellwinkel vergrößern durch Ziehen des Höhenruders

Da selbstverständlich beiden Maßnahmen Grenzen gesetzt sind (max. Motorleistung und Auftriebszusammenbruch bei zu hohen Anstellwinkeln), sind die max. Größen der stationär fliegbaren Querlagewinkel vom Luftfahrzeugtyp abhängig.

1.2.5.2 Standardkurve (rate one turn)

Erklärung der Standardkurve s. FN 9.1

1.2.5.3 Lastvielfaches

Aus geometrischen Beziehungen aus oberer Darstellung läßt sich die Kurvengewichtskraft R berechnen. Dabei ist die Kurvengewichtskraft immer n-mal größer als die Fluggewichtskraft FG. Der Faktor n wird als LASTVIELFACHES bezeichnet. Das Lastvielfache n ist abhängig von dem Querlagewinkel und läßt sich wie folgt berechnen:

$$R = n \bullet G \qquad \text{wobei} \qquad n = \frac{1}{\cos \varphi}$$

Das Lastvielfache kann positive oder negative Werte annehmen. Dabei gilt:

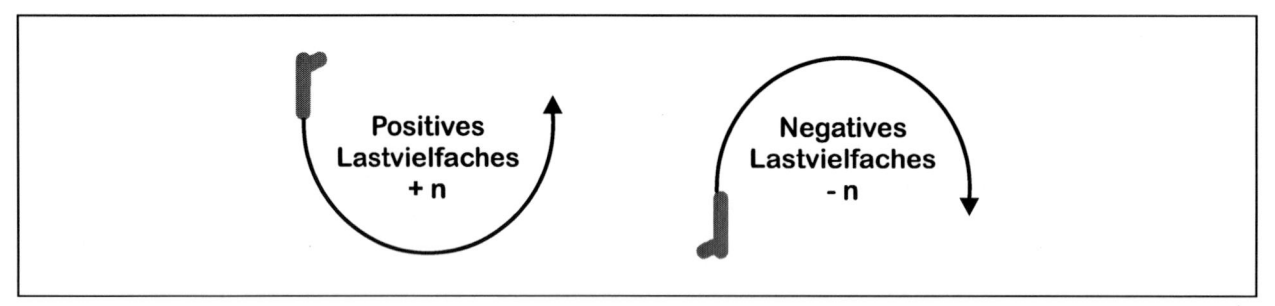

Positives Lastvielfaches + n

Negatives Lastvielfaches − n

Mathematische Beziehungen ergeben, daß die Überziehgeschwindigkeit in der Kurve V_{SKurve} von der Überziehgeschwindigkeit im Geradeausflug v_S wie folgt abhängt:

$$v_{SKurve} = \sqrt{n} \bullet v_{SHorizontal}$$

Hiermit lassen sich für mehrere Querlagewinkel die Kurvengewichtskräfte und die Überziehgeschwindigkeiten für koordinierte Kurven, die mit konstanter Höhe geflogen werden, berechnen:

Querlagewinkel φ	Kurvengewichtskraft R	Überziehgeschwindigkeit V_{SKurve}
15°	1,04 * Gewicht	1,02 * V_S
30°	1,15 * Gewicht	1,07 * V_S
45°	1,41 * Gewicht	1,19 * V_S
60°	2,00 * Gewicht	1,41 * V_S
75°	3,86 * Gewicht	1,96 * V_S

1.2.5.4 Flugzeugkategorien

Abhängig von dem Lastvielfachen n, für das das Luftfahrzeug konstruktiv ausgelegt worden ist, werden Luftfahrzeuge in folgende Kategorien eingeteilt:

Kategorie	max. Positive n	max. Negative n
Normal (Normal)	3,8	1,52
Utility (Nutzflugzeug)	4,4	1,76
Aerobat (Kunstflug)	6,0	3,00

Die Werte für das Lastvielfache berücksichtigen einen Sicherheitsfaktor von 1,5. D.h., daß das Luftfahrzeug jeweils auch das 1,5-fache des angegebenen Wertes ohne Schaden aushalten kann.

1.2.5.5 Schmier- und Schiebekurve

Schmier- oder Schiebekurven treten immer dann auf, wenn die Kurve nicht sauber bzw. koordiniert geflogen wird, d.h. wenn der Querlagewinkel nicht der Kurvengewichtskraft angepaßt ist.

Bei der Schmierkurve ist die Schräglage für die Kurvendrehgeschwindigkeit zu groß, so daß der Auftriebsvektor dermaßen in die Kurve geneigt wird, daß sich aus dem Auftriebsvektor und der Resultierenden R eine weitere Resultierende ergibt, die das Luftfahrzeug in das Kurveninnere zieht.

Bei der Schiebekurve sind die Verhältnisse umgekehrt:
Die Schräglage ist zu klein, so daß der Auftriebsvektor sich aus der Kurve hinaus neigt und sich somit eine Resultierende ergibt, die das Luftfahrzeug aus der Kurve hinauszieht.

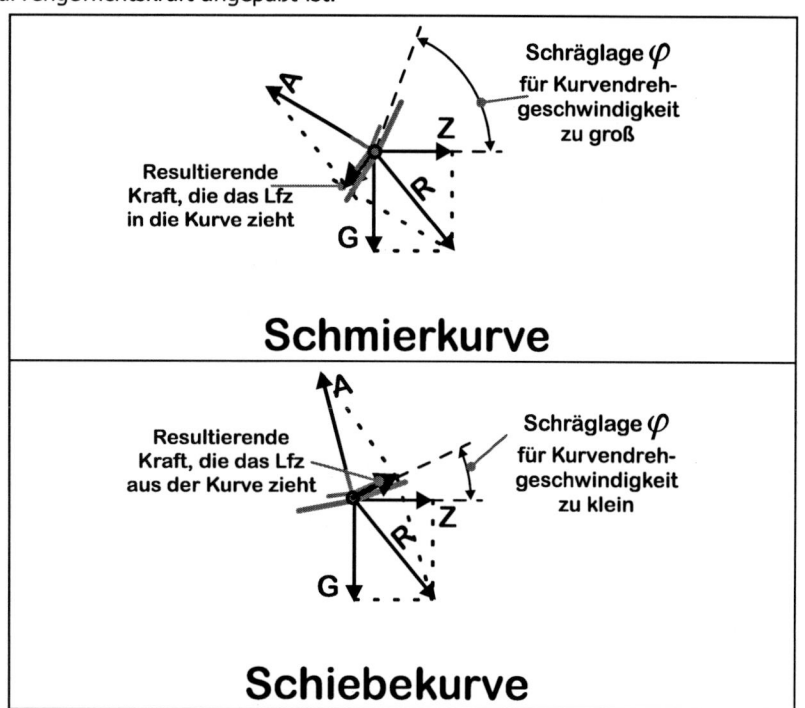

Die Korrektur erfolgt in beiden Fällen entweder mit dem Querruder, um den Schräglagewinkel anzupassen, oder mit dem Seitenruder, um die Kurvengeschwindigkeit des Luftfahrzeuges und damit die Zentrifugalkraft so zu beeinflussen, daß die Resultierende R und der Vektor der Auftriebskraft sich gegenseitig kompensieren, wie es in der koordinierten Kurve der Fall ist. Die einzuleitenden Korrekturmaßnahmen können sich nach der Anzeige des Wendezeigers richten und werden deshalb in T 4.2.6 behandelt.

Achtung: Fliegt man Schiebe- oder Schmierkurven mit besonders starken Querneigungen (Steilkurven) und/ oder besonders geringen Fluggeschwindigkeiten, kann es aufgrund der seitlichen Anströmungen zu vorzeitigen und/ oder einseitigen Strömungsabrissen kommen. Dies ist besonders gefährlich in Bodennähe und gerade beim Eindrehen in den Endanflug Grund für viele tödliche Unfälle !

1.2.5.6 Steilkurven (steep turns)

Kurven mit Querlagewinkeln ab 30° werden als Steilkurven bezeichnet. Es gelten die gleichen Gesetze wie sie bereits für den normalen Kurvenflug beschrieben worden sind, jedoch sind die Leistungsanforderungen an das Luftfahrzeug (Motorleistung, Überziehverhalten, Strukturbelastbarkeit) entsprechend höher. Dabei behalten alle Ruder ihre angestammte Funktion bei: Die Höhe ist mit dem Höhenruder zu steuern, Schiebe- oder Schmierzustände sind mit Quer- und Seitenruder koordiniert zu korrigieren. Da bei Steilkurven die Kurvengewichtskraft sehr groß wird, muss mit höherer Geschwindigkeit geflogen werden, um einen entsprechenden Auftrieb zu erzeugen. Würde der Auftrieb mit einem hohen Anstellwinkel (und nicht durch erhöhte Geschwindigkeit) erzeugt werden, würde ein Strömungsabriss die Folge sein.

1.2.6 Langsamflug (slow flight)

Beim Langsamflug wird die Motorleistung reduziert und der nötige Auftrieb durch Erhöhen des Anstellwinkels erzeugt. Durch den Einsatz der Klappen und/oder Vorflügel kann die mögliche Geschwindigkeit verringert werden. Da man in der Nähe des überzogenen Flugzustandes und des kritischen Anstellwinkels fliegt, muss – solange man den Langsamflug beibehalten möchte - das Flugzeug um die Längsachse überwiegend mit dem Seitenruder gesteuert werden, da ein Querruderausschlag Abkippen und Trudeln einleiten könnte. Das Ausleiten erfolgt mit einem Nachlassen des Höhenruders und gleichzeitigem Erhöhen der Motorleistung.

1.2.7 Überziehen (stall)

Der überzogene Flugzustand wird durch eine Verlangsamung des Flugzeuges bis zur Überziehgeschwindigkeit (**stall speed**) erreicht. Durch den Einsatz der Klappen und/oder Vorflügel kann die Überziehgeschwindigkeit verringert werden. Die Luftströmung kann der Profilwölbung der Oberseite nicht mehr folgen (Grenzschichtablösung) und der Auftrieb wird stark verringert. Erhöht man den Anstellwinkel immer weiter, gelangt das Flugzeug in den Bereich des **buffeting**. Dieser Zustand ist durch Schüttelbewegungen der Flügel, die sich auf die gesamte Zelle und durch die wirbelnde abströmende Luft auch auf das Höhenruder übertragen, zu spüren. Genauso wie im Langsamflug muß im überzogenen Flugzustand die Fluglage überwiegend mit dem Seiten- und Höhenruder gesteuert werden. Bis zu diesem Augenblick reicht ein Nachlassen des Höhenruders mit ggf. gleichzeitigem Erhöhen der Motorleistung aus, um wieder den Normalflugzustand zu erreichen. Falls jedoch keine Gegenmaßnahmen ergriffen werden, kann durch eine Störung (Windböe, Querruderausschlag, Schiebeflugzustand durch Seitenruderausschlag, usw.) das Flugzeug nach einer Seite **abkippen** (Abschmieren) und in den Trudelzustand übergehen. Das Ausleiten des Abkippens bzw. Trudelns wird im nachfolgenden Abschnitt erklärt.

1.2.8 Trudeln (spin)

Sofern das Abkippen durch Nachlassen des Höhenruders und gleichzeitigem Seitenruderausschlag entgegen der Abkipprichtung nicht beendet wird, geht das Luftfahrzeug in das Trudeln über. Beim Trudeln wird unterschieden zwischen Normal- oder Steiltrudeln und Flachtrudeln.

1.2.8.1 Normal- oder Steiltrudeln

Ablauf

Die steil nach unten gerichtete Längsachse des Luftfahrzeuges hat eine große Neigung zum Horizont und dreht mit großer Winkelgeschwindigkeit um die Trudelachse. Der Tragflügel mit abgerissener Strömung liegt nahe der Trudelachse.
Beim Linkstrudeln mit rechtslaufendem Motor wird beim Gasgeben das Trudeln verstärkt.

Beenden

1. Motorleistung auf Leerlauf
2. Seitenruder voll entgegen der Trudel-Drehrichtung
3. Querruder in Neutralstellung
4. Höhenruder neutral bis leicht gedrückt
5. Sturzfluglage zügig, aber nicht abrupt abfangen

1.2.8.2 Flachtrudeln

Ablauf

Flachtrudeln kann nur bei einer schwanzlastigen Schwerpunktslage außerhalb des zulässigen Bereiches entstehen (Flugplanung - Schwerpunktseinhaltung !). Das Heck wird dabei weiter nach außen von der Trudelachse weggedrückt als beim Normaltrudeln. Es wird kein Ruder mehr angeströmt.

Beenden

Sehr schwirig oder gar nicht zu beenden.

1.2.9 Seitengleitflug (slip)

Einleiten

Der Seitengleitflug wird zuerst mit Querruder und dann mit entgegengesetztem Seitenruder eingeleitet. Mit dem Querruder wird die Flugrichtung des Luftfahrzeuges gesteuert. Durch das entgegengesetzte Seitenruder wird sowohl das negative Drehmoment verstärkt (Schiebeflug wird eingerichtet; Rumpf dreht sich seitlich in die Strömung) andererseits wird das durch die Querruderbetätigung hervorgerufene Rollmoment kompensiert. Dadurch bleibt das

Luftfahrzeug in dieser Lage, obwohl das Querruder ausgeschlagen bleibt. Zu bedenken ist, daß die Fahrtmesseranzeige aufgrund der schrägen Anströmung des Pitotrohres nicht mehr verwertbar ist.

Ausleiten

Das Ausleiten erfolgt mit gleichzeitiger Rücknahme beider Ruderausschläge.

Slippen bei zu hohen Landeanflügen

Um bei zu hoch angesetzten Landeanflügen die Höhe schnell abzubauen ohne die Fluggeschwindigkeit zu erhöhen, wird durch Slippen der Widerstand stark erhöht, indem der Rumpf mit vollem Seitenruderausschlag seitlich in die anströmende Luft gedreht wird. Mit dem Querruder wird das Flugzeug so gesteuert, dass es die ganze Zeit über der verlängerten Anfluggrundlinie der Piste (**extended runway centerline**) weiterfliegt. Bei diesem Verfahren ist es angebracht, den slip in den (Seiten-) Wind hinein zu fliegen; d.h. die luvseitige Fläche hängt nach unten wobei der Rumpf in den Wind gedreht wird.

Slippen bei Seitenwindlandungen (low wing method)

Bei der Seitenwindlandung wird die seitliche Abdrift von der Landebahn-Mittellinie durch ein Hängenlassen der Luv-Flügelfläche mit dem Querruder kompensiert. Da der Querruderausschlag ein weiteres Rollen Richtung Luv verursachen würde, wird mit einem entsprechend entgegengesetzten Seitenruderausschlag die Luftfahrzeug-Längsachse mit der Landebahn-Mittellinie in Übereinstimmung gebracht. Die Stärke der jeweiligen Ruderausschläge kann mit dem abnehmenden Windeinfluß in Bodennähe zurückgenommen werden, trotzdem sind diesem Anflugverfahren bei Tiefdeckern Grenzen gesetzt, da die Gefahr der Bodenberührung der hängenden Fläche besteht. In der Regel wird bei diesem Verfahren der Abfangvorgang so beendet, daß mit dem luvseitigen Hauptfahrwerk zuerst aufgesetzt wird.

Achtung: Der Seitengleitflug kann zu Strömungsablösungen auf der vom Rumpf abgeschirmten Fläche führen, besonders bei Tiefdeckern und bei großen Landeklappenwinkeln. Daher in diesen Fällen den Seitengleitflug nicht anwenden !
Bei der C172 werden lt. Flughandbuch Slips mit starken Querlagen und Klappen über 20° untersagt.

1.2.10 Steilspirale (steep diving spiral)

Unter einer Steilspirale ist die Kombination von gleichzeitigem Sturz- und Steilkurvenflug (großer Querlagewinkel) zu verstehen. Sie ist das Resultat, wenn bei Steilkurvenflügen wegen einem zu geringen Anstellwinkel (Pilot zieht nicht genügend das Höhenruder) der Auftrieb nicht ausreicht, um die Höhe konstant zu halten. Das Flugzeug reagiert mit einer rapiden Fahrterhöhung, wobei die höchstzulässige Fluggeschwindigkeit v_{NE} sehr schnell überschritten werden kann. Da bei der Steilspirale alle Ruder voll wirksam bleiben, kann dieser Flugzustand wie beim Ausleiten einer normalen Kurve durch gewohnte Ruderausschläge beendet werden. Nach dem Ausleiten der Kurve muss sofort die hohe Geschwindigkeit durch angemessenes Abfangen reduziert werden.

1.2.11 Rollen am Boden

Rollen am Boden mit Seitenwind (Crosswind Taxi): (s. Cessna - Pilot Safety and Warning Sup's; S. 8.4)

Der Wind versucht, die ihm zugewandte Fläche zu heben. Um dies zu verhindern, muß bei Wind von seitlich vorn das dem Wind zugewandte Querruder nach oben ausgeschlagen werden. Kommt der Wind von seitlich hinten, wird das Querruder auf der Luvseite nach unten ausgeschlagen.
Der Rückenwind versucht den Schwanz des Flugzeuges anzuheben; daher muß in diesem Fall das Höhenruder nach unten ausschlagen. Bei Gegenwind ist das Höhenruder neutral zu lassen, außer bei unebenem Untergrund sollte man das Höhenruder nach oben ausschlagen, um das Bugrad zu entlasten.

1.2.12 Anflug und Landung

1.2.12.1 Bei Seitenwind

Das Problem der Seitenwindlandung besteht darin, daß:
- der Seitenwind die luvseitige Tragfläche anhebt
- der Seitenwind das Seitenruder anbläst und so zu einer Drehung um die Hochachse des Flugzeuges führt (diese Drehung wird vom Kreiselmoment des Propellers entweder verstärkt oder abgeschwächt)

Bei Seitenwindlandungen ist der Seitenversatz mit luvseitigem Querruder ("Fläche hängen lassen") zu kompensieren und die Flugzeuglängsachse mit Seitenruder in Leerichtung zu lenken, um nicht schiebend aufzusetzen. Die hängende Fläche muß sofort nach dem Eindrehen in den Endanflug gesteuert werden, mit dem Seitenruder in Leerichtung hat man bis kurz vor dem Aufsetzen Zeit.

Bei Seitenwindlandungen ist eine normale Anfluggeschwindigkeit zu wählen, da keine bzw. nur eine geringe Gegenwindkomponente vorhanden ist. Höhere Anfluggeschwindigkeiten führen besonders bei kurzen Landebahnen evtl. zu einem Überschießen der Bahn. Bei zusätzlichen Böen sollte die Geschwindigkeit gem. T 1.2.11.2 gewählt werden.

Die Grenze für den zulässigen Seitenwind ist im Flughandbuch vermerkt. Sie liegt für eine volle Seitenwindkomponente in etwa bei 20% der Überziehgeschwindigkeiten, für eine 45°-Windkomponente bei ca. 30%.

1.2.12.2 Bei böigem Wind

Bei böigem Wind sollte auf das 1,3-fache der Überziehgeschwindigkeit die Hälfte des Grundwindes plus die durch Böen auftretende Geschwindigkeitsdifferenz addiert werden. Generell sollte auch bei Windstille mind. 5 kt zuaddiert werden, max. jedoch 15 kt.:

Bsp.:	Grundwindkomponente	12 kt
	Böen	18 kt
	Differenz	6 kt
	--> addiere 12 kt auf die normale Anfluggeschwindigkeit !	

1.2.12.3 Bei starkem Gegenwind

Die Grenze für die Gegenwindkomponente liegt bei etwa 60% der Überziehgeschwindigkeit.

Bei starken Gegenwind besteht beim Anflug die Gefahr, daß das Flugzeug sehr schnell zu langsam wird, wenn es genauso hoch abgefangen wird, wie bei normalen Wind. Der Grund besteht darin, daß die Geschwindigkeit des Windes direkt am Boden bei starkem Wind durch die Bodenreibung (Grenzschichtverlauf !) relativ viel geringer ist als außerhalb des Bodeneffektes. Da beim Anflug oberhalb des Bodeneffektes die Landegeschwindigkeit an die starke Gegenwindkomponente noch angepaßt ist, wird diese in Bodennähe plötzlich abrupt schwächer. Dadurch verringert sich die Geschwindigkeit des Luftfahrzeuges gegenüber der Luft ebenso schnell und es stellt sich entsprechend eine große Sinkrate ein. Daher sollte man vor dem Abfangen bewußt etwas dichter an den Erdboden heran fliegen.

1.3 Stabilität

Die konstruktive Auslegung der Stabilitätseigenschaften eines Luftfahrzeuges sind ein bedeutender Faktor für die Steuerbarkeit eines Luftfahrzeuges. Das Ziel ist, dem Luftfahrzeug zu ermöglichen, daß es bei Störungen (Turbulenzen, Böen, kurzzeitige abrupte Ruderausschläge usw.) in seine ursprüngliche Fluglage ohne Eingreifen des Piloten zurückkehrt. Die Bezeichnung der jeweiligen Stabilitätsform bezieht sich nicht auf die Achse, die axial durch die Störung gedreht wird, sondern auf die Achse, die durch die Störung ihre Richtung im Raum verändert. Dabei werden folgende vier Stabilitätsformen unterschieden:

- Längsstabilität
- Kursstabilität
- Querstabiliät
- Seitenstabilität

1.3.1 Längsstabilität

Beeinflußte Bewegung:	Nicken
Achse, die Richtungsänderung erfährt:	Längsachse und Hochachse
Achse, die Drehung erfährt:	Querachse
Konstruktionsmittel:	Höhenleitwerk

Störung hebt die Nase

Die Tragflügel- und Höhenflossenanstellwinkel vergrößern sich. Durch die Druckpunktwanderung am Tragflügel verursacht die Auftriebskraft ein Drehmoment, das das Luftfahrzeug noch stärker schwanzlastig macht. Das Höhenleitwerk produziert jedoch mehr Auftrieb als im ungestörten Horizontalflug und ruft somit ein rückdrehendes kopflastiges Drehmoment hervor.

Störung senkt die Nase

Die Tragflügel- und Höhenflossenanstellwinkel verkleinern sich. Durch die Druckpunktwanderung am Tragflügel verursacht die Auftriebskraft ein Drehmoment, das das Luftfahrzeug noch stärker kopflastig macht. Das Höhenleitwerk produziert jedoch weniger Auftrieb als im ungestörten Horizontalflug und ruft somit ein rückdrehendes schwanzlastiges Drehmoment hervor.

Stärke der Längsstabilität

Die Stabilität hängt von der Fläche des Höhenleitwerkes und von dem Hebelarm zwischen Höhenleitwerk und Schwerpunkt des Luftfahrzeuges.

1.3.2 Kursstabilität

Beeinflußte Bewegung:	Gieren
Achse, die Richtungsänderung erfährt:	Querachse und Längsachse
Achse, die Drehung erfährt:	Hochachse
Konstruktionsmittel:	Seitenleitwerk und Flügelpfeilung

Störung dreht das Luftfahrzeug nach rechts

- Durch die Rechtsdrehung wird das Seitenleitwerk so angeströmt, daß es eine "Auftriebskraft" erzeugt, die ein rückdrehendes Moment erzeugt.
- Der linke Tragflügel wird beschleunigt. Dabei erzeugt dieser mehr Widerstand als der andere verzögerte Flügel und produziert somit ein rückdrehendes Moment.

Störung dreht das Luftfahrzeug nach links:

- Durch die Linksdrehung wird das Seitenleitwerk so angeströmt, daß es eine "Auftriebskraft" erzeugt, die ein rückdrehendes Moment erzeugt.
- Der rechte Tragflügel wird beschleunigt. Dabei erzeugt dieser mehr Widerstand als der andere verzögerte Flügel und produziert somit ein rückdrehendes Moment.

Stärke der Kursstabilität

- Die Stärke hängt von der Fläche des Seitenleitwerkes und von dem Hebelarm zwischen Seitenleitwerk und Schwerpunkt des Luftfahrzeuges. Der Funktion ist vergleichbar mit dem Wetterfahneneffekt.
- Durch eine größere Flügelpfeilung wird die effektive widerstandsleistende Stirnfläche des beschleunigten Flügels vergrößert und somit die Stabilität positiv beeinflußt.

1.3.3 Querstabilität

Beeinflußte Bewegung:	Rollen
Achse, die Richtungsänderung erfährt:	Querachse und Hochachse
Achse, die Drehung erfährt:	Längsachse
Konstruktionsmittel:	Flügelanordnung (besonders V-Form und Hochdecker)
	Negatives Wendemoment

Störung bewirkt Rollen nach rechts

Der linke Tragflügel wird angehoben. Durch die Aufwärtsbewegung erfährt dieser Flügel eine zusätzliche Anström-Komponente von oben, die den Anstellwinkel bezüglich der effektiven Anströmung verkleinert. Somit wird der Auftrieb verringert. Der sich senkende rechte Tragflügel erfährt eine zusätzliche Komponente von unten, der Anstellwinkel und damit der Auftrieb vergrößern sich. Beide Auftriebsänderungen drehen das Luftfahrzeug in seine ursprüngliche Lage zurück.

Störung bewirkt Rollen nach links

Der rechte Tragflügel wird angehoben. Durch die Aufwärtsbewegung erfährt dieser Flügel eine zusätzliche Anström-Komponente von oben, die den Anstellwinkel bezüglich der effektiven Anströmung verkleinert. Somit wird der Auftrieb verringert. Der sich senkende linke Tragflügel erfährt eine zusätzliche Komponente von unten, der Anstellwinkel und damit der Auftrieb vergrößern sich. Beide Auftriebsänderungen drehen das Luftfahrzeug in seine ursprüngliche Lage zurück.

Stärke der Querstabilität

Die Effektivität des oben beschriebenen Prinzips hängt insbesondere von der V-Form der Tragflügel ab. Um so größer der V-Winkel, um so größer die effektive angeströmte Fläche, die das rückdrehende Moment hervorruft.
Das negative Wendemoment bewirkt, daß der nach oben gehende Tragflügel nach hinten gedreht wird und somit verzögert und weniger Auftrieb erzeugt. Entsprechend umgekehrt der nach unten gehende Flügel. Auch auf diese Weise wird ein verstärkendes rückdrehende Moment erzeugt.
Beim Hochdecker erzeugt der relativ weit unten liegende Luftfahrzeug-Schwerpunkt durch die Rollbewegung ein verstärkendes rückdrehendes Moment.

1.3.4 Seitenstabilität

Die Seitenstabilität ist die Kombination von Kurs- und Querstabilität. Die Seitenstabilität kommt bei jeder Gier- und Rollbewegung zum Tragen, da diese beiden Bewegungen sich grundsätzlich gegenseitig beeinflussen.

1.4 Masse und Schwerpunkt

1.4.1 Warum Massen- und Schwerpunktsberechnung ?

Die Massen- und Schwerpunktsberechnung muß vor jedem Flug durchgeführt werden, um Aussagen über die Flugleistungen, die Strukturbelastungen und die Schwerpunktslage zu erhalten.

Auf die **Flugleistungen** wird in T 5 noch näher eingegangen; in diesem Zusammenhang muß betont werden, daß die Massen- und Schwerpunktsberechnung die Ausgangswerte für die Flugleistungsrechnung gibt. Es ist offensichtlich, daß die Masse des Luftfahrzeuges einen direkten Einfluß auf die Flugleistungen (wie z.B. Geschwindigkeit und Reichweite) hat.
Erst bei genauerem Hinsehen wird auch der Einfluß der Schwerpunktslage auf die Flugleistungen ersichtlich: Um einen stabilen Flugzustand zu erreichen, müssen Steuerruder ausgeschlagen und/oder Trimmklappen eingestellt werden. Umso mehr der aktuelle Schwerpunkt von dem vom Hersteller geforderten Schwerpunktsbereich abweicht,

müssen diese Steuerruder- oder Trimmklappenausschläge erhöht werden. Durch solche größeren Ausschläge wird jedoch grundsätzlich die Stirnfläche des Flugzeuges vergrößert, die ein direkt beeinflussender Faktor des Druck- und Formwiderstandes (s. AE 2.1) ist. Also lassen sich dieser Widerstand und damit auch alle Flugleistungsparameter durch Einhalten der geforderten Schwerpunktslagen positiv beeinflussen.

Unter den **Strukturbelastungen** sind bestimmte Massen zu verstehen, die lt. Hersteller nicht überschritten werden dürfen. Hierzu gehören z.B. die höchstzulässige Startmasse und auch die einzuhaltenden Punktlasten. Letztere geben an, mit wieviel Masse einzelne Bereiche eines Luftfahrzeuges (z.B. die einzelnen Sitzreihen und die Gepäckräume) beladen werden dürfen, um nicht deformiert zu werden.

Der **Schwerpunkt** muß innerhalb eines vom Hersteller vorgegebenen Rahmens eingehalten werden, damit das Luftfahrzeug in allen Situationen steuerbar ist.
Liegt der Schwerpunkt zu weit vorne, spricht man von **Kopflastigkeit**. In diesem Falle könnte die Steuerkraft des Höhenruders in bestimmten Flugsituationen (Abheben beim Start, Abfangen beim Landen usw.) nicht mehr ausreichen, die Nase des Flugzeuges heben zu können. Grundsätzlich kann man auch feststellen, daß ein kopflastiges Flugzeug eine längere Startstrecke benötigt.
Liegt der Schwerpunkt zu weit hinten (**Schwanz- oder Hecklastigkeit**), ist vor allem die in T 1.3.1 beschriebene Längsstabilität des Luftfahrzeuges eingeschränkt. Das Flugzeug wird somit instabil und daher schwierig zu steuern. Dies kann soweit führen, daß das Flugzeug früher in den überzogenen Flugzustand geraten kann. Außerdem ist mit Hecklastigkeit die Tendenz zum Flachtrudeln (s. T 1.2.8.2) stärker ausgeprägt.

1.4.2 Masseneinteilung

Zwecks Standardisierung sollten in der Luftfahrt folgende Begriffe im Zusammenhang mit der Massen- und Schwerpunktsberechnung verwendet werden:

Leermasse **Empty Mass** **EM**	Die Leermasse beinhaltet das vom Hersteller gelieferte Luftfahrzeug mit seiner Grundausrüstung (Standardleermasse), die Flugsicherungsausrüstung, die Sonderausrüstung und den nicht ausfliegbaren Kraftstoff, Schmieröle und Hydraulikflüssigkeiten.
Grundmasse **Basic Mass** **BM**	Die Grundmasse beinhaltet die Leermasse und die nach §19 LuftBO vorgeschriebene Ergänzungsausrüstung (Kabinenausrüstung, Anschnallgurte, Sicherheitsausrüstung usw.). Sie liefert den Ausgangswert für die unter T 1.4.3 beschriebene Schwerpunktsberechnung ! Den Wert findet man im Flughandbuch im Wägebericht, der nach allen Veränderungen (Ein- und/oder Ausbau von Teilen) aktualisiert werden muß.
Betriebsleermasse **Dry Operating Mass** **DOM**	Addiert man auf die Grundmasse die Massen der Besatzung, deren Gepäck und die Bordverpflegung (Catering), erhält man die Betriebsleermasse.
Betriebsmasse **Operating Mass** **OM**	Die Betriebsmasse ist die Summe von Betriebsleermasse und dem gesamten Kraftstoff (ohne Taxi-Kraftstoff).
Startmasse **Takeoff Mass** **TOM**	Die Startmasse ergibt sich, wenn man auf die Betriebsmasse die sog. Payload addiert; hierunter versteht man die zahlende Fracht, also die Passagiere, deren Gepäck und die Fracht.
Landemasse **Landing Mass** **LAM**	Die Landemasse ist die Startmasse abzüglich des während des Reisefluges verbrauchten Reisekraftstoffes. Die Ermittlung dieses Wertes ist in der Regel nur bei größeren Luftfahrzeugen nötig, da diese nicht mit der Startmasse wieder landen dürfen (wg. der zu hohen Strukturbelastung beim Abfangen und beim Landestoß)
Leertankmasse **Zero Fuel Mass** **ZFM**	Die Leertankmasse ist die Summe von Betriebsleermasse und der Payload (zahlende Fracht). Auch dieser Wert ist meistens nur bei größeren Luftfahrzeugen wichtig, da hier die Biegemomente an der Flügelwurzel im betankten Zustand ohne das ausgleichende Gewicht der noch nicht zugestiegenen Passagiere und deren Gepäck und der eingeladenen Fracht zu groß werden könnten.
Höchstzulässige Startmasse **Max. Takeoff Mass**	Bei der höchstzulässigen Startmasse handelt es sich um einen strukturell begrenzten Wert, der vom Hersteller vorgeschrieben wird. Diesen Wert findet man ohne Ausnahme für jedes Luftfahrzeug.
Höchstzulässige Landemasse **Max. Landing Mass**	Bei der höchstzulässigen Landemasse handelt es sich um einen strukturell begrenzten Wert, der vom Hersteller vorgeschrieben wird. Er muß aber in der Regel nur bei größeren Luftfahrzeugen berücksichtigt werden.
Höchstzulässige Leertankmasse **Max. Zero Fuel Mass**	Bei der höchstzulässigen Leertankmasse handelt es sich um einen strukturell begrenzten Wert, der vom Hersteller vorgeschrieben wird. Er muß aber in der Regel nur bei größeren Luftfahrzeugen berücksichtigt werden.

1.4.3 Schwerpunkt, Hebelarm und Drehmoment

Jeder Körper besitzt einen Schwerpunkt (besser wäre das Wort Massenmittelpunkt), in dem die Kraft der Gesamtmasse angreift. Bei geometrisch einfachen Körpern (z.B. einem Lineal) entspricht der Schwerpunkt einfach dem geometrischen Mittelpunkt, der sich durch diagonales Verbinden der jeweils gegenüber liegenden Eckpunkte ergibt:

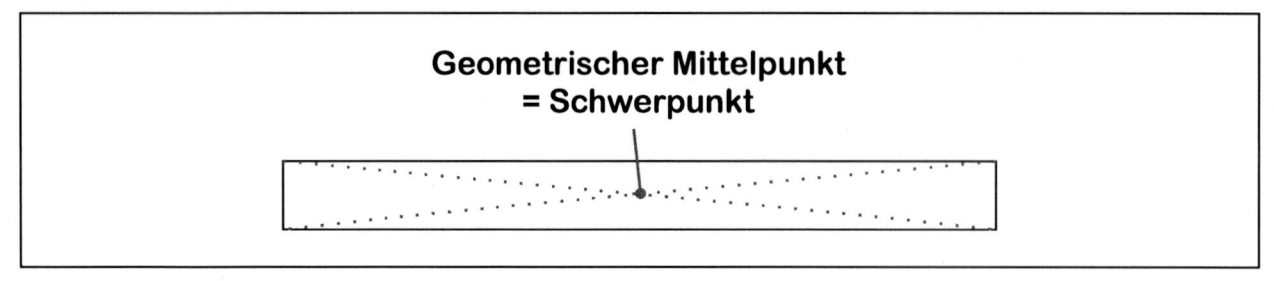

Geometrischer Mittelpunkt = Schwerpunkt

Besteht die Möglichkeit, den Körper genau im Schwerpunkt aufzuhängen, oder zu lagern, würde er in der Schwebe bleiben:

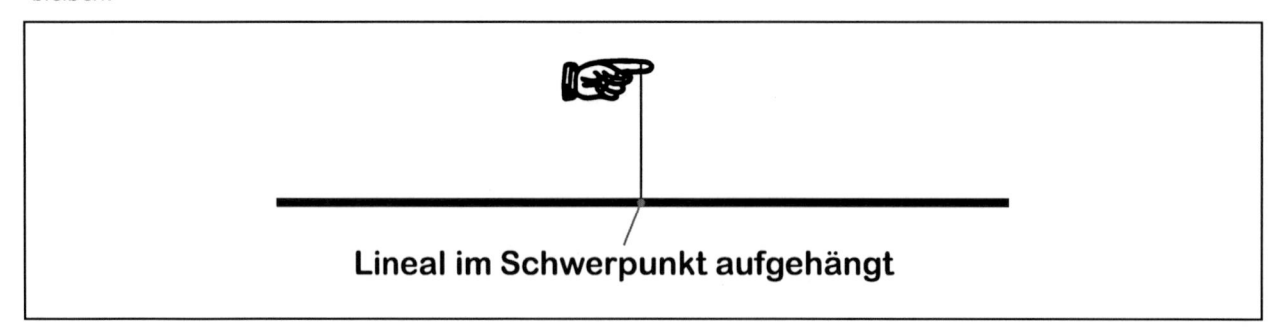

Lineal im Schwerpunkt aufgehängt

Belädt man nun das Lineal mit einer zusätzlichen Masse, verändert sich der Schwerpunkt so, daß das Lineal nicht mehr waagerecht bleibt:

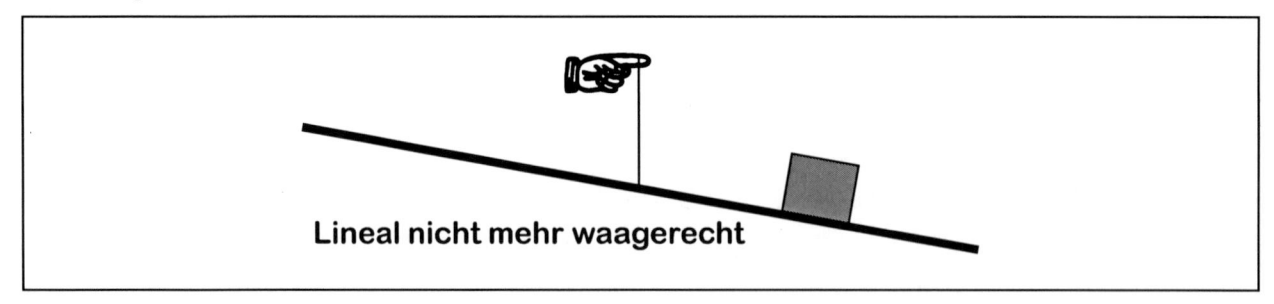

Lineal nicht mehr waagerecht

Die Schrägstellung hängt von zwei Faktoren ab:
1. der Masse (Gewichtskraft) des zusätzlichen Körpers
2. dem Hebelarm des zusätzlichen Körpers, was der Entfernung des Teilschwerpunktes des zusätzlichen Körpers zum Aufhängungspunkt des Lineals entspricht.

Multipliziert man die Gewichtskraft des Körpers mit dem Hebelarm, erhält man ein sog. Drehmoment, das die Zusatzmasse auf das Lineal ausübt:

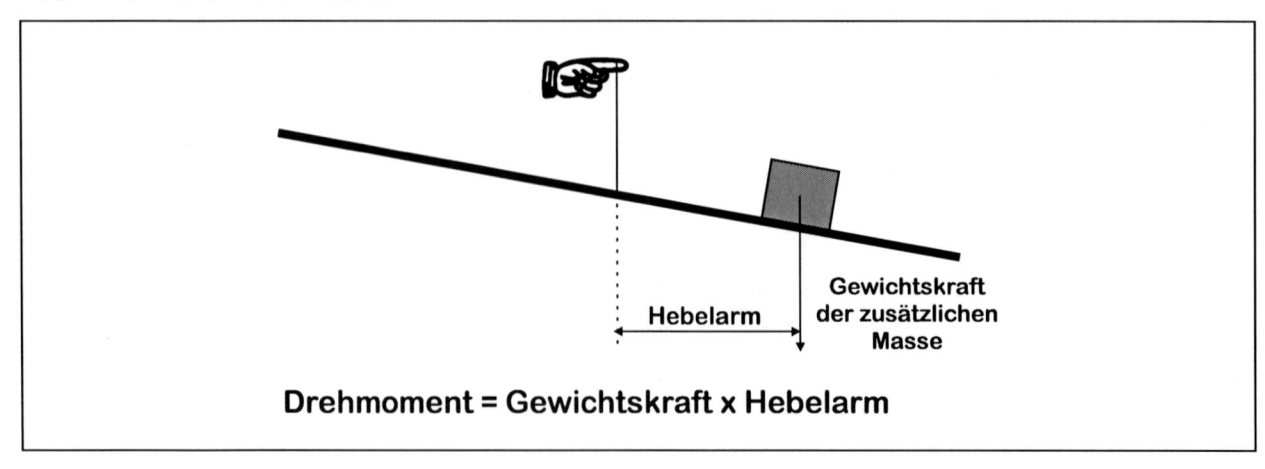

Hebelarm   Gewichtskraft der zusätzlichen Masse

Drehmoment = Gewichtskraft x Hebelarm

Um das Lineal wieder in eine waagerechte Stellung zu bringen, müßte man entweder eine Ausgleichskraft mit dem betragsmäßig gleichen, aber entgegengesetzten Drehmoment anbringen: ...

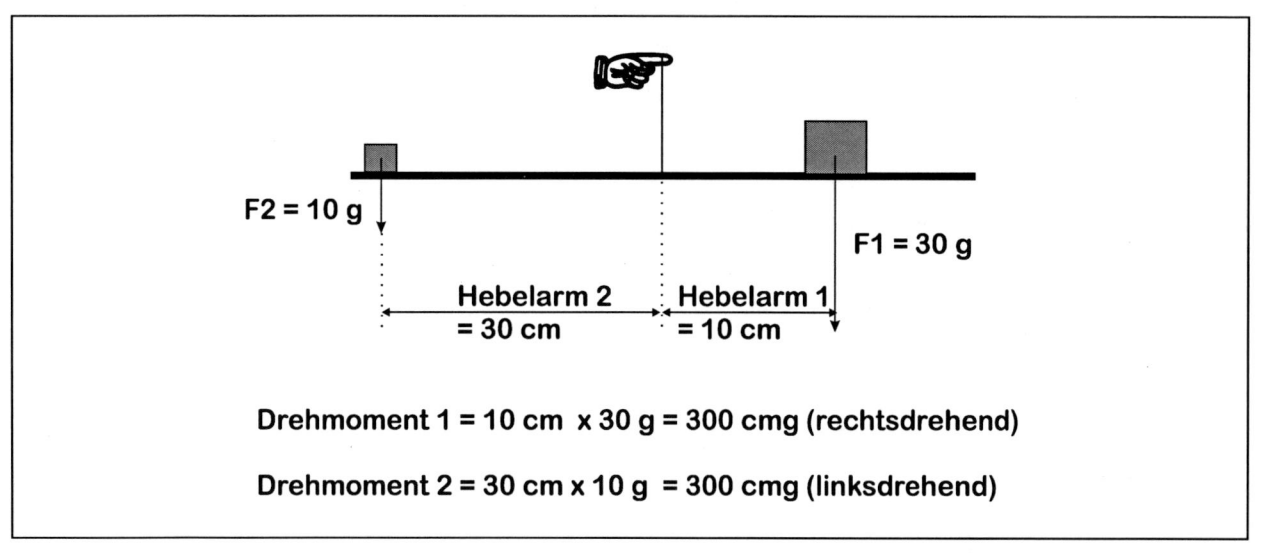

F2 = 10 g

F1 = 30 g

Hebelarm 2 = 30 cm

Hebelarm 1 = 10 cm

Drehmoment 1 = 10 cm x 30 g = 300 cmg (rechtsdrehend)

Drehmoment 2 = 30 cm x 10 g = 300 cmg (linksdrehend)

... oder den Aufhängungspunkt in dem neuen Schwerpunkt vornehmen, so daß sich das Drehmoment des unbelasteten Lineals (welches man auch als **Grundmoment** bezeichnen könnte) und das Drehmoment der zusätzlichen Kraft gegenseitig aufheben:

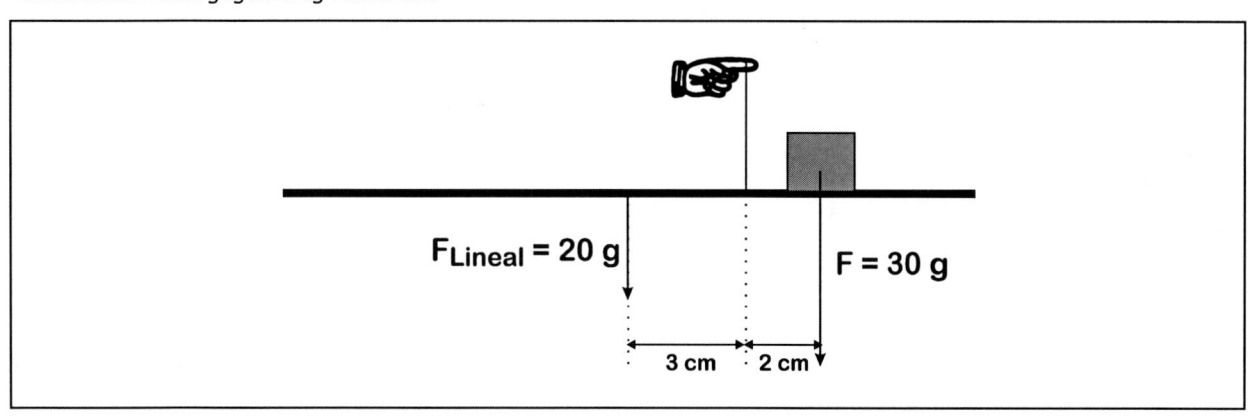

F_{Lineal} = 20 g

F = 30 g

3 cm ; 2 cm

Es muß darauf hingewiesen werden, daß sämtliche Drehmomente eines beladenen Systems auf einen beliebigen Punkt (den sog. **Bezugspunkt**) bezogen sein können; dabei ist es wichtig, daß man immer nur einen einzigen Punkt verwendet. Wählen wir z.B. statt des bisher verwendeten Aufhängepunktes die linke Kante des Lineals, müssen sich im Gleichgewichtszustand trotzdem alle Drehmomente aufheben, d.h. ihre Summe muß gleich Null sein. Rechnerisch erreicht man das, in dem man rechtsdrehende Momente mit einem positiven, linksdrehende Momente mit einem negativen Vorzeichen versieht:

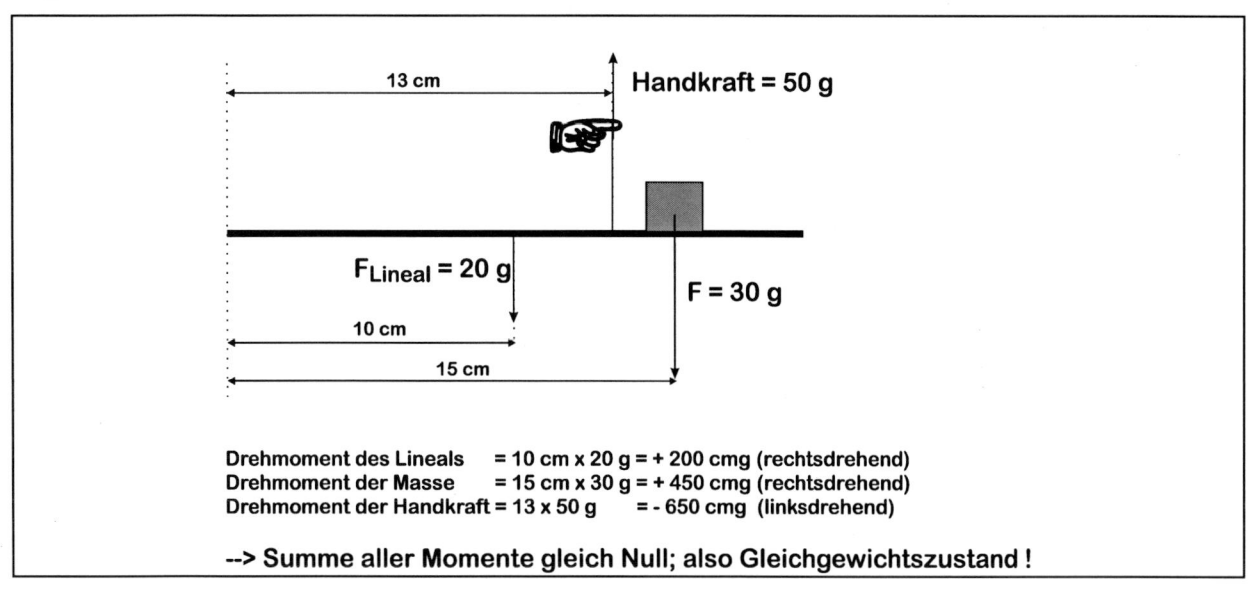

13 cm

Handkraft = 50 g

F_{Lineal} = 20 g

F = 30 g

10 cm

15 cm

Drehmoment des Lineals   = 10 cm x 20 g = + 200 cmg (rechtsdrehend)
Drehmoment der Masse   = 15 cm x 30 g = + 450 cmg (rechtsdrehend)
Drehmoment der Handkraft = 13 x 50 g   = - 650 cmg (linksdrehend)

--> Summe aller Momente gleich Null; also Gleichgewichtszustand !

1.4.4 Massen- und Schwerpunktsberechnung am Beispiel C172

Die zuvor beschriebenen Prinzipien lassen sich auch auf das System Flugzeug übertragen:

Vergleichen wir das unbelastete Lineal mit einer C172 im Ladezustand Grundmasse; dann hat das Flugzeug ein bestimmtes Grundmoment, dessen Wert wir im Wägebericht im Flughandbuch nachlesen können:

Erster Schritt: Ermittlung von Grundmasse und Grundmoment:

```
Grundmasse:        688 kg
Grundmoment:       70100 cmkg
```

Nicht zur Flugvorbereitung verwenden !!!

Zweiter Schritt: Ermittlung der geplanten Startmasse:

Wir ermitteln zunächst die Einzelmassen der geplanten Ladung und addieren sie zur Grundmasse, um das geplante Startmasse mit der höchstzulässigen Startmasse vergleichen zu können:

```
  Pilot (vordere Sitzreihe):       72 kg
+ Fluggast 1 (vordere Sitzreihe):  75 kg
+ Fluggast 2 (hintere Sitzreihe):  54 kg
+ Fluggast 3 (hintere Sitzreihe):  nicht besetzt
+ Gepäckraum 1:                    5 kg
+ Gepäckraum 2:                    2 kg
+ Kraftstoff:                      93,6 kg = 130 Liter

= Summe der geplanten Ladung:      301,6 kg

+ Grundmasse des Luftfahrzeuges:   688 kg

= Geplante Startmasse:             989,6 kg
```

Da die geplante Startmasse unter der höchstzulässigen Startmasse von 1089 kg liegt, ist das Luftfahrzeug NICHT überladen !

Im nächsten Schritt müssen die Drehmomente der Einzelmassen ermittelt werden. Diese Berechnung kann auf zwei verschiedene Versionen erfolgen, die jeweils vom Flughandbuch vorgegeben werden, oder es werden beide angeboten. In beiden Versionen legt der Hersteller den Bezugspunkt fest, man muß sich also über diesen keine weiteren Gedanken machen.

Dritter Schritt: Ermittlung des geplanten Drehmomentes der Startmasse
Version 1:

Die Hebelarme der Laderäume - im Luftfahrtbereich auch als **Stationen** bezeichnet - werden vom Hersteller direkt angegeben.

```
                        Hebelarm:
Vordere Sitzreihe:      94 cm
Hintere Sitzreihe:      185 cm
Gepäckraum 1:           241 cm
Gepäckraum 2:           312 cm
Tank:                   122 cm
```

Es müssen nun die Einzeldrehmomente ermittelt werden, indem man die Einzelmassen der Ladung mit den jeweiligen Hebelarmen (Stationen) multipliziert. Anschließend addiert man alle Einzelmomente auf das Grundmoment und erhält das Drehmoment der geplanten Startmasse:

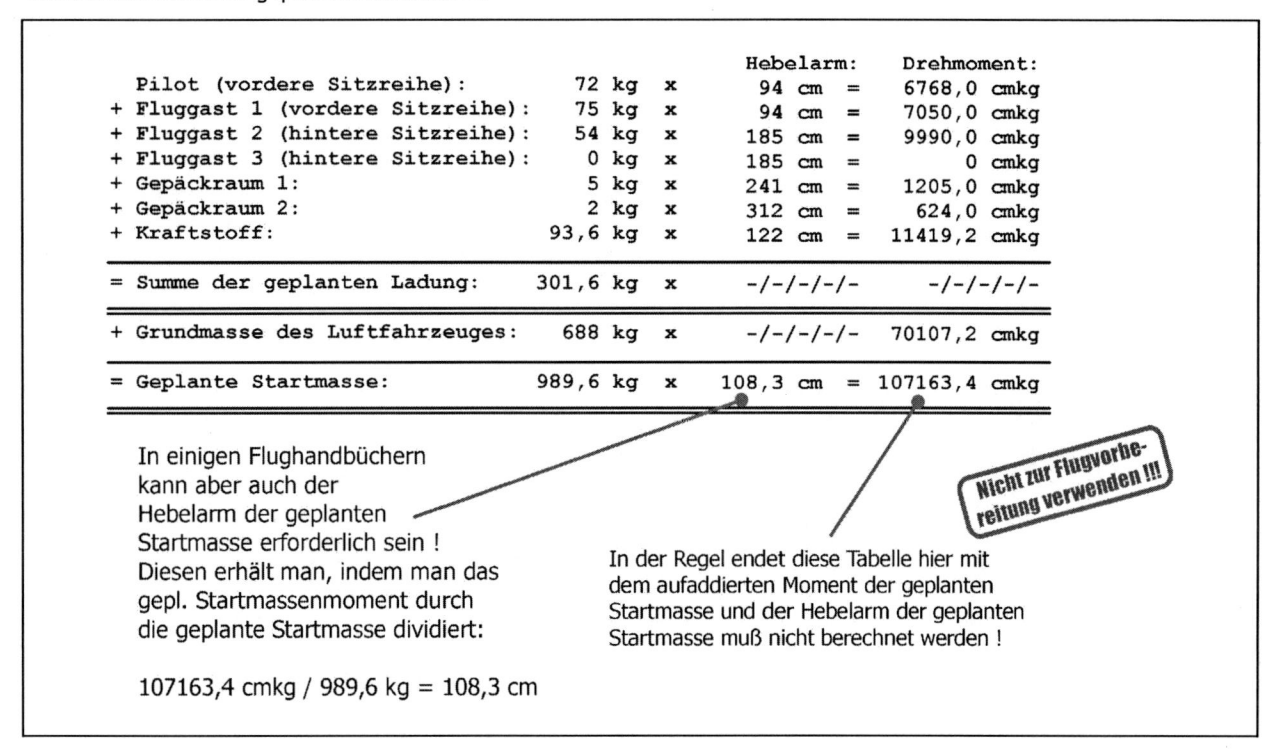

```
                                                    Hebelarm:       Drehmoment:
  Pilot (vordere Sitzreihe):          72 kg  x        94 cm   =      6768,0 cmkg
+ Fluggast 1 (vordere Sitzreihe):     75 kg  x        94 cm   =      7050,0 cmkg
+ Fluggast 2 (hintere Sitzreihe):     54 kg  x       185 cm   =      9990,0 cmkg
+ Fluggast 3 (hintere Sitzreihe):      0 kg  x       185 cm   =           0 cmkg
+ Gepäckraum 1:                        5 kg  x       241 cm   =      1205,0 cmkg
+ Gepäckraum 2:                        2 kg  x       312 cm   =       624,0 cmkg
+ Kraftstoff:                       93,6 kg  x       122 cm   =     11419,2 cmkg

= Summe der geplanten Ladung:      301,6 kg  x      -/-/-/-/-        -/-/-/-/-

+ Grundmasse des Luftfahrzeuges:     688 kg  x      -/-/-/-/-       70107,2 cmkg

= Geplante Startmasse:             989,6 kg  x      108,3 cm  =    107163,4 cmkg
```

In einigen Flughandbüchern kann aber auch der Hebelarm der geplanten Startmasse erforderlich sein! Diesen erhält man, indem man das gepl. Startmassenmoment durch die geplante Startmasse dividiert:

107163,4 cmkg / 989,6 kg = 108,3 cm

In der Regel endet diese Tabelle hier mit dem aufaddierten Moment der geplanten Startmasse und der Hebelarm der geplanten Startmasse muß nicht berechnet werden!

Nicht zur Flugvorbereitung verwenden!!!

Version 2:

Das Flughandbuch unterläßt in einigen Fällen die direkte Angabe der Hebelarme. In diesem Fall wird ein Diagramm angeboten, in das man mit der Einzelmasse auf der vertikalen Achse beginnt, einen horizontalen Bleistiftstrich zieht und bei dem Schnittpunkt mit der entsprechenden Geraden auf die horizontale Achse hinunter lotet. Hier liest man nun das Einzeldrehmoment ab. Entsprechend verfährt mit allen Einzellasten; in folgender Abb. wird schematisch die Ermittlung des Beladungsmomentes für den Kraftstoff dargestellt:

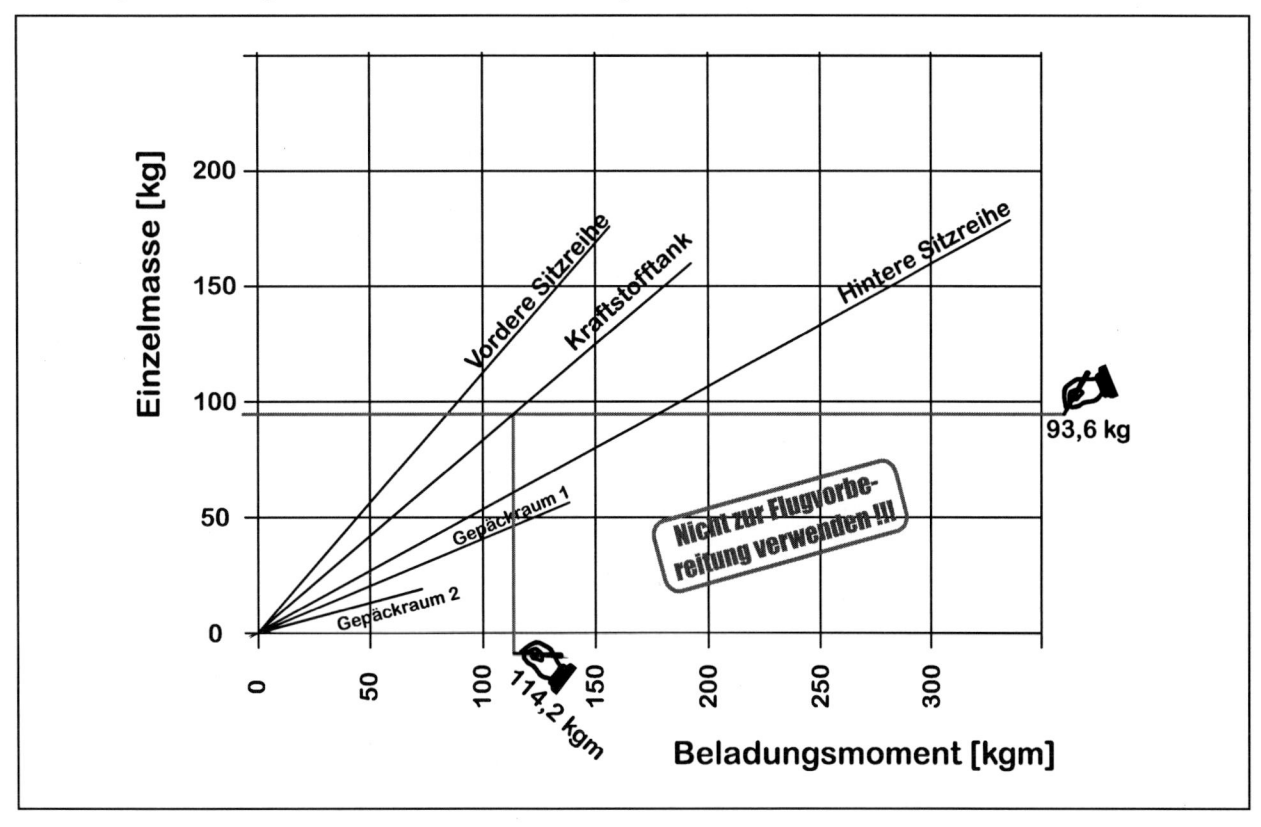

Anschließend werden alle ermittelten Drehmomente mit dem Grundmoment aufaddiert und man erhält das Moment der geplanten Startmasse (oder - falls gefordert - den entsprechenden Hebelarm).

Vierter Schritt: Überprüfen des zulässigen Schwerpunktbereiches

Für diesen Schritt bietet der Hersteller im Flughandbuch ein Diagramm, in dem auf der vertikalen Achse die geplanten Startmasse horizontal abgetragen wird und vertikal das im dritten Schritt ermittelte Drehmoment der geplanten Startmasse. Liegt der Schnittpunkt beider Geraden innerhalb des ausgewiesenen Schwerpunktsbereiches, ist das Luftfahrzeug ordnungsgemäß beladen. Anderenfalls muß eine Neuverteilung der Ladung vorgenommen werden; sofern die höchstzulässige Startmasse im zweiten Schritt nicht überschritten worden ist, reicht es in der Regel aus, die schwereren Passagiere möglichst weit vorne Platz nehmen zu lassen.

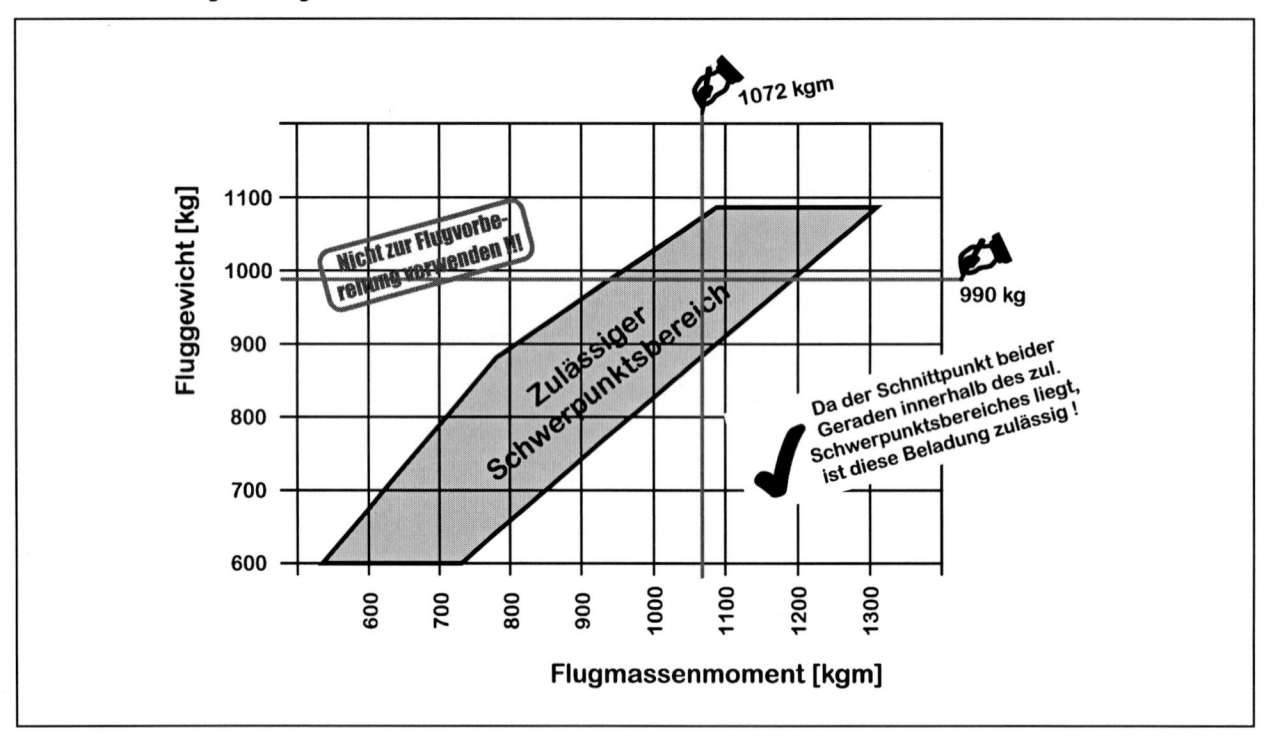

2. Flugzeugkunde

2.1 Einteilung der Luftfahrzeuge

Die Einteilung des Gesetzgebers ist in L 8.1 beschrieben. Aus technischer Sicht werden Luftfahrzeuge prinzipiell danach eingeteilt, ob sie leichter oder schwerer als Luft sind. Luftfahrzeuge, die sogenannt leichter als Luft sind, heben vom Erdboden ab, da auf sie eine statische Auftriebskraft einwirkt. Diese basiert auf dem Archimedischen Prinzip, welches besagt, daß die Auftriebskraft eines beliebigen Körpers genauso groß ist, wie das Gewicht der von ihm verdrängten Luftmenge.

Auf Luftfahrzeuge, die schwerer als Luft sind, reicht die statische Auftriebskraft zum Abheben nicht aus. Diese benötigen eine zusätzliche dynamisch erzeugte Auftriebskraft, die nur dann entstehen kann, wenn die Luft gemäß dem Gesetz von Bernoulli an dem Flugzeug bzw. dessen auftriebserzeugenden Profilen (Tragflügeln) vorbeiströmen kann. Das Gesetz von Bernoulli wird in AE 1.2 näher beschrieben.

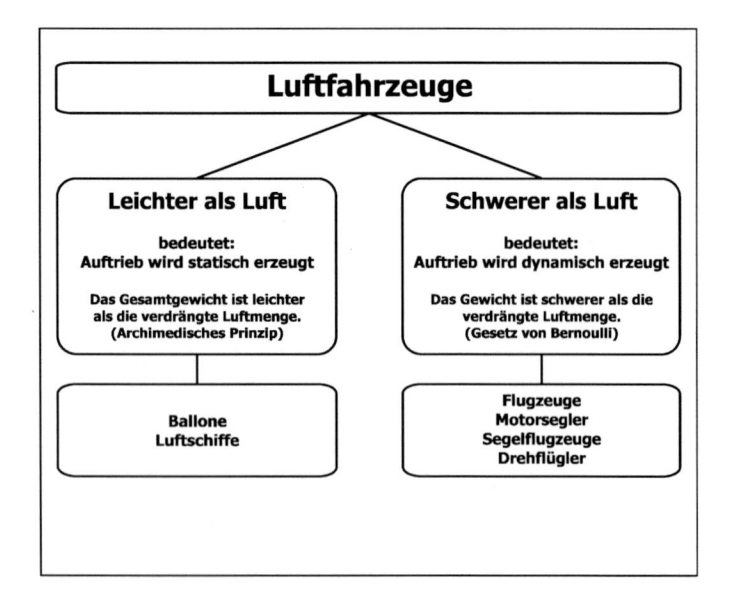

2.2 Bauart des Luftfahrzeuges

2.2.1 Baugruppen

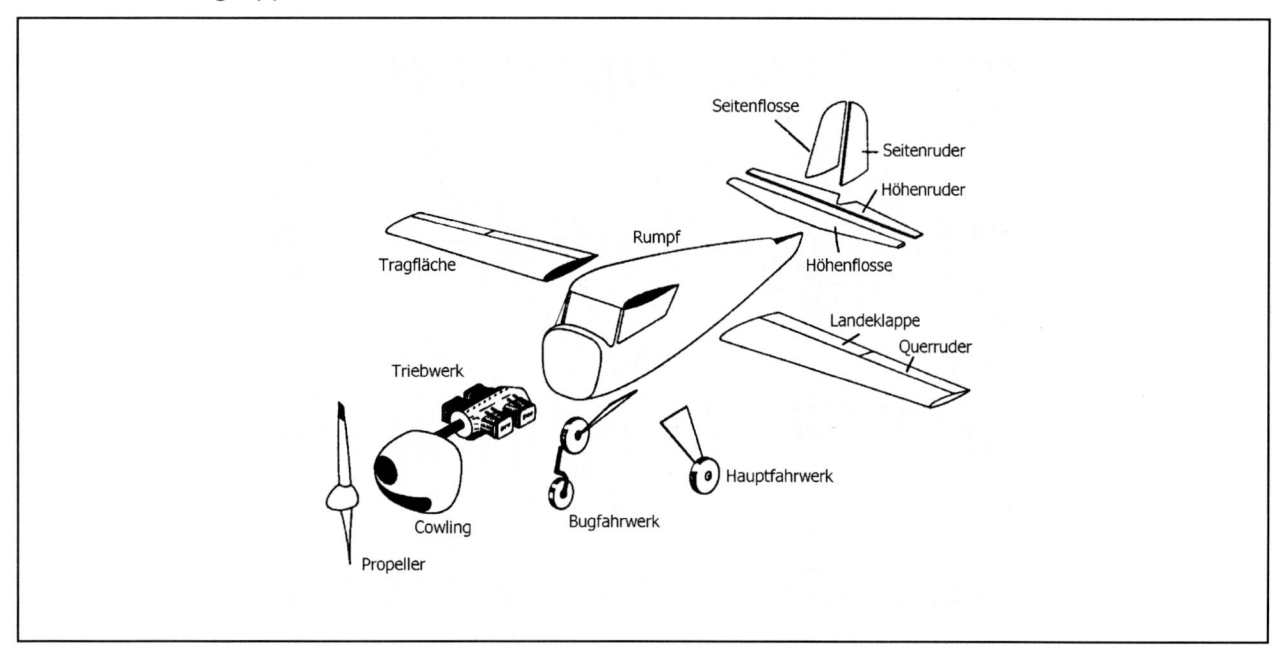

Seitenflosse, Seitenruder, Höhenruder, Rumpf, Tragfläche, Höhenflosse, Landeklappe, Querruder, Triebwerk, Hauptfahrwerk, Bugfahrwerk, Cowling, Propeller

2.2.2 Anordnung und Bauform der Tragflügel

Anzahl der Tragflügel	Anordnung der Tragflügel	Befestigung der Tragflügel
Eindecker	Tiefdecker	Abgestrebt
Eineinhalbdecker	Mitteldecker	freitragend
Doppeldecker	Schulterdecker	
	Hochdecker	

2.2.3 Motorenanzahl

Ein-, zwei-, drei-, vier- oder mehrmotorig

2.2.4 Betriebsarten (Land / See)

Landflugzeuge	Wasserflugzeuge
Fahrgestell	Schwimmer
Kufen	Bootsrumpf
Amphibium	

2.2.5 Anordnung der Luftschrauben

Zugschraube; Druckschraube (am Rumpfende installiert); Kombination von Zug- und Druckschraube

2.2.6 Antriebsarten

Propeller (Kolbentriebwerk, Propellerturbine); Strahltriebwerk

2.2.7 Werkstoffe

Bauweise	Holz	Gemischt	Metall	Kunststoff
Bauteile	• Rumpf • Leitwerk • Tragflächen	• Tragflächen und Leitwerk aus Holz • Stahlrohrgerüst für Rumpf	• gesamte Zelle aus Leichtmetall	• Rumpf und Tragflächen werden aus Halbschalen zusammengeklebt
Beplankung/ Bespannung **	• Sperrholz • Stoffbespannung	• Stoffbespannung	• Alubleche	• glasfaserverstärkte Kunstharze (GFK)
Flugzeugart	• leichte Sportflugzeuge • Segelflugzeuge	• Sportflugzeugen • Segelflugzeugen	• heutiger Standard bei fast allen Luftfahrzeugen	• Sportflugzeugen • Segelflugzeugen • im zunehmenden Maße auch Bauteile in der Verkehrsluftfahrt

** Beplankungen bestehen aus Holz-, Kunststoff- oder Metallplatten; sie werden verwendet, wenn die Oberfläche größeren Beanspruchungen ausgesetzt wird oder sogar selbsttragend sein soll; Bespannungen bestehen in der Regel aus Stoff; diese Bauform wird angewendet zum Verkleiden von Oberflächen mit geringer Beanspruchung

2.3 Zelle

2.3.1 Rumpf

Rumpfart	Fachwerkrumpf	Schalenrumpf
Bauteile	Holme Streben Diagonalversteifungen Bespannung oder Beplankung	Selbsttragende Beplankung Spanten Holme als Längsversteifungen (Gurte)

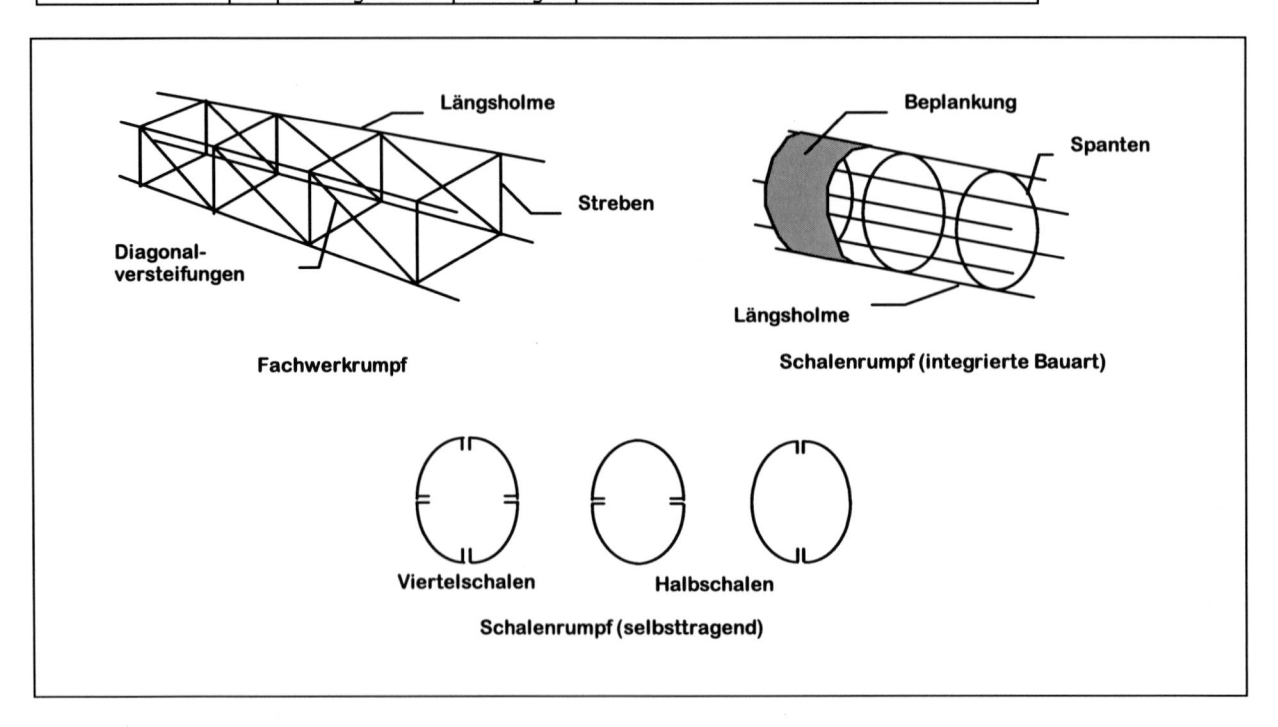

2.3.2 Flügel

s. AE 4

2.3.3 Leitwerk

Unter dem Begriff "Leitwerk" werden das Höhen- und das Seitenleitwerk zusammengefaßt. Man unterscheidet dabei folgende Bauformen:

Standardleitwerk	Doppel-Leitwerk	T-Leitwerk	V-Leitwerk	Kreuzleitwerk
⊥	⊔⊔	T	V	+

2.4 Fahrwerk

2.4.1 Fahrwerksanordnungen

Grundsätzlich unterscheidet man zwischen Fahrwerken mit Bugrad- oder Spornradanordnung.

Bugrad	Spornrad oder Schleifsporn
LFZ am Boden in Fluglage, daher gute Sicht	LFZ am Boden nicht in Fluglage, daher schlechte Sicht
heute am meisten verwendete Bauform	oft bei kleineren und älteren LFZ
meistens lenkbar	meistens lenkbar
einfachere Handhabung bei Rollen, Start und Landung	schwierigere Handhabung bei Rollen, Start und Landung

Unterschiedliches Landeverhalten

Aufgrund der unterschiedlichen Schwerpunktslagen in Bezug auf die LFZ-Längsachse unterscheiden sich LFZ mit Bug- oder Spornradanordnung besonders im Landeverhalten.

Fahrwerkanordnung	Bugrad	Spornrad
Schwerpunktslage (SP-Lage)	vor dem Hauptfahrwerk	hinter dem Hauptfahrwerk
Richtiges Aufsetzen	• Zuerst mit dem Hauptfahrwerk aufsetzen • Landestoß erzeugt ein Drehmoment um den SP, das eine Verringerung des Anstellwinkels bzw. des Auftriebes hervorruft (LFZ bleibt am Boden)	• Zuerst mit dem Spornrad aufsetzen • Landestoß erzeugt ein Drehmoment um den SP, das eine Verringerung des Anstellwinkels bzw. des Auftriebes hervorruft (LFZ bleibt am Boden)
Falsches Aufsetzen	• Zuerst mit dem Bugrad oder in Dreipunktlage aufgesetzt • Landestoß erzeugt ein Drehmoment um den SP, das eine Vergrößerung des Anstellwinkels bzw. des Auftriebes hervorruft (LFZ springt)	• Zuerst mit dem Hauptfahrwerk aufgesetzt • Landestoß erzeugt ein Drehmoment um den SP, das eine Vergrößerung des Anstellwinkels bzw. des Auftriebes hervorruft (LFZ springt)

2.4.2 Hauptfahrwerk

Das Hauptfahrwerk trägt die Hauptlast des LFZ (Gewicht und Landestoß) und ist dementsprechend konstruktiv dimensioniert. Das Hauptfahrwerk ist in der Regel richtungsstarr und trägt daher von seiner Konstruktion her nicht zur Steuerung des LFZ am Boden bei (abgesehen von der Möglichkeit die Räder einzeln abzubremsen). Für die Absorption des Landestoßes sind Federbeine oder sonstige federnde Bauteile (Rohrfedern, Gummifederungen usw.) vorgesehen, die zusätzlich mit Stoßdämpfern versehen sein können. Der mit Luft gefüllte Reifen nimmt auch einen Teil der Energie durch den Landestoß auf.

2.4.3 Bugfahrwerk

Das Bugfahrwerk ist grundsätzlich beweglich, jedoch nicht unbedingt direkt steuerbar.
Bugradflattern kann durch Luft im Flatterdämpfer oder zu wenig Öl im Flatterdämpfer oder ausgeschlagene Lagerungen hervorgerufen werden.

2.4.4 Einziehbares Fahrwerk

Man unterscheidet zwischen starren und einziehbaren Hauptfahrwerken. Ein im Fluge eingezogenes Fahrwerk bedeutet eine Verringerung des Luftwiderstandes (bis zu 25 %). Das Fahrwerk wird je nach Bauart in die Tragflächen, in den Rumpf oder in die Triebwerksgondeln eingezogen.

Das mechanische Einziehen von Hand ist nur bei leichten Flugzeugen möglich. Dabei wird über Handkurbel, Wellen, Getriebe und Schneckenräder das Federbein geschwenkt.

Bei mechanisch-elektrischen Systemen wird die erforderliche Kraft durch einen Elektromotor übertragen.

Beim hydraulischen Einziehen werden Kniestreben und Kniegelenke durch Hydraulikzylinder bewegt und bewirken so das Ein- und Ausfahren. Der erforderliche Öldruck wird durch eine vom Triebwerk angetriebene Ölpumpe erzeugt.

Alle Einziehfahrwerke müssen in den Endstellungen mit Verriegelungen versehen sein. Beim hydraulischen System geschieht dies meist durch mechanische Blockierungen der Hydraulikzylinder. Damit ein unbeabsichtigtes Einfahren des Fahrwerkes am Boden nicht erfolgen kann, ist zusätzlich eine Sicherung vorgesehen, die bei belastetem Fahrwerk wirksam wird. Die Kontrolle des Fahrwerkstatus erfolgt in der Regel durch Lichtanzeigen im Cockpit, manchmal durch mechanische Anzeigen.

2.4.5 Federung

Die Federung von Fahrwerkskomponenten kann auf folgenden drei Prinzipien basieren:
- Schraubenfederbein (Teleskopfeder); z.T. mit Öldämpfung
- Ringfederbein (in Reihe angeordnete Ringfeder nehmen die Energie auf)
- Luftfederbein (ausschließlich durch Luft gefedert und gedämpft)
- Ölluftfederbein

Bei Ölluftfederbeinen drückt durch Kolben komprimierte Luft das Öl über Federventile, Spalte oder Drosselbohrungen in Überströmkammern. Dieses System hat den Vorteil, daß bei leichter Belastung lediglich das Luftkissen und erst bei starken Stößen das Öl dämpfend wirkt.

2.4.6 Räder und Felgen

LFZ-Reifen haben wegen der großen Stoßbelastung einen anderen Aufbau als Kraftfahrzeugreifen.

Die Laufräder in den Felgen sind in der Regel aus Aluminium- oder Magnesiumlegierungen hergestellt. Als Lagerungen werden sowohl Gleit- als auch Wälzlager verwendet.

Rutschmarke

Die Rutschmarke ist eine Markierung, die von der Werft nach jeder Reifenmontage auf Reifen und Felge aufgebracht wird. Anhand dieser Markierung kann man beim Outside Check erkennen, ob der Reifen seine Position gegenüber der Felge verändert hat (z.B. durch zu starkes Bremsen und damit Blockieren der Räder). Wird eine solche Veränderung festgestellt, müssen Reifen und Felge vor dem Abflug auf Schäden untersucht werden.

2.5 Übertragungsmechanismen

2.5.1 Allgemeines

Bei der Übertragung der Steuerkräfte von den Bedienorganen zu den Ruderflächen haben sich im Laufe der Zeit verschiedene Technologien entwickelt mit den Zielen, die Zuverlässigkeit und Genauigkeit der Übertragung zu verbessern, das Gewicht der Übertragungselemente zu verringern und die vom Piloten aufzubringenden Steuerkräfte zu reduzieren. Die Lufttüchtigkeitsforderungen (FAR, JAR) fordern von Flugzeugsteuerungsanlagen, daß auch bei kurzzeitiger Betätigung folgende Grenzwerte für die Steuerkräfte nicht überschritten werden:
- Höhensteuerung max. 340 N (ungefähr 34 kg)
- Quersteuerung max. 270 N (ungefähr 27 kg)
- Seitensteuerung max. 680 N (ungefähr 68 kg)

In größeren Luftfahrzeugen werden meist Kombinationen von mechanischen und hydraulischen Übertragungssystemen verwendet.

2.5.2 Mechanisch

Die Übertragung der Steuerbewegungen auf die Ruder erfolgt bei Flugzeugen der Klasse "E" im allgemeinen mechanisch über Seile oder Steuerstangen.

Die einfachste Art, die Hand- und Fußkräfte des Piloten zu übertragen, erfolgt bei mechanischen Systemen mit Hilfe von Seilzügen, Stoßstangen, Drehwellen und Ketten. Besonders Seilzüge erlauben eine spielfreie Übertragung, eine gewichtssparende und problemlose Kraftumlenkung und bieten hohe Sicherheit gegen Gewalt- und Dauerbruch. Sie werden daher im Flugzeugbau am häufigsten für Kraftübertragungen benutzt, wobei jedoch nur Zugkräfte übertragen werden können. Hilfsbauteile dienen dazu, die Seilspannung auch bei Temperaturänderungen konstant zu halten (Seilspanner), die Seilkräfte umzulenken (Seilrollen) und Seilenden miteinander zu verbinden (Seilschlösser). Stoßstangen werden vorwiegend für die Betätigung von Rudern, Klappen oder Ventileingängen benutzt.

Als Kraftübertragung über größere Strecken finden Stoßstangen nur in geringem Maße Anwendung. Sie können sowohl Zug- als auch Druckkräfte übertragen. Eine spielfreie Kraftübertragung ist nur durch zwei parallele Stoßstangen möglich, die gegeneinander verspannt sind.

Drehwellen werden insbesondere bei der Ansteuerung von Landeklappen verwendet.

2.5.3 Hydraulisch

Bei den meisten LFZ auch in der "E"-Klasse werden die vom Piloten aufgebrachten Kräfte zum Bremsen über hydraulische Systeme weitergeleitet. Sofern das hydraulische System unter Druck arbeitet, handelt es sich um Servosysteme, die die vom Piloten eingeleiteten Übertragungskräfte vergrößern. Der Einsatz von hydraulischen Übertragungssystemen ist somit besonders bei größeren LFZ interessant, wenn die vom Piloten aufzubringenden Kräfte allein nicht mehr ausreichen.

2.5.4 Elektrisch

Bei LFZ der "E"-Klasse werden insbesondere Landeklappen, einziehbare Fahrwerke und in manchen Fällen Trimmungssysteme elektrisch betrieben. Ansonsten sind elektrisch betriebene Steuerflächen nur bei großen Verkehrsflugzeugen üblich. Eine Entwicklung, die auf einen großen Teil der mechanischen und hydraulischen Übertragungselemente verzichtet, ist die "Fly by Wire"-Technologie. Der Begriff Fly by Wire ("Fliegen per Draht") beschreibt ein System, das die Steuerbewegungen in Form von elektrischen, digitalen Signalen zu den Stellzylindern der Ruderflächen überträgt. Die Stellzylinder beinhalten jedoch meistens hydraulische Elemente. Der größte Vorteil dieses Steuerungssystems liegt im geringen Gewicht der Komponenten, dem geringen Wartungsaufwand und dem geringen Platzbedarf.

2.6 Bremsen

2.6.1 Betriebsbremse

Im Flugzeugbau hat sich die Scheibenbremse wegen ihrer durchweg besseren Eigenschaften gegenüber der Trommelbremse durchgesetzt. Man unterscheidet Ein- und Mehrscheibenausführungen, wobei LFZ der "E"-Klasse meistens mit Einscheibenanlagen ausgerüstet sind. Zu Verbesserung der Kühlung liegen die Bremsen frei. Die Betriebsbremse wird bei fast allen LFZ durch kopfseitigen Druck auf die Pedale der Seitenruder ausgelöst.

Die Bremsanlage wirkt meistens hydraulisch auf jedes Hauptfahrwerksrad getrennt.

Daher kann die Bremsanlage sehr effizient zur Steuerung des Luftfahrzeuges am Boden eingesetzt werden. Der Einsatz der Bremse beim Rollen sollte dennoch auf ein Minimum beschränkt werden, damit die Bremsbeläge nicht unnötig abgenutzt werden. Außerdem besteht die Gefahr, daß "heißgebremste" Bremsbeläge, die nach dem Abstellen nach der Landung mit der Feststellbremse blockiert werden, sich kaum noch lösen lassen. Die Feststellbremse sollte daher erst nach einer gewissen Abkühlzeit in Betrieb genommen werden.

2.6.2 Feststellbremse

Die Feststellbremse wird häufig als Handbremse ausgeführt. Sie wirkt entweder über Seilzüge auf die Scheibenbremsen des Hauptfahrwerkes ein, oder in einigen Ausführungen kombiniert mit der Betriebsbremse.

C.L. Technik T 28

2.7 Kraftstoffanlage

2.7.1 Systemübersicht

In vielen Luftfahrzeugen befinden sich zwei Kraftstofftanks in den beiden Tragflächen.

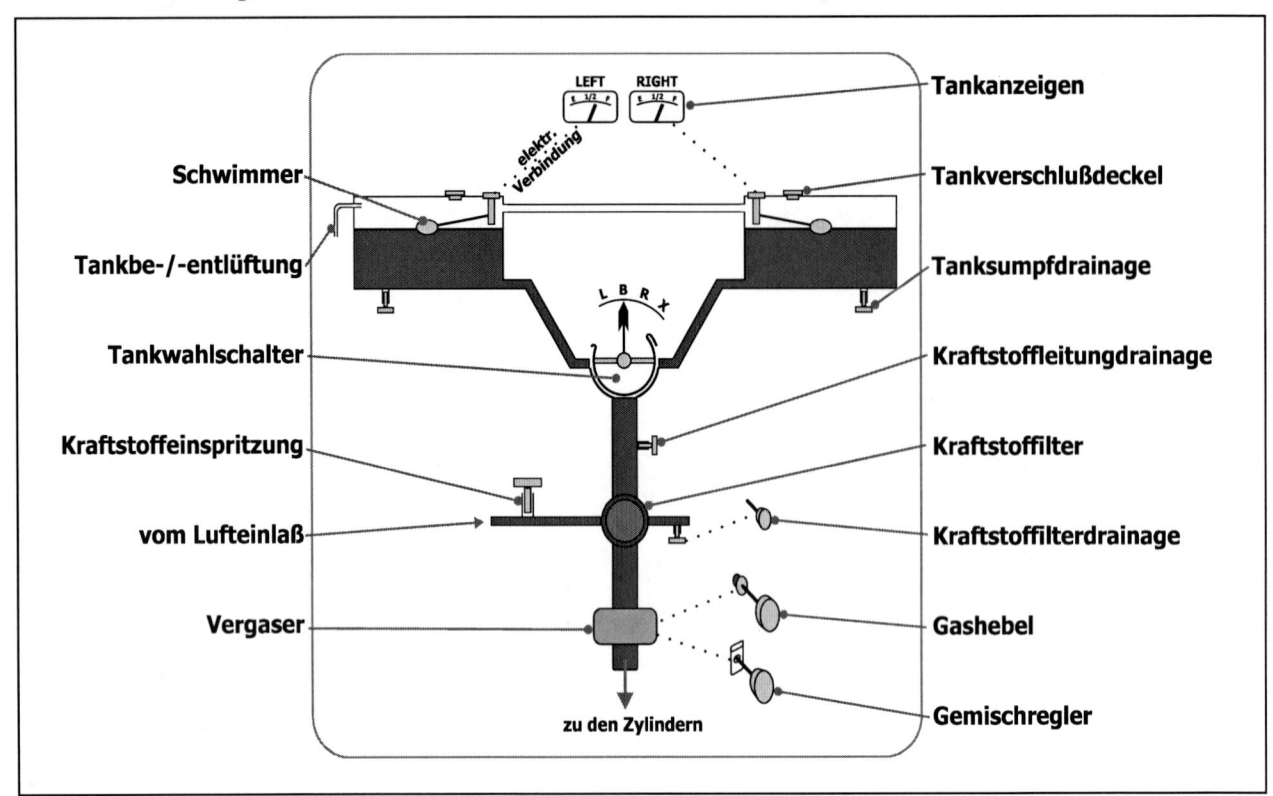

Bildbeschriftung (links): Schwimmer, Tankbe-/-entlüftung, Tankwahlschalter, Kraftstoffeinspritzung, vom Lufteinlaß, Vergaser, zu den Zylindern

Bildbeschriftung (rechts): Tankanzeigen, Tankverschlußdeckel, Tanksumpfdrainage, Kraftstoffleitungdrainage, Kraftstoffilter, Kraftstoffilterdrainage, Gashebel, Gemischregler

Carburetor Heat **Vergaservorwärmung**	Dient zum Abschmelzen eines evtl. Eisansatzes im Vergasersystem. (s. T 3.2.5)
Electric Boost Pump **Kraftstoffpumpe** **(nicht in Abb. dargestellt)**	Je nach Luftfahrzeugtyp wird der Kraftstoff entweder durch die Schwerkraft (z.B. Schulterdecker C172) und/oder Pumpen (z.B. Tiefdecker PA28) zum Triebwerk befördert. Meistens ist neben der vom Triebwerk angetriebenen Kraftstoffpumpe als Ersatz und zum Anlassen eine elektrische Zusatzpumpe vorhanden.
Engine Primer **Kraftstoffvoreinspritzung**	Vor dem Anlassen des Triebwerkes muß in der Regel Kraftstoff direkt in die Leitungen des Ansaugsystems eingespritzt werden.
Filler Cap **Tankverschluß**	Dient zum Verschließen der Tanköffnung.
Fuel Line Drain **Ablaßventil der Kraftstoffleitung**	Über das Kraftstoffablaßventil der Kraftstoffleitung können abgesetzte Schmutzteile oder (Kondens-) Wasser durch Ablassen von Kraftstoff aus der Kraftstoffleitung entfernt werden.
Fuel Quantity Indicators **Kraftstoffvorratsanzeige**	Jeder Einzeltank hat eine eigene Vorratsanzeige.
Fuel Selector Valve **Tankwahlschalter**	Der Kraftstoff kann in der Regel wahlweise aus dem linken oder rechten Tank entnommen werden. Die Auswahl erfolgt mit Hilfe des Tankwahlschalters. Meistens läßt sich über den gleichen Schalter auch die gesamte Kraftstoffzufuhr unterbrechen (z.B. bei Triebwerksbrand).
Fuel Strainer **Kraftstoffilter**	Damit Schmutzpartikel nicht in das Triebwerk befördert werden, ist zwischen Tank und Triebwerk ein Kraftstoffilter zwischengeschaltet.
Mixture Control **Gemischhebel**	Dient zur Regulierung der Kraftstoffzufuhr. (s. T 3.2.7).
Strainer Drain Knob **Kraftstoffilter-Ablaßventilbetätigung**	Dient zur Fernbetätigung des Fuel Strainer Drain Valves zum Entfernen von Schmutzpartikeln aus dem Bereich des Kraftstoffilters.
Tank Sump Drain **Kraftstoffablaßventil des Tanksumpfes**	Über das Kraftstoffablaßventil des Tanksumpfes können abgesetzte Schmutzteile oder (Kondens-) Wasser durch Ablassen von Kraftstoff aus dem Tanksumpf entfernt werden.

Throttle Gashebel	Dient zum Betätigen der Drosselklappe, die den Ladedruck des Kraftstoff-Luft-Gemisches vor den Zylindern regelt.
Vent Tankentlüftung	Überdruck aufgrund von Kraftstoffdampf oder Volumenausdehnung des Kraftstoffes wird über die Entlüftung abgeleitet. Außerdem müssen Druckunterschiede zwischen den Kraftstoffbehältern zusätzlich mit einem entlüfteten Tankverschluß ausgeglichen werden. Aus Gründen des Gewichtsausgleichs und für den Störungsfall muß der Kraftstoff aus allen Kraftstoffbehältern zueinander ausgeglichen werden können. Anwendung des Prinzips der kommunizierenden Röhren oder Einsatz elektrischer Pumpen. Achtung bei der Betankung: Es muß eventuell nachgefüllt werden.

2.7.2 Betanken

Beim Betanken ist auf die vom Hersteller vorgeschriebene Kraftstoffart zu achten. Vor Beginn des Tankvorganges sind die Zündung bzw. die Magnete auszuschalten und die Erdungsleitung ist mit dem Flugzeug zu verbinden, um das Flugzeug elektrisch zu neutralisieren und somit Funkenbildung und die damit verbundene Explosionsgefahr zu unterbinden.

Die zu tankende Kraftstoffmenge richtet sich nach der Flugdauer und nach dem Beladungszustand, der zuvor durch eine Schwerpunktberechnung ermittelt werden muß.

2.7.3 Überwachung von Kraftstoffanlagen

Outside Check

Bereits beim Outside Check, vor dem ersten Flug am Tag, ist der Kraftstoff des LFZ zu kontrollieren. Dazu dienen die zum Ablassen von Kraftstoff in die Tanksümpfe der Kraftstoffbehälter eingebauten Schnellablaßventile. Es wird eine geringe Menge des Kraftstoffes abgefangen und optisch auf Wasser und sonstige Rückstände untersucht. Aufgrund seiner höheren Dichte setzt sich Wasser am Boden unterhalb des Kraftstoffes ab. Der Kraftstoff kann außerdem an der blauen Einfärbung für AVGAS 100 LL identifiziert werden.

Während des Fluges

Während des Fluges kann die Kraftstoffmenge und der Kraftstoffdruck in den Versorgungsleitungen zum Motor an Hand von Anzeigeinstrumenten kontrolliert werden. Nähere hierzu siehe unter Abschnitt "Bordinstrumente".

2.8 Elektrik

2.8.1 Systemübersicht

Die Bordnetze der meisten LFZ der "E"-Klasse arbeiten mit Gleichstrom bei einer Betriebsspannung von 24 V. Das Bordnetz besteht im Wesentlichen aus folgenden Komponenten:

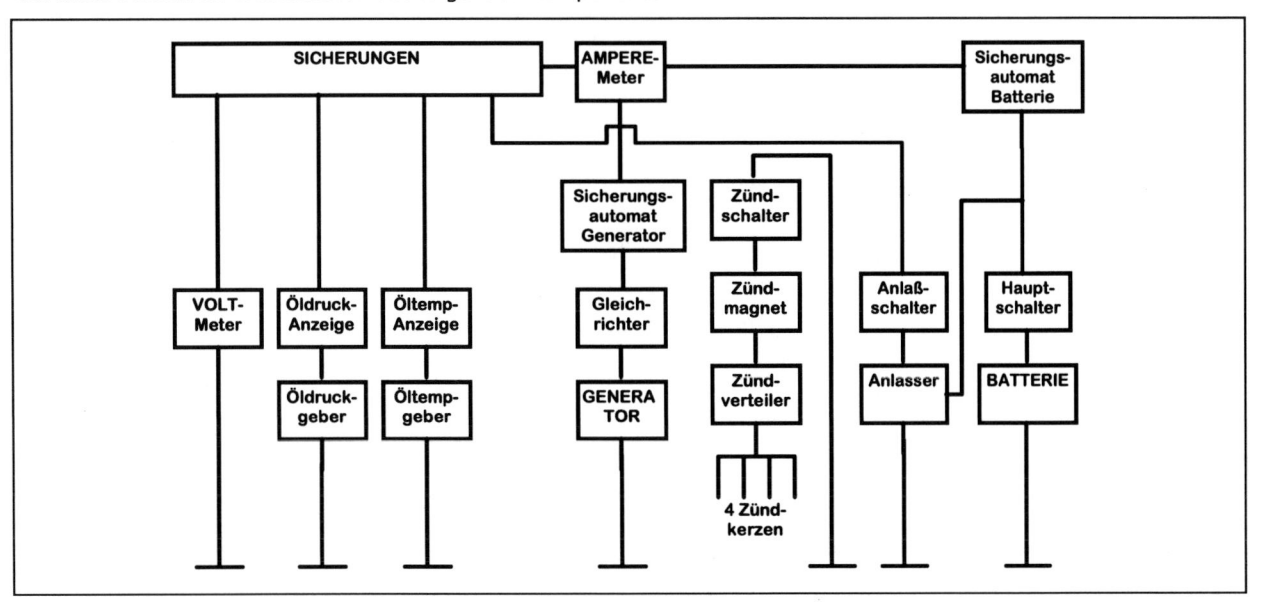

2.8.2 Elektrische Energiequellen

Die elektrische Stromversorgung eines Flugzeugs erfolgt über zwei Systeme. Es handelt sich dabei um die Batterie (auch Akkumulator) und den Anlasser (auch Generator bzw. Alternator).

Batterie

Die Batterie liefert elektrischen Strom für den Anlasser und die elektrischen Geräte, die nach dem Ausschalten des Motors weiterlaufen müssen (Borduhr usw.). Im Normalfall wird bei laufendem Triebwerken die Batterie durch den Generator geladen.

Generator

Der Generator wird über die Kurbelwelle des Triebwerkes meistens über einen Keilriemen angetrieben. Er liefert im Normalfall den Betriebsstrom für die eingeschalteten Elemente des Bordnetzes (Sprechfunkgerät, Navigationsinstrumente, Lampen, Landeklappenantrieb, Motor zum Ein- und Ausfahren des Fahrwerkes usw.).
Der übrige Strom wird als Ladestrom für die Batterie abgezweigt. Also:

Generatorstrom = Betriebsstrom + Ladestrom

Da die Drehzahl der Lichtmaschine mit der Motordrehzahl schwankt, sie aber eine gleichbleibende Spannung erzeugen soll, muß mit Hilfe eines Reglers die Spannung bei unterschiedlichen Drehzahlen durch Veränderung des durch die Erregerspule fließenden Stromes auf nahezu konstanter Höhe gehalten werden.
Die Ladekontrollanzeige dient dabei als Kontrolle für die Spannungsdifferenz zwischen Lichtmaschine und Batterie.
Der Gleichstromgenerator erzeugt einen pulsierenden Strom gleicher Richtung. Um die "Stromstöße" möglichst zu glätten,
Falls während des Fluges der Generator ausfällt, arbeitet der Motor normal weiter.
Elektrisch betriebene Landeklappen können nach Ausfall des Generators betrieben werden, sofern die Batterie noch so weit geladen ist, daß sie den Strom hierfür liefern kann.
Der Generator braucht zur Erzeugung seines inneren elektromagnetischen Kraftfeldes ca. 3 V Strom. Der Generator kann daher dann keinen Strom erzeugen, falls die Batterie einmal total leer ist und somit vor dem Anlassen diese 3 V nicht liefern kann, obwohl das Triebwerk durch andere Prozeduren (External Power oder Handanreissen) angelassen werden kann.

Gleichstromgenerator

Die Gleichstromlichtmaschine ist ein Nebenschlußgenerator mit Eigenerregung, bei dem die Gleichrichtung des induzierten Wechselstromes im Kollektor erfolgt. Zur Glättung des in seiner Stärke pulsierenden Gleichstroms sind auf dem Anker viele gegeneinander versetzte Drahtwicklungen aufgebracht. Dadurch werden zwei oder mehrere Ströme überlagert, die sich in der Summe zu einem relativ gleichmäßigen Gesamtstrom U_1+U_2 zusammensetzen. Dem Gleichstromgenerator muß **kein Gleichrichter** nachgeschaltet werden, daher bereits eine Gesamtspannung U_1+U_2 erzeugt, die gleichgerichtet ist.

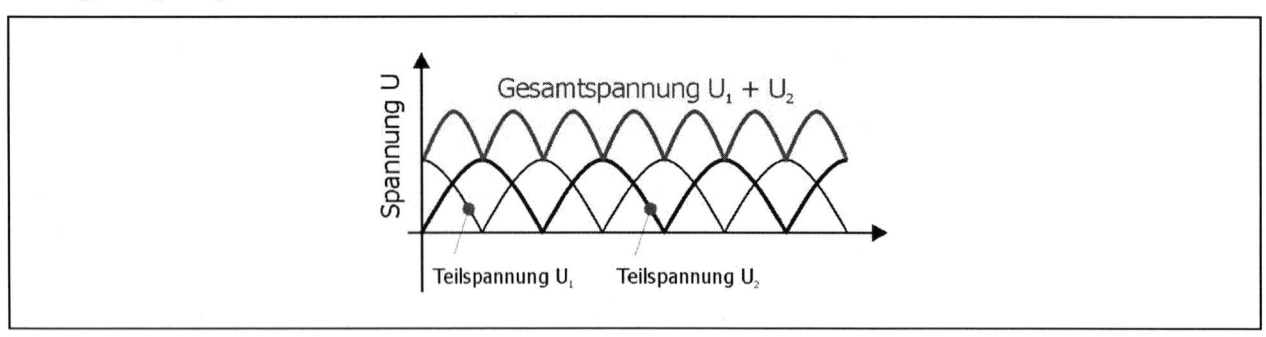

Wechselstromgenerator (Alternator)

Meistens ist der Generator als Drehstromgenerator ausgelegt. Bei der Drehstromlichtmaschine (auch Wechselstromgenerator oder Alternator) wird der Wechselstrom in dem im Ständer eingelassenen Ständerwicklungen erzeugt; die Gleichrichtung erfolgt in sechs in Brückenschaltungen angeordneten Halbleiterdioden im Gehäuse der Lichtmaschine. Oft wird die Klauenpolmaschine eingesetzt (mit vielpoligen, klauenartigem Läufer), die sich durch einen großen Durchmesser bei kleiner axialer Baulänge auszeichnet. Die Regelung erfolgt prinzipiell wie in der Gleichstromlichtmaschine. Der Drehstromgenerator erzeugt drei um 120° phasenverschobene Wechselströme:

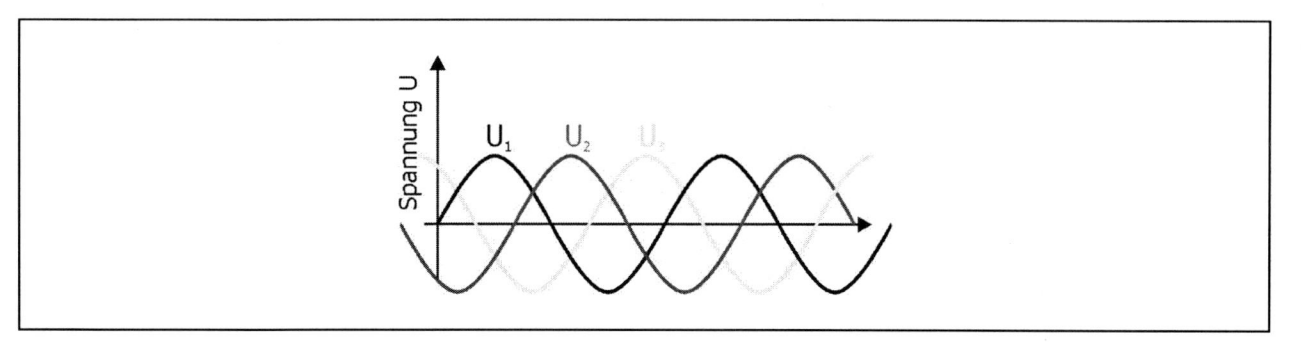

Da die Bordelektrik in der Regel auf Gleichstrom (meistens 24 V) ausgelegt ist, muß dem Drehstromgenerator ein **Gleichrichter** nachgeschaltet werden, so daß der mehrphasige Wechselstrom in Gleichstrom umgewandelt werden kann. Als Gleichrichter werden Dioden verwendet. Dioden erlauben einen Stromfluß nur in einer Richtung bis zu einem bestimmten Schwellenwert, für den die Diode ausgelegt ist. Wird der Schwellenwert in Gegenrichtung überschritten, kann die Diode sehr schnell zerstört werden.

Einige Drehstromgenerator benötigen ca. **3 V Gleichstrom** von der Batterie, um das elektromagnetische Feld in sich selbst aufzubauen. Daher erzeugt ein Alternator keinen Ladestrom, wenn die Batterie vollkommen entladen ist. Aus diesem Grunde muß eine entladene Batterie vor dem Anreißen per Hand oder dem Überbrücken aufgeladen werden. Drehstromgeneratoren haben den Vorteil, daß sie bereits bei der Leerlaufdrehzahl des Triebwerkes die Batterie laden.

2.8.3 Elemente des elektrischen Systems

Hauptschalter	Der Hauptschalter (auch Master Switch) trennt die Batterie vom gesamten Bordnetz. Meistens besteht der Hauptschalter aus zwei Kippschaltern, die zur Inbetriebnahme der Batterie und des Generators dienen: Der mit "ALT" oder "GEN" bezeichnete elektrische Schalter dient dem Ein- und Ausschalten des Generators. Der mit "BAT" oder "ACC" bezeichnete elektrische Schalter dient der Verbindung des Bordnetzes mit der Batterie. Die meisten elektrischen Verbraucher können erst nach Einschalten des Batterie-Schalters eingeschaltet werden.
Batterie	Die Batterie liefert elektrischen Strom für den Anlasser und die elektrischen Geräte. Im Normalfall wird bei laufendem Triebwerken die Batterie durch den Generator geladen.
Batterieschütz	Das Batterieschütz oder Masterrelais dient der Absicherung der Batterie, solange der Generator noch keine Spannung oberhalb der Batteriespannung liefert. Der Generator würde sonst wie ein Elektromotor Strom von der Batterie verbrauchen.
Generator	Der Generator wird (über einen Keilriemen) vom Triebwerk angetrieben. Er liefert im Normalfall den Betriebsstrom für die eingeschalteten Elemente des Bordnetzes (Sprechfunkgerät, Navigationsinstrumente, Lampen). Der übrige Strom wird als Ladestrom für die Batterie abgezweigt. Meistens ist der Generator als Drehstromgenerator ausgelegt. Der Drehstrom wird von einem Gleichrichter (Alternator) in Gleichstrom umgewandelt, da die meisten LFZ-Bordnetze mit Gleichstrom arbeiten. Falls während des Fluges der Generator ausfällt, arbeitet der Motor normal weiter.
Gleichrichter	Der Gleichrichter ist im Generatorgehäuse integriert; er bewirkt eine Umwandlung des vom Generator erzeugten Wechselstroms (AC) in Gleichstrom (DC).
Generatorfeld-Schutzschalter	Auch Maximalstrombegrenzer oder Überlastrelais. Verhindert über einen Stromkreisunterbrecher, daß der Generator beschädigt wird. Der Generator kann seine eigenen Belastungslimits nicht erkennen und würde bei einer Belastungsspitze schon nach kurzer Zeit zu einer thermischen Überlastung der Wicklungen kommen, die sogar einen Generatorbrand auslösen können.
Generator-Sicherung	Gleiche Schutzfunktion für den Generator wie Generatorfeld-Schutzschalter.
Spannungsregler	Der Spannungsregler bewirkt eine konstante Spannungsabgabe vom Generator. Er ist notwendig, da der Generator eine von der Motordrehzahl abhängige Spannung erzeugt, welche im Extremfall 35 V betragen kann.
Sicherungen	Sicherungen dienen der automatischen Unterbrechung eines bestimmten Teiles des Bordnetzes im Störungsfall. Falls eine Sicherung ausfällt, kann das von dieser Sicherung abgesicherte System erst wieder in Betrieb genommen werden, wenn die Sicherung erneuert worden ist.
Sicherungsautomaten	Sicherungsautomaten schützen das Bordnetz (mit Ausnahme des Anlassstromkreises) gegen Überlastung und gegen Kurzschluß.
Überspannungswarnleuchte	Beim Aufleuchten der Überspannungswarnleuchte liefert der Generator Strom mit zu hoher Spannung an das Bordnetz (z.B. bei defektem Spannungsregler). Um Schäden zu verhindern muß der Generator ausgeschaltet werden.

Amperemeter	Das Amperemeter zeigt den Ladestrom an, der vom Generator erzeugt wird und zur Batterie geführt wird, wenn der Motor läuft. Ist der Motor aus, und es sind Verbraucher eingeschaltet, zeigt es den Strom an, der der Batterie abgenommen wird. Das Amperemeter zeigt die Stromstärke des Ladestromes an, der vom Generator an die Batterie geliefert wird. Wird der Bedarf an Betriebstrom durch Einschalten von Verbrauchern erhöht, verringert sich nach dem Prinzip "Generatorstrom = Betriebsstrom + Ladestrom" entsprechend der Ladestrom. Dieser Fall ist an einer geringeren Anzeige des Amperemeters abzulesen. Zum Beispiel: Beim Einschalten der Staurohrheizung erhöht sich die Amperemeteranzeige (Stromentnahmeanzeige) um ca. 5 A. Man entnimmt dieser Anzeige, daß die Staurohrheizung normal arbeitet. Im Normalfall (Ladestrom wird produziert) steht die Amperemeteranzeige im positiven Bereich. Sind so viele Verbraucher eingeschaltet, daß der gesamte Generatorstrom als Betriebsstrom aufgezehrt wird, steht kein Ladestrom mehr zur Verfügung. Eventuell zusätzlich benötigter Strom wird dann der Batterie entnommen (die Batterie wird also entladen); es kommt zu einer Amperemeteranzeige im negativen Bereich. Auch im Störfall (z.B. wenn der Generator ausfällt), kann der Betriebsstrom von der Batterie entnommen werden. Da in diesem Fall die Batterie bald ganz entladen sein wird, sind möglichst alle nicht benötigten Verbraucher auszuschalten bzw. nur vorübergehend in Betrieb zu nehmen und der Flug so bald wie möglich auf dem nächsten geeigneten Flugplatz zu beenden.
Anlasser	Der Anlasser wird direkt vom Batteriestrom gespeist und durch den Anlassschalter (Zündschlüssel) betätigt. Ein elektrischer Anlasser sollte nur kurzzeitig mit längeren Unterbrechungen eingeschaltet werden.
Zündsystem	Das Zündsystem ist von dem Bordnetz und dessen Stromquellen vollkommen unabhängig; d.h., daß die Zündmagneten vom Motor angetrieben werden und somit den Strom für den Zündfunken selber produzieren. Aus diesem Grunde läuft das Triebwerk weiter, falls die Stromversorgung weder durch Generator noch durch Batterie im Störungsfalle nicht mehr vorhanden sein sollte.
Öldruckschalter	Vorhandener Öldruck ist ein Zeichen für ein laufendes Triebwerk. Der Öldruckschalter gibt daher bei vorhandenem Öldruck Strom an den Flugstundenzähler frei.
Borduhr	Die Borduhr wird ständig mit Batteriestrom versorgt. Sie läuft daher auch bei abgeschaltetem Bordnetz weiter.
Aussenbord-anschluß	Über den Aussenbordanschluß kann eine äußere Stromquelle angeschlossen werde, wenn die Batterie nicht mehr genügend Strom liefert, um das Triebwerk anzulassen, oder wenn während Bodenzeiten bei abgeschaltetem Triebwerk bestimmte Verbraucher an Bord betrieben werden müssen (zur Schonung der Batterie).

2.8.4 Stromkreise

In der Regel gibt es folgende drei voneinander unabhängige Stromkreise:

Stromkreis für Anlasser	Der Anlasser ist direkt an die Batterie angeschlossen und ist ansonsten vom Bordnetz unabhängig.
Stromkreis für Zündung	Das Zündsystem ist von dem Bordnetz und dessen Stromquellen vollkommen unabhängig; d.h., daß die Zündmagneten vom Motor angetrieben werden und somit den Strom für den Zündfunken selber produzieren. Aus diesem Grunde läuft das Triebwerk weiter, falls die Stromversorgung weder durch Generator noch durch Batterie im Störungsfalle nicht mehr vorhanden sein sollte.
Stromkreis für Bordnetz	Das Bordnetz wird in der Regel in zwei Stromkreise unterteilt, um eine negative Beeinflussung der spannungsempfindlichen Verbraucher möglichst zu vermeiden: • Stromkreis für Elektronik mit hoher Spannungsempfindlichkeit (z.B. Funkgerät, Navigationsgeräte usw.) • Stromkreis für die übrigen elektrischen Verbraucher (z.B. Landescheinwerfer, Landeklappenantrieb usw.)

3. Antriebe

3.1 Kolbentriebwerke

3.1.1 Einteilung

Die Einteilung der verschiedenen Arten von Kolbenmotoren erfolgt nach folgenden vier Kriterien, welche in diesem Kapitel noch näher erläutert werden sollen:

1.	**Arbeitsweise:**	Otto- oder Dieselmotor
2.	**Anzahl der Takte:**	Vier- oder Zweitakt-Verfahren
3.	**Anordnung der Zylinder:**	Boxer-, Stern,- Reihen- oder V-Motor
4.	**Anzahl der Zylinder:**	Üblich sind 4, 6 oder 8 Zylinder
5.	**Kühlung:**	Luftkühlung oder Flüssigkeitskühlung

3.1.2 Arbeitsweise

Ottomotor

Die erste Version eines Ottomotors wurde 1867 von seinem Konstrukteur Nikolaus Otto (1832-1891) vorgeführt. Auch heutzutage finden Ottomotoren als Antrieb leichter Luftfahrzeuge die meiste Verwendung. Sie haben einen im Vergleich zum Dieselmotor relativ geringen Wirkungsgrad von etwa 20 bis 30 %. Unter dem Wirkungsgrad versteht man das Verhältnis zwischen aufgebrachter Leistung (Kraftstoff) und vom Motor abgegebener Leistung; der Wirkungsgrad hat also auch Bedeutung für die Wirtschaftlichkeit.

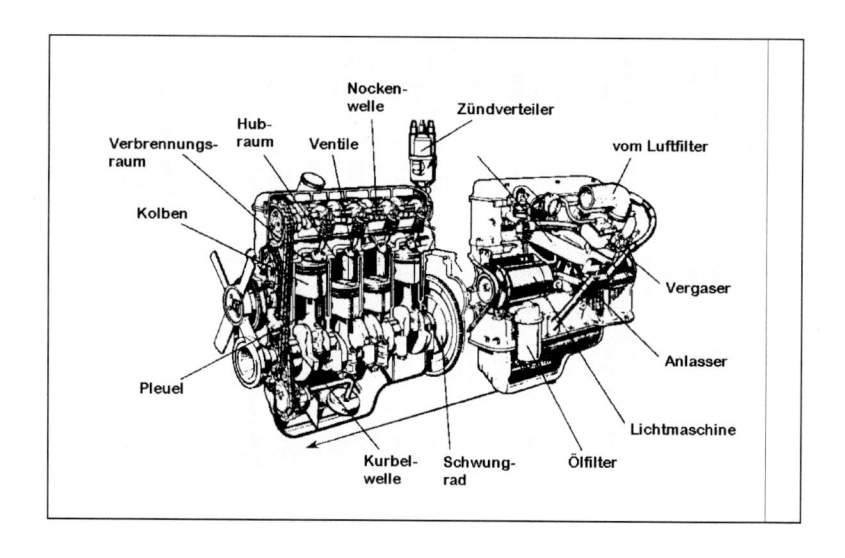

Dieselmotor

Um den Wirkungsgrad noch weiter zu steigern, muss die bei der Verbrennung im Zylinder erzielte Temperatur möglichst hoch sein. Rudolf Diesel (1851-1913) realisierte diese physikalische Eigenschaft in dem nach ihm benannten Dieselmotor, der reine Luft ansaugt und diese auf das Zwölftel bis Zwanzigstel des Anfangsvolumens verdichtet. Die Temperatur erhöht sich dabei adiabatisch auf bis zu 700° C. Die Reihenfolge der nachfolgenden Takte sind ähnlich wie beim Viertakt-Ottomotor, jedoch wird der Dieselkraftstoff mittels einer Einspritzpumpe, die den hohen Überdruck überwinden kann, in die verdichtete Luft eingespritzt. Dieser verbrennt sofort, ohne einer zusätzlichen Zündung. Durch die Verbrennung steigt die Temperatur erneut auf ca. 2000° C. Dieselmotoren erreichen den höchsten Wirkungsgrad aller Arten von Wärmekraftmaschinen in Höhe von etwa 32 bis 40 %.

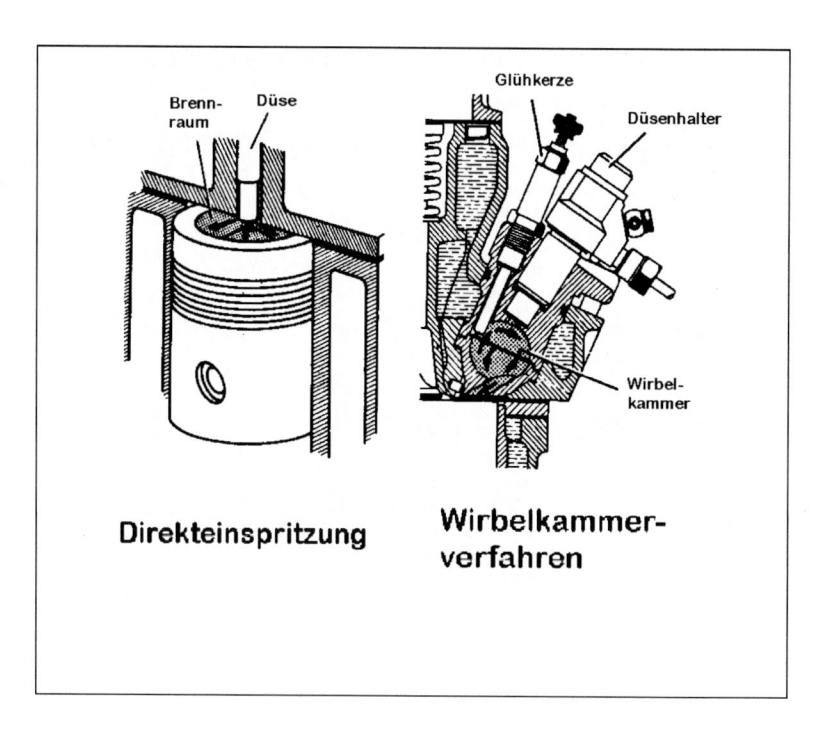

3.1.3 Anzahl der Takte

Die Arbeitstakte der Motoren sind vom Prinzip her bei Otto- und Dieselmotoren gleich, sie unterscheiden sich jedoch in einigen Details. Da der Ottomotor im Luftfahrtbereich z.Z. stärker verbreitet ist, sollen die Arbeitstakte anhand dieser Arbeitsweise erläutert werden.

a) Viertakt-Ottomotor

Das Kernstück eines Viertakt-Ottomotors besteht aus einem Zylinder, in dem ein Kolben sich auf- und abwärts bewegt. Der Zylinderraum besitzt zwei Öffnungen. Durch eine Öffnung strömt das zündfähige Benzin-Luft-Gemisch hinein, durch die andere Öffnung strömt das nach dem Arbeitstakt entstandene Abgas hinaus. Die Öffnungen werden in einem bestimmten Rhythmus durch Ventile geöffnet oder geschlossen, in dem diese sich hoch oder runter bewegen. Die Ventilbewegungen werden von der Nockenwelle bewirkt.

Die rotierenden Nocken drücken die Ventile hoch, die Feder zieht sie anschließend wieder zurück. Durch eine Zündkerze, die in den Zylinderraum hineinragt, wird das Gemisch über einen Funken gezündet. Der Kolben ist über die Pleuelstange mit der Kurbelwelle verbunden, so daß die Auf- und Abwärtsbewegung des Kolbens in eine rotierende Bewegung der Kurbelwelle übertragen werden kann. Die Kurbelwelle ist entweder direkt oder über ein Getriebe mit dem Propeller verbunden. Folgende Feststellung ist wichtig für spätere Betrachtungen in T 3.5:

> **Die Drehrichtung der Kurbelwelle und somit auch vom Propeller ist vom Pilotensitz aus gesehen im Uhrzeigersinn also rechts herum.**

Während eines Arbeitsschemas dreht sich beim Viertaktmotor die Kurbelwelle zweimal. Im gleichen Zeitabschnitt darf sie die Nockenwelle jedoch nur einmal drehen, um die richtige Steuerung der Ventile zu gewährleisten. Da ausschließlich beim dritten Takt Arbeit an die Kurbelwelle abgegeben wird, müssen die nächsten anderthalb Kurbelwellenumdrehung jeweils aus dem Schwung des Motors erzielt werden. Daher ist der Antrieb ungleichmäßig und erfordert eine träge Masse zum Ausgleich. Die Masse wird durch das Schwungrad bzw. das bewegte Flugzeug realisiert. Um weitere Laufruhe in die Konstruktion hineinzubringen, werden in der Regel bei fast allen Kolbenmotoren mehrere Zylinder hintereinander oder parallel geschaltet.

Indem man die Arbeitstakte der Zylinder zeitlich versetzt, wird fast ununterbrochen Arbeit geleistet, womit die gewünschte Laufruhe erreicht wird.

Das Arbeitsschema läßt sich im folgenden sogenannten p-V-Diagramm zusammenfassen. Es zeigt den Verlauf des Druckes p und des Volumens V für das Gemisch. Zusätzlich sind die Zeitpunkte für das Öffnen und Schließen der Ventile und das Zünden eingetragen.

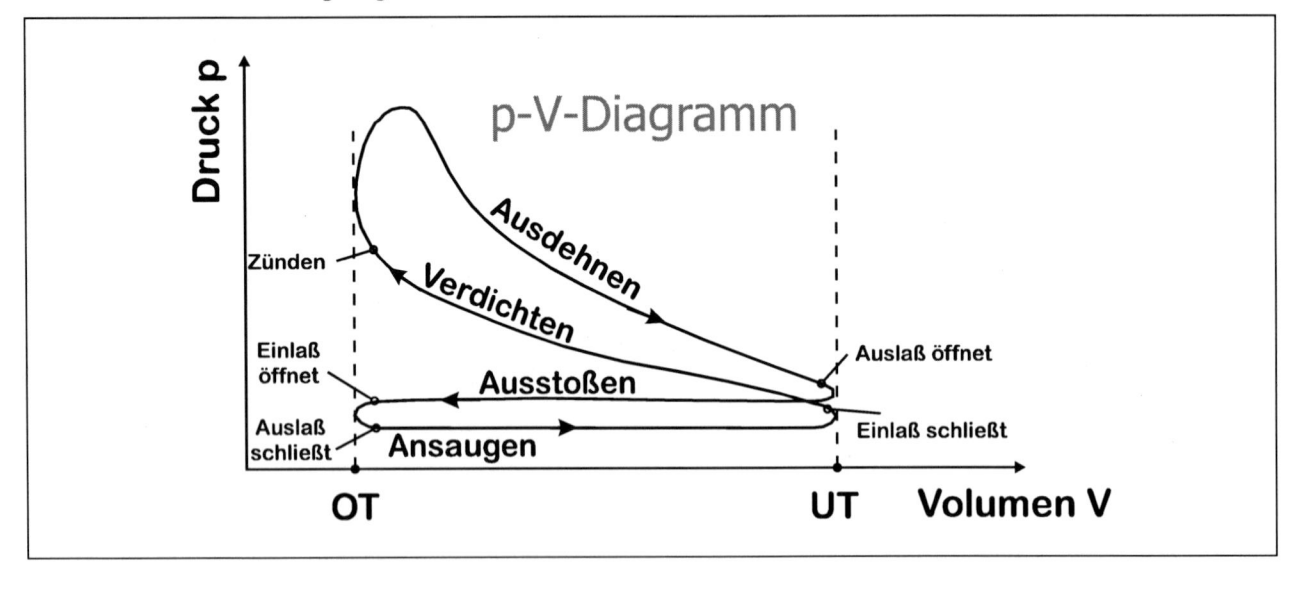

Technik

T 35

Die vier Takte laufen in folgender Reihenfolge ab:

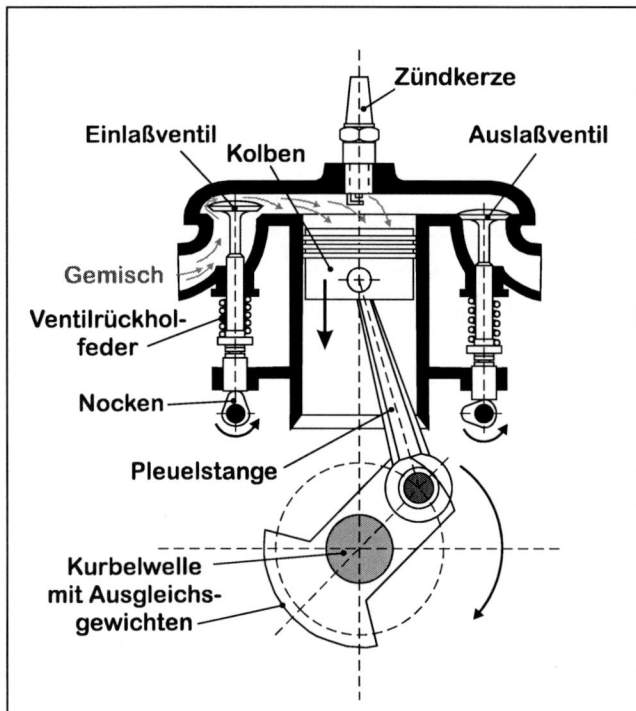

1. Takt: Ansaugen

Das zündfähige Gemisch wird über das geöffnete Einlaßventil angesaugt; der Kolben bewegt sich dabei vom oberen (OT) zum unteren Totpunkt (UT)

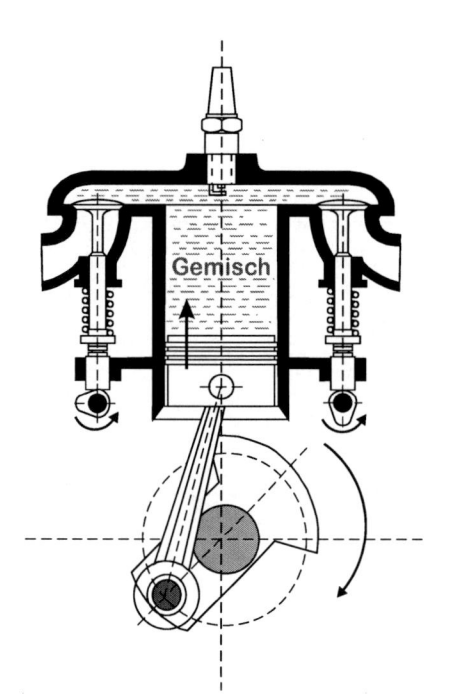

Beschriftungen: Zündkerze, Einlaßventil, Kolben, Auslaßventil, Gemisch, Ventilrückholfeder, Nocken, Pleuelstange, Kurbelwelle mit Ausgleichsgewichten

2. Takt: Verdichten

Das Gemisch wird auf 1/6 bis 1/8 seines Anfangsvolumens verdichtet und adiabatisch erhitzt, in dem der Kolben sich wieder zum oberen Totpunkt hinbewegt

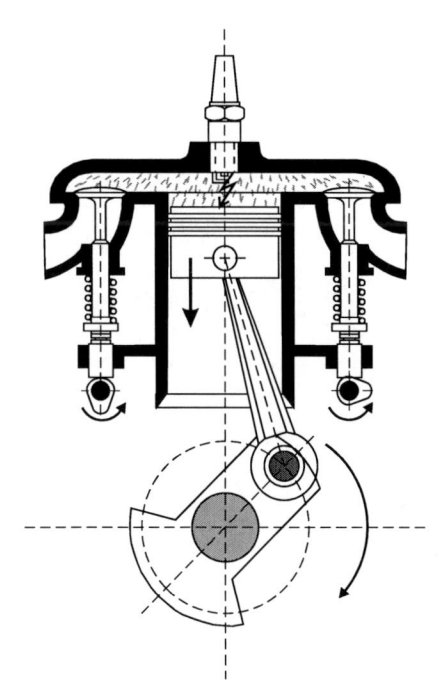

3. Takt: Ausdehnen

Der Zündkerzenfunke entzündet das Gemisch; der Druck des Gemisches erhöht sich schlagartig und treibt den Kolben nach unten zum unteren Totpunkt

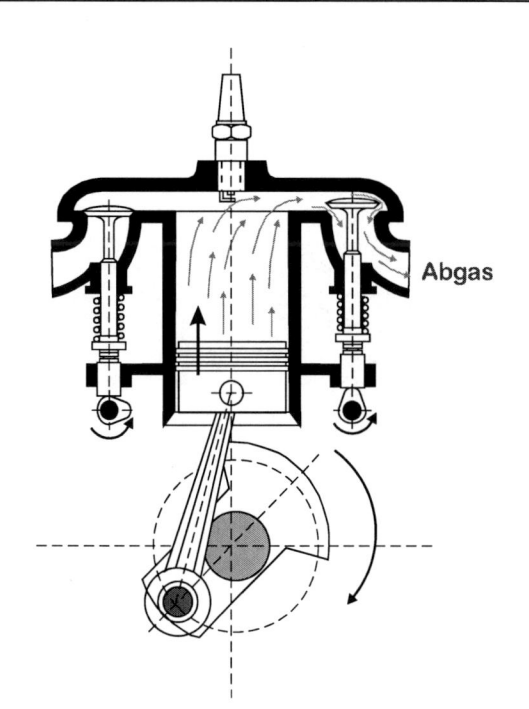

4. Takt: Ausstoßen

Das verbrannte Gemisch strömt durch den Überdruck und wegen dem sich nach oben bewegenden Kolbens durch das geöffnete Auslaßventil aus dem Zylinder

b) Zweitakt-Ottomotor

Der Zweitaktmotor hat in Bezug auf eine gleichmäßige Leistungsabgabe Vorteile gegenüber dem Viertaktmotor. Pro Kurbelwellenumdrehung erfolgt jeweils einer von zwei Takten, d.h. bei jeder Kurbelwellenumdrehung erfolgt ein Arbeitstakt, also muß der Motor nur den Schwung für die nächste halbe Kurbelwellenumdrehung aufbringen. Indem zusätzlich der Raum des Kurbelwellengehäuses mitbenutzt wird,. können die oben beschriebenen nacheinander ablaufenden vier Takte in zwei Takten zusammengefaßt werden:

1. Takt:	Ansaugen und gleichzeitig Verdichten
2. Takt:	Arbeiten und gleichzeitig Ausstoßen

Ein weiterer Vorteil des Zweitakters ist der geringere Bauaufwand, da er ohne Ventile und der dazugehörigen Steuerung durch die Nockenwelle auskommt; das Regeln der Ventile erfolgt über den Kolben.

Takt	Bewegung des Kolbens	Vorgang im Kurbelwellengehäuse	Vorgang im Zylinder
1.	Der Kolben bewegt sich zum oberen Totpunkt	Nach Freigabe der Einlaßöffnung wird Öl-Kraftstoff-Luftgemisch angesaugt	------------> Das eingeströmte Gemisch wird nach dem Schließen des Überströmkanals verdichtet
2. Beginn	Der Kolben wandert vom OT in Richtung UT	Nach dem Schließen des Einlaßkanals wird das Gemisch im Zylinder verdichtet	Der Funke zündet, die Verbrennungsgase treiben den Kolben nach unten
2. Ende	Der Kolben erreicht den UT	Das Gemisch wird über den Überströmkanal in den Zylinder gedrückt ------------>	Die entspannten Verbrennungsgase werden vom neu einströmenden Gasgemisch ausgespült

3.1.4 Anordnung der Zylinder

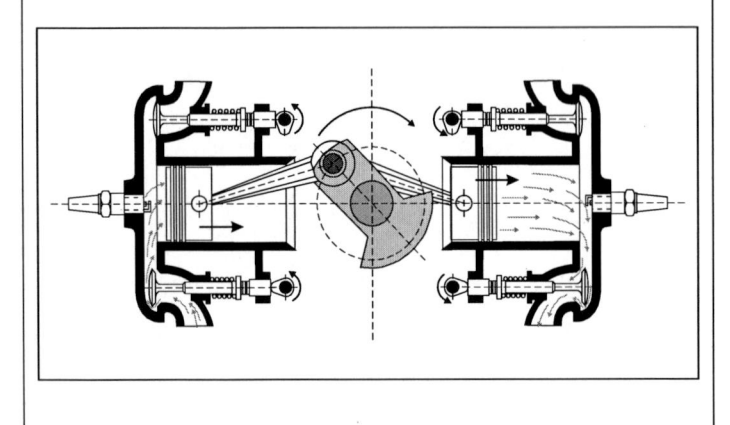

Boxer-Motor	Stern- oder Doppelsternmotor
Die meisten leichten Flugzeuge besitzen einen luftgekühlten Boxer-Motor, wie er in der Abb. rechts dargestellt ist. Englische Bezeichnung: **horizontally opposed type.** **Vorteile:** geringe Stirnfläche, also geringer Formwiderstand, freier Blick des Piloten über den Motor	Der Sternmotor hat den Vorteil der geringen Bautiefe und der gleichmäßig guten Kühlung aller Zylinder. Der Nachteil liegt in dem sehr großen Formwiderstand und den damit verbundenen großen aerodynamischen Widerstand.

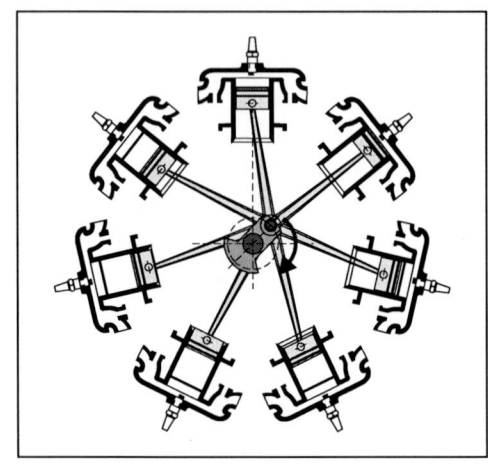

Reihenmotor	V-Motor
Bei hängenden Zylindern besteht die Gefahr des Ölschlages; in diesem Falle könnte es zur Zerstörung des Kolbens etc. kommen. Außerdem haben Reihenmotoren den Nachteil, daß die hinteren Zylinder oft schlechter gekühlt werden, da die von vorne einströmende Kühlluft bereits von den vorderen Zylindern aufgewärmt wird. Dies kann u.U. zur Zerstörung des letzten Zylinders wg. Überhitzung führen.	Beim V-Motor unterscheidet man eine hängende oder stehende Konfiguration der Zylinder.

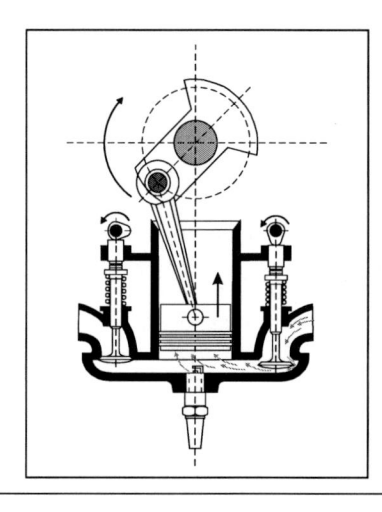

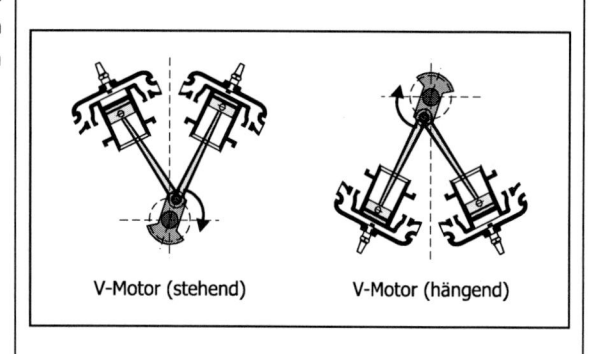

3.1.5 Klopfen und Glühzündungen

Unter **Klopfen (en.: Detonation)** versteht man eine unerwünscht schnell ablaufende Verbrennung **nach dem Zündzeitpunkt**. Wenn die Geschwindigkeit der Verbrennung zu groß ist, baut sich der Druck im Zylinder sehr schnell auf und der Rest des Kraftstoff-Luft-Gemisches verbrennt explosionsartig und verursacht ein klopfendes Geräusch. Gründe für Klopfen können u.a. sein:

- Kraftstoff mit zu geringer Oktanzahl (low grade fuel)
- zu armes Kraftstoff-Luft-Gemisch
- Fehlbedienung der Vergaservorwärmung
- zu hohe Zylinderkopftemperaturen
- zu abruptes Öffnen des Gashebels, wenn das Triebwerk noch mit geringen Drehzahlen läuft
- zu früh eingestellter Zündzeitpunkt
- niedrige Drehzahlen
- schlechte Kühlung
- zu hohes Verdichtungsverhältnis

Wird das Klopfen nicht durch geeignete Maßnahmen reduziert, kann der Motor bleibende Schäden davontragen.

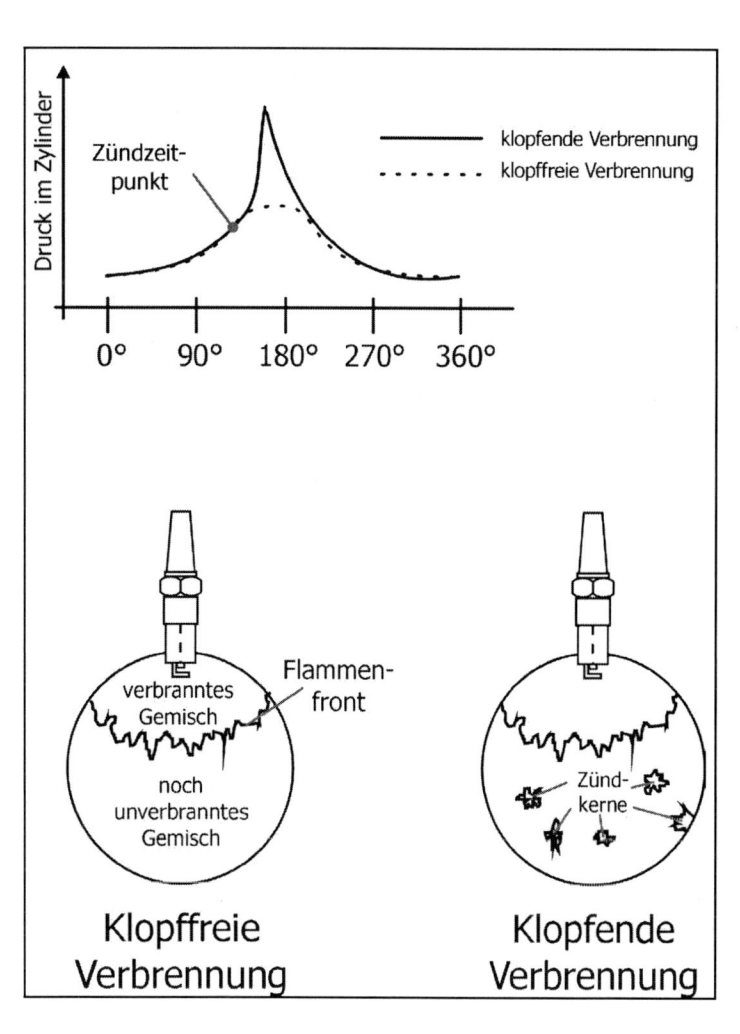

Als **Glüh- oder Frühzündungen (en.: Preignition)** werden Zündungen bezeichnet, die einsetzen, bevor die Zündkerze den Zündfunken erzeugt hat, also **vor dem Zündzeitpunkt**.

Glühzündungen entstehen gewöhnlich durch mindestens ca. 880°C heiße Bauteile, an Kohleablagerungen auf den Kolbenoberflächen, an Zündkerzen und Ventilen (z.B. Grate). Die entstehenden Druckspitzen können ebenfalls zu Motorschäden führen. Glühzündungen können zum Klopfen führen und paradoxerweise kann das Klopfen auch Glühzündungen hervorrufen. Glühzündungen können genauso schädlich sein wie das Klopfen. Um Glühzündungen zu vermeiden, muß das Triebwerk regelmäßig gewartet werden und vorschriftsgemäß bedient werden (richtiges Abmagern, nicht zu viel Öl auffüllen usw.).

3.2 Kraftstoffe und Kraftstoffzufuhr

3.2.1 Kraftstoffe

Verdampfen	Flüssiger Kraftstoff kann verdampfen, d.h. der Kraftstoff steigt (vergleichbar mit kochendem Wasser) gasförmig in die ihn umgebende Luft auf. Die Menge des verdampften Kraftstoffes hängt ab von dem Zeitraum, der Temperatur und vom inneren Dampfdruck [vgl. M 1.5.5]. Um so größer Temperatur und innerer Dampfdruck, um so mehr Kraftstoff kann in einem bestimmten Zeitraum verdampfen.
Dampfblasen	Bei besonders hohen Außentemperaturen und heißem Motor, kann es nach dem unter *"Verdampfen"* beschriebenen Prinzip zur Dampfblasenbildung in den Kraftstoffleitungen kommen. Diese Dampfblasen können sich nicht mit der Ansaugluft zu einem zündfähigen Gemisch in den Zylindern vermischen. Das Anlassen des Motors ist entsprechend schwierig, solange kein flüssiger Kraftstoff zugeführt wird.
Flammpunkt	Unter dem Flammpunkt versteht man die Temperatur, bei der eine bestimmte Menge Kraftstoff verdampft, die ausreicht, um mit der Luft ein zündfähiges Gemisch zu bilden. Die Zündung muß jedoch durch eine von außen herangeführte Zündflamme erfolgen; d.h. das Gemisch wird ohne der Zündflamme nicht von alleine weiterbrennen. Der Flammpunkt von Flugbenzin beträgt ca. −25°C.
Zündpunkt	Der Zündpunkt liegt etwa 30-40°C über dem Flammpunkt. Ab dieser Temperatur brennt das Gemisch von alleine weiter nach dem Zünden durch eine herangeführte Flamme.
Untere Zündgrenze	Die untere Zündgrenze beschreibt ein Kraftstoff/Luft-Mischungsverhältnis, bei der der Kraftstoffanteil gerade so ausreicht, um ein zündfähiges Gemisch zu bieten. Man spricht auch von einem mageren Gemisch / lean mixture.
Obere Zündgrenze	Die obere Zündgrenze beschreibt ein Kraftstoff/Luft-Mischungsverhältnis, bei der der Kraftstoffanteil so groß ist, daß das Gemisch nicht mehr zündfähig ist. Man spricht auch von einem reichen Gemisch / rich mixture.
Selbstzündungs-punkt	Steigt die Temperatur über den Flammpunkt hinaus (bei Flugbenzin auf etwa 550°C) ist das durch Verdampfung entstandene Luftgemisch selbstzündungsfähig.
Heizwert	Der Heizwert ist ein Maß für die bei der Verbrennung von 1 kg Kraftstoff freiwerdende Energiemenge. Die physikalische Unterscheidung zwischen oberen und unteren Heizwert ist für unsere Überlegungen unerheblich. Es ist lediglich interessant zu wissen, daß der untere Heizwert von Flugbenzin bei ca. 10400 kcal/kg liegt.
Gefrierpunkt	Der Gefrierpunkt von Flugbenzin liegt forderungsgemäß bei ca. −60°C.
Dichte	Die Dichte von Kraftstoffen liegt (temperaturabhängig) ca. bei 0,72 kg/Liter.
Schwefelgehalt	Forderungsgemäß ist der Schwefelgehalt von Flugbenzin vom Hersteller unter 0,05 % zu halten, da sich bei der Verbrennung von Schwefel (besonders bei kaltem Motor und kondensiertem Wasserdampf) Schwefelsäuren und schwefelige Säuren entstehen, die auf Dauer schädlich für den Motor sind (Korrosion).
Klopfen	Das Klopfen wurde in T 3.1.5 beschrieben.
Klopffestigkeit	Die Klopffestigkeit ist ein Maß des Flugbenzins, dem Klopfen entgegenzuwirken; sie nimmt mit höherer Oktanzahl, reicherem Gemisch, geringerer Kompression und durch Zugabe von **Isooktan** und **Bleitetraäthyl** zu. Die Zugabe von **Heptan** verringert wiederum die Klopffestigkeit. Hiernach läßt sich in einem genormten Prüfmotor, bei dem die Kompression verstellbar ist, die Oktanzahl eines Benzins ermitteln: Die Kompression des mit dem zu untersuchenden Kraftstoff (Testkraftstoff) arbeitenden Prüfmotors wird solange erhöht, bis der Motor zu klopfen beginnt. Die Kompression wird ab diesem Zeitpunkt beibehalten. Anschließend wird ein anderer Kraftstoff zugeführt, der zunächst ausschließlich Isooktan enthält. Der Isooktananteil wird schrittweise durch Heptan ersetzt, bis der Motor wieder zu klopfen beginnt. Dieser Kraftstoff hat nun die gleiche Klopffestigkeit wie der Testkraftstoff.
Additive	Additive sind Stoffe, die dem Benzin zugemischt werden, um bestimmte Eigenschaften zu erzielen: **Antiklopfmittel** Bleitetraäthyl (en.: Tetra Ethyl Lead / TEL) **Neutralisierungsmittel** Äthilen-Dibromid (en.: Ethilene Dibromide / EDB), um die Giftigkeit von Bleitetraäthyl herabzusetzen **Inhibitoren**, die GUM-Bildung verhindern (GUM sind harzig-klebrige Bestandteile des Kraftstoffes, die Filter etc. verstopfen können) **Farbstoffe** (en.: Dyes) zur Kennzeichnung
Oktanzahl	Der bei der Prüfung der Klopffestigkeit ermittelte Isooktananteil wird als Oktanzahl des Testkraftstoffes angegeben. Die Angabe erfolgt mit zwei Werten, und zwar der erste für ein mageres Gemisch (z.B. für den

	Reiseflug), der zweite für reiches Gemisch (z.B. für Start, Sink- und Landeanflug). Die Verwendung von Kraftstoffen mit einer höheren Oktanzahl als die vom Hersteller geforderte ist in der Regel bedenkenlos. Da allerdings handelsüblich keine höherwertigen Kraftstoffe als AVGAS 100 LL zur Verfügung stehen, gibt es bei Motoren, die AVGAS 100 LL benötigen, keine Kraftstoffalternative.
Leistungszahlen (Fuel Grade)	Um Kraftstoffe mit einer höheren Oktanzahl als 100 differenzieren zu können, werden für diese Leistungszahlen (Fuel Grades) angegeben. Der Vergleichskraftstoff besteht aus 100 % Isooktan und geringen Mengen Bleitetraäthyl. Leistungszahlen über 100 geben an, um wieviel % ein mit diesem Benzin arbeitender Motor höher beansprucht werden darf als mit 100 Oktan. Die Leistungszahlen können mit folgender Faustformel in Oktanzahlen umgerechnet werden: $$OZ = 100 + \frac{FG - 100}{3}$$ z.B.: FG 115 --> OZ 105 OZ Oktanzahl FG Fuel Grade / Leistungszahl Die Leistungszahlen werden wie die Oktanzahlen sowohl für armes als auch reiches Gemisch angegeben.
Bezeichnung und Kennzeichnung von Flugkraftstoffen	Die Einteilung und Bezeichnung von Flugbenzinen erfolgt in erster Linie nach ihrer Oktanzahl. Um eine Identifizierung von Flugbenzinen jederzeit zu gewährleisten, werden diese mit Farbstoffen (dyes) versehen: | Kraftstoffbezeichnung	100 LL	100	115 (milit. Verwendung)
---	---	---	---
Leistungszahl	100 / 130	100 / 130	115 / 145
Farbe	blau	grün	violett
Anteil Bleitetraäthyl [ml / USGal]	2,0	3,0	4,6	
Wassergehalt	Während längeren Standzeiten des Flugzeuges (übernacht reicht aus) und längerer Lagerung in Tanks der Tankstellen sammelt sich Kondenswasser an, daß sowohl das Volumen als auch die Masse des Kraftstoffes verfälscht. Außerdem besteht die Gefahr von unregelmäßigen Lauf oder sogar vollständigem Ausfall des Triebwerkes. Die einzige Maßnahme, diese Gefahr zu minimieren, ist vorschriftsmäßig vor dem Flug das Wasser aus dem Kraftstoffsystem zu entfernen (Betätigung der **Drain-Vorrichtungen** gem. Checkliste)

3.2.2 Vergaser

Generell dient ein Vergaser dazu, den Kraftstoff zu zerstäuben und zusammen mit der angesaugten Luft ein zündfähiges Gemisch herzustellen.
Der Kraftstoff gelangt vom Tank durch den Kraftstofffilter in die Schwimmerkammer. Die Schwimmernadel sorgt dafür, daß jederzeit ein konstanter Kraftstoffpegel in der Schwimmerkammer vorgehalten wird. Die Schwimmernadel wird über die Schwimmer und deren Gewichte je nach Pegel nach oben oder unten bewegt. Das Ventil für die Gemischregulierung wird vom Cockpit aus mit dem Gemisch- oder Mixturehebel betätigt; hiermit wird die effektive Kraftstoffmenge, die in die Zylinder gelangen kann gesteuert. Die Drosselklappe wird vom Cockpit mit dem Gashebel/Throttle Lever gesteuert. Läuft der Motor nicht im Leerlauf ist die Drosselklappe je nach gewünschtem Ladedruck bzw. Drehzahl verschieden weit geöffnet. Die durch den vom Kolben erzeugten Unterdruck angesaugte Luft strömt vom Luftfilter in das Venturi, wo sie beschleunigt wird und daher der statische Druck vermindert wird. Durch den relativen Unterdruck wird der Kraftstoff aus der Hauptdüse in den Luftstrom gesogen und zerstäubt und in der Mischkammer mit der Luft zu einem (möglichst) zündfähigem Gemisch umgewandelt.
Im Leerlauf (wie in der Abb. unten dargestellt), bei fast geschlossener Drosselklappe, reicht die Strömungsgeschwindigkeit der Ansaugluft im Venturi nicht aus, um den Kraftstoff aus der Hauptdüse zu saugen.
Um dennoch den Motor mit Kraftstoff versorgen zu können, wird direkt an dem kleinen verbleibenden Spalt zwischen Drosselklappe und Ansaugrohrwand Kraftstoff über die Leerlaufdüse geführt, denn an dieser Stelle ist die Strömungsgeschwindigkeit wieder groß genug, um genügend Unterdruck zu erzeugen.

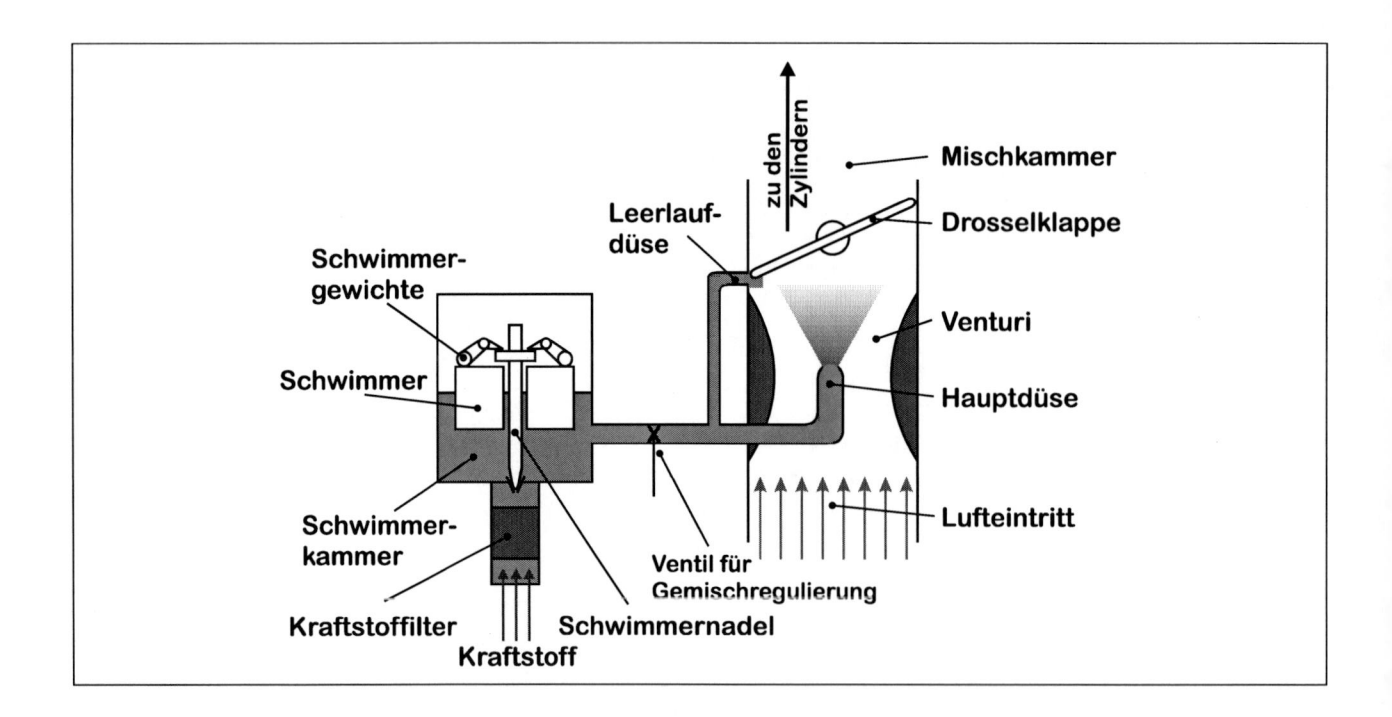

3.2.3 Beschleunigerpumpe

Wird die Drosselklappe zu schnell geöffnet, strömt sehr viel Luft sofort in die Mischkammer, das Vergasersystem kann jedoch nicht schnell genug folgen, um rechtzeitig eine genügende Menge an Kraftstoff zu liefern. Daher wird das Gemisch zu arm und ein verzögertes Ansprechen des Motors oder gar Aussetzer können die Folge sein. Um dies zu vermeiden, wird bei einigen Motoren gleichzeitig mit dem Gashebel eine Kraftstoffpumpe aktiviert, die den zusätzlich benötigen Kraftstoff in das Venturi einspritzt.

3.2.4 Anlasseinspritzpumpe (Primer)

Wird der Motor im kalten Zustand angelassen, verursacht der im Ansaugrohr auskondensierte Kraftstoff ein zu armes, nicht zündfähiges Gemisch. Daher wird mit der Anlasseinspritzpumpe mit mehreren Hüben Kraftstoff in das Ansaugrohr gespritzt und zerstäubt, so daß wieder ein zündfähiges Gemisch gebildet werden kann. Nach dem Betätigen der Pumpe sollte man mit dem Anlassen des Motors nicht zu lange warten, damit sich der Kraftstoff nicht wieder niederschlägt.

3.2.5 Vergaservorwärmung

Bei der Zerstäubung des Kraftstoffes wird das Kraftstoff/Luft-Gemisch abgekühlt (vgl. M 1.5.1, Aggregatänderung flüssig nach gasförmig). Unter bestimmten, ungünstigen Umständen entsteht dabei im Bereich des Venturi, der Drosselklappe und der Mischkammer ein Eisansatz, der – wenn er nicht sofort entfernt wird – sich soweit verstärken kann, daß die Gemischversorgung des Motors nicht mehr ausreicht und dieser ausfällt. Das Eis entsteht durch Gefrieren des normalerweise in der Ansaugluft enthaltenen Wasserdampfes; umso höher die Luftfeuchtigkeit, desto größer ist die Wahrscheinlichkeit der Vergaservereisung. Neben der Luftfeuchtigkeit hat auch die Lufttemperatur einen Einfluß auf die Vereisung:

Die größte Gefahr der Vergaservereisung liegt im Temperaturbereich zwischen −5° bis +20°C !

Da diese Bedingungen auch außerhalb von Wolken auftreten können, gilt die Vergaservereisung als die am häufigsten bei Sichtflügen auftretende Art der Vereisung. Ein Eisansatz macht sich in der Regel zuerst durch ein abnormes Motorengeräusch und/oder Drehzahlabfall bemerkbar. Der Einsatz der Vorwärmung bewirkt, daß die Ansaugluft nicht mehr durch den Luftfilter geleitet wird, sondern über bestimmte Abschnitte des Auspuffes. Die Luft erwärmt sich dabei, so daß sie im Vergaser das Eis abtauen kann. Der Nebeneffekt beim Einsatz der Vergaservorwärmung ist, daß die Drehzahl noch etwas weiter abfällt, da wärmere Luft sich adiabatisch ausdehnt (Dichteabnahme) und daher die Sauerstoffmenge abnimmt; das Gemisch wird also etwas reicher und kann durch Verarmen mit dem Mixture wieder angepasst werden. Sobald das Eis abgetaut ist, läuft der Motor wieder normal. Schaltet man nun die

Vergaservorwärmung wieder aus, steht wieder die volle Motorleistung zur Verfügung. Zur Kontrolle der Temperatur des Vergasers besitzen einige Flugzeuge eine Anzeige (s. T 4.4.3.5). Für den Einsatz der Vergaservorwärmung sind folgende Regeln zu beachten:
- Beim Rollen am Erdboden muß die Vergaservorwärmung ausgeschaltet bleiben, um (wg. Umgehen des Luftfilters) das Ansaugen von Schmutzpartikel zu vermeiden, die zur Schädigung des Motors führen könnten
- Beim Start ist unbedingt die volle Motorleistung erforderlich, daher darf die Vergaservorwärmung während dieser Phase nicht eingeschaltet sein
- Grundsätzlich sollte man immer bedenken, daß beim Einsatz der Vergaservorwärmung das Gemisch fetter wird, was auf Dauer zum Verbleien der Zündkerzen führt; also Vorwärmung nur dann einschalten, wenn es wirklich nötig scheint bzw. Gemisch mit Mixture anpassen
- Die Vergaservorwärmung sollte vorsorglich eingeschaltet werden, wenn man kurzfristig durch einen ausgeprägten Schauer fliegt (nicht auf Dauer bei langanhaltenden Regen)
- Der Bedienhebel der Vergaservorwärmung sollte (auch oder gerade bei vorsorglicher Verwendung) immer voll gezogen werden, da sonst bei teilweisen Einsatz unter ungünstigen Umständen die Luft genau in den gefährlichen Temperaturbereich "hinein"-gewärmt werden kann.
- Die Gefahr der Vergaservereisung ist besonders bei verringerter Motorleistung gegeben; daher sollte man beim Sinkflug immer die Vorwärmung einschalten, wenn die Außentemperatur im o.g. Bereich liegt und eine hohe Luftfeuchtigkeit vorherrscht

3.2.6 Einspritzsystem

Bei einem Einspritzsystem wird der Kraftstoff direkt in den Zylinder oder - wenn vorhanden – in den Lader eingespritzt. Dies erfordert zwar höheren technischen Aufwand als ein Vergasersystem, hat jedoch sich lohnende Vorteile:
1. Steigerung der Wirtschaftlichkeit durch höhere Ausnutzung des Kraftstoffes
2. Leistungssteigerung und höherer Wirkungsgrad durch bessere Füllung des Zylinders mit Luft
3. Vereisungserscheinungen wie bei Vergaservereisung nahezu ausgeschlossen, daher keine Vergaservorwärmung nötig

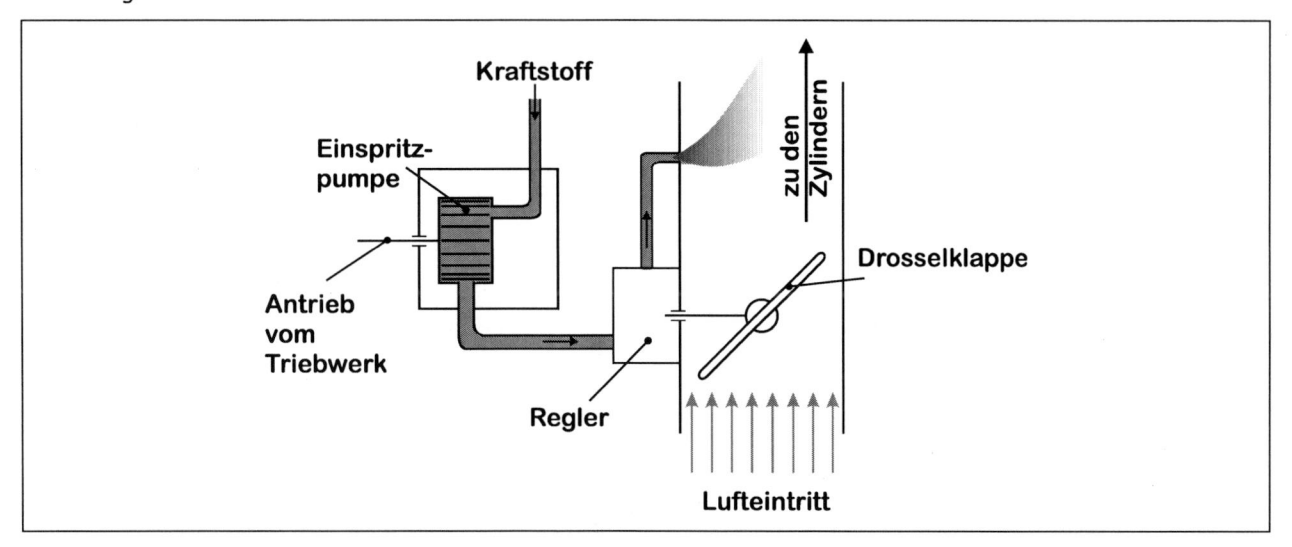

3.2.7 Gemischregulierung (Mixture)

Bei allen Kolbentriebwerken wird die höchste Abgastemperatur (PEAK EGT) bei einem Kraftstoff-Luftgemisch von 1:15 erreicht. Ein Gemisch mit diesem Verhältnis wird als Correct Chemical Mixture (CCM) bezeichnet. Die Abgastemperatur beträgt dann je nach Triebwerk ca. 1450°F (790°C) bis 1650°F (925°C). Bei diesem Punkt erreicht man die max. Reichweite, da am wenigsten Kraftstoff benötigt wird. Auf der anderen Seite liegt bei dieser Einstellung nicht der beste Leistungsgrad des Motors vor. Dieser liegt gem. der Motorleistungskurve im nachfolgenden Diagramm etwas weiter auf der linken Seite im reichen Bereich.
Die optimale Einstellung (Kompromiß zwischen bestem Leistungsgrad und max. Reichweite) erreicht man, wenn man von der PEAK EGT um ca. 50°F Differenz im reichen Bereich einstellt. Um diese Einstellung vorzunehmen, geht man wie folgt vor:
1. Nach Erreichen der Reiseflughöhe und Einstellen der Motorleistung wartet man ca. 5 Minuten, bis sich alle Motortemperaturen stabilisiert haben

2. Man verarmt nun das Gemisch und beachtet die EGT-Anzeige, wie diese zunächst ansteigt und nach Erreichen von PEAK EGT wieder abfällt
3. Nun reichert man das Gemisch wieder an, bis eine EGT von 50°F unter PEAK EGT angezeigt wird

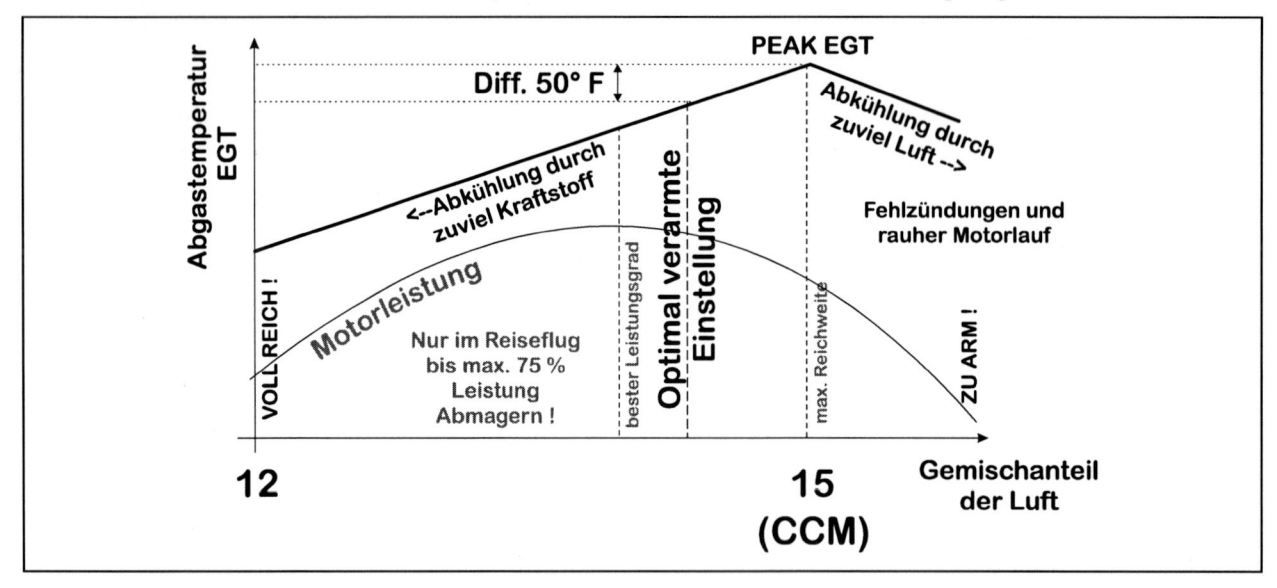

Steht **kein EGT** zur Verfügung, muß die Gemischregulierung anhand des Drehzahlmessers vorgenommen werden. Dabei geht man wie folgt vor:

1. Nach Erreichen der Reiseflughöhe und Einstellen der Motorleistung wartet man ca. 5 Minuten, bis sich alle Motortemperaturen stabilisiert haben
2. Man verarmt nun das Gemisch und beachtet die Drehzahlanzeige, wie diese zunächst ansteigt und danach wieder abfällt bzw. der Motor unrund läuft
3. Nun reichert man das Gemisch wieder so an, bis eine Drehzahl erreicht wird, die ca. 25 bis 50 RPM unterhalb der Höchstdrehzahl liegt

Die meisten Motorenhersteller empfehlen eine **Gemischregulierung** nur bei Motorleistungen bis **max. 75 %** vorzunehmen ! Daher sollte u.a. für Start, Landung und Steigflug mit erhöhter Triebwerksleistung das Gemisch immer auf voll reich eingestellt sein.

3.2.8 Einstellung der Motorleistung

Um den Motor zu schonen (Vermeidung zu hoher Drehmomente und thermischer Beanspruchungen) und um eine optimale Einstellung in Bezug auf Verbrauch und Leistung zu erzielen, werden im Flughandbuch Werte für Ladedruck, Drehzahl und Gemisch empfohlen. Bei der Einstellung dieser Werte an den entsprechenden Hebeln muß grundsätzlich immer in folgender Reihenfolge vorgegangen werden:

Erhöhen der Motorleistung:	Reduzieren der Motorleistung:
Um die Motorleistung zu erhöhen, müssen die Hebel von rechts nach links, also entgegen dem Uhrzeigersinn betätigt werden. Man denke dabei z.B. an die Schreibweise eines kleinen "**e**" – wie "**e**rhöhen": 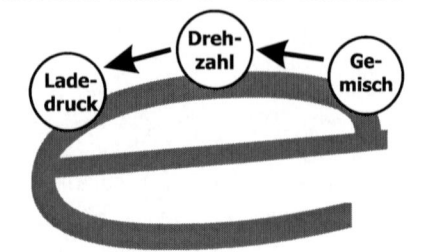	Um die Motorleistung zu reduzieren, müssen die Hebel von links nach rechts, also mit dem Uhrzeigersinn betätigt werden. Man denke dabei z.B. an die Schreibweise eines kleinen "**r**" – wie "**r**eduzieren": 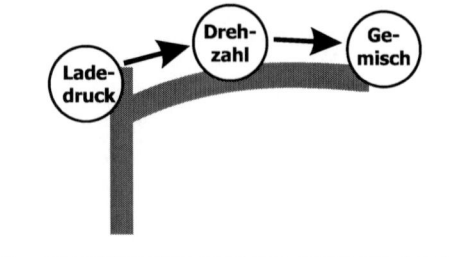

3.3 Magnetzündung

3.3.1 Funktion einer Hochspannungsanlage

Bei Flugmotoren kommen nur Magnetzündungen zum Einsatz, die unabhängig von Generator und Batterie funktionieren. Das Zündsystem und daher auch der Motor können also weiterarbeiten, selbst wenn Generator oder Batterie ausfallen sollten oder abgeschaltet würden.

Grundsätzlich unterscheidet man Hochspannungs- und Niederspannungszündanlagen.

Bei **Hochspannungsanlagen** wird die für den Zündfunken notwendige hohe Spannung bereits in der Einheit Zündmagnet/Spule erzeugt und über relativ lange Kabel zu den Zündkerzen geleitet. In diesem Fall ist eine gute Funkentstörung der Kabel notwendig. In Kleintriebwerken findet die Hochspannungsanlage vorwiegend Anwendung und soll daher nachfolgend näher erläutert werden.

Größere Anforderungen an das System durch steigende Zylinderzahlen pro Triebwerk, Schwierigkeiten bei der Funkentstörung und die Tendenz, immer höher und auch bei schlechtem Wetter zu fliegen, erfordern den Einsatz von **Niederspannungsanlagen,** die hier nicht näher erläutert werden sollen. Bei diesen wird die hohe Spannung erst direkt vor der Zündkerze in einem Sekundärstromkreis erzeugt und die Funkentstörung ist wegen kürzerer Kabel entsprechend weniger aufwendig.

Aufbau der Hoch-spannungs-anlage	Eine Primärspule befindet sich in einem rotierenden Magnetfeld, welches vom Triebwerk des Flugzeuges angetrieben wird. Die Primärspule ist an einem Ende direkt an Masse angeschlossen. Am anderen Ende ist sie mit dem Primärstromkreis (incl. Zündschalter) verbunden und zusätzlich parallel mit dem Unterbrecher und einem Kondensator. Um die Primärspule ist die Sekundärspule gewickelt, die an einem Ende Masseanschluß hat und am anderen Ende über den Sekundärstromkreis mit dem Zündverteiler und schließlich den Zündkerzen verbunden ist:
Erzeugung des Zünd-stromes	Solange der Zündschalter in Schalterstellung "OFF/AUS" (Zündschalter geschlossen) sich befindet, ist das zweite Ende der Primärspule mit Masse verbunden und der im Primärstromkreis induzierte Strom fließt über die Masse hinter dem Zündschalter ab. Wird der Zündschalter auf "BOTH/BEIDE" geschaltet (d.h. der Zündschalter ist wie in obiger Abb. geöffnet), kann der in der Primärspule induzierte Strom nicht mehr über die Masse hinter dem Zündschalter abfließen, sondern er wird (solange der Unterbrecherkontakt nicht den Stromkreis schließt) in dem Kondensator gespeichert. Auf diese Weise steht eine große Kapazität ("Strommenge") zur Verfügung, die sobald der Unterbrecher den Stromkreis schließt, schlagartig über die Masse hinter dem Unterbrecher abfließt und in der Sekundärspule eine sehr große Spannung induziert. Diese Spannung entlädt sich durch einen Strom über Sekundärstromkreis und Zündverteiler an der Zündkerze in Form eines Funkens. Der Nocken des Unterbrechers wird mechanisch von der Kurbelwelle des Motors angetrieben und dreht beim Viertaktmotor mit halber Kurbelwellendrehzahl. Der dem Unterbrecher parallelgeschaltete Kondensator verhindert zwecks Kontaktschonung die Bildung eines Abreißfunkens.
Zündver-teiler	Der Zündstrom wird vom Zündverteiler auf die Zündkerzen der einzelnen Zylinder übertragen. Meistens sind Zündverteiler, Zündmagnet, die beiden Spulen und der Unterbrecher in einem gemeinsamen Gehäuse untergebracht. Bei Hochspannungszündanlagen werden sog. Überschlagverteiler verwendet. Die in Niederspannungszündanlagen verwendeten Schleifbahnen und Kohlebürsten würden bei Hochspannung zu schnell verschleißen.

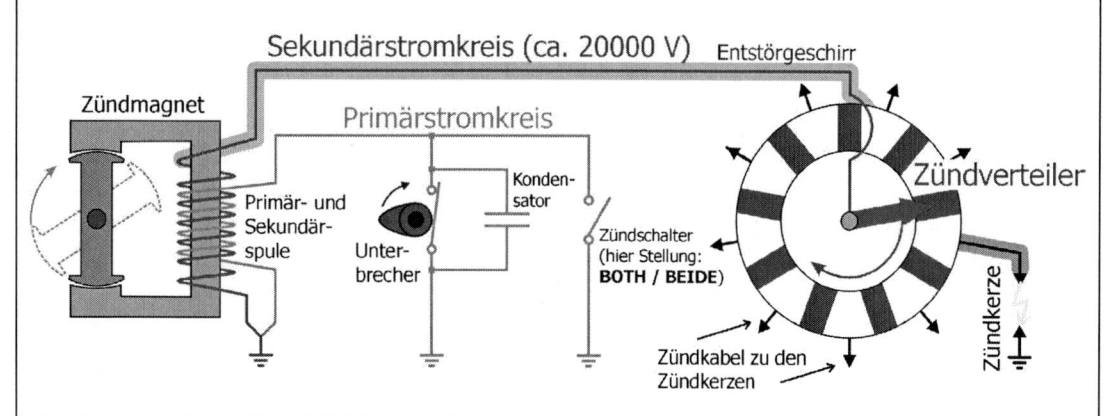

3.3.2 Doppelzündung

Die meisten Flugmotoren verfügen aus Sicherheitsgründen über eine Doppelzündanlage. Einerseits wird dadurch die Ausfallsicherheit des Motors erhöht, andererseits wird die Verbrennung verbessert, da zwei Zündkerzen pro Zylinder vorhanden sind.

3.3.3 Magnetcheck

Mithilfe des Zündschalters kann der Pilot die Doppelzündanlage bedienen.
Im Normalfall arbeiten beide Zündanlagen gleichzeitig in der Zündschalterstellung "BEIDE" bzw. "BOTH". Zwecks Funktionsprüfung des Zündsystems vor dem Start wird der Schalter kurzfristig auf die Stellungen "LINKS/LEFT" und "RECHTS/RIGHT" gelegt. Auf diese Weise arbeitet der Motor mit nur jeweils einem Zündsystem, wobei dessen Drehzahl nur unwesentlich abfallen darf (ca. 125 U/min); außerdem darf die Abfalldifferenz zwischen beiden Systemen einen gewissen Wert nicht überschreiten (ca. 50 U/min). Genaue Angaben findet man im Flughandbuch.
Grundsätzlich ist darauf zu achten, daß beim Magnetcheck zwischen linker und rechter Schalterstellung immer für kurze Zeit auf beide Zündmagnete geschaltet werden soll, d.h. man muß folgende Reihenfolge der Schalterstellungen einhalten:

> **1. LINKS – 2. BEIDE – 3. RECHTS – 4. BEIDE**

Tritt beim Magnetcheck ein nicht zulässiger **Drehzahlabfall** auf, kann ein Fehler im Zündsystem vorliegen und der Luftfahrttechnische Betrieb muß konsultiert werden. Meistens ist jedoch nur eine der Zündkerzen verbleit **(fouled plugs)**. In diesem Fall kann sich der Pilot selbst helfen, indem er die Drehzahl auf max. 2000 U/min erhöht und die Gemischregulierung so auf "ARM" reduziert, daß sich eine max. Abgastemperaturanzeige **(peak EGT)** einstellt. Mit dieser Einstellung läßt man den Motor kurze Zeit laufen, stellt ihn wieder auf reich und geringere Drehzahl (ca. 1000 U/min) und wiederholt den Magnetcheck; in der Regel sollte der Motor nun "rund" laufen.
Ergibt sich eine zu hohe **Drehzahldifferenz**, sind wahrscheinlich die Zündzeitpunkte beider Magnete zu unterschiedlich. In diesem Fall hilft nur noch der Luftfahrttechnische Betrieb.

Beim **Dead Cut Check** wird geprüft, ob bei der Zündschalterstellung "AUS/OFF" tatsächlich der Masseschluß hergestellt wird und der Motor ausgehen würde. Diese Prüfung sollte nur so kurz erfolgen, daß der Motor nicht stehen bleibt und ein Wiederanlassen vermieden wird. Außerdem ist zuvor Leerlaufdrehzahl einzustellen, um Fehlzündungen, die mit lauten Knallgeräuschen im Auspuff verbunden sind, zu vermeiden.
Sollte der Motor jedoch bei diesem Test weiterlaufen, ist wahrscheinlich das Massekabel unterbrochen und daher läßt sich die Zündung nicht mehr ausschalten. In diesem Fall liegt eine gefährliche Situation vor, da der ruhende Motor sofort anspringen könnte, falls am Propeller manuell gedreht wird. Also ist ein Luftfahrttechnischer Betrieb aufzusuchen.

3.4 Schmierung

3.4.1 Aufgaben der Schmierung

- Schmierung   aller gleitenden Teile
- Kühlung   von Lagern, Kolben, Ventilen, Kurbelwelle; die aufgenommene Wärme gibt das Öl im Ölkühler wieder ab
- Reinigung   durch Abtransport von Abrieb und Verbrennungsrückständen. Späne im Ölfilter sind Hinweis auf schadhafte Triebwerksteile
- Feinabdichtung   zwischen Kolben und Zylinder sowie Ventilschäften
- Arbeitsflüssigkeit   in hydraulischen Anlagen bei Propellerverstellung, Ventilspielausgleichseinrichtung und Drehmomentenmeßanlage
- Konservierung   bei längerem Stillegen des Motors (spezielles Konservierungsöl)

3.4.2 Viskosität

Die Viskosität oder Zähflüssigkeit ist der Widerstand des Öles gegenüber dem Fließen.
- Hohe Viskosität bedeutet zähes, langsam fließendes Öl
- Niedrige Viskosität bedeutet flüssiges, schneller fließendes Öl

Zur Aufrechterhaltung des Schmierfilmes muß das Öl in einem bestimmten Viskositätsbereich liegen. Es gibt unterschiedliche Verfahren, die Viskosität zu bestimmen, z.B. das Sayboid-Verfahren:

Hier mißt man die Zeit (sec), die 60 cm³ Öl, bei einer Temperatur von 210°F (ca. 100°C) benötigt, um durch eine Meßdüse zu laufen. Benötigt ein Öl z.B. 100 sec, erhält es die Commercial Aviation No 100.
D.h. je höher die Nummer, je dickflüssiger ist das Öl.
Die gleiche Tendenz besteht auch bei der Einteilung nach Commercial SAE No (SAE = Society of Automotive Engineers); hier wird nur ein anderes Testverfahren verwendet.
Öle folgender Viskosität werden für Flugzeugkolbenmotoren verwendet. Die Bezeichnungen befinden sich auf den Öldosen.

Commercial Aviation No	Commercial SAE No	Viskosität	Verwendung im
D 65	SAE 30	dünnflüssig	Winter
D 80	SAE 40	⇓	⇓
D 100	SAE 50	⇓	⇓
D 120	SAE 60	dickflüssig	Sommer

Man kann sich merken, daß die Commercial Aviation No für das gleiche Öl etwa doppelt so groß wie die Commercial SAE No ist.

Bei Veränderung der Temperatur ändert sich die Viskosität des Öles. In der unteren Abb. ist zu erkennen, daß

- Öle mit hoher Viskosität bei niedriger Temperatur zu dickflüssig werden
- Öle mit niedriger Viskosität bei hohen Temperaturen zu dünnflüssig werden.

Dies ist der Grund für den erforderlichen Ölwechsel zu verschiedenen Jahreszeiten bei Einbereichsölen (single grade oils).
Durch die Entwicklung von Mehrbereichsölen (multiple grade oils) z.B. SAE 15 W-50 erreicht man, daß das Öl bei hohen Temperaturen die Eigenschaft wie SAE 50 und bei niedrigen Temperaturen die Eigenschaft wie SAE 15 hat. Damit entfällt der Ölwechsel aufgrund von Außentemperaturänderungen. (Das "W" steht jeweils für die Verwendung im Winter.)

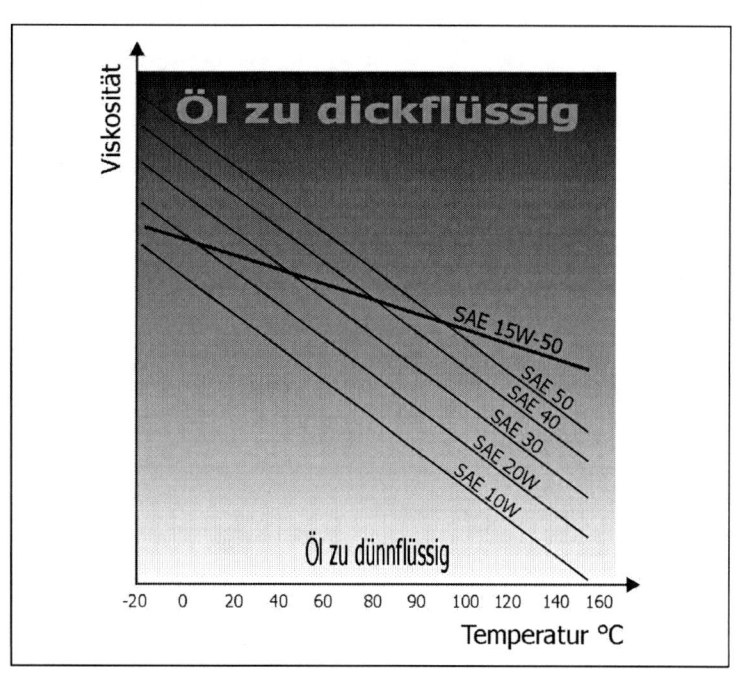

3.4.3 Nasssumpfschmierung

Bei der Nasssumpfschmierung ist das Öl in der Ölwanne bevorratet, die gleichzeitig den Ölsumpf darstellt. Über ein Sieb wird das Öl von einer Pumpe, die am Hilfsgeräteträger sitzt, angesaugt und in die Ölkanäle zur Versorgung der Schmierstellen gedrückt. Ein Druckbegrenzungsventil (relief valve) sorgt dafür, daß ein bestimmter Öldruck nicht überschritten wird. Über die Federspannung des Relief Valves läßt sich bei vielen Motoren diese Druckgrenze einstellen.
Ölkanäle können sich innerhalb der Kurbelwelle, Nockenwelle, Stößelstange und des Kurbelgehäuses befinden. Oil transfer bearings stellen die Verbindung zwischen stehenden und sich drehenden Teilen dar. Durch die o.g. Kanäle wird das Öl in die Lager und durch Spritzdüsen in andere Bereiche des Motors gebracht. Das Öl tropft dann zurück in den Sumpf. Der Sumpf wird manchmal als Ölkühler genutzt. Die meisten Systeme haben jedoch einen Ölkühler, der über ein Thermostat gesteuertes bypass die Öltemperatur beeinflußt. Die Nasssumpf Schmierung wird in Flugzeugen am häufigsten bei Boxermotoren verwendet. Die Nasssumpfschmierung kann nicht verwendet werden:
- bei Motoren mit hängenden Zylindern
- in Kunstflugzeugen (wegen der Fluglage)

Durch ein Lochblech zwischen Kurbelgehäuse und Ölwanne läßt sich beschränkte Kunstflugtauglichkeit des Nasssumpfsystems erreichen.

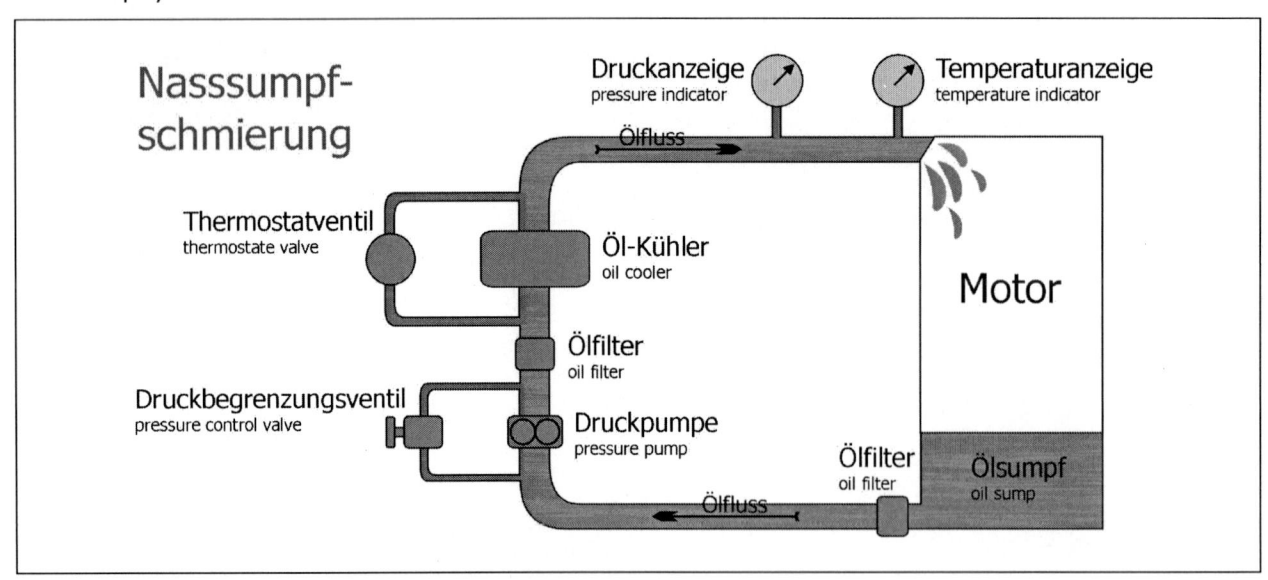

3.4.4 Trockensumpfumlaufschmierung

Die Ölbevorratung bei der Trockensumpfumlaufschmierung befindet sich einem Öltank, der außerhalb des Motors untergebracht ist. Der Ölvorlauf ist wie bei der Nasssumpfschmierung. Das Öl tropft von den Schmierstellen in meistens mehrere kleine Ölsümpfe, die durch eine oder mehrere Rückförderpumpen (oil scavenge pumps) trocken gehalten werden. Die Fördermenge der Rückförderpumpen ist größer als die der Druckpumpe, da z.T. Luft zurück gefördert wird. Die Trockensumpfschmierung wird bei Motoren mit hängenden Zylindern, z.B. Sternmotoren, verwendet. Sie kann durch Veränderungen im Öltank voll kunstflugtauglich gemacht werden.

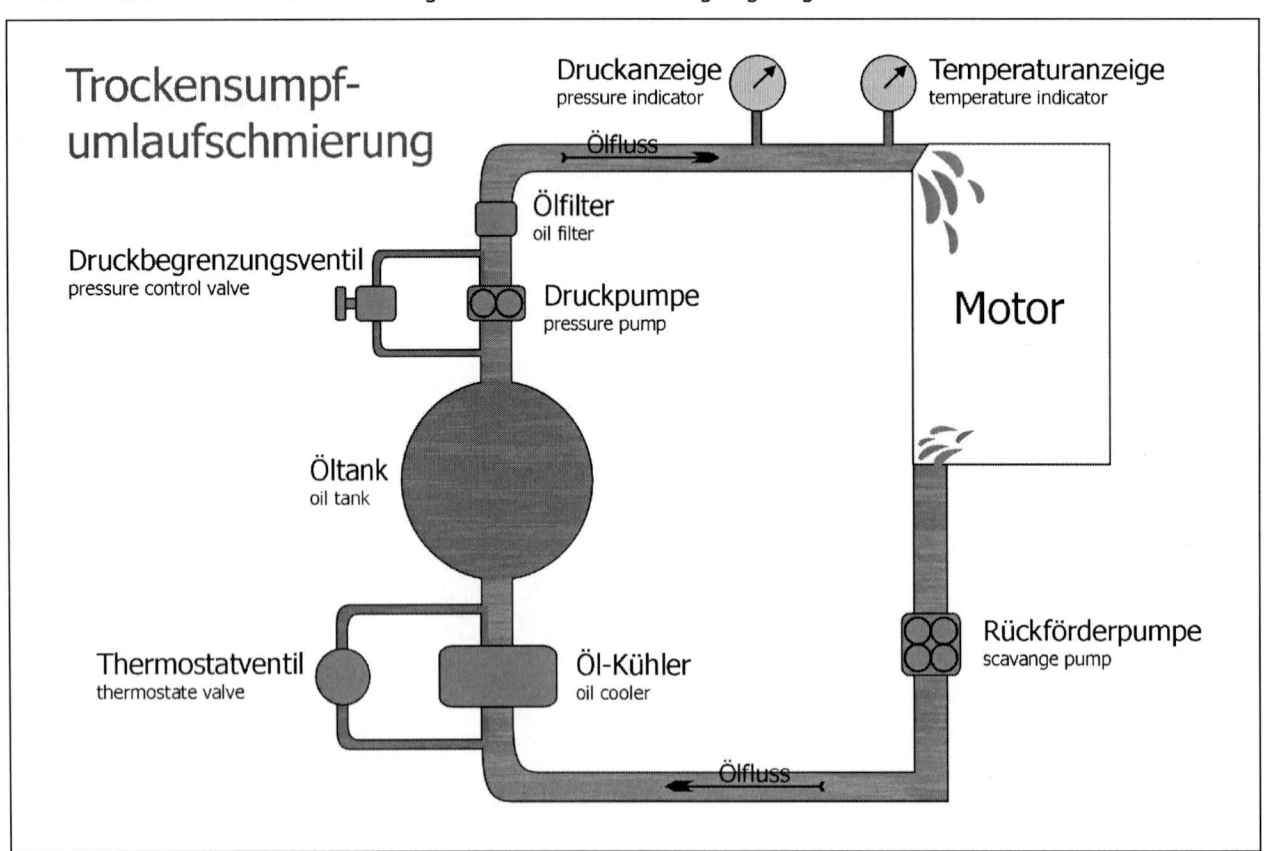

3.4.5 Besondere Situationen im Flugbetrieb

Situation	Gründe	Maßnahmen
Zu hohe Öltemperatur	1. zu geringe Ölmenge, Ölverlust, zu hoher Ölverbrauch 2. erhöhte Reibung im Triebwerk (z.B. im Kurbelwellenlager) 3. schlechte Wärmeabfuhr da z.B. • der Ölkühler verstopft ist • der Thermostat defekt ist • das Druckbegrenzungsventil defekt ist • die Fahrtwindkühlung zu gering ist (hohe Leistung bei geringer Geschwindigkeit)	1. Leistung reduzieren 2. Climb speed erhöhen und rate of climb (R/C) verringern 3. wenn vorhanden, cowl flaps öffnen
Öldruckabfall	1. zu geringe Ölmenge, Ölverlust, zu hoher Ölverbrauch 2. verstopfter Ölkühler 3. Fehler der Druckpumpe 4. Fehler des Druckbegrenzungsventiles	• Bei gleichzeitig auftretender zu hoher Temperatur (geringer Ölfluß) oder zu niedriger Temperatur (kein Ölfluß) ist der nächste Flugplatz anzufliegen bzw. ein Notlandefeld auszusuchen • Bleibt die Öltemperatur im normalen Bereich, kann ein Fehler in der Öldruckmessung vorliegen. Dann weiterhin alle Triebwerksüberwachungsinstrumente beobachten

3.5 Luftschraube

3.5.1 Entstehung der Vortriebskraft

Die vom Propeller erzeugte Vortriebskraft entsteht aufgrund:
1. des Massendurchsatzes
2. und der Aerodynamik

Der Massendurchsatz läßt sich mit dem allg. bekannten Prinzip **actio gleich reactio** verdeutlichen. Der Propeller "schaufelt" eine bestimmte Masse Luft hinter sich. Dabei wird die Luft beschleunigt und es wird ein Impuls auf sie ausgeübt, der sich auch auf das Flugzeug – aber in entgegengesetzter Richtung, also nach vorne - überträgt.
Zur Klärung der aerodynamischen Vorgänge müssen einige zusätzliche Details betrachtet werden:

Einerseits kommt es durch die Drehung des Propellers zu einer Anströmung des Propellers, andererseits durch die Vorwärtsbewegung des gesamten Flugzeuges. Durch Vektoraddition beider Anströmungen erhält man die effektive Anströmung, die unter dem Anstellwinkel auf das Propellerprofil trifft.
Ähnlich der Entstehung einer Auftriebskraft beim Flügelprofil entsteht beim Propellerprofil eine aerodynamische Vortriebskraft, die das Flugzeug antreibt.
Der Einstellwinkel ist beim Propellerprofil als der Winkel zwischen der Propellerdrehebene und der Profilsehne zu betrachten.

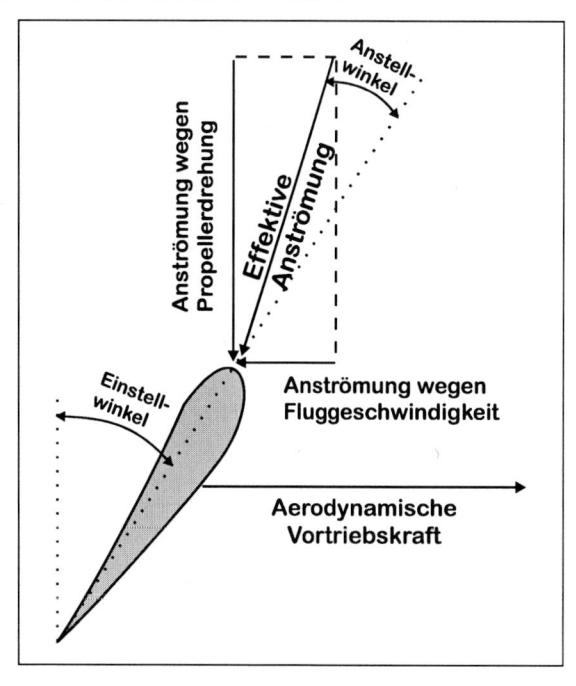

3.5.2 Steigung

Die Steigung einer Luftschraube gibt an, wie weit sich ein beobachteter Punkt auf der Propelleroberfläche parallel zur Rotationsachse des Propellers weiterbewegt, wenn man das Propellerblatt genau um eine Umdrehung (360°) rotieren läßt. Der Wert ist direkt vergleichbar mit der Steigung einer Schraube. In diesem Fall ist die Steigung die Tiefenänderung, die sich bei einer Umdrehung der Schraube beim Eindringen in den Werkstoff ergibt. Bei der Luftschraube muß jedoch zwischen der geometrischen und der aerodynamischen Steigung unterschieden werden.

Geometrische Steigung

Die geometrische Steigung ist ein rein theoretischer Wert. Dieser ergibt sich, wenn man die Luftschraube eine Umdrehung vollziehen läßt, ohne daß sie sich dabei aufgrund ihrer aerodynamischen Eigenschaften (Erzeugung des Vortriebes), sondern nur rein geometrisch (wie die Schraube in den Werkstoff) vorwärts bewegt.

Aerodynamische Steigung

Entsprechend ergibt sich die aerodynamische Steigung, wenn man den geometrischen und den aerodynamischen Fortschrittsgrad nach einer Umdrehung des Propellers addiert. Es läßt sich leicht nachvollziehen, daß die aerodynamische Steigung von der Propellerdrehzahl und von der Fluggeschwindigkeit des Luftfahrzeuges abhängt.

Schlupf

Die Differenz zwischen der geometrischen und aerodynamischen Steigung wird als Schlupf bezeichnet.

3.5.3 Schränkung

Während beim Tragflügelprofil die Anströmung nahezu nur von der Fluggeschwindigkeit abhängt und für die ganze Spannweite konstant ist, verändert sich die Anströmung wegen der Propellerdrehung in Abhängigkeit vom Abstand des betrachteten Profils von der Propellernabe. Die Anströmung wegen Propellerdrehung ist an der Nabe gleich Null und nimmt Richtung Blattspitze stetig zu:

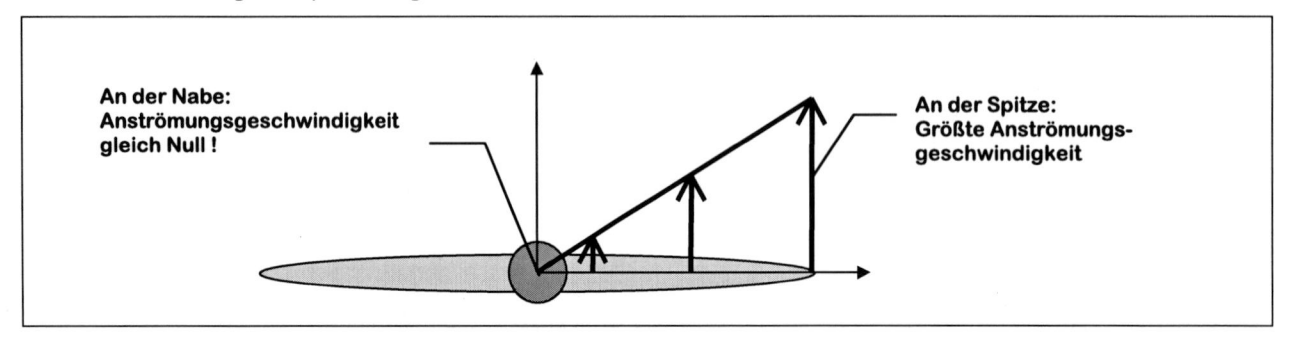

Damit verändert sich auch die effektive Anströmung, was dazu führt, daß die erzeugte Vortriebskraft von innen zur Blattspitze hin auch stetig zunimmt. Dadurch treten an der Nabe große Biegemomente auf, die jedoch möglichst vermieden werden sollten. Die Vortriebserzeugung muß also nach außen hin reduziert werden, indem man folgende Maßnahmen anwendet:
1. Verkleinerung des Profils nach außen
2. Durch Verringerung des Einstellwinkels nach außen Verringerung des Einstellwinkels
3. Nach außen Verwendung von Profilformen, die weniger Auftrieb erzeugen (weniger Wölbung!)

Der Punkt 2 wird als geometrische Schränkung bezeichnet, Punkt 3 als aerodynamische Schränkung. Dieser Art der Schränkung entsprechen ähnliche Maßnahmen, wie sie bereits in AE 4.3 im Zusammenhang mit Tragflügeln beschrieben worden sind, wenn auch in jenem Fall aus Gründen der Steuerbarkeit.

3.5.4 Propellerverstellung

Betrachten wir zunächst einen nicht verstellbaren Propeller. Wie bereits in T 3.5 beschrieben, ergibt sich die effektive Anströmung, die ja für die Erzeugung der Vortriebskraft relevant ist, aus der Anströmung wegen der Propellerdrehung und der Anströmung wegen der Fluggeschwindigkeit. Setzt man die Größe der Vortriebskraft mit der Effektivität des Propellers gleich, läßt sich folgende Überlegung anstellen:

Bei jedem Flug treten unterschiedliche Fluggeschwindigkeiten auf, entsprechend verändert sich die Anströmung und daher auch die Effektivität des Propellers. Bei hohen Fluggeschwindigkeit ist der Anstellwinkel klein, also wird auch nur wenig Vortrieb erzeugt; entsprechend gilt viel Vortrieb bei geringen Fluggeschwindigkeiten:

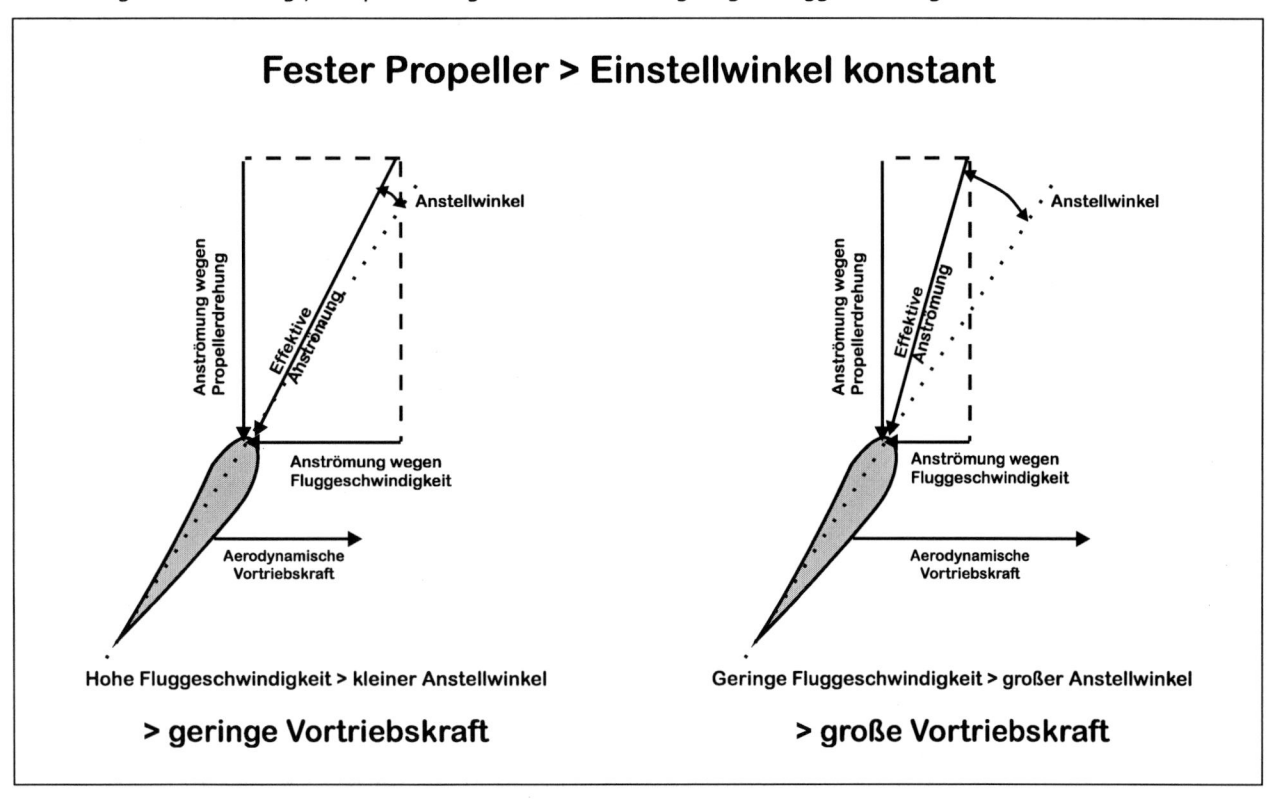

Fester Propeller > Einstellwinkel konstant

Hohe Fluggeschwindigkeit > kleiner Anstellwinkel
> geringe Vortriebskraft

Geringe Fluggeschwindigkeit > großer Anstellwinkel
> große Vortriebskraft

Man kann sich nun leicht vorstellen, daß der Einstellwinkel des Propellers zwecks größter Effektivität auf den hauptsächlichen Einsatzbereich des Flugzeuges angepaßt werden sollte. In diesem Zusammenhang sei erwähnt, daß die Stellung des Propellerblattes, die sich durch einen bestimmten Einstellwinkel ergibt, auch als Steigung bezeichnet wird. Ein Flugzeug, das hauptsächlich startet und landet kommt mit einem kleinen Einstellwinkel (kleiner Steigung) am besten zurecht. Bei langen Reiseflugstrecken kann die Effektivität durch großen Einstellwinkel (große Steigung) gesteigert werden.

Die Effektivität läßt sich weiter steigern, wenn man statt des festen Propellers einen verstellbaren Propeller verwendet. Auf diese Weise kann man den Einstellwinkel bzw. die Steigung während des Fluges verändern und an die gegenwärtige Flugsituation anpassen:

Geringe Fluggeschwindigkeit (Start / Landung)	Kleine Steigung
Hohe Fluggeschwindigkeit (Reiseflug)	Große Steigung

Es gibt drei Versionen des verstellbaren Propellers:

Einstellpropeller	Der Einstellpropeller hat eine Sonderstellung, da er nur am Boden vor dem Flug eingestellt werden kann.
Constant Speed Propeller	Der Constant Speed Propeller verfügt über eine Automatik, die eine vom Piloten vorgewählte Drehzahl unabhängig von der Gashebelstellung konstant hält, indem er die passende Steigung einstellt.
Verstellpropeller	Der Verstellpropeller bietet keine Automatik, sondern der Pilot kann das Verhältnis von Gashebelstellung und Propellersteigung im gewissen Rahmen selbst wählen.

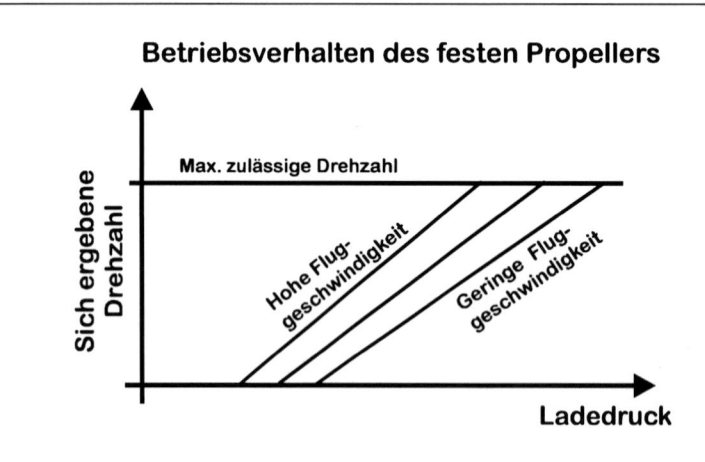

Sowohl beim Constant Speed Propeller als auch beim Verstellpropeller wird ein gewisser Rahmen der Gas- und Steigungskombination im Flughandbuch vorgeschrieben, damit der Motor nicht überlastet wird.

Beim festen Propeller ist die Drehzahl direkt von der Gashebelstellung (Ladedruck) abhängig. Daher ist die Drehzahl ein direktes Maß für die eingestellte Motorleistung.

Um die Leistung eines Motors mit verstellbaren Propeller zu bestimmen, benötigt man jedoch sowohl die Angabe der Drehzahl als auch des Ladedruckes, da beide unabhängig voneinander variierbar sind.

So findet man z.B. im Flughandbuch einer C172 (fester Propeller) die Angabe, daß der Motor eine Leistung von 75 % bringt, wenn eine Drehzahl von 2400 U/min (bei Normtemperatur in 2000 ft Druckhöhe) gewählt wird. Von einer Katana DA20 (Constant Speed Propeller) wird bei gleichen Bedingungen die Leistung von 75 % bei einem Ladedruck von 25,7 inHg und einer Drehzahl von 2200 U/min erbracht.

Da der Constant Speed Propeller in der Sportfliegerei am meisten verbreitet ist, wollen wir uns nachfolgend auf die Beschreibung seiner Bedienung beschränken. Um die Leistung beim Constant Speed Propeller zu verändern, muß man folgende Reihenfolge beachten:

Leistungserhöhung	1. Drehzahl erhöhen
	2. Ladedruck erhöhen
Leistungsreduzierung	1. Ladedruck vermindern
	2. Drehzahl vermindern

3.5.5 Betriebsverhalten

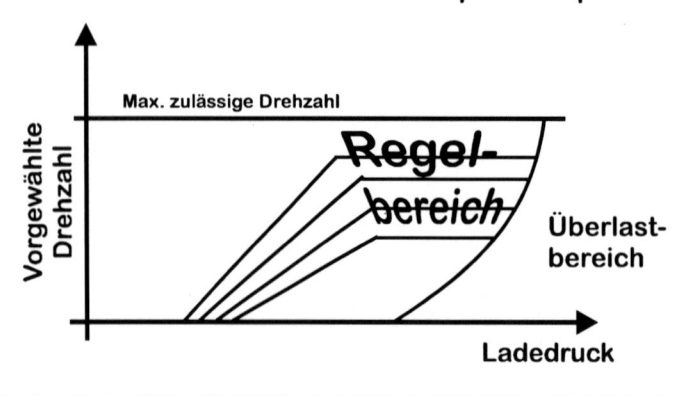

Beim **festen Propeller** ergibt sich bei einem bestimmten Ladedruck eine Drehzahl ein, die von der Fluggeschwindigkeit abhängt. Bei hohen Fluggeschwindigkeiten wird der Propeller durch den Fahrtwind zusätzlich angefacht (Windmühleneffekt / wind milling effect), so daß eine max. zulässige Drehzahl (s. Flughandbuch) bereits bei geringeren Ladedrücken erreicht wird.

Beim **Constant Speed Propeller** ist die Drehzahl von der Fluggeschwindigkeit nahezu unabhängig, da der Verstellmechanismus (Governor) innerhalb des Regelbereiches automatisch die passende Steigung einstellt. Der Regelbereich wird in der Abbildung durch die waagerechten Kennlinien für die vorgewählten Drehzahlen dargestellt. Wird bei hohen Fluggeschwindigkeiten der Propeller zusätzlich angefacht, antwortet das System mit einer größeren Steigung und die Drehzahl wird wieder auf den vorgewählten Wert reduziert. Entsprechend umgekehrtes wird bei geringeren Fluggeschwindigkeiten eine kleinere Steigung eingestellt.

3.5.6 Beeinflussung des Flugzeuges durch den drehenden Propeller

Der drehende Propeller erzeugt folgende drei Kräfte bzw. Momente, die sich mit einer Zunahme der Propellerdrehzahl entweder verstärken oder gegenseitig verringern:

Propellerdrall

Nach dem Prinzip **"actio gleich reactio"** versucht sich der Rumpf entgegen dem Propeller zu drehen. Durch die Querstabilität des Flugzeuges wird diese Rollbewegung verringert oder gänzlich unterbunden. Am größten ist der Propellerdrall bei hohen Drehzahlen, also beim Start und im Steigflug. So bewirkt z.B. der rechtsdrehende Propeller (vgl. T 3.5.6) ein linkes Rollmoment auf das Flugzeug.

Zum Präzessionsmoment

Das Präzessionsmoment entsteht gem. den Kreiselgesetzen, wie sie in T 4.1.2 beschrieben werden. Der drehende Propeller ist dabei dem drehenden Kreisel gleichzusetzen, der auf ein Störmoment mit einem Präzessionsmoment reagiert.

Das Präzessionsmoment tritt bei jeder Änderung der Richtung der Flugzeuglängsachse auf und ist bei vielen Flugzeugen besonders deutlich beim Rotieren (Abheben) von der Startbahn spürbar, also bei Längsneigungs- bzw. pitch-Änderung. Die beim Rotieren entstehenden Kräfte sind in diesem Fall der Störkraft gleichzusetzen. Beim rechtsdrehenden Propeller tritt beim Abheben ein rechtsdrehende Präzessionsmoment auf, welches durch einen beherzten Tritt in das linke Seitenruder ausgeglichen werden sollte:

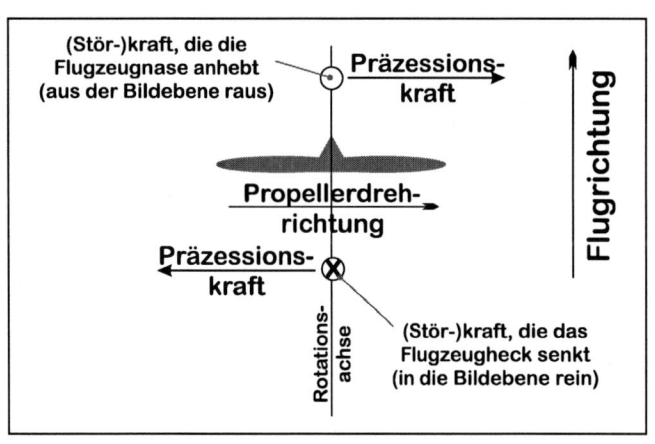

Kraft auf das Seitenruder

Die vom drehenden Propeller erzeugte wirbelnde Luftströmung trifft auf das Seitenleitwerk und erzeugt so ein Drehmoment auf das Flugzeug um die Hochachse, welches ebenso durch einen Tritt in das Seitenruder kompensiert werden muß.
Der Wirbel des rechtsdrehenden Propellers beaufschlagt die linke Seite des Seitenleitwerkes. Dadurch giert das Flugzeug nach links.

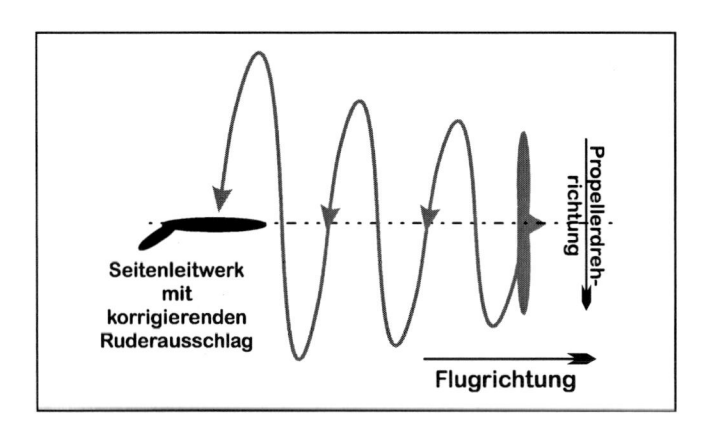

3.5.7 Anwerfen von Hand

Der Motor eines Flugzeuges darf von Hand nur angeworfen werden, wenn
1. der Führersitz von einem Flugzeugführer besetzt ist
2. eine mit dem Anwerfen vertraute Person zur Verfügung steht.

Die zum Anwerfen eines Motors von Hand notwendigen Kommandos werden von demjenigen gegeben, der anwirft.

Bei vollständig entladener Batterie muß vor dem Anlassen die Batterie erst aufgeladen werden. Eine Starthilfe durch Außenbordsteckdose oder Überbrücken reicht nicht aus, da der Generator eine gewisse Vorspannung von der Batterie benötigt, um Ladestrom liefern zu können.

4. Bordinstrumente

4.1 Grundlagen

4.1.1 Barometrische Druckaufnehmer

Die barometrischen Instrumente benötigen den statischen und/oder den dynamischen Druck (Staudruck), der in der das Luftfahrzeug umgebenden Außenluft herrscht. Zu diesen Instrumenten gehören der Fahrtmesser, der Höhenmesser und das Variometer, die alle zu den Flugüberwachungsinstrumenten zählen und deren Funktionsweisen in T 4.2 näher erläutert werden. An dieser Stelle soll nur auf die barometrische Druckmessung eingegangen werden, da diese für die drei o.g. Instrumente eine einheitliche Basis für deren Datenversorgung bildet.

Das Thema des **statischen Luftdruckes** wurde bereits in M 1.4 aufgegriffen. In diesem Zusammenhang sei noch einmal erwähnt, daß der statische Luftdruck sich in allen Richtungen um ein betrachtetes Luftpaket gleichmäßig auswirkt. Daher kann der statische Luftdruck durch eine Bohrung durch die Flugzeugoberfläche direkt zu den barometrischen Instrumenten mittels Schlauchleitungen geführt werden. Diese Bohrung muß jedoch so angebracht sein, daß sie auch nicht teilweise durch die anströmende Luft beaufschlagt wird; ansonsten würde sich der Meßwert um einen Anteil des Staudruckes verfälschen. Aus diesem Grunde bringt man die Bohrung für den statischen Druck, die als **statische Druckbohrung (Static Port)** bezeichnet wird, z.B. an der Rumpfseite an, wo sich kein Staudruck ausbilden kann. Manche Static Ports sind auch in das nachfolgend beschriebene Pitotrohr integriert. Der Static Port ist mit allen drei barometrischen Instrumenten verbunden.

Das einzige barometrische Instrument, das den **Staudruck** benötigt, ist der Fahrtmesser. Die physikalischen Grundlagen für den Staudruck können in AE 1.2 nachgelesen werden. Da die Größe des Staudruckes von der Fluggeschwindigkeit abhängt (große Geschwindigkeit, großer Staudruck und umgekehrt), kann der Fahrtmesser diesen zur Anzeige der Fluggeschwindigkeit verwenden. Der Grund für den zusätzlichen Anschluß des statischen Luftdruckes an den Fahrtmesser wird in T 4.2.2 geklärt.

Der Staudruck wird gängiger weise mit einem **Pitotrohr** gemessen, das eine Bohrung besitzt, die so positioniert ist, daß sie mit nahezu der vollen Komponente des Staudruckes beaufschlagt wird; aus technischen Gründen, die in T 4.2.2 genannt werden, kann in den seltensten Flugkonfigurationen die volle Komponente gemessen werden (Lage- und Einbaufehler).

Aus den vorangegangenen Überlegungen läßt sich für die barometrische Druckversorgung folgendes Schema ableiten:

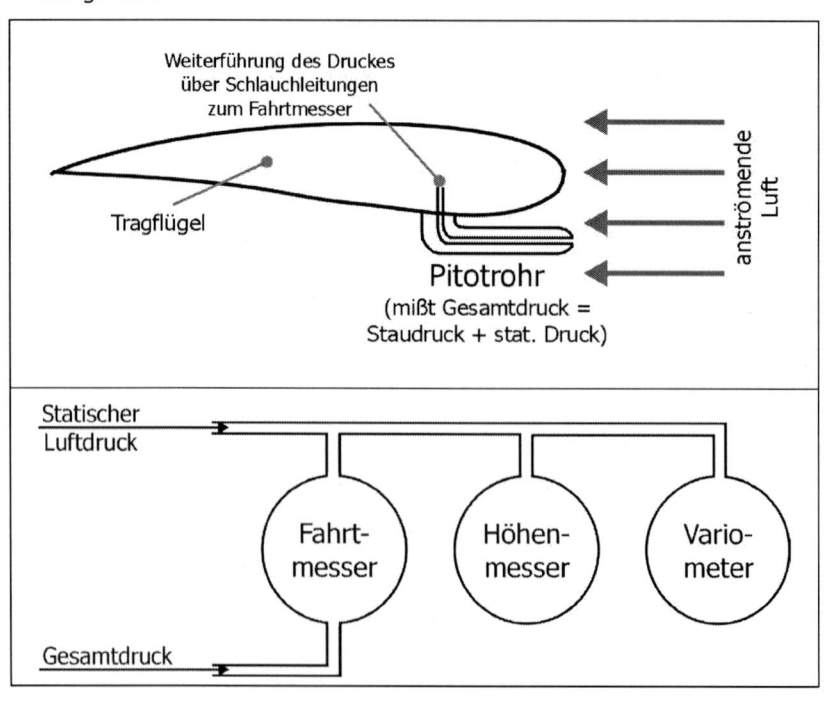

4.1.2 Kreiselprinzip

4.1.2.1 Allgemeines

Folgende Instrumente besitzen jeweils einen hochtourig drehenden Kreisel, dessen physikalische Eigenschaften genutzt wird, um die Anzeige zu bewirken:

- Wendezeiger   (Flugüberwachungsinstrument;   nutzt die Präzession des Kreisels)
- Künstlicher Horizont   (Flugüberwachungsinstrument;   nutzt die Raumstabilität des Kreisels)
- Kurskreisel   (Navigationsinstrument;   nutzt die Raumstabilität des Kreisels)

Der Antrieb des Kreisels kann entweder pneumatisch (über einen Luftstrom) oder elektrisch erfolgen. Da die Fluglage-Informationen des Wendezeigers und des künstlichen Horizontes in einem gewissen Rahmen identisch sind, schreibt der Gesetzgeber vor, daß in einem Luftfahrzeug eines der beiden Geräte pneumatisch, daß andere elektrisch angetrieben werden muß. Aufgrund dieser Maßnahme besitzt man jeweils ein Alternativ-System, falls eines der beiden Antriebsarten ausfallen sollte.

4.1.2.2 Physikalisches Prinzip

a)   Raumstabilität

Ein vollkardanisch aufgehängter Kreisel, der mit einer sehr hohen Drehzahl rotiert, hat das Bestreben, seine Lage im Raum beizubehalten.

b)   Präzession

Mit **Präzession** bezeichnet man die Kraft, mit der ein hochtourig drehender Kreisel auf ein Störkräftepaar reagiert, welches auf seine Drehachse wirkt.
Die Präzessionskraft wirkt vom Angriffspunkt der Störkraft in Kreiseldrehrichtung um 90° voraus, und zwar in Richtung der Störkraft. Da immer zwei Störkräfte nötig sind (entspricht einem Störkraftmoment), erhält man immer zwei Präzessionskräfte bzw. ein Präzessionsmoment. Die Drehbewegung des Kreisels in Richtung des Präzessionsmomentes wird als **Kippen** bezeichnet.
Das gleiche passiert mit einem drehenden Fahrradreifen, dessen Achse man in den beiden Händen hält. Dreht man die Achse senkrecht zum Reifen, wird er mit einer Präzessionkraft antworten. Die Stärke der Präzessionskraft hängt von der Drehgeschwindigkeit und der Masse des Kreisels ab. Hohe Drehgeschwindigkeit und große Masse bewirken ein starkes Präzessionsmoment.

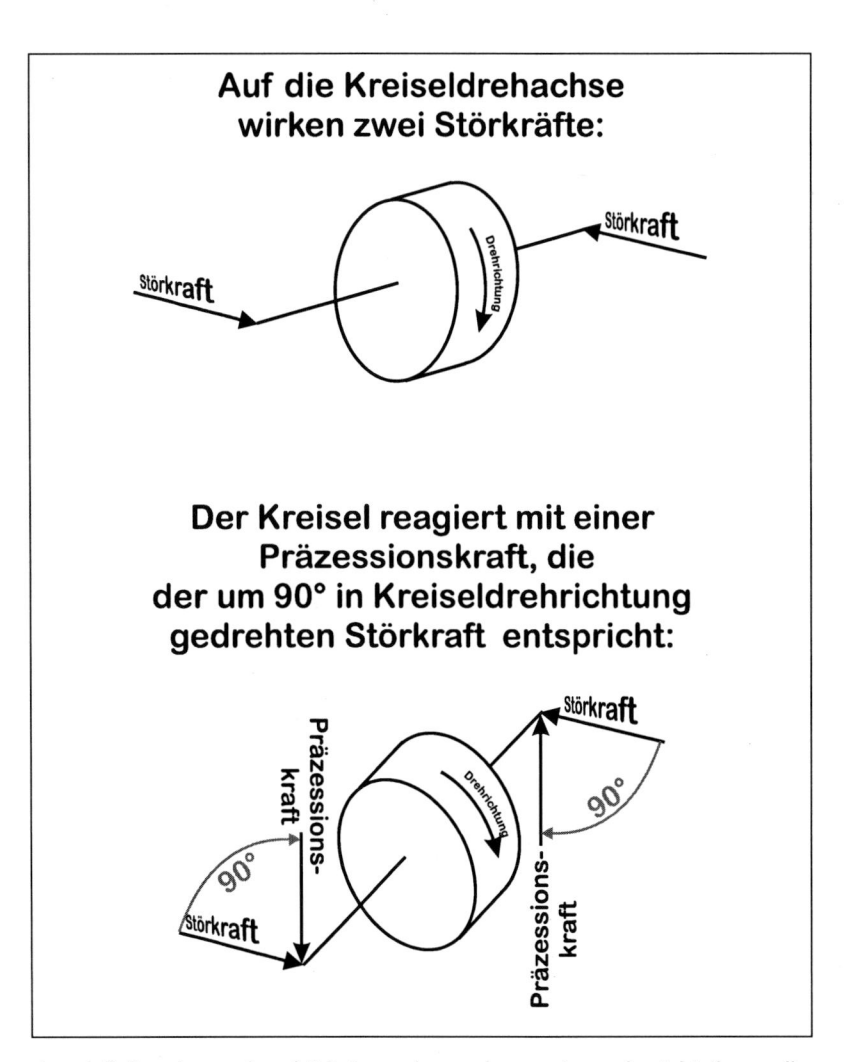

Auf die Kreiseldrehachse wirken zwei Störkräfte:

Der Kreisel reagiert mit einer Präzessionskraft, die der um 90° in Kreiseldrehrichtung gedrehten Störkraft entspricht:

Grundsätzlich gilt für alle Kreiselinstrumente, daß ihre Lager beschädigt werden, solange sie noch nicht ihre volle Drehzahl erreicht haben und dennoch das Flugzeug bereits rollt. Aus diesem Grunde sollte man vor dem ersten Losrollen einige Zeit (wenige Minuten reichen in der Regel aus) abwarten, bis die volle Drehzahl erreicht ist.

4.2 Flugüberwachungsinstrumente

4.2.1 Anordnung im Basic-T

Zu den Flugüberwachungsinstrumenten gehören alle Instrumente, die Aussagen über die Fluglage, -geschwindigkeit und -höhe machen. Diese Instrumente sind (neben dem Kurskreisel, der zu den Navigationsinstrumenten gehört) wie folgt in oder um das Basic T angeordnet:

Das Basic T:

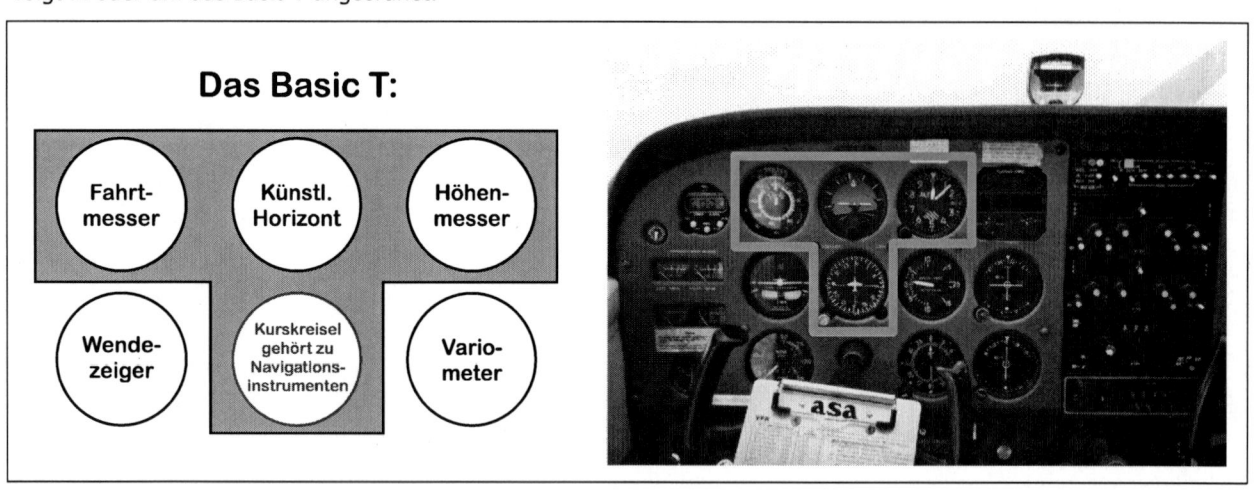

- Fahrtmesser
- Künstl. Horizont
- Höhenmesser
- Wendezeiger
- Kurskreisel gehört zu Navigationsinstrumenten
- Variometer

4.2.2 Fahrtmesser

4.2.2.1 Funktionsweise

Der Fahrtmesser besteht prinzipiell aus einer Druckdose, in die der Gesamtdruck (= statischer + Staudruck) eingeleitet wird. Sie dehnt sich entsprechend der Größe dieses Druckes aus. Da der Gesamtdruck vom Staudruck und somit von der Fluggeschwindigkeit abhängt, ist die Ausdehnung der Druckdose ein Maß für die Fluggeschwindigkeit. Durch Anbringen eines geeichten Zeigerwerkes an die Druckdose kann die Fluggeschwindigkeit angezeigt werden.

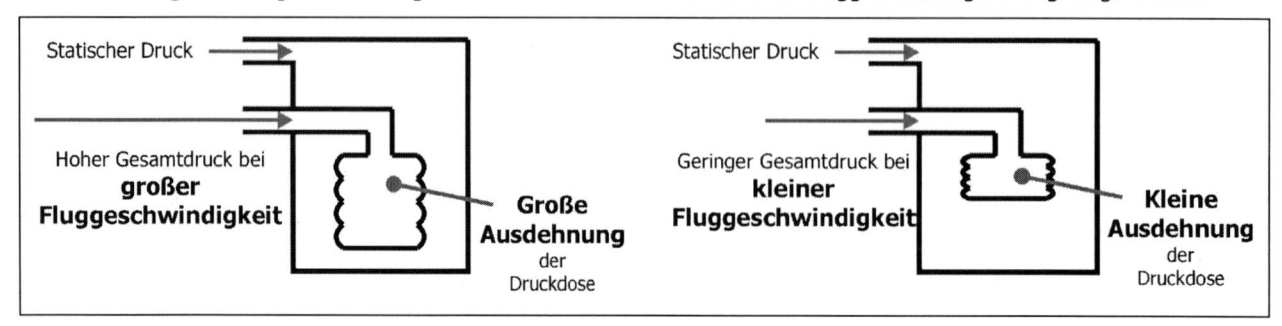

Statischer Druck — Hoher Gesamtdruck bei **großer Fluggeschwindigkeit** — **Große Ausdehnung** der Druckdose

Statischer Druck — Geringer Gesamtdruck bei **kleiner Fluggeschwindigkeit** — **Kleine Ausdehnung** der Druckdose

Ein wichtiger Aspekt wurde bis jetzt jedoch nicht berücksichtigt:

Der statische Druckanteil am Gesamtdruck nimmt mit größerer Flughöhe ab; daher nimmt auch der Gesamtdruck ab, der Fahrtmesser würde also eine zu geringe Geschwindigkeit anzeigen. Daher leitet man in das die Druckdose umgebende Gehäuse den reinen statischen Druck vom Static Port ein. Dadurch stellt sich zwischen statischen Druck in der Druckdose und im Gehäuse ein Gleichgewicht ein, so daß der Dosenhub nicht mehr vom statischen Druck sondern ausschließlich nur noch vom Staudruck abhängig ist. Die sich ergebene Anzeige wird auch als **angezeigte Fluggeschwindigkeit / Indicated Airspeed / IAS** bezeichnet. Diese ist leider mit einigen Fehlern behaftet, die in den nachfolgenden Abschnitten erläutert werden sollen.

4.2.2.2 Angezeigte Fluggeschwindigkeit

Unter der angezeigten Fluggeschwindigkeit **(indicated airspeed / IAS)** versteht man den vom Fahrtmesser angezeigten (unberichtigten) Geschwindigkeitswert. Die IAS weicht aufgrund der nachfolgend beschriebenen Einflüsse von der wahren Fluggeschwindigkeit (true airspeed / TAS) ab. Die Fahrtmesseranzeige ist in der Regel mit in der folgenden Abbildung dargestellten farblichen Markierungen, die bestimmte Geschwindigkeitsbereiche abdecken, versehen:

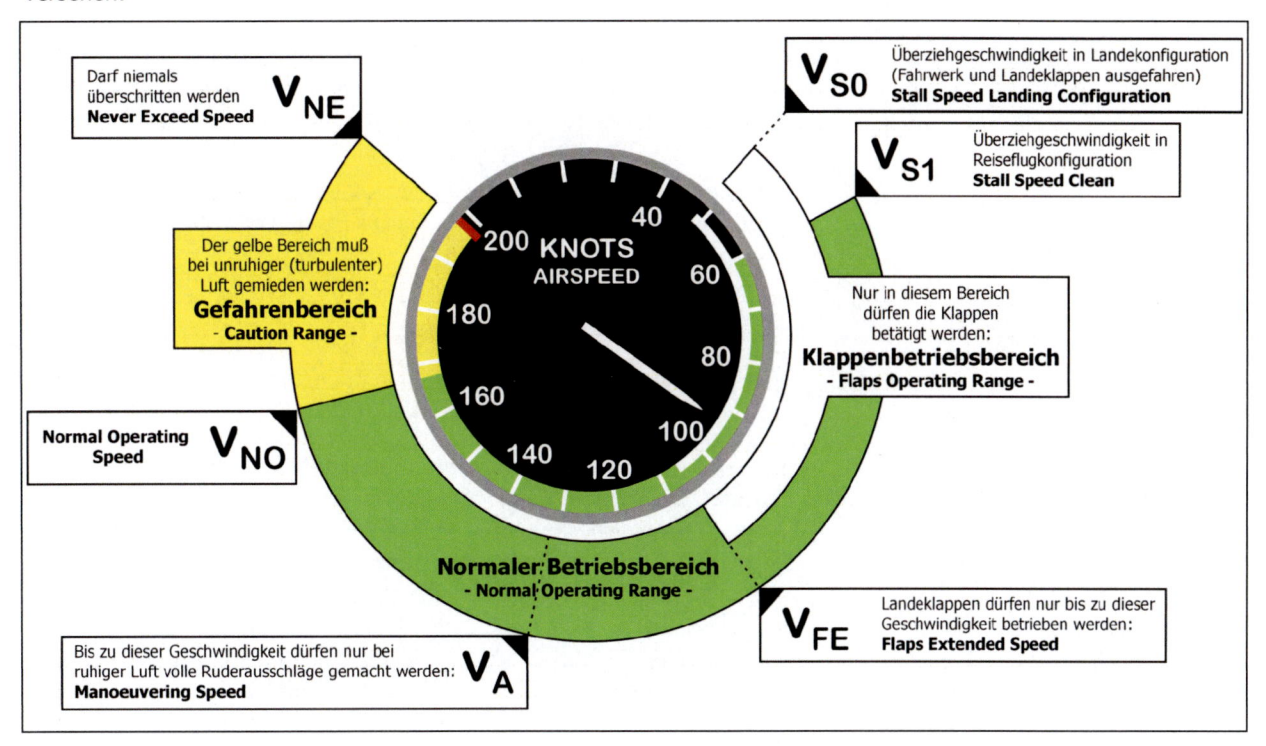

[Abbildung: Fahrtmesser mit farblichen Markierungen]

- V_{NE} – Darf niemals überschritten werden – Never Exceed Speed
- Der gelbe Bereich muß bei unruhiger (turbulenter) Luft gemieden werden: **Gefahrenbereich** – Caution Range –
- V_{NO} – Normal Operating Speed
- Bis zu dieser Geschwindigkeit dürfen nur bei ruhiger Luft volle Ruderausschläge gemacht werden: **Manoeuvering Speed** – V_A
- V_{S0} – Überziehgeschwindigkeit in Landekonfiguration (Fahrwerk und Landeklappen ausgefahren) – Stall Speed Landing Configuration
- V_{S1} – Überziehgeschwindigkeit in Reiseflugkonfiguration – Stall Speed Clean
- Nur in diesem Bereich dürfen die Klappen betätigt werden: **Klappenbetriebsbereich** – Flaps Operating Range –
- **Normaler Betriebsbereich** – Normal Operating Range –
- V_{FE} – Landeklappen dürfen nur bis zu dieser Geschwindigkeit betrieben werden: Flaps Extended Speed

Weitere Fluggeschwindigkeiten

IAS	Indicated Airspeed	s. T 4.2.2.3
CAS	Calibrated Airspeed	s. T 4.2.2.4
EAS	Equivalent Airspeed	s. T 4.2.2.5
TAS	True Airspeed	s. T 4.2.2.6
V_{S1}	Stall Speed Clean	Überziehgeschwindigkeit; geringste Geschwindigkeit, bei der das Luftfahrzeug noch steuerbar ist
V_{S0}	Stall Speed Landing Configuration	Überziehgeschwindigkeit in Landekonfiguration (ausgefahrene Landeklappen)
V_{NE}	Never Exceed Speed	Höchstzulässige Fluggeschwindigkeit
V_{NO}	Normal Operating Speed	Höchstgeschwindigkeit im Normalbetrieb (Reiseflug)
V_R	Rotating Speed	Rotationsgeschwindigkeit
V_{LE}	Landing Gear Extended Speed	Höchstgeschwindigkeit mit ausgefahrenem Fahrwerk
V_{LO}	Landing Gear Operating Speed	Höchstgeschwindigkeit zum Ein- oder Ausfahren des Fahrwerkes
V_{LOF}	Lift Off Speed	Abhebegeschwindigkeit
V_{MO}	Max. Operating Speed	Höchstzulässige Betriebsgeschwindigkeit
V_F	Flaps Speed	Höchstgeschwindigkeit mit voll ausgefahrenen Landeklappen
V_{FE}	Flaps Extended Speed	Höchstgeschwindigkeit mit einer vorgeschriebenen Klappenstellung
V_{FO}	Flaps Operating Speed	Höchstgeschwindigkeit zum Ausfahren der Landeklappen
V_C	Cruising Speed	Reisegeschwindigkeit
V_A	Manoeuvering Speed	Höchstgeschwindigkeit für vollen Ruderausschlag bei ruhiger Luft
V_B		Höchstgeschwindigkeit bei starker Böigkeit
V_{REF}	Reference Speed	Fluggeschwindigkeit bei einer normalen Landung in 50 ft Höhe über der Bahn in Landekonfiguration (also Fahrwerk und Landeklappen ausgefahren) bei maximal zulässigen Landegewicht; sie berechnet sich aus dem 1,3-fachen der Überziehgeschwindigkeit v_S bei dieser Konfiguration. Sie ist je nach Landeklappenstellung unterschiedlich und wird geringer mit größerem Klappenwinkel. Dieser Wert entspricht jedoch noch nicht der endgültigen

		Anfluggeschwindigkeit. Er muß noch an die herrschenden Windverhältnisse in Form der Target Speed angepaßt werden:
v_{TGT}	Target Speed	Die Target Speed setzt sich zusammen aus der Reference Speed und Zuschlägen für die Windverhältnisse. Sie wird wie folgt berechnet: $$v_{TGT} = v_{REF} + \frac{WS}{2} + \text{Böendifferenz}$$ • WS bedeutet Windgeschwindigkeit • Böendifferenz ist die Differenz zwischen der WS und den gemeldeten Windböen • der Zuschlag für die Windverhältnisse muß immer (auch bei Windstille) mindestens 5kt betragen, darf aber niemals größer als 15 kt betragen *Beispiel:* *Der Tower meldet folgenden Wind: 240° / 16 kt / Böen 22 kt. Die v_{REF} betrage 50 kt bei 20° Klappenstellung. Die v_{TGT} setzt sich zusammen aus 50 kt plus 16/2=8 kt plus 22-16 = 6 kt, sie beträgt also 64 kt!*
v_X	Best Angle of Climb Speed	Geschwindigkeit für besten Steigwinkel
v_Y	Best Rate of Climb Speed	Geschwindigkeit für beste Steigrate

4.2.2.3 Instrumentenfehler

Die Fahrtmesseranzeige unterliegt dem nicht kompensierbaren sog. **Instrumentenfehler**, der sich aus dem **Hysterese-** und **Elastizitätsfehler** zusammensetzt. Der Hysteresefehler bewirkt ein Nachhinken der Anzeige bei einer Fluggeschwindigkeitsänderung. Dies ist insbesondere auf die Verwendung von Federn im Übertragungsmechanismus zurückzuführen, die sich mit einer gewissen Verzögerungszeit bewegen. Aufgrund des Elastizitätsfehlers kommt es zu einem Verharren in Bewegungsrichtung der sich ändernden Anzeige, obwohl keine Druckänderung mehr einwirkt, wenn die Fluggeschwindigkeit sich nicht mehr ändert. Dies ist vor allem auf die elastische Nachwirkung der Membranen der Druckdose zurückzuführen. Nach einer gewissen Ruhezeit gehen Hysterese- und Elastizitätsfehler wieder auf Null zurück. Fehlanzeigen durch **Temperaturschwankungen**, die zu Verformungen im Instrument führen, können durch einen Bimetallhebel nahezu kompensiert werden.

4.2.2.4 Einbaufehler und Ermittlung der CAS

Der **Einbaufehler** ist insbesondere auf die Schräganblasung des Pitotrohres bei unterschiedlichen Flugzuständen zurückzuführen. In erster Linie handelt es sich um Veränderung der Fahrtmesseranzeige durch Anstellwinkelveränderung bei unterschiedlichen Fluggeschwindigkeiten und Landeklappenstellungen. Die um den Einbaufehler korrigierte angezeigte Fluggeschwindigkeit wird als **Calibrated Airspeed (CAS)** oder manchmal auch als Rectified Airspeed (RAS) bezeichnet. Zur Korrektur benötigt man eine Tabelle, die im Flughandbuch enthalten ist; hier z.B. für die C150:

Klappen eingefahren											
kt IAS	40	50	60	70	80	90	100	110	120	130	140
kt CAS	46	53	60	69	78	88	97	107	117	127	136
Klappen 10°											
kt IAS	40	50	60	70	80	85	--	--	--	--	--
kt CAS	44	52	61	70	80	84					
Klappen 30°											
kt IAS	40	50	60	70	80	85	--	--	--	--	--
kt CAS	43	51	61	71	82	87					

4.2.2.5 Kompressibilitätsfehler und Ermittlung der EAS

Ab Fluggeschwindigkeiten von über 200 kt und/oder Flughöhen oberhalb 20000 ft ist die **Kompressibilität** der Luft zu berücksichtigen. Der Begriff Kompressibilität deutet auf die Zusammendrückbarkeit, also Dichteänderung, der Luft. Durch das Aufstauen der Luft erhöht sich deren Dichte, was zu einer zu großen Geschwindigkeitsanzeige führt. Die um die Kompressibilität korrigierte CAS wird als **Equivalent Airspeed (EAS)** bezeichnet.

Für "unsere" Fluggeschwindigkeitsbereiche gilt: $\quad CAS \approx EAS$

4.2.2.6 Dichtefehler und Ermittlung der Wahren Eigengeschwindigkeit v_E bzw. TAS

Die Ursachen des Dichtefehlers lassen sich erklären, wenn man noch einmal die Komponenten, aus denen sich der Staudruck zusammensetzt betrachtet. Wie in AE 1.2 erwähnt, errechnet sich der Staudruck durch Multiplikation der Luftdichte mit dem Quadrat der wahren Fluggeschwindigkeit, dieses wiederum geteilt durch zwei:

$$p_{dyn} = \frac{\rho}{2} v^2$$

Staudruck = (Dichte / 2) * (Geschwindigkeit)^2

Die Luftdichte verändert sich jedoch mit der Flughöhe und der Lufttemperatur. Da beide Parameter von dem Fahrtmesser nicht berücksichtigt werden können, verfälscht sich also die angezeigte Geschwindigkeit gegenüber der wahren Geschwindigkeit, wenn man in größeren Höhen fliegt, oder wenn die Temperatur von der abweicht, auf die der Fahrtmesser ab Werk her geeicht worden ist. Der Hersteller stellt die Anzeige so ein, daß sie in Meeresspiegelniveau bei Luftdruck 1013,2 hPa und Lufttemperatur +15°C (also ISA-Bedingungen) nahezu mit der wahren Geschwindigkeit übereinstimmt.

Ausgehend von der EAS gelangt man nach Berücksichtigung des Dichtefehlers zur **Wahren Eigengeschwindigkeit / True Airspeed (TAS)**. Da diese die genaueste Geschwindigkeit ist, wird sie für die meisten weiteren Berechnungen (Flugzeitbestimmung, Flugleistungen etc.) verwendet.
Eine grobe Abschätzung der TAS (die für unsere Zwecke in der Regel bereits ausreichend ist), läßt sich mit folgender Faustformel machen:

Die TAS erhöht sich gegenüber der EAS alle 1000 ft Höhenzunahme um 2 % !
oder (für die Praxis in unseren Geschwindigkeitsbereichen):
Die EAS (= CAS = IAS) nimmt alle 1000 ft Höhenzunahme um 2 % ab !

Beispiel: Ein Luftfahrzeug fliegt mit einer IAS von 120 kt in FL 100. Wie groß ist die TAS (unter der Voraussetzung, dass IAS = CAS = EAS gelte) ?

FL 100 = 10000 ft -→ TAS = 120 + (10 x 2 %) = 144 kt

Diese Faustformel geht von einem Temperaturverlauf aus, der der ISA entspricht. Da dies in den seltensten Fällen zutrifft, kann man nach folgendem Schema und mit Hilfe eines Navigationsrechners die TAS unter Berücksichtigung der Temperaturabweichung berechnen und erhält somit den genauesten Wert:

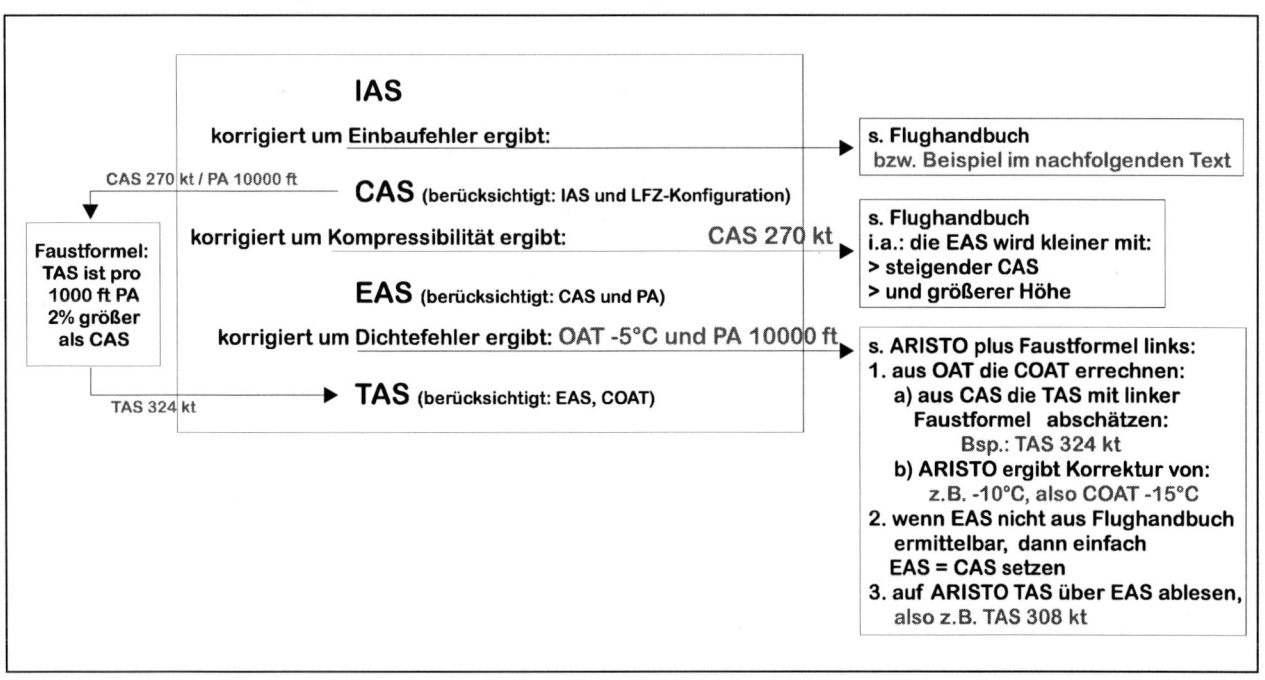

IAS
korrigiert um Einbaufehler ergibt: → s. Flughandbuch bzw. Beispiel im nachfolgenden Text

CAS (berücksichtigt: IAS und LFZ-Konfiguration)
korrigiert um Kompressibilität ergibt: CAS 270 kt → s. Flughandbuch
i.a.: die EAS wird kleiner mit:
> steigender CAS
> und größerer Höhe

EAS (berücksichtigt: CAS und PA)
korrigiert um Dichtefehler ergibt: OAT -5°C und PA 10000 ft

TAS (berücksichtigt: EAS, COAT)

CAS 270 kt / PA 10000 ft
Faustformel: TAS ist pro 1000 ft PA 2% größer als CAS
TAS 324 kt

s. ARISTO plus Faustformel links:
1. aus OAT die COAT errechnen:
   a) aus CAS die TAS mit linker Faustformel abschätzen:
      Bsp.: TAS 324 kt
   b) ARISTO ergibt Korrektur von:
      z.B. -10°C, also COAT -15°C
2. wenn EAS nicht aus Flughandbuch ermittelbar, dann einfach EAS = CAS setzen
3. auf ARISTO TAS über EAS ablesen, also z.B. TAS 308 kt

4.2.3 Barometrischer Höhenmesser

4.2.3.1 Funktionsweise

Im Gehäuse des barometrischen Höhenmessers ist eine (luftdichte) Anaeroiddose gelagert. Der in das Gehäuse eingeleitete statische Luftdruck läßt je nach seiner Stärke eine bestimmte Ausdehnung der Dose zu. Die Ausdehnung ist also ein Maß für den statischen Luftdruck und kann über einen Zeigermechanismus auf der Skala zur Anzeige gebracht werden. Über eine Einstellschraube, die den Dosenhub verändern kann, kann vom Piloten eine bestimmte Stellung der Dose und somit eine bestimmte Höhenmesseranzeige vorgewählt werden.

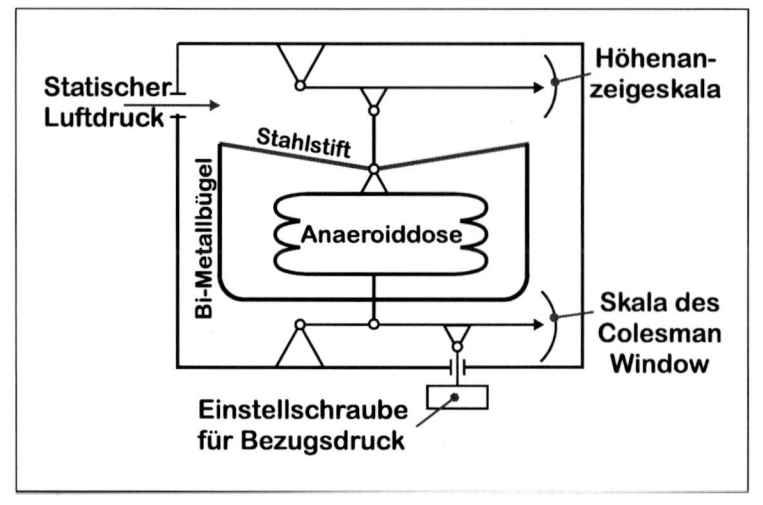

Allerdings wird auf diese Weise nicht in erster Linie eine bestimmte Höhe eingestellt, sondern die Bezugsdruckeinstellung, auf die sich alle nachfolgenden Druck- und Anzeigeänderungen beziehen. Die Bezugsdruckfläche wird am sog. **Colesman Window** angezeigt. Angezeigt wird grundsätzlich die Flughöhe über der eingestellten Bezugsdruckfläche. Dabei wird die Differenz zwischen tatsächlich gemessenen Luftdruck und dem Luftdruckwert der Bezugsdruckfläche in eine Höhendifferenz nach der ICAO Standard Atmosphäre (ISA) umgewandelt. Dabei bleiben Temperaturabweichungen der realen Luft von der ISA unberücksichtigt. Infolgedessen muß die angezeigte Flughöhe, wenn man einen genaueren Wert braucht, rechnerisch wie in T 4.2.3.4 beschrieben, korrigiert werden.

4.2.3.2 Anzeige

Die Anzeige besitzt drei Zeiger, die immer kombiniert gem. folgender Abb. gelesen werden müssen. Die Anzeige der Abb. ergibt beispielsweise eine Höhe von 4340 ft über der eingestellten Bezugsdruckfläche:

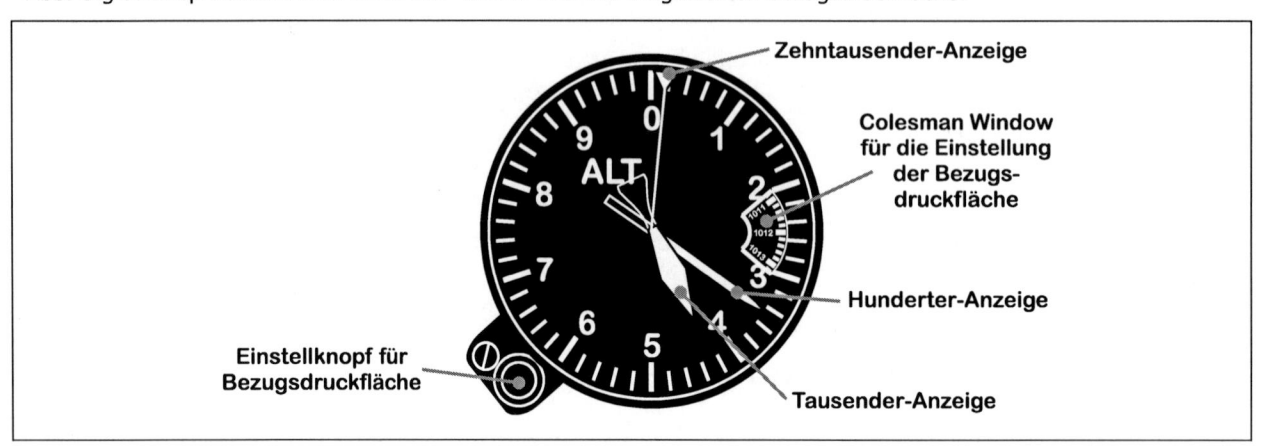

Beispiel für die Ermittlung des QNH

Ausgangssituation:
Am Flugplatz, der 300 ft über dem Meeresspiegel (Elevation) liegt, wird ein aktueller Luftdruck QFE von 997 hPa gemessen. Wie groß ist das QNH ?

Lösungsweg:
1. Ermittle die Druckdifferenz zwischen QFE und QNH, die sich durch Teilen der ELEV durch die barometrische Höhenstufe (30ft / 1hPa) ergibt:

$$\text{Druckdifferenz} = \frac{\text{ELEV}}{30 \text{ ft/1hPa}} = \frac{300}{30} = 10 \text{ hPa}$$

2. Liegt der Flugplatz über dem MSL, dann muß das QNH größer als das QFE sein; daher wird nun die Druckdifferenz auf das QFE addiert. Somit erhält man als QNH:

QNH = QFE + Druckdifferenz = 997 + 10 = 1007 hPa

4.2.3.3 Bezugsdruckeinstellungen und Höhenbegriffe

Bezugsdruck-einstellung	Bedeutung
QFE	**Aktueller Luftdruck** am Flugplatz. Anzeige der Druckhöhe über dem Flugplatz.
QNH	**Theoretischer Luftdruck auf MSL**, der vom aktuellen Luftdruck am Flugplatz mittels Standardatmosphäre (barometrische Höhenstufe) zurückgerechnet worden ist. Angezeigt wird die Druckhöhe über dem theoretischen Druck in MSL. (Beispiel zur Ermittlung des QNH siehe unten links)
QFF	Das QFF wird wie das QNH ermittelt, zusätzlich wird jedoch die Temperaturabweichung der realen Luft von der ISA berücksichtigt. Eigentlich handelt es sich beim QFF um den genauesten aller Höhenwerte über MSL. Da die Temperaturdifferenzen jedoch lokal ständig unterschiedlich sind, ist das QFF für Streckenflüge als Bezugsdruckfläche nicht verwendbar. QFF wird in **meteorologischen Bodenkarten** als Druckangabe eingetragen.
QNE	Das QNE ist die **Höhe eines Flughafens über der 1013,2-hPa-Bezugsdruckfläche**; m.a.W. das QNE ist die Druckhöhe bzw. Pressure Altitude des Flughafens. Der Wert findet in folgendem Zusammenhang Verwendung: Die Einstellung des barometrischen Höhenmessers ist auf die Bezugsdruckflächen 952 bis 1050 hPa beschränkt. Falls das QNH und/oder QFE außerhalb dieses Bereiches liegen, stellt man den Höhenmesser auf 1013,2 hPa und läßt sich von der Flugverkehrskontrollstelle den augenblicklichen QNE-Wert des Flughafens geben. Der Höhenmesser zeigt dann nach der Landung auf der Piste die Höhe QNE an.
1013,2 (29,92 inHg)	Luftdruck, der nach **Standardatmosphäre auf MSL** herrschen sollte. Höhenanzeige über der 1013,2 hPa-Fläche.

Höhenbegriff	Bedeutung
Flughöhe / Altitude	Unter dem Begriff Flughöhe versteht man den vertikalen Abstand zwischen dem Luftfahrzeug und der QNH-Druckfläche, also über dem Meeresspiegel.
Flugplatzhöhe über N.N. / Elevation	Topographische Höhe eines Geländepunktes über MSL.
Höhe über Grund / Height	Flughöhe über Grund bei QFE-Einstellung.
Flugfläche / Flight Level	Unter dem Begriff Flugfläche versteht man den vertikalen Abstand zwischen dem Luftfahrzeug und der Standard- bzw. 1013,2-Druckfläche.
Druckhöhe / Pressure Altitude	Angezeigte Höhe über der Standardbezugsdruckfläche bei 1013,2 hPa-Einstellung (= Flugfläche).
Calibrated Altitude	Ist die um den Einbaufehler (Position Error) korrigierte Druckhöhe. Der Einbaufehler hängt von der Eigengeschwindigkeit des Luftfahrzeuges (Kompressibilität der Luft!) und Klappenstellung ab und kann über Diagramme aus dem Flughandbuch korrigiert werden. Der Einbaufehler wird auch als aerodynamischer Fehler bezeichnet.
Wahre Höhe über 1013,2 hPa / True Altitude	Die Wahre Höhe über 1013,2 hPa ergibt sich durch Korrektur der Calibrated Altitude um Temperaturabweichungen der realen Luft von der ISA. Die Korrektur kann mit dem Jeppesen-Navigationsrechner wie folgt durchgeführt werden: 1. Auf linker Skala für Altitude Computations die reale Lufttemperatur über der Druckhöhe einstellen. 2. Am schwarzen großen Skalenring über der Calibrated Altitude (ohne Berücksichtigung des Einbaufehlers ist die Druckhöhe gleich der Calibrated Altitude) die Wahre Höhe über 1013,2 hPa ablesen.
Wahre Höhe über N.N. / True Altitude above MSL	Die Differenz zwischen der (angezeigten) Druckhöhe über 1013,2 hPa und der Wahren Höhe über 1013,2 hPa aus oberer Rechnung wird auf die (angezeigte) Flughöhe über N.N. (bei QNH-Einstellung) addiert. Somit erhält man die Wahre Höhe über N.N.

4.2.3.4 Systemfehler und Ermittlung der Wahren Höhe

Instrumentenfehler

Aufgrund der Umwandlung des Dosenhubes in eine Zeigerbewegung mittels Gestänge und Zahnräder und den damit verbundenen Ungenauigkeiten und Reibungskräften, besitzt der barometrische Höhenmesser eine gewisse Falschanzeige, die sich nicht vollständig vom Hersteller kompensieren läßt.

Zusätzlich werden Ungenauigkeiten hervorgerufen bei Abweichungen von der vom Hersteller vorgesehenen Einsatztemperatur des Instrumentes. Um diesen Effekt auszugleichen, wird die Anaeroiddose von einer Bimetallfeder vorgespannt.

Einbaufehler

Der Einbaufehler wird durch unterschiedliche Anströmrichtungen des Static Ports bei veränderten Luftfahrzeugkonfigurationen (Landeklappen und/oder Fahrwerk ein- oder ausgefahren) hervorgerufen.

Hysteresefehler

Unter dem Hysteresefehler versteht man ein Zurückbleiben der Anzeige hinter der geforderten Anzeige aufgrund der Trägheit des Gestänge- und Federmechanismus' während Druckänderungen.

Elastizitätsfehler

Hierunter versteht man ein Verharren der Anzeigeänderung in Bewegungsrichtung, obwohl die verursachende Druckänderung bereits aufgehört hat (elastische Nachwirkung). Dieser Effekt ist auf die Elastizität der Werkstoffe und Gerätekomponenten zurückzuführen.

Druckabweichungen

Hoch- und Tiefdruckverteilungen in der Atmosphäre bewirken Druckabweichungen von der ISA. Die Druckflächen verlaufen dabei vom Hochdruckgebiet in Richtung Tiefdruckgebiet zu niedrigeren Höhenniveaus. Wie bereits erwähnt, zeigt der barometrische Höhenmesser die Höhe über der eingestellten Bezugsdruckfläche an, die im Falle von den eben angesprochenen Druckabweichungen in Richtung Tief absinkt:

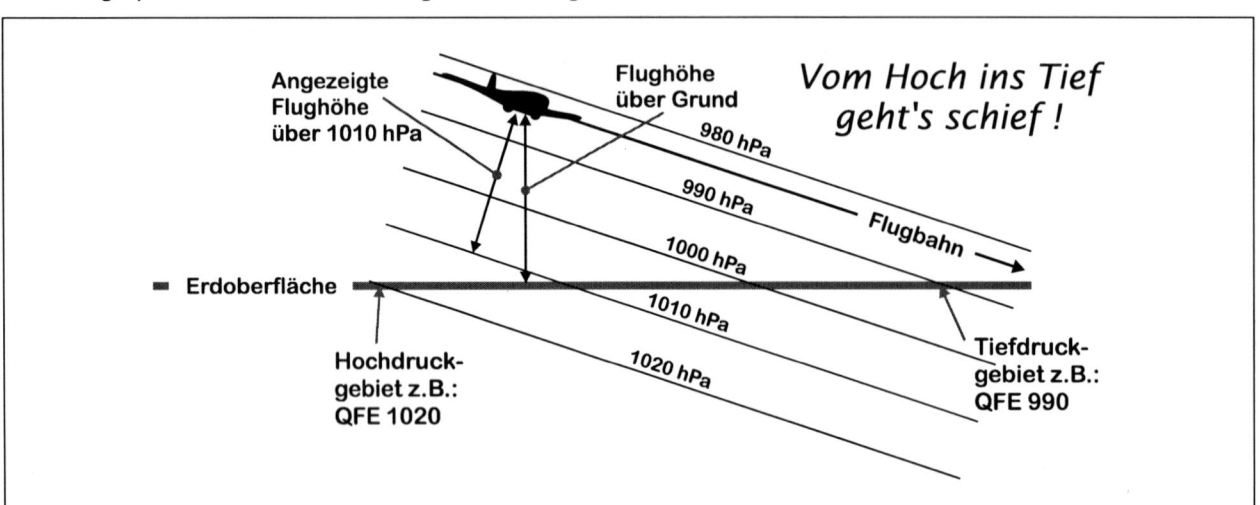

Behält der Luftfahrzeugführer bei einem Flug vom Hoch ins Tief eine konstante angezeigte Flughöhe bei ohne die Bezugsdruckfläche zu verändern, folgt er dieser Bezugsdruckfläche nach unten. Seine wahre Höhe über den Hindernissen verringert sich also. Deshalb der Merksatz: **"Vom Hoch ins Tief geht's schief !"**.

Rechnerisch erfolgt die Korrektur von Druckabweichungen über die **barometrische Höhenstufe** (s. M 2.1.1). Diese besagt, daß **pro 1 hPa Druckunterschied sich das Niveau der Druckfläche um 30 ft** ändert.

In der Praxis ist der daher der Pilot angewiesen, während eines Überlandfluges immer das QNH des nächstgelegenen Flugplatzes mit Flugverkehrskontrolle einzustellen. Somit erhält er eine ausreichend zutreffende Höhenanzeige.

Temperaturabweichungen

Temperaturabweichungen von den Werten der Internationalen Standardatmosphäre (vgl. M 2.1) bewirken, daß die Luftmassen sich unterschiedlich ausdehnen: bei Abkühlung ziehen sie sich zusammen, bei Erwärmung dehnen sie sich aus. Entsprechend bewegen sich die Druckflächen bei Abkühlung nach unten, bei Erwärmung nach oben, während direkt an der Erdoberfläche jeweils der gleiche Luftdruck herrschen kann. **Die Höhenänderung beträgt ca. 0,4% pro 1 Grad Abweichung von der jeweiligen Standardtemperatur.** Bildlich dargestellt ergibt sich folgender Verlauf der Druckflächen, der zu einem ähnlichen Ergebnis wie bei Druckabweichungen von der ISA führt, wobei in diesem Fall die gefährliche Situation bei niedrigen Temperaturen vorliegt. Deshalb merke man sich den Satz: **"Im Winter sind die Berge höher !"**.

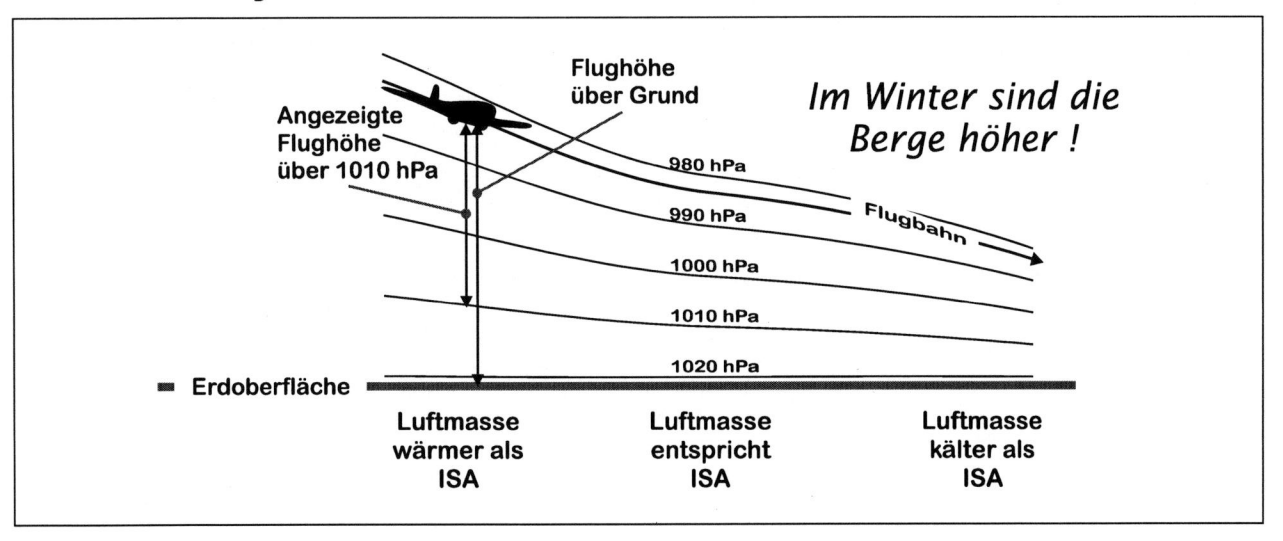

Beispiele zur Ermittlung der wahren Höhe

Höhenmesseranzeige		Temperatur der realen Luft	Wahre Höhen		Differenz mit Navigationsrechner ermittelt
Druckhöhe [ft] (über 1013,2 hPa)	Flughöhe [ft] (über QNH)	[°C]	Druckhöhe [ft] (über 1013,2 hPa)	Flughöhe [ft] (über QNH)	[ft]
20000	21300	-10	21120	22420	+ 1120
20000	21300	-20	20320	21620	+ 320
20000	21300	-30	19500	20800	- 500

4.2.4 Variometer

4.2.4.1 Steig- und Sinkrate

Das Variometer dient zur Anzeige von Steig- und Sinkraten. Unter einer Steig- und Sinkraten versteht man einen Wert (z.B. in [ft]) um den sich die Flughöhe in einem bestimmten Zeitabschnitt (z.B. in [min]) ändert. Rechnerisch kann man das wie folgt ausdrücken:

$$\text{Steig- o. Sinkrate} = \frac{\text{Höhendifferenz}}{\text{Steig- o. Sinkzeit}}$$

Zum Beispiel benötigt ein Flugzeug, um vom Erdboden bis in eine Höhe von 5000 ft zu steigen 10 Minuten; in diesem Fall beträgt nach o.g. Formel die Steigrate 500 ft/min.

4.2.4.2 Funktionsweisen von Variometern

Variometer machen sich die Tatsache zu Nutze, daß der statische Luftdruck mit zunehmender Flughöhe abnimmt Bei Steig- o. Sinkflügen registrieren sie die Druckänderungen und bringen sie zur Anzeige.

Das **Dosenvariometer** "merkt" sich quasi den "alten" Luftdruck, indem es die Luft aus der Ausgangsflughöhe in einem großen Luftbehälter (sog. Ausgleichsgefäß) und in einer dehnbaren Druckdose speichert (das Ausgleichsgefäß erhöht die Anzeigeempfindlichkeit des Gerätes). Die "neue" Luft aus einer anderen Flughöhe hat einen anderen Luftdruck und strömt ohne Verzögerung in das Gehäuse. Das Ausgleichsgefäß und die Druckdose behalten zunächst einmal den "alten" Luftdruck. Dieser Druckunterschied bewirkt beim Steigen ein Ausdehnen, beim Sinkflug ein Zusammendrücken der Druckdose. Die Volumenänderung der Dose wird über ein entsprechendes Zeigerwerk zur Anzeige der Steig- bzw. Sinkrate gebracht. Solange der Druckunterschied beim andauernden Steigen oder Sinken aufrechterhalten wird, schlägt auch der Zeiger aus. Wird wieder ein Horizontalflug eingeleitet, gleichen sich die Druckunterschiede über eine Kapillare zwischen Gehäuse und Ausgleichsgefäß langsam aus und die Anzeige geht auf Null zurück.

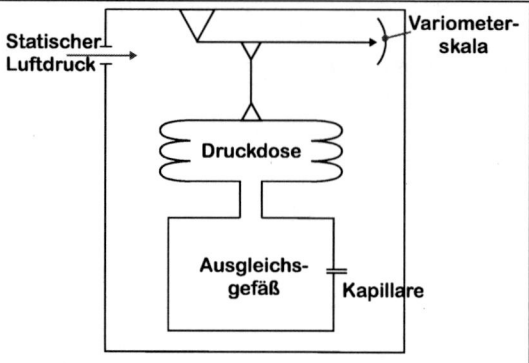

Beim **Membrandosenvariometer** wird der statische Luftdruck ohne Verzögerung in die Druckdose geleitet und verzögert über eine Kapillare in das Gehäuse. Dadurch kehren sich die beim Dosenvariometer ablaufenden Vorgänge genau um: beim Steigflug wird die Membrandose zusammengedrückt und beim Sinkflug ausgedehnt.

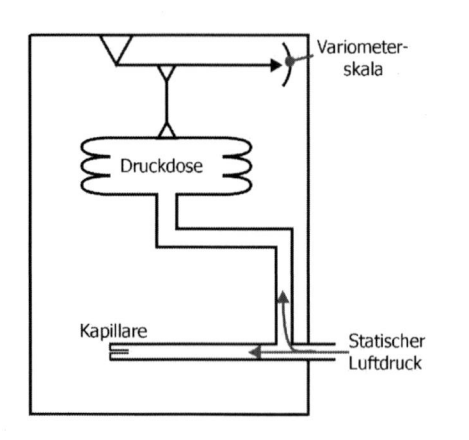

Das **Stauscheibenvariometer** besteht aus einem zylindrischen Gehäuse, in dem sich eine drehbar gelagerte Stauscheibe befindet. Die Drehung der Stauscheibe wird durch eine Spiralfeder gedämpft. Nachdem der statische Luftdruck verzögerungsfrei in die eine Hälfte des Gehäuses eingeleitet worden ist, gleicht sich dieser Druck allmählich über den Luftspalt, der als Kapillare dient, im übrigen Teil des Variometers und im Ausgleichsgefäß aus. Im Vergleich zum Dosen- und Membrandosenvariometer arbeitet das Stauscheibenvariometer mit der **geringsten Verzögerung**.

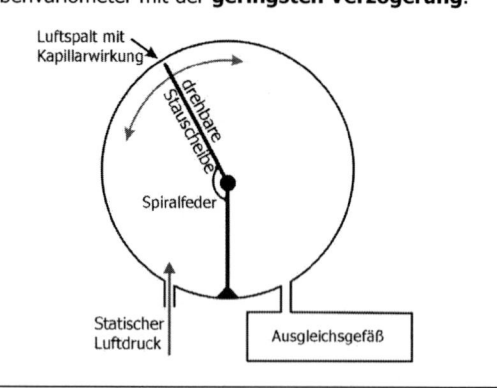

Aufgrund der trägen Kapillarwirkung dauert es jedoch bei allen Geräten relativ lange (zwischen 2 bis zu 10 Sekunden) bis die unterschiedlichen Luftdrücke sich ausgeglichen haben; d.h. die **Anzeigen hinken** der tatsächlichen Fluglage hinterher. Dieser Effekt macht sich insbesondere beim Übergang aus einem Steig- oder Sinkflug in den Horizontalflug bemerkbar. Aus diesem Grunde ist es nicht ratsam, das Variometer für das Einrichten der Horizontalfluglage zu verwenden, da man sonst das Flugzeug in der Längsachse aufschwingt. Die Horizontalfluglage sollte daher besser nach dem wirklichen Horizontbild und/oder dem künstlichen Horizont hergestellt werden und erst nach einigen Sekunden mit der Variometeranzeige verglichen werden.

Ein **Verschluß** des statischen Druckaufnehmers durch Eis oder Verschmutzung bewirkt in allen Flugzuständen (Steig,- Horizontal- oder Sinkflug) eine Null-Anzeige, ab dem Zeitpunkt, wenn beide Luftdrücke im Gehäuse und im Ausgleichsgefäß sich über die Kapillare ausgeglichen haben.

4.2.4.3 Anzeige

Die Anzeige erfolgt meistens in [ft/min] oder (oft bei Segelflugzeugen und Motorseglern) in [m/sec]. In der nebenstehenden Abbildung wird ein Sinkflug von 200 ft/min angezeigt:

4.2.4.4 Varianten

Neben den oben besprochenen Dosen- und Membrandosenvariometer gibt es noch folgende Varianten:

- Elektronische Variometer
- Flüssigkeitsvariometer

4.2.5 Libelle

Die Libelle ist bei den meisten Luftfahrzeugen mit dem Wendezeiger kombiniert (vgl. T 4.2.6.2), in wenigen Fällen kann sie auch alleine in das Instrumentenbrett eingebaut sein (dies ist meistens bei Segelflugzeugen der Fall). Die Libelle funktioniert nach dem ähnlichen Prinzip wie eine Wasserwaage; der Unterschied ist, daß die Luftblase durch eine Kugel ersetzt worden ist und das Schauglas eine gebogene Form aufweist. Das Funktionsprinzip der Libelle ist, daß sich die Kugel während allen Flugphasen (Horizontal-, Kurven-, Schiebe- oder Schmierflug) innerhalb des Schauglases immer auf die Erdanziehung bzw. das Scheinlot ausrichtet (vgl. T 1.2.5). Da es in nahezu allen Fluglagen wünschenswert ist, das Scheinlot parallel in Richtung der Flugzeughochachse beizubehalten, um Widerstand und im Langsamflugbereich die Gefahr des Abkippens zu verringern, sollte sich der Pilot nach der Libelle richten, um ggf. Gegenmaßnahmen, wie sie in T 4.2.6.2 beschrieben sind, einzuleiten.

4.2.6 Wendezeiger

4.2.6.1 Funktionsweise

Im Gegensatz zu den anderen beiden Kreiselinstrumenten (Künstlicher Horizont, Kurskreisel), ist das Präzessionsmoment für den Wendezeiger keine Störgröße, sondern genau die Kraft, die die gewünschte Anzeige hervorruft. Der Wendezeiger zeigt sowohl den Richtungssinn im Augenblick einer geflogenen Kurve an, als auch deren Kurvendrehgeschwindigkeit. Unter der Kurvendrehgeschwindigkeit versteht man die Größe des Winkels, der in einer bestimmten Zeit durchflogen wird:

$$\text{Kurvengeschwindigkeit} = \frac{\text{Winkel}}{\text{Zeit}}$$

Vollkreis 360°, Zeit z.B. 2 Minuten

Kreissegment z.B. 45°, Zeit 15 Sekunden

$$\text{Standardkurvengeschwindigkeit} = \frac{360°}{2 \, \text{min}} = \frac{45°}{15 \, \text{s}}$$

Im Gehäuse des Wendezeigers befindet sich ein Kreisel, der eine zur Flugzeugquerachse parallele Drehachse hat. Um diese Achse erhält der Kreisel mittels eines Soges der Unterdruckpumpe seine Solldrehzahl von ca. 20000 U/min. Diese Drehung des Kreisels erfolgt in Flugrichtung bzw. vom Piloten weg: Der Kreisel ist neben der Drehachse noch um eine Achse parallel zur Längsachse des Flugzeuges drehbar gelagert.

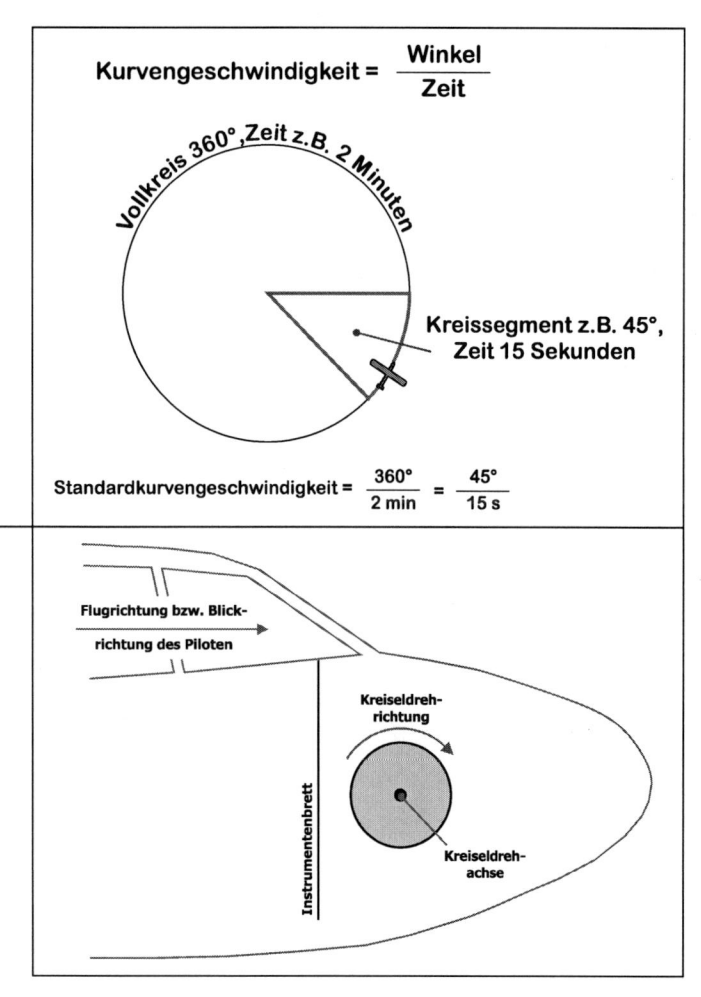

Flugrichtung bzw. Blickrichtung des Piloten

Kreiseldrehrichtung

Instrumentenbrett

Kreiseldrehachse

Eine **Federfesselung** bewirkt jedoch, daß er um diese Achse keine vollen Umdrehungen ausüben kann, sondern lediglich um einige Grad nach links und rechts kippen kann; der Wendezeigerkreisel kann sich also um 2 Achsen bewegen, dennoch spricht man wg. der Fesselung der einen Achse nur von **1 1/2 rotatorischen Freiheitsgraden**. Das Kippen um die gefesselte Achse wird durch das Präzessionsmoment hervorgerufen, welches auf den Kreisel wirkt, sobald das Flugzeug eine Drehung um seinen Schwerpunkt beschreibt, also wenn es eine Kurve fliegt oder fährt. Handelt es sich z.B. um eine Linkskurve, kippt der Kreisel gem. des Kreiselgesetzes (s. T 4.1.2.2) nach rechts, solange, bis sich Federfesselungskraft und Präzessionskraft einander aufheben. Durch einen entsprechend ausgelegten Mechanismus wird die Kippbewegung gegensinnig auf den Zeiger aufgebracht, so daß dieser für den Piloten eine Linkskurve anzeigt. Wird die Kurve beendet und somit das Präzessionsmoment unterbunden, wird der in der Kippstellung wg. seiner Trägheit verharrende Kreisel durch die Feder wieder in seine Ursprungslage gedreht.

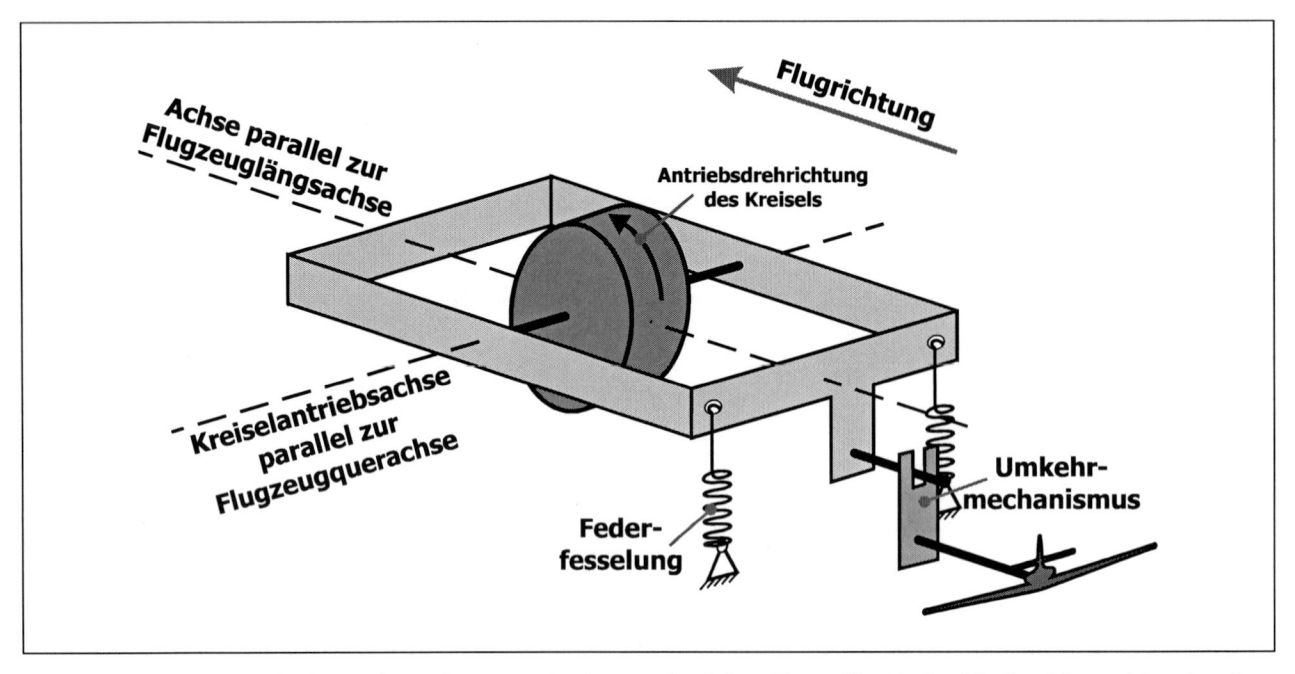

Wird durch eine Fehlfunktion (z.B. der Unterdruckpumpe) **nicht die volle Kreiseldrehzahl** erreicht, ist das Präzessionsmoment im Kurvenflug zu klein und daher zeigt der Wendezeiger in diesem Fall eine zu **geringe Kurvendrehgeschwindigkeit** an. Bei zu hohen Kreiseldrehzahlen würde entsprechend eine zu große Kurvendrehgeschwindigkeit angezeigt werden.

Es muß hervorgehoben werden, daß der Wendezeiger **nicht die Schräglage** des Flugzeuges anzeigen kann, wenn man wie üblich unter dem Begriff Schräglage den Winkel zwischen Horizont und Flugzeugquerachse meint ! Dies ist darin begründet, daß die Schräglage, die für eine bestimmte Kurvendrehgeschwindigkeit nötig ist, von der Fluggeschwindigkeit (TAS) abhängig ist. Nach N 9.1 ist bei großen Fluggeschwindigkeiten eine größere Schräglage als bei geringeren Fluggeschwindigkeiten nötig, um die gleiche Kurvendrehgeschwindigkeit zu fliegen. Da der Wendezeiger aber ausschließlich, wie oben erwähnt, die Kurvendrehgeschwindigkeit messen und anzeigen kann, ist er zur direkten Ablesung der Schräglage ungeeignet.

4.2.6.2 Anzeige

Wie im Abschnitt FN 9.1 bereits erläutert, wird die Standardkurvendrehgeschwindigkeit bei den meisten Flugverfahren angewendet. Aus diesem Grunde besitzen die meisten Wendezeiger eine Markierung für die Standardkurvendrehgeschwindigkeit bzw. Zweiminutenkurve: In T 4.2.5 wurde die Funktionsweise der Libelle erläutert. Die Libelle ist in die Anzeige der meisten Wendezeiger integriert. Diese Kombination hat den Vorteil, daß sich durch den Blick auf ein einziges Instrument sofort koordinierte oder nicht koordinierte Kurvenflüge ablesen lassen. Koordinierte Kurvenflüge werden in T 1.2.5.1 behandelt. Auf der folgenden Seite hierzu einige beispielhafte Anzeigen:

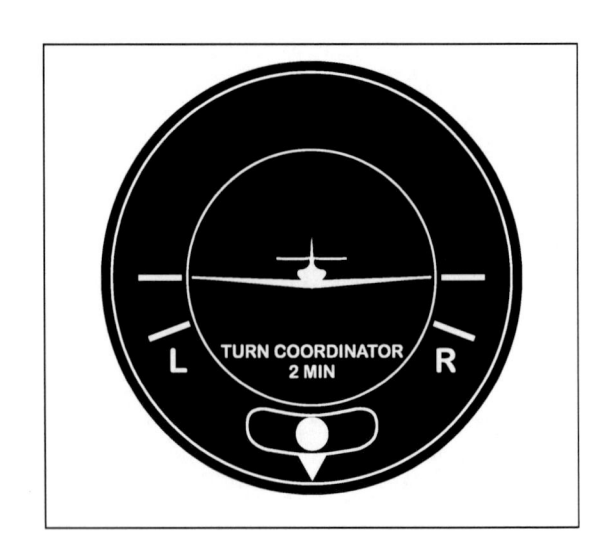

Interpretation von Anzeigen

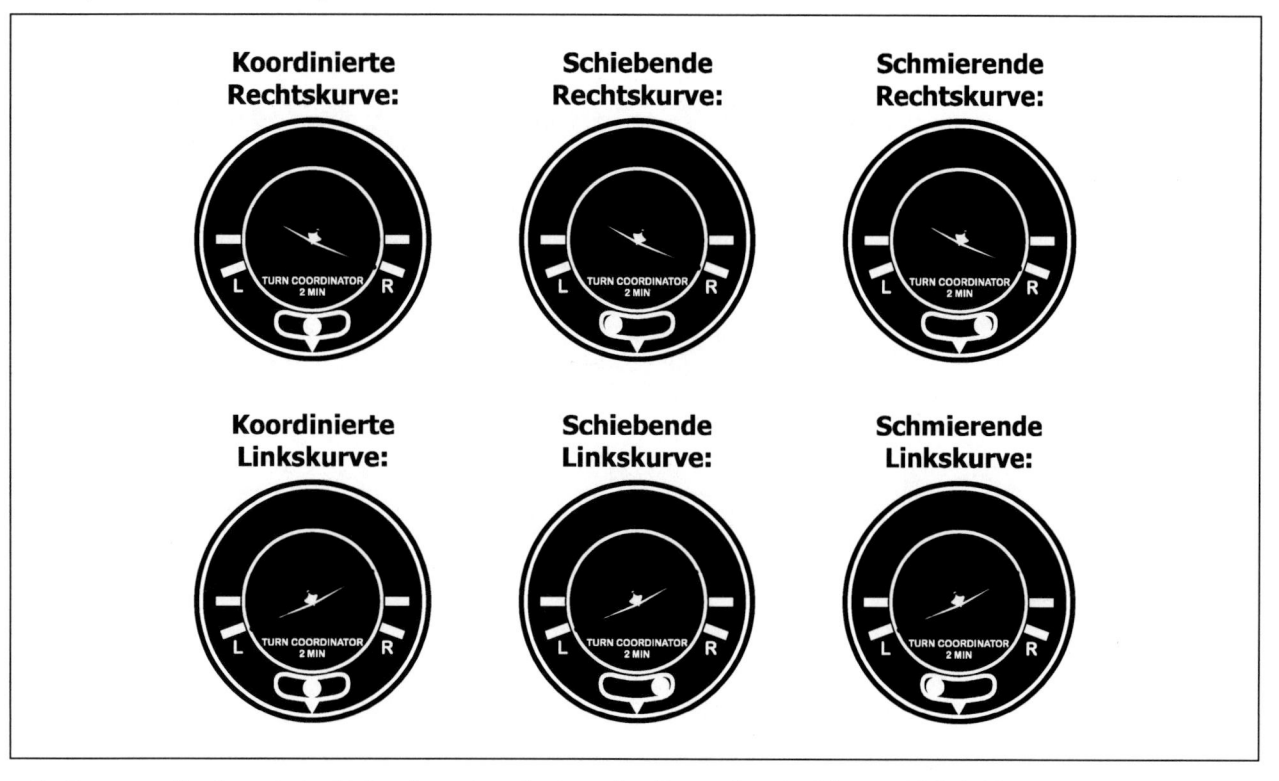

Koordinierte Rechtskurve:	Schiebende Rechtskurve:	Schmierende Rechtskurve:
Koordinierte Linkskurve:	Schiebende Linkskurve:	Schmierende Linkskurve:

Als **Gegenmaßnahme** bei schiebenden oder schmierenden Kurven hat der Pilot zwei Möglichkeiten:

1. Nach der Regel **"Push the ball"** muß er, um eine koordinierte Kurve zu erlangen, auf der gleichen Seite, nach der die Kugel der Libelle ausgeschlagen ist, das **Seitenruder** treten. Er paßt auf diese Weise die Kurvendrehgeschwindigkeit an die Querlage an.
2. Er schlägt der Kugel **entgegengesetzt das Querruder** aus. So paßt er die Schräglage der Kurvendrehgeschwindigkeit an.

4.2.7 Künstlicher Horizont

4.2.7.1 Funktionsweise

Der künstliche Horizont zeigt **Querlage und Längsneigung** des Flugzeuges an. Unter der Querlage ist der Winkel zwischen der Flugzeugquerachse und des Erdhorizontes zu verstehen, die Längsneigung bezeichnet den Winkel zwischen Flugzeuglängsachse und Erdhorizont. Insbesondere beim Blindflug oder bei schlechten Sichtbedingungen ersetzt dieses Instrument den nicht sichtbaren natürlichen Horizont. Eine Anzeige von Steig- oder Sinkraten und Kurvendrehgeschwindigkeiten ist jedoch nicht möglich.

Das Kernstück des Gerätes ist eine kreiselstabilisierte Plattform, die vollkardanisch gelagert ist und dadurch gegenüber dem Flugzeug völlige Drehfreiheit besitzt; man spricht auch von **drei rotatorischen Freiheitsgraden**. Der Kreisel dreht mit einer Drehzahl von ca. 15000 U/min um eine Achse, die im unbeschleunigten Horizontalflug parallel zur Flugzeughochachse verläuft. Die Plattform behält ihre Lage wegen der Kreiselträgheit im Raum bei und ändert sich insbesondere bei Kurs- und Lageänderungen des Flugzeuges nicht. Die Kreiselantriebsachse wird über den Rückführkörper immer senkrecht zur Erdoberfläche bzw. parallel zur Flugzeughochachse gehalten. Auf diese Weise behält das Horizontsymbol, das fest mit dem Hebel der Plattform verbunden ist, immer seine Lage relativ zum wirklichen Erdhorizont bei.

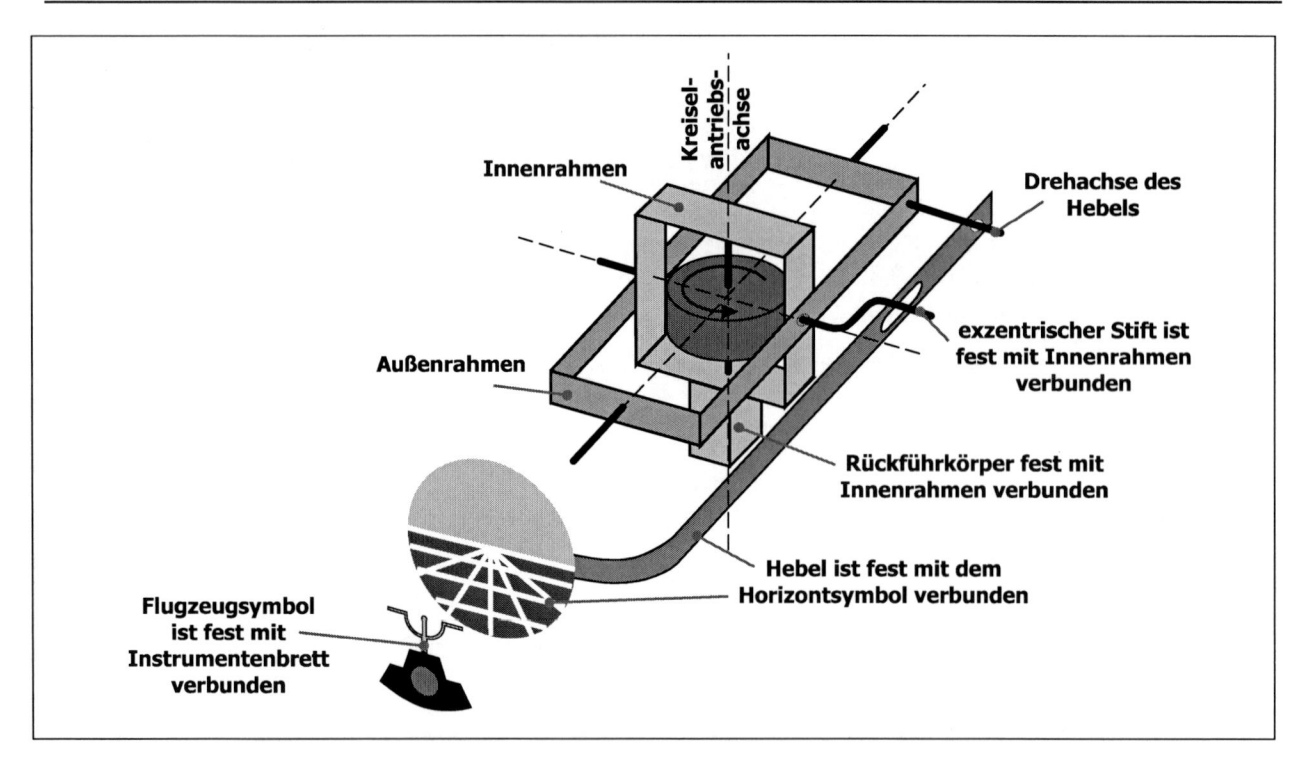

Nachfolgend soll noch die Notwendigkeit des Rückführkörpers erläutert werden. Ohne Rückführkörper würde der drehende Kreisel seine Lage im Raum wegen seiner Trägheit nicht verändern. Da sich aber das Flugzeug gegenüber der Erde bewegt, verändert sich der Winkel zwischen der Kreiselantriebsachse und der Erdoberfläche ständig; man spricht in diesem Fall vom **"scheinbaren Kippen"** des Kreisels. Wie oben bereits erwähnt, muß die Kreiselantriebsachse jedoch immer senkrecht zur Erdoberfläche bzw. parallel zur Flugzeughochachse gehalten werden, um stets die korrekte Lage des Horizontsymbols gegenüber dem Erdhorizont zu ermöglichen. Diese Korrektur bewirkt der Rückführkörper. Er besitzt Klappen, die in der korrekten Lage geschlossen sind. Sind Winkel durch Kippen aufgetreten, öffnen sich die Klappen durch die Erdanziehungskraft und lassen den Luftstrom der Unterdruckpumpe durch den Rückführkörper strömen. Der Luftstrom bewirkt eine Kraft auf den Innenrahmen, die wiederum ein Präzessionsmoment des Kreisels hervorruft, solange bis dieser wieder in der korrekten Lage ist.

Durch Reibungskräfte in den Lagern der Kreiselachse wirken auf den Kreisel zusätzliche Kräfte ein, die ihn zum Präzedieren bringen. Dieses Präzedieren bewirkt das sogen. **"wirkliche Kippen"** der Kreiselantriebsachse gegenüber der Senkrechten zur Erdoberfläche. Das wirkliche Kippen kann genauso wie das scheinbare Kippen durch den Rückführkörper kompensiert werden.

Der Rückführkörper hat jedoch den Nachteil, daß seine Masse beim Beschleunigen des horizontal fliegenden Flugzeuges eine **"nose up"**-Konfiguration bzw. einen Steigflug suggeriert, beim Verzögern wird eine **"nose down"**-Konfiguration bzw. ein Sinkflug angezeigt.

Ein weiterer Fehler des Systems ist der sogen. **Kurvenfehler**. Dieser bewirkt ein Präzedieren des Kreisel durch Zentrifugalkräfte im Kurvenflug. Die Fehlanzeige kann dabei bis zu 5° Querneigung betragen. Allerdings muß das System so ausgelegt sein, daß der Kurvenfehler beim Fliegen einer Standardkurve nahezu Null ist.

4.2.7.2 Anzeige

Die Anzeige besteht aus einem Flugzeugsymbol, das fest mit dem Flugzeug verbunden ist. Dahinter ist eine dem Erdhorizont nachgebildete Darstellung beweglich gelagert. Das Äußere der Anzeige nimmt jede Stellung ein, wie das Flugzeug sie augenblicklich hat, während das Horizontsymbol stets in der Waagerechten bleibt.

Technik

T 67

Interpretation von Anzeigen

Flügel horizontal, Steigen	Flügel horizontal, Sinken
Rechtskurve, kein Steigen o. Sinken	Linkskurve kein Steigen o. Sinken
Rechtskurve, Steigen	Linkskurve Steigen
Rechtskurve, Sinken	Linkskurve Sinken

4.3 Navigationsinstrumente

4.3.1 Magnetkompaß

Der Magnetkompaß wird in AN 4 behandelt.

4.3.2 Kurskreisel

4.3.2.1 Funktionsweise

Der Kurskreisel dient zur Anzeige des augenblicklich geflogenen magnetischen Steuerkurses. Er besitzt - wie der künstliche Horizont - einen vollkardanisch aufgehängten Kreisel mit entsprechend 3 rotatorischen Freiheitsgraden. Der Kreisel dreht mit einer Umdrehungsgeschwindigkeit von ca. 15000 U/min. Die Kreiselachse liegt parallel zur Erdoberfläche und muß zwecks sinnvoller Anzeige in Richtung des magnetischen Nordpoles ausgerichtet sein. Allerdings bleibt diese Lage der Kreiselachse nicht konstant; sie driftet - vergleichbar mit dem Kippen des künstlichen Horizontes - aufgrund zweier Effekte: Zum einen verändert sich die Lage der Kreiselachse durch die Erddrehung unter dem Flugzeug und die Ortsveränderung des Flugzeuges selbst, da die Lage wegen der Kreiselträgheit im Raum unverändert bleibt. Zum anderen führen Lagerreibungskräfte zum Präzedieren des Kreisels und damit zu einer Lageveränderung der Kreiselachse. Deshalb muß vor und während des Fluges von Zeit zu Zeit auf die magnetische Nordrichtung (nach dem Magnetkompaß unter Berücksichtigung dessen Deviation) neu eingestellt werden. Zum Einstellen muß der Pilot durch Drücken des Einstellknopfes am Instrument zunächst den inneren Kardanrahmen arretieren; anschließend wird durch Drehen dieses Knopfes der äußere Kardanrahmen, an dem die Kursrose befestigt ist, so eingestellt, daß der augenblicklich anliegende magnetische Steuerkurs angezeigt wird.

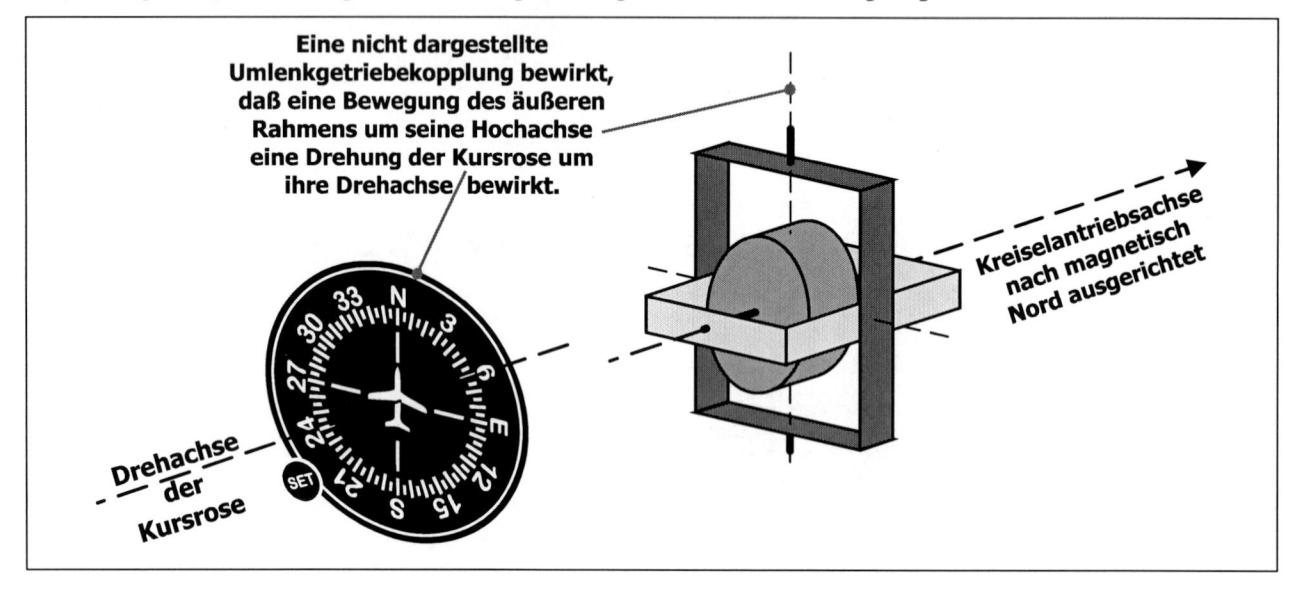

4.3.2.2 Anzeige

Das Flugzeugsymbol ist fest mit dem Instrumentenbrett verbunden, so daß es immer in Richtung des magnetischen Steuerkurses zeigt.

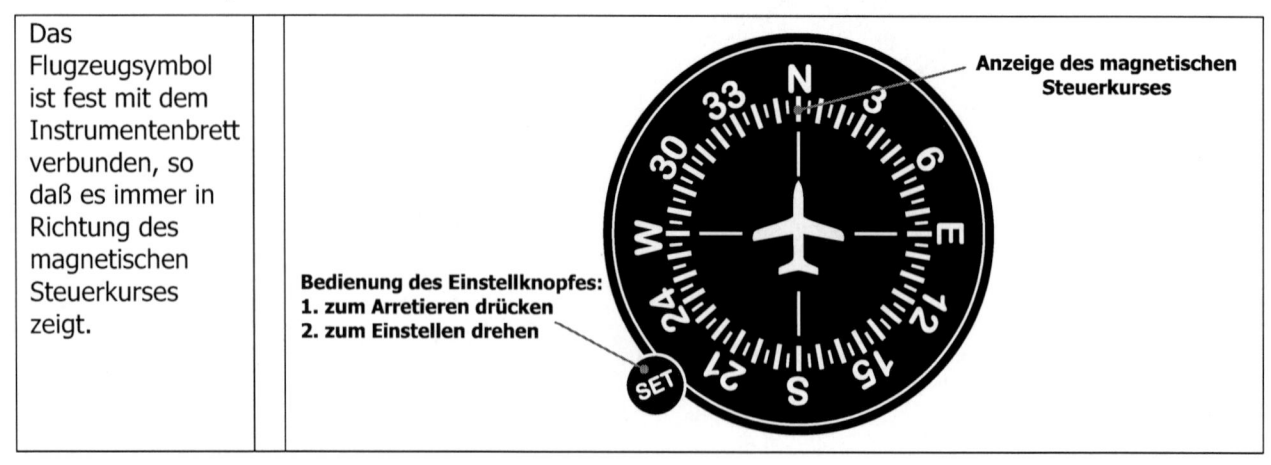

Bedienung des Einstellknopfes:
1. zum Arretieren drücken
2. zum Einstellen drehen

4.3.3 Funknavigationsgeräte

Die Funknavigationsgeräte werden in FN 3 ff. behandelt.

4.4 Triebwerksüberwachungsinstrumente

4.4.1 Drehzahlmesser

4.4.1.1 Übersicht

Drehzahlmesser werden in erster Linie zur Leistungseinstellung des Triebwerkes (ggf. zusammen mit dem Ladedruckmesser) benötigt; sie zeigen in der Regel die Drehzahl der Kurbelwelle bei Kolbentriebwerken an. In Abhängigkeit der Entfernung des Anzeigegerätes zum Triebwerk unterscheidet man Nah- und Ferndrehzahlmesser. Nahdrehzahlmesser erlauben eine mechanische Verbindung über eine biegsame Welle; größere Entfernung müssen auf elektrischem Wege überbrückt werden. Dabei finden vor allem folgende Systeme Verwendung:

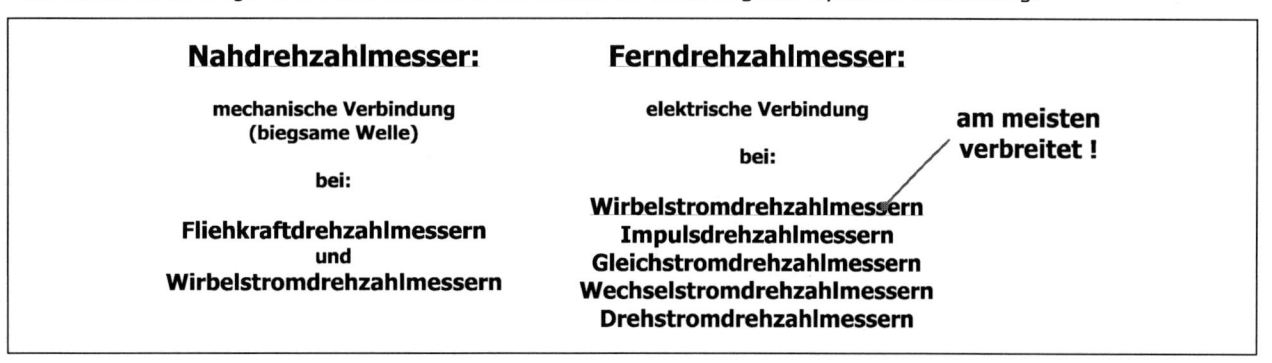

Nahdrehzahlmesser:	**Ferndrehzahlmesser:**	
mechanische Verbindung (biegsame Welle)	elektrische Verbindung	am meisten verbreitet !
bei:	bei:	
Fliehkraftdrehzahlmessern und **Wirbelstromdrehzahlmessern**	**Wirbelstromdrehzahlmessern** **Impulsdrehzahlmessern** **Gleichstromdrehzahlmessern** **Wechselstromdrehzahlmessern** **Drehstromdrehzahlmessern**	

4.4.1.2 Fliehkraftdrehzahlmesser

Im Fliehkraftdrehzahlmesser wird eine kleine Welle vom Triebwerk angetrieben. Die Umdrehungsgeschwindigkeit dieser Welle wird über die axial feste Lagerung auf die Fliehgewichte übertragen. In Abhängigkeit von Drehzahl zieht die Zentrifugalkraft die Fliehgewichte mehr oder weniger nach außen, so daß die Feder unterschiedlich zusammengedrückt wird. Die axial bewegliche Lagerung zieht dabei den Zeiger mit, so daß dieser an der Skala die Drehzahl anzeigen kann:

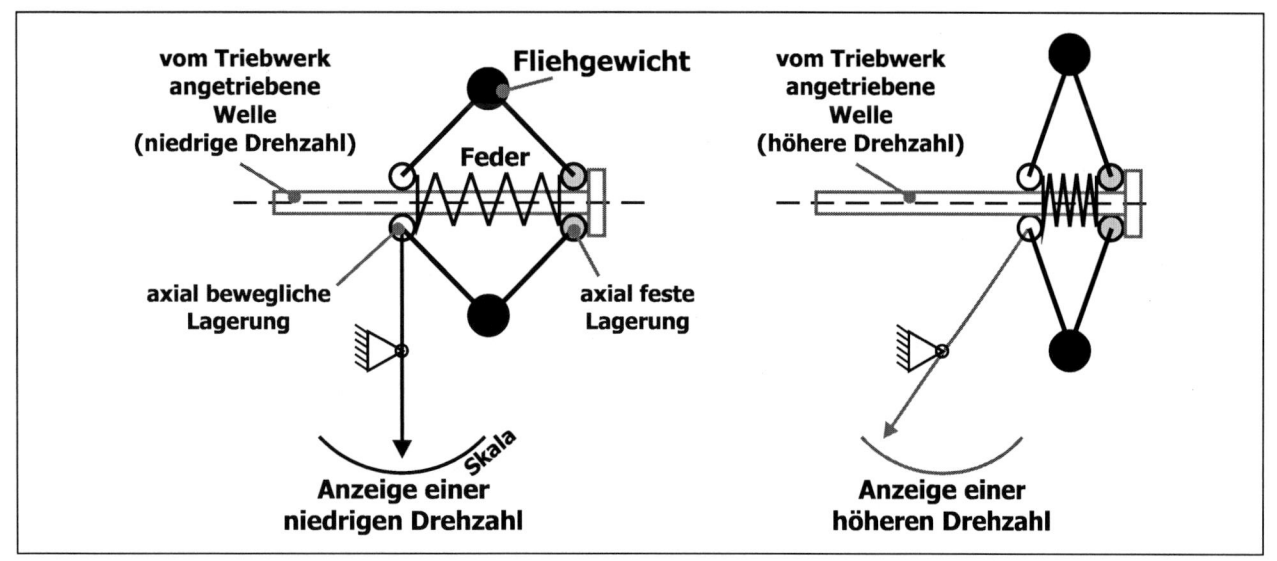

4.4.1.3 Wirbelstromdrehzahlmesser

Der Wirbelstromdrehzahlmesser findet am meisten Anwendung. Er besteht auf der einen Seite aus einem meistens von der Nockenwelle des Triebwerkes angetriebenen **Tachogenerator**. Der Tachogenerator besteht aus einem vierpoligen Dauermagnet, der durch seine Rotation in den um ihn um 120° versetzt angeordneten drei Spulen Spannungen erzeugt, die über elektrische Leitungen zum Anzeigeinstrument im Cockpit weitergeleitet werden. Das Anzeigeinstrument wird auch als **Tacho Indicator** bezeichnet. Dieser funktioniert wie ein Elektro-Asynchronmotor.

Die drei um 120° versetzten Spulen erhalten die vom Tachogenerator erzeugten Spannungen und rufen durch ihr elektromagnetisches Feld eine Drehung des Ankers hervor. Der Anker ist direkt mit dem Innenteil der Wirbelstromeinheit verbunden, die von einer topfartigen Hülle umgeben ist. Die Hülle wird durch das elektromagnetische Feld des Innenteils in Drehung versetzt; das dabei entstehende Drehmoment gleicht sich schließlich mit dem von der Feder auf den Zeiger ausgeübten Drehmoment aus, so daß es zu einer stehenden Anzeige kommt, die von der Triebwerksdrehzahl abhängig ist.

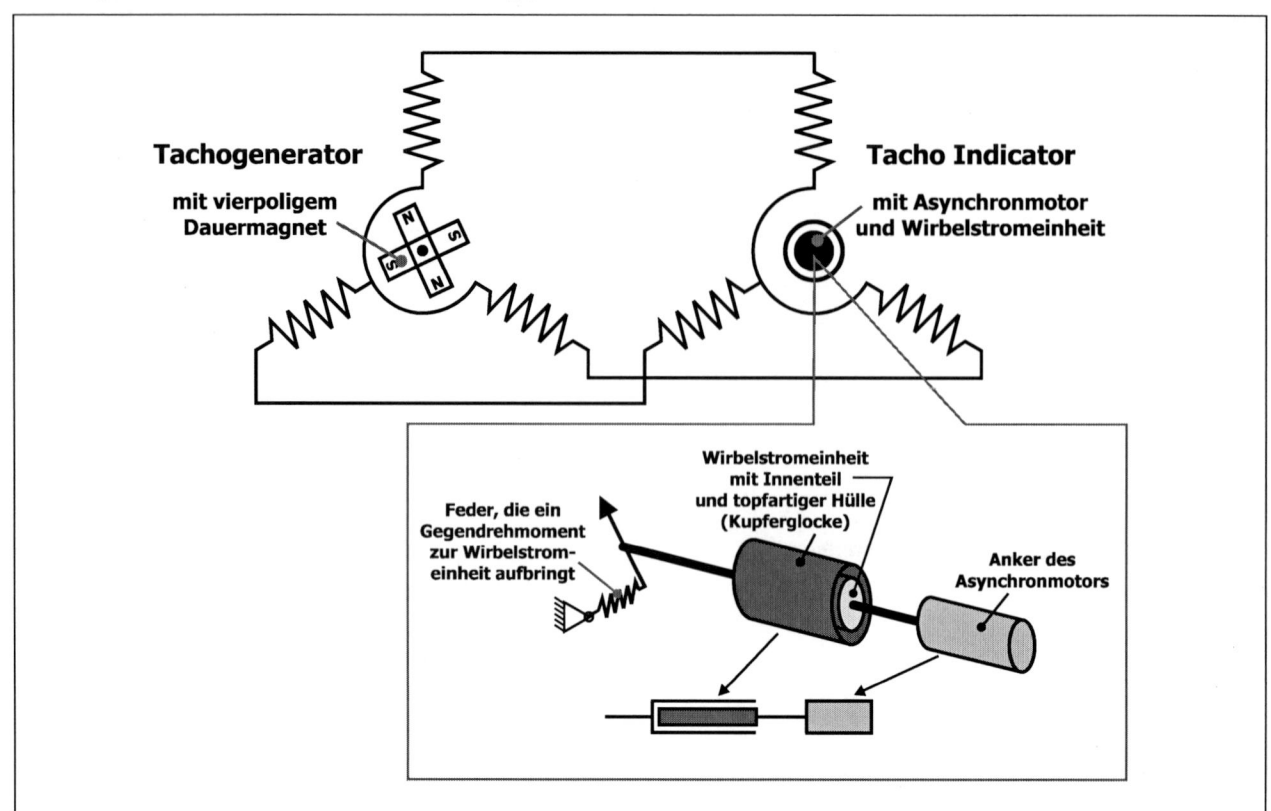

4.4.1.4 Impulsdrehzahlmesser

Beim Impulsdrehzahlmesser wird ein kleines Turbinenrad vom Triebwerk angetrieben. Das Turbinenrad verändert in einer es umgebenden Spule den elektromagnetischen Fluß. Diese elektrischen Impulse können von einem geeigneten Gerät zur Anzeige der Triebwerksdrehzahl verwendet werden.

4.4.1.5 Anzeige

Die Anzeige des Drehzahlmessers ist in den meisten Fällen auf [U/min], gleichbedeutend [RPM] (Roundings per Minute), geeicht. Sie besitzt farbliche Markierungen: grün für normalen Betrieb, gelb für Warnbereiche und rot für Mindest- und/oder Höchstwerte. Die Drehzahlwerte werden im Flughandbuch der Katana DA20 beispielsweise in folgenden Bereichen angegeben:

	Roter Strich = Mindestgrenze	Grüner Bogen = normaler Betriebsbereich	Gelber Bogen Warnbereich	Roter Strich = obere Grenze
Drehzahl	entfällt	950 – 2420 RPM	2420 – 2550 RPM	2550 RPM

Anm.: Bei der Katana DA20 mit Rotax-Motor wird die Drehzahl des Propellers und nicht die der Kurbelwelle angegeben; bei diesem Motor wird die Drehzahl der Kurbelwelle über ein Untersetzungsgetriebe (im Verhältnis 2,2727 : 1) an den Propeller weitergegeben.

4.4.2 Druckmesser

4.4.2.1 Absoluter Druck und Differenzdruck

Alle Druckmeßgeräte unterscheiden sich darin, ob sie einen **absoluten Druck** oder einen **Differenzdruck** messen. Vom Prinzip her können alle Druckmeßgeräte nur die Differenz zwischen zwei Werten messen. Handelt es sich jedoch bei einem der beiden Werte um das Vakuum, so bezeichnet man den sich ergebenden Meßwert als absoluten Druck. Ansonsten mißt man die Differenz zwischen zwei absoluten Druckwerten und bezeichnet das Ergebnis als Differenzdruck.

Zur Messung des absoluten Druckes benötigt man zwei Meßdosen, von denen eine luftleer ist (Vakuum) und die andere mit dem zu messenden Druck beaufschlagt wird.

4.4.2.2 Einheiten

Druckwerte werden im allgemeinen im SI-System in Pascal angegeben:

$$Pa = \frac{N}{m^2}$$

Luftfahrtspezifisch werden jedoch für technische Zwecke hauptsächlich die Einheiten **pound per square inch** [psi] oder Inches der Quecksilbersäule bzw. **inches of mercury** [inchHg] verwendet, wobei gilt:

$$1\ psi = 1\ \frac{lbs}{inch^2} = 68{,}972\ hPa$$

$$1\ inHg = 33{,}865\ hPa$$

$$1\ hPa = 100\ Pa = 1\ mbar$$

$$1\ lbs = 0{,}454\ kg$$

$$1\ inch = 25{,}4\ mm$$

4.4.2.3 Ladedruck

Funktionsweise

Ladedruckmesser werden in erster Linie zur Leistungseinstellung des Triebwerkes zusammen mit dem Drehzahlmesser benötigt. Beim Ladedruck handelt es sich um einem **absoluten Druck** (auf das Vakuum bezogen). Er wird im Ansaugrohr hinter der Drosselklappe gemessen. Im Anzeigegerät befinden sich die Meßdose mit dem Vakuum und die mit dem Ladedruck beaufschlagte Dose. Ein entsprechender Mechanismus verbindet beide Dosen miteinander und bewirkt schließlich den Zeigerausschlag.

Da sich der Ladedruck grundsätzlich aus dem statischen Druck der angesaugten Luft und – wenn es sich um einen aufgeladenen Motor handelt - dem vom Lader erzeugten Überdruck zusammensetzt, ist die Anzeige die Summe beider Druckwerte. Dementsprechend zeigt der Ladedruckmesser bei einem stillstehenden Triebwerk nur den statischen Druck an. Der statische Luftdruck wird jedoch auch bei nicht aufgeladenen Motoren im Stillstand angezeigt. Der Ladedruck kann bei diesen Motoren allerdings nicht mehr über den Wert des statischen Luftdruckes erhöht werden. Die englische Bezeichnung für den Ladedruck heißt **manifold pressure**.

Anzeige

Die Anzeige des Ladedruckmessers ist in den meisten Fällen auf [inHg] geeicht.

4.4.2.4 Öldruck

Funktionsweise

Die Öldruckmessung erfolgt nach zwei Prinzipien: mit einem **Bourdonrohr**, falls keine Fernübertragung notwendig ist oder mit einem **Oilpressure Transmitter**, falls Fernübertragung notwendig ist.

Bourdonrohr	Oilpressure Transmitter
Wegen der mechanischen Verbindung des Meßwertaufnehmers zum Anzeigegerät sind nur kurze Wege der Datenübertragung möglich. Das Bourdonrohr besteht aus einem flexiblen, gekrümmten Rohr, das sich je nach Druckbeaufschlagung mehr oder weniger aufrichtet. Dabei nimmt es über eine mechanische Verbindung den Zeiger mit, der den Öldruck auf einer Skala anzeigt.	Aufgrund der elektrischen Datenübertragung können auch längere Entfernungen zwischen Triebwerk und Anzeigegerät überbrückt werden. Der Faltenbalg wird in Abhängigkeit des Öldruckes mehr oder weniger gedehnt. Die Dehnung wird direkt auf einen Dauermagneten übertragen, der sich dabei an einer drei miteinander verbundenen Spulen (Transmitter) vorbei bewegt und dabei durch Induktion die an den Spulen anliegende Wechselspannung (400 Hz) verändert. Die veränderte Spannung wird an die im Dreieck angeordneten Spulen des Anzeigegerätes weitergeleitet. In Abhängigkeit der unterschiedlichen Spannungen in diesen Spulen schlägt der mit dem Zeiger verbundene Dauermagnet aus und zeigt somit auf einer Skala den aktuellen Öldruck an.

Anzeige

Die Anzeige des Öldruckmessers ist in den meisten Fällen auf [psi] geeicht. Sie besitzt häufig farbliche Markierungen: grün für normalen Betrieb, gelb für Warnbereiche und rot für Mindest- und/oder Höchstdruckwerte. Die Öldruckwerte werden im Flughandbuch der Katana DA20 beispielsweise in folgenden Bereichen angegeben:

	Roter Strich = Mindestgrenze	Grüner Bogen = normaler Betriebsbereich	Gelber Bogen Warnbereich	Roter Strich = obere Grenze
Öldruck	22 psi = 1,5 bar	22 – 73 psi = 1,5 – 5 bar	73 – 102 psi = 5 – 7 bar	102 psi = 7 bar

4.4.2.5 Kraftstoffdruck

Die Messung des Kraftstoffdruckes erfolgt nach ähnlichen Prinzipien wie die Messung des Öldruckes. Die Anzeige erfolgt meistens in [psi]. Allerdings gibt es bei vielen Luftfahrzeugen (z.B. Katana DA20) nur eine rote Warnlampe für die Anzeige von zu niedrigen Kraftstoffdruck. In diesem Fall wird die Warnlampe über einen Druckschalter aktiviert, der auf die Abnahme des Kraftstoffdruckes reagiert.

4.4.2.6 Unterdruck (Suction)

Sofern Kreiselinstrumente (vgl. T 4.1.2) pneumatisch angetrieben werden, erfolgt dies meistens mit einem durch Unterdruck erzeugten Luftstrom. Der Unterdruck wird dabei von einer vom Triebwerk angetriebenen Pumpe erzeugt. Dabei hängt die Drehzahl der Kreisel von der Stärke des Luftstromes und daher auch von der Stärke des Unterdruckes ab. Ihre Solldrehzahl erreichen die Kreisel erst, wenn die Anzeige der Unterdruckpumpe sich im grünen Betriebsbereich (ca. 5 inHg) befindet. Der grüne Betriebsbereich wird meistens erst ab bestimmten Triebwerksdrehzahlen erreicht und muß vor jedem Start entsprechend der Checkliste überprüft werden.

4.4.3 Temperaturmesser

4.4.3.1 Übersicht

Zur Temperaturmessung werden folgende Varianten angewendet:

Bimetall-thermometer	Das Bimetallthermometer besteht aus zwei aufeinander liegenden Streifen aus zwei verschiedenen Metallen mit unterschiedlichen Wärmeausdehnungskoeffizienten. Verändert sich die Temperatur, krümmen sich beide Streifen. Die Krümmung kann direkt auf einen Zeiger gegeben werden und somit die Temperatur abgelesen werden. Sollen die Temperaturdaten über eine längere Strecke weitergeleitet werden, kann an die Metallstreifen ein verstellbarer elektrischer Widerstand angeschlossen werden, der durch die Krümmung verstellt wird und somit einen entsprechenden Strom zum Anzeigegerät durchläßt. Das Anzeigegerät setzt die Stromstärke in eine bestimmte Temperaturanzeige um.
Dampfdruck-thermometer	Das Dampfdruckthermometer beinhaltet eine leicht siedende Flüssigkeit, an die die Temperatur des zu messenden Mediums übertragen wird. Die Flüssigkeit verändert ihren Druck und kann auf diese Weise ein Bourdonrohr (vgl. T 4.4.2.4) unterschiedlich aufrichten.
Dampfdruck-schalter	Ähnlich wie das Dampfdruckthermometer beinhaltet der Dampfdruckschalter eine leicht siedende Flüssigkeit, die, wenn sie einen bestimmten Druck erreicht, einen Schalter auslösen kann, der z.B. eine Warnlampe bei Übertemperatur aktiviert. Dampfdruckschalter können dann angewendet werden, wenn nur ein bestimmter Temperaturwert angezeigt werden soll.
Elektrisches Widerstands-thermometer	Bestimmte Materialien verändern ihre elektrische Leitfähigkeit in Abhängigkeit ihrer Temperatur. Werden solche Materialien in zu messende Medien gehalten, kann man durch Messung eines angeschlossenen Stromes auf die Temperatur Rückschlüsse führen.
Thermoelemente	Thermoelemente besitzen die Eigenschaft, ohne Anschluß einer Stromquelle, eine bestimmte Stromspannung in Abhängigkeit von ihrer Temperatur aufzubauen. Die Messung dieser Spannung kann in eine entsprechende Temperaturanzeige umgewandelt werden.

4.4.3.2 Öltemperatur

Die Öltemperatur wird meistens mit einem **Dampfdruckthermometer** gemessen. Die Öltemperatur ermöglicht Rückschlüsse, ob ein Triebwerk bereits betriebswarm ist und bei hohen, andauernden Leistungen kann das Überschreiten von Maximalwerte vermieden werden.
Die **Anzeige** des Öltemperaturmessers ist in den meisten Fällen auf [°F] (Grad Fahrenheit) oder [°C] (Grad Celsius) geeicht. Sie besitzt häufig farbliche Markierungen: grün für normalen Betrieb, gelb für Warnbereiche und rot für Mindest- und/oder Höchstdruckwerte. Die Öltemperaturwerte werden im Flughandbuch der Katana DA20 beispielsweise in folgenden Bereichen angegeben:

	Roter Strich = Mindestgrenze	Grüner Bogen = normaler Betriebsbereich	Gelber Bogen Warnbereich	Roter Strich = obere Grenze
Öltemperatur	122 °F = 50 °C	122 – 284 °F = 50 – 140 °C	entfällt	284 °F = 140 °C

4.4.3.3 Abgastemperatur (EGT)

Die Abgastemperatur (Exhaust Gas Temperature / EGT) wird meistens durch Thermoelemente gemessen.
Die Anzeige erfolgt meistens in [°F]. Der Abgastemperaturwert wird bei der Gemischregulierung benötigt, wie im T 3.2.7 beschrieben.

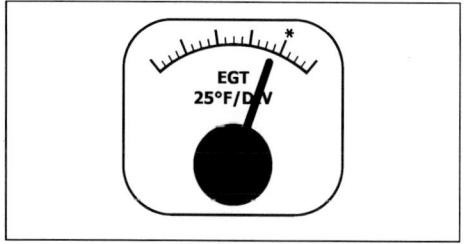

4.4.3.4 Zylinderkopftemperatur (CHT)

Die Zylinderkopftemperatur (Cylinder Head Temperature / CHT) wird meistens durch Thermoelemente gemessen.
Bei der Zylinderkopftemperatur ist in der Regel nur ein Spitzenwert zu berücksichtigen, der nicht überschritten werden darf. Dies ist besonders bei der Gemischregulierung zu beachten (vgl. T 4.2.7).
Die Zylinderkopftemperaturwerte werden im Flughandbuch der Katana DA20 beispielsweise in folgenden Bereichen angegeben:

	Roter Strich = Mindestgrenze	Grüner Bogen = normaler Betriebsbereich	Gelber Bogen Warnbereich	Roter Strich = obere Grenze
Zylindertemperatur	entfällt	entfällt	entfällt	302 °F = 150 °C

4.4.3.5 Vergasertemperatur

In einigen Flugzeugen wird die Temperatur des Vergasers in [°F] oder [°C] angezeigt, um die Gefahr von Vergaservereisung abschätzen zu können. Dabei werden in der Regel keine konkreten Temperaturwerte angezeigt, sondern es ist ein gelber Bereich markiert, innerhalb dessen die Gefahr der Vereisung besonders gegeben ist. Die Messung erfolgt meistens über Widerstandsthermometer.

4.4.3.6 Außentemperatur (OAT)

Außentemperaturen (Outside Air Temperature / OAT) werden oft über elektrische Widerstandsthermometer oder einfach über Bimetallthermometer ermittelt. Die Werte werden für die Ermittlung der Dichtehöhe zur Flugleistungsermittlung (vgl. T 5.) und der Nullgradgrenze benötigt. Die Anzeige erfolgt in [°F] oder [°C].

4.4.4 Verbrauchsmesser

Die Prinzipien der Verbrauchsmessung werden in erster Linie zur Ermittlung des Kraftstoffverbrauches (Fuel Flow / FF) angewendet. Die Messung des Kraftstoffverbrauches hat zwei Vorteile:
1. Im Gegensatz zu den meisten Tankinhaltsanzeigen, die relativ unzuverlässig sind, kann der Kraftstoffverbrauch mit fast allen Methoden sehr genau bestimmt werden; daraus ergeben sich selbstverständlich auch genauere Angaben über noch vorhandene Kraftstoffmengen. Zur Messung des Tankinhaltes über den Kraftstoffverbrauch ist jedoch ein entsprechendes Zählwerk notwendig, das leider meist nur in höherwertig ausgestatteten Flugzeugen zu finden ist.
2. Die Gemischregulierung (vgl. T 3.2.7) läßt sich durch die Berücksichtigung des Kraftstoffverbrauches noch verbessern.

Die Messung des Kraftstoffverbrauches kann nach folgenden Methoden erfolgen:

Stauscheibengeber	Eine in der Kraftstoffleitung befindliche Stauscheibe wird durch den Kraftstofffluß unterschiedlich weit ausgelenkt. Ein Umklappen der Scheibe wird durch eine Feder verhindert. Der Auslenkwinkel ist ein Maß für das durchfließende **Kraftstoffvolumen**.
Impulszahlgeber	Beim Impulszahlgeber wird (vergleichbar dem Impulsdrehzahlmesser; vgl. T 4.4.1.4) ein kleines Turbinenrad durch den Kraftstofffluß angetrieben. Das Turbinenrad verändert in einer es umgebenden Spule den elektromagnetischen Fluß. Diese elektrischen Impulse können von einem geeigneten Gerät zur Anzeige des durchfließenden **Kraftstoffvolumens** verwendet werden.
Drehimpulsgeber	Da der Drehimpulsgeber als einziges der hier aufgeführten Geräte die durchfließende **Kraftstoffmasse** mißt, handelt es sich hierbei um die genaueste und informativste Anzeige, da die Triebwerksleistung direkt vom Massenverbrauch abhängt. Der fließende Kraftstoff wird in der Kraftstoffleitung von einer elektrisch angetriebenen Turbine in Drehung versetzt. Die Kraftstoffmasse erhält somit einen Drehimpuls, der gemessen und zur Kraftstoffverbrauchsanzeige umgewandelt wird.

Die **Anzeige** des Kraftstoffverbrauches wird als **Fuel Flow Meter** oder **Fuel Flow Indicator** bezeichnet. Die Anzeige ist meist auf [lbs/h] (entspricht einer Massenangabe) oder [gal/h] (entspricht einer Volumenangabe) geeicht.

4.4.5 Vorratsmesser

Funktionsweise

Zwecks einer sicheren Flugdurchführung muß der Pilot jederzeit über den augenblicklichen Kraftstoffvorrat informiert sein. Die Messung kann nach folgenden Methoden erfolgen:

Dip Sticks	Als Dip Sticks werden **Peilstäbe** bezeichnet, die sowohl bei der Messung des Kraftstoffvorrates als auch des Ölvorrates vor dem Flug verwendet werden können.
Kraftstoff-schwimmer	Ein Schwimmer, der aus Material besteht, welches eine geringere als der Kraftstoff hat, kann auf der Kraftstoffoberfläche schwimmen. Mit dem Schwimmer kann entweder über eine **mechanische** Verbindung ein Zeiger ausschlagen oder der Schwimmer kann in einem **Schauglas** direkt sichtbar sein. Außerdem kann mit dem Schwimmer ein verstellbarer **Widerstand** verbunden werden, der unterschiedliche Stromstärken durchläßt, die wiederum auch über eine größere Entfernung von einem entsprechenden Instrument angezeigt werden können. Diese Art der Messung hat besondere Nachteile, da sie nur im unbeschleunigten, unverzögerten Flug in Horizontalfluglage am genauesten anzeigen kann; anderenfalls führt ein Hin- und Herschwappen des Kraftstoffpegels zu Fehlanzeigen.
Pneumatisches System	Vergleichbar nach dem Prinzip der kommunizierenden Röhren, in denen sich Flüssigkeitsstand und Luftdruck gegenseitig ausgleichen, kann der Kraftstoffpegel und daraus auch das Volumen durch Messung des zum Ausgleich nötigen Luftdruckes bestimmt werden.
Verbrauchs-messer mit integrierendem Zählwerk	Schließt man die unter T 4.4.4 aufgezählten Verbrauchsmesser an ein zeitlich integrierendes (= die Einzelverbrauchswerte über die Zeit addierendes) **Zählwerk** an, kann man, wenn man diesen Wert vom ursprünglich im Tank enthaltenen Vorrat abzieht, den augenblickliche Vorrat anzeigen.

Anzeige

Die Anzeige erfolgt bei den meisten oben genannten Instrumenten als **Volumenangabe** [Liter] oder [US-Gallonen]. Aufgrund von **Temperaturunterschieden** können Kraftstoffmengen, die ein gleiches Volumen besitzen, unterschiedliche Massen bzw. Gewichte haben. Da die vom Triebwerk abgegebene Leistung nicht direkt vom Volumen, sondern von der Masse des Kraftstoffes abhängt, wird für eine genauere Vorratsmessung die Anzeige der noch vorhandenen **Kraftstoffmasse** benötigt. Diese erhält man mit Hilfe des Drehimpulsgebers (vgl. , der den Massenfluß mißt und an ein integrierendes Instrument (z.B. Zählwerk) angeschlossen ist. In diesem Fall erfolgt die Anzeige meistens in [lbs] oder [kg].
Sowohl das Volumen als auch die Masse des Kraftstoffes können durch **Wassergehalt** verfälscht sein. Außerdem besteht die Gefahr von unregelmäßigen Lauf oder sogar vollständigem Ausfall des Triebwerkes (vgl. T 3.2.1). Die einzige Maßnahme, diesen Fehler zu minimieren, ist vorschriftsmäßig vor dem Flug das Wasser aus dem Kraftstoffsystem zu entfernen (Betätigung der **Drain-Vorrichtungen** gem. Checkliste)
Aufgrund der den erwähnten Meßmethoden anhaftenden relativen **Ungenauigkeiten**, werden sie insbesondere bei der Anzeige von kleinen Restmengen unzuverlässig. Unter diesem Aspekt sollte man auch immer berücksichtigen, daß in den Tanksümpfen der meisten Flugzeuge sich eine gewisse Menge **nicht ausfliegbaren Kraftstoffes** befindet, die im Flughandbuch angegeben sein sollte. Aus diesem Grunde ist es empfehlenswert, grundsätzlich Flüge so zu planen, daß eine gewisse **Kraftstoffreserve** nach der Landung noch enthalten ist. Für gewerbliche Flüge sind 45 Minuten vorgeschrieben, die man auch für private Flüge einplanen sollte.

4.5 Flugwerk- und Anlagenüberwachungsinstrumente

4.5.1 Stellungsanzeigen

Stellungsanzeigen werden zur Kontrolle von Anlagen benötigt, die nicht nur in einer Ein- oder Ausstellung, sondern in mehrere Stellungen betrieben werden. Zu diesen Anlagen gehören z.B.:
- Landeklappen, Vorflügel (mehrere Ausfahrwinkel)
- Fahrwerk (ein- oder ausgefahren, **in transition**, verriegelt)
- Trimruderstellungen (mehrere Ausfahrwinkel)

4.5.2 Unterdruckanzeigen

Unterdruckanzeigen wurden bereits in T 4.4.2.6 behandelt, da sie sowohl zu den Triebwerksüberwachungs- als auch zu den Flugwerk- und Anlagenüberwachungsinstrumenten gezählt werden können.

4.5.3 Überziehwarnung

Die Überziehwarnung **(stall warning)** erfolgt bei den meisten Luftfahrzeugen in Form eines **akustischen Signales**, manchmal wird (ggf. zusätzlich) eine Warnlampe verwendet. Sie warnt den Piloten bei hohen Anstellwinkeln vor einem bevorstehenden Strömungsabriß (vgl. AE 3.4, 3.5, 3.7). Die Auslösung des Signals erfolgt auf zwei verschiedene Weisen:

- der bei hohen Anstellwinkeln an der Flügelvorderkante entstehende Unterdruck erzeugt durch einen Luftsog in einem einer Trillerpfeife ähnlichen Instrument ein akustisches Signal
- ein kleines an der Flügelvorderkante drehbar gelagertes Metallplättchen wird durch die anströmende Luft im überzogenen Flugzustand dermaßen weit nach oben gedrückt, daß ein elektrischer Stromkreis geschlossen wird, der einen akustischen Signalgeber auslöst.

4.5.4 Kontrollampen

Kontrollampen werden in Form von Funktions- oder Warnlampen zur Anzeige bestimmter Zustände von diversen Anlagen verwendet. In der Regel gilt dabei die folgende Farbphilosophie:

- Normaler Betriebszustand/eingeschaltet: grün oder gelb
- Warnung: gelb oder rot
- Ausfall: rot

Beispielsweise erfolgt die Überwachung der folgenden Anlagen u.a. durch Kontrollampen:

- Überdruck in pneumatischen oder hydraulischen Systemen
- Kraftstoffdruck zu niedrig
- Unterdruckanlage (Suction) zu geringer Unterdruck

5. Flugleistungen

5.1 Allgemeines

Als Ergebnis einer Flugleistungsrechnung erhält man u.a. Aussagen über:

- **Startstrecke**
- **Steilstes und bestes Steigen**
- **Reiseleistung**
- **Überziehgeschwindigkeiten**
- **Gipfelhöhe und Dienstgipfelhöhe**
- **Reichweiten**
- **Min. Sinkrate und bestes Gleiten**
- **Landestrecke**

Die Flugleistungen werden insbesondere durch folgende äußere Faktoren beeinflußt:

- **Beladezustand**
- **Luftdruck, -temperatur und -dichte**
- **Windrichtung und -stärke**
- **Piste (Oberflächenbeschaffenheit und Neigung)**

Der **Beladezustand** wird insbesondere durch die zwei Faktoren Schwerpunktslage und Abfluggewicht charakterisiert. Ein höheres Abfluggewicht hat generell einen negativen Einfluß auf die Flugleistungen.

Die **Dichte** ist eng mit der **Temperatur** und dem **Druck** gekoppelt. Wenn die Temperatur steigt und / oder der Luftdruck fällt, verringert sich die Luftdichte und entsprechend umgekehrt. Die Leistungsfähigkeit von Flugzeugen wird also geringer bei Flügen in großen Höhen und bei steigenden Umgebungstemperaturen.

Windrichtung und -stärke sind zwei Faktoren, die insbesondere bei der Berechnung von Start- und Landestrecken berücksichtigt werden müssen. Ein stärkere Gegenwindkomponente ist im gewissen Rahmen grundsätzlich positiv und verkürzt sowohl die Start- als auch die Landestrecke.

Die **Beschaffenheit der Start- und Landebahnen** geht in die Berechnung von Start- und Landestrecken ein. Die meisten Vorteile bietet in der Regel ein Hartbelagbahn im Vergleich zur Graspiste. Diese beiden Arten von Pisten haben durch Veränderung ihrer Oberflächenbeschaffenheit meist nur Nachteile auf die Start- und Landestrecken. Man spricht von "kontaminierten" Oberflächen, wenn die Pisten durch Wasser, Schnee oder Eis bedeckt sind.

Im 4. Abschnitt (davon im 4. Unterabschnitt) der 1. DVO LuftBO werden die gesetzlichen Forderungen an die Flugleistungen von Luftfahrzeugen unter 5700 kg definiert.

5.2 Startstrecke und Startrollstrecke

Unter der **Startstrecke** versteht man die Strecke, die vom Stillstand auf der Startbahn (Abflugpunkt) bis zu einer Höhe von 50 ft benötigt wird.
In Flughandbüchern wird meistens zusätzlich die **Startrollstrecke** angegeben, unter der die Strecke zu verstehen ist, die das Flugzeug vom Abflugpunkt bis zum Abheben zurücklegt.

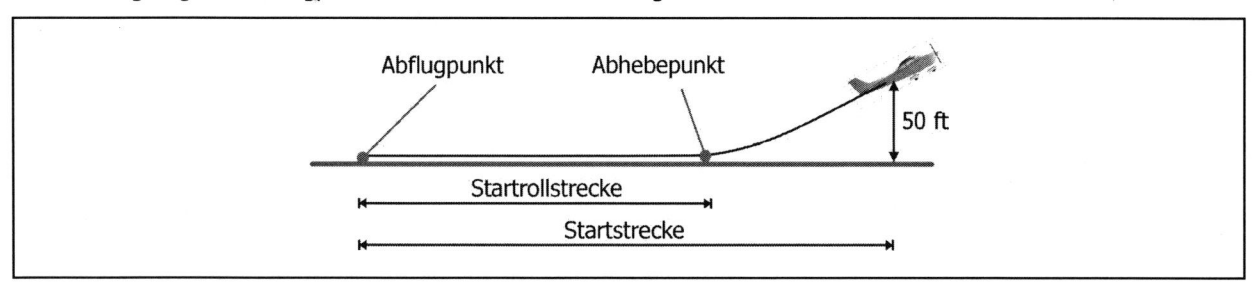

Im § 48 der 1. DVO LuftBO wird festgelegt, welche Einflußfaktoren bei der Bestimmung der Startstrecke zu berücksichtigen sind:

(1) Ein Flug darf nur angetreten werden, wenn das Startgewicht das für die Höhenlage des Flugplatzes im Flughandbuch festgelegte höchstzulässige Startgewicht nicht überschreitet. Gibt das Flughandbuch das höchstzulässige Startgewicht zusätzlich in Abhängigkeit von der Lufttemperatur an, so ist die zur Zeit des Starts herrschende Temperatur zu berücksichtigen.

(2) Ein Flugzeug darf nur starten, wenn das Gewicht nicht überschritten wird, für das mit den Angaben im Flughandbuch die Erfüllung nachstehender Forderungen nachgewiesen werden kann:
1. Die Startstrecke darf die verfügbare Startstrecke nicht überschreiten,
2. das Flugzeug muß sicher von allen Hindernissen freikommen, die in der an den Start anschließenden Flugbahn bis zum Erreichen der Sicherheitsmindesthöhe liegen.

(3) Bei der Überprüfung nach Absatz (2) ist zu berücksichtigen:
1. die Höhenlage des Startflugplatzes,
2. die Lufttemperatur zur Zeit des Starts,
3. die Längsneigung der Startbahn in Startrichtung,
4. höchstens das 0,5fache der vom Wetterdienst angegebenen Gegenwindkomponente und mindestens das 1,5fache der Rückenwindkomponente,
5. der Zustand der Startbahn (Schnee, Matsch, stehendes Wasser).
6. Sind zum Ausweichen vor Hindernissen Kursänderungen in der Startflugbahn notwendig, dann darf die erste Kursänderung frühestens in einer Höhe von 15 m (50 Fuß) beginnen. Kursänderungen, die eine Schräglage des Flugzeuges von mehr als 15° erfordern, sind unzulässig.

Problem: In vielen Flughandbüchern wird nur von einer asphaltierten, trockenen und ebenen Startbahn ausgegangen, so daß es dem Piloten schwerfällt, die im Gesetzestext genannten Faktoren objektiv zu bewerten. Um hier den Piloten zu unterstützen, wurden vom LBA in der **Flugsicherheitsmitteilung FSM 3/75** allgemein gültige Anhaltswerte veröffentlicht, die nachstehend sinngemäß wiedergegeben werden.

a)   Ausgangswerte aus Flughandbuch

Die Berechnung der Startstrecke nach der in der **LBA-Flugsicherheitsmitteilung FSM 3/75** empfohlenen Methode basiert auf den Angaben der Startstrecken im Flughandbuch. Diese berücksichtigen in der Regel nur den Beladezustand des Flugzeuges und die Werte für Luftdruck, -temperatur und -dichte:

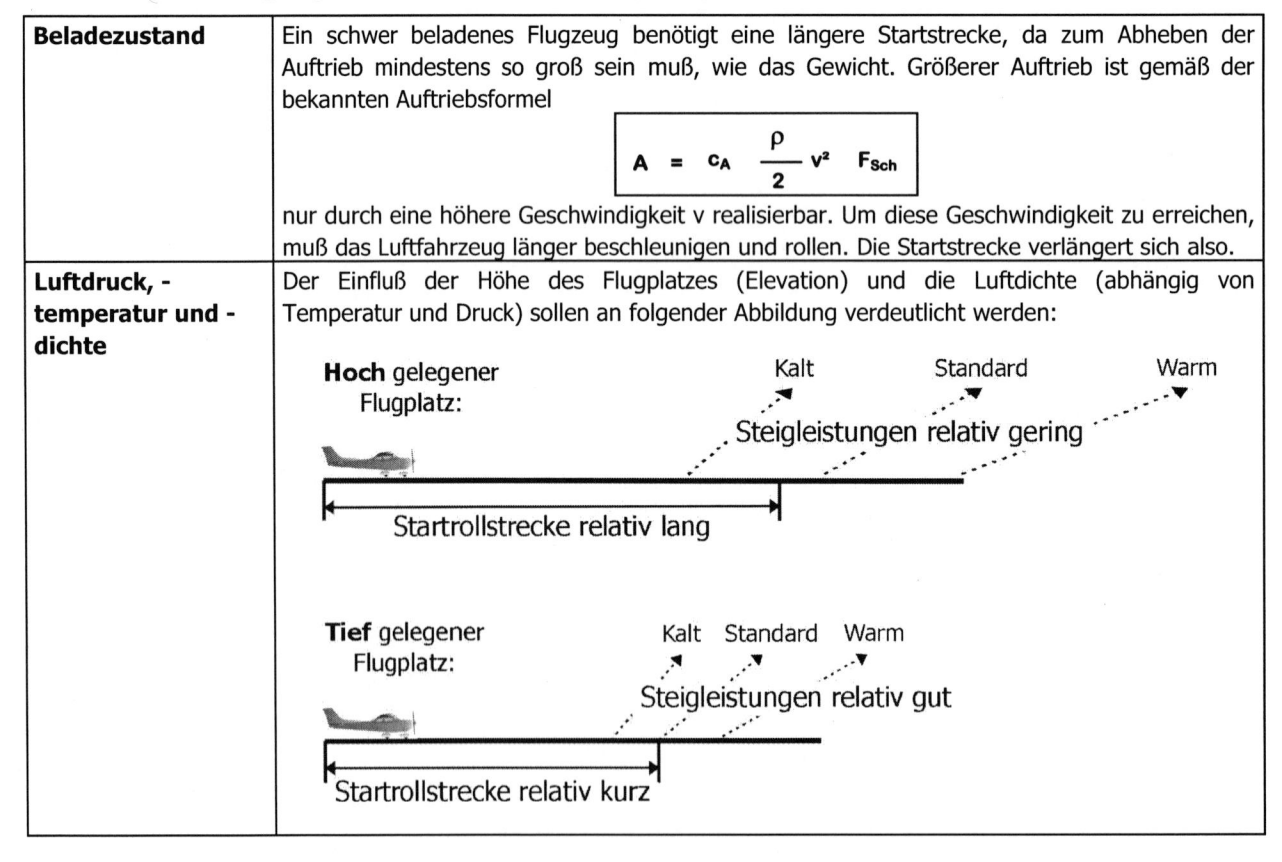

Beladezustand	Ein schwer beladenes Flugzeug benötigt eine längere Startstrecke, da zum Abheben der Auftrieb mindestens so groß sein muß, wie das Gewicht. Größerer Auftrieb ist gemäß der bekannten Auftriebsformel $$A = c_A \frac{\rho}{2} v^2 F_{Sch}$$ nur durch eine höhere Geschwindigkeit v realisierbar. Um diese Geschwindigkeit zu erreichen, muß das Luftfahrzeug länger beschleunigen und rollen. Die Startstrecke verlängert sich also.
Luftdruck, -temperatur und -dichte	Der Einfluß der Höhe des Flugplatzes (Elevation) und die Luftdichte (abhängig von Temperatur und Druck) sollen an folgender Abbildung verdeutlicht werden: **Hoch** gelegener Flugplatz: Kalt Standard Warm — Steigleistungen relativ gering — Startrollstrecke relativ lang. **Tief** gelegener Flugplatz: Kalt Standard Warm — Steigleistungen relativ gut — Startrollstrecke relativ kurz.

b) Startstreckenberechnung nach LBA-Flugsicherheitsmitteilung FSM 3/75

Beabsichtigt man neben den Angaben aus dem Flughandbuch weitere Einflußfaktoren gem. der **LBA-Flugsicherheitsmitteilung FSM 3/75,** geht man wie folgt vor:

Einflußfaktor:	Startstrecke [m]:
Startstrecke bis 15 m Höhe aus dem Flughandbuch (Hartbelag, trocken, ohne Neigung, NN, 15°C)	... ergibt Basiswert aus Flughandbuch:
Höhenzuschlag (Druckhöhe) a) NN bis 1000 ft: + 10% von Basiswert pro 1000 ft Höhe b) 1000 bis 3000 ft: + 13% von Basiswert pro 1000 ft Höhe c) > 3000 ft: +18% von Basiswert pro 1000 ft Höhe	... ergibt Summe 1: (kann meistens direkt aus dem Flughandbuch entnommen werden)
Temperaturzuschlag +/- 1% von Summe 1 pro 1°C Abweichung von der Standard-Temperatur in der Druckhöhe	... ergibt Summe 2: (kann meistens direkt aus dem Flughandbuch entnommen werden)
Neigungszuschlag +/- 10% von Summe 2 pro 1% Neigung	... ergibt Summe 3:
Grasbahnzuschlag feste, trockene, ebene Grasbahn, kurzer Bewuchs + 20% von Summe 3	... ergibt Summe 4:
Grasbahnzuschlag feuchter Grasboden + 10% von Summe 4	... ergibt Summe 5:
Grasbahnzuschlag aufgeweichter Untergrund + 50% von Summe 5	... ergibt Summe 6:
Grasbahnzuschlag beschädigte Grasnarbe + 10% von Summe 6	... ergibt Summe 7:
Grasbahnzuschlag Hoher Grasbewuchs (max. 8 cm !) + 20% von Summe 7	... ergibt Summe 8:
Allgemeine Oberflächenzuschläge a) stehendes Wasser, große Pfützen, Schneematsch (max. 1 cm !): + 30% von Summe 8 b) Normalfeuchter Schnee (max. 5 cm !): + 50% von Summe 8 c) Pulverschnee (max. 8cm !): + 25% von Summe 8	... ergibt Summe 9:

c) Wind

Eine größere Gegenwindkomponente verkürzt die Startstrecke. In Flughandbüchern wird dieser Faktor meist berücksichtigt, indem je 5 kt Gegenwind 10% weniger Startstrecke zu berücksichtigen sind. Es gibt jedoch eine Philosophie (vgl. **LBA-Flugsicherheitsmitteilung FSM 3/75**), die besagt, daß eine Gegenwindkomponente als eine "kleine Reserve" für evtl. ungünstige Starttechnik des Flugzeugführers zu betrachten sei. Aus diesem Grunde liegt man auf der sicheren Seite, wenn man die Gegenwindkomponente bei der Startstreckenberechnung nicht berücksichtigt und erfüllt somit jedenfalls die oben genannten gesetzlichen Forderungen, daß höchstens das 0,5fache der vom Wetterdienst angegebenen Gegenwindkomponente und mindestens das 1,5fache der Rückenwindkomponente zu berücksichtigen sei.

5.3 Steilstes und bestes Steigen

s. T 1.2.2.2

5.4 Reiseleistung

Im § 49 der 1. DVO LuftBO sind die Anforderungen an die Reiseleistungen festgelegt:

(1) Die Flugzeuge sind so zu betreiben, daß sie sich in einer Höhe von mindestens 300 m (1000 Fuß) über allen Bodenerhebungen und Hindernissen, die sich unter dem beabsichtigten Flugweg befinden, bei höchster Dauerleistung der Triebwerke auf einer Flugbahn mit positiver Neigung bewegen können.

In den Flughandbüchern wird die Reiseleistung durch **Angabe der Wahren Eigengeschwindigkeit (TAS)** in Abhängigkeit von der Druckhöhe, der Temperatur und der eingestellten Triebwerksleistung angegeben.

5.5 Überziehgeschwindigkeiten

Die Überziehgeschwindigkeiten sind in der Regel im Flughandbuch angegeben. Diese werden meistens in Abhängigkeit von der Klappenstellung und der ungünstigsten Konfiguration (vorderste und/ oder hinterste Schwerpunktslage, Max. Fluggewicht, Leerlauf) angegeben.

5.6 Absolute Gipfelhöhe und Dienstgipfelhöhe

Die Werte für die Gipfel- und Dienstgipfelhöhe können in manchen Flughandbüchern entnommen werden. Absolute Gipfelhöhe und Dienstgipfelhöhe sind wie folgt definiert:

Absolute Gipfelhöhe:	(absolute ceiling) Diejenige Höhe, die von einem Flugzeug mit gegebener Flugmasse im geraden und unbeschleunigten Steigflug (keine Kurven oder Böen) erreicht werden kann.
Dienstgipfelhöhe:	(service ceiling) Diejenige Flughöhe, in der das Flugzeug gerade noch eine bestimmte vertikale Mindeststeigrate (100 ft/min mit allen Triebwerken, 50 ft mit einem Triebwerk) einhalten kann.

Anhaltswerte für Dienstgipfelhöhen in [m] einiger Luftfahrzeuggattungen:

Kolbenflugzeuge: bis 5000 m
Turboprop-Flugzeuge: bis 10000 m
Strahlflugzeuge: bis 15000 m

5.7 Reichweiten

Die Reichweite läßt sich aus dem Flughandbuch ermitteln, wenn man die ausfliegbare Kraftstoffmenge und die gesetzte Triebwerksleistung berücksichtigt.

5.8 Geringste Sinkrate und bestes Gleiten

s. T 1.2.4.2

5.9 Landestrecke und Landerollstrecke

Unter der **Landestrecke** versteht man die Strecke, die von einer Höhe von 50 ft bis zum Stillstand auf der Landebahn benötigt wird. In Flughandbüchern wird meistens zusätzlich die **Landerollstrecke** angegeben, unter der die Strecke zu verstehen ist, die das Flugzeug effektiv vom Aufsetzpunkt bis zum Stillstand zurücklegt.

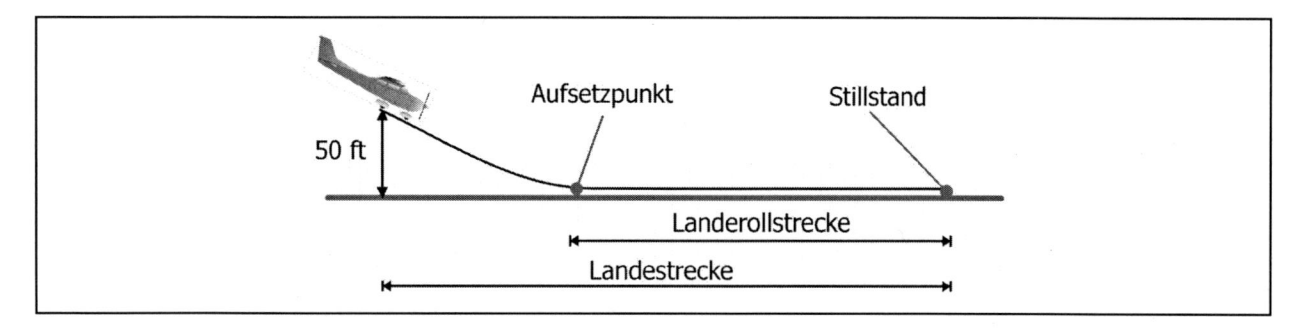

Im § 50 der 1. DVO LuftBO sind die Anforderungen an die Leistungen bei der Landung festgelegt:

(1) Das unter Zugrundelegung eines normalen Betriebsstoffverbrauches zu erwartende Landegewicht auf dem Bestimmungsflugplatz oder auf einem Ausweichflugplatz darf die Grenze nicht überschreiten, die im Flughandbuch für die Höhenlage des Bestimmungs- oder Ausweichflugplatzes festgelegt ist.
(Anm.: Diese Forderung ist für die meisten Luftfahrzeuge, die in der Sammeleintragung einmotorig bis 2 t enthalten sind, nicht relevant, da in diesen Fällen das Flugzeug mit maximal zulässigem Abfluggewicht auch gelandet werden darf.)

(2) ... gilt für Flugzeuge mit Strahlturbinen.

(3) Bei anderen Flugzeugen muß eine sichere Landung bis zum Stillstand innerhalb der verfügbaren Landestrecke möglich sein.

Generell hängt die Landestrecke von folgenden Faktoren ab, die teilweise in den Flughandbüchern berücksichtigt werden:

- Höhe der Landebahn (Druckhöhe)
- Bahnneigung
- Oberflächenzustand
- Flugzeuggewicht

- Klappenstellung (vgl. T 2.1.4.2)
- Anfluggeschwindigkeit in 50 ft Höhe
- Wind
- Temperatur

Vom Gesetzgeber ist generell als eine sichere Anfluggeschwindigkeit in 50 ft Höhe über der Schwelle **das 1,3-fache der Überziehgeschwindigkeit in Landekonfiguration** (max. zulässiges Landegewicht, ausgefahrene Landeklappen, ausgefahrenes Fahrwerk) festgelegt worden. In der Regel werden in Flughandbüchern diese Geschwindigkeit bei der Angabe von Landestrecken zugrunde gelegt. Variiert man die Anfluggeschwindigkeit, muß man qualitativ mit folgenden Änderungen der Landestrecken rechnen:

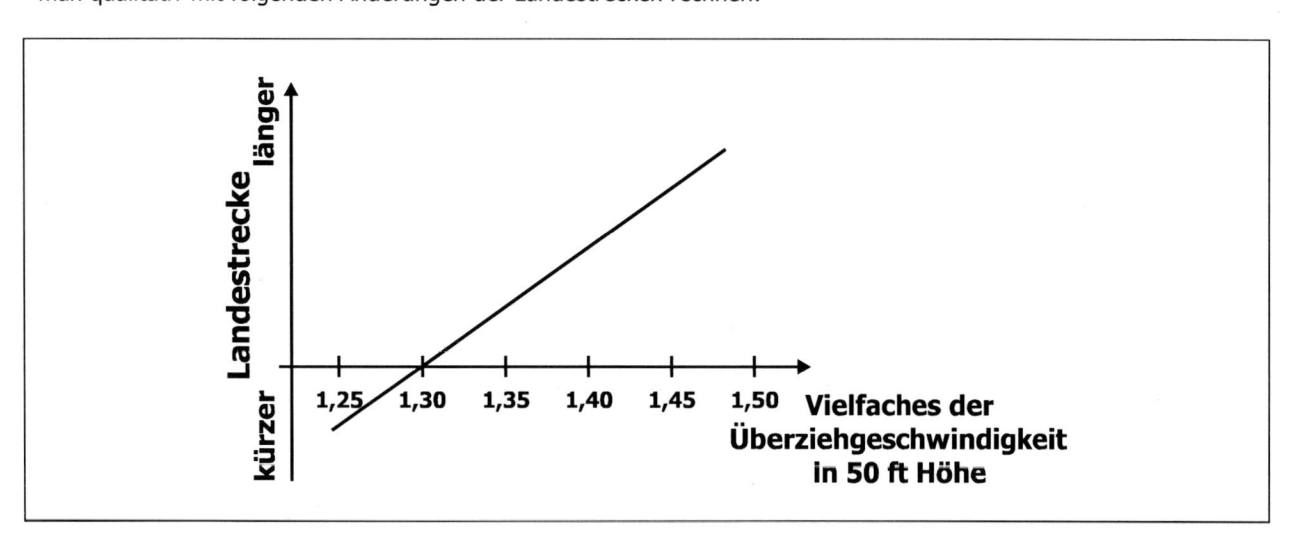

Meteorologie

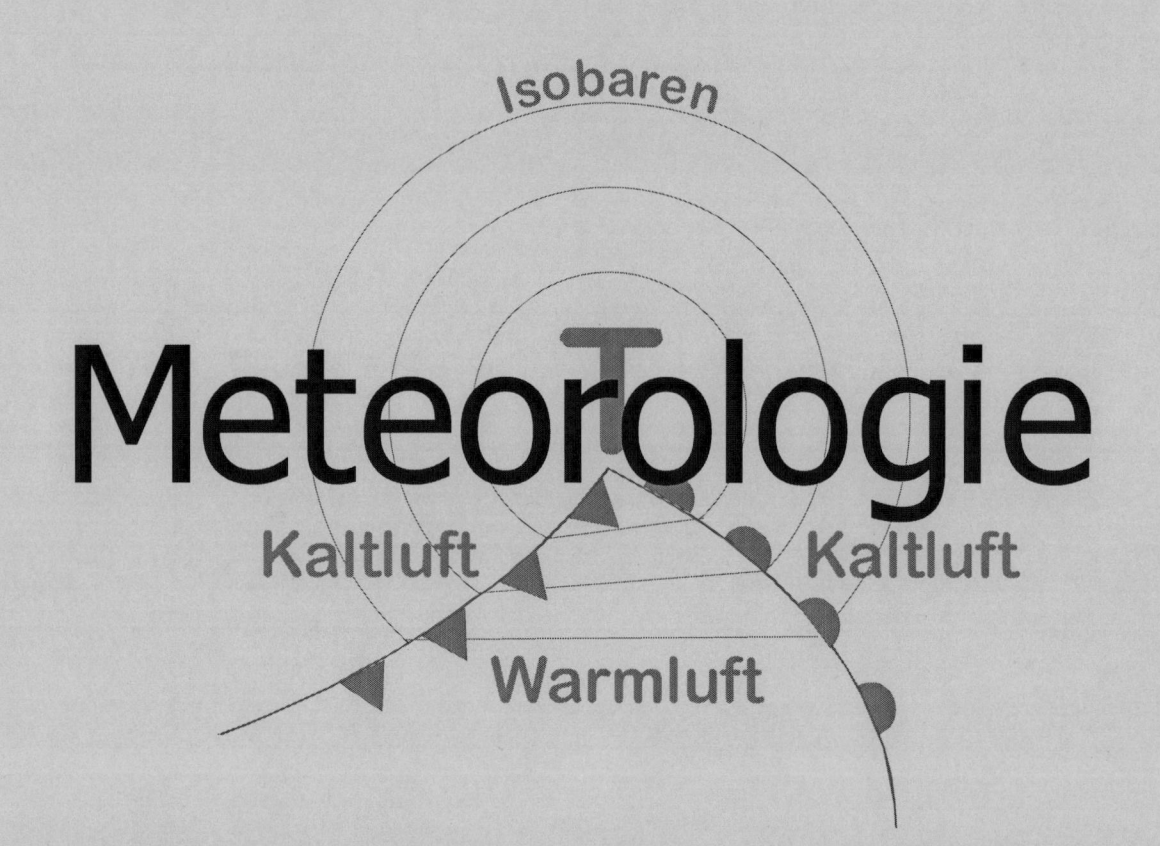

Isobaren

T

Kaltluft   Kaltluft

Warmluft

C.L. — Meteorologie — M 1

1. Luft

1.1 Allgemeines

Unter Wetter versteht man Erscheinungen, die ausschließlich in der **Erdatmosphäre** auftreten. Als Erdatmosphäre bezeichnet man die Lufthülle, die die Erde umgibt. Die Wettererscheinungen hängen insbesondere von dem Zusammenspiel der folgenden physikalischen Größen der Luft ab:

- **Lufttemperatur**
- **Luftdruck**
- **Luftdichte**
- **Luftfeuchtigkeit** (in Form vom in der Luft enthaltenen Wasserdampf)

Alle Größen sind voneinander abhängig; die Abhängigkeit soll in den nachfolgenden Abschnitten erläutert werden. Folgende die Luftfahrt betreffende Wettererscheinungen, die in diesem Kapitel beschrieben und analysiert werden sollen, sind insbesondere bei Flügen zu berücksichtigen, die nach Sichtflugregeln durchgeführt werden:

- **Dunst, Nebel, Wolken (Sichteinschränkungen)**
- **Gewitter (Blitz, Hagel, Böen)**
- **Niederschläge (Vereisung)**
- **Wind (Versetzung, Turbulenzen, Böen, Scherungen)**

1.2 Stoffanteile

Die Luft der Erdatmosphäre setzt sich im gasförmigen Zustand aus folgenden **Stoffanteilen** zusammen:

- 21 % Sauerstoff (O_2)
- 78 % Stickstoff (N_2)
- 0,93 % Argon (Ar)
- 0,03 % Kohlendioxyd (CO_2)
- 0,04 % Spurenelemente (Neon, Helium, Krypton, Wasserstoff, Xenon u.a.)

1.3 Wärme

1.3.1 Wärmestrahlung und -übertragung

Durch die **Wärmestrahlung** der Sonne werden tagtäglich große Mengen an Wärmeenergie von der Erde aufgenommen. Dieser Vorgang wird als **Wärmeabsorption** bezeichnet. Durch die unterschiedliche Beschaffenheit der Oberfläche, die Gestalt und die Bewegung der Erde ist die Absorption jedoch lokal und zeitlich variabel.

Wie wir später noch sehen werden, ist dies der Grundmechanismus für die Entstehung von globalen und lokalen Wettergeschehen. Nur ein geringer Teil von 15 % der gesamten auf die Erde strahlenden Sonnenwärme wird direkt von der Erdatmosphäre, also der Luft, aufgenommen. Der größte Teil von 45 % wird zunächst von der Erdoberfläche absorbiert und erst anschließend an die bodennahen Luftschichten der Atmosphäre abgegeben. 40 % der Wärme erreichen die Erde nicht, da sie sofort von den äußeren Atmosphärenschichten durch Reflexion und Zerstreuung an den Weltraum abgegeben werden.

Die Energiebilanz ist die Differenz zwischen absorbierter und abgegebener Wärme

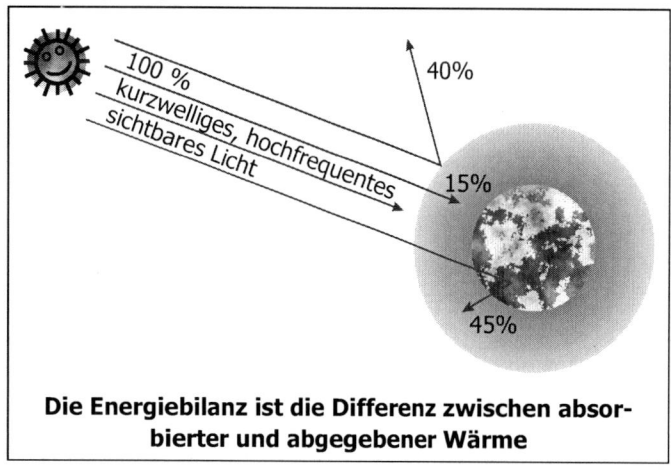

Die Wärmestrahlung ist eine **elektromagnetische Welle**, deren **Frequenz** von der Temperatur des sie ausstrahlenden Körpers abhängt. Glühende Körper (z.B. die Sonne) sind so heiß, dass sie hochfrequente Wärme als sichtbares Licht ausstrahlen (**kurzwellig**). Die Wärmestrahlung der Erde ist jedoch nicht sichtbar und daher von einer eher niedrigen Frequenz (**langwellig**).

Die Differenz zwischen der durch die Sonne zugeführten und der von der Erde abgegebenen Wärmemenge wird als **Energie- bzw. Strahlungsbilanz** bezeichnet.

Die **Energiebilanz speziell der Erdoberfläche** kann negativ sein, wenn abends, nachts und bis kurz nach Sonnenaufgang die absorbierte Wärme geringer ist als die durch langwellige Strahlung abgegebene Wärme.

Die **kugelförmige Gestalt** der Erde verursacht in der Nähe der geographischen Pole ein streifendes Auftreffen der Sonnenstrahlen und somit nur eine geringe Wärmeübertragung; mit zunehmender Nähe zum Äquator treffen die Strahlen immer dichter und unter einem größerem Winkel bzw. senkrecht auf, so dass hier mehr Wärme aufgenommen werden kann.

Durch die **Erdrotation** kommt es zu tageszeitlich unterschiedlichen Winkeln des Auftreffens der Sonnenstrahlen (morgens und abends flache Einstrahlung mit nur geringer Erwärmung, gegen Mittag stärkste Einstrahlung und stärkere Erwärmung, nachts keine Einstrahlung und daher Abkühlung).

Die **Revolution der Erde** einmal pro Jahr um die Sonne und die Neigung der Erdachse (Ekliptik) rufen ebenso durch unterschiedliche Winkel der Sonneneinstrahlung die vier Jahreszeiten hervor.

Die angesprochene Geometrie der Erde und deren Bewegungen sind in den Abschnitten AN 1.2 ff. näher erläutert.

Nachdem die Wärmeenergie der Sonne von der Erde nach den oben beschriebenen Mechanismen aufgenommen worden ist, kommt es zwischen der Erdoberfläche und der Atmosphäre zu **Wärmeübertragungen** nach folgenden Prinzipien:

Vorgang	Stichwort	Ablauf
Erdstrahlung	Langwellige Strahlung	Langwellige Strahlung des Erdbodens wird von Nebel- und Wolkenschichten absorbiert (erdnahe Luftschichten erwärmen sich dabei)
Wärmeleitung	Kontakt	Durch direkten Kontakt erdnaher Luftschichten mit dem Erdboden; da Luft schlechter Wärmeleiter nur Erwärmung bodennaher Schichten
Konvektion	Thermik, vertikale Luftbewegungen	Durch Wärmeleitung erwärmte Schichten haben, wie alle wärmeren Luftmassen, eine geringere Dichte; nach Überwindung der Bodenhaftung steigen diese Schichten auf (Warmluftblasen = Thermik) und vermischen sich schließlich nach Auflösung der Blase in größeren Höhen mit der übrigen kälteren Luft
Advektion	Bewegung und Kontakt	Abkühlung oder Erwärmung im Austausch mit dem Erdboden (Wärmeleitung) von horizontal bewegten Luftmassen
Umsetzungen	Aggregatänderungen (Verdunstung, Kondensation)	Erwärmte bodennahe Luftschichten nehmen Wasser auf (Verdunstung = Wärmeaufnahme); beim Aufsteigen feuchter Luft kühlt sich diese erst trocken-, anschließend feuchtadiabatisch ab und es kommt zur Kondensation und damit zur Abgabe der Wärme; dadurch Transport von Wärme in höhere Schichten

1.3.2 Lufttemperatur

Die Lufttemperatur ist ein Maß für die **Wärmeenergie**, die in der Luft enthalten ist. Dabei gilt, dass eine große Wärmemenge, die auf die Luft übertragen wird, die Lufttemperatur erhöht und entsprechend eine Reduzierung der Wärmemenge die Temperatur senkt. Die Lufttemperatur wird mit folgenden Instrumenten gemessen:
- Quecksilberthermometer (nur anzeigend)
- Bimetallthermometer (nur anzeigend)
- Thermograph (aufzeichnend)

Im Allgemeinen wird in der Luftfahrt die Lufttemperatur in **Grad Celsius [° C]** angegeben, in manchen Fällen findet noch die Einheit **Fahrenheit [F]** Verwendung. Die Umrechnungsformeln zwischen beiden Einheiten lauten:

Fahrenheit in Celsius: $T_C = \frac{5}{9} \cdot (T_F - 32)$	**Celsius in Fahrenheit:** $T_F = (\frac{9}{5} \cdot T_C) + 32$

1.4 Statischer Luftdruck

1.4.1 Messung

Zur Erklärung des Begriffes Luftdruck gehen wir von der Erdatmosphäre aus, die die gesamte Erde annähernd kugelförmig umgibt und betrachten einen Ausschnitt der Atmosphäre, der eine Luftsäule mit einer bestimmten Querschnittsfläche darstellt. Das Gewicht der Luftsäule wird von der Gravitationskraft der Erde hervorgerufen und wird auf der Erdoberfläche gemessen. Die Einheit der Gewichtskraft ist Newton [N]. Teilt man das Gewicht durch die Querschnittsfläche der Luftsäule (z.B. 1 m²), erhält man den Luftdruck p. Da die Luft sich nicht bewegt, wird der ermittelte Druck auch als **statischer Luftdruck p$_{stat}$** bezeichnet.

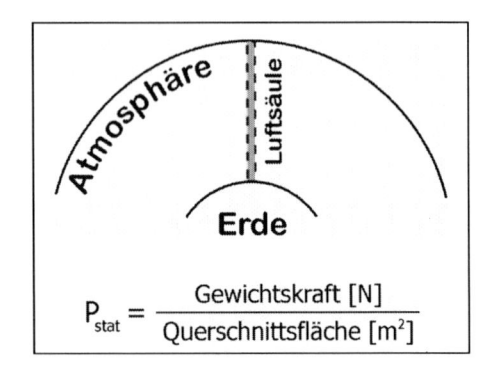

$$p_{stat} = \frac{\text{Gewichtskraft [N]}}{\text{Querschnittsfläche [m}^2\text{]}}$$

In Abhängigkeit der Temperatur führen die Moleküle eines Gases Eigenbewegungen aus (Temperatur hoch > schnelle Eigenbewegungen und umgekehrt); die Partikel hindern sich gegenseitig durch ständige Zusammenstöße. Ohne äußere Kraft auf die Partikel (Erdanziehungskraft; Wände usw.) würden Gase sich immer weiter ausdehnen. Durch die Eigenbewegung der Moleküle tritt der Luftdruck in allen Raumrichtungen gleichmäßig auf. Daher werden Lebewesen und Gegenstände nicht von dem Gewicht der über ihnen befindlichen Luftsäule zerdrückt.

Verlegt man den Meßpunkt sukzessive in die Höhe, wird die Größe und damit auch das Gewicht der darüber liegenden Luftsäule immer geringer, man misst also ständig kleinere Luftdruckwerte, d.h., der Luftdruck nimmt mit zunehmender Höhe ab.

Der Luftdruck wird mit folgenden Instrumenten gemessen:

- Quecksilberbarometer (nur anzeigend)
- Dosenbarometer (nur anzeigend)
- Barograph (aufzeichnendes Dosenbarometer)

Luftdruckwerte in der Luftfahrt werden in der Regel nicht in [N / m²] sondern in [hPa] angegeben. Zwischen beiden Einheiten gelten folgende Umrechnungen:

$$1 \text{ N} / \text{m}^2 = 1 \text{ Pa}$$
$$1 \text{ kg} = 9{,}81 \text{ N}$$
$$1 \text{ hPa} = 10^2 \text{ Pa}$$
$$10^5 \text{ N} / \text{m}^2 = 1000 \text{ hPa}$$
1013,2 hPa = 760 Torr = 760 Millimeter-Quecksilbersäule = 29,92 inHg (gilt in Meeresspiegelniveau / MSL)

1.4.2 Einflussfaktoren

Die Erdoberfläche wird unterschiedlich von der Sonne bestrahlt und nimmt außerdem die Sonnenenergie in unterschiedlichen Mengen auf. Dadurch werden die darüber liegenden Luftmassen unterschiedlich erwärmt; sie haben daher auch unterschiedliche Luftdichten. Deshalb ist der Luftdruck in Warmluftbereichen geringer als in Kaltluftbereichen. Für einen bestimmten Ort lassen sich die auftretenden Druckschwankungen wie folgt unterteilen:

- durch die **Jahreszeit** bestimmte Schwankungen
- **tägliche** Schwankungen
- **unregelmäßige** Schwankungen.

Eine durch die **Jahreszeit** bedingte Schwankung zeigt uns folgendes Beispiel:
Im Winter bildet sich über Zentralasien eine ausgedehnte Hochdruckzone, welche dann im Sommer durch eine Tiefdruckzone ersetzt wird, sobald über dem Kontinent die Temperatur beträchtlich ansteigt.

Die **tägliche** Schwankung des Barometers ist klein (weniger als 1 hPa in den gemäßigten Zonen, einige hPa in den Tropen), sie zeigt eine gewisse Ähnlichkeit mit den Erscheinungen der Gezeiten der Ozeane.
Es gibt pro Tag zwei Maxima und zwei Minima, wobei der Druck

- steigt von 4 bis 10 Uhr
- sinkt von 10 bis 16 Uhr
- steigt von 16 bis 22 Uhr
- sinkt von 22 bis 4 Uhr.

Die **unregelmäßigen** Schwankungen stehen mit dem Wettercharakter in Verbindung; so sinkt z.B. der Luftdruck, wenn sich atmosphärische Störungen nähern, und er steigt wieder an, sobald die Störungen vorbeigezogen sind. Diese Schwankungen betragen oft 10 bis 20 hPa.

1.5 Luftfeuchtigkeit

1.5.1 Aggregatzustände von Wasser

Unter den Aggregatzuständen versteht man die Zustandsformen **gasförmig, flüssig und fest** eines beliebigen Stoffes. Die in der folgenden Abbildung dargestellten Zustandsübergänge von Wasser sind von besonderer Bedeutung für das Wettergeschehen. Es kommt je nach Übergangsart zu einer Änderung der Wärmemenge des Wassers, d.h. das Wasser wird durch den Zustandsübergang entweder erwärmt oder abgekühlt. Grundsätzlich kann für alle Stoffe und deren Zustandsänderungen festgestellt werden, dass

- jeder Übergang zu einem höheren Aggregatzustand Energie benötigt (bindet)
- jeder Übergang zu einem niedrigeren Aggregatzustand Energie freisetzt

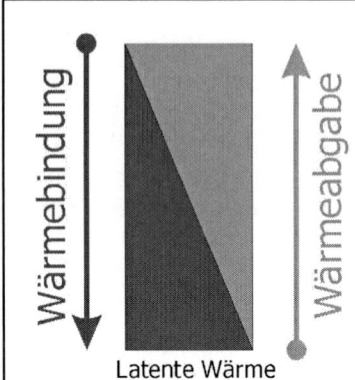

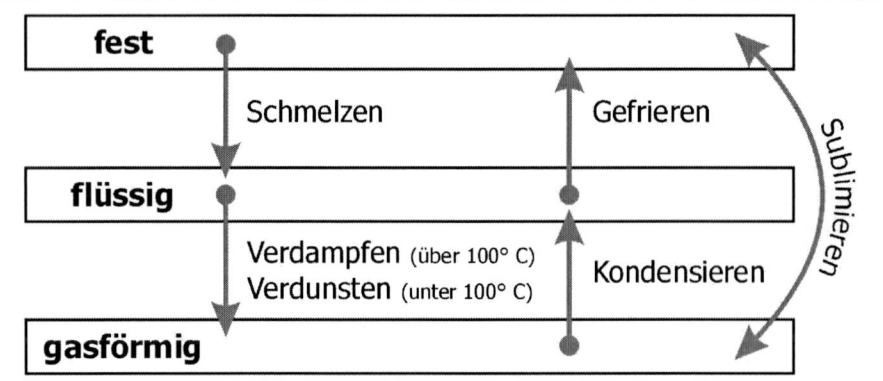

Die Wärmeänderungen, die sich durch die Wechsel der Aggregatzustände ergeben, sind die Ursache für die Abkühlungs- und Erwärmungsprozesse bei den in M 4.2.1 behandelten **adiabatischen Vorgängen**. Die Wärmemenge, die im gasförmigen Wasser in Form von potentieller Energie gespeichert ist, wird als **latente Wärme** bezeichnet. Solange das Wasser gasförmig ist, kann die latente Wärme nicht mit einem Thermometer gemessen werden; allerdings wird die latente Wärme beim Verdampfen oder Verdunsten oder Sublimieren wieder frei, was sich durch eine messbare Abkühlung des Wassers bemerkbar macht. Entsprechend umgekehrt wird die latente Wärme durch Kondensieren oder Sublimieren vom Wasser gespeichert, was eine Temperaturerhöhung bedeutet.

Die Wasserdampfmenge, die in der Luft enthalten ist, wird als **Luftfeuchtigkeit** bezeichnet. Wasserdampf ist Wasser im gasförmigen Zustand und wird in der Atmosphäre hauptsächlich nach erfolgter **Verdunstung** zwischen die Luftmoleküle eingelagert (Verdampfung benötigt eine Temperatur von mehr als 100°C und kommt daher in der Natur nur im geringen Umfang als Ursache für die Entstehung von Wasserdampf in Betracht). Die Menge des Wasserdampfes, den die Luft aufnehmen kann hängt von ihrer Temperatur ab:

Umso wärmer die Luft ist, desto mehr Wasserdampf kann sie aufnehmen.

Das Wasser selbst erscheint in der Atmosphäre in Form von sog. Hydrometeoren oder als Wasserdampf:

feste Hydrometeore	flüssige Hydrometeore:	Wasserdampf (gasförmig)
Griesel Schnee Eiskörner Graupel Hagel	Niesel Regen Unterkühlter Regen	Wasserdampf ist nicht sichtbar (relative Luftfeuchtigkeit unter 100 % !)

1.5.2 Messung der Luftfeuchtigkeit

Die Messung der Luftfeuchtigkeit erfolgt über folgende Instrumente:
- Hygrometer (nur anzeigend)
- Aßmannsches Aspirationspsychrometer (nur anzeigend)
- Hygrograph (aufzeichnend)

Oft wird ein sog. **Haarhygrometer** verwendet, dessen Funktion auf der Ausdehnung eines menschlichen Haares bei der Aufnahme von Wasser basiert. Die Ausdehnung wird mittels eines Federmechanismus' auf einer Skala zur Anzeige gebracht. Die Luftfeuchtigkeit wird wie folgt angegeben:

Absolute Luftfeuchtigkeit	Tatsächlich aufgenommene Wasserdampfmasse zum Luftvolumen	$\dfrac{\text{Wassermasse}}{\text{Luftvolumen}}$	$[g / m^3]$
Spezifische Luftfeuchtigkeit	Tatsächlich aufgenommene Wasserdampfmasse zur Luftmasse	$\dfrac{\text{Wassermasse}}{\text{Luftmasse}}$	$[g / kg]$
Maximale Luftfeuchtigkeit	Maximal aufnehmbare Wasserdampfmasse zum Luftvolumen	$\dfrac{\text{max. Wassermasse}}{\text{Luftvolumen}}$	$[g / m^3]$
Relative Luftfeuchtigkeit	Verhältnis von absoluter Luftfeuchtigkeit zur maximalen Luftfeuchtigkeit	$\dfrac{\text{abs. Luftfeuchtigkeit}}{\text{max. Luftfeuchtigkeit}}$	$[\%]$

Mit zunehmender Lufttemperatur kann die Luft mehr Wasserdampfmoleküle einlagern, d.h. der Wert der maximalen Luftfeuchtigkeit wird größer. Dementsprechend kann bei Temperaturerhöhung die relative Luftfeuchtigkeit konstant bleiben, obwohl die absolute Luftfeuchtigkeit und/oder die spezifische Luftfeuchtigkeit ansteigen.

1.5.3 Sichteinschränkung (Taupunkt und Spread)

Der Wasserdampf, der fast immer in der Luft der Erdatmosphäre enthalten ist, ist gasförmig und schränkt die Sicht nicht ein. Die Sichteinschränkung durch Nebel, Dunst und Wolken basiert auf **feinen Wassertröpfchen und/oder Eiskristallen**, die durch Aggregatzustandsänderungen dieses Wasserdampfes entstanden sind. Je mehr Wassertröpfchen und/oder Eiskristalle enthalten sind, umso stärker ist die Sichteinschränkung. Die Sichteinschränkung entsteht durch Reflexion und Zerstreuung des einfallenden Lichtes.

Zur Klärung der Frage, warum diese Aggregatänderungen zustande kommen, gehen wir zunächst von einer klaren durchsichtigen Luft aus, die gemäß ihrer relativen Luftfeuchtigkeit eine gewisse Menge Wasserdampf enthält. Die Voraussetzung für Aggregatänderungen ist, dass einer oder die Kombination der folgenden zwei Prozesse die relative Luftfeuchtigkeit vergrößert:
- **Abkühlung der Luft bis unter den Taupunkt**
- **Zufuhr von weiterem Wasserdampf bis zum Taupunkt**

Durch Abkühlen erreicht man ab einer bestimmten Temperatur, die man als **Taupunkt** bezeichnet, die relative Luftfeuchtigkeit von 100 %. Ab diesem Augenblick spricht man von einer **Sättigung** der Luft, d.h. die Luft kann keinen Wasserdampf mehr einlagern und es kommt zur Ausscheidung von Wassertröpfchen und/oder Eiskristallen.
Durch die Zufuhr von weiterem Wasserdampf erhöht sich der Taupunkt und man erreicht ebenso eine Sättigung der Luft, was schließlich auch zur Bildung von Wassertröpfchen und/oder Eiskristallen führt.
Wie oben erwähnt, werden diese Bildungsprozesse als Kondensation bzw. Sublimation bezeichnet.

Das Ausscheiden beginnt zuerst an in der Luft enthaltenen Fremdstoffen, wie z.B. Staub-, Ruß-, Rauch- oder Salzpartikeln, sog. **Kondensationskeimen**. Sofern Fremdstoffe hygroskopisch (feuchtigkeitsanziehend) wirken, kann der Kondensations- oder Sublimationsprozeß bereits unter 100 % relativer Luftfeuchtigkeit beginnen, also vor Erreichen des Taupunktes. Ist die Luft sehr rein und sind nur wenige Keime vorhanden, kann der Kondensations- oder Sublimationsprozess auch erst nach Abkühlung einiger Grade unter dem Taupunkt einsetzen.

Die Differenz zwischen der aktuellen Lufttemperatur und dem Taupunkt wird als **Spread** bezeichnet. Der Spread dient u.a. zur Abschätzung der Beständigkeit der Luft gegen Nebelbildung und wird daher in vielen Wettermeldungen angegeben. Ein kleiner Spread bedeutet die Gefahr der Nebelbildung, wenn z.B. lokal die Lufttemperatur um einen geringen Betrag abgekühlt wird. Aus dem Spread läßt sich mit folgender Faustformel die relative Luftfeuchtigkeit in erster Näherung abschätzen:

Zunahme des Spread um 1° C = Abnahme der relativen Luftfeuchtigkeit um ca. 5 %

Um genauere Werte zu erhalten, muss folgendes Diagramm angewendet werden:

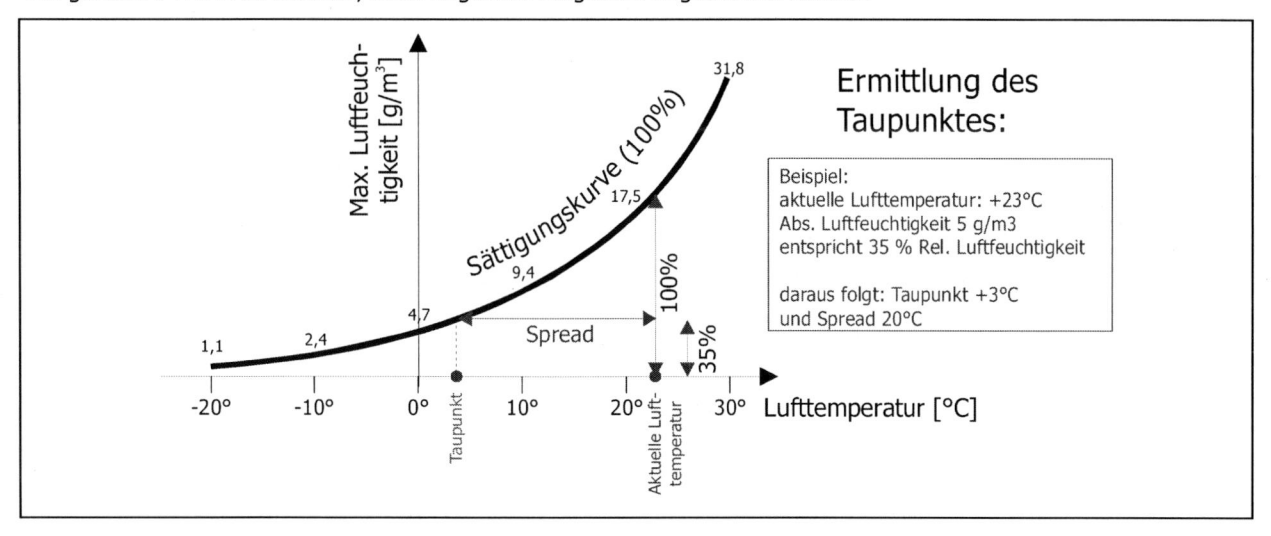

Ermittlung des Taupunktes:

Beispiel:
aktuelle Lufttemperatur: +23°C
Abs. Luftfeuchtigkeit 5 g/m3
entspricht 35 % Rel. Luftfeuchtigkeit

daraus folgt: Taupunkt +3°C
und Spread 20°C

1.5.4 Gewicht feuchter Luft

Zum Verständnis vieler meteorologischer, aber auch physikalischer bzw. technischer Zusammenhänge ist es wichtig zu wissen, welchen Einfluß der in der Luft enthaltene Wasserdampf auf das Gewicht der Luft ausübt. Wasser besteht zu zwei Teilen aus Wasserstoff und einem Teil aus Sauerstoff (H_2O !). Die Wasserstoffatome H sind jedoch leichter als Sauerstoffatome O, somit ist das Luft-Wasserdampfgemisch leichter als trockene Luft:

Feuchte Luft hat eine geringere Dichte und damit ein geringeres Gewicht als trockene Luft !

1.5.5 Verdampfen, Dampfdruck und Sättigungsdampfdruck

Die Moleküle des Wassers (wie auch von anderen Stoffen) führen **Eigenbewegungen** aus, die umso stärker sind, desto höher die Temperatur ist. Moleküle können aus dieser austreten (Verdampfen), wenn ihre Bewegungsenergie so hoch ist, dass sie den äußeren Luftdruck überwinden können; dieser Vorgang wird als Sieden oder Kochen bezeichnet. Der Zeitpunkt des ersten Austretens von Molekülen ist der sog. **Siedepunkt**; er liegt in Meeresspiegelniveau bei etwa 100°C. Man kann sich vorstellen kann, dass dieser Vorgang aufgrund eines inneren Druckes hervorgerufen wird; dieser Druck wird als **Dampfdruck** bezeichnet. Der Dampfdruck und der Siedepunkt sind also von dem äußeren Luftdruck abhängig (auf Bergen kocht das Wasser bereits deutlich unter 100°C).

Der Verdampfungsprozess kann nur ablaufen, solange der entstandene Dampf einen geringeren Druck als der Dampfdruck hat. Ab einem bestimmten Höchstdruck, der als **Sättigungsdampfdruck** bezeichnet wird, können keine Moleküle mehr aus der Wasseroberfläche austreten.

1.5.6 Verdunsten

Bei **Temperaturen unterhalb des Siedepunktes** treten auch Moleküle aus dem Wasser aus, allerdings ausschließlich an der Wasseroberfläche. Die verdunstete Wassermenge ist umso größer, desto mehr der Wasserdampf z.B. durch Wind davongetragen wird, desto größer die Wasseroberfläche und desto höher die Temperatur ist. Die für den Übertritt in den gasförmigen Zustand notwendige Wärme wird sowohl dem Wasser als auch der Luft entzogen. Dieser Effekt ist i.A. bekannt beim Kühlen von Getränken durch Umwickeln mit feuchten Tüchern.

1.5.7 Partialdruck (Gesetz von Dalton)

Nach dem Gesetz von Dalton setzt sich der Gesamtdruck eines Gasgemisches aus der Summe der Partial- oder Teildrücke der einzelnen Gase zusammen. Dementsprechend ist der Dampfdruck der Partialdruck des Wasserdampfes am Gesamtluftdruck.

1.6 Sichtweitenmessung

Sichtweiten werden wie folgt angegeben:
- bis 5000 m in Metern [m]
- ab 5000 m in Kilometern [km]
- ab 10 km erfolgt die Angabe 9999.

Bezeichnung	Sichtweite
Gut	40 - 10 km
Mäßig	10 km - 4000 m
Schlecht	4000 - 2000 m
Dunst	2000 - 1000 m
Dünner Nebel	1000 - 200 m
Nebel	200 - 50 m
Dichter Nebel	weniger als 50 m

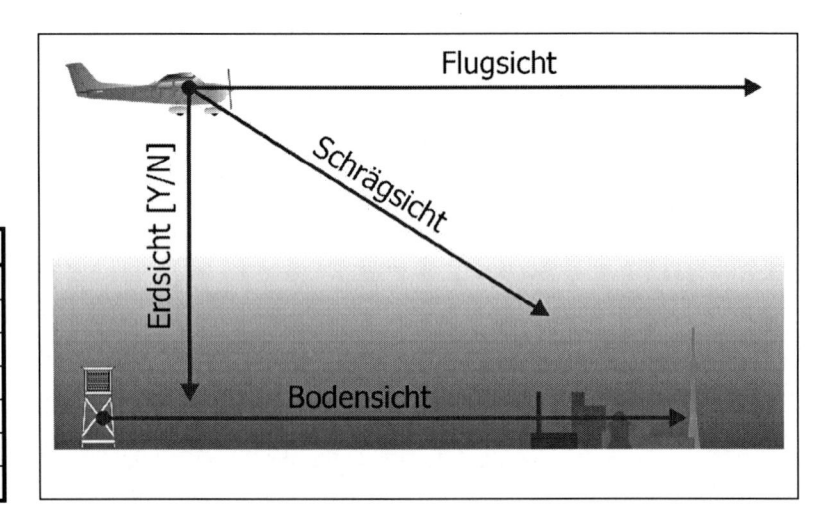

Sicht	Erklärung	Messung durch
Landebahnsicht RVR - Runway visual range	Unter der Landebahnsicht versteht man die Sichtweite entlang der Piste, die mit Transmissiometern an drei vorgeschriebenen Stellen **Touchdown Zone** (Anfang), **Midpoint** (Mitte) und **Stopend** (Ende) gemessen. Dabei strahlt ein Sender einen Lichtstrahl mit bestimmter Stärke ab; der auf einen Empfänger trifft; die Intensitätsschwächung ist ein Maß für die Sichtweite. Die RVR wird nur angegeben, wenn die gemessenen Sichtweiten unter 1500 m liegen. Die Angabe erfolgt von 0 bis 800 m Sicht in Stufen von 50 m, über 800 m Sicht in Stufen von 100 m. Der Fluglotse wird zur Übermittlung der entsprechenden Werte an den Piloten folgende Phraseologie verwenden: „RVR touchdown zone 700 metres, midpoint 650 metres, stopend 500 metres".	Transmissiometer
Bodensicht	Rundsicht am Erdboden	Amtliche Person
Schrägsicht	Sichtweite aus dem Flugzeug heraus nach schräg unten	Flugzeugführer
Flugsicht	Horizontale Rundsichtweite aus dem Flugzeug heraus	Flugzeugführer
Erdsicht	keine Distanzangabe, sondern Angabe, ob der Erdboden vom Lfz aus erkannt werden kann oder nicht	Flugzeugführer

1.7 Luftdichte

Wir stellen uns vor, z.B. am Erdboden genau einen Kubikmeter Luft zu sondieren und dessen Masse [kg] zu wiegen. Dividieren wir diese Masse durch das Volumen (nämlich 1 m³), erhalten wir den Wert der Luftdichte. Mit zunehmender Höhe wird die Luft durch das abnehmende Gewicht der darüber liegenden Luftsäule weniger zusammengedrückt; die Masse eines Kubikmeters Luft und damit auch die Luftdichte verringern sich daher mit steigender Höhe. Die Dichte wird mit dem griechischen Buchstaben ρ (sprich „Rho") bezeichnet:

Luftdichte ρ = Luft- und Wassermasse / Luftvolumen   [kg / m³]

Abhängig von Luftdruck, Lufttemperatur und der absoluten Luftfeuchtigkeit liegt eine bestimmte Anzahl bzw. Masse von Luft- bzw. Wassermolekülen in einer Volumeneinheit vor:

Einflußfaktor	Wirkung auf die Luftdichte
Luftdruck	Mit zunehmendem Luftdruck werden die Gaspartikel solange verdichtet, bis der innere Gasdruck (Eigenbewegung) dem äußeren Luftdruck gleich ist (Luftdichte steigt).
Lufttemperatur	Mit zunehmender Lufttemperatur wird der innere Gasdruck größer. Die Gaspartikel nehmen ein größeres Volumen ein, bis der innere Gasdruck und der äußere Druck in Waage sind (Luftdichte nimmt ab).
Luftfeuchtigkeit	Mit zunehmender Luftfeuchtigkeit werden Wasserdampfmoleküle, die eine geringere Masse haben, an die Stelle von Luftmolekülen, die eine höhere Masse haben, eingelagert. Die Luftdichte nimmt dabei also ab.

Die direkte Messung der Luftdichte wird nicht vorgenommen, da die Luftdichte aus den Meßwerten der übrigen physikalischen Faktoren (Druck, Temperatur, Feuchtigkeit) rechnerisch ermittelt werden kann.

2 Erdatmosphäre

2.1 Internationale Standardatmosphäre (ISA)

Da die jeweils aktuellen meteorologischen Bedingungen in der realen Erdatmosphäre variieren, es aber insbesondere aus technischen Gründen und zur allgemeinen Vereinfachung nötig ist, sich auf Standardwerte, die im Durchschnitt den real existierenden Bedingungen entsprechen, zu einigen, ist die

Internationale Standardatmosphäre (ISA)

festgelegt worden. Diese legt Normwerte fest u.a. für den Verlauf von Luftdruck, Luftdichte und Lufttemperatur in Abhängigkeit von der Höhe.

Höhe H [m]	Temperatur T [° C]	Luftdruck p [hPa]	Luftdichte ρ [kg / m³]	Schallgeschw. a [m / s]
0	15.0	1013.25	1.2255	340.29
200	13.7	989.45	1.2016	339.53
400	12.4	966.11	1.1786	338,76
600	11.1	943.17	1.1559	337,98
800	9.8	920.76	1.1336	337,21
1000	8.5	898.7	1.1116	336,43
1200	7.2	877.15	1.0899	335,66
1400	5.9	855.98	1.0686	334,88
1600	4.6	835.23	1.0475	334,10
1800	3.3	814.89	1.0268	333,31
2000	2.0	794.95	1.0064	332,53
2200	0.7	775.40	0.9864	331,74
2400	-0.6	756.25	0.9666	330,95
2600	-1.9	737.48	0.9471	330,16
2800	-3.2	719.10	0.9279	329,37
3000	-4.5	701.08	0.9091	328,58
3200	-5.8	683.43	0.8905	327,78
3400	-7.1	666.15	0.8722	326,98
3600	-8.4	649.21	0.8542	326,18
3800	-9.7	632.63	0.8365	325,38
4000	-11.0	616.40	0.8191	324,58
4200	-12.3	600.50	0.8019	323,77
4400	-13.6	584.94	0.7851	322,97
4600	-14.9	569.70	0.7685	322,16
4800	-16.2	554.79	0.7521	321,34
5000	-17.5	540.19	0.7361	320,53

Höhe H [m]	Temperatur T [° C]	Luftdruck p [hPa]	Luftdichte ρ [kg / m3]	Schallgeschw. a [m / s]
5200	-18.8	525.91	0.7203	319,71
5400	-20.1	511.94	0.7047	318,90
5600	-21.4	498.26	0.6894	318,08
5800	-22.7	484.89	0.6744	317,25
6000	-24.0	471.81	0.6596	316,43
6200	-25.3	459.01	0.6451	315,60
6400	-26.6	446.50	0.6308	314,77
6600	-27.9	434.26	0.6168	313,94
6800	-29.2	422.30	0.6030	313,11
7000	-30.5	410.60	0.5895	312,27
7200	-31.8	399.17	0.5761	311,44
7400	-33.1	388.00	0.5630	310,60
7600	-34.4	377.08	0.5502	309,75
7800	-35.7	366.41	0.5375	308,91
8000	-37.0	355.99	0.5251	308,06
8200	-38.3	345.81	0.5129	307,21
8400	-39.6	335.87	0.5009	306,36
8600	-40.9	326.16	0.4892	305,51
8800	-42.2	316.68	0.4776	304,65
9000	-43.5	307.42	0.4663	303,79
9200	-44.8	298.38	0.4552	302,93
9400	-46.1	289.56	0.4442	302,07
9600	-47.4	280.95	0.4335	301,20
9800	-48.7	272.55	0.4230	300,33
10000	-50.0	264.36	0.4127	299,46
10200	-51.3	256.36	0.4025	298,59
10400	-52.6	248.57	0.3926	297,71
10600	-53.9	240.96	0.3828	296,83
10800	-55.2	233.55	0.3733	295,95
11000	-56.5	226.32	0.3639	295,07

2.1.1 Statischer Luftdruck

Nach der Internationalen Standardatmosphäre beträgt der Luftdruck auf Meeresspiegelniveau p_{stat} = 1013,2 hPa = 29,92 inHg = 760 mmHg. Von diesem Basiswert ausgehend nimmt der Luftdruck jeweils alle 5500 m bzw. 18000 ft um die Hälfte ab. D.h. in 5500 m beträgt der Luftdruck nur noch 506,6 hPa, in 11000 m beträgt er 227 hPa usw. Die Mathematik bezeichnet diesen Verlauf als **logarithmisch**. Zur Vereinfachung von Rechnungen nimmt man jedoch einen linearen Verlauf des Luftdruckabfalles an und rechnet bis etwa 5500 m Höhe mit folgender **Barometrischen Höhenstufe**:

> **Eine Höhenzunahme von 30 ft**
> **entspricht**
> **einer Luftdruckabnahme von 1 hPa**
> (zwischen MSL und 18000 ft)

Der Fehler, der durch diese „grobe" Rechnung gemacht wird, ist für die meisten unserer Berechnungen vernachlässigbar klein. Mit zunehmender Höhe wird der Fehler ständig größer, so daß alle 5500 m ein anderer Wert für die Barometrische Höhenstufe verwendet werden muß:

ab 18000 ft (5500 m)	16 m	60 ft
ab 36000 ft (11000 m)	32 m	120 ft
ab 54000 ft (16500 m)	64 m	240 ft

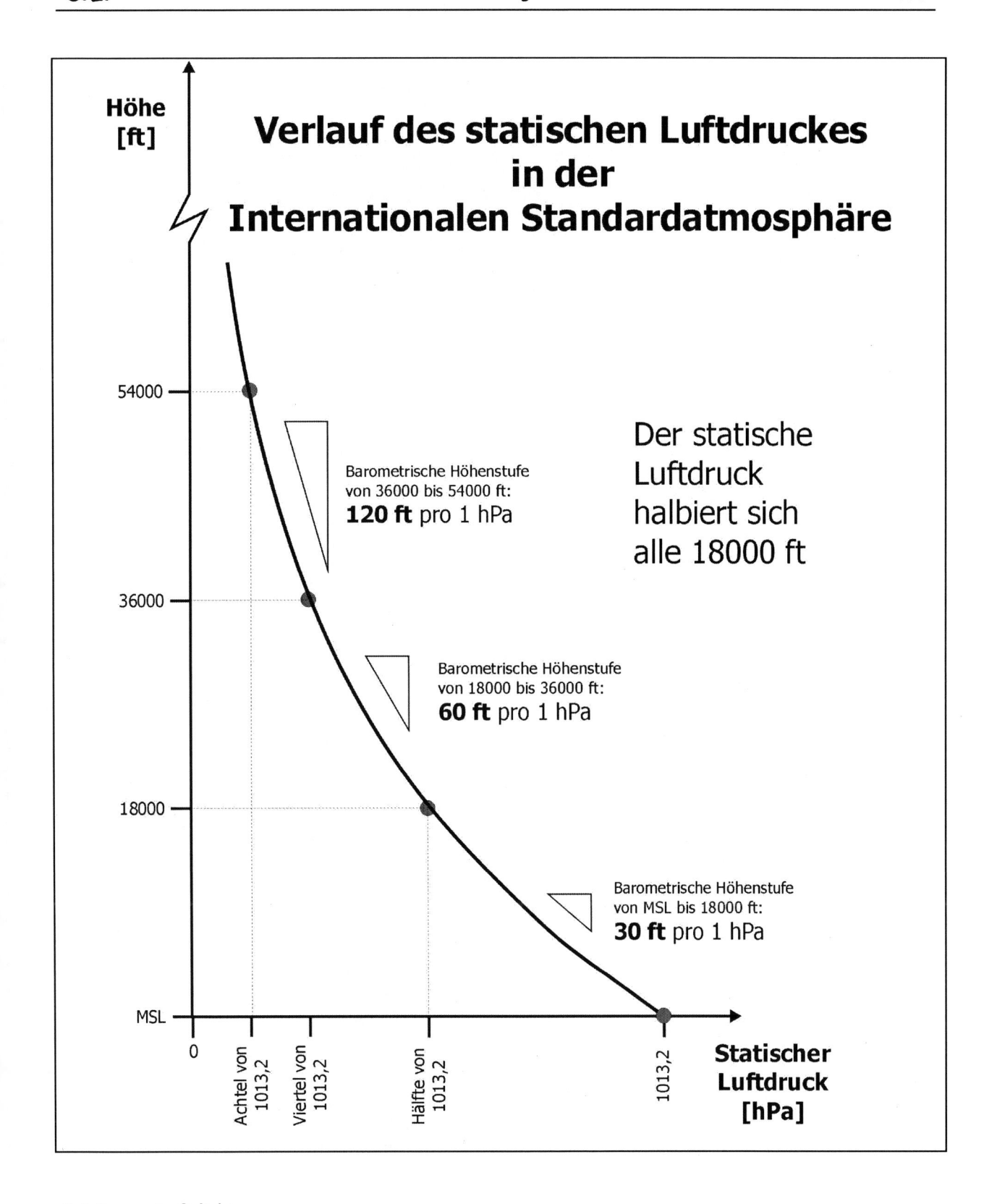

Verlauf des statischen Luftdruckes in der Internationalen Standardatmosphäre

Höhe [ft]

- 54000
- 36000
- 18000
- MSL

Statischer Luftdruck [hPa]: 0, Achtel von 1013,2, Viertel von 1013,2, Hälfte von 1013,2, 1013,2

Barometrische Höhenstufe von 36000 bis 54000 ft: **120 ft** pro 1 hPa

Barometrische Höhenstufe von 18000 bis 36000 ft: **60 ft** pro 1 hPa

Barometrische Höhenstufe von MSL bis 18000 ft: **30 ft** pro 1 hPa

Der statische Luftdruck halbiert sich alle 18000 ft

2.1.2 Luftdichte

Auf Meeresspiegelniveau beträgt die Luftdichte $\rho = 1,2255$ kg/m³.
Aufgrund des mit zunehmender Höhe fallenden Luftdruckes wird auch die Luftdichte geringer. Durch die gleichzeitig abnehmende Temperatur ist jedoch die Dichteabnahme geringer als die Druckabnahme. Die Dichteänderung läßt sich mit folgender Faustformel abschätzen:

Die Luftdichte nimmt etwa um 10 % pro 1 km Höhenzunahme ab

2.1.3 Lufttemperatur

Der Basiswert der Lufttemperatur beträgt auf Meeresspiegelniveau T = + 15°C = 59 F.
Von diesem Wert ausgehend nimmt die Temperatur innerhalb der Troposphäre pro 1000 ft Höhenzunahme um -2°C ab; das entspricht einer Abnahme von -0,65 °C pro 100 m.

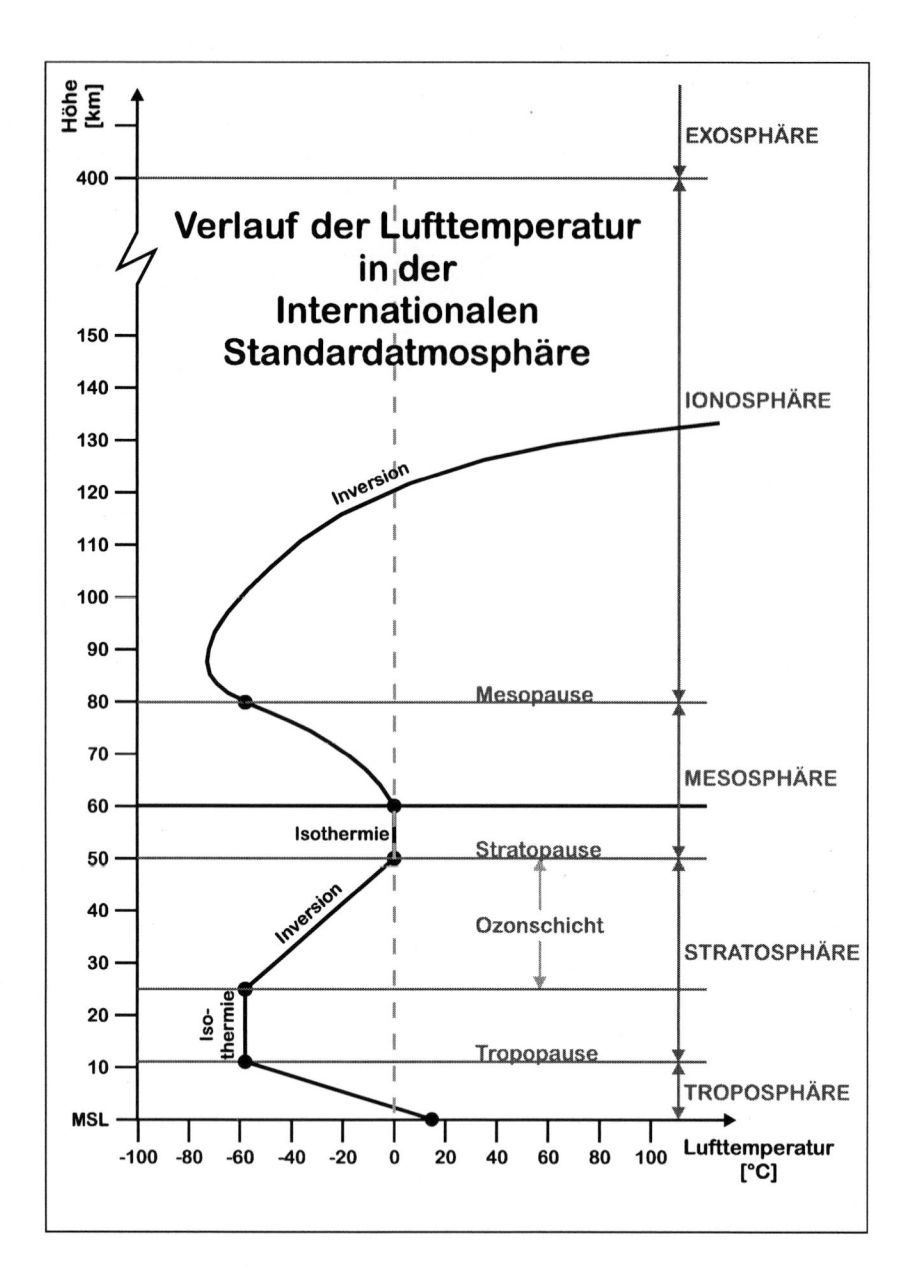

Verlauf der Lufttemperatur in der Internationalen Standardatmosphäre

2.1.4 Luftfeuchtigkeit

Die relative Luftfeuchtigkeit der Internationalen Standardatmosphäre beträgt 0 %.

2.2 Reale Erdatmosphäre

Radiosonden dienen dazu, die Messwerte für Temperatur, Druck und Feuchtigkeit in der Erdatmosphäre zu ermitteln. Aufgrund der messtechnischen Erfassung der Ballonabtrift mittels Radar können auch Windgeschwindigkeit und Windrichtung bestimmt werden. Die Ergebnisse stellt man auf den sog. **Höhenwetterkarten** dar. Die Erdatmosphäre setzt sich gemäß folgender Tabelle aus verschiedenen **Höhenschichten** zusammen:

Schicht	Höhe [km]	Lufttemperatur	Luftfeuchtigkeit	Bemerkungen
Troposphäre	GND – 11	Abnahme	Wasser im gasförmigen Zustand oder als fein verteilte Partikel (Wolken, Nebel) > Wetterbildung	Höhe abhängig von Jahreszeit, Hoch- und Tiefdruckgebieten und der geografischen Breite: Höhe an Polen: 9 km Höhe am Äquator: 16 km
Tropopause	11	entfällt	entfällt	keine vertikale Ausdehnung

Stratosphäre	11 - 50	unterer Bereich bis 25 km: konstant (Isothermie) Ozonschicht ab 25 km: Zunahme	0 % (daher normalerweise keine Wolkenbildung) Ausnahme: bei labilen Luftschichtungen, bei denen durch Konvektion feuchte Luftmassen bis zu 20 km aufsteigen können.	Ozon absorbiert ultraviolette Strahlung; dadurch kommt es zur Temperaturzunahme
Stratopause	50	entfällt	entfällt	keine vertikale Ausdehnung
Mesosphäre	50 - 80	Abnahme	0 %	-
Mesopause	80	entfällt	entfällt	keine vertikale Ausdehnung
Ionosphäre	80 - 600	Zunahme	0 %	Mehrere ionisierte Schichten mit hoher elektr. Leitfähigkeit führen zur Dämpfung und Reflexion von Kurzwellen (NDB)
Exosphäre	600	entfällt	entfällt	-

Merkspruch: "Tausend Sachen müsste ich erledigen!"

Da Luftfeuchtigkeit fast ausschließlich nur in der Troposphäre vorkommt, ist das eigentliche Wettergeschehen auf diese Atmosphärenschicht beschränkt.

3 Nebel und Dunst

3.1 Nebel

Sichtweiteneinschränkungen von **1000 m oder weniger** und einer höhenbezogenen Mächtigkeit von **maximal 500 ft über Grund** werden als Nebel bezeichnet. Wie im Abschnitt M 1.5.3 erläutert, basiert die Sichteinschränkung durch Nebel auf Wassertröpfchen und/oder Eiskristallen, die in der Luft enthalten sind, wenn die Temperatur den Taupunkt erreicht hat. Nebel tritt in verschiedenen Erscheinungsformen auf und wird je nach seiner Höhenlage und Schichtdecke oder seiner Entstehungsart bezeichnet.
Danach unterscheidet man folgende drei Nebelarten:

- Bodennebel   dünne Schicht am Boden
- Hochnebel   dünne Schicht in der Höhe bis 500 ft
- Nebel   Schicht von GND bis 500 ft

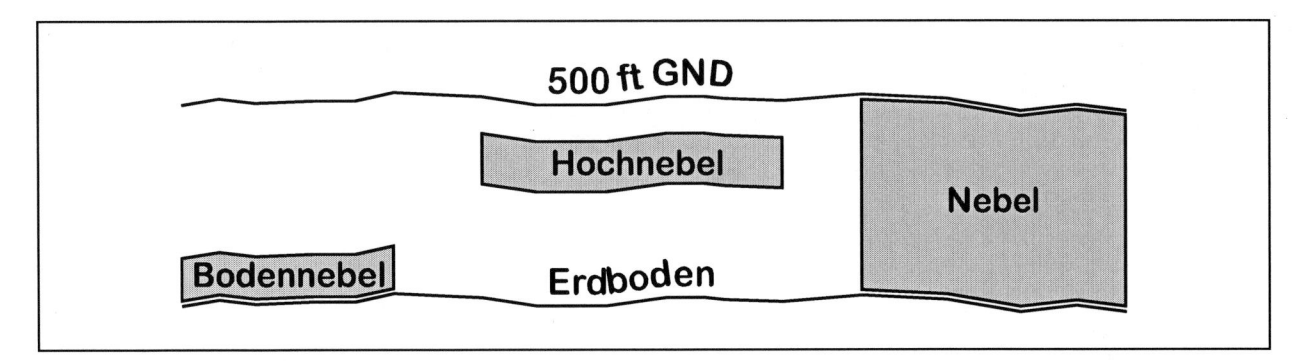

Nach seiner Entstehungsart unterscheidet man folgende Nebelarten:

Strahlungsnebel

Strahlungsnebel entsteht in Talbecken und Senken, in denen sich in Bodennähe eine Luftschicht mit hoher relativer Luftfeuchtigkeit befindet. Sofern die Bewölkung nur sehr gering ist (max. 1/8), kühlt über Nacht der tagsüber erwärmte Erdboden durch Wärmestrahlung ab und entzieht durch Wärmeleitung die Wärme der bodennahen Luftschichten. Da dieser Abkühlungsprozess oft die ganze Nacht dauert, wird am häufigsten erst kurz nach Sonnenaufgang der Taupunkt der Luft erreicht, wodurch sich schließlich Bodennebel bildet. In Mitteleuropa tritt Strahlungsnebel verstärkt im Winter auf; im Sommer ist die Nebelschicht nicht stark ausgeprägt.

Die Intensität des Strahlungsnebels ist umso stärker, umso geringer die Windgeschwindigkeit ist (max. 2 m/s). Eine kräftige, niedrige Absinkinversion trägt verstärkend bei der Entstehung von Strahlungsnebel bei, da die Absinkinversion Wolken auflöst und die dafür benötigte Wärmeenergie dem Erdboden entzieht.

Mischungsnebel

Mischungsnebel entsteht, wenn sich unterschiedlich temperierte Luftmassen vermischen. Die warme Luftmasse, die erwartungsgemäß eine höhere Luftfeuchtigkeit beinhalten kann, kühlt sich durch die kalte Luftmasse ab und erreicht den Taupunkt. Auf diese Weise entstehen entsprechend ihrer Höhenlage Nebel oder Hochnebel.

Advektionsnebel

Advektionsnebel entsteht, wenn warme Luft mit hoher Luftfeuchtigkeit horizontal über einen kalten Untergrund (Erdboden oder Wasser) strömt. Die warme Luft gibt ihre Wärme durch Wärmeleitung an den Untergrund; sobald ihre Temperatur den Taupunkt erreicht, bildet sich Advektionsnebel. Die Intensität der Nebelbildung steigt mit steigender Windgeschwindigkeit an. Advektionsnebel tritt oft in Küstengebieten auf und wird in diesem Fall als Küsten- oder Seenebel bezeichnet.

Hebungsnebel

Hebungsnebel (auch Hangnebel) entsteht durch das mechanische Anheben warmer, feuchter Luft an Gebirgen und Hängen. Auf diese Weise gelangt die Luft in Höhen mit geringerem statischem Luftdruck, dehnt sich aus und kühlt sich adiabatisch bis zum Taupunkt ab. Adiabatische Vorgänge werden im Abschnitt M 4.1.1 noch näher erläutert.

Verdunstungsnebel

Alle o.g. Nebelarten entstehen in erster Linie durch Erreichen des Taupunktes durch Abkühlung. Im Gegensatz dazu entsteht Verdunstungsnebel durch Erreichen des Taupunktes durch zusätzliche Zufuhr von Luftfeuchtigkeit bis zum Sättigungsgrad. Dies geschieht, wenn kühle Luft über Seen oder Flüssen mit relativ warmem Wasser durch Verdunstung seine relative Luftfeuchtigkeit erhöht. Dieser Vorgang tritt besonders im Herbst auf, wenn das Wasser der Seen noch vom Sommer relativ warm geblieben ist, die Luft jedoch schon deutlich kühler geworden ist.

3.2 Dunst

Sichteinschränkungen im Bereich von **2000 bis 1000 m** werden als Dunst bezeichnet. Im Gegensatz zum Nebel basiert die Sichteinschränkung in erster Linie nicht auf den in der Luft enthaltenen feinen Wassertröpfchen und/oder Eiskristallen, sondern auf großen Mengen an Fremdstoffen, wie z.B. Staub-, Ruß-, Rauch- oder Salzpartikeln, sog. Kondensationskeimen. Beträgt die relative Luftfeuchtigkeit max. 85 %, ist die Sichtbeeinträchtigung ausschließlich auf die Fremdstoffe zurückzuführen, man spricht dann von **trockenem Dunst**. Sobald die relative Luftfeuchtigkeit diesen Wert übersteigt, wirken die Fremdstoffe als Kondensationskeime und die Sichtweite wird zusätzlich durch feine Wassertröpfchen und/oder Eiskristalle vermindert; in diesem Fall spricht man von **feuchtem Dunst**.

4 Wolken

4.1 Wolkenmessung

4.1.1 Wolkenuntergrenzen (Hauptwolkenuntergrenze)

Die Messung von Wolkenuntergrenzen erfolgt mit optischen Entfernungsmessern, durch Wetterradar, durch Schätzung oder durch Peilung mittels Ceilometern. Eine weitere wichtige Quelle auch von anderen Wetterdaten sind Meldungen, die direkt von den Flugzeugbesatzungen abgegeben werden **(Pilot Reports)**.
Ein **Ceilometer** besteht aus einem Lichtsender und einem Empfänger. Diese stehen mit einem festgelegten Abstand d voneinander entfernt. Der Abstrahlwinkel des Senders kann so eingestellt werden, daß der Lichtstrahl genau so von der Wolkenunterseite reflektiert wird, daß er den Empfänger trifft.

Aus dem gemessenen Winkel läßt mit der in der Abbildung angegebenen Formel die Wolkenuntergrenze h bestimmen. Da Wolken in vielen Fällen mehrschichtig auftreten, wird zur Vereinfachung von Wettermeldungen oft nur die Höhe der Hauptwolkenuntergrenze angegeben. Dies schließt jedoch nicht aus, daß unter dieser Höhe auch Wolken angetroffen werden können; diese bedecken jedoch den Himmel weniger als zur Hälfte.

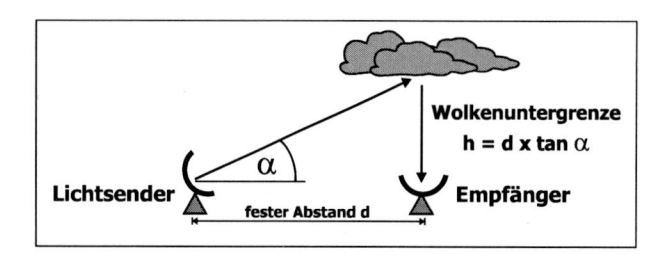

Unter der **Hauptwolkenuntergrenze** versteht man die Untergrenze der niedrigsten Wolkenschicht über Grund oder Wasser, die mehr als die Hälfte (4/8) des Himmels bedeckt und unterhalb 20000 ft (6000 m) liegt.

4.1.2 Bedeckungsgrad

Der Bedeckungsgrad gibt das Ausmaß der Bedeckung des Himmels durch beliebige Wolken an. Die Angabe erfolgt in Achteln der gesamten Himmelsfläche bzw. nach folgender Einstufung:

Achtel	Abkürzung	englisch	deutsch
0	SKC	sky clear	wolkenlos
1 – 2	FEW	few	gering
3 – 4	SCT	scattered	aufgelockert
5 – 7	BKN	broken	aufgebrochen
8	OVC	overcast	bedeckt
-	NSC	nil significant clouds	keine Wolken unter 5000 ft, unabhängig vom Bedeckungsgrad, kein CB

4.1.3 Erscheinungsform

Entsprechend ihrer Erscheinungsform werden Wolken wie folgt angegeben:

LOC	locally	örtlich		
LYR	layer	geschichtet		
OBSC	obscured	verhüllt	verhüllt durch Dunst, Rauch oder unsichtbar wg. Dunkelheit	
EMBD	embedded	eingelagert	in Schichtwolken eingelagert (deshalb schlecht sichtbar)	
ISOL	isolated	vereinzelt	weniger als 50% eines Gebietes bedeckend	nur für Gewitterwolken (CB); s. auch Seite M 53
OCNL	occasionally, well seperated	gelegentlich, weit voneinander getrennt	50 bis 75% eines Gebietes bedeckend;	
FRQ	frequently	verbreitet	mehr als 75% eines Gebietes bedeckend	

4.1.4 Wolkengattungen, -arten und -stockwerke

Die Bezeichnungen von Wolkengattungen und -arten setzt sich aus den in der nachfolgenden Tabelle angegebenen lateinischen Begriffen zusammen. Es existieren noch weitere nachgestellte Bezeichnungen, die jedoch nicht aufgezählt werden, da sie den Rahmen dieses Skriptes sprengen würden. Sie können z.B. in der Beilage zur Berliner Wetterkarte vom Institut für Meteorologie der FU-Berlin nachgelesen werden.

Beschreibung der Wolke:	vorangestellt:	nachgestellt:
Wolken von ausgeprägter Mächtigkeit	Nimbo ...	... nimbus
Besonders hohe Wolken	Alto ...	... altus
Schichten bildende Wolken	Strato ...	... stratus
Quellwolken	Cumulo ...	... cumulus
Aufgerissene Wolken	Fracto ...	... fractus
Sehr hohe Eiswolken	Cirro ...	... cirrus
In Leewellen entstehende linsenförmige Wolke		... lenticularis
Büschelförmige, kleine, auf der Unterseite zerfranste Wolken		... floccus
Auf einer gemeinsame Wolkenbasis befinden sich mehrere kastellartige Türme		... castellanus

Nach einer internationalen Vereinbarung (Internationaler Wolkenatlas) werden Wolken in zehn **Wolkengattungen** und vierzehn **Wolkenarten** unterteilt. Die Gattungen treten entweder in Quell- oder Schichtform oder aber in einer Kombination von beidem auf. Quellwolken zeichnen sich durch ihre mächtige vertikale Erstreckung aus, Schichtwolken durch ihre ausgeprägte horizontale Schichtung: Die zehn Wolkengattungen lassen sich außerdem bestimmten Höhen zuordnen. Zur Vereinfachung sind drei verschiedene **Stockwerke** definiert. In Abhängigkeit von der geographischen Breite sind die Stockwerke unterschiedlich hoch. Die vertikalen Ausdehnungen für die Polregionen, die gemäßigten Breiten und die Tropen sind u.a. in der nachfolgenden Abbildung „Wolkeneinteilung" enthalten. Gemäß ihrer Stockwerkzuordnung werden die Wolkengattungen wie folgt zusammengefaßt:

Stockwerk	Symbol	Wolkengattung	Abkürzung	Beschreibung
Unteres	C_L	Stratus	St	tiefe Schichtwolke
		Stratocumulus	Sc	tiefe Schichtwolke mit Quellungen
		Cumulus	Cu	Quellwolke
		Cumulonimbus	Cb	Schauer- oder Gewitterwolke
Mittleres	C_M	Altostratus	As	mittelhohe Schichtwolke
		Nimbostratus	Ns	dichte mittelhohe Regenwolke
		Altocumulus	Ac	mittelhohe Schichtwolke mit Quellungen
Oberes	C_H	Cirrus	Ci	feine hohe Federwolke
		Cirrostratus	Cs	hohe Schleierwolke
		Cirrocumulus	Cc	hohe Quellwolke

Die **Wolkenarten** sind eine weitere Unterteilung der Gattungen. Den Arten werden Adjektive zugeordnet, die meistens die Form betreffen, z.B. lenticularis, floccus, castellanus usw.

4.1.5 Bestandteile der Wolkengattungen

Wolkengattung	Bestandteile	Entstehung
Stratus	Wassertröpfchen, bei niedriger Temperatur auch Eisteilchen	
Stratocumulus	Wassertröpfchen, manchmal auch Regentropfen oder Reifgraupeln. Seltener auch Schneekristalle und Schneeflocken	
Cumulus	Wassertröpfchen und Eiskristalle	Kaltfront
Cumulonimbus	Wassertröpfchen, im oberen Abschnitt Eiskristalle. Große Regentropfen, oft auch Schneeflocken, Reifgraupeln, Eiskörner, Frostgraupeln und Hagelkörner. Wassertropfen und Regentropfen können stark unterkühlt sein	Kaltfront
Altostratus	Wassertröpfchen und Eiskristalle, sowie Regentropfen oder Schneeflocken	
Nimbostratus	Wassertröpfchen, manchmal unterkühlt, ferner Regentropfen, Schneeflocken oder beides	Aufgleitfläche einer Warmfront oder Okklusion mit Warmfrontcharakter
Altocumulus	Wassertröpfchen, bei sehr tiefen Temperaturen auch Eiskristalle	
Cirrus	Sehr kleine und nicht dichte Eiskristalle meist durchscheinend	
Cirrostratus	Eiskristalle	
Cirrocumulus	Eiskristalle, manchmal kurzlebig unterkühlte Wassertröpfchen	

Wolkengattungen

Quelle: Prof. Dr. Wehry / Skript Flug-Meteorologie / WS 93/94

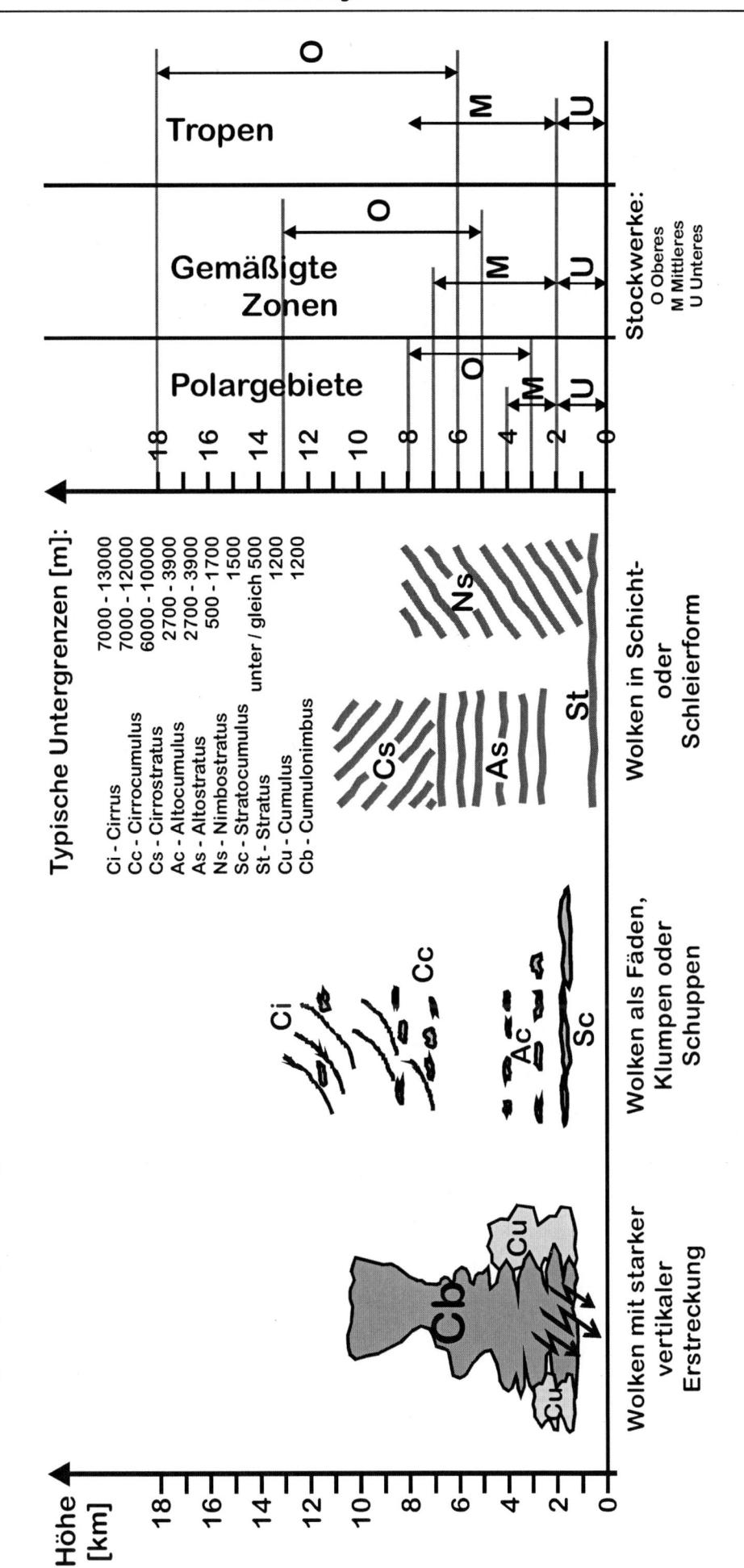

C.L. — Meteorologie — M 15

Stockwerke:
O Oberes
M Mittleres
U Unteres

Typische Untergrenzen [m]:

Ci - Cirrus 7000 - 13000
Cc - Cirrocumulus 7000 - 12000
Cs - Cirrostratus 6000 - 10000
Ac - Altocumulus 2700 - 3900
As - Altostratus 2700 - 3900
Ns - Nimbostratus 500 - 1700
Sc - Stratocumulus 1500
St - Stratus unter / gleich 500
Cu - Cumulus 1200
Cb - Cumulonimbus 1200

Höhe [km]

Wolken mit starker vertikaler Erstreckung

Wolken als Fäden, Klumpen oder Schuppen

Wolken in Schicht- oder Schleierform

4.2 Grundprinzip der Entstehung

4.2.1 Adiabatische Vorgänge

Die Entstehung von Wolken basiert grundsätzlich auf folgendem Prinzip:
1. Aufsteigen einer warmen, feuchten Luftmasse in größere Höhen
2. Adiabatisches Ausdehnen und Abkühlen der Luftmasse und daher Verringerung des Spreads
3. Ab Erreichen des Taupunktes Wolkenbildung
4. Bildung von Niederschlag

Das Aufsteigen der Luft hat folgende Ursachen:
- Ausbildung von warmen Luftblasen, die nach oben steigen **(Konvektionsbewölkung)**
- Umlenkung einer horizontalen Luftströmung in die Höhe durch Gebirge oder Hänge **(Hindernisbewölkung)**
- Aufschwingen von Luftströmungen an Bergkämmen **(Leewellenbewölkung)**
- Aufsteigen von Luftmassen an Fronten **(Frontenbewölkung)**

Mathematisch kann jeder adiabatische Vorgang mit folgender Formel, die als **Allgemeines Gasgesetz** bezeichnet wird, beschrieben werden:

$$\frac{\text{Statischer Luftdruck} \cdot \text{Luftvolumen}}{\text{Lufttemperatur}} = \text{konstant}$$

Sie besagt, dass das Produkt aus statischem Luftdruck und Luftvolumen, geteilt durch die Lufttemperatur innerhalb einer abgegrenzten Gasmenge (vgl. Luftballon) zu jedem Augenblick eines Prozesses konstant bleibt. Bei Änderung eines Wertes müssen sich immer die beiden anderen Werte anpassen. Das bestätigt die Änderung des statischen Luftdruckes und der Temperatur bei Erhöhung des Luftvolumens beim o.g. Aufsteigen der Luftblase. Das gleiche Gesetz erklärt die Vorgänge beim Aufpumpen eines Fahrradreifens mit einer Luftpumpe. Durch die ständige Verdichtung (Abnahme des Luftvolumens) erhöhen sich entsprechend der Formel die beiden anderen Werte Druck und Temperatur. Die Temperaturerhöhung wird besonders an dem allmählichen Warmwerden des Luftpumpenzylinders deutlich.

Der adiabatische Vorgang beim Aufsteigen der Luftblase wird in zwei Teilprozesse unterteilt:

1. trockenadiabatisches Abkühlen
2. feuchtadiabtisches Abkühlen

Der **trockenadiabatische Vorgang** läuft zuerst ab, und zwar solange die Lufttemperatur noch nicht den Taupunkt erreicht hat, d.h. die relative Luftfeuchtigkeit beträgt weniger als 100 %. Dabei kühlt sich die Luft um **1°C pro 100 m** Höhenzunahme ab (unabhängig von der Temperatur). Diese Temperaturdifferenzen pro Höhendifferenz werden auch als **Temperaturgradient** bezeichnet. Beim Aufsteigen einer Luftmasse spricht man in diesem Zusammenhang auch von **Hebungsgradient**, beim Absinken von **Senkungsgradient**.

Unterhalb der Taupunkttemperatur spricht man von einem **feuchtadiabtischen Vorgang**, da die relative Luftfeuchtigkeit von 100 % erreicht worden ist und der Kondensations- und/oder Sublimationsproze ß abläuft. Da bei der Aggregatzustandsänderung des gasförmigen Wassers zum flüssigen bzw. gefrorenen Zustand die latente Wärme frei wird (vgl. M 1.5.1), beträgt der feuchtadiabatische Temperaturgradient weniger als bei der trockenadiabatischen Abkühlung. Der Wert ist temperaturabhängig; er kann aber für unsere Überlegungen mit **0,6 °C pro 100** m als konstant angenommen werden.

Die Temperaturgradienten für beide adiabatischen Vorgänge gelten betragsmäßig auch für die umgekehrten Vorgänge beim Senken einer Luftmasse, jedoch dann mit umgekehrtem Vorzeichen, d.h. beim Senken einer Luftmasse kommt es zu einer Erhöhung der Lufttemperatur. Dieser Prozeß ist besonders für die Wolkenauflösung durch Inversion (vgl. M 5) relevant. In nebenstehendem Diagramm werden die unterschiedlichen Temperaturverläufe für trockenadiabtische und feuchtadiabatische Vorgänge in Abhängigkeit von der Höhe qualitativ veranschaulicht:

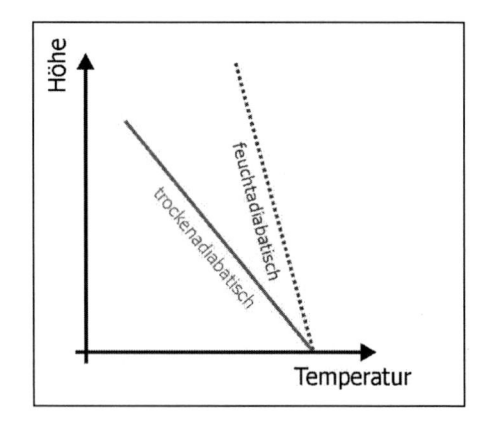

Zur Übersicht sind in folgender Tabelle die adiabatischen Vorgänge zusammengefaßt:

Prozeß	Relative Luftfeuchte	Hebungsgradient pro 100 m	Senkungsgradient pro 100 m	Bemerkung
Trockenadiabatisch	steigt ständig, bleibt aber unter 100%	- 1° C	+ 1° C	Hebung: Expansion bindet Energie (Abkühlung) Senkung: Verdichtung gibt Energie frei (Erwärmung)
Feuchtadiabatisch	bleibt mit 100 % konstant	- 0,6° C	+ 0,6° C	Hebung: Expansion bindet Energie (Abkühlung), aber durch Kondensieren/Sublimieren wird wieder die latente Wärme frei (Abkühlung entsprechend geringer als trockenadiabatisch) Senkung: Verdichtung gibt Energie frei (Erwärmung), aber zum Verdunsten wird die latente Wärme benötigt (Erwärmung entsprechend geringer als trockenadiabatisch)

Wie bereits im Abschnitt M 1.5.3 erläutert, hängen Kondensation und Sublimation von der Differenz zwischen aktueller Lufttemperatur am Erdboden und dem Taupunkt (Spread) ab. Von dieser Abhängigkeit lässt sich folgende **Faustformel für das Kondensationsniveau** von Quellwolken ableiten:

Kondensationsniveau in Metern = 123 • Spread

Kondensationsniveau in Fuß = 400 • Spread

4.2.2 Thermik

In die vom Boden aufsteigende Luftblase strömt für gewisse Zeit weitere erwärmte Luft nach. Es bildet sich ein vertikaler Warmluftschlauch, auch als **Thermikbart** bezeichnet, in dem Vertikalgeschwindigkeiten bis zu 10 m/s entstehen können. Mehrere Thermikbärte können von Segelfliegern für stundenlange Flüge genutzt werden. Durch das Aufsteigen wird ein Kreislauf angeregt, in dem neben den Thermikbärten die Luftmassen wieder zum Boden absinken. Da das Absinken über größeren Flächen stattfindet, betragen die Absinkgeschwindigkeiten meistens nicht mehr als 2 m/s.
Dieser Thermikprozess funktioniert auch, wenn die aufsteigende Luftblase sich nicht bis zum Taupunkt abkühlt. Da in diesem Fall keine Wolken entstehen, spricht man von sog. **Blauthermik**.

4.2.3 Atmosphärische Schichtung

Unter der atmosphärischen Schichtung versteht man die Eigenschaft der Umgebungsluft, die thermische Hebung von erhitzten Luftmassen zu ermöglichen, zu fördern oder zu verhindern. **Labile Luftschichten** fördern das Aufsteigen von Luftmassen und somit die Bildung von Quellwolken bis hin zu Gewittern. Umso höher die Labilität ausgeprägt ist, desto intensiver ist die Wolkenbildung. **Stabile Schichtungen** verhindern die Neubildung von Wolken und lösen ggf. vorhandene Wolken auf. Bei einer **indifferenten Luftschichtung** bedarf es nur geringer auf- oder abwärts gerichteter Kräfte, um adiabatische Vorgänge in Gang zu bringen. Eine Luftmasse steigt solange auf, bis ihre Innentemperatur der Temperatur der sie umgebenden Luft (sog. **TEMP oder Schichtungsgradient**) entspricht. Dementsprechend ist eine Luftschichtung
- stabil, wenn die Luftblase immer kühler als der TEMP ist
- labil, wenn die Luftblase immer wärmer als der TEMP ist
- indifferent, wenn die Temperatur der Luftblase und der TEMP übereinstimmen.

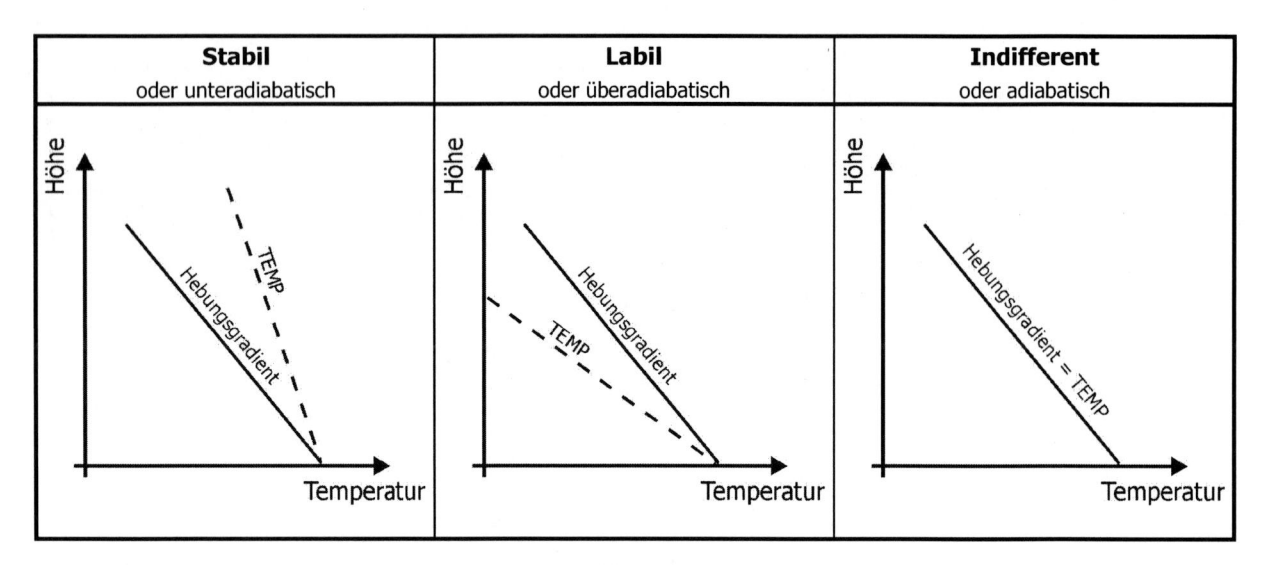

Stabil	Labil	Indifferent
oder unteradiabatisch	oder überadiabatisch	oder adiabatisch

Es wird eine weitere Differenzierung in Bezug auf die unterschiedlichen Temperaturgradienten bei trocken- und feuchtadiabatischer Abkühlung gemacht. Danach sind drei verschiedene Arten der Luftschichtung möglich:

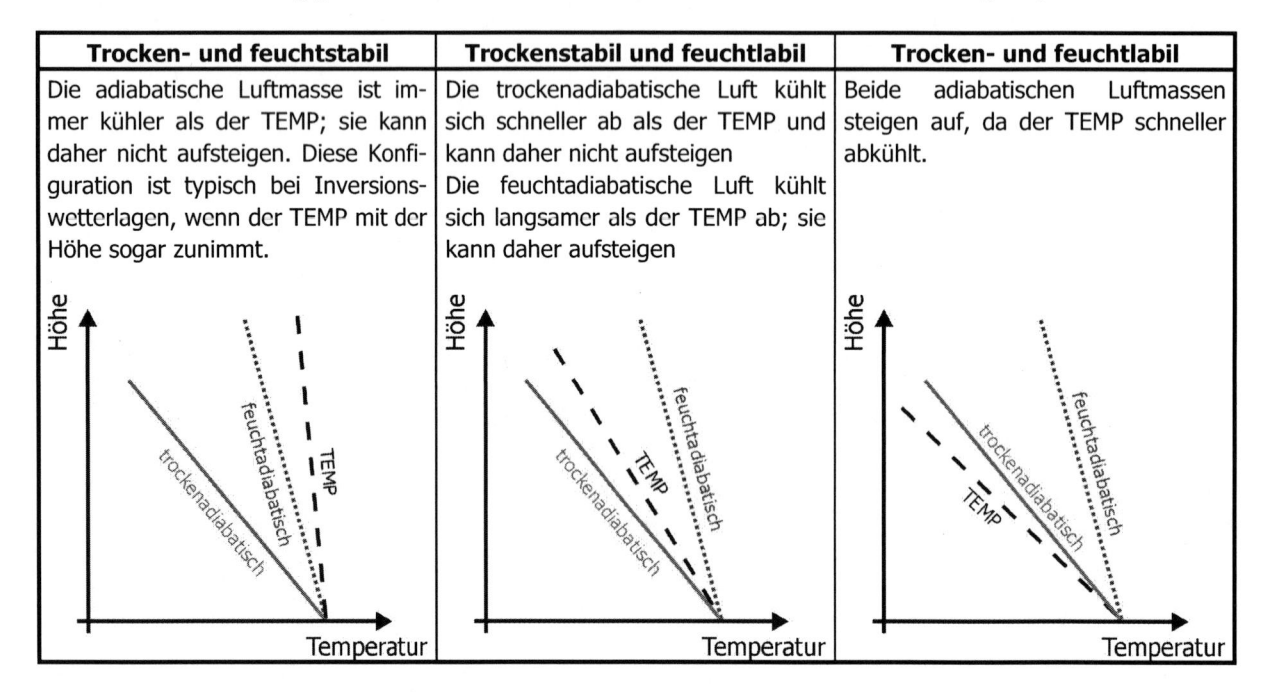

Trocken- und feuchtstabil	Trockenstabil und feuchtlabil	Trocken- und feuchtlabil
Die adiabatische Luftmasse ist immer kühler als der TEMP; sie kann daher nicht aufsteigen. Diese Konfiguration ist typisch bei Inversionswetterlagen, wenn der TEMP mit der Höhe sogar zunimmt.	Die trockenadiabatische Luft kühlt sich schneller ab als der TEMP und kann daher nicht aufsteigen. Die feuchtadiabatische Luft kühlt sich langsamer als der TEMP ab; sie kann daher aufsteigen	Beide adiabatischen Luftmassen steigen auf, da der TEMP schneller abkühlt.

4.3 Konvektionsbewölkung

Konvektionsbewölkung setzt eine langanhaltende Sonneneinstrahlung voraus. Durch verschiedene Erdoberflächen (Wälder, Seen, Felder, bebautes Gelände usw.) wird die bodennahe Luft lokal unterschiedlich erwärmt. Es bilden sich wärmere Luftblasen mit Durchmessern von einigen 100 Metern. Diese tauschen mit der Umgebungsluft keine Wärme und keine Luft aus, als ob sie von einer isolierenden Luftballonhülle umgeben wären. Da wärmere Luft eine geringere Dichte als kühlere Luft besitzt, hat die Luftblase das Bestreben, in eine Luftschicht zu steigen, in der die gleiche Luftdichte vorherrscht. Diese Ausbildung einer Auftriebskraft ist jedoch erst nach einer gewissen Reifezeit so stark, dass sie die zwischen Erdboden und Luftblase existierenden Haftkräfte (Adhäsion) überwinden kann. Da mit zunehmender Höhe der Luftdruck abfällt, gleicht diese Luftblase auf ihrem Weg nach oben ihren Innendruck an den Außendruck an, indem sie sich ausdehnt. Gleichzeitig läuft der adiabatische Prozess ab: Durch die Ausdehnung kühlt sich die Luftmasse adiabatisch ab, d.h. sie tauscht mit ihrer Umgebungsluft keine Wärme aus. Zu einem gewissen Zeitpunkt erreicht die Temperatur der Luftblase den Taupunkt und der im Abschnitt M 1.5.3 beschriebene Prozess der Ausscheidung von Kondensat und/oder Sublimat beginnt. Ab diesem Augenblick wird die Wolke sichtbar und mit weiterem Aufsteigen immer größer. Die Partikel aus Kondensat und/oder Sublimat wachsen ebenso weiter und werden schwerer. Ab einem bestimmten Partikelgewicht kann die Luft diese nicht mehr halten und sie beginnen sich als Regen, Schnee usw. niederzuschlagen. Die Konvektionsbewölkung besteht in erster Linie aus folgenden vier Wolkenarten:

Cumulus	Stratocumulus	Cumulonimbus	Fractocumulus
• mittlere Labilitätsenergie • Tiefe Haufenwolke • kräftige Sonneneinstrahlung • Feuchtigkeit	• geringe Labilitätsenergie • Wolkenobergrenze durch Höheninversion gebildet • spätnachmittags bevorzugt	• hohe Labilitätsenergie • ab bestimmter Mächtigkeit: Gewitter und starke Niederschläge	• keine Labilitätsenergie • sich auflösende Haufenwolken führen zu zerrissener Bewölkung

4.4 Bewölkung durch Hindernisse

4.4.1 Luvseite

Hindernisbewölkung entsteht bei horizontalen Luftströmungen, die durch Hindernisse (Berge, Hänge u.ä.) in die Höhe gelenkt werden. Durch die in diesem Falle nicht thermische, sondern mechanische Hebung kommt es ebenfalls zu den oben beschriebenen adiabatischen Abkühlungen. Sofern das Hindernis hoch genug ist, dass die Temperatur der angehobenen Luft den Taupunkt erreicht, setzt Kondensation und somit die Bildung von **Stratus oder Altostratus** ein. Wenn die horizontale Luftströmung mit einer sehr hohen Geschwindigkeit auf das Hindernis auftrifft, kommt es zum Stau, da die Luftmassen nicht schnell genug über das Hindernis abfließen können. Dadurch entsteht die sog. **Staubewölkung**, eine sehr mächtige Hindernisbewölkung in Form von **Nimbostratus**.

Der **Föhn** im Vorland der Alpen beruht auf diesem Entstehungsprinzip. Das Wetter auf der Luvseite ist dabei gekennzeichnet durch starken Wind, Staubewölkung mit tief- oder aufliegenden Wolken und schlechten Sichtweiten.

Beim Überschreiten des Bergkammes fällt die Luftmasse und erwärmt sich auf dem Weg ins Tal trockenadiabatisch. Das Ergebnis ist ein trockener und warmer Fallwind auf der Leeseite (Föhnseite).

Das Wetter auf der Föhnseite ist charakterisiert durch geringe Bewölkung, gute Sichten, Temperaturanstieg, geringe Luftfeuchte und meistens böige Winde.

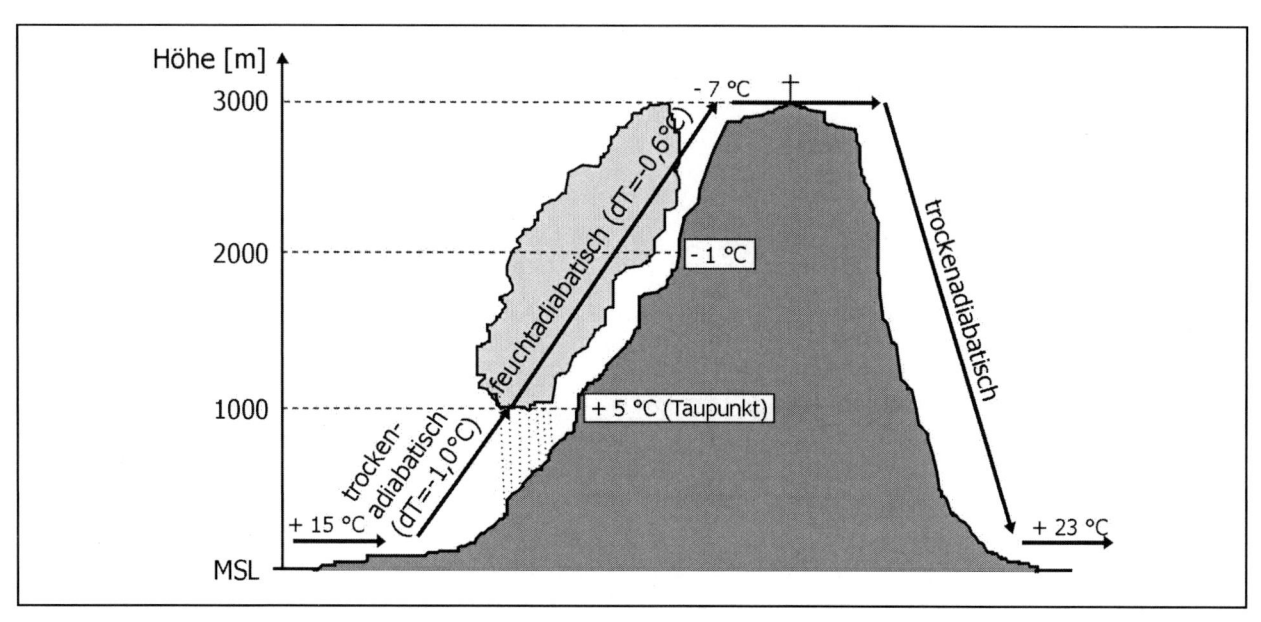

4.4.2 Leeseite

Auf den Rückseiten von Hindernissen kann es bei genügend hoher horizontaler Strömungsgeschwindigkeit zu einem dynamischen Aufschwingen der Strömung kommen. Dieser Effekt wird durch das Überströmen mehrerer hintereinander liegender Hindernisse begünstigt. Die Bildung der sog. **Leewellenbewölkung** begrenzt sich auf die aufsteigenden Abschnitte der schwingenden Bewegung. Dabei entstehen linsenförmige Quellwolken **(Altocumulus Lenticularis)**, die im mittleren Stockwerk anzusiedeln sind. Während die Vorderseite der Wolke scharfkantig ist, franst sie sich in Richtung der Abwindzone aus, da sie sich hier wieder wegen der Senkung auflöst. Die Welle selbst ist stehend, so daß die Wolken nicht horizontal weitergetragen werden.

Die Ursache der Leewellenbewölkung trägt auch zur Entstehung von sog. **Roll-Cumuli** oder auch **Rotoren** bei. Allerdings geht die Strömung nicht in einen schwingungsförmigen Zustand über, sondern sie löst sich von der Erdoberfläche ab und bildet einen Wirbel mit einem Durchmesser von ca. 1500 bis 2500 m. In diesem Fall entsteht die Cumulus-Wolke auch in der Aufwindzone des Rotors.

4.5 Frontenbewölkung

4.5.1 Warmfrontbewölkung

Warmluftmassenbewölkung besteht typischerweise aus **Schichtwolken (Stratus)**, da die meist **stabile Schichtung** der Luft eine starke vertikale Ausdehnung von Wolken nicht zulässt. Sie entsteht beim Aufgleiten einer Warmluftmasse geringer Dichte auf eine Kaltluftmasse mit entsprechend hoher Dichte. In dem Bereich, wo sich beide Luftmassen vermischen, entsteht Bewölkung in Form von Cirrus, Cirrostratus, Altostratus und Nimbostratus.

4.5.2 Kaltfrontbewölkung

Kaltluftmassenbewölkung entsteht beim Auftreffen einer Kaltluftmasse (hohe Dichte) auf eine Warmluftmasse (geringe Dichte). Die Kaltluftmasse schiebt sich unter die warme Luft und hebt diese an. Da die Luftschichtung in der Regel labil ist, können sich im Durchmischungsbereich z.T. starke Quellwolken (Cumulus) bilden.

- Kaltluftmasse stößt gegen Warmluftmasse
- Kaltluftmasse schiebt sich keilförmig unter die Warmluftmasse und hebt diese an
- meistens labile Luftschichtung (Grundlage für Quellbewölkung)
- in der Durchmischungsschicht beider Luftmassen Hebung und Abkühlung, somit starke Quellbewölkung

Cirrocumulus **Altocumulus**	• entsteht unmittelbar vor dem Kaltlufteinbruch im mittleren und oberen Stockwerk
Cumulonimbus	• direkt beim Kaltlufteinbruch aufgrund der labilen Schichtung starke Quellbewölkung im unteren Stockwerk • Beständig während der gesamten Kaltlufteinbruchsdauer • bei ausreichender Mächtigkeit Gewitter

4.6 Strahlungsbewölkung

Durch das höhere Temperaturniveau an einer Inversion kommt es zu verstärkten Ausstrahlungen. Sofern es sich um eine Luftmasse mit hoher relativer Luftfeuchtigkeit handelt, wird der Taupunkt erreicht und es bildet sich Schichtbewölkung geringer Dicke.

Stratus **Low Stratus (Hochnebel)**	• Schichtbewölkung bei geringer Schichtdicke ist im unteren Stockwerk Stratusbewölkung • bei Hochdruckwetterlagen im Winter mit tiefliegender Inversion wird die Stratusdecke auch als Hochnebel gedeutet

4.7 Gewitter

4.7.1 Gewitterarten und -entstehung

Je nach ihrer Entstehungsart unterscheidet man drei verschiedene Arten von Gewittern:

Wärmegewitter entstehen nach dem gleichen Prinzip wie Konvektionsbewölkung durch thermisches Aufsteigen bzw. Heben von erwärmter Luft. Zusätzliche Voraussetzungen für die Weiterentwicklung von Konvektionsbewölkung zu einem Gewitter sind jedoch eine hohe Labilität der Luftschichten, starke, lang anhaltende Sonneneinstrahlung, hohe Luftfeuchtigkeit und geringer Wind, damit die Luftblase sich lang genug am Erdboden aufwärmen kann. Wärmegewitter entstehen vorzugsweise nachmittags auf dem Land und frühmorgens über der See. Wärmegewitter und orographische Gewitter treten lokal auf und können daher in der Regel umflogen werden. Das Umfliegen sollte jedoch in Bezug auf die Zugrichtung hinter dem Gewitter erfolgen, um die Böenwalze und deren Abwinde, Blitzschlag, starken Regen bzw. Hagelschlag und Vereisung zu meiden und/oder nicht in das Gewitter einzufliegen.

Orographische Gewitter entstehen ebenso an lokalen Stellen nach dem Prinzip der Hindernisbewölkung bei entsprechend hoher Labilität der Luft. Da die Hebung der Luft mechanisch erfolgt und unabhängig von der Sonneneinstrahlung ist, können orographische Gewitter zu jeder Tageszeit entstehen.

Frontengewitter entstehen vorzugsweise entlang von Kaltfronten durch das Anheben der warmen Luftmasse vor der Front (vgl. auch M 8.4.2). Frontengewitter sind auch unabhängig von der Sonneneinstrahlung und können daher zu jeder Tageszeit entstehen. Das Auftreten von Frontengewittern in Warmfronten ist eher selten. Frontengewitter können nicht umflogen werden, da sie zwischen anderen Wolken in der Front eingebettet und einzeln nicht visuell erkennbar sind. Außerdem ist ein Umfliegen wegen der Frontlänge bis zu einigen 100 km und mehr als 10 km Fronttiefe unmöglich. Bei der Annäherung an Frontengewitter muss daher rechtzeitig umgekehrt oder gelandet werden.

4.7.2 Gewitterstadien

Während eines Gewitters kann man von der Entstehung bis zur Auflösung folgende drei Stadien beobachten:

1. Cumulusstadium

Während dieses Stadiums bildet sich eine mächtig quellende Cumuluswolke durch das thermische oder mechanische Aufsteigen der Luft. Das in der Luft enthaltene Wasser befindet sich noch hauptsächlich im flüssigen Zustand.

2. Reifestadium

Im Reifestadium bildet sich die Luftzirkulation aus, indem die aufgestiegene Luft außerhalb der Wolke wieder zu Boden sinkt. Dies geschieht mit Abwärtsgeschwindigkeiten von bis zu 50 m/s und wird an der Böenwalze, die ein Gewitter sowohl am Erdboden als auch in der Höhe in Zugrichtung vor sich herschiebt, besonders deutlich. Die damit verbundene Turbulenz kann nicht nur für Kleinflugzeuge zu einem lebensgefährlichen Problem werden. Parallel zum Zirkulationsprozess finden ständige Aggregatzustandsänderungen von Kondensation - Sublimation - Verdunstung statt, die die in der Wolke vorhandenen Wasser- und Eispartikel immer größer werden lassen. Die Eispartikel können dabei zu schneeballgroßem Hagel anwachsen und nicht erst ab dieser Größe Flugzeuge erheblich beschädigen. Außerdem finden in diesem Stadium die elektrischen Entladungen in Form von Blitzen statt. Die Gefährlichkeit eines Blitzeinschlages in das Flugzeug liegt vor allem in der Beeinflussung oder dem Ausfall elektrischer Geräte und der Blendung des Piloten.

Beim Zerstäuben und auch beim raschen Verdampfen von Wasser werden häufig feine Wasserteilchen mit positiven Ionen weggerissen, deren Elektronen zurückbleiben. Der Wasserstaub bzw. Wasserdampf erhält dadurch eine positive, das zurückbleibende Wasser eine negative Ladung. Im Großen tritt diese Erscheinung beim Verdunsten des Wassers an der Oberfläche von Seen und Meeren auf. Dadurch entsteht das luftelektrische Feld zwischen der negativ geladenen Erdoberfläche und der positiven Raumladung der Atmosphäre. Die Feldstärke kann bis zu 10000 V/m ansteigen. In diesem Feld kann zwischen den Ladungen eine besonders hohe Spannung entstehen, wenn bei rascher Erwärmung feuchte Luft in einem Warmluftkanal aufsteigt. Wenn die positive Ladung große Höhen erreicht, treten durch Influenz in den benachbarten Wolken Ladungstrennungen auf, so daß sich zwischen der obersten positiven Raumladung und der negativen Erdoberfläche meist noch eine negative und positive Zwischenschicht bildet (s. Abb.). Dadurch entstehen nicht nur zwischen Wolke und Erde, sondern auch zwischen Nachbarwolken Spannungen, die sich zu entladen suchen. Die Entladung kann aber erst erfolgen, wenn der Wasserdampf in dem aufsteigenden Luftstrom infolge der adiabatischen Abkühlung kondensiert. In den entstehenden Tröpfchen sammelt sich die Ladung des darin vereinigten Wasserdampfes. Wenn sie so groß geworden ist, daß die Feldstärke ausreicht, um in der Umgebung neue Ionen zu erzeugen, nimmt die Entladung ihren Anfang. Die Ionen vermehren sich lawinenartig und es entsteht zwischen Wolke und Erde oder zwischen zwei entgegengesetzt geladenen Wolkenteilen ein Spannungsausgleich in Form eines Blitzes.

Bei Spannungen von mehreren Millionen Volt erfolgt die Entladung in weniger als 1 ms mit Strömen bis zu 20000 A, so daß eine Energie von mehr als 300 kWh frei wird. Längs der Bahn des Blitzes kommt die Luft zum Glühen, und die entstehende Druckwelle wird als Donner vernehmbar.

Wegen der Spitzenwirkung schlägt ein Blitz leicht in hohe Masten, Türme, Gebäude oder Bäume. Häuser kann man durch Blitzableiter schützen. Man bringt an der höchsten Stelle und an Kanten (First, Dachtraufe) gut leitende, mit der Erde verbundene Spitzen und Leitungen an. Sie umgeben das Haus mit einem weitmaschigen Schutznetz und leiten bei ihrem großen Querschnitt einen aufgefangenen Blitz ohne gefährliche Erhitzung zur Erde. (zit. aus: Heywang, Schmiedel, Süss, *Physik für technische Berufe*, S. 309)

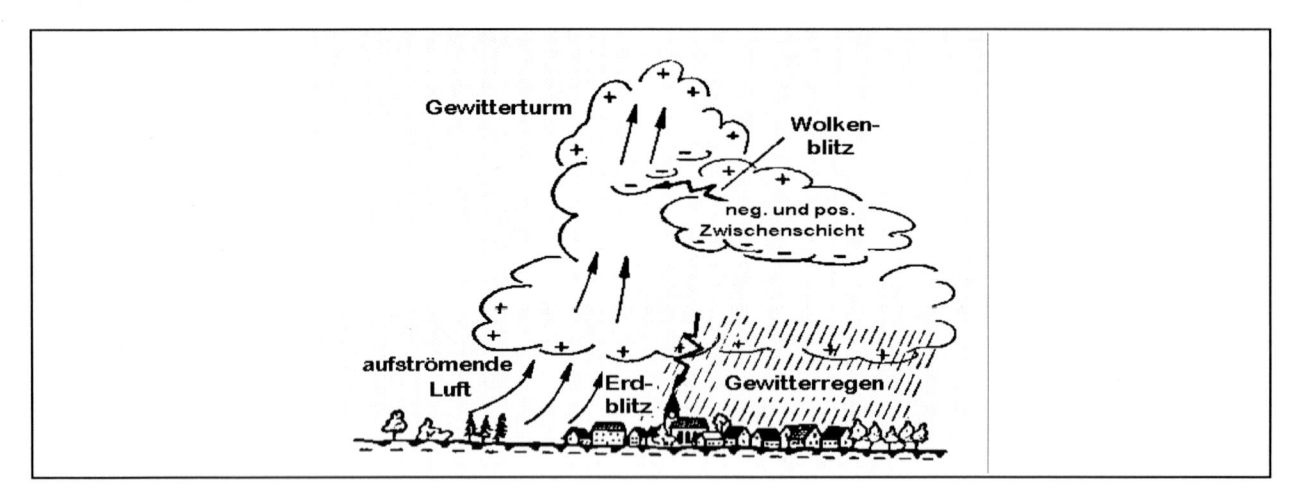

3. Auflösestadium

Im Auflösestadium ist die Zufuhr zusätzlicher warmer feuchter Luft vom Erdboden beendet, es existieren nur noch abwärts gerichtete Luftströmungen. Die Wolke regnet sich nun allmählich und gleichmäßig aus und elektrische Entladungen finden nicht mehr statt. Oberhalb der Nullgradgrenze sind Niederschläge noch im gefrorenen Aggregatzustand vorhanden.

4.7.3 Gefahren

- Starker **NIEDERSCHLÄGE** unter dem Cb, die besonders während des Reifestadiums vorherrschen, schränken die Sichtweite ein.
- **TURBULENZ** durch Wind, der in Richtung und Stärke variiert.
- **TURBULENZ** durch Vertikalströmungen bis zu 50 m/s; die Motorleistung reicht u. U. nicht aus, um die starken Abwinde zu kompensieren.
- **TURBULENZ** durch die Böenwalze, die sich in Zugrichtung vor dem Gewitter bildet aufgrund herabstürzender Kaltluft.
- **HAGEL** mit Korngrößen bis zu einigen cm.
- **VEREISUNG** besonders durch Klareisbildung.
- Bei **BLITZEINSCHLAG** ist der Ausfall der elektrischen Geräte und des Magnetkompasses neben der Blendung des Piloten am gefährlichsten.

4.7.4 Verhalten des Piloten

- Oberstes Gebot ist **VERMEIDUNG**, also grundsätzlich ist jede Annäherung an einen Cb zu vermeiden.
- Da sich lokale Gewitter wie kleine Tiefdruckgebiet verhalten (auf der nördlichen Halbkugel drehen sie links herum), sollte um ein Gewitter links herum (also rechts vorbei) geflogen werden, um die Rückenwindkomponente zu nutzen. Trotzdem muß man dabei auf die Zugrichtung des Gewitters achten, um nicht hinein zu fliegen.
- Frontgewitter können nicht umflogen werden; es ist rechtzeitig umzukehren bzw. ohne Verzögerung zu landen.

5 Inversionen

5.1 Absinkinversion

Im Normalfall nimmt die Temperatur der Atmosphäre nach oben stetig ab. Jedoch kann es dazu kommen, dass (meist in Hochdruckgebieten) durch absinkende Luftbewegungen die Luft sich in einem bestimmten Höhenband dermaßen adiabatisch (trockenadiabatisch: 1°C/100m) erwärmt, dass sie wärmer als die unter ihr (nicht von Absinkvorgängen betroffene) liegende Luft ist. In diesem Fall hat sich innerhalb dieses Höhenbandes eine **Absinkinversion** ausgebildet.

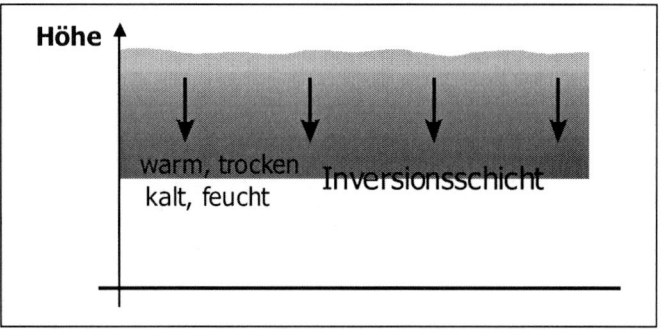

Mit diesem Vorgang ist eine Abnahme der Luftfeuchtigkeit im Bereich der Inversionsschicht verbunden, da die abgesunkene Luft absolut gesehen trockener als die darunter liegende Luft ist. Weil das Höhenband der Inversion wie eine **Sperrschicht** wirkt, werden Vertikalbewegungen nach oben gebremst (entspricht einer stabilen Luftschichtung), so dass der Austausch von Luft der unteren Schichten mit der Höhenluft verhindert und Konvektionsbewölkung unterdrückt wird bzw. bereits bestehende **Wolken sich auflösen**. Außerdem sammeln sich unterhalb der Inversion Staub- und Dunstteilchen, die in Verbindung mit Abgasen über Industrie-Großstädten zu sog. Smog-Wetterlagen führen können (aus Smoke = Rauch und Fog = Nebel). Trotz der i.a. bei Inversionen auftretenden Wolkenauflösung kann bei entsprechend starker Ausprägung der Inversion und hoher Luftfeuchtigkeit Strahlungsbewölkung auftreten.

5.2 Aufgleitinversion

Auch advektive Prozesse können zur Ausbildung von Inversionen führen, wenn nämlich bei Annäherung einer **Warmfront** in höheren Schichten verstärkt Warmluftzufuhr erfolgt, während die Luftschichten in tieferen Niveaus von diesen **Advektionsvorgängen** noch nicht betroffen sind. Diese Situationen kommen sehr häufig im Winter vor, wenn eine Warmfront auf das unter winterlichem Hochdruckeinfluss zuvor stark ausgekühlte Land übertritt.

Bei der Aufgleitinversion (auch **Höheninversion**) werden in der Höhe feuchtere und wärmere Luftmassen herangeführt. Dadurch sind sowohl die Temperatur als auch die Feuchte unterhalb der Inversion geringer. Dabei besteht **Vereisungsgefahr**, da Regen, der durch die Inversionsschicht fällt, gefrieren kann.

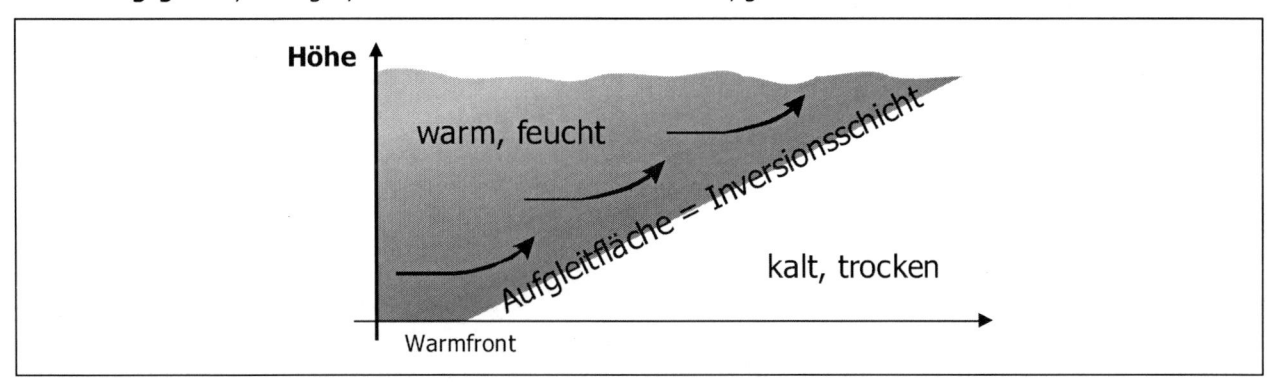

5.3 Bodeninversion

Im Gegensatz zu der Absink- und der Aufgleitinversion kann es unter Umständen zu einer besonders in Bodennähe ausgeprägten Inversion kommen, der sog. Bodeninversion. Dies geschieht meist im Winter, bei geringer Bewölkung und nächtlicher Wärmeausstrahlung, durch die die Lufttemperatur vom Erdboden bis zum oberen Rand der Bodeninversion zu- und erst darüber, entsprechend der normalen atmosphärischen Schichtung, wieder abnimmt. Besonders wenn die darüber gelagerte wärmere Luft sich bewegt, kommt es zwischen beiden Luftschichten zu teils erheblichen **Scherwinden** und **Turbulenzen**. Die Tatsache, dass die **Abnahme der Luftdichte** mit der zunehmenden Temperatur innerhalb der Inversion die Flugleistung des Flugzeuges verringert, ist besonders bei der Bodeninversion für an- und abfliegende Luftfahrzeuge gefährlich.

Unterhalb der Bodeninversionsschicht muss mit **schlechten Sichtweiten** wegen der relativ hohen Luftfeuchtigkeit gerechnet werden. Dagegen ist oberhalb der Bodeninversion die Flugsicht gut, die Vertikalsicht mäßig und die Schrägsicht schlecht:

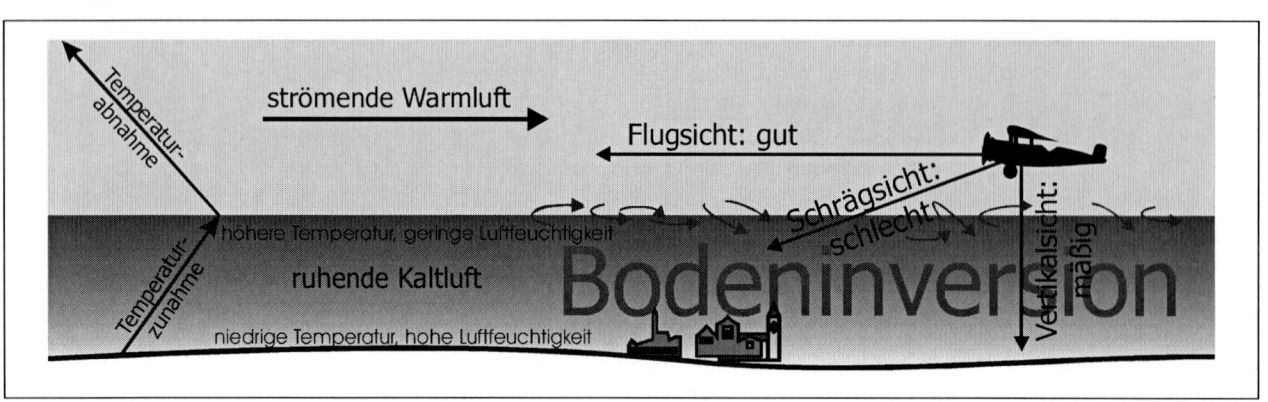

Bei entsprechender Ausprägung der Bodeninversion und einer hohen Luftfeuchtigkeit können sich Nebel und Hochnebel bilden.

5.4 Wettergeschehen bei Inversionen

Neben den insbesondere bei der Bodeninversion stark ausgeprägten Dichteunterschieden und schlechten Sichtweiten muss bei allen Inversionen mit **Scherwinden und Turbulenzen** am oberen Rand der Inversionsschicht gerechnet werden.

6. Niederschlag

6.1 Niederschlagsentstehung

Niederschläge entstehen jeweils durch Kondensation oder Sublimation des in der Luft enthaltenen Wasserdampfes und können daher flüssig oder fest sein:
- Niederschläge, die in der freien Atmosphäre entstehen, werden als **Hydrometeore** bezeichnet.
- Niederschläge, die durch Kontakt der Luft mit Körpern entstehen, werden je nach Lufttemperatur als **Tau oder Reif** bezeichnet.

6.2 Hydrometeore

Eine Wolke besteht oberhalb der Nullgradgrenze aus feinsten Wassertröpfchen; unterhalb aus einem Gemisch von unterkühlten Wassertröpfchen und feinsten Eiskristallen. Die feinsten Wassertröpfchen können sich aufgrund der hohen Oberflächenspannung nicht miteinander verbinden. Nur Eiskristalle können durch Sublimation zu größeren Eisteilchen anwachsen. Dies erfordert jedoch das weitere Freisetzen von Luftfeuchtigkeit. Das ist aber nur möglich, wenn die Luftmassen durch Vertikalströmungen weiter abkühlen.

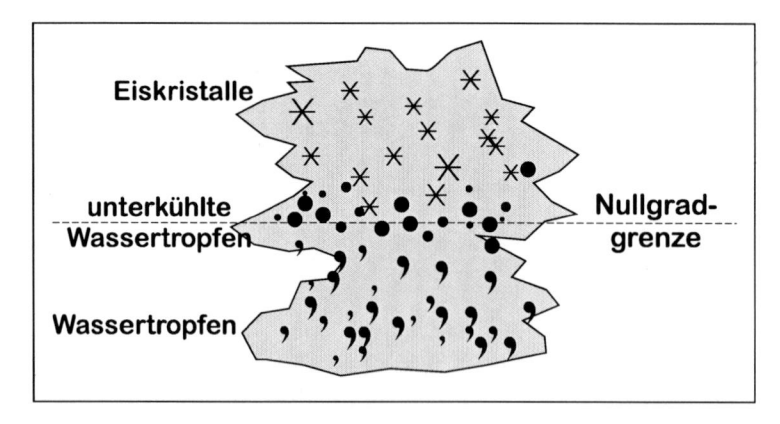

Insgesamt sind zur Bildung von Niederschlägen also drei Voraussetzungen notwendig:
1. Feuchtigkeitsausscheidung
2. Unterschreiten der Nullgradgrenze
3. Vertikalströmungen

Bei ausreichender Vertikalströmung werden die Wassertröpfchen in Höhen unter die Nullgradgrenze angehoben. Entweder sie kristallisieren zu Eiskristallen oder sie verdunsten wieder und geben damit Luftfeuchtigkeit für die Vergrößerung der Eiskristalle durch Sublimation frei. Die Größe der Hydrometeore ist erstens von der Stärke (Geschwindigkeit) der **Vertikalströmungen** abhängig und zweitens von der **Anzahl der Durchquerungen** der Hydrometeore von flüssigen und vereisten Bereichen der Wolke, hervorgerufen durch Auf- und Abwinde. Beide Faktoren (die Vertikalströmungen und die Anzahl der Durchquerungen) sind meist bei **konvektiver Bewölkung** ausgeprägter als bei stratiformer Bewölkung. Wenn die Eiskristalle eine Größe und damit Masse erreicht haben, die von der Vertikalströmung nicht mehr gehalten werden kann, fallen sie zum Erdboden.

6.3 Arten von Hydrometeoren

6.3.1 Flüssige Hydrometeore

Niesel	• geringe Vertikalströmung • feine Eiskristalle, die beim Überschreiten der Nullgradgrenze schmelzen und als feintropfiger Regen herabfallen
Regen	• mittlere Vertikalströmung • gröbere Eiskristalle, die beim Überschreiten der Nullgradgrenze schmelzen und als Regen herabfallen • Dauerregen aus Ns
Regenschauer	• starke Vertikalströmung • schwere Eiskristalle (Hagel), die beim Überschreiten der Nullgradgrenze schmelzen und als Regen herabfallen
Unterkühlter (gefrierender) Regen	• Regen (s. dort) fällt z.B. bei Inversion durch eine Kaltluftschicht • sofern keine Kristallisationskeime vorhanden, verbleiben die Regentropfen im flüssigen Zustand, obwohl die Temperatur auf unter 0° C abgefallen ist (unterkühlter Regen) • sofortiges Gefrieren und Klareisbildung beim Auftreffen auf einen Körper (Flugzeug oder Erdboden als Kristallisationskeim)

6.3.2 Feste Hydrometeore

Griesel	• geringe Vertikalströmung • feine Eiskristalle • unterkühlte Wassertropfen frieren an den Eiskristallen fest (Vergraupelung) und wachsen zu Griesel an • bei entsprechend negativen Temperaturen fällt der Griesel bis zum Erdboden
Schnee	• mittlere Vertikalströmung • Eiskristalle verhaken sich untereinander zu Schnee • bei entsprechend negativen Temperaturen fällt der Schnee bis zum Erdboden • starker Schneefall aus Cb oder Cu wird als Schneeschauer bezeichnet (im Schneeschauer wird die Sichtweite am stärksten eingeschränkt: z.T. unter 200 m)
Eiskörner	• Entstehung zunächst wie Schnee • der Schnee schmilzt in Warmluftschicht (Inversion) auf und gefriert beim weiteren Fall durch Kaltluft zu Eiskörnern (deshalb auch „gefrorene Regentropfen")
Graupel	• wie Griesel, jedoch wg. starker Vertikalströmung große Eiskristalle und unterkühlte Wassertropfen, die vergraupeln • Graupel erreicht in den Sommermonaten nicht den Erdboden
Hagel	• sehr starke Vertikalströmung • das Graupelkorn gelangt in die Aufwindzone sehr hoher Geschwindigkeit und nimmt durch Anfrieren viele unterkühlte Wassertropfen auf • Hagelkörner haben glasartiges Aussehen • Hagel kann in den Sommermonaten den Erdboden erreichen

6.3.3 Wolkenzuordnung

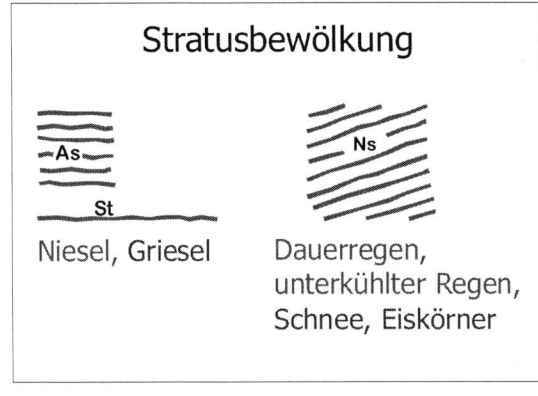

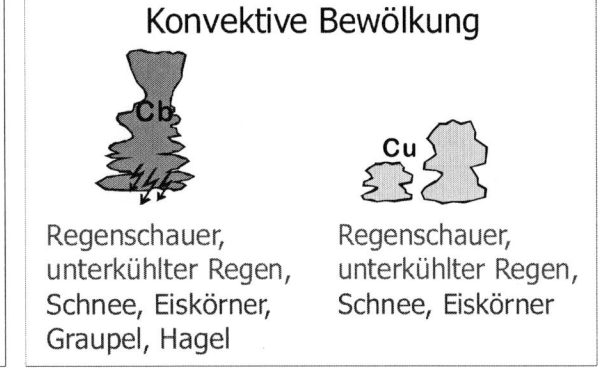

Stratusbewölkung		Konvektive Bewölkung	
As, St	Ns	Cb	Cu
Niesel, Griesel	Dauerregen, unterkühlter Regen, Schnee, Eiskörner	Regenschauer, unterkühlter Regen, Schnee, Eiskörner, Graupel, Hagel	Regenschauer, unterkühlter Regen, Schnee, Eiskörner

6.4 Wolken ohne Niederschläge

Wolken, die nur aus Eis bestehen und keine wesentliche Vertikalströmung aufweisen, bilden keine Niederschläge. Hierzu zählen die Wolken des oberen Stockwerkes (Ci, Cc, Cs)

6.5 Tau und Reif

Tau oder Reif entstehen, wenn ein Körper seine Wärme ausstrahlt. Durch Wärmeleitung wird die umgebende Luftschicht ebenfalls abgekühlt. Bei hoher relativer Luftfeuchte der Luftmasse wird so der Taupunkt erreicht.

Temperatur +	über dem Gefrierpunkt kommt es zu Feuchtigkeitsausscheidung durch **Kondensation** (**Wasserdampf -> Wasser**), die sich auf dem Körper niederschlägt: **Tau**
Temperatur −	unter dem Gefrierpunkt kommt es zu Feuchtigkeitsausscheidung durch **Sublimation** (**Wasserdampf -> Eis**), die sich ebenfalls auf dem Körper niederschlägt: **Reif**

6.6 Messung von Niederschlagsmengen

Die Messung von Niederschlagsmengen geschieht mit einem sog. **Pluviometer**. Es handelt sich um ein Auffanggefäß und eine Kanne mit Messskala.

6.7 Vereisung

6.7.1 Entstehung

Bei Flügen unterhalb der Nullgradgrenze und in Wolken bzw. bei Anwesenheit spezieller Niederschlagsformen besteht die Gefahr der Vereisung des Luftfahrzeuges. Die Bildung, Art und Stärke der Vereisung sind dabei abhängig von Temperatur, Tröpfchengröße, Wassergehalt der Wolke und Profilstärke des Luftfahrzeuges.

Grundsätzliche Voraussetzung für Vereisung ist das Auftreten von **unterkühlten Wassertropfen** (supercooled water drops). Unterkühlte Wassertropfen können in der Atmosphäre bis zu -40°C auftreten (im Labor bis zu -61°C). Berühren diese das Flugzeug, kommt es spontan zum Gefrieren und damit zur Vereisung. Vereisungsgrenze und Nullgradgrenze sind verschieden; die Vereisungsgrenze liegt infolge der Reibungswärme bei niedrigeren Temperaturen. **Am häufigsten sind Vereisungen bei - 6°C**. Feste Hydrometeore bringen während des Fluges keine Vereisungsgefahr. Für das Luftfahrzeug am Boden ist jedoch nach dem Fall von festen Niederschlägen mit anschließenden Aufschmelz- und Gefrierprozessen versteckte Vereisung möglich, die beispielsweise zur Blockierung von Rudern führen kann.

6.7.2 Arten der Vereisung

Name	Entstehung	Gefahr	Anmerkung
Reif	beim Flug durch kältere Luftschichten Wasserdampf sublimiert an der ausgekühlten Oberfläche des Flugzeuges	Cockpitfenster können vom Reif überzogen werden (Sichtverlust)	**Sublimation**
Rauhreif	innerhalb von Wolken mit geringer Vertikalströmung (St, As) unterkühlte, feinste Wassertröpfchen bis - 20° C gefrieren sofort beim Auftreffen auf das Flugzeug	keine unmittelbare Gefahr für fliegendes Flugzeug, da nur sehr dünne, wenig haftende Schicht vermindert den Auftrieb und kann daher bei Start und Landung gefährlich sein kann am abgestellten Luftfahrzeug auftreten	-20°C
Rauheis	nur innerhalb von Schichtwolken (Ns, Sc, As) unterkühlte kleine Wassertropfen bis - 15° C gefrieren sofort beim Auftreffen auf das Flugzeug, schließen dabei Luft ein und bilden einen brüchigen Eisansatz, der gegen die Strömung wächst	erhebliche negative Beeinflussung aerodynamischer Eigenschaften, Gewichtserhöhung, Unwuchten des Propellers, Ruderblockierungen	Tropfengröße nimmt zu / Gefrieren -15°C
Klareis	nur innerhalb und unterhalb (unterkühlter Regen aus Ns) von Quellwolken (Cu, Cb) unterkühlte größere Wassertropfen bis - 6° C bilden infolge Frierverzuges einen durchsichtigen, sich der Oberfläche anpassenden Eisbezug	gefährlichste und schnellste Vereisung, so daß innerhalb weniger Minuten das Luftfahrzeug flugunfähig werden kann	-6°C

7 Wind
7.1 Gradientkraft

Unter Wind versteht man einen Strömungsvorgang, der immer durch das Bestreben der Luft, Druckunterschiede auszugleichen, hervorgerufen wird. Dementsprechend fließt eine Luftmasse immer vom Hochdruckgebiet in ein Tiefdruckgebiet. Die Kraft, die durch den Druckunterschied entsteht, wird als **Gradientkraft** bezeichnet. Diese ist umso stärker, je größer der Druckunterschied zwischen zwei Druckgebieten ist. Die Windgeschwindigkeit wiederum ist proportional zu der Gradientkraft. Die Meteorologen ermitteln die Gradientkraft durch den Isobarenverlauf, wie er z.B. auf den Höhenwetterkarten dargestellt wird. Dabei deuten eng zusammenliegende Isobaren grundsätzlich auf eine große Gradientkraft und somit auf hohe Windgeschwindigkeitn hin.

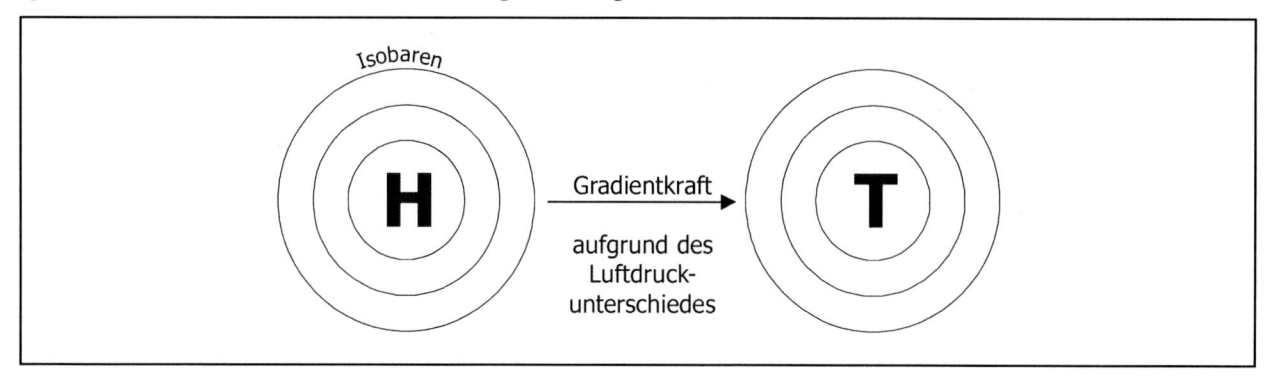

7.2 Corioliskraft

Die Richtung des Windes ist jedoch nicht ausschließlich von der Gradientkraft abhängig, sondern auch von der **Corioliskraft**. Diese bewirkt, dass auf der Nordhalbkugel jeder Wind nach rechts abgelenkt wird, auf der Südhalbkugel immer nach links. Sie wird hervorgerufen durch die unterschiedlichen Umdrehungsgeschwindigkeiten auf der Erdkugel in Abhängigkeit von der Entfernung zu den geographischen Polen.
Ein Ort in der Nähe des geographischen Nordpoles (in der Abb. Ort N) hat eine geringe Umfangsgeschwindigkeit, ebenso wie das Luftpartikel, welches von diesem Ort aus Richtung Süden startet. Das Luftpartikel behält auf seinem Weg nach Süden seine geringe Umfangsgeschwindigkeit bei, während es auf einen Ort (in der Abb. Ort S), der eine hohe Umfangsgeschwindigkeit hat, zusteuert. Ort S eilt dem Partikel nach links voraus. Ein Beobachter, der sich mit dem Luftpartikel mitbewegt, erfährt also in Bezug auf Ort S eine Ablenkung nach rechts. Es erscheint ihm, als würde eine Kraft auf ihn einwirken; diese vermeintliche Kraft nennt man Corioliskraft.

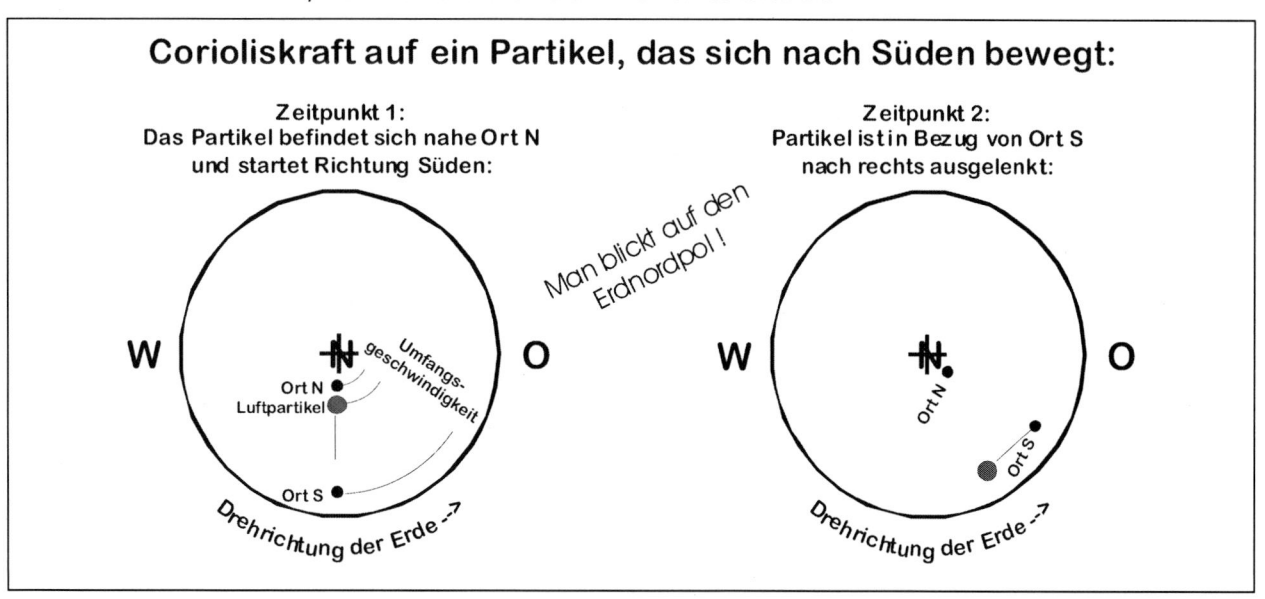

Das umgekehrte gilt für das Luftpartikel auf dem Weg von Süden nach Norden. In diesem Fall hat es die gleiche hohe Umfangsgeschwindigkeit wie der Startort (Abb. Ort S) und gelangt in ein Gebiet geringerer Umfangsgeschwindigkeit (Abb. Ort N); das Partikel eilt entsprechend diesem Ort voraus und wird wieder nach rechts abgelenkt.
Bei der Corioliskraft handelt es sich also um eine scheinbare Kraft, die aus reinen geometrischen Überlegungen abzuleiten ist, und nicht um eine Kraft im physikalischen Sinne.

Corioliskraft auf ein Partikel, das sich nach Norden bewegt:

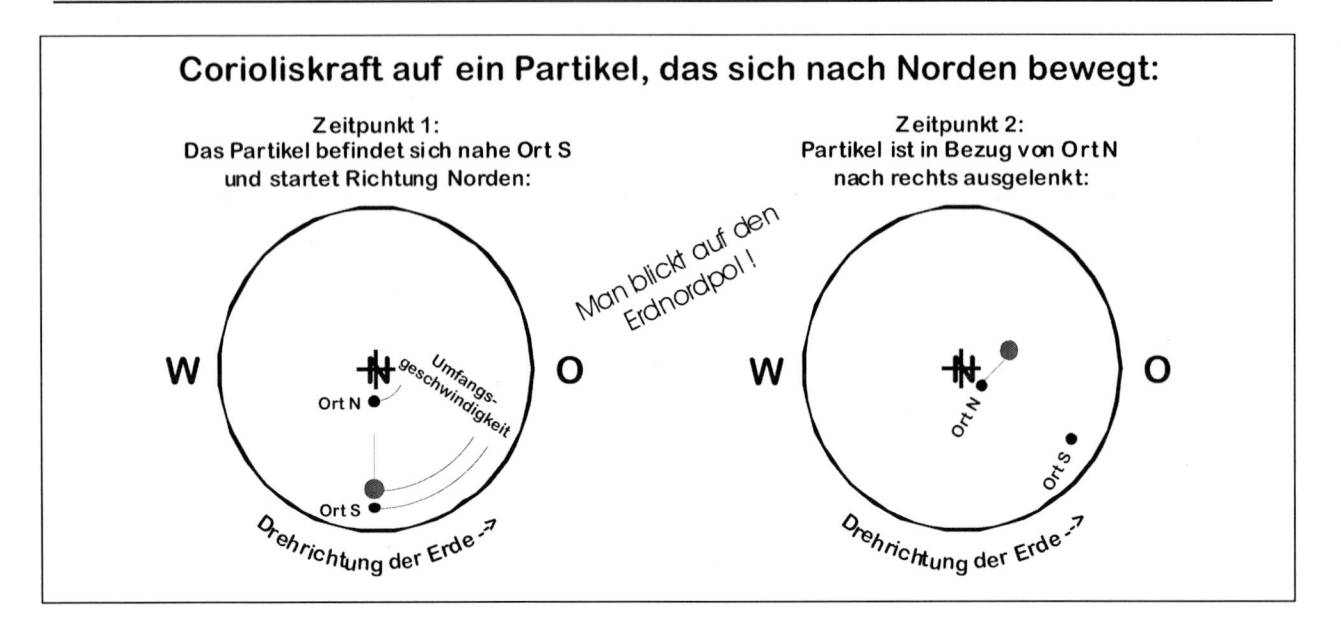

Zeitpunkt 1:
Das Partikel befindet sich nahe Ort S und startet Richtung Norden:

Zeitpunkt 2:
Partikel ist in Bezug von Ort N nach rechts ausgelenkt:

Man blickt auf den Erdnordpol!

7.3 Geostrophischer Wind

Die ungestörte Luftmasse oberhalb der Reibungshöhe strömt deshalb parallel zu den **Isohypsen** (Linien, die gleiche Höhen über MSL auf der angegebenen Hauptdruckfläche miteinander verbinden). Auf der Nordhalbkugel strömt der geostrophische Wind isohypsenparallel innerhalb des Hochdruckgebietes im Uhrzeigersinn (rechts herum) und im Tiefdruckgebiet entgegen dem Uhrzeigersinn (links herum). Auf der Südhalbkugel verhält sich das Ganze entsprechend umgekehrt. Durch geostrophischen Wind findet also kein Luftmassenaustausch zwischen Hoch- und Tiefdruckgebiet statt.

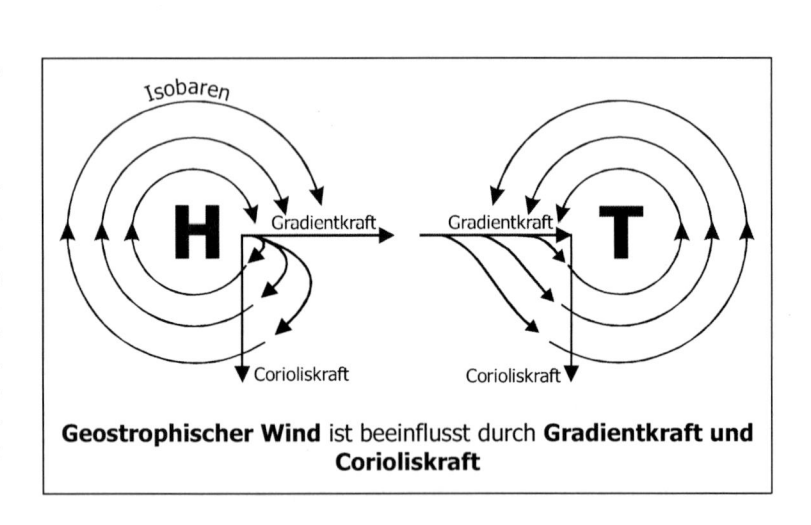

Geostrophischer Wind ist beeinflusst durch **Gradientkraft und Corioliskraft**

7.4 Bodenwind

Bewegte Luftmassen im bodennahen Bereich von GND bis 5000 ft werden zusätzlich von der Bodenreibung beeinflusst. Die Bodenreibung bewirkt ein Abbremsen des geostrophischen Windes, so dass die Luftmasse vom Hoch ins Tief fliessen kann. Die so beeinflusste Strömung schneidet die Isobaren unter einem Winkel von ca. 45° bis 60°. Dadurch sinken die Luftmassen im Hoch ab und steigen im Tief auf.

Barisches Windgesetz

Das Barische Windgesetz dient zur Abschätzung der Lage von Hoch- und Tiefdruckgebieten. Es lautet:

Steht man mit dem Rücken im Wind, ist in der 10 Uhr-Position (vorne links) das Tiefdruckgebiet und in der 4-Uhr-Position (hinten rechts) das Hochdruckgebiet.

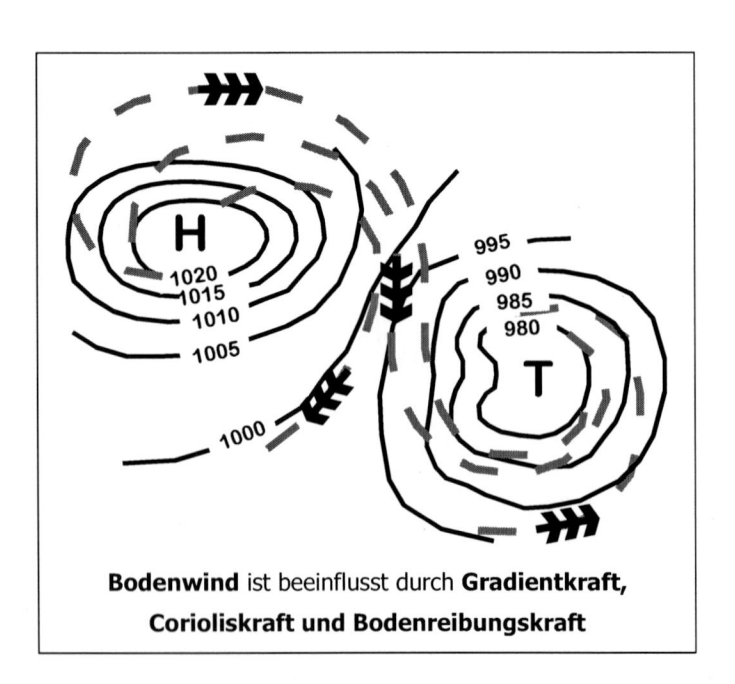

Bodenwind ist beeinflusst durch **Gradientkraft, Corioliskraft und Bodenreibungskraft**

Mit zunehmender Höhe **bis 5000 ft** (Reibungshöhe) dreht auf der Nordhalbkugel der Wind nach rechts und nimmt an Stärke zu:

👍 **Faustformel:**   **Je 1000 ft Höhe dreht der Wind 10° nach rechts und nimmt um 5 kt zu**

Beispiel: Bodenwind: 270° / 12kt   -->   Wind in 5000 ft: 320° / 37kt

Eine andere Faustformel besagt, dass der Wind (vom Bodenwind ausgehend) in 3000 ft Höhe um 30° nach rechts dreht und sich die Windgeschwindigkeit verdoppelt.

7.5 Lokale Winde

7.5.1 Land- und Seewind

• Sonnenstrahlung heizt tagsüber die Landmassen stärker als Wassermassen auf • Bildung eines lokalen Tiefdruckgebietes, da sich die Landluftmasse durch Wärmeleitung auch erwärmt • Ausgleich der Druckunterschiede von See zum Land 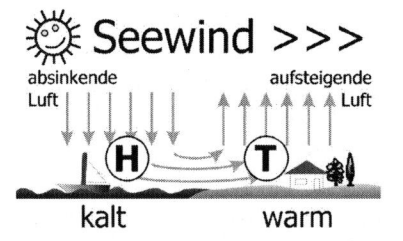	• Landmasse kühlt schneller ab als Wassermasse • Bildung eines lokalen Tiefdruckgebietes, da sich die Wasserluftmasse durch Wärmeleitung auch erwärmt • Ausgleich der Druckunterschiede von Land zur See 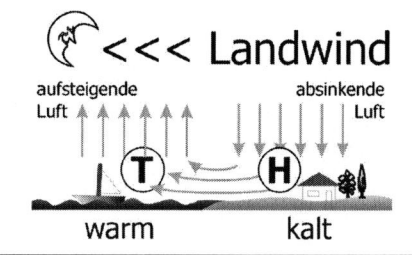

☀ **Seewind >>>**   🌙 **<<< Landwind**

absinkende Luft — aufsteigende Luft — H — T — kalt — warm

aufsteigende Luft — absinkende Luft — T — H — warm — kalt

7.5.2 Berg- und Talwind (Hangauf- und Hangabwind)

Tagsüber Talwind **(auch Hangaufwind):**	**Nachts Bergwind** **(auch Hangabwind):**
1. die senkrecht der Sonneneinstrahlung ausgesetzten unbewachsenen Berghänge erwärmen sich am stärksten 2. die warme Luft steigt auf und bildet ggf. Wolken 3. die relativ kalte Luft aus dem Tal strömt nach und bildet den Talwind aus 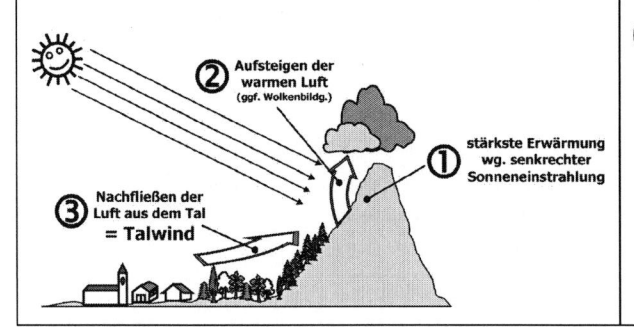	1. die unbewachsenen Berghänge kühlen früh und schnell aus 2. das Tal hat wg. seinem Bewuchs und der Gebäude eine größere Wärmespeicherfähigkeit als die unbewachsenen Berghänge; hier steigt daher warme Luft auf 3. die relative kalte Luft vom Berg strömt nach und bildet den Bergwind aus 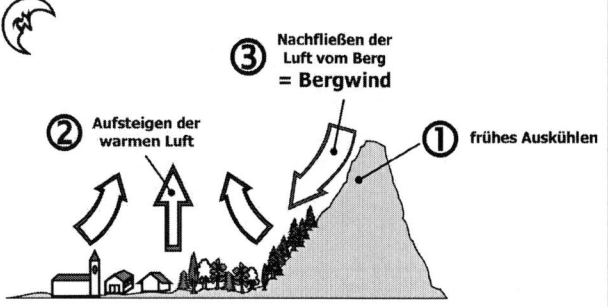

② Aufsteigen der warmen Luft (ggf. Wolkenbildg.) — ① stärkste Erwärmung wg. senkrechter Sonneneinstrahlung — ③ Nachfließen der Luft aus dem Tal = **Talwind**

③ Nachfließen der Luft vom Berg = **Bergwind** — ② Aufsteigen der warmen Luft — ① frühes Auskühlen

7.5.3 Orographische Winde

Orographische Winde entstehen durch Um- oder Überströmen von Bergen oder Durchströmen von Tälern.

Beim Umströmen eines Berges verhält sich die Strömung ähnlich wie beim Umströmen eines Tragflügelprofils. An der Seite des Berges kommt es zur Beschleunigung der Luft und somit u.U. zu erheblichen Windgeschwindigkeiten. An der Hinterkante des Berges kann die Luft dem Bergprofil nicht mehr folgen, es kommt zur Ablösung und somit zu Turbulenzbildung.

Wird ein Berg überströmt, bilden sich auf der Luvseite starke Aufwinde durch das mechanische Anheben der Luftmasse, auf der Leeseite entsprechend starke Abwinde. Zusätzlich können sich auf der Leeseite sog. Rotoren bilden, die ebenso wie beim Tragflügel durch Ablösen der Strömung entstanden sind und ggf. erhebliche Turbulenz bedeuten können. Als Beispiel für die Überströmung eines Bergmassivs kann der **Bora** genannt werden; hier handelt es sich um einen starken Fallwind an der Leeseite der Adriaküste, der Spitzengeschwindigkeiten von 70 kt erreichen kann.

Weht ein Wind durch ein Tal, ist dieser Vorgang mit dem Gesetz von Bernoulli (vgl. AE 1.2) zu erklären: Durch die Verengung des Strömungsquerschnittes kommt es zum Beschleunigen der Luft, d.h. zu erheblichen Windgeschwindigkeiten; dieser Effekt wird auch als Düsenwirkung bezeichnet. Ein Beispiel für einen Wind, der bei der Durchströmung eines Tales entsteht, ist der **Mistral**. Dieser weht flussabwärts das Tal der Rhone entlang und erreicht Geschwindigkeiten bis zu 70 kt.

Der **Föhn** ist ein warmer Fallwind auf der Leeseite der Alpen; s. M 4.4.

7.6 Böigkeit, Turbulenz und Windscherungen

Böigkeit

Hierunter versteht man **spontan und kurzzeitig** auftretende Änderungen von Windrichtung und -geschwindigkeit. Sie entstehen vor allem im Zusammenhang mit thermischen Vertikalströmungen (bes. bei Gewitter). Durch Erwärmung des Erdbodens und die damit verbundene Erwärmung der bodennahen Luftschichten (Wärmeleitung durch Konvektion) entstehen Luftbewegungen, die als konvektive Böigkeit bezeichnet werden. Um der Böigkeit zu entgehen, sollte man (wenn möglich) über der Wolkendecke fliegen. Im Landeanflug muß die Fluggeschwindigkeit (target speed) bei böigem Wind erhöht werden, um trotz der kurzzeitig unterschiedlichen Anströmungsgeschwindigkeiten jederzeit mit einem sicheren Maß über der Überziehgeschwindigkeit zu fliegen. Um dies zu erreichen, wird die target speed gem. T 4.2.2.2 erhöht.

Turbulenzen

Turbulenzen sind **ständig** auftretende Änderungen von Windrichtung und –geschwindigkeit, kombiniert mit vertikalen Luftbewegungen in Form von Wirbeln. Turbulenzen, die durch die orographische Gestalt der Erdoberfläche (geologische Formationen, Waldkanten, Gebäude) werden als **dynamische Turbulenzen** bezeichnet; Turbulenzen, die zwischen auf- und absteigenden Luftmassen entstehen, werden als **konvektive Turbulenz** bezeichnet. Die Stärke der Turbulenzen hängt von der Ausgangswindgeschwindigkeit ab und wird wie folgt eingestuft:

leicht / light	vereinzelte leichte Schwankung des Lfz
mäßig / moderate	häufige horizontale und seitliche Stöße
schwer / severe	starke Kursabweichungen; kaum kontrollierbar mit leichten Lfz

Bei Flügen in turbulenter Luft muss die Fahrt im grünen Fahrtmesserbereich gehalten, also ggf. reduziert werden (vgl. T 4.2.2.2).

Windscherungen (Wind Shears)

Zwei übereinander fließende Luftmassen unterschiedlicher Windrichtung und/oder unterschiedlicher Windgeschwindigkeit werden in bezug auf ihre Grenzschicht als Windscherung bezeichnet. Gefährlich können Windscherungen vor allem dann werden, wenn der Flug durch bodennahe Luftschichten mit einer starken Inversion führt (vgl. M 5.3). Dabei wird zwischen horizontalen und vertikalen Windscherungen unterschieden:

horizontale Windscherung	Δ kt / km	Windgeschwindigkeit und/oder –richtung ändern sich im Horizontalflug
vertikale Windscherung	Δ kt / 1000 ft	Windgeschwindigkeit und/oder –richtung ändern sich im Steig- o. Sinkflug (besonders gefährlich im Ab- und Anflug eines Flugplatzes, da die Fluggeschwindigkeit plötzlich auf die Überziehgeschwindigkeit abfallen kann)

7.7 Windmessung und -einteilung

Windbezeichnung

- Richtung aus der der Wind kommt in rechtweisenden Grad (°) oder Himmelsrichtung.
- Stärke in Knoten (kt).

Bsp.: Die Angabe **270 / 15** entspricht Westwind mit 15 kt

Art	Windrichtung	Windgeschwindigkeit
Windsack	wird vom Wind in die Richtung gedreht, in die der Wind strömt	wird je nach Geschwindigkeit unterschiedlich aufgebläht
Windfahne	wird vom Wind in die Richtung gedreht, in die der Wind strömt	keine Anzeige
Rotationsanemometer	keine Anzeige	zwei Halbkugelschalen Hohlseite hat mehr Widerstand Drehgeschwindigkeit ist Maß für Windgeschwindigkeit
Aerodynamisches Anemometer	keine Anzeige	Staudruckmessung, wenn Staurohr durch Windfahne in den Wind gedreht wird

Beaufortgrad	m/s	km/h	Knoten	Staudruck [kg/m^2]
0 (still)	0 - 0,2	0 - 1	0 - 1	0
1 (leichte Brise)	0,3 - 1,5	1 - 5	1 - 3	0 - 0,1
2 (leichter Wind)	1,6 - 3,3	6 - 11	4 - 6	0,2 - 0,6
3 (schwacher Wind)	3,4 - 5,4	12 - 19	7 - 10	0,7 - 1,8
4 (mäßiger Wind)	5,5 - 7,9	20 - 28	11 - 15	1,9 - 3,9
5 (frischer Wind)	8,0 - 10,7	29 - 38	16 - 21	4,0 - 7,2
6 (starker Wind)	10,8 - 13,8	39 - 49	22 - 27	7,3 - 11,9
7 (steife Brise)	13,9 - 17,1	50 - 61	28 - 33	12,0 - 18,3
8 (stürmisch)	17,2 - 20,7	62 - 74	34 - 40	18,4 - 26,8
9 (Sturm)	20,8 - 24,4	75 - 88	41 - 47	26,9 - 37,3
10 (voller Sturm)	24,5 - 28,4	89 - 102	48 - 55	37,4 - 50,5
11 (schwerer Sturm)	28,5 - 32,6	103 - 117	56 - 63	50,6 - 66,5
12 (Orkan)	32,7 und mehr	118 und mehr	64 und mehr	66,6 und mehr

8 Globales Wetter

8.1 Allgemeine atmosphärische Zirkulation

Unter der allgemeinen atmosphärischen Zirkulation versteht man nebenstehendes System von globalen Luftströmungen. Durch die starke Sonneneinstrahlung am Äquator steigt die Luft auf und bildet ein Tiefdruckbereich (äquatoriale Tiefdruckrinne). Am Pol sinken die Luftmassen ab und bilden ein Hochdruckgebiet (Polares Hochdruckgebiet). Dazwischen bildet sich die Zirkulation der mittleren Breiten zwischen 30° und 60° n.B.

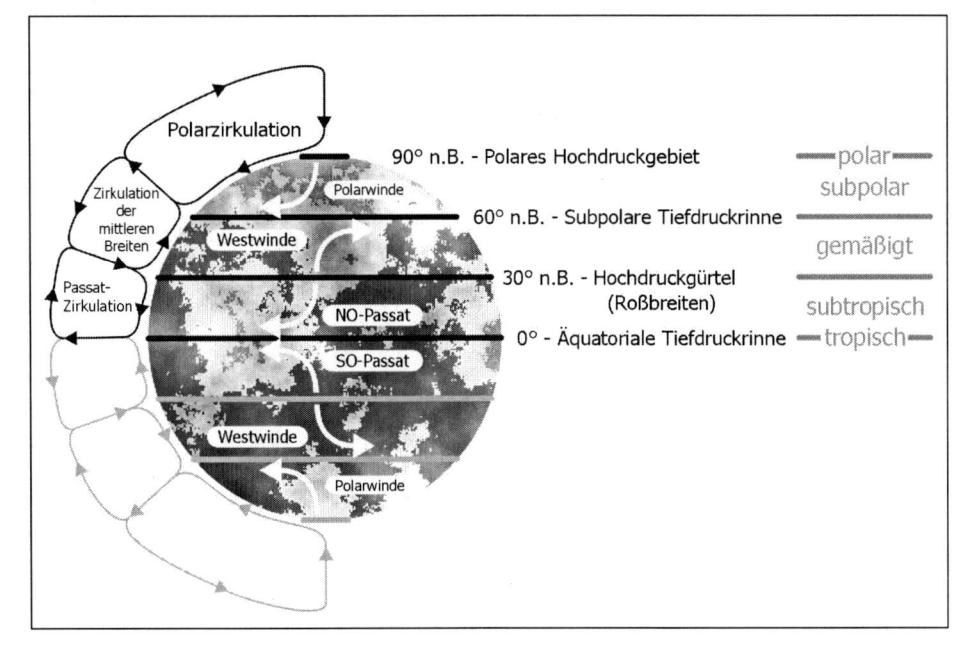

90° n.B. - Polares Hochdruckgebiet — polar
60° n.B. - Subpolare Tiefdruckrinne — subpolar
— gemäßigt
30° n.B. - Hochdruckgürtel (Roßbreiten) — subtropisch
0° - Äquatoriale Tiefdruckrinne — tropisch

8.2 Tief- und Hochdruckgebiete

Umschließen die Isobaren einen Raum mit hohem Luftdruck, spricht man von einem Hochdruckgebiet (kurz „Hoch")
bzw. einer **Antizyklone**, im umgekehrten Falle von einem Tiefdruckgebiet (kurz „Tief") bzw. von einer **Zyklone**. Der
alljährliche Wetterablauf in Deutschland wird zum großen Teil von Zyklonen bestimmt, die über dem Atlantik im Bereich der subpolaren Tiefdruckrinne entstehen. Entsprechend der allgemeinen atmosphärischen Zirkulation treffen
hier die Luftmassen der Polarzirkulation und der Zirkulation der mittleren Breiten aufeinander. Da jedoch die Corioliskraft generell auf der Nordhalbkugel eine Rechtsdrehung der Luftmassen bewirkt, geht die Strömung der **Polarzirkulation in eine östliche Richtung** über, die Strömung der **Zirkulation der mittleren Breiten in eine westliche Richtung**.

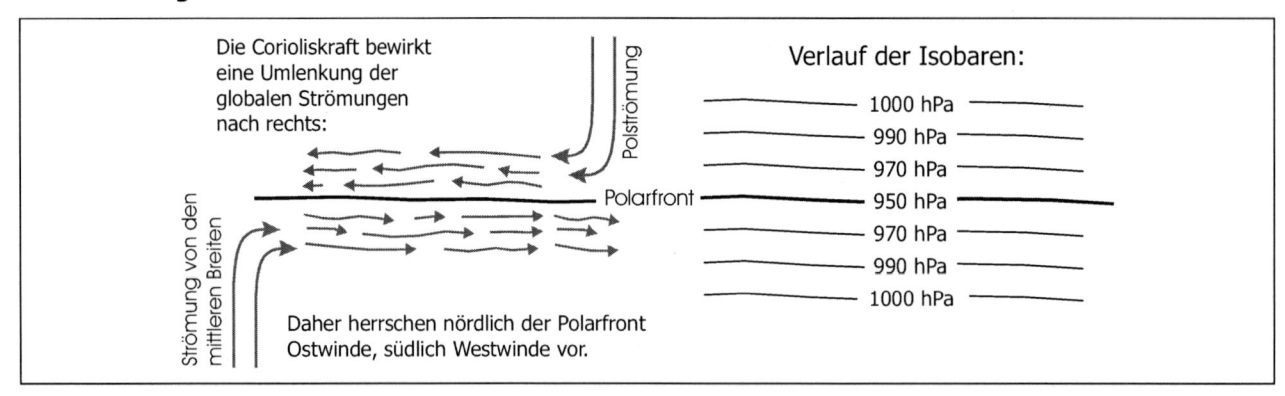

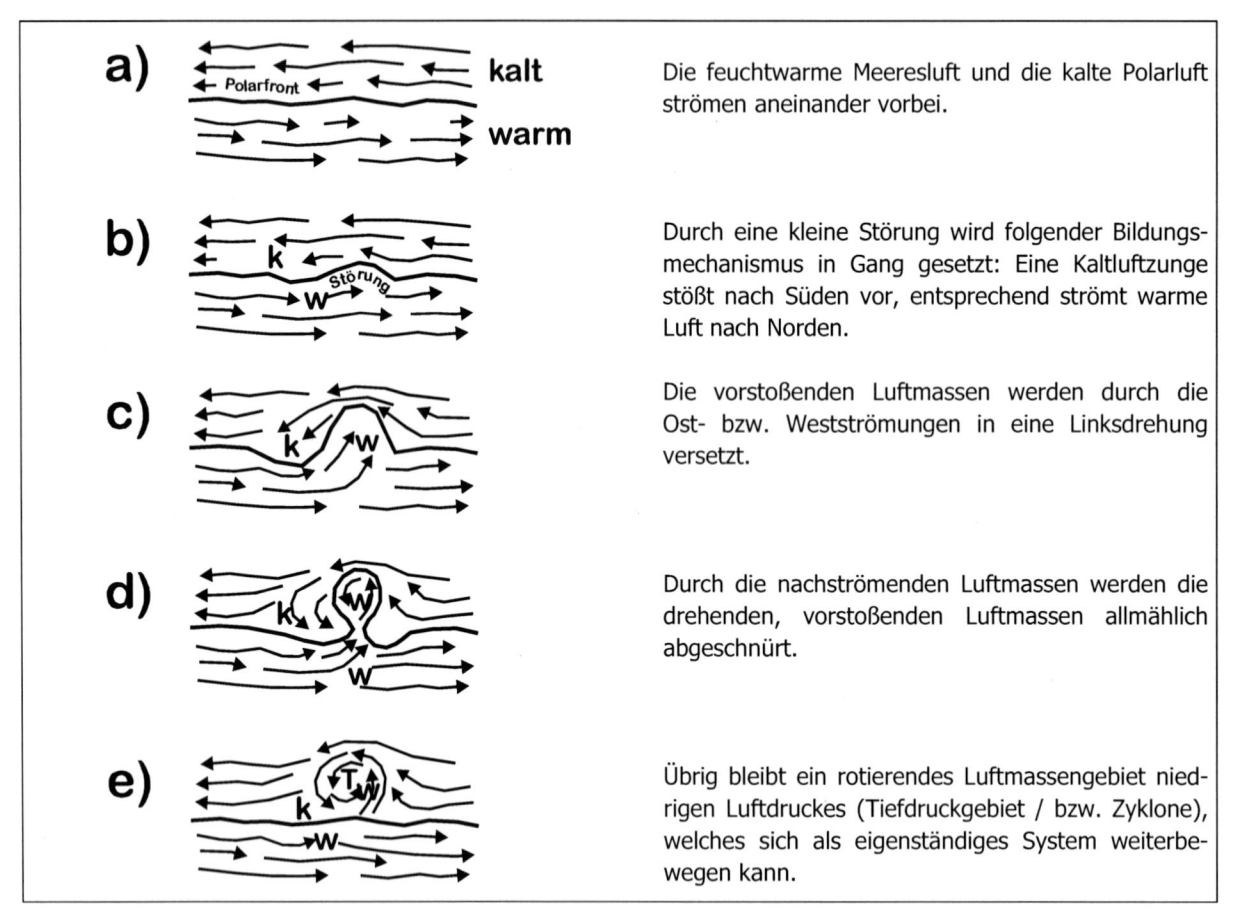

a) Die feuchtwarme Meeresluft und die kalte Polarluft strömen aneinander vorbei.

b) Durch eine kleine Störung wird folgender Bildungsmechanismus in Gang gesetzt: Eine Kaltluftzunge stößt nach Süden vor, entsprechend strömt warme Luft nach Norden.

c) Die vorstoßenden Luftmassen werden durch die Ost- bzw. Westströmungen in eine Linksdrehung versetzt.

d) Durch die nachströmenden Luftmassen werden die drehenden, vorstoßenden Luftmassen allmählich abgeschnürt.

e) Übrig bleibt ein rotierendes Luftmassengebiet niedrigen Luftdruckes (Tiefdruckgebiet / bzw. Zyklone), welches sich als eigenständiges System weiterbewegen kann.

8.3 Konvergenzen

Unter einer Konvergenz versteht man das Zusammenstoßen gleichgearteter Luftmassen. Als markantestes Beispiel
wären die Passatwinde zu nennen, die gem. M 8.1 die Luftmassen von Norden und Süden in der Äquatorialen Tiefdruckrinne aufeinandertreffen lassen. Grundsätzlich ist das Wettergeschehen in Konvergenzen frontenähnlich. Da die
Luft am Erdboden aufeinander trifft, wird sie in einer Konvergenz immer nach oben ausweichen. Diese aufsteigende
Luft - wie bereits in den vorangegangenen Kapiteln erläutert - bewirkt in erster Linie Quellbewölkung (u.U. mit Cb,
also Schauern und Gewittern).

8.4 Fronten

8.4.1 Warm- und Kaltfront

In den beiden in M 8.2 dargestellten Phasen c) und d) bilden sich auf der rechten und linken Seite des Warmluftsektors zwei Fronten mit jeweils charakteristischen Wettererscheinungen. Unter Fronten versteht man Grenzlinien, längs denen Luftmassen unterschiedlicher Temperaturen zusammenstoßen. Die Isobaren schneiden dabei die beiden Fronten in ihrer jeweiligen Strömungsrichtung. Die folgende Abb. *Warm- und Kaltfront* zeigt in Grund- und Aufriss, wie auf der Vorderseite rechts warme Luft gegen die in ihrem Wege liegende kalte Luft vordringt und von der kalten Luft wegen des Luftdichteunterschiedes zum langsamen Aufsteigen gezwungen wird. Es entsteht die sog. Aufgleitfläche mit großen Schichtwolken und ausgedehnten Regenfällen. Als Vorboten einer heranziehenden Warmfront beobachtet man oft in Höhen über 6 km Federwolken (Ci), die aus feinen Eiskristallen bestehen. Auf der Rückseite der Warmfront schiebt sich schwere Kaltluft unter die Warmluft und zwingt sie zu **_schnellem_** Aufsteigen. Dadurch entstehen kräftige Quellwolken, aus denen schauerartiger Regen- oder Hagel fällt. Die beschriebenen Wettererscheinungen sind besonders deutlich im Frühling und im Herbst (Aprilwetter und Novemberstürme) ausgeprägt.

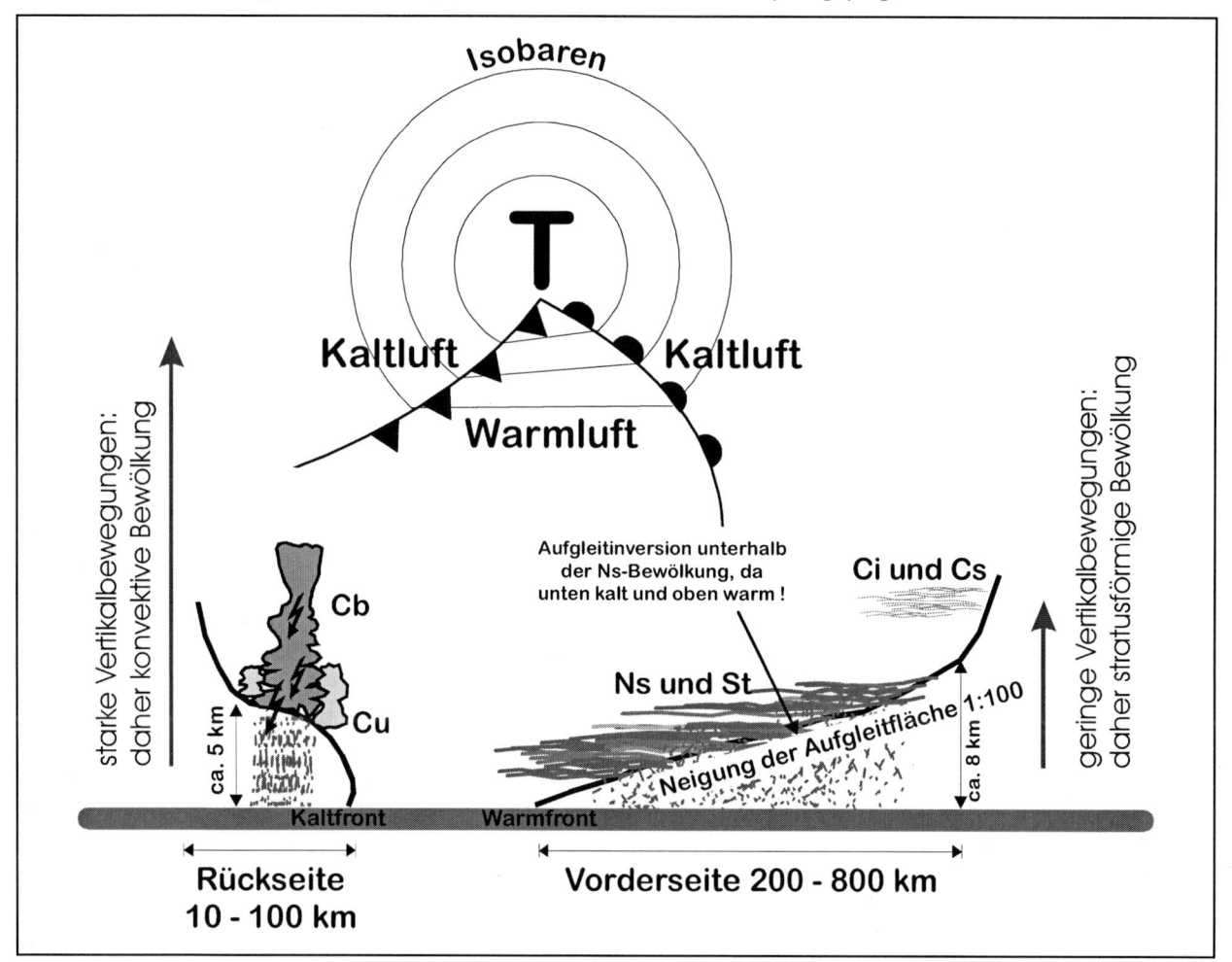

8.4.2 Wettergeschehen beim Frontendurchzug

Vorderseite

- fallender Luftdruck
- Windgeschwindigkeit nimmt zu
- hohe Cirren verdichten sich allmählich zu Cirrostratus etwa 400 bis 800 km vor der Warmfront
- normalerweise ist die Warmfront stabil geschichtet (Aufgleitinversion); im Sommer kann sie labil geschichtet sein, wodurch auch Quellbewölkung (ggf. mit Cb) möglich ist

Warmfront

- absinkende Wolkenuntergrenzen und Wolkenverdichtung
- Dauerniederschlag (im Winter als Schnee, Griesel, unterkühlter Regen > Vereisungsgefahr)
- Windgeschwindigkeit nimmt zu und Wind dreht nach rechts
- Sichtverschlechterung
- Temperaturzunahme

Warmsektor

- gleich bleibender Luftdruck
- Taupunkt steigt
- im Sommer: flache Quellbewölkung, kein Niederschlag, mäßige bis gute Sicht
- im Winter: Schichtbewölkung, leichter Regen, mäßige Sicht
- Luftdruckanstieg und Sichtverbesserung **kurz vor der Kaltfront**

Kaltfront

- normalerweise labile Schichtung mit starker Quellbewölkung (oft Cb mit eingebetteten Gewittern / **embedded Cbs**)
- im Winter stabil ohne Quellbewölkung möglich
- Regenschauer oder Hagel (in Schauern Sichtbehinderung, sonst mäßige bis gute Sicht)
- Wind wird böig und dreht nach rechts
- Temperaturabfall

Rückseite

- Luftdruck steigt
- sehr gute Sicht
- Taupunkt fällt
- starker böiger Wind
- Quellbewölkung und Schauer mit allmählicher Beruhigung und Auflösung

8.4.3 Zwischenhoch

Falls unmittelbar anschließend ein weiteres Frontensystem durchzieht, geht die Rückseite in die neue Vorderseite über; in diesem Fall spricht man von einem **Zwischenhoch**, da der Luftdruck zwischen zwei Tiefdruckgebieten relativ hoch ist.

8.4.4 Okklusion

Die Kaltfront hat eine größere Zuggeschwindigkeit als die Warmfront. Wenn die Kaltfront die Warmfront einholt, bildet sich eine sog. Okklusion, die entweder Warmfrontcharakter oder Kaltfrontcharakter haben kann:

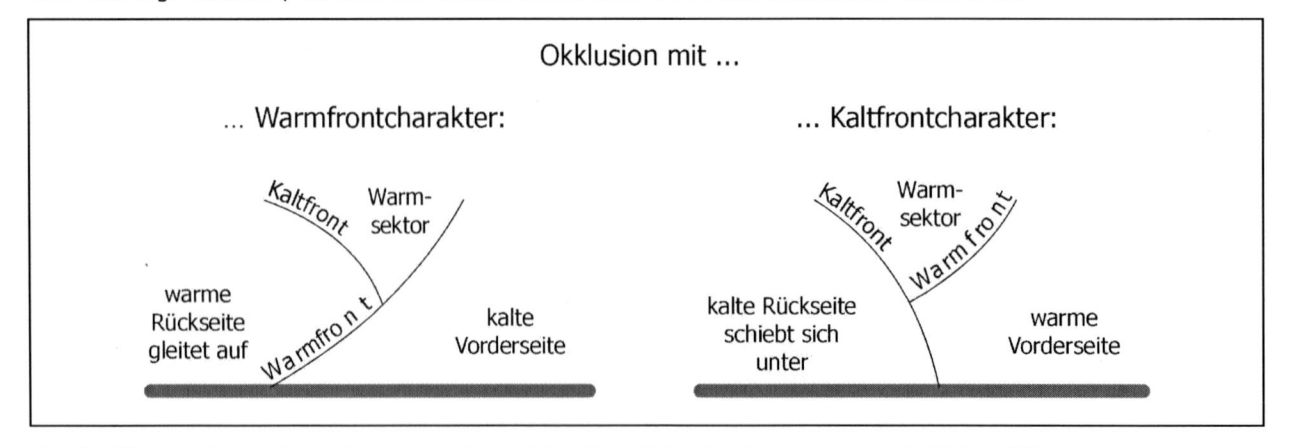

Okklusion mit ...

... Warmfrontcharakter: ... Kaltfrontcharakter:

warme Rückseite gleitet auf — Kaltfront / Warmsektor / Warmfront — kalte Vorderseite

kalte Rückseite schiebt sich unter — Kaltfront / Warmsektor / Warmfront — warme Vorderseite

Da der Warmsektor hochgehoben wird, gibt es Schicht- und Quellwolken in unterschiedlichen Höhen.

8.4.5 Stationäre Front

An der **stationären Front** liegen Warm- und Kaltluft strömungsparallel oder ohne Bewegung nebeneinander; die Front wird (im Gegensatz zur Warm- und Kaltfront der Zyklone) von keiner Isobare geschnitten:

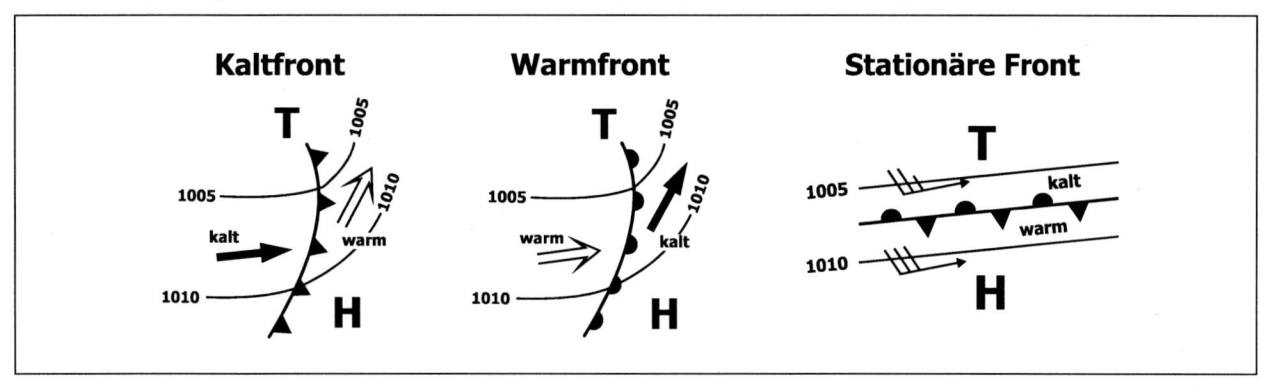

8.5 Hauptluftmassen

8.5.1 Einteilung

Aufgrund der allgemeinen Zirkulation der Atmosphäre (s. M 8.1) können vier Hauptluftmassen unterschieden werden:

Kurzbe-zeichnung	Charakter	Herkunft	nördl. Breite	Anmerkung
(A)	arktisch	Arktis	90°	bei uns selten, falls dennoch, dann strenge Kälte
(P)	subpolar	nördl. gemäßigte Breiten	60°	für uns wetterbestimmend
(S)	subtropisch	subtropische Hochdruckzone	30°	für uns wetterbestimmend
(T)	tropisch	tropischer Kalmengürtel	0°	bei uns selten; wenn, dann starke Hitze

Fazit: Es gibt keine Luftmasse, die in unseren mittleren gemäßigten Breiten entsteht. Unser Wetter ist abhängig vom Wechselspiel zwischen den Hauptluftmassen (A), (P), (S) und (T). (A) und (T) sind bei uns eher selten, dafür aber, wenn sie auftreten, mit extremen Wetterverhältnissen verbunden.

8.5.2 Prägung des Hauptluftmassencharakters

Der Charakter einer Luftmasse hängt stark von dem von ihr überströmten Gebiet ab. Daher unterscheidet man, ob die Luftmasse auf direktem Wege bzw. über Umwege zu uns gelangt ist. In letztem Fall spricht man auch von einer *Über-formung*. Zur Beschreibung der Prägung dieser Luftmassen werden den oben beschriebenen Kurzbezeichnungen (A), (P), (S) und (T) folgende Buchstaben angefügt:

c   kontinental geprägt durch direkten Weg
m   maritim geprägt durch direkten Weg
p   (als Index !) subpolar überformt durch Umweg
s   (als Index !) subtropisch überformt durch Umweg

Wenn keine eindeutige m- oder c-Prägung vorliegt, wird an die Luftmassen-Kurzbezeichnung ein x als Index angehängt, z.B.:   xPs   (vermischte Subpolarluft)

Dabei treten folgende Kombinationen auf:

mA   maritim arktisch
cA   kontinental arktisch
mP   maritim subpolar
mP_s maritim subpolar subtropisch überformt
mS   maritim subtropisch
mS_p maritim subtropisch subpolar überformt
cP   kontinental subpolar
cS   kontinental subtropisch
cT   kontinental tropisch

8.5.2.1 Prägung durch direkten Weg

Eine arktische Luftmasse (A), die über das Nordmeer und die Nordsee zu uns gelangt, einen maritim geprägten Charakter. Dieselbe ist kontinental geprägt, wenn sie über Skandinavien oder Rußland geströmt ist.

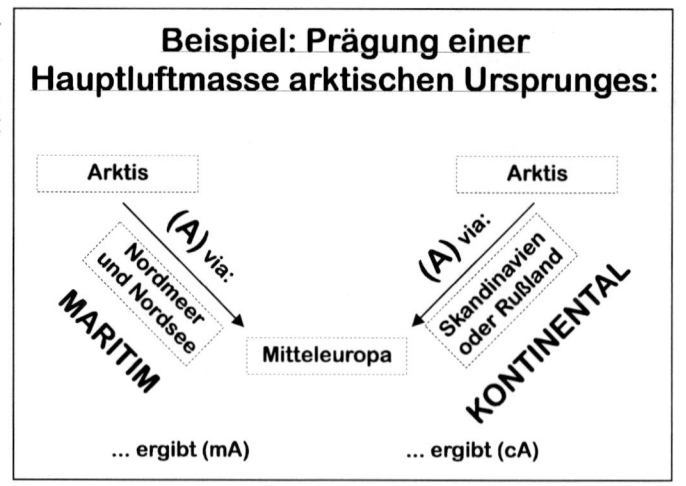

Beispiel: Prägung einer Hauptluftmasse arktischen Ursprunges:

- (A) via Nordmeer und Nordsee → Mitteleuropa (MARITIM) ... ergibt (mA)
- (A) via Skandinavien oder Rußland → Mitteleuropa (KONTINENTAL) ... ergibt (cA)

8.5.2.2 Prägung durch Umwege (Überformung)

Subtropische Überformung	Bei der subtropischen Überformung strömt (P) zunächst in subtropische Breiten und wird dabei subtropisch überformt.	**Subtropische Überformung (Index s):** Grönland → (P) via mittleren Nordatlantik (MARITIM) → Azoren ... ergibt (mP) → Mitteleuropa ... ergibt (mP$_s$)
Umgekehrter Weg: Polare Überformung (Index p)	Bei der polaren Überformung strömt (S) zunächst in subpolare Breiten und wird dabei polar überformt	**Polare Überformung (Index p):** ... ergibt (mS) Grönland → (S) via mittleren Nordatlantik (MARITIM) → Azoren → Mitteleuropa ... ergibt (mS$_p$)

Neben den zuvor beschriebenen Fronten werden zwei weitere typische Wetterlagen in erster Linie durch Temperaturgegensätze zwischen den Luftmassen über Asien und denen über den umgebenden Ozeanen hervorgerufen. Große Landmassen (Land hat größere Wärmeleitung als Wasser) erwärmen sich im Sommer schneller als die Ozeane und kühlen sich im Herbst schneller ab. Daher bildet sich im Sommer durch die starke Sonneneinstrahlung über Zentralasien ein umfangreiches Tiefdruckgebiet, in das vorwiegend von Südosten feuchtkühle Meeresluft einströmt. Es entsteht hierdurch in Südostasien der regenbringende Sommermonsun; in Deutschland entwickelt sich bei dieser Wetterlage häufig eine um den Siebenschläfertag (27. Juni) beginnende Regenperiode. Im Winter bildet sich umgekehrt über Asien ein kräftiges Hochdruckgebiet, aus dem in manchen Jahren wochenlang eisige Ostwinde über ganz Europa wehen.

9 Flugwetterberatung

9.1 Allgemeines und gesetzliche Grundlagen

Wie in L 5.2.6 beschrieben, ist nach §3a LuftVO für alle **Überlandflüge eine Flugwetterberatung** einzuholen. Ein Flug gilt als Überlandflug, wenn der Verkehr in der Platzrunde nicht mehr gesehen werden kann.

Der Deutsche Wetterdienst (DWD) hat per Gesetz die Aufgabe, den Flugwetterdienst auszuüben (vgl. L 1.2.3). Hierunter fallen u.a. die Erstellung standardisierter Flugwetterberatungsunterlagen, von denen dieses Kapitel die Wichtigsten behandelt. Zunächst soll ein Überblick geschaffen werden, welche Möglichkeiten der Flugwetterberatung von DWD und privaten Anbietern zur Verfügung stehen.

Grundsätzlich werden persönliche und automatisierte Beratungen angeboten. Nach AIP GEN 3-27 obliegt die Entscheidung dem Luftfahrzeugführer, welche Beratungsmöglichkeiten er nutzt und welche Flugwetterinformationen er für seine Flugaufgabe einholt.

Alle schriftlichen Unterlagen, die die erfolgte Wetterberatung dokumentieren können, sollten vom Luftfahrzeugführer mit an Bord genommen werden, um im Falle einer Überprüfung durch einen Beauftragten für Luftaufsicht die **Nachweisführung** zu erleichtern (s. L 5.2.8).

Sämtliche nachfolgend aufgeführten Beratungsmöglichkeiten reichen aus, um die gesetzlichen Anforderungen an eine ordnungsgemäße Flugwetterberatung zu erfüllen. Zu beachten ist jedoch, dass das Einholen der jeweiligen Beratung so nahe wie möglich an der vorgesehenen Startzeit liegen muss.

9.2 Flugwetterberatungsmöglichkeiten

9.2.1 Persönliche Beratungen

9.2.1.1 Luftfahrtberatungszentralen

Die **persönliche Beratung** erfolgt entweder telefonisch oder aber direkt vor Ort in einer der Luftfahrtberatungszentralen (LBZ) bzw. Flugwetterwarten (FWW). Die Telefonnummern der LBZ sind im AIP GEN 3-40 aufgeführt.

Der Vorteil dieser Variante ist, dass Art und Umfang der Informationen ganz individuell an die Flugaufgabe angepaßt werden können. Besonders bei schwer einzuschätzenden Wetterlagen bedeutet die professionelle Analyse der Informationen durch den Meteorologen eine nicht zu unterschätzende Hilfe.

9.2.1.2 INFOMET

Nur zur Vorab-Information sowie zur Ergänzung und Aktualisierung bereits eingeholter Beratungen kann auch auf persönlicher Basis der INFOMET-Service genutzt werden. Dieser Dienst wird von allen FWW erteilt und ist über die im AIP GEN 3-40 aufgeführten Telefonnummern zu erreichen.

Es können aus allen in M 9.3 beschriebenen standardisierten Flugwetterberatungsunterlagen Informationen erfragt werden; es erfolgt jedoch ausdrücklich keine individuelle Flugwetterberatung.

9.2.2 Automatisierte Beratung

9.2.2.1 Übersicht

Der Vorteil der **automatisierten Beratung** liegt insbesondere darin, dass komplette, schriftliche Unterlagen wie z.B. Wetterkarten dem Piloten vorliegen, ohne dass er sich zu einer LBZ oder FWW bemühen muss. Zu den automatischen Systemen gehören:

1. AFWA / GAFOR
2. pc_met
3. T-Online (BTX)
4. Telefaxabruf
5. Telefonansagedienst PID

9.2.2.2 AFWA / GAFOR

Bei dem AFWA / GAFOR - System handelt es sich um ein System von Anrufbeantwortern, die von den LBZ und FWW betrieben werden und telefonisch abrufbar sind. Die Telefonnummern und weitere Informationen sind im AIP GEN 3-28 enthalten.

Das AFWA / GAFOR - System ist besonders an die Bedürfnisse von VFR-Flügen der allgemeinen Luftfahrt angepasst. Es beinhaltet Informationen für Flüge innerhalb der Bundesrepublik Deutschland bis zu einer Höhe von 10000 ft.

Da die Aufsprachen grundsätzlich nach einem standardisierten Schema erfolgen, bietet sich die Verwendung von Formblättern zum Aufnehmen der Informationen an. Eine mögliche Formblattvariante ist auf der Seite M 9.6 dargestellt. Jeder einzelnen Periode wird einer der folgenden Code-Buchstaben zugeordnet:

GAFOR-Code:	C Charlie	O Oscar	D Delta	M Mike	X X-Ray
Horiz. Sichtweite am Boden:	ab *__10__* km	*__8__* - 10 km	*__5__* - 8 km	*__1,5__* - 5 km	*__0__* - 1,5 km
Wolkenuntergrenze mit mehr als 4/8 Bedeckung über Bezugshöhe:	über *__5000__* ft	*__2000__* - 5000 ft	*__1000__* - 2000 ft	*__500__* - 1000 ft	*__0__* - 500 ft

Anm.: Die kursiven, fettgedruckten und unterstrichenen Werte sind von dem jeweiligen GAFOR-Code eingeschlossen, die übrigen nicht.

Um noch genauer differenzieren zu können, werden den o.g. Code-Buchstaben noch Zahlen zugewiesen. Auf diese Weise lassen sich Aussagen über Wolkenuntergrenze und/oder Sichtweite machen. Die Zuweisung erfolgt nach dem in dem Beispiel eines GAFOR-Formblatt unten rechts abgebildeten Diagramm.

C.L. Meteorologie M 39

Schema der GAFOR-Aufsprache

Bereich	Das Gebiet der Bundesrepublik Deutschland wird in die beiden (sich überschneidenden) Vorhersagebereiche Nord und Süd unterteilt.
Ausgabedatum	/
Ausgabezeit und Gültigkeitszeitraum	die Aufsprachen werden zu folgenden UTC-Zeiten herausgegeben, mit folgenden in Klammern stehenden sechsstündigen Gültigkeitszeiträumen: • 02:30 (03-09 h) • 11:30 (12-18 h) • 05:30 (06-12 h) • 14:30 (15-21 h) • 08:30 (09-15 h) • 20:30 (Aussichten für den Folgetag)
Wetterlage	Allg. Beschreibung der Lage in dem entsprechenden Bereich; evtl. Gefahrenhinweise und Hinweise auf Thermik f. Segelflieger
Höhenwinde	Höhen 1500, 3000, 5000 und 10000 ft MSL
Nullgradgrenze	angegeben in ft MSL
Vorhersage der Sichtflugmöglichkeiten in den Gebieten	Der Gültigkeitszeitraum wird in 3 Perioden a' 2 Stunden aufgeteilt. Das Gebiet der Bundesrepublik Deutschland wird in insgesamt 84 Vorhersagegebiete unterteilt, diese wiederum in einen nördlichen und einen südlichen Vorhersagebereich. Beide Bereiche überschneiden sich in den Gebieten 24 bis 47. **Jedes einzelne Vorhersagegebiet erhält für jede einzelne Periode einen GAFOR-Code nach untenstehender Tabelle; auf diese Weise lässt sich auch die Wetterentwicklung erkennen.** *[GAFOR-Karte Deutschland mit Vorhersagegebieten 01-84 und Bezugshöhen in ft MSL]*
Nächste Aufsprache	Zeit der nächsten Aufsprache in [UTC]

Das folgende Formblatt kann beim telefonischen Abruf zum Notieren der Wetterdaten verwendet werden:

AFWA / GAFOR - Bereich NORD

Gültigkeitsdatum: 13.9.2003 **Gültigkeitszeitraum [UTC]:** 0900-1500

Wetterlage: Zunehmender Hochdruckeinfluss. Nur im äußersten Südosten noch Regen an einer abziehenden Okklusion. Im Süden anfangs noch Dunst und Nebel.

Höhenwinde [ft NN]:

1500	3000	5000	10000
020/10	020/10	350/15	350/15

Nullgradgrenze [ft NN]: Zwischen Fl075 im Südosten und Fl095 im Westen

Gebietsvorhersage der Sichtflugmöglichkeiten:

Gebiet	Nr				Gebiet	Nr				Gebiet	Nr			
Ostfriesland (100)	01	C	C	C	Rhin-Havell. Ostbrandbg. Seengebiet (300)	17	O	O	O	Bergisches Land (1400)	35	D3	D3	O
Nordfriesland Dithmarschen (100)	02				Barnim u. Oderbruch (400)	18	M2	D1	O	Sauerland (2400)	36	X	D1	O
Schleswig-Holsteinische Geest (200)	03				Spreewald u. Gubener Waldland (400)	19	↓			Eifel (2000)	37	D3	D3	O
Schleswig-Holsteinisches Hügelland (300)	04				Magdbg. Börde u. nördl. Harzvorland (700)	20	O	O	O	Neuwieder Becken (800)	38			
Nordwestl. Niedersachsen (200)	05				Harz (2000)	21	M2	M2	D1	Westerwald (1900)	39	↓		
Lüneburger Heide (400)	06				Leipzg. Tieflandbucht u. Elbe-Elster Niederg. (600)	22	D1	O	O	Hunsrück (2300)	41	M5	D1	O
Westl. Niedersachsen (300)	07				Niederlausitzer Heiden (600)	23	M2	D1	O	Taunus (1900)	42	D1	O	O
Hannover (500)	08				Thüringer Becken (1400)	24	O	O	O	Nordhess. Bergland, Vogelsberg (2000)	43	O	O	O
Teutoburger Wald (700)	09	↓			Mittelsächsisches Hügelland (1300)	25	M2	D1	O	Rheinpfalz, Saarland (1900)	44	D4	O	O
Weser-Leine-Bergland (1400)	10	M8	D4	O	Oberlausitz u. Lausitzer Gebirge (1500)	26	M5	D4	O	Rhein-Main-Gebiet u. Wetterau (700)	45	O	O	O
Mecklenburgisches Tiefland (300)	11	D1	O	O	Thür. Wald, Frankenwald, Fichtelgeb. (2700)	27	X	M5	M2	Odenwald, Spessart (1700)	46	D3	O	O
Vorpommern (200)	12	↓			Erzgebirge (2700)	28	X	M8	M5	Rhön (2800)	47	M2	D1	O
W. Mecklbg. Seenplatte u. Prignitz (400)	13	O	O	O	Niederrheinisches Tiefland (300)	31	D3	O	O					
Ö. Mecklbg. Seenplatte u. Uckermark (400)	14	D1	O	O	Münsterland (500)	32								
Altmark (400)	15	M2	D1	O	Ruhrgebiet (500)	33	↓							
Hoher Fläming (600)	16	O	O	O	Niederrheinische Bucht (700)	34	M6	D3	O					

Wolkenuntergrenze über Bezugshöhe [ft]			
2000	M6	D3	O
	X	M7	D4	D1
1000			
500	M8	M5	M2
		X	
	1,5	5	8
	Sichtweite [km]		

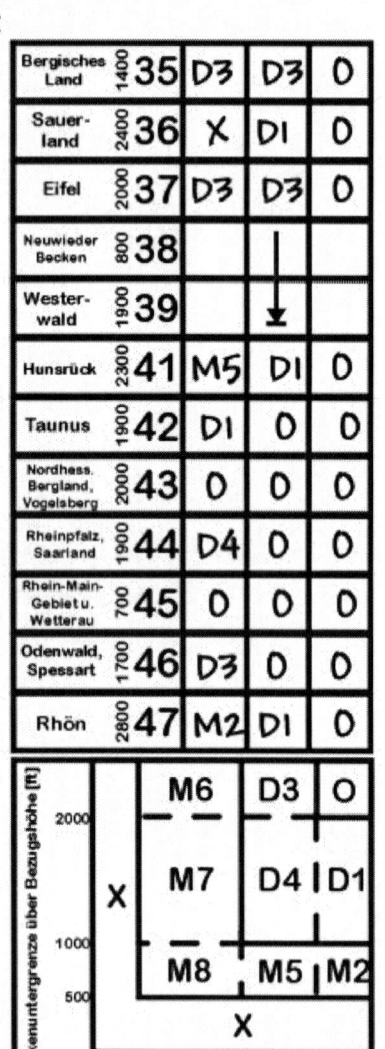

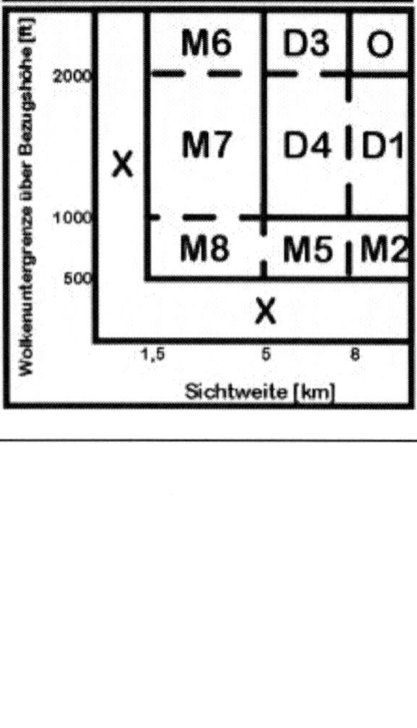

Zeit nächste Aufsprache [UTC]: 11:40

9.2.2.3 pc_met

Mit pc_met wird ein interaktives PC-gestütztes Selfbriefing-System bezeichnet, mit dessen Hilfe der Anwender Flugwetterinformationen rund um die Uhr von einem Datenserver abrufen kann. Die Art der Informationen entspricht den in M 9.3 behandelten standardisierten Flugwetterberatungsunterlagen. Die zur Anwendung von pc_met nötige Software muss zuvor gekauft werden und die Einzelnutzung kostet zusätzliche Gebühren. Weitere Informationen (Internetadresse) sind im AIP GEN 3-36 enthalten.

9.2.2.4 Telefaxabruf

Mit Hilfe eines Faxgerätes (3. Generation mit Abrufmodus nötig) können die wichtigsten der standardisierten Flugwetterberatungsunterlagen abgerufen werden. Die Telefonnummern und weitere Informationen sind im AIP GEN 3-37 enthalten. Da das System nicht interaktiv ist, erhält man Unterlagenpakete von nicht beeinflussbarem Umfang. Man hat jedoch die Möglichkeit, zwischen vier unterschiedlichen Paketen zu wählen:

1. IFR-Programm
2. VFR-Programm
3. Segelflugwetter
4. Ballonwetter

9.2.2.5 Telefonansagedienst PID

Dieser Dienst wird von einem privaten Anbieter erbracht, der mit dem DWD zusammenarbeitet.

Für verschiedene Vorhersagegebiete der Bundesrepublik und Nachbarstaaten (ähnlich bzw. gleich der GAFOR-Einteilung) können Segelflug-, Ballon- und Flugwetterberichte per Telefon abgehört werden. Die Telefonnummern und weitere Informationen sind im AIP GEN 3-39 enthalten. Die Gebiete erstrecken sich über die gesamte Bundesrepublik Deutschland und teilweise auch über angrenzende Gebiete der Nachbarstaaten.

9.3 Standardisierte Flugwetterberatungsunterlagen

9.3.1 METAR, SPECI und TAF

9.3.1.1 Allgemeines

METAR, SPECI und TAF sind nach einem bestimmten Schlüssel aufgestellte Informationen über bestehendes bzw. prognostiziertes Wetter an Flughäfen. Der grundlegende Unterschied zwischen METAR bzw. SPECI und TAF lässt sich anhand ihrer dt. Übersetzung leicht erkennen; während METAR und SPECI das bestehende Wetter beschreiben, handelt es sich bei einem TAF um eine Wettervorhersage.

In nachfolgender Abbildung einige weitere „Eselsbrücken":

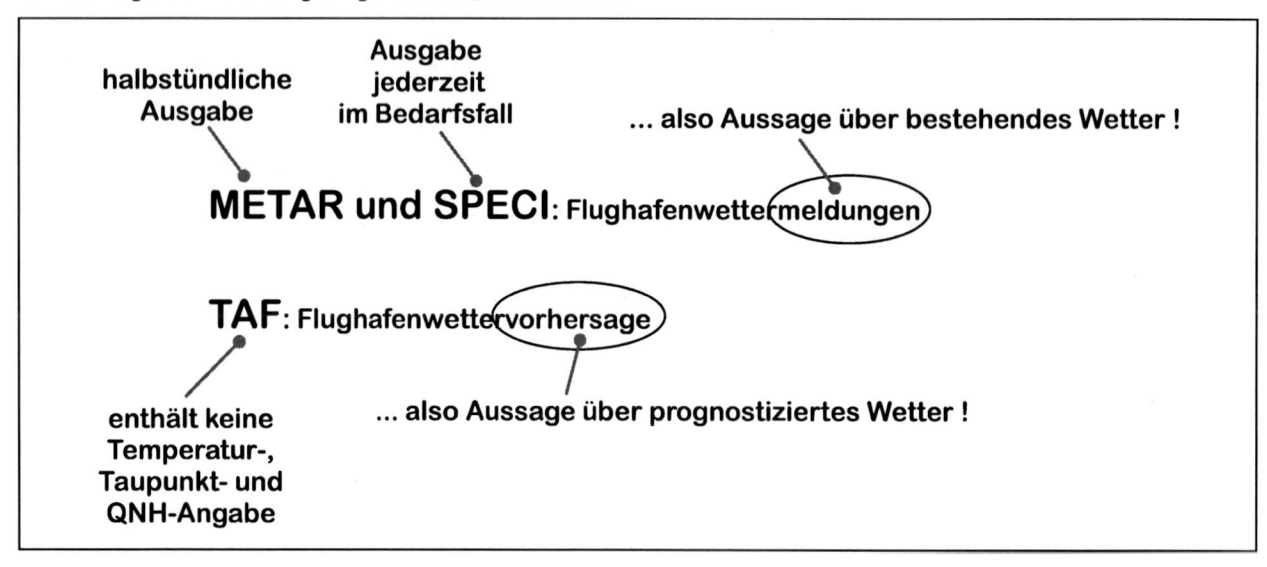

- **halbstündliche Ausgabe**
- **Ausgabe jederzeit im Bedarfsfall**
- ... also Aussage über bestehendes Wetter !

METAR und SPECI: Flughafenwetter**meldungen**

TAF: Flughafenwetter**vorhersage**

- **enthält keine Temperatur-, Taupunkt- und QNH-Angabe**
- ... also Aussage über prognostiziertes Wetter !

METAR und SPECI unterscheiden sich lediglich in ihren Ausgaberhythmen; METAR wird halbstündig neu herausgegeben, SPECI im Bedarfsfall bei Wetteränderungen zwischen zwei METAR-Ausgaben.

	METAR (in ATIS enthalten !)	**SPECI**	**TAF**
Bedeutung	Meteorological Aerodrome Routine Report	Selected Special Report	Terminal Aerodrome Forecast
Ausgaberhythmus	• 1. Ausgabe: 00:20 UTC • alle 30 Min	zwischen den METAR-Terminen bei Bedarf	• 1. Ausgabe: 01:00 UTC • alle 3 h • alle 6 h (Langzeit-TAF)
Gültigkeit	2 h	variabel	• 9 h • 18 h (Langzeit-TAF)
Bezeichnung (2-letter code)	SA	SP	• TAF 9HR: FC • TAF 18HR: FT
Inhalt	• Bodenwetter für den Bereich des Flughafens • in Kombination mit Trend ist METAR eine Landewettervorhersage	Sonderwettermeldung bei Über- oder Unterschreiten bestimmter Grenzwerte	Flugplatzwettervorhersage
Erhältlich	• schriftlich oder mündlich in allen Wetterberatungen • als ATIS oder VOLMET	wie METAR	schriftlich oder mündlich in allen Wetterberatungen
Verschlüsselung	METAR-Code	METAR-Code	METAR-Code
Anmerkung	• Angegebene Sichten sind horizontale Bodensichtweiten • kann ergänzt werden durch eine Landebahnzustandsmeldung	Angegebene Sichten sind horizontale Bodensichtweiten	Angegebene Sichten sind horizontale Bodensichtweiten

9.3.1.2 Aufbau

METAR, SPECI und TAF sind nach folgendem Schema aufgebaut:

Informationsgruppe	METAR SPECI	TAF	Beispiel codiert:	Beispiel dekodiert:
ICAO-Ortskennung des Verkehrsflughafens	✔	✔	EDDB	Flughafen Berlin-Schönefeld
Ausgabe [TAG des Monats] und [ZEIT/GG] in UTC	✔	✔	141300	Herausgegeben am 14. Tag des Monats um 13:00 UTC
Gültigkeitszeitraum [TAG des Monats] und [ZEIT/GG G_eG_e] in UTC	nein	✔	141322	Gültig für den 14. Tag des Monats von 13:00 bis 22:00 UTC
Windrichtung [°] / Windgeschwindigkeit [kt] • umlaufende (variable) Winde bis max. 3 kt • Windstille • Böigkeit über 10 kt mit xx/yy (G = Gusts)	✔	✔	09015KT VRB 00000KT 09015G30KT	Wind aus 090 Grad mit 15 Knoten
Meteorologische Bodensicht [m] • alle Bodensichten ab 10 km [9999]	✔	✔	3000 9999	Bodensicht 3000 Meter Bodensicht mehr als 10 Kilometer
Landebahnsichtweite (RVR) • eingeleitet mit „R" und Pistenbezeichnung (z.B. 25R) • wird nur angegeben, wenn RVR unter 1500 m liegt • Tendenzangabe U (up) = Verbesserung; D (down) = Verschlechterung; N (no significant change) = keine Änderung	✔	✔	R25R1200U	Landebahnsicht auf der Piste 25 Rechts beträgt 1200 Meter – Besserung ist zu erwarten
gegenwärtiges signifikantes Wetter • gem. Wetterschlüssel in M 9.3.1.3	✔	✔	+RA	starker Regen
Bedeckung (x/8), Art, Untergrenze [ft] ohne Wolken (SKC = Sky clear) Wolken nicht erkennbar mit 9// SKC 0/8 FEW 1-2/8 SCT 3-4/8 s. auch M 4.1.2 BKN 5-7/8 OVC 8/8 NSC ---	✔	✔	BKN020 SKC 9//010	Bedeckungsgrad broken / aufgebrochen 5 bis 7 Achtel in 2000 ft über Grund
bei weiteren Wolken Angaben wie vor	✔	✔	OVC010	Bedeckungsgrad einer zweiten Schicht overcast / bedeckt 8 Achtel in 1000 ft über Grund
Temperatur [° C] / Taupunkt [° C] negative Werte werden mit einem „m" versehen	✔	nein	13/08 M04/M08	Lufttemperatur: 13°C Taupunkt: 8°C
Luftdruck QNH [hPa]	✔	nein	1021	Luftdruck in Meeresspiegelniveau 1021 hPa
Zusätzliche Angaben: RE recent / vergangenes Wetter	✔	nein	RERA	Regen vor der letzten Beobachtung; aber nicht zur Zeit
Trendangaben gem. nachfolgender Trendtabelle	✔	✔	TEMPO	zeitweilige, weniger als 1 Std. andauernde Änderung des Grundzustandes (unterbrochener Grundzustand)
Gültigkeitsdauer für den Trend in UTC	nein	✔	1619	die unter TEMPO beschriebene Wetteränderung wird zwischen 16:00 und 19:00 UTC auftreten
Windrichtung [°] / Windgeschwindigkeit [kt]	✔	✔	VRB03KT	der Wind weht aus variablen Richtungen mit 3 Knoten
Bodensicht [m]	✔	✔	1500	Bodensicht 1500 Meter
zukünftiges Wetter gem. Wetterschlüssel in M 9.3.1.3	✔	✔	NSW	nil significant weather – keine signifikanten Wettererscheinungen
Bedeckung (x/8), Art, Untergrenze [ft]	✔	✔	BKN010	Bedeckungsgrad broken / aufgebrochen 5 bis 7 Achtel in 1000 ft über Grund
bei weiteren Wolken Angaben wie vor	✔	✔	SCT220	Bedeckungsgrad einer zweiten Schicht scattered / aufgelockert 3 bis 4 Achtel in 22000 ft über Grund
es können mehrere Trendangaben folgen	✔	✔	BECMG1921	der zuvor beschriebene Grundzustand wird sich zwischen 19:00 bis 21:00 UTC zu nachfolgendem beschriebenen Zustand ändern und so bleiben

9.3.1.3 Wetterschlüssel

Nachfolgend sind die wichtigsten Schlüssel für die METAR-, SPECI- und TAF-Gruppen für signifikantes Wetter und den TREND dargestellt. Eine vollständige Übersicht über alle Gruppen ist z.B. im AIP enthalten.

Intensität

-	leicht (light)
+	stark (heavy)
[leer]	mäßig oder unbestimmt (moderate)

Art der Erscheinung

MI	flach (shallow)
BC	Schwaden (patches)
DR	Fegen in einer Höhe bis zu max. 2m (low drifting)
SH	Schauer (shower)
TS	Gewitter (thunderstorm)
BL	Treiben in einer Höhe ab 2 m (blowing)
FZ	unterkühlt, gefrierend (supercooled)
VC	in der Nähe im Umkreis von 8 km, aber nicht direkt am Flughafen (in the vicinity)

Niederschlag

DZ	Sprühregen (drizzle)
RA	Regen (rain)
SN	Schnee (snow)
IC	Eisnadeln (diamant dust)
PE	Eiskörner (ice pellets)
SG	Schneegriesel (snowgrains)
GR	Hagelkörner mit Durchmesser 5 mm oder mehr (hail)
GS	Graupel = Hagelkörner mit Durchmesser von weniger als 5 mm (soft hail)

Trübungserscheinungen

HZ	trockener Dunst (haze)
BR	feuchter Dunst (mist)
VA	Vulkanasche (vulcanic ash)
SA	Sand (sand)
FU	Rauch (smoke)
DU	Staub (dust)
FG	Nebel (fog)

Sonstige Erscheinungen

PO	Staubteufel, Sandwirbel (dust, sand whirls)
SQ	markante Böen (squalls)
DS	Staubsturm (duststorm)
SS	Sandsturm (sandstorm)
FC	Wolkenschlauch, Tornado, Wasserhose (funnel cloud)

Zusätzliche Angaben

RE	Recent	Vergangenes Wetter seit der letzten Beobachtung, nicht mehr zur Zeit
WS RWY25	wind shears	Windscherungen zwischen GND und 1600 ft GND Piste 25
RMK	remarks	Bemerkungen

Trend

NOSIG	no significant change	keine wesentliche Änderung innerhalb der nächsten 2 h
TEMPO	temporary	Zeitweilige, weniger als 1 Std. andauernde Änderung des Grundzustandes (unterbrochener Grundzustand) innerhalb GG bis GeGe
BECMG	becoming	Änderung tritt innerhalb GG bis GeGe ein, danach gilt der nachstehend beschriebene Zustand
SKC	sky clear	wolkenlos
FMGG	from GG	neuer Zustand ab GG / Änderung beginnt um GG [UTC]
CAVOK	ceiling and visibility o.k.	die Gruppen [Bodensicht, Wetter, Bedeckung, Wolkenart, Untergrenze] können insgesamt durch die Angabe "CAVOK" ersetzt werden, wenn folgende Bedingungen vorliegen: • Bodensicht über 10 km • keine Wolken unter 5000 ft GND (entspricht NSC) • keine Niederschläge • keine Cb, keine Gewitter • kein flacher Nebel • kein niedriges Schneefegen
NSC	nil significant clouds	nur Wolken in oder über 5000 ft, kein CB
PROB	probable	mit angegebener Wahrscheinlichkeit in % tritt nachstehender Zustand ein
NSW	no significant weather	keine signifikanten Wettererscheinungen

Anmerkung: Die Definition "CAVOK" entspricht also inhaltlich der GAFOR-Einstufung "CHARLY"!

9.3.1.4 Beispiele für METAR und TAF

METAR

EDDB Berlin/Schönefeld	201720Z 21011KT 9999 FEW023 06/04 Q0986 BECMG BKN015=
EDDF Frankfurt/Main	201720Z 30008KT 9999 FEW006 SCT030 BKN060 07/05 Q0992 RERA NOSIG=
EDBM München/FJS	201720Z 22023KT 9999 FEW035 SCT049 06/02 Q0987=
EDDP Leipzig	201720Z 22015KT CAVOK 06/04 Q0988 NOSIG=
EDDW Bremen	**130920Z 34004KT 9999 SCT050 SCT250 17/10 Q1031 NOSIG=**

9-h-TAF

FCEDHK Kiel-Holtenau 201420Z 1524 24015G25KT 9999 NSW SCT020 BKN040 TEMPO 1518 26020G30KT 4000 -SHRAGS SCT010 BKN015CB BECMG 1821 28007KT 9999 NSW SCT010 BKN020 BKN080 BECMG 2124 33012KT 8000 -RASN BKN007 BKN015 OVC080=

FCEDBM Magdeburg 201500Z 201601 24015KT 9999 BKN020 PROB30 TEMPO 1601 25020G30KT SHRA BKN015CB=

FCEDAH Heringsdorf 201200Z 201317 18015G25KT 4000 -SN BKN005 BECMG 1316 24015G25KT 8000 BKN020=

FCEDDW Bremen   130900Z 131019 34007KT 9999 FEW030=

FCEDDB Berlin/Schö. 201500Z 201601 25010KT 9999 SCT018 BKN030 TEMPO 1618 SHRA BKN010CB=

FCEDDE Erfurt 201500Z 201601 24020KT 9999 BKN020 PROB30 TEMPO 1601 25020G30KT SHRA BKN015CB=

FCEDDS Stuttgart 201500Z 201601 22020G35KT 9999 SCT015 BKN025 TEMPO 1620 25025G45KT RA BECMG 2023 28015G25KT PROB30 TEMPO 2101 30020G35KT 2500 SHSNRA BKN008=

18-h-TAF

FTEDDH Hamburg 201600Z 210018 02020G45KT 6000 BKN010 TEMPO 0005 1500 SN BKN003 PROB30 TEMPO 0004 0300 +SN BKN001 BECMG 0710 01015G25KT 9999 SCT020 BECMG 1215 30006KT=

FTEDDB Berlin/Schö. 201600Z 210018 31009KT 9999 SCT020 BKN030 TEMPO 0212 4000 -SNRA BKN010 BECMG 0609 36015G25KT BECMG 1315 35010KT=

FTEDDC Dresden 201600Z 210018 26015G25KT 9999 BKN020 PROB30 TEMPO 0006 4000 SHRASN BKN012CB BECMG 0609 35020G35KT TEMPO 0616 1200 SHSN BKN004CB=

FTEDDN Nürnberg 201600Z 210018 26010G25KT 9999 BKN025 BECMG 0709 32015G25KT TEMPO 0018 2000 SHSN BKN008CB=

Anmerkung: Nur METAR und 9-h-TAF von Bremen beziehen sich auf den im Kapitel Flugplanung aufgeführten Beispielflug.

9.3.2 SIGMET

Die Flugwetterüberwachungsstellen veröffentlichen SIGMETs (Significant Meteorological Phenomena) über zu erwartende oder vorhandene Erscheinungen:

- active thunderstorm areas (Aktive Gewitterzonen)
- severe squall lines (Starke Böenfronten)
- heavy hail (Starker Hagel)
- severe turbulence (Starke Turbulenz oder Böigkeit)
- severe icing (Starke Vereisung)
- marked mountain waves (Ausgeprägte orographische Leewellenbildung)
- tropical hurricanes (Tropische Wirbelstürme, Sandstürme)
- vulcanic ashes (Vulkan-Aschewolken)

Es ist zu beachten, dass Nebel nie in einer SIGMET gemeldet wird !

Die Ausgabe erfolgt jeden Tag um 00:01 h beginnend; die Meldungen sind in englischer Sprache verfasst und werden durchgehend numeriert. Die Gültigkeitsdauer beträgt 4 Stunden oder weniger. Die SIGMETs werden dann vom Flight Information Service (FIS) oder von der zuständigen ATC-Stelle über Funk für die betroffene FIR (Flight Information Region) ausgegeben. SIGMET sind wie folgt aufgebaut

	Beispiel:
Kennzeichen der Meldung:	SIGMET
Gültigkeitsdauer (UTC):	valid between 1100 and 1500
Wettererscheinung:	severe icing in cumulonimbus
Art der Meldung (Beobachtung oder Vorhersage):	reported
Betroffenes Fluginformationsgebiet:	MUNICH FIR
Beobachteter Standort oder absehbare Bewegungsrichtung:	moving southeast
Weiterentwicklung:	weakening

SIGMETs werden von 0700 (0600 in Sommerzeit) bis SS+30 als Flugrundfunksendung auf diversen FIS-Frequenzen ausgestrahlt (in der übrigen Zeit nur auf Anforderung des Luftfahrzeugführers über Sprechfunk):

9.3.3 VOLMET - Meteorological Information for Aircraft in Flight

Ausgabe	• mit jedem neuen METAR oder SPECI
Inhalt	• Flugplatzwettermeldungen nahegelegener Verkehrsflughäfen • Grundlage ist METAR und SPECI
Anmerkung	• englisch • Gültigkeitsdauer von Trendangaben 2 h • Ausstrahlung über Sprechfunk- und VOR-Frequenzen; • Abhören ersetzt nicht die Flugwetterberatung

9.3.4 GAMET

GAMET ergänzt den GAFOR seit 1.1.96 mit Meldungen über **signifikante Wettererscheinungen**. Es handelt sich um **Gebietsvorhersagen** für den unteren Luftraum, die routinemäßig 4-mal täglich um 0200, 0800, 1400 und 2000 von den Regionalzentralen Hamburg, Potsdam, Essen, Offenbach und München herausgegeben werden.

9.3.5 Wetterkarten

9.3.5.1 Allgemeines

Arten von Wetterkarten

Folgende Arten von Wetterkarten werden täglich vom DWD herausgegeben:
- Bodenwetterkarten
- Windkarten
- Significant Weather Chart

Standard- oder Hauptdruckflächen

Die Höhenwetterkarten sind bestimmten Standarddruckflächen zugeordnet; d.h. die in der Karte angegebenen Wind- und Temperaturwerte herrschen in der entsprechenden Druckfläche der Realatmosphäre. Es sind folgende Standarddruckflächen festgelegt worden:

Standard- oder Hauptdruckfläche [hPa]	Flugfläche
850	FL050
700	FL100
500	FL180
400	FL240
300	FL300
250	FL340
200	FL390

Isohypsen

Da die Höhe der Standarddruckflächen (wie aller Druckflächen) über MSL aufgrund der Ausbildung von Hoch- und Tiefdruckgebieten in der Realatmosphäre praktisch nicht konstant sein kann, werden in manchen (nur noch ausländischen) **Höhenkarten** Linien eingetragen, die auf der **Hauptdruckfläche** liegen und eine **konstante Höhe über MSL** haben. Diese Linien bezeichnet man als Isohypsen. Ähnlich den Höhenlinien in geographischen Karten schließen sich die Isohypsen ineinander.

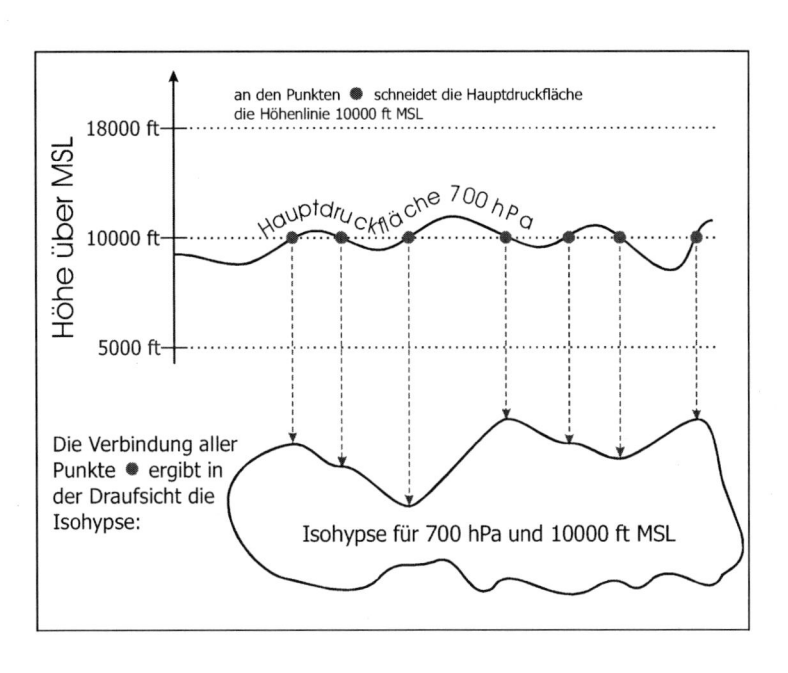

Geographische Angaben

Alle Karten enthalten zwecks Orientierung das geographische Koordinatennetz und grobe geographische Angaben, wie Küstenlinien und einige Großstädte (diese werden nur mit dem Anfangsbuchstaben abgekürzt).

Temperaturangaben

Die Temperaturen in Wetterkarten werden in der Regel in [°C] angegeben. Die Angaben sind mit einem Pluszeichen versehen, falls es sich um positive Temperaturen handelt. Negative Temperaturen haben kein Vorzeichen.

SYNOP-Code

Der SYNOP-Code ist eine weltweit genormte Aneinanderkettung von Wetterdaten. Diese Daten werden von z.Z. ca. 8000 auf der Erdnordhalbkugel verteilten Stationen gemessen und an die großen Wetterzentralen zu den synoptischen Terminen (alle drei Stunden - 0000, 0300, 0600, 0900 UTC usw.) weitergeleitet. In den Wetterzentralen werden die Daten in Form von Stationskreisen auf der Bodenwetterkarte eingetragen. Der allgemeine Aufbau des SYNOP-Codes sieht folgendermaßen aus:

II	iii	VV	N	dd	ff	ww	W	PPP	TT	T_dT_d	N_h	C_L	h	C_M	C_H	a	pp
Blocknummer (Land)	Wetterstation	Sicht [m], [km]	Gesamtbedeckung [Achtel]	Windrichtung [°]	Windgeschwindigkeit [kt]	gegenwärtiges Wetter	vergangenes Wetter	Luftdruck QFF [hPa]	Lufttemperatur [°C]	Taupunktstemperatur [°C]	Bedeckungsgrad durch tiefe Wolken [Achtel]	Wolkenart der tiefen Wolken	Höhe der tiefen Wolken [ft über GND]	Wolkenart der mittleren Wolken	Wolkenart der hohen Wolken	Tendenz des Luftdruckes QFF der letzten 3 h	Änderungsbetrag QFF der letzten 3 h

Stationskreis

Der Stationskreis wird aus den Daten des SYNOP-Codes gebildet. Bezüglich der Bedeckung ist zu beachten, dass im Stationskreis nur die Angaben des Bewölkungsgrades der unteren Wolken und der Gesamtbedeckung gemacht werden. Die Gesamtbedeckung setzt sich summarisch zusammen aus den Bewölkungsgraden der hohen, mittleren und tiefen Bewölkungsschichten in Achteln. Konkrete Werte der mittleren und hohen Wolkenschichten können nur in der SYNOP-Code-Meldung nachgelesen werden.

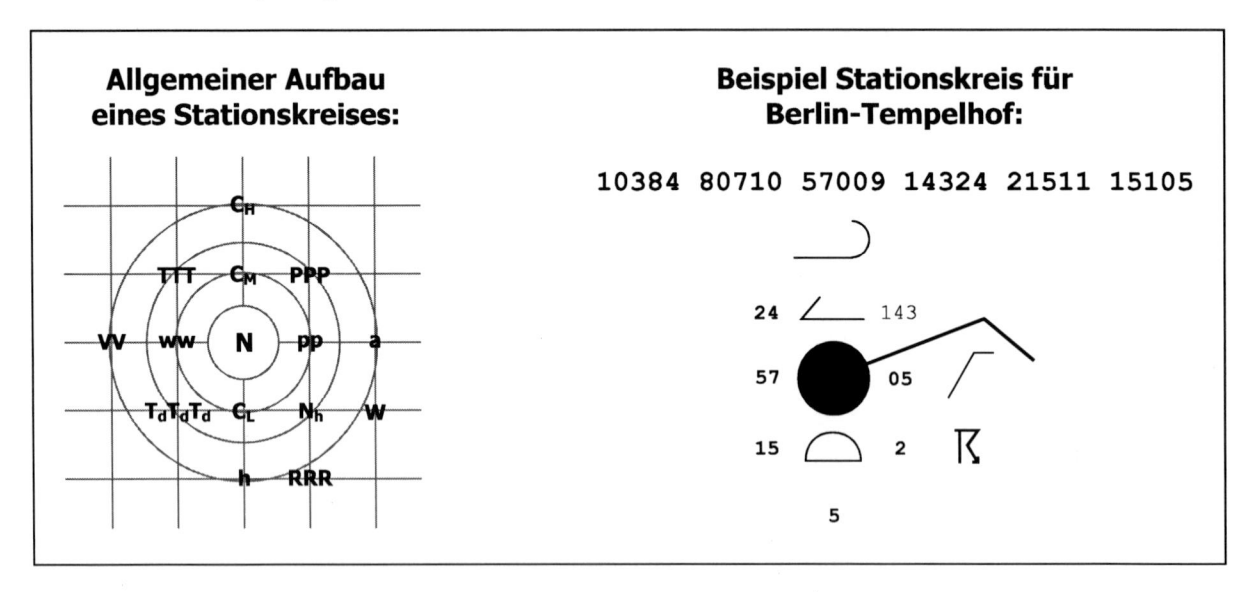

Allgemeiner Aufbau eines Stationskreises:

```
          C_H
   TTT  C_M  PPP
 VV   ww  N   pp   a
   T_dT_dT_d  C_L  N_h  W
          h  RRR
```

Beispiel Stationskreis für Berlin-Tempelhof:

10384 80710 57009 14324 21511 15105

Tabellen zur Entschlüsselung von SYNOP-Codes und Stationskreisen

N — Gesamtbedeckung in Achteln

Synop-nr.:	Stationskreis:	
0	○	wolkenlos
1	◔	1 Achtel oder weniger
2	◔	2 Achtel
3	◑	3 Achtel
4	◐	4 Achtel
5	◑	5 Achtel
6	◕	6 Achtel
7	◕	7 Achtel oder mehr, aber noch nicht bedeckt
8	●	8 Achtel oder bedeckt
9	⊗	Himmel verdunkelt oder nicht erkennbar (sky obscured)

ff — Windgeschwindigkeit in Knoten

Synop-nr.:	Stationskreis:	
00	○	Windstille
02	—○	variabel (1–2 kt)
05	⌐○	5 kt
10	⌐○	10 kt
15	⌐○	15 kt
20	⌐○	20 kt
50	◢○	50 kt
55	◢○	55 kt
60	◢○	60 kt
70	◢○	70 kt
??	◢○	100 kt
??	◢○	110 kt

N_h — Tiefe Bedeckung

Synop-nr.:	Stationskreis:	
0	0	wolkenlos
1	1	1 Achtel oder weniger
2	2	2 Achtel
3	3	3 Achtel
4	4	4 Achtel
5	5	5 Achtel
6	6	6 Achtel
7	7	7 Achtel oder mehr, aber nicht bedeckt
8	8	8 Achtel (bedeckt)
9	9	Himmel nicht erkennbar (sky obscured)

dd — Windrichtung in Grad

Synop-nr.:	Stationskreis: (Beispiele)	
00	○|	360°
06	○/	060°
09	○—	090°
12	○\	120°

ww — (siehe unten)

Synop-nr.:	Stationskreis:	
01	ꝋ	Wolkenauflösung
05	∞	trockener Dunst
10	=	feuchter Dunst
15, 16	)•((•)	Niederschlag im Gesichtskreis (nicht an der Station)
39	⇥	Schneetreiben
40–49	≡	Nebel
50, 52, 54	, ⸴ ⸴	Sprühregen (Nieseln) mit Unterbrechung (leicht / stark / intensiv)
51, 53, 55	,, ,,, ,,,,	Sprühregen (Nieseln) ohne Unterbrechung (leicht / stark / intensiv)
56, 57	∿ ∿	Sprühregen gefrierend (leicht / stark)
60, 62, 64	• : ⁝	Regen mit Unterbrechung (leicht / stark / intensiv)
61, 63, 65	•• ∴ ⁘	Regen ohne Unterbrechung (leicht / stark / intensiv)

PPP — Luftdruck QFE

Synop-nr.:	Stationskreis:	(Beispiele)
994	994	999,4 hPa
004	004	1000,4 hPa
103	103	1010,3 hPa

VV — Sichtweite

Synop-nr.:	Stationskreis:	
01 bis 09	01 bis 09	100 bis 900 m
10 bis 50	10 bis 50	1000 bis 5000 m
56	56	6 km
57	57	7 km
60	60	10 km
70	70	20 km
80	80	30 km
81	81	35 km
82 bis 88	82 bis 88	40 bis 70 km
89	89	über 70 km

ww — Gegenwärtiges Wetter

Synop-nr.:	Stationskreis:	
66, 67	∿ ∿	Regen gefrierend (leicht / stark)
68, 69	✻ ✻	Schneeregen (leicht / stark)
70, 72, 74	✶ ✶✶ ✶✶✶	Schneefall mit Unterbrechung (leicht / stark / intensiv)
71, 73, 75	✶✶ ✶✶✶ ✶✶✶✶	Schneefall ohne Unterbrechung (leicht / stark / intensiv)
80, 81, 82	▽ ▽ ▽	Regenschauer (leicht / stark / intensiv)
83, 84	▽ ▽	Schneeregenschauer (leicht / stark)
85, 86	✶▽ ✶▽	Schneeschauer (leicht / stark)
87, 88	⧊ ⧊	Graupelschauer (leicht / stark)
89, 90	▲ ▲	Hagelschauer (leicht / stark)
91–99	⚡	Gewitter

TT und T_d — Lufttemperatur und Taupunkt

Synop-nr.:	Stationskreis:	(Beispiele)
25	25	25 °C
−12	−12	−12 °C

C.L. — Meteorologie — M 50

Weitere Tabellen zur Entschlüsselung von SYNOP-Codes und Stationskreisen

W		Vergangenes Wetter
Synop-nr.:	Stationskreis:	
0	kein Symbol	Gesamtbedeckung nicht größer als 4/8
1	kein Symbol	zeitweise 4/8 oder weniger, zeitweise 4/8 oder mehr
2	kein Symbol	Gesamtbedeckung dauernd größer als 4/8
3	⊃ ⊥	Sandsturm, Staubsturm, Schneetreiben
4	≡	Nebel oder Dunst, Sicht unter 1 km
5	ﾞ	Sprühregen, Nieseln
6	•	Regen oder Regen mit Sprühregen
7	✳	Schnee oder Schnee mit Regen vermischt, Schneegriesel oder Eiskörner
8	▽	Schauer
9	⎕	Gewitter mit oder ohne Niederschlag

a		QFE-Tendenz der letzten 3 h
Synop-nr.:	Stationskreis:	
0	∧	steigend, dann fallend
1	⌐	steigend, dann gleichbleibend
2	/	steigend
3	∨	fallend, dann steigend
4	—	gleichbleibend, wie vor 3 h
5	∨	fallend, dann steigend; gleich oder niedriger wie vor 3 h
6	⌐	fallend, dann gleichbleibend
7	\	fallend
8	∧	steigend, dann stark fallend

pp		QFE-Änderung der letzten 3 h
Synop-nr.:	Stationskreis:	angegeben in Zehntel-hPa
-05	-05	- 0,5 hPa
05	05	+ 0,5 hPa
20	20	+ 2,0 hPa etc. ...

h		Höhe der tiefsten Wolken
Synop-nr.:	Stationskreis:	angegeben in ft über GND
0	0	0 - 150
1	1	150 - 300
2	2	300 - 600
3	3	600 - 1000
4	4	1000 - 2000
5	5	2000 - 3000
6	6	3000 - 5000
7	7	5000 - 6500
8	8	6500 - 8000
9	9	8000 oder darüber (oder keine Wolken)

C_L		Tiefe Wolken
Synop-nr.:	Stationskreis:	
1	⌒	Schönwetter-Cu
2	⌂	Auftürmender Cu
3	⌂	Cb ohne Amboßkopf
4	⊖	Sc, der sich aus Cu gebildet hat
5	⌒	Sc
6	—	St oder Stratusdecke
7	- - -	Schlechtwetter-Stf
8	⋈	Cu ohne Sc in verschiedenen Höhenschichten
9	⋈	Cb mit Amboßkopf

C_M		Mittelhohe Wolken
Synop-nr.:	Stationskreis:	
1	∕	durchsichtiger As
2	∕∕	undurchsichtiger As oder Ns
3	ᴗ	durchsichtiger Ac
4	ς	Ac in Bänken oder durchsichtiger Ac lenticularis
5	ω	aufziehender, halbdurchsichtiger Ac in Bändern
6	ᴗᴗ	aus Cu entstandener Ac
7	ᴗʙ	durchsichtige oder undurchsichtige Ac-Schichten oder Ac mit As oder Ns
8	M	Ac castellanus oder Ac floccus
9	6	Ac in verschiedenen Höhen, chaotischer Himmel

C_H		Hohe Wolken
Synop-nr.:	Stationskreis:	
1	⌒	faserige Ci
2	⊃	dichte Ci
3	⌒	dichte Ci von Amboßform herrührend
4	⌒	verdichtende, aufziehende Ci in Hakenform
5	⌐	aufziehender Cs, nicht über 45° Höhe
6	⌐	aufziehender Cs, über 45° Höhe
7	⌒⌒	den ganzen Himmel bedeckender Cs
8	⌐	nicht aufziehender, den ganzen Himmel bedeckender Cs
9	ω	Cc

9.3.5.2 Bodenwetterkarte

Die Daten der weltweiten SYNOP-Codes werden in den großen Wetterzentralen in Form der Stationskreise in Bodenwetterkarten eingetragen. Auf den üblichen Bodenwetterkarten werden allerdings meist etwas vereinfachte Stationsmodelle eingetragen, da die vollständige Darstellung die Karte überlasten würde. Nach der Analyse aller zusammenhängenden Daten trägt man wichtige **Wettererscheinungen**, **Isobaren** (Isobaren werden nur in Bodenwetterkarten eingetragen!) und **Fronten** gem. der in der folgenden Tabelle angegebenen Symbole ein. Somit lassen sich auf den Bodenwetterkarten die Großwetterlagen ablesen. In Europa sind das in der Regel die Druckgebilde des Nordatlantik: Azorenhoch mit Warmluft, Islandtief mit Polarluft oder die über Land und See wandernden Hoch- und Tiefdruckgebiete.

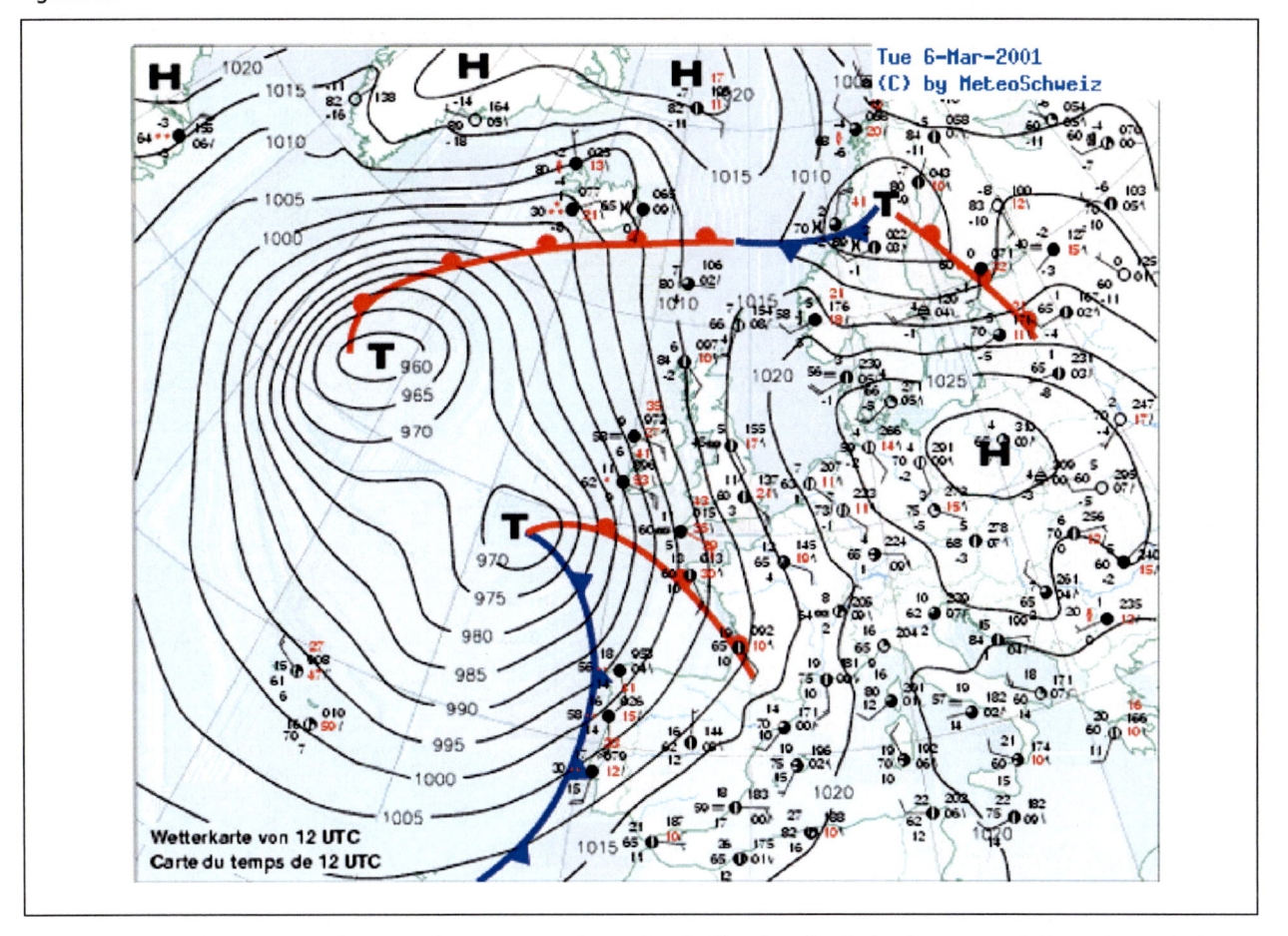

Besonders bei der in der Bodenwetterkarte verwendeten Symbolik trägt die Farbgebung zum Informationsgehalt mit bei:

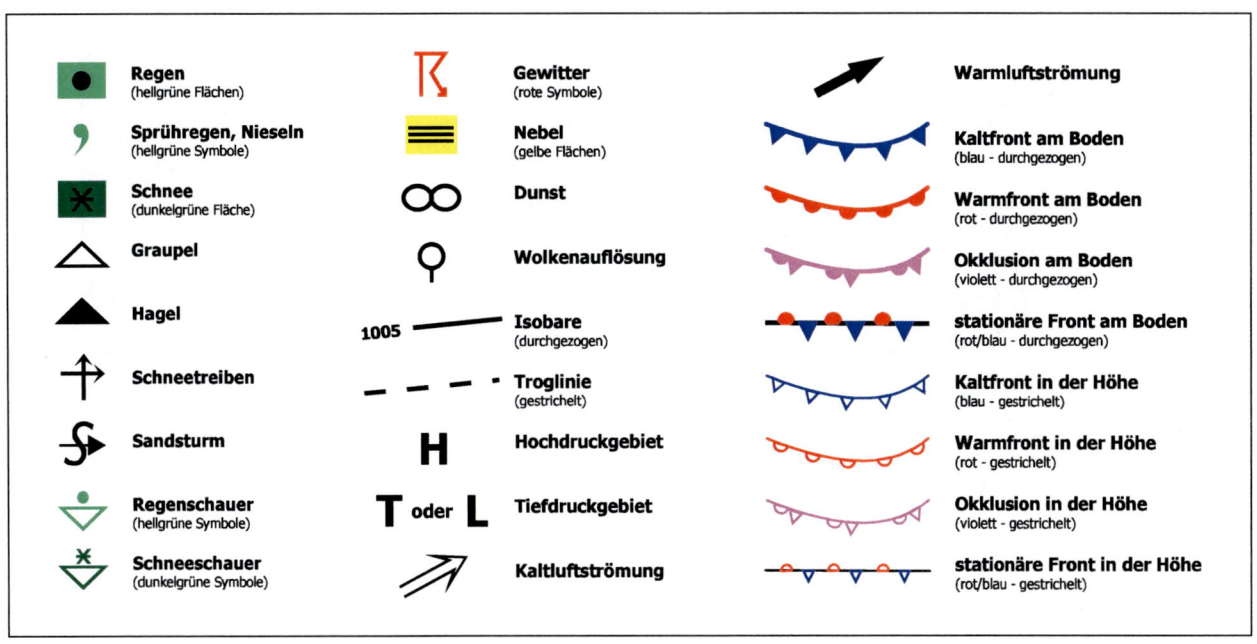

●	**Regen** (hellgrüne Flächen)	⍨	**Gewitter** (rote Symbole)	→	**Warmluftströmung**
’	**Sprühregen, Nieseln** (hellgrüne Symbole)	≡	**Nebel** (gelbe Flächen)	▼▼▼	**Kaltfront am Boden** (blau - durchgezogen)
✳	**Schnee** (dunkelgrüne Fläche)	∞	**Dunst**	●●●	**Warmfront am Boden** (rot - durchgezogen)
△	**Graupel**	♀	**Wolkenauflösung**	●▼●▼	**Okklusion am Boden** (violett - durchgezogen)
▲	**Hagel**	1005 —	**Isobare** (durchgezogen)	●▼●▼	**stationäre Front am Boden** (rot/blau - durchgezogen)
⇟	**Schneetreiben**	- - -	**Troglinie** (gestrichelt)	▽▽▽	**Kaltfront in der Höhe** (blau - gestrichelt)
⌇	**Sandsturm**	**H**	**Hochdruckgebiet**	◠◠◠	**Warmfront in der Höhe** (rot - gestrichelt)
▽	**Regenschauer** (hellgrüne Symbole)	**T** oder **L**	**Tiefdruckgebiet**	◠▽◠▽	**Okklusion in der Höhe** (violett - gestrichelt)
⍒	**Schneeschauer** (dunkelgrüne Symbole)	⇗	**Kaltluftströmung**	▽▽▽	**stationäre Front in der Höhe** (rot/blau - gestrichelt)

9.3.5.3 Windkarten

Beispiel einer Windkarte für Zentraleuropa (CEU), 2000 ft:

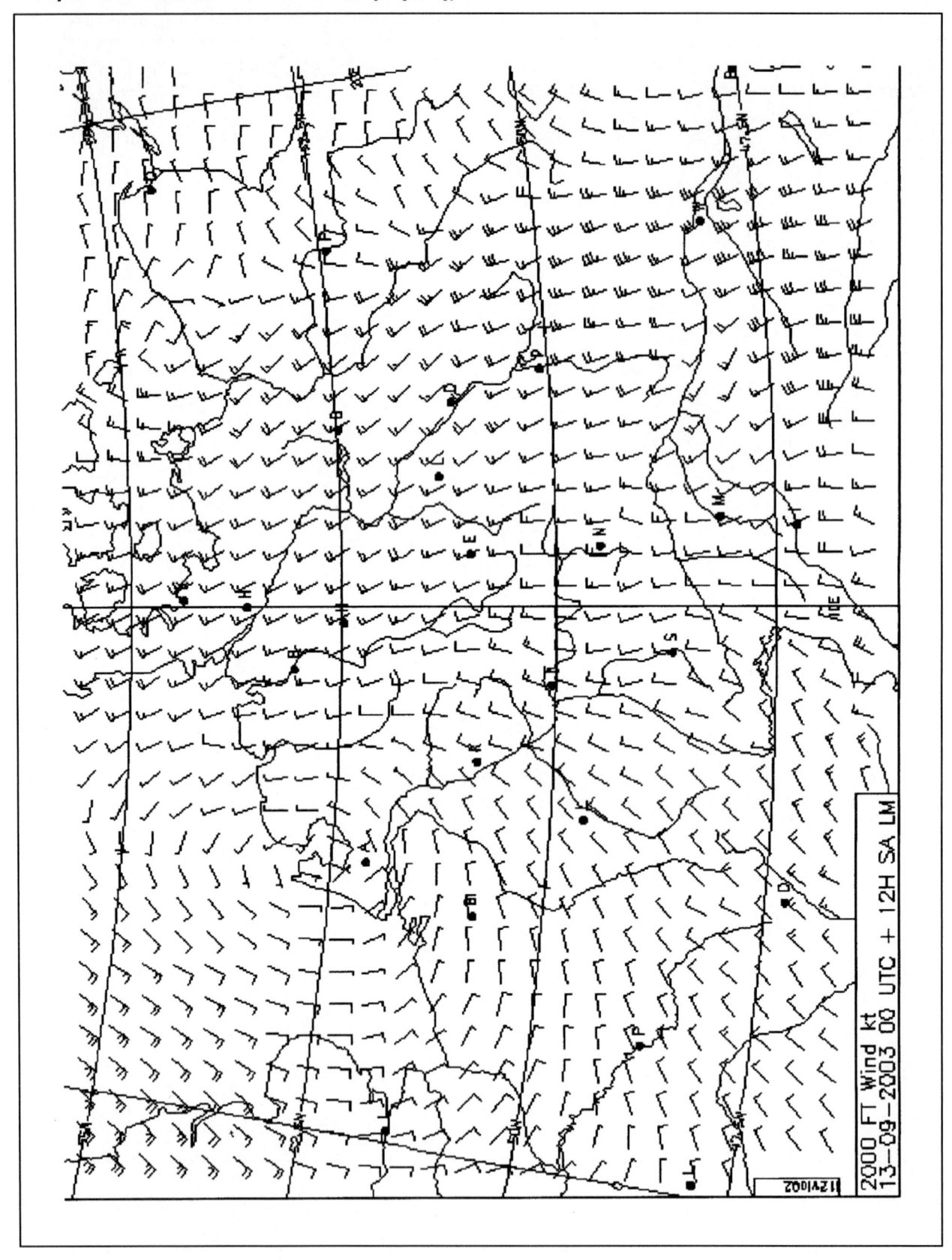

9.3.5.4 Significant Weather Charts (SWC)

Die **Significant Weather Chart (SWC)** beinhaltet bedeutsame Wettererscheinungen, die Tropopausenhöhe und die Maximalwinde (Jetstreams). Für den VFR-Flieger ist besonders die **Lowlevel SWC** relevant, die die Wettersituation für die Schicht zwischen dem GND und FL245 beschreibt. Beide Karten werden alle 3 Stunden ab 06:00 UTC (während der Sommerzeit 03:00) bis 21:00 UTC herausgegeben.

Zu den bedeutsamen Wettererscheinungen, die in SWC dargestellt werden, gehören:
- zusammenhängende Wolken- bzw. Wetterbereiche (dargestellt durch eine wolken-stilisierende Umgrenzungslinie und Kennbuchstaben) mit Untergrenzen und Bedeckungsgrad
- Turbulenzen (nur solche, die durch CAT verursacht wird / clear air turbulences / wolkenfreie Turbulenz)
- Vereisung
- Hagel
- Leewellen
- Verlagerungsrichtung und –geschwindigkeit von Fronten, Konvergenzen und Hoch- und Tiefdruckgebieten (sog. Bodendruckzentren)
- Böenlinien (Squall Lines)
- Jetstreams (Maximalwinde)

In der Low-Level SWC ist zusätzlich ein Textteil enthalten, in dem das Wettergeschehen in den zusammenhängenden Wolken- bzw. Wetterbereichen unter Verwendung des Wetterschlüssels aus dem METAR (vgl. M 9.3.1.3) beschrieben wird. Hinzu kommen Angaben über Bodensicht, Turbulenz, Vereisung und die Nullgradgrenzen.

In einer SWC werden folgende Symbole verwendet:

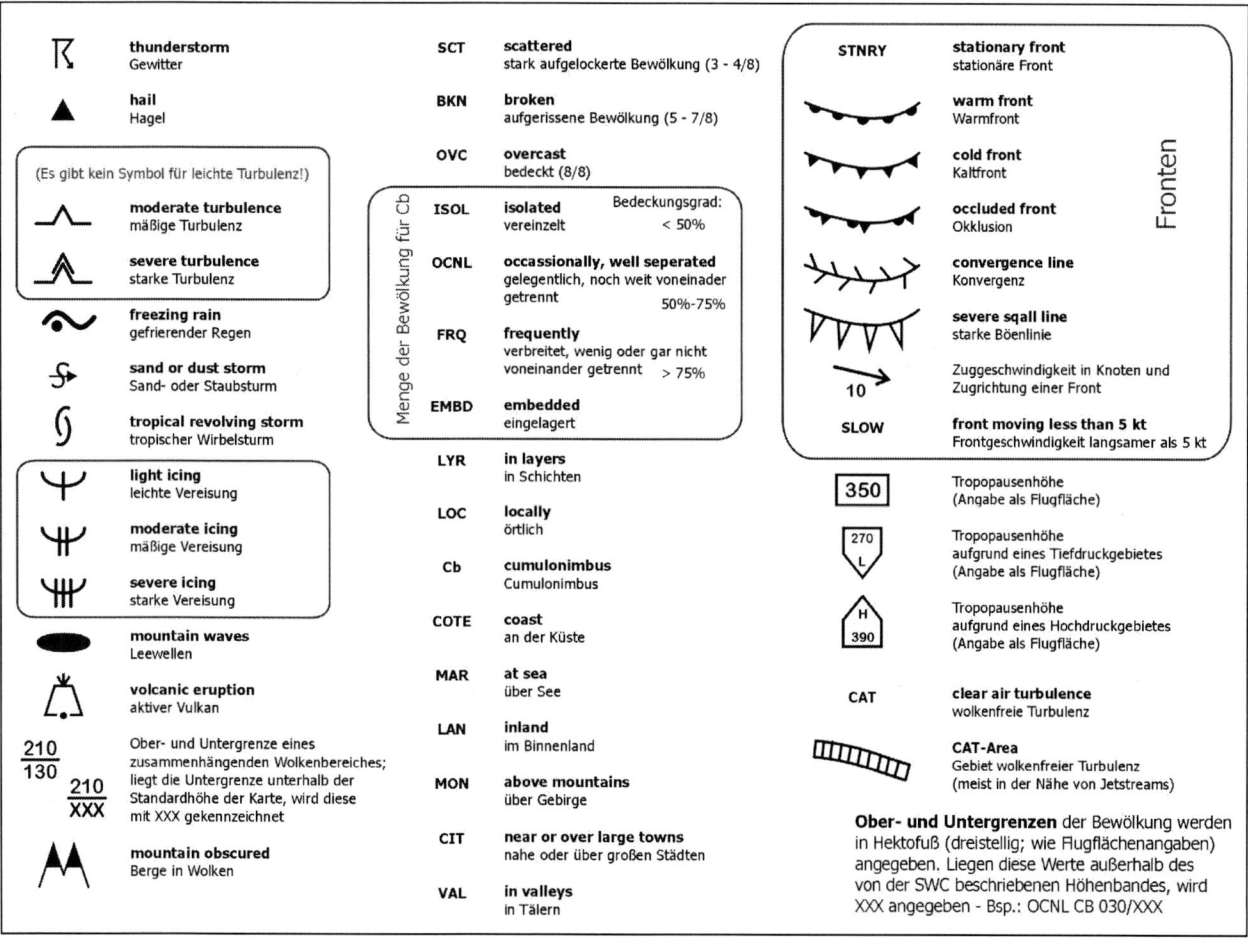

Symbol	Bedeutung	Abk.	Bedeutung	Abk.	Bedeutung
℞	thunderstorm / Gewitter	SCT	scattered / stark aufgelockerte Bewölkung (3 - 4/8)	STNRY	stationary front / stationäre Front
▲	hail / Hagel	BKN	broken / aufgerissene Bewölkung (5 - 7/8)		warm front / Warmfront
(Es gibt kein Symbol für leichte Turbulenz!)		OVC	overcast / bedeckt (8/8)		cold front / Kaltfront
⋀	moderate turbulence / mäßige Turbulenz	ISOL	isolated / vereinzelt — Bedeckungsgrad: < 50%		occluded front / Okklusion
⋀	severe turbulence / starke Turbulenz	OCNL	occassionally, well seperated / gelegentlich, noch weit voneinader getrennt 50%-75%		convergence line / Konvergenz
∿	freezing rain / gefrierender Regen	FRQ	frequently / verbreitet, wenig oder gar nicht voneinander getrennt > 75%		severe sqall line / starke Böenlinie
⇘	sand or dust storm / Sand- oder Staubsturm	EMBD	embedded / eingelagert	→10	Zuggeschwindigkeit in Knoten und Zugrichtung einer Front
↻	tropical revolving storm / tropischer Wirbelsturm	LYR	in layers / in Schichten	SLOW	front moving less than 5 kt / Frontgeschwindigkeit langsamer als 5 kt
⊻	light icing / leichte Vereisung	LOC	locally / örtlich	350	Tropopausenhöhe (Angabe als Flugfläche)
⊻⊻	moderate icing / mäßige Vereisung	Cb	cumulonimbus / Cumulonimbus	270 L	Tropopausenhöhe aufgrund eines Tiefdruckgebietes (Angabe als Flugfläche)
⊻⊻⊻	severe icing / starke Vereisung	COTE	coast / an der Küste	H 390	Tropopausenhöhe aufgrund eines Hochdruckgebietes (Angabe als Flugfläche)
⬭	mountain waves / Leewellen	MAR	at sea / über See	CAT	clear air turbulence / wolkenfreie Turbulenz
⛰	volcanic eruption / aktiver Vulkan	LAN	inland / im Binnenland	▨▨▨	CAT-Area / Gebiet wolkenfreier Turbulenz (meist in der Nähe von Jetstreams)
210/130 210/XXX	Ober- und Untergrenze eines zusammenhängenden Wolkenbereiches; liegt die Untergrenze unterhalb der Standardhöhe der Karte, wird diese mit XXX gekennzeichnet	MON	above mountains / über Gebirge		**Ober- und Untergrenzen** der Bewölkung werden in Hektofuß (dreistellig; wie Flugflächenangaben) angegeben. Liegen diese Werte außerhalb des von der SWC beschriebenen Höhenbandes, wird XXX angegeben - Bsp.: OCNL CB 030/XXX
⋀⋀	mountain obscured / Berge in Wolken	CIT	near or over large towns / nahe oder über großen Städten		
		VAL	in valleys / in Tälern		

Die Kenntnis der **Tropopausenhöhe** ist für Flüge in großen Höhen unbedingt erforderlich, da hier die Jetstreams (so werden strahlförmige Winde mit Geschwindigkeiten von mehr als 50 km/h bezeichnet) auftreten und gefährliche Turbulenzen erzeugen.

Meteorologie

Beispiel einer SWC von FL100 bis FL450

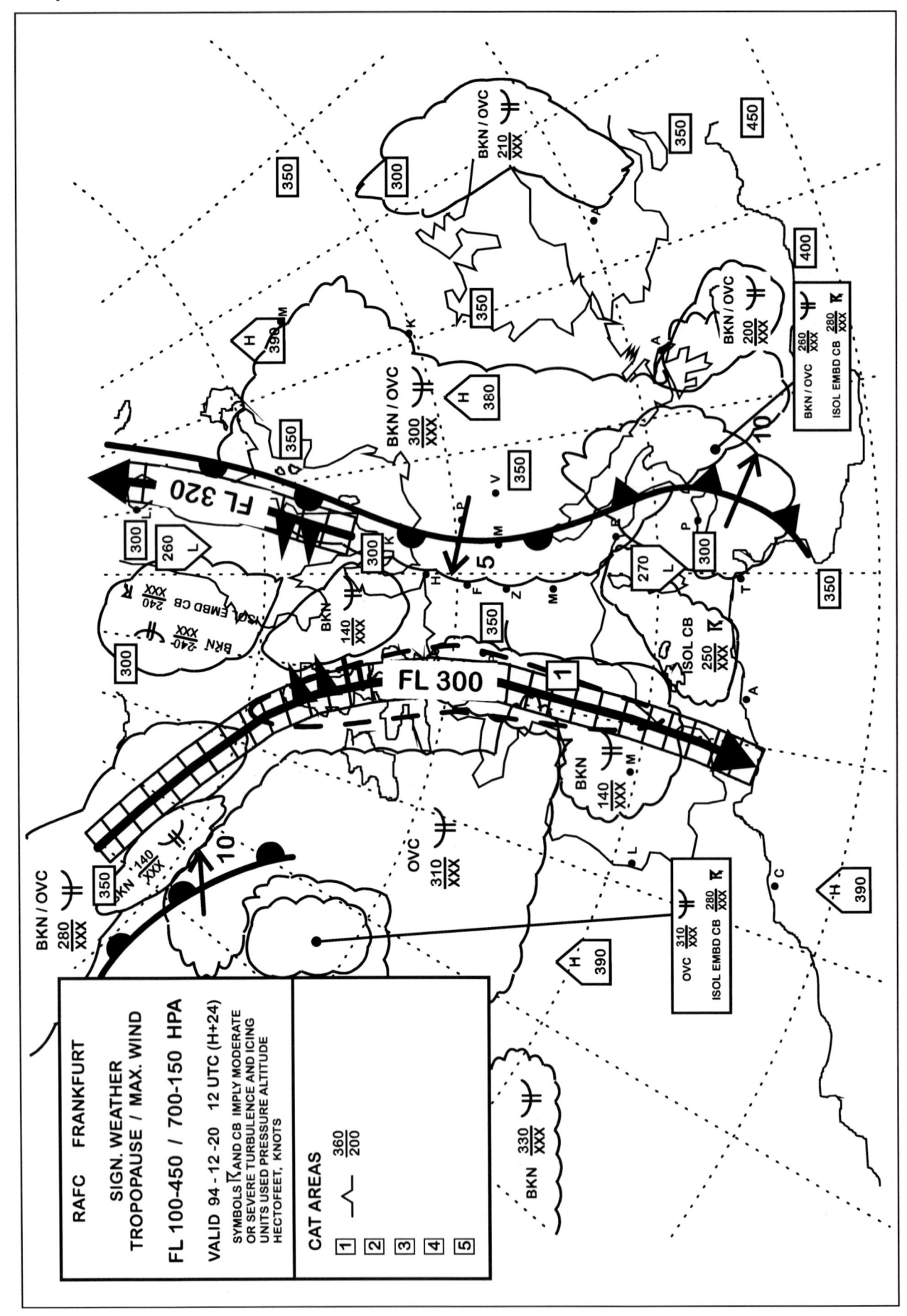

Beispiel einer Low-Level SWC von GND bis FL245

Menschliches Leistungsvermögen

1. Flugunfälle und menschliche Faktoren

Vergleicht man unterschiedliche Statistiken, erhält man die Erkenntnis, dass durchschnittlich 80% aller Flugunfälle auf menschliche Faktoren zurückzuführen sind. So z.B. eine Aufstellung der Firma Boeing aus dem Jahre 1996; diese zählt als Hauptursachen folgende Zahlen auf:

- Mensch 60%
- Technik/Luftfahrzeug 2%
- Werft 5%
- Wetter 5%
- Flughafen und Flugsicherung 4%
- Verschiedenes 14%

Die weitergehende Analyse der Gründe für menschliches Versagen lässt erkennen, dass mehr psychische als körperliche Faktoren im Vordergrund stehen. Zu den psychischen Faktoren gehören in erster Linie Selbstüberschätzung, Fehlreaktionen wg. Unaufmerksamkeit, Vergessen und Denkfehler.

2. Eingeschränkte Flugtauglichkeit

2.1 Selbsteinschätzung

Jeder Pilot trägt die Verantwortung, Fehler, die auf körperliche und psychische Faktoren zurückzuführen sind, möglichst gering zu halten. Dies kann er in Form von körperlichem Training, verbunden mit einer gesunden Lebensweise und durch fliegerisches Training insbesondere mit mentalen und praktischen Wiederholungen selber in die Hand nehmen. Nach JAR-FCL 1.040 ist jeder Pilot sogar ausdrücklich verpflichtet, seine eigene Tauglichkeit einzuschätzen. In diesem Sinne hilft folgende kleine Checkliste vor jedem geplanten Flug:

- **I**llnes — Habe ich irgendwelche körperlichen Symptome?
- **M**edication — Bin ich durch die Einnahme von Medikamenten fluguntauglich?
- **S**tress — Bin ich psychologisch belastet?
- **A**lcohol — Habe ich innerhalb der vergangenen 12 Stunden Alkohol getrunken; oder fühle ich noch entsprechende Auswirkungen?
- **F**atigue — Bin ich ausgeruht bzw. ausgeschlafen?
- **E**ating — Habe ich angemessen gegessen und getrunken?

2.2 Einholen einer Weisung

Es können jedoch auch Faktoren vorliegen, die nach JAR-FCL 1.040 den Piloten von Amts wegen zeitlich befristet untauglich machen. Dazu gehören:

- Zweifel, ob Medikamente Einfluss auf die fliegerische Tätigkeit haben
- Ein stationärer Klinikaufenthalt von länger als 12 Stunden
- Invasive Maßnahmen (Spritzen, Operationen etc.) und jegliche chirurgischen Maßnahmen
- Die regelmäßige Einnahme von Medikamenten
- Das Tragen einer Brille, wenn es vorher nicht nötig gewesen ist
- Erhebliche Verletzungen oder Erkrankungen

In diesen Fällen ist der Pilot gegenüber folgenden Stellen mitteilungspflichtig (die Reihenfolge ist dabei einzuhalten) und die erteilte Weisung ist zu befolgen:
1. Erlaubnisbehörde nach § 22 LuftVZO (entspricht bei Klasse 1 dem LBA, Referat Flugmedizin (AMS) oder bei Klasse 2 der Landesbehörde)
2. Flugmedizinisches Zentrum (AMC)
3. Fliegerarzt (AME)

2.3 Automatisches Ruhen des Tauglichkeitszeugnisses

Nach JAR-FCL 1.040 ruht das Tauglichkeitszeugnis automatisch nach Bekanntwerden einer Schwangerschaft und einer erheblichen Verletzung sofort. Sie ruht auch bei einer Erkrankung, durch die die fliegerische Tätigkeit für mindestens 21 Tage unterbrochen werden muß.
In diesen Fällen ist der Pilot ebenso mitteilungspflichtig an die Erlaubnisbehörde nach § 22 LuftVZO. Im Falle der Schwangerschaft kann die Erlaubnisbehörde nach einer Untersuchung die ruhende Tauglichkeit vorübergehend wieder aktivieren.

2.4 Wiedererlangung der Tauglichkeit

Ist die Tauglichkeit nach Weisung oder automatisch in den Ruhezustand versetzt worden, kann sie ausschließlich nach den Vorgaben der Erlaubnisbehörde nach § 22 LuftVZO wiedererlangt werden.

3 Atmung und Blutkreislauf

3.1 Funktion

Über die Lunge gelangt der lebensnotwendige Sauerstoff O_2 in den menschlichen Körper. Die Sauerstoffmoleküle werden hier an die roten Blutkörperchen (Erythrozyten) weitergegeben und gelangen so in den Blutkreislauf. Das so mit Sauerstoff aufgefrischte Blut fließt über die Lungenvene und die linke Vorkammer in die linke Herzkammer.

Durch Kontraktion (Zusammenziehen) der linken Herzkammer wird das Blut mit einem relativ hohen Druck, dem sog. systolischen Druck in die Hauptschlagader gepumpt. Dabei schließt sich die linke Herzklappe, um ein Zurückströmen in Richtung Lunge zu verhindern. Während der folgenden Ausdehnung ("Ansaugphase") des Herzens wird der Druck infolge der Elastizität der Gefäße aufrechterhalten. Dieser Druck ist etwas niedriger als der während der Pumpphase und heißt diastolischer Druck. Die Hauptschlagader verzweigt sich in immer kleinere Gefäße, durch die das Blut zu den Organen gelangt. Hier gibt das Blut den Sauerstoff an die Zellen ab und übernimmt das Abfallprodukt Kohlendioxid CO_2. Das nun mit CO_2 beladene sauerstoffarme Blut wird durch das Ausdehnen des Herzens über die rechte Vorkammer in die rechte Herzkammer gesogen, um bei der nächsten Kontraktion über die Lungenarterie an die Lunge zwecks Abgabe des CO_2 und Aufnahme neuen Sauerstoffes weitergeleitet zu werden. Somit ist der Blutkreislauf geschlossen.

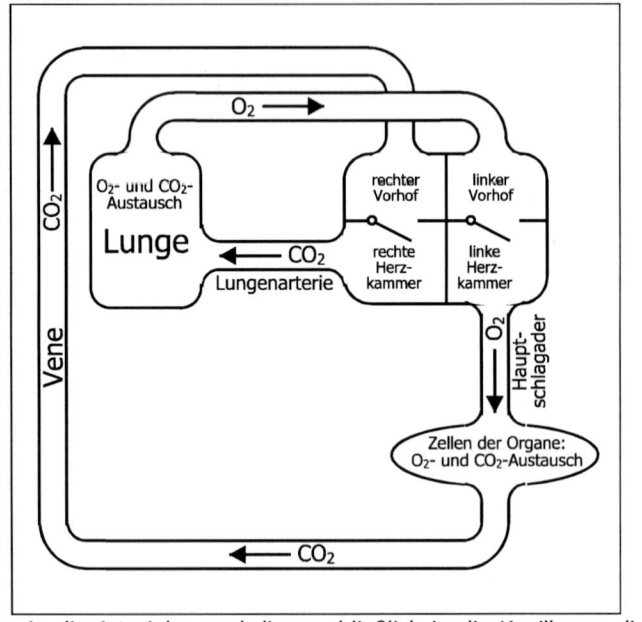

Die Hauptschlagader unterteilt sich in die Arterien, diese in die Arteriolen und diese schließlich in die Kapillaren, die direkten Kontakt mit den Zellen der Organe haben und für den Austausch von O_2 gegen CO_2 zuständig sind. Die Kapillaren gehen in die Venulen über, die als sozusagen die kleinsten Venen für den Rücktransport des CO_2–beladenen Blutes zuständig sind:
Die Arterien übernehmen den Weitertransport des sauerstoffreichen Blutes vom Herzen, während die Venen das kohlendioxidreiche Blut zum Herzen hin transportieren:

Im Überblick kann man erkennen, dass der Blutkreislauf sich in zwei einzelne Kreisläufe unterteilt:
- Den (großen) Körperkreislauf und
- Den (kleinen) Lungenkreislauf.

Entsprechend unterscheidet man zwei Arten der Atmung:
- Die äußere Atmung der Lunge
- Die innere Atmung zwischen Kapillaren und Zellen

3.2 Gasaustausch durch Diffusion wegen unterschiedlichen Partialdrücken

Ein wichtiger Aspekt für das Verständnis der nachfolgend beschriebenen Sauerstoffkrankheiten ist die Funktion des Gasaustausches bei den beiden Arten der Atmung. Der Gesamtdruck eines Gasgemisches (z.B. der Luft) setzt sich aus den Teildrücken (Partialdrücken) der einzelnen Gase zusammen. Dabei gilt nach dem Gasgesetz von Dalton, dass der Anteil des Volumens eines einzelnen Gases am Gesamtvolumen mit dem Anteil des Partialdruckes am Gesamtdruck übereinstimmt; d.h. sind z.B. 21% Sauerstoff in der Luft enthalten, entspricht das einem Partialdruck von 21% des Gesamtdruckes. Vergleichbar mit dem bekannten Ausgleich von Druckunterschieden (Windentstehung zwischen Hoch- und Tiefdruckgebiet) versuchen sich Gase mit unterschiedlichen Partialdrücken auch auszugleichen. In den beiden Fällen der Atmung bezeichnet man diesen Vorgang auch als Diffusion. Die Gase höheren Partialdruckes diffundieren zu der Seite mit geringerem Partialdruck und gleichen so einander aus.

Dementsprechend herrscht in dem Blut, welches über die Lungenarterie in die Lunge strömt, ein hoher Partialdruck des Kohlendioxids und ein geringer Partialdruck des Sauerstoffes. In der eingeatmeten (frischen) Luft liegen die Verhältnisse genau umgekehrt, so dass der Sauerstoff vom Blut aufgenommen werden kann und das Kohlendioxid an die Luft abgegeben und wieder ausgeatmet wird. Die innere Atmung erfolgt gemäß diesem Prinzip mit entsprechend umgekehrten Partialdrücken.

3.3 Sauerstoffmangel (Hypoxie)

Gemäß dem beschriebenen Prinzip des Gasaustausches kann es mit zunehmender Flughöhe zur sog. **Hypoxie** kommen, da der statische Luftdruck abnimmt und entsprechend der Sauerstoffpartialdruck sinkt. Bei der äußeren Atmung (Lungenatmung) kann der Sauerstoff immer schwieriger in das Blut überwechseln (diffundieren), so dass es allmählich zu einer Unterversorgung der Körperzellen kommt. Da der Körper seine Atmung anhand der im Blut enthaltenen Kohlendioxidmenge reguliert, die in diesem Fall konstant bleibt, verspürt man bei Sauerstoffmangel **keine Atemnot!** Allerdings läßt sich Hypoxie evtl. anhand der folgenden Symptome erkennen:

Zu den Anfangssymptomen gehören:
- Müdigkeit und Benommenheit
- Wärme- und Kältegefühle in der Haut
- Druckgefühl im Kopf
- Gefühlsstörungen in den Extremitäten
- Erste Sehstörungen
- Schwindel

Später treten auf:
- Euphorie
- Blaufärbung der Lippen und evtl. auch der Fingernägel
- Sehstörungen (eingeschränktes Nachtsehen, Sehtrübung, unscharfes Sehen, Flimmern, Tunnelblick, blackout)
- Einschränkung von Konzentrationsfähigkeit und Urteilsvermögen
- Kritiklosigkeit
- Muskelzittern, -zuckungen und –krämpfe
- Bewusstlosigkeit (erst nach gewisser Zeit)

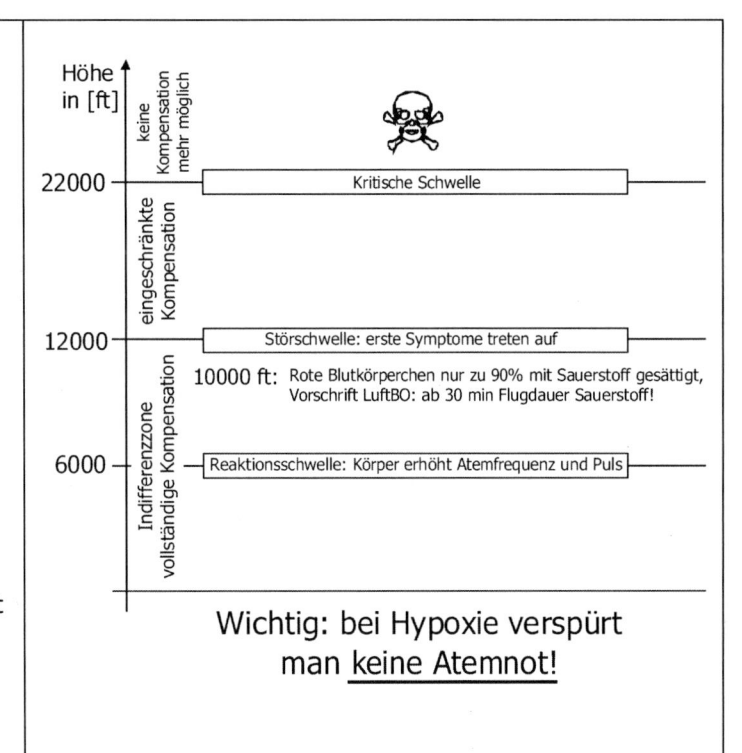

Höhe in [ft]	Kompensation	Schwelle
22000	keine Kompensation mehr möglich	Kritische Schwelle ☠
12000	eingeschränkte Kompensation	Störschwelle: erste Symptome treten auf
10000 ft		Rote Blutkörperchen nur zu 90% mit Sauerstoff gesättigt, Vorschrift LuftBO: ab 30 min Flugdauer Sauerstoff!
6000	Indifferenzzone vollständige Kompensation	Reaktionsschwelle: Körper erhöht Atemfrequenz und Puls

Wichtig: bei Hypoxie verspürt man keine Atemnot!

Bis zu gewissen Höhen lässt sich Sauerstoffmangel durch Erhöhen der Atemfrequenz und –tiefe kompensieren. Oberhalb dieser Grenze muss dem Körper unbedingt zusätzlicher Sauerstoff zugeführt werden (ggf. auch mit Druck). Die Mitnahme von Zusatzsauerstoff ist in der LuftBO festgelegt.

Die Zeit ab dem Beginn der mangelnden Sauerstoffversorgung bis zur Handlungsunfähigkeit wird als Time of Useful Consciousness (TUC) oder auch Selbstrettungszeit bezeichnet; diese ist von der Flughöhe abhängig:

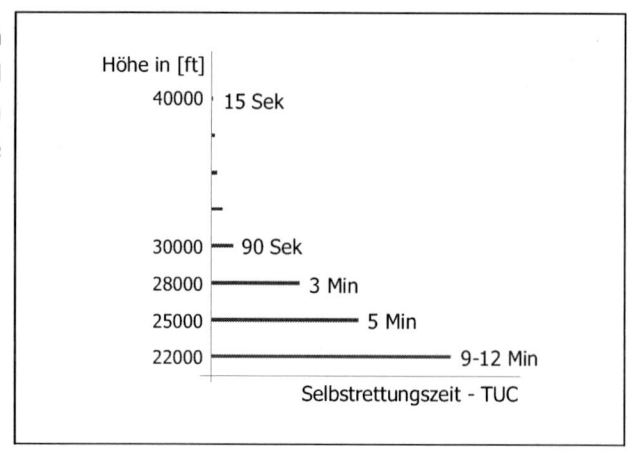

Höhe in [ft]	Selbstrettungszeit - TUC
40000	15 Sek
30000	90 Sek
28000	3 Min
25000	5 Min
22000	9-12 Min

Die Empfindlichkeit gegenüber Sauerstoffmangel variiert von Mensch zu Mensch. Dabei werden die Symptome durch Kälte, Ermüdung, Stress, Alkohol, Medikamente und Rauchen noch verstärkt. Bei Rauchern ist bereits ein gewisser Teil des Hämoglobins mit aus dem Zigarettenrauch stammenden Kohlenmonoxid belegt; dadurch tritt ein relativer Sauerstoffmangel ein, der bewirkt, dass einem Raucher am Erdboden nur noch soviel Sauerstoff zur Verfügung steht, wie einem Nichtraucher in ca. 10000 ft. Bis zu einem gewissen Grad kann sich ein guter körperlicher Trainingszustand positiv auswirken.

Eine Unterversorgung mit Sauerstoff kann aber noch andere Ursachen haben, wodurch zu erkennen ist, dass Sauerstoffmangel nicht unbedingt nur von einer großen Flughöhe abhängig ist:

- Durch große Beschleunigungen beim Fliegen kann ein Blutstau entstehen **(stagnierende Hypoxie)**, wobei die übrigen Körperteile nicht ausreichend durchblutet werden. Wird z.B. das Blut bei positiven g-Belastungen in den Beinen gestaut, wird der Kopf nicht mehr durchblutet. Dies macht sich zunächst im Bereich der Augen bemerkbar (Sehtrübungen, sog. **Tunnelblick, Schwarzwerden vor den Augen, blackout**) und später im Gehirn durch **Bewusstlosigkeit**. Zur Reduzierung der Symptome sollte der Abstand zwischen Herz und Kopf reduziert werden; damit verringert sich der vom Herzen zur Versorgung des Gehirns aufzubringende notwendige Blutdruck. Dies geschieht durch Sitzneigung nach hinten, Vorbeugen des Rumpfes oder Einziehen des Kopfes. Außerdem kann ein in Richtung Kopf wirkender Druck durch Anspannung der Muskulatur (Beine, Arme, Brust, Bauch) und durch Pressatmung aufgebaut werden.
- Durch Verletzungen **(Blutverlust)** kann die Anzahl der roten Blutkörperchen, die den Sauerstoff transportieren, zu gering sein.
- Durch eine **Vergiftung** mit Kohlenmonoxid (in Auspuffgasen enthalten) werden die roten Blutkörperchen bevorzugt durch die Kohlenmonoxidmoleküle anstatt mit Sauerstoff belegt, da die Affinität (Bindungsfähigkeit) der roten Blutkörperchen für Kohlenmonoxid ca. 200 mal höher als für Sauerstoff ist. Das Kohlenmonoxid nimmt mit anderen Worten dem Sauerstoff den Platz weg. Die besondere Gefahr liegt darin, dass Kohlenmonoxid geschmacks- und geruchlos ist.
- Durch **Zellvergiftung** (z.B. nach übermäßigem Konsum von Alkohol) kann die Aufnahmefähigkeit von Sauerstoff in der Zelle eingeschränkt sein.

3.4 Hyperventilation

Hyperventilation bedeutet eine längerfristige Erhöhung der Atemfrequenz und -tiefe, ohne dass dafür eine physiologische Notwendigkeit besteht. Ursachen können z.B. Schreck, Angst, Stress und Erregung sein, aber auch eine falsche Atmung mit aufgesetzter Sauerstoffmaske. Durch die verstärkte Atemaktivität wird mehr Kohlendioxid ausgeatmet als normal. Dadurch wird das Blut alkalischer, was zu einer verstärkten Bindung des Sauerstoffes an das Blut führt. Folglich diffundiert der Sauerstoff schlechter in die Zelle und es kommt zu einer Sauerstoffunterversorgung. In erster Linie ist bei der Hyperventilation das Gehirn von einer Sauerstoffunterversorgung betroffen, während der Körper noch ausreichend versorgt wird.

Da sich jedoch die Aktivität des Atemzentrums im Zentralnervensystem nach der Menge des im Blut enthaltenen Kohlendioxids richtet, kommt es nach gewisser Zeit zur Verflachung und u.U. zu Aussetzern der Atmung.

Das bedeutet, dass der Vorgang selbstregulierend ist, da sich die Atmung während der Bewusstlosigkeit wieder auf das Normalniveau einregelt.

Die ersten warnenden Symptome sind denen der Hypoxie sehr ähnlich, was bedeutet, dass ein Außenstehender nicht sofort eindeutig darauf schließen kann, ob Hypoxie oder Hyperventilation vorliegen. Insofern kann es gefährlich sein, wenn man die falschen Maßnahmen ergreift: Gibt man einem Hyperventilierenden zusätzlichen Sauerstoff, kann die Situation evtl. noch verschlimmert werden.

Ein Kriterium ist, dass es kaum zu einer Blaufärbung von Lippen und Fingernägeln kommt, weil der Körper wegen der beschleunigten Atemfrequenz noch einigermaßen versorgt wird.

Richtig ist es, den Hyperventilierenden dazu zu bringen, dass er seine Atemfrequenz wieder senkt. Eine wirkungsvolle Maßnahme ist das Atmen in eine Tüte; dadurch atmet man das Kohlendioxid wieder ein, was zu einer Regenerierung des Sauerstoff- Kohlendioxid-Verhältnisses führt. Außerdem ist lautes Sprechen des Hyperventilierenden sehr effektiv.

3.5 Druckfallkrankheit

Nach dem **Henryschen Gesetz** ist die Menge eines in einer Flüssigkeit gelösten Gases proportional zu dem über der Flüssigkeit herrschenden Druck. Man kann sich regelrecht vorstellen, dass das Gas in die Flüssigkeit hineingepresst wird. Verringert sich der Druck, wird eine bestimmte Menge des Gases wieder frei.

Genauso verhält es sich mit den Gasen, die in den Flüssigkeiten des menschlichen Körpers gelöst sind. Hierzu gehört u.a. Stickstoff, der bei hohem Druck (niedrige Flughöhe) im Blut gelöst ist und bei geringem Druck (große Flughöhe) sich in Bläschen außerhalb des Blutes im Gewebe und in Gefäßen ansammelt. Läßt man dem Körper zwischen großen Druckunterschieden genügend Zeit, kann der Stickstoff problemlos abgeatmet werden. Sinkt jedoch der Druck plötzlich um mehr als die Hälfte des Ausgangsdruckes, spricht man von einer **rapid decompression**, was diese Bläschenbildung zur Folge hat. Dieser Vorgang wird als Druckfallkrankheit oder Caissonkrankheit bezeichnet, wobei folgende Symptome auftreten können:

- Hautjucken (wg. Stickstoffbläschen im Unterhautfettgewebe)
- **Bends**, d.h. Muskel- und Gelenkschmerzen (wg. Stickstoffbläschen im Muskel- und Gelenkgewebe)
- **Chokes**, d.h. Schmerzen hinter dem Brustbein, Reizhusten, Erstickungsanfälle (wg. Stickstoffbläschen in Lungenkapillaren)
- Kopfschmerzen, Schwindel, Augenflimmern, Gesichtsfeldausfälle, Sensibilitätsstörungen bis hin zur Querschnittslähmung (wg. Stickstoffbläschen im Gehirn)

Die Symptome treten oft nach 10-20 Minuten, teilweise aber erst nach 4-6 Stunden oder sogar nach 24 Stunden auf.

Als Sofort- und Gegenmaßnahmen dienen alle Arten der Druckerhöhung (Sinkflug einleiten, Therapieren in einer Überdruckkammer eines Krankenhauses), um den Stickstoff wieder in das Blut „hineinzupressen". Das Abatmen des Stickstoffes wird durch Einatmen von 100%-Sauerstoff unterstützt.

Anmerkung:
1. Die Druckfallkrankheit kann insbesondere bei Tauchern auftreten, die nach langen, tiefen Tauchgängen zu schnell an der Wasseroberfläche auftauchen. Aus diesem Grund muß nach dem Tauchen (mit Atemgerät) sicherheitshalber die oben erwähnte symptomfreie Zeit von 24 Stunden abgewartet werden, bevor man fliegt.
2. Der Sauerstoff ist nicht an der Bläschenbildung beteiligt, da er aufgrund der Affinität des Hämoglobins zu Sauerstoff auch bei geringen Drücken im Blut gelöst bleibt.

4 Sehvermögen

4.1 Aufbau des Auges

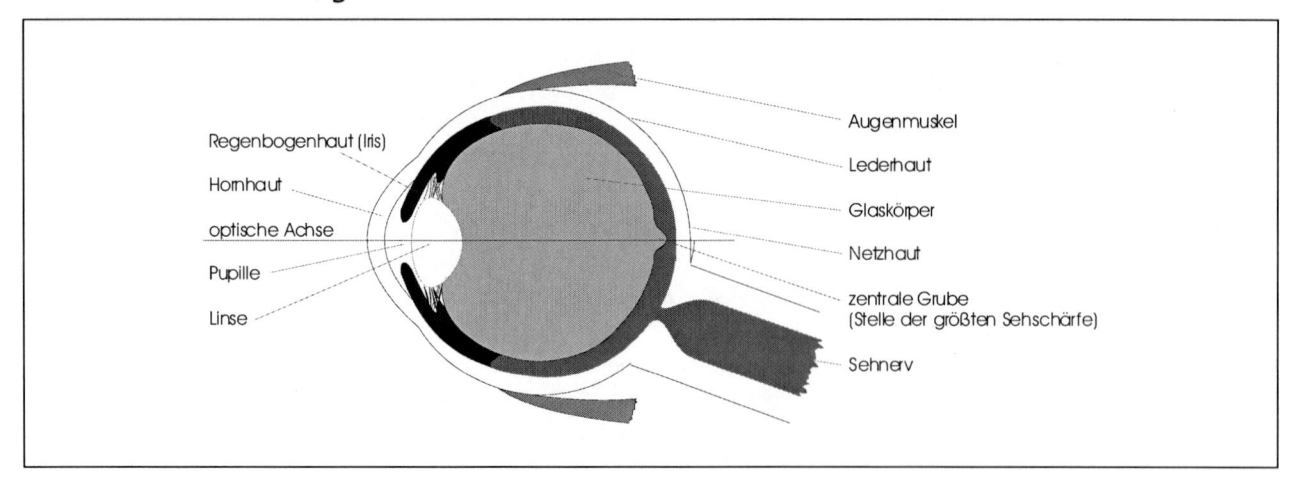

Der Augapfel ist in der Augenhöhle des Schädels eingebettet und wird von dem Glaskörper ausgefüllt. Über die Augenmuskeln wird die Blickrichtung bestimmt. Der Augapfel ist von der Lederhaut umgeben, die vorne in die Hornhaut übergeht. Hinter der Hornhaut liegt die Regenbogenhaut (Iris), deren Öffnung als Pupille bezeichnet wird. Die Öffnung der Pupille wird von einem ringförmigen Muskel an die jeweiligen Lichtverhältnisse angepasst (sog. **Adaption**). Während die Anpassung an Helligkeit schnell geht, kann die Anpassung an Dunkelheit bis zu 45 Minuten dauern.

Das einfallende Licht wird von der Hornhaut und der Linse gebrochen; die Brechkraft wird in Dioptrien angegeben.

In Abhängigkeit von der Entfernung des betrachteten Objektes muss die Brechkraft der Linse so angepasst werden, dass auf der Netzhaut ein scharfes, auf dem Kopf stehendes Bild entsteht; dies erfolgt durch Muskeln, die die Länge der Linse verändern können. Dieser Vorgang wird als **Akkomodation** bezeichnet. Beim Weitsehen sind die Muskeln entspannt; beim Nahsehen müssen sie die Linse in die Länge ziehen.

Auf der Netzhaut befinden sich die lichtempfindlichen Zellen. Dazu gehören ca. 100 Millionen **helligkeitsempfindliche Stäbchen** und ca. 5 Millionen **farbempfindliche Zäpfchen**. Im Bereich der zentralen Grube sind die meisten Zäpfchen angeordnet; daher liegt hier der Bereich der größten Sehschärfe.

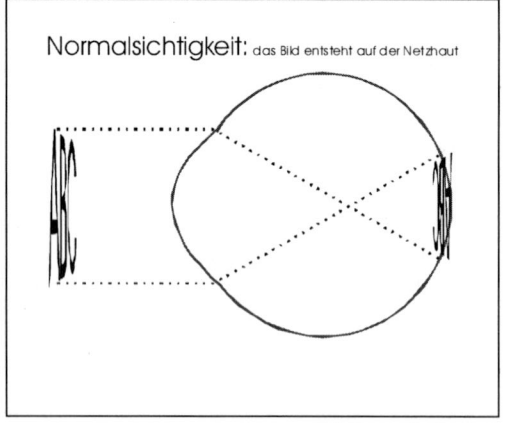

Stehen dem Auge keine bestimmten Objekte zum Betrachten zur Verfügung (z.B. bei Nebel, in Wolken, dichtem Schneetreiben) stellt sich das Auge unwillkürlich auf eine Entfernung von 1 bis 2 Meter ein. Da der Akkomodationsvorgang einige Sekunden dauern kann, birgt sich hierin die Gefahr, dass die Entfernungen und Geschwindigkeiten plötzlich auftretender Objekte falsch eingeschätzt werden, da die Zeit vom Erkennen eines Kollisionsrisikos bis zu Ausweichreaktionen ca. 5 bis 10 Sekunden beträgt.

Bei dem Auftreffen der Lichtstrahlen auf die Stäbchen und Zäpfchen wird ein **Sehfarbstoff (Stäbchen: Rhodopsin, Zäpfchen: Jodopsin)** photochemisch verändert und die lichtempfindlichen Zellen werden somit erregt. Die Erregung wird über den Sehnerv an das Gehirn weitergeleitet. Den Sehfarbstoff produzieren die Sehzellen selbst. Dazu ist genügend Vitamin A erforderlich und gewisse Zeiten Dunkelheit (Schlafphasen).

Die Zapfenzellen werden durch ein bräunliches Pigment vor zu starker Helligkeit geschützt, das bei starker Lichteinstrahlung die Zäpfchen abschirmt.

Der Eindruck der Entfernung eines Objektes bzw. des plastischen Sehens entsteht durch die Verarbeitung der Bilder beider Augen im Gehirn.

4.2 Sehstörungen

4.2.1 Fehlsichtigkeit

Weit- und Kurzsichtigkeit liegen vor, wenn das scharfe Bild nicht auf der Netzhaut, sondern dahinter (Weitsichtigkeit) oder davor (Nahsichtigkeit) entsteht. Dies kann entweder auf angeborene, nicht angepasste Größe des Augapfels oder auf ein altersbedingtes Nachlassen der Fähigkeit des Akkomodierens durch Elastizitätsverlust der Linse (Altersweitsichtigkeit) zurückzuführen sein. Die Grenze des möglichen Scharfsehens liegt bei 30-Jährigen bei ca. 15 cm, bei 50-Jährigen bei ca. 50 cm. Bis zu gewissen Stadien lassen sich alle Arten der Fehlsichtigkeit mit Brillengläsern korrigieren.

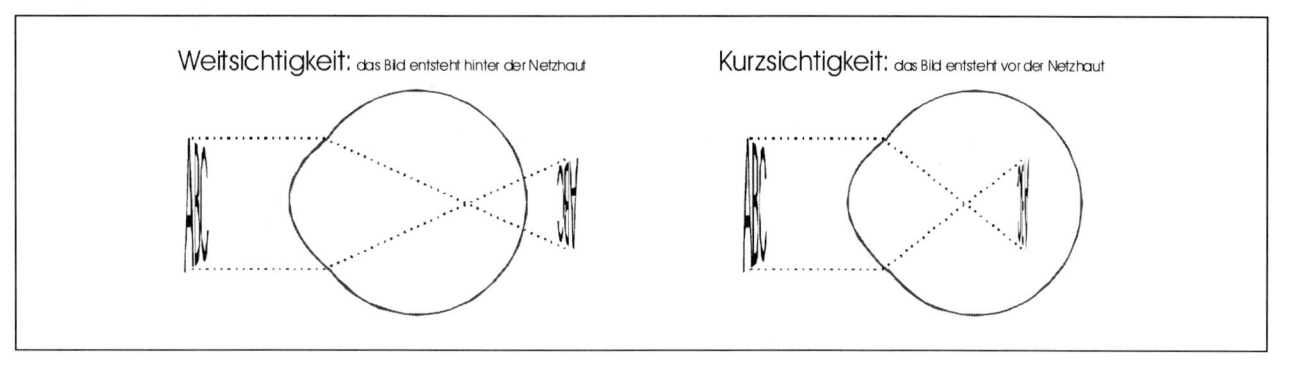

Weitsichtigkeit: das Bild entsteht hinter der Netzhaut

Kurzsichtigkeit: das Bild entsteht vor der Netzhaut

4.2.2 Nachtblindheit

Die Empfindlichkeit der Stäbchen für das Erkennen von Helligkeitsunterschieden ist direkt von der Menge des von ihnen produzierten Sehpurpurs abhängig. Ist nicht genügend davon vorhanden (bei Vitamin A- und/oder Schlafmangel) kann Nachtblindheit eintreten.

5 Gehör und Lärm

5.1 Aufbau des Gehörorgans

Das Gehörorgan wird unterteilt in das äußere Ohr, das Mittel- und Innenohr. Zum äußeren Ohr gehören die Ohrmuschel und der Gehörgang. Das Mittelohr beinhaltet die Gehörknöchelchen. An das Mittelohr ist ein Luftkanal angeschlossen, der als Tube, Ohrtrompete oder Eustachische Röhre bezeichnet wird und eine Verbindung zum Gaumen herstellt. Das Innenohr besteht aus der Schnecke, dem Vorhof und dem Vestibularorgan. Letztere beiden dienen jedoch nicht dem Hören, sondern dem Gleichgewichtssinn. Das Mittelohr besitzt zwei Öffnungen, die mit jeweils einer Membran dicht hermetisch verschlossen sind. In Richtung äußeres Ohr handelt es sich hierbei um das Trommelfell und zum Innenohr hin um das ovale oder auch Vorhoffenster. Zwischen beiden Membranen stellen die gelenkig miteinander verbundenen Gehörknöchelchen Hammer, Amboß und Steigbügel eine Verbindung her. Der Hammer ist mit dem Trommelfell, der Steigbügel mit dem ovalen Fenster verbunden.

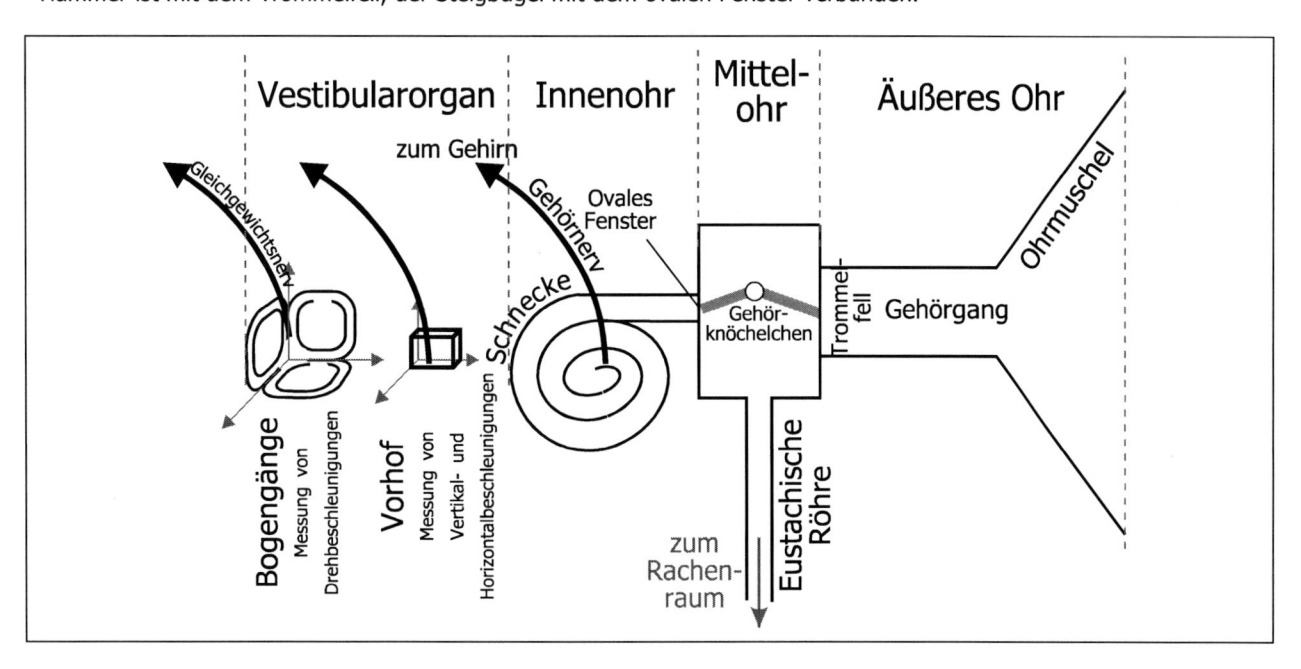

5.2 Ablauf des Hörprozesses

Der Hörprozeß läuft wie folgt ab: Die Schallwellen werden durch die Ohrmuschel auf den Gehörgang konzentriert und von diesem an das Trommelfell, welches durch kleine Muskeln straff gehalten wird, weitergeleitet. Das Trommelfell wird in Schwingungen versetzt und leitet diese über die Gehörknöchelchen auf das ovale Fenster weiter, welches auch entsprechend mitschwingt. Da das Trommelfell größer als das ovale Fenster ist, findet eine Schalldruckverstärkung um etwa das 20-fache statt. D.h. das Mittelohr fungiert als eine Art Druckverstärker. Diese verstärkten Schwingungen werden auf die in der Schnecke befindliche Flüssigkeit (Endolymphe) übertragen. In die Endolymphe ragen Sinneshärchen, die durch die schwingende Flüssigkeit verbogen werden. Diese Biegung wird als winziger elektrischer Impuls an die mit den Sinneshärchen verbundenen Gehörnerven weiter an das Gehirn geleitet.

5.3 Hörschädigung durch Lärm

Durch Einwirkung von Lärm kann mit der Zeit eine Lärmschwerhörigkeit entstehen. Diese macht sich im Anfangsstadium bei höheren Frequenzen bemerkbar und allmählich lässt auch die Fähigkeit, Sprache zu verstehen nach. Durch entsprechende Schutzmaßnahmen, wie Headsets etc. lassen sich Hörschädigungen verringern.

5.4 Krankheiten

5.4.1 Störungen des Druckausgleichs im Mittelohr

Das Mittelohr ist über die Eustachische Röhre mit dem Gaumen verbunden. Damit herrscht im Normalfall im Innenohr der gleiche Druck wie der Außendruck. Durch Schluck-, Gähn- und Kaubewegungen wird die Eustachische Röhre geöffnet, so dass ein Druckausgleich stattfinden kann.

5.4.2 Schnupfen und Erkältung (Valsalva-Manöver)

Bei Schnupfen und Erkältungen kann die Schleimhaut der Eustachischen Röhre anschwellen, wodurch der Druckausgleich entsprechend erschwert oder sogar gänzlich verhindert werden kann. Besonders bei Sinkflügen entsteht dann im Mittelohr ein Unterdruck, der bewirkt, dass das Trommelfell nach innen gewölbt wird, was u. U. zu starken Schmerzen und Hörbeeinträchtigungen führen kann. Im Extremfall können auch Verletzungen auftreten (z.B. Anreißen des Trommelfelles). Wenn Schluck-, Gähn- und Kaubewegungen nicht ausreichen, kann bei entsprechenden Symptomen eine Druckangleichung durch das sog. Valsalva-Manöver herbeigeführt werden: Nach dem Einatmen wird durch Zuhalten der Nase bei geschlossenem Mund die Luft aus den Lungen in den Mund und den Rachenraum gepresst. Dadurch wird Luft durch die Eustachische Röhre in das Mittelohr gepresst. Wenn möglich, sollte der Sinkflug unterbrochen werden und sogar gestiegen werden, bis die Schmerzen wieder nachlassen. Anschließend sollte mit verringerter Sinkrate der Sinkflug durchgeführt werden.

5.4.3 Mittelohrentzündung

Wenn im Erkältungsfall die Eustachische Röhre sich schlagartig aufgrund eines großen Druckunterschiedes (rapider Sinkflug oder beim Valsalva-Manöver) öffnet, können Keime durch die Luftströmung in das Mittelohr mitgerissen werden, was zu einer Mittelohrentzündung führen kann. Die Schleimhaut des Mittelohres sondert dann das eitrige Sekret ab, welches über die Eustachische Röhre in den Gaumen befördert wird.

6. Gleichgewichtssinn

6.1 Funktionsweise des Vestibularorgans

6.1.1 Realisieren von Beschleunigungen

Das Vestibularorgan kann als eine Art Messwertaufnehmer des Gleichgewichtssinnes angesehen werden. Es registriert **(ausschließlich beschleunigte !)** Bewegungen des menschlichen Körpers. Dabei muß zwischen Linear- (oder geradlinigen) und Drehbewegungen unterschieden werden. Während es bei Linearbewegungen zu keinen Richtungsänderungen kommt, ändert sich bei Drehbewegungen die Richtung laufend. Die Linearbewegungen werden von dem Vorhofteil festgestellt, die Drehbewegungen von den Bogengängen. Dabei wird ein physikalisches Prinzip ausgenutzt, welches besagt, daß jeder beschleunigte Körper (egal, ob fest, flüssig oder gasförmig) in seinem alten Bewegungszustand verharren möchte und daher einer Beschleunigung eine Trägheitskraft entgegensetzt:

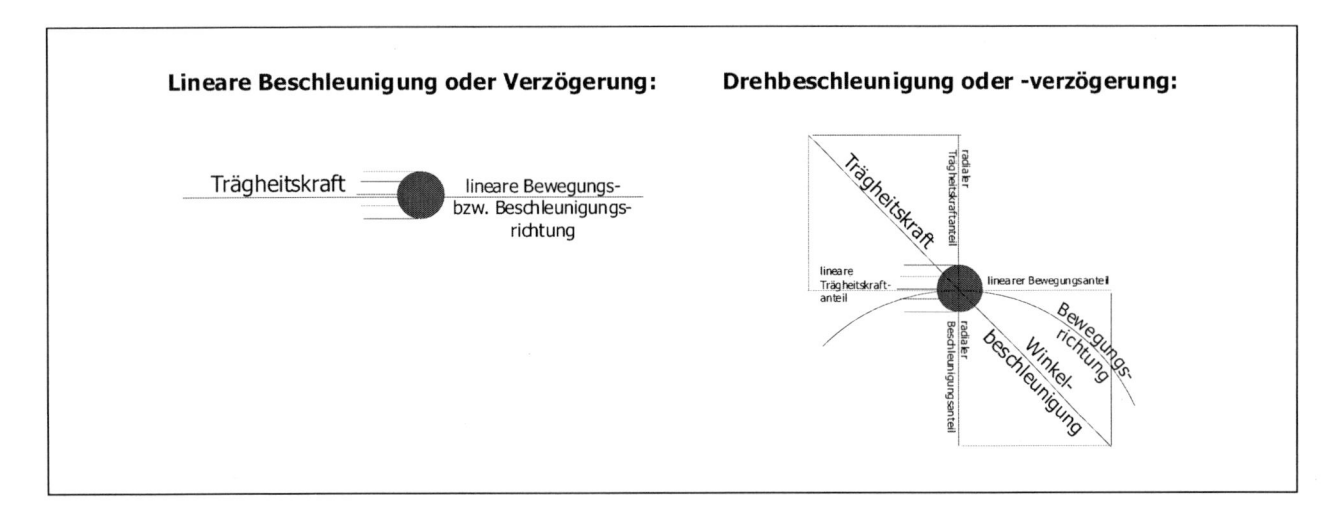

Lineare Beschleunigung oder Verzögerung:

Trägheitskraft ← ● → lineare Bewegungs- bzw. Beschleunigungsrichtung

Drehbeschleunigung oder -verzögerung:

Trägheitskraft / radialer Trägheitskraftanteil / linearer Trägheitskraftanteil / linearer Bewegungsanteil / radialer Beschleunigungsanteil / Bewegungsrichtung / Winkelbeschleunigung

Dabei existiert die Trägheitskraft immer nur solange, wie die Beschleunigung anhält. Man kann also feststellen, dass auf einen Körper, der sich mit konstanter Geschwindigkeit bewegt, keine anderen Kräfte einwirken, als auf den ruhenden Körper! Dieser Umstand führt beim Piloten – wie später noch erläutert wird – zu einer Reihe von Problemen in Bezug der Wahrnehmung von unbeschleunigten Bewegungen, sofern er sich bei der Realisierung der Bewegung ausschließlich auf die vom Vestibularorgan gelieferten Eindrücke verlässt.

Das Wirkungsprinzip des Vestibularorgans kann in diesem Sinne z.B. mit einem fahrenden Zug und dessen Passagieren verglichen werden (dabei entspricht dem Zug das Gehäuse des Vestibularorgans und die Passagiere entsprechen der darin enthaltenen Endolymphe):

	Zug mit Passagieren	**Vestibularorgan**
Beschleunigen	Im anfahrenden Zug erfährt der Fahrgast eine Trägheitskraft entgegen der Fahrtrichtung: die Passagiere werden in ihre Sitze gedrückt, oder – falls sie stehen – müssen sie sich festhalten, um nicht entgegen der Fahrtrichtung umzufallen.	Bei einer beschleunigten Körperbewegung bewegt sich das Vestibularorgan sofort mit, da es mit dem Körper fest verbunden ist. Die Trägheitskraft der Endolymphe bewirkt, dass diese entgegen der Körperbewegung zurückbleibt. Dabei werden die Sinneshärchen, die mit dem Vestibularorgan fest verbunden sind und in die Endolymphe hineinragen, gebogen. Die Biegung wird als Nervenreiz an das Gehirn übertragen und von diesem als beschleunigte Bewegung festgestellt: ← Beschleunigungsrichtung des Vestibularorgans bzw. Körpers / Trägheitskraft der Endolymphe → / Sinneshärchen sind gebogen

Konstante Geschwindigkeit	Hat der Zug seine konstante Reisegeschwindigkeit erreicht, ist die Trägheitskraft der Passagiere auf Null abgeklungen; d.h. außer dem Rütteln der Gleise würde die Passagiere gar nichts bemerken, dass sie sich überhaupt fortbewegen.	**Hier birgt sich das Problem**: da im unbeschleunigten Zustand die Endolymphe nicht mehr hinter dem Vestibularorgan zurückbleibt, werden die Härchen nicht mehr gebogen und es kommt zu keiner Nervenreizübertragung mehr an das Gehirn. Das Gehirn kann nun ohne zusätzlicher Informationen nicht eindeutig feststellen, ob der Körper sich bewegt oder in Ruhe ist. Vestibularorgan und Endolymphe bewegen sich gleich schnell oder ruhen — Sinneshärchen stehen gerade Mehr zu diesem Problem später.
Verzögern	Beim Abbremsen des Zuges erfährt der Fahrgast eine Trägheitskraft in Fahrtrichtung.	Die Endolymphe bewegt sich in umgekehrter Richtung als wie im beschleunigten Zustand. Die Härchen werden entsprechend umgekehrt gebogen und der Sinnesreiz wird vom Gehirn als verzögerte Bewegung bzw. Bewegung in entgegengesetzter Richtung interpretiert.

6.1.2 Während des Kurven- und Trudelfluges

Im (unbeschleunigten) Horizontalflug stehen die Sinneshärchen gerade, da Endolymphe und Vestibularorgan die gleichen Geschwindigkeiten haben; der Pilot könnte auch meinen, sich gar nicht fortzubewegen.

Leitet er nun eine Kurve (oder Trudeln) ein, werden durch die Erhöhung der Schräglage die Sinneshärchen der Bogengänge verbogen, da die Endolymphe zunächst zurückbleibt; dabei wird der Pilot die Kurvenrichtung (oder Trudelrichtung) richtig interpretieren. Die mit dem Kurvenflug verbundene Erhöhung des Kurvengewichtes kann als Steigflug interpretiert werden. Bei Erreichen und Einhalten der gewünschten Schräglage wird die Endolymphe wegen ihrer Trägheit sich zunächst etwas weiterbewegen, was u.U. vom Piloten als eine weitere Zunahme der Schräglage interpretiert werden könnte

Nach einiger Zeit im Kurvenflug (auch während des Trudelns) kommt die Endolymphe zur Ruhe und die Sinneshärchen stehen wieder gerade. Hätte der Pilot nun keine weiteren Informationen über die Fluglage (Blick nach draußen, Instrumente etc.) würde er diesen Kurven- oder Trudelflug u.U. als Horizontalflug interpretieren.

Dementsprechend wird er beim Ausleiten der Kurve (was wieder einem beschleunigten Vorgang entspricht) die Kurvenrichtung zunächst richtig wahrnehmen. Wenn die Kurve in Horizontallage beendet worden ist, wird die Endolymphe wieder nicht sofort gestoppt und die Härchen werden entsprechend weiterverbogen. Der Pilot wird das als eine Fortsetzung der Bewegung in entgegengesetzter Kurvenrichtung fehlinterpretieren. (Im Extremfall des Trudelns kann der Pilot meinen, in Gegenrichtung weiterzutrudeln; er könnte nun mit einem Gegenruderausschlag wieder in die ursprüngliche Trudelrichtung reagieren; das Trudeln wird somit also nicht gestoppt, sog. **Graveyard Spin**). Das beim Ausleiten wieder kleiner werdende Kurvengewicht kann als Sinkflug interpretiert werden.

Das Prinzip der Fehlinterpretation ist beim Fliegen von Steilspiralen ähnliche wie beim Trudeln und kann daher ebenso zu tödlichen Unfällen führen.

6.1.3 Während des beschleunigten oder verzögerten Geradeausflug

Mit dem Prinzip der Trägheit der Endolymphe lassen sich auch die Fehlinterpretationen des Gehirns beim beschleunigten oder verzögerten Geradeausflug erklären:

Da beim Beschleunigen die Endolymphe genauso wie bei einem Steigflug zurückbleibt, kann das Gehirn ohne weitere Fluglageinformationen beide Situationen u.U. nicht unterscheiden. Entsprechend können der verzögerte Geradeausflug und der Sinkflug miteinander verwechselt werden.

6.2 Störungen des Gleichgewichtssinnes

6.2.1 Kinetose oder Bewegungskrankheit (auch Reisekrankheit oder Luftkrankheit)

Der Körper reagiert auf die Nervenreize des Vestibularorgans mit Reflexen, um den Kopf und die übrigen Gliedmaßen wieder in eine normale bzw. gewünschte Stellung zu bringen. Bei sehr starker Erregung bzw. Überreizung dieser Reflexe, wie es z.B. bei einem turbulenten Flug mit ungewohnten Kopfbewegungen der Fall sein kann, geraten diese Reflexe derartig durcheinander, dass Schwindel und Übelkeit mit Erbrechen Folge sein können (sog. Kinetose).

Die Kinetose kann auch bei weniger turbulenten Flügen auftreten, wenn die verschiedenen Lageempfindungen des Menschen nicht aufeinander abgestimmt sind, z.B. wenn man während des Fluges nicht aus dem Fenster sieht (und dabei die wirkliche Fluglage optisch wahrnimmt), sondern ein Buch liest. Psychische Faktoren, wie Flugangst können die Kinetose verstärken; ebenso kann Alkoholeinfluß sich negativ auswirken.

Allerdings können die Beschwerden bei den meisten Menschen nach einer gewissen Gewöhnungsphase sich verringern oder gänzlich verschwinden.

Gegenmaßnahmen können sein:

- Kurvenflüge mit geringer Schräglage auszuführen oder möglichst zu vermeiden, Kurvenwechsel vermeiden
- den Kopf nicht unnötig hin- und herzubewegen (insbesondere bei Kurvenflügen)
- aus dem Fenster sehen
- Beruhigung, Motivation und Aufklärung anfälliger Personen (Verringerung der Flugangst)
- Zufuhr von Frischluft
- Medikamente (vorbeugend vor dem Flug eingenommen nach ärztlicher Verordnung)

6.2.2 Vertigo oder Drehschwindel (auch Coriolis Effekt)

Vertigo kann beim Kurvenflug während der Erhöhung der Schräglage auftreten (während also auch die Trägheit der Endolymphe sich auswirkt), wenn im selben Augenblick der Kopf zusätzlich gedreht wird, um z.B. den Luftraum zu beobachten oder Gegenstände im Cockpit zu suchen. Dabei werden **mehrere Bogengänge gleichzeitig gereizt**, was zu teils intensiven Schwindelerscheinungen und auch zu räumlicher Desorientierung führen kann.

6.2.3 Räumliche Desorientierung

Desorientierung ist in diesem Zusammenhang nicht aus navigatorischer Sicht als „Verfliegen" zu verstehen, sondern bedeutet den Verlust der Wahrnehmung der realen Fluglage im Bezug zur Erde.

Dieser Zustand kann vor allem eintreten, wenn der Pilot die Erdoberfläche oder andere nötige Bezugspunkte nicht mehr sehen kann (z.B. bei Flügen in Wolken, bei Dunkelheit oder Dunst über dem Meer). Im Instrumentenflug unerfahrene Piloten neigen dann dazu, ausschließlich körperlich zu empfinden, d.h., sie verlassen sich auf das Lageempfinden durch Haut- und Muskulatur-Sensoren (sog. „Hosenbodengefühl") und auf die vom Vestibularorgan gelieferten Informationen. Dieses System vermag jedoch nur Beschleunigungen festzustellen. Da aber unbeschleunigte Zustände sowohl im Kurvenflug als auch im Steig- oder Sinkflug vorliegen, wenn diese stationär, d.h. mit konstanter Geschwindigkeit geflogen werden, bietet dieses System nicht komplette Informationen, um die Fluglage im Gehirn eindeutig zu interpretieren. Eindeutigkeit bieten nur die Fluglageinstrumente. Mit anderen Worten ist nur der im Instrumentenflug trainierte Pilot fähig, die körperlichen Empfindungen zu ignorieren und sich Fluglageinformationen ausschließlich von den Instrumenten zu holen.

7. Optische Sinnestäuschung durch ungewohnte Perspektive beim Landeanflug

Jeder Pilot ist mit dem gewohnten Bild eines normalen Anfluges auf eine Landebahn vertraut. Sobald von diesem normalen Anflug abgewichen wird, sei es absichtlich oder aufgrund einer Hindernissituation im Anflugsektor, kann die ungewohnte Perspektive zu Sinnestäuschungen und evtl. Fehlreaktionen führen.

Bei einem normalen Anflug sind der wirkliche Gleitwinkel α und der relative Gleitwinkel β zur Bahn gleich. Steigt die Landebahn an, wird der relative Gleitwinkel jedoch größer, während der wirkliche Gleitwinkel sich im Vergleich zum Normalanflug gar nicht verändert! Der große relative Gleitwinkel führt bei dem Piloten zu dem optischen Eindruck, die Bahn aus einer viel zu hohen Position anzufliegen.

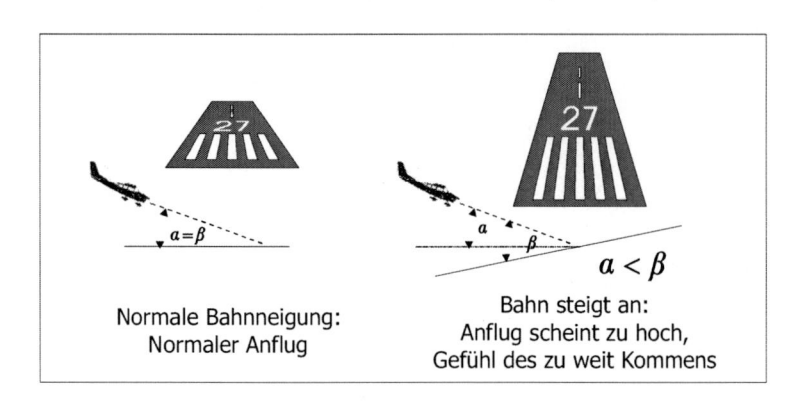

Normale Bahnneigung:
Normaler Anflug

Bahn steigt an:
Anflug scheint zu hoch,
Gefühl des zu weit Kommens

Im Normalfall würde das dazu führen, daß man „zu weit gerät", da aber der wirkliche Gleitwinkel „normal" bleibt, wird auch eine normale Landung gelingen, wenn man sich nicht verwirren läßt. Die reale Gefahr besteht in diesem Fall darin, daß aufgrund der ungewohnten scheinbar hohen Anflug- und Sinkfluggeschwindigkeit das Abfangen des Flugzeuges mißlingt und er zu hart aufsetzt.

Eine weiterer Fall für eine ungewohnte Perspektive beim Landeanflug kann über einem Gelände auftreten, welches in Richtung der Landebahnschwelle abfällt. Dabei kann die Gefahr bestehen, daß der Pilot zu hoch anfliegt, um wieder die gewohnte „normale" Höhe über dem Gelände vor der Bahn herzustellen. Selbstverständlich besteht auch dann die Gefahr, die Piste zu „überschießen".

Eine schmale Piste kann dem Piloten den Eindruck vermitteln, relativ zu hoch anzufliegen. Der Pilot muss also (im Gegensatz zu der im Fragenkatalog Aufl. 2002 bei Frage 51 im Kap. Menschliches Leistungsvermögen geforderten Antwort) bei einem normalen Anflug mit diesem Gefühl weiterfliegen.

Normale Bahn:
Normale Perspektive

Schmale Bahn, normale Anflughöhe:
Anflug scheinbar zu hoch

Eine breite Piste kann dem Piloten den Eindruck vermitteln, relativ zu flach anzufliegen. Der Pilot muß also bei einem normalen Anflug mit diesem Eindruck weiterfliegen und darauf achten, daß er nicht zu früh und zu hoch abfängt.

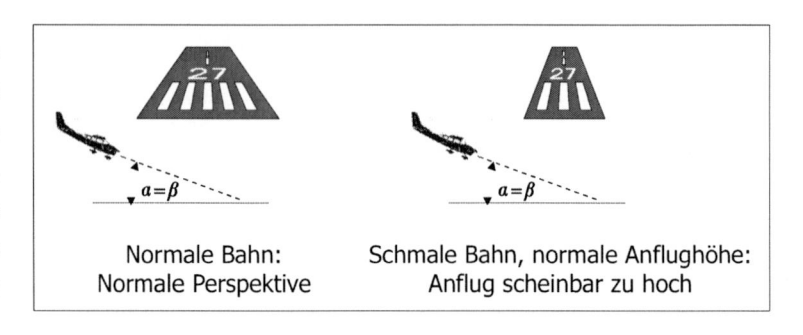

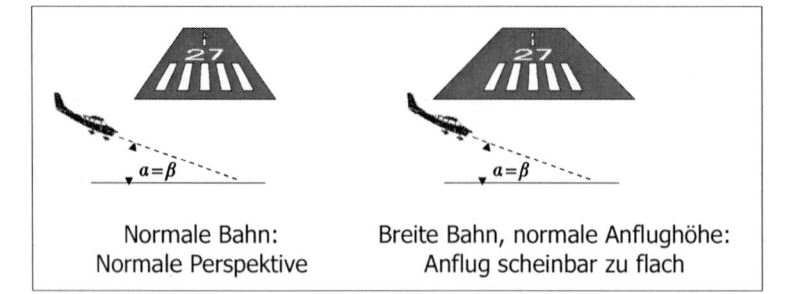

Normale Bahn:
Normale Perspektive

Breite Bahn, normale Anflughöhe:
Anflug scheinbar zu flach

8. Alkohol

Die Aufnahme des Alkohols durch den Körper in das Blut (**Resorption**) erfolgt zu einem geringen Anteil durch die Mundschleimhaut, ein größerer Teil durch den Magen und der Hauptteil durch den Dünndarm.

Ca. 2 Stunden nach der Einnahme von Alkohol hat sich der maximale Alkoholspiegel im Blut eingestellt. Danach tritt ein unwillkürlicher Abbau des Alkohols von ca. 0,1 Promille pro Stunde ein. Durch die Verbennung von Kohlenhydraten liegt fast immer ein natürlicher Alkoholpegel von ca. 0,1 Promille im menschlichen Körper vor. Gem. nebenstehender Abb. wird ein Alkoholpegel von 1,2 Promille nach ca. 12 Stunden auf den natürlichen Wert abgebaut:

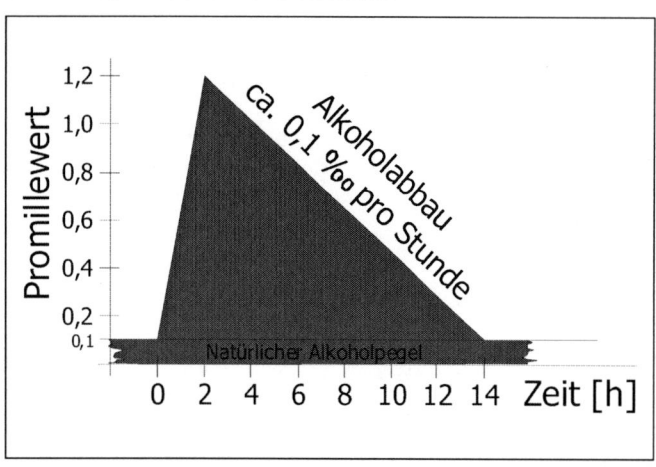

„twelve hours from the bottle to the throttle"

Mit zunehmender Flughöhe verstärkt sich aufgrund des Sauerstoffmangels die Resorption des Alkohols durch das Blut; d.h. die gleiche Menge an Alkohol bewirkt in einer höheren Flughöhe einen größeren Promillewert und die Zeit für den Abbau verlängert sich entsprechend; die Wirkungen werden entsprechend verstärkt.

Mit folgender Formel läßt sich der Alkoholpegel abschätzen, wobei die körperliche Konstitution mit dem Faktor K berücksichtigt wird (muskulös K=0,8 , normalgewichtig K=0,7 , übergewichtig K=0,6):

$$\text{Alkoholpegel} = \frac{\text{Alkoholmenge in Gramm}}{\text{Körpergewicht in kg} \times \text{Faktor K}}$$

Hiernach ergibt sich nach dem Genuß von 1,5 Litern Bier (5 Volumenprozent Alkoholgehalt entsprechen 75 Gramm Alkohol) bei einem normalgewichtigen Menschen von 80 kg ein Alkoholpegel von 1,34 Promille.

Ein Promillewert von 0,3 bedeutet eine deutliche Einschränkung der fliegerischen Leistungsfähigkeit, d.h. dieser Wert darf keinesfalls bei fliegerischer Tätigkeit überschritten werden. Eine absolute Fluguntüchtigkeit kann ab ca. 0,8 Promille angesetzt werden, da ab hier insbesondere eine Verlangsamung sämtlicher Bewegungen und damit eine gefährliche Erhöhung der Reaktionszeiten eintreten.

9. Medikamente und Impfungen

Insbesondere fliegerisch tätige Menschen müssen mit der Einnahme von jeglichen (auch rezeptfreien!) Medikamenten und Impfungen besonders kritisch umgehen, da die Nebenwirkungen vieler Medikamente fluguntauglich machen können. In der Regel kann die Angabe von Fahruntauglichkeit auf dem Beipackzettel mit Fluguntauglichkeit gleichgesetzt werden; grundsätzlich ist im Zweifelsfall der Flug zu unterlassen oder zuvor eine Weisung der Erlaubnisbehörde, eines Flugmedizinischen Zentrums oder des Fliegerarztes (Hausarzt genügt nicht!) einzuholen.

Es gibt jedoch einige Medikamente, nach deren Einnahme man nach JAR-FCL 3 auf jeden Fall für einen bestimmten Zeitraum fluguntauglich ist; dazu gehören alle Eingriffe mit Allgemein- oder Spinalanästhesie (mind. 48 Std. fluguntauglich) und alle Eingriffe bei einem lokalen bzw. regionalen Betäubungsverfahren (mind. 12 Std. fluguntauglich). Generell muß berücksichtigt werden, daß es bei der gleichzeitigen Einnahme von Medikamenten und Alkohol zu unvorhersehbaren Wirkungen kommen kann.

Sprechfunk-
verfahren

C.L. Sprechfunkverfahren S 1

1. Rangfolge und Definitionen von Meldungen

1.1 Rangfolge von Meldungen

Alle Meldungen im Sprechfunkverkehr werden ihrer Wichtigkeit entsprechend in folgender Rangfolge behandelt:

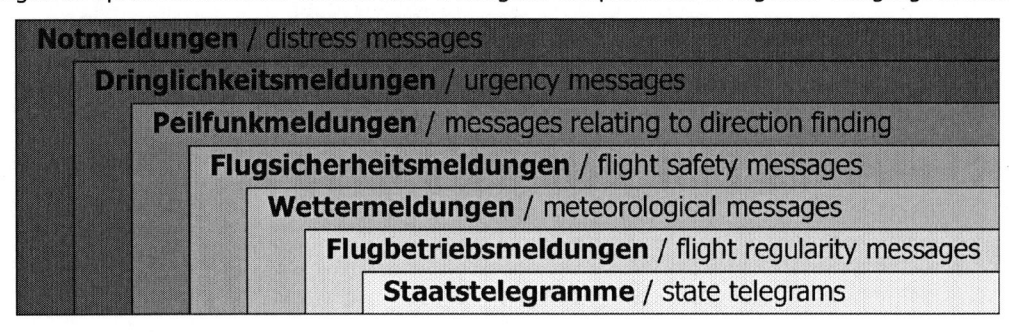

- **Notmeldungen** / distress messages
- **Dringlichkeitsmeldungen** / urgency messages
- **Peilfunkmeldungen** / messages relating to direction finding
- **Flugsicherheitsmeldungen** / flight safety messages
- **Wettermeldungen** / meteorological messages
- **Flugbetriebsmeldungen** / flight regularity messages
- **Staatstelegramme** / state telegrams

1.2 Definitionen von Meldungen

1.2.1 Notmeldungen

Eine Notlage liegt vor, wenn eine unmittelbare schwere Gefahr für das Luftfahrzeug und dessen Insassen besteht, und sofortige Hilfe erforderlich ist. Ein Notanruf soll auf der benutzten Sprechfrequenz oder der allgemeinen Notfrequenz 121.50 MHz übermittelt werden. Die den Notverkehr leitende Funkstelle kann ggf. Funkstille anordnen, eingeleitet mit der Sprechgruppe „Halten sie Funkstille - MAYDAY" bzw. „Stop transmitting - MAYDAY".

Aufbau:	Beispiel:	Example:
„MAYDAY MAYDAY MAYDAY"	MAYDAY MAYDAY MAYDAY	MAYDAY MAYDAY MAYDAY
Rufzeichen der Bodenfunkstelle	Hannover Turm	Hannover Tower
Eigenes Rufzeichen	D-ENTE	D-ENTE
Art der Notlage	Motor brennt	Engine on fire
Absichten des Lfz-Führers	Versuche Hannover zu erreichen	I try to reach Hannover airport
Gewünschte Hilfe	Erbitte Feuerwehr	request fire service
Position	Position Echo 1	position ECHO 1
Kurs	Steuerkurs 2-6-0	Heading 2-6-0
Flughöhe	Flughöhe 2300 ft	Altitude 2300 ft

1.2.2 Dringlichkeitsmeldungen

Dringlichkeitsmeldungen sind Meldungen, die die Sicherheit eines anderen Luftfahrzeuges, eines Wasserfahrzeuges, oder eines sonstigen Fahrzeuges oder einer Person betreffen. Beispiel:

PAN PAN PAN	PAN PAN PAN
Hannover Turm / D-ENTE	Hannover Tower / D-ENTE
Massenkarambolage auf BAB A2, Höhe Abfahrt Lehrte, Richtung Berlin	multiple pile-up on motorway A2, near exit Lehrte direction Berlin
Keine Polizei und Feuerwehr am Unfallort	no police or fire service presently at the scene
Halte über der Unfallstelle bis Hilfe eingetroffen	orbiting over present position until rescue has arrived

1.2.3 Peilfunkmeldungen

Peilfunkmeldungen dienen der Übermittlung von Peilwerten. Beispiel:

Luftfahrzeug	Peilstation
D-ENTE Erbitte QDM	
	D-ENTE Senden sie für Peilung
D-ENTE Sende für Peilung D-ENTE	
	D-ENTE, QDM 130°
D-ENTE, QDM 130	

Aircraft	DF-Station
D-ENTE Request QDM	
	D-ENTE Transmit for DF
D-ENTE Transmitting for DF D-ENTE	
	D-ENTE, QDM 130°
D-ENTE, QDM 130°	

1.2.4 Flugsicherheitsmeldungen

Flugsicherheitsmeldungen beinhalten sämtliche Meldungen, die bei der Durchführung des Flugverkehrskontrolldienstes übermittelt werden:

- An- und Abflugverfahren
- Standortmeldungen
- Meldungen von Lfz-Führern oder -Haltern, die für im Flug befindliche Luftfahrzeuge von Bedeutung sind

1.2.5 Wettermeldungen

Wettermeldungen sind Meldungen zur Übermittlung von Wetterdaten. Beispiele:

- Wettermeldungen über FIS
- VOLMET
- ATIS

1.2.6 Flugbetriebsmeldungen

Flugbetriebsmeldungen sollten nach Möglichkeit über den FIS abgewickelt werden, um die Durchführung des Flugverkehrskontrolldienstes nicht zu beeinträchtigen. Flugbetriebsmeldungen sind z.B.:

- Änderungen in Flugbetriebsplänen
- Wartung an Luftfahrzeugen
- Außerplanmäßige Landungen
- Dringend benötigte Luftfahrzeugteile/Materialien
- Betrieb oder Wartung von Einrichtungen, die für Sicherheit oder Regelmäßigkeit des Flugbetriebes wichtig sind

1.2.7 Staatstelegramme

Staatstelegramme sind Meldungen, die von an Bord eines Luftfahrzeuges befindlichen Staatsoberhäuptern oder diesen gleichgestellten Personen übermittelt werden; sie sollten nach Möglichkeit über den FIS abgewickelt werden, um die Durchführung des Flugverkehrskontrolldienstes nicht zu beeinträchtigen.

2 Allgemeine Sprechfunkverfahren

2.1 Wechselsprechen

Zwei verschiedene Arten des Sprechfunkverkehrs technisch möglich: Wechselsprechen und Gegensprechen.
Beim **Gegensprechen** ist gleichzeitiges Senden und Empfangen möglich, da zwei Frequenzen benutzt werden. Da das Flugfunk-Frequenzband sehr beschränkt ist (117.975 - 136 MHz), wird im beweglichen Flugfunkdienst **nur** das **Wechselsprechen** angewendet, da man dafür nur eine Frequenz benötigt. Aus diesem Grunde kann beim Wechselsprechen gleichzeitig nur ein Gesprächspartner senden, während der andere nur empfängt.

2.2 Blockieren der Frequenz

Da im Beweglichen Flugfunkdienst nur das Wechselsprechen angewendet wird, hat man vor dem Absetzen einer Meldung (insbes. vor dem Erstanruf) darauf zu achten, daß die Frequenz nicht gerade von einem anderen Sender benutzt wird, um den anderen Sprechfunkverkehr nicht zu stören bzw. nicht zu blockieren.

2.3 Erstanruf

Jede Sprechfunkverbindung beginnt mit einem Erstanruf (Initial Call). Dieser beinhaltet:

		Beispiel:	Example:
1.	Das Rufzeichen der gerufenen Funkstelle	Hamburg Turm	Hamburg Tower
2.	Das Rufzeichen der rufenden Funkstelle	D-ENTE	D-ENTE

2.4 Rufzeichen von deutschen Luftfunkstellen

Die Kennungen der in der Bundesrepublik Deutschland zugelassenen Luftfahrzeuge werden nach der in L 8.2.5 beschriebenen Weise gebildet.

2.5 Rufzeichen von Bodenfunkstellen

deutsch	englisch	Art der Bodenfunkstelle
Turm	Tower	kontrollierter Platz
Rollkontrolle	Ground	kontrollierter Platz
Info	Info	unkontrollierter Platz
[Name des Fluggeländes]-SEGELFLUG	-	Segelfluggelände
[Name des Fluggeländes]-START	-	Segelfluggelände

weitere Rufzeichen s. L 4.1.2

2.6 Übermittlung von Buchstaben (ICAO-Alphabet)

Alfa **H**otel **O**scar **V**ictor
Bravo **I**ndia **P**apa **W**hiskey
Charlie **J**uliett **Q**uebec (sprich Ki BEK) **X**-ray
Delta **K**ilo **R**omeo **Y**ankee
Echo **L**ima **S**ierra **Z**ulu
Foxtrott **M**ike **T**ango
Golf **N**ovember **U**niform

2.7 Übermittlung von Zahlen

In der Regel werden Zahlen einzeln ausgesprochen. Ausnahme: Ganze Hunderter und ganze Tausender werden „normal" ausgesprochen. Beispiele:

1245	eins-zwo-vier-fünf	one-two-four-five
400	vierhundert	four hundred
1700	eintausendsiebenhundert	one thousand seven hundred
24000	zwo-vier-tausend	two four thousand
24.3	zwo-vier-komma-drei	two-four-decimal-tree

Abweichungen von der normalen Aussprache:

2	zwo	-
3	-	tree
9	-	niner

2.8 Bestätigung von Meldungen

Anweisungen und Mitteilungen, die (wörtlich) wiederholt werden müssen:

Art der Anweisung oder Mitteilung:	Beispiel:
Alle **Freigaben**	D-ACHS –sie sind **frei** zum Verlassen der Frequenz
Anweisungen, die das **Rollen** am Boden betreffen	D-IGEL – rollen Sie zum Rollhalt Piste 2-5-rechts
Anweisungen zur Änderung der **Flugrichtung** (Kurs)	D-HASE – drehen Sie rechts Steuerkurs 0-4-0
Anweisungen zur Änderung der **(Flug-) Geschwindigkeit**	F-UCHS – beschleunigen Sie Rollen
Anweisungen zur Änderung der **Flughöhe**	D-HIGH – steigen Sie auf Flughöhe 2400 ft
Landenummern	G-ECKO – setzen Sie Anflug fort, Sie sind Nummer 2
Luftdruckangaben (z.B. QNH)	I-LTIS – QNH 1-0-1-7
Die **Frequenz** bei Frequenzwechsel	D-ESEL – rufen Sie Hamburg Turm auf 1-2-1 Komma 2-7
Transpondercodes	G-EIER – squawk 3-6-7-4
Peilwerte (z.B. QDM)	D-LOST – QDM 2-8-5
Angaben der Betriebs-**S/L-Bahnrichtung**	F-ALKE – Piste 0-7-rechts in Betrieb

Anweisungen, die nicht in dieser Liste der wörtlich zu wiederholenden Anweisungen aufgeführt sind, werden im Englischen und im Deutschen mit „**WILCO**" bestätigt. "Wilco" ist eine Abkürzung aus "will comply"; die früher in diesem Zusammenhang benutzte deutsche Gruppe "wird ausgeführt" gibt es nicht mehr.

Informationen werden mit „**VERSTANDEN**" bzw. im Englischen mit „**ROGER**" bestätigt.

2.9 Testsendung

Testsendungen dienen zur Überprüfung der gegenseitigen Verständigung zweier Funkstellen des beweglichen Flugfunkdienstes. Eine Testsendung sollte nicht länger als 10 Sekunden dauern. Die Qualität der Verständigung wird in folgenden Stufen angegeben (z.B. in Verbindung mit Erstanruf):

„1"	unverständlich	unreadable
„2"	nur zeitweise verständlich	temporarily readable
„3"	schwer verständlich	difficult to read
„4"	verständlich	readable
„5"	sehr gut verständlich	perfectly readable

Luftfahrzeug	Rollkontrolle
„Hamburg Rollkontrolle D-ENTE Wie verstehen sie mich?"	
	„D-ENTE Hamburg Rollkontrolle Verstehe sie vier"

Aircraft	Ground
„Hamburg Ground D_ENTE How do you read?"	
	„D-ENTE Hamburg Ground Reading you four"

2.10 Allgemeiner Anruf

Ein allgemeiner Anruf braucht nicht bestätigt zu werden:

An alle	All stations
Rufzeichen der rufenden Funkstelle	Call sign of transmitting station
Meldung ...	Report ...

Zum Beispiel könnte der Inhalt eines allgemeinen Anrufs eine SIGMET-Wettermeldung sein (s. M 9.3.2). Dabei ist zu beachten, dass VOLMET und ATIS keine allgemeinen Anrufe, sondern Flugrundfunksendungen sind.

2.11 Mehrfachanruf

Ein Mehrfachanruf muß in der gleichen Reihenfolge bestätigt werden, wie sie die rufende Funkstelle benutzt hat:

Rufzeichen der gerufenen Funkstellen	Call signs of stations to be adressed
Rufzeichen der rufenden Funkstelle	Call sign of transmitting station
Meldung ...	Report ...

2.12 Unklarheit über eine Meldung

Ist man sich nicht sicher, ob eine empfangene Meldung an die eigene Luftfunkstelle gerichtet ist, wartet man ab, bis ein weiterer Anruf erfolgt.

2.13 Bord-Bord-Sprechfunkverkehr

Zum Austausch notwendiger Flugbetriebsmeldungen ist Sprechfunkverkehr zwischen Luftfunkstellen auf der offiziellen Bord-Bord-Frequenz 122,80 MHz möglich.

2.14 Hörbereitschaft

Bei folgenden Flügen ist dauernde Hörbereitschaft auf den festgelegten Frequenzen der Flugverkehrskontrolle aufrechtzuerhalten und im Bedarfsfall Funkverkehr mit ihr herzustellen in englisch oder deutsch:

- Flüge im Luftraum C (CVFR)
- Flüge im Luftraum D (VFR, SVFR)
- Flüge im kontrollierten Luftraum C,D,E bei Nacht (NVFR)

C.L.   Sprechfunkverfahren   S 5

2.15 Wichtige Sprechgruppen

deutsch	englisch	Bedeutung	Beispiel	Example
Aufgehoben	cancel	Die vorher übermittelte Freigabe wird hiermit aufgehoben	D-ENTE: setzen Sie Anflug fort – Landefreigabe **aufgehoben**	D-ENTE: continue approach – **cancel** landing clearance
Berichtigung	correction	Was ich zuvor gesagt habe war falsch – es folgt die richtige Meldung	D-ENTE: Steigen Sie auf Flughöhe 3000 ft – **Berichtigung**:: steigen Sie auf Flughöhe 2300 ft	D-ENTE: climb altitude 3000 ft – **correction**: climb altitude 2300 ft
Bestätigen Sie	acknowledge	Teilen sie mit, ob Sie meine Anweisung bzw. Meldung empfangen und verstanden haben!	D-ENTE: **Bestätigen Sie**, dass Sie nach dem Abheben so früh wie möglich nach rechts drehen werden	D-ENTE: **acknowledge** that you are going to turn right as soon as possible when airborne
Bestätigen Sie	confirm	wird angewendet, wenn man Zweifel hat, die vorangegangene Meldung richtig verstanden zu haben; (oder: "habe ich Sie richtig verstanden / soll ich wirklich so verfahren ?")	D-IGEL: **Bestätigen Sie** Landung frei Piste 2-5-rechts	D-IGEL: **confirm** cleared to land runway 2-5-right
Check	check	Prüfen Sie ein System oder Verfahren	D-IGEL: **Checken** Sie Ihren Transponder – ich habe keine Anzeige	D-IGEL: **check** your transponder – I have got no indication
Erbitte	request	Einleitende Gruppe, um den anderen Sprechfunkteilnehmer aufzufordern, eine bestimmte Freigabe oder Information zu geben	D-IGEL: **erbitte** Einflug in die Kontrollzone über ECHO	D-IGEL: **request** to enter control zone via ECHO
Frei	cleared	Erlaubnis für ein bestimmtes Verfahren ist erteilt	D-ENTE: Landung **frei** Piste 2-5-rechts	D-ENTE: **cleared** to land runway 2-5-right
Freigabe-änderung	recleared	Falls sich nach erteilter Freigabe die Situation geändert hat und der Lotse eine andere Anweisung erteilen muss	D-IGEL: **Freigabeänderung**: fliegen Sie sofort direkt nach SIERRA	D-IGEL: **recleared** to proceed immediately direct to SIERRA
Genehmigt	approved	Erlaubnis für ein bestimmtes Verfahren ist erteilt	D-IGEL: Durchflug Luftraum Charly **genehmigt** über LEINE VOR Flugfläche 0-6-5	D-IGEL: Crossing airspace Charly **approved** via LEINE VOR Flight Level 0-6-5
Ich wiederhole	I say again	Zur Verbesserung der Eindeutigkeit	D-IGEL: drehen Sie sofort rechts Steuerkurs 1-8-0 - **Ich wiederhole**: drehen Sie sofort rechts Steuerkurs 1-8-0	D-IGEL: immediately turn right heading 1-8-0 - **I say again**: immediately turn right heading 1-8-0
Kommen	go ahead	Die englische Gruppe sollte nur angewendet werden, wenn der Pilot diese nicht als Freigabe falsch interpretieren kann	D-ENTE: ich lese Sie mit fünf - **kommen**	D-ENTE: I read you five - **go ahead**
Melden Sie	report	Melden Sie eine in der Zukunft liegende Situation	D-ENTE: **Melden Sie**, wenn Sie zum Einflug in den Queranflug bereit sind	D-ENTE: **report** when ready for base
Monitor	monitor	Bleiben Sie hörbereit auf folgender Funkstelle / Frequenz	D-ENTE: Sie verlassen jetzt Luftraum Charly - **bleiben Sie hörbereit** auf Bremen Information 1-1-9 Komma 8-2	D-ENTE: you are leaving airspace Charly now - **monitor** Bremen Information 1-1-9 decimal 8-2
Negativ	negative	Nein	D-ENTE: sind Sie mit einem Transponder ausgerüstet? D-ENTE: **negativ**	D-ENTE: are you transponder equipped? D-ENTE: **negative**
Positiv	affirm	Ja	D-ENTE: sind Sie mit einem Transponder ausgerüstet? D-ENTE: **positiv**	D-ENTE: are you transponder equipped? D-ENTE: **affirm**
Richtig	correct	meistens angewendet vom Lotsen zur Bestätigung, dass der Pilot die Anweisung richtig und vollständig wiederholt hat	D-IGEL: Zurücklesen (Ihrer Freigabe) ist **richtig**	D-IGEL: read back (of your clearance) is **correct**
Rufen Sie	contact	verwendet (meist) der Lotse, wenn der Luftfahrzeugführer eine andere Funkstelle einer bestimmten Frequenz rufen soll	D-ENTE: **Rufen Sie** Tempelhof Turm auf 1-1-9 Komma 5-7	D-ENTE: **contact** Tempelhof Tower on 1-1-9 decimal 5-7
Sprechen Sie langsamer	speak slower	(Anwendung manchmal notwendig ...)	D-ENTE: [unleserlich] D-ENTE: wiederholen Sie - **sprechen Sie langsamer**	D-ENTE: [unleserlich] D-ENTE: say again - **speak slower**
Standby	standby	Warten Sie und ich werde Sie bald zurückrufen (z.B. nachdem ich die Möglichkeit Ihrer Anfrage geklärt habe)	D-IGEL: **standby** für Ihre Durchfluggenehmigung durch Luftraum Charly - ich rufe zurück	D-IGEL: **standby** for your clearance to cross airspace Charly - I will call you back
Streichen Sie	disregard	Betrachten Sie diese Übermittlung als nicht gesendet !	D-IGEL: **Streichen Sie** Frequenzwechsel zu Hamburg Turm - bleiben Sie auf meiner Fequenz	D-IGEL: **disregard** to change frequency to Hamburg Tower - stay on my frequency

Trennung Trennung	break break	verwendet (meist) der Lotse, wenn er mehrere Meldungen hintereinander an verschiedene Luftfahrzeuge richtet; die Bestätigungen dieser Meldungen durch die Luftfahrzeugführer erfolgen in der selben Reihenfolge, wie der Lotse sie angewendet hat	D-ENTE: drehen Sie rechts auf Steuerkurs 2-4-0 - Trennung-Trennung - D-IGEL: sinken Sie sofort auf Flughöhe 2300 ft	D-ENTE: turn right heading 2-4-0 - break-break - D-IGEL: descend immediately to altitude 2300 ft
Verstanden	roger	Zur Bestätigung von **Informationen**, die nach S 2.8 nicht wörtlich zurückgelesen werden müssen	D-ENTE: Windcheck 2-4-0-Grad 1-7 knoten D-ENTE: **verstanden**	D-ENTE: windcheck 2-4-0 degrees 1-7-knots D-ENTE: **roger**
Wiederholen Sie	say again	Falls ein Teil der Meldung nicht richtig verstanden wurde	D-IGEL: **wiederholen Sie** QNH	D-IGEL: **say again** QNH
Wiederholen Sie wörtlich	read back	Wiederholen Sie zum Zwecke der Eindeutigkeit folgenden Teil meiner letzten Meldung	D-ENTE: **wiederholen Sie wörtlich**: QNH 1-0-2-2	D-ENTE: **read back** QNH 1-0-2-2
Wilco	wilco	Zur Bestätigung von **Anweisungen**, die nach S 2.8 nicht wörtlich zurückgelesen werden müssen; "Wilco" ist eine Abkürzung aus **will comply**; die früher in diesem Zusammenhang benutzte deutsche Gruppe "wird ausgeführt" gibt es nicht mehr	D-ENTE: Achten Sie auf Bauarbeiten auf der linken Seite des Rollweges Mike D-ENTE: **wilco**	D-ENTE: caution construction work in progress on the left side of taxiway Mike D-ENTE: **wilco**

2.16 Sprechfunkverfahren an kontrollierten Flugplätzen

Flugbetrieb auf einem kontrollierten Flugplatz	Luftfahrzeugführer sind verpflichtet, sich durch Funk oder Zeichen (Lichtsignale) für alle Bewegungen, die mit dem Starten, Landen oder Rollen in Zusammenhang stehen, vorher eine Genehmigung einzuholen. Für den Ein- bzw. Ausflug in bzw. aus eine(r) Kontrollzone (CTR) ist eine Flugverkehrsfreigabe erforderlich. Der Luftfahrzeugführer ist daher verpflichtet, bei Kontrollzonen-Flügen Hörbereitschaft auf der Funkfrequenz des Kontrollturmes oder der Flugverkehrskontrollstelle aufrechtzuerhalten.
Flugplatzverkehr	Unter Flugplatzverkehr versteht man den Verkehr von Lfz, die in der Platzrunde fliegen und/oder in diese ein- oder ausfliegen und den gesamten Verkehr (Personen, Lfz, Fahrzeuge), die sich auf dem Rollfeld befinden.
Freigaben für abfliegende Lfz	Die Startfreigabe erlaubt dem Luftfahrzeugführer auf die Piste zu rollen und ohne lange Verzögerung mit dem Start zu beginnen. Der Start darf unter keinen Umständen verzögert werden, wenn der Lotse zu einem Sofortstart (Immediate Take-Off) auffordert. Ein Start, der nicht am Beginn der Piste, sondern an einer Rollbahneinmündung beginnt heißt Intersection Take-off. Erst nach Erhalt der Freigabe darf der Flugzeugführer auf eine andere Frequenz umschalten.
Freigaben für anfliegende Lfz	Vor dem Einflug in eine Kontrollzone (CTR) und in die Platzrunde ist jeweils eine Einflugfreigabe zu erbitten. Anm.: Wenn nicht anders angewiesen, fliegt man über den Gegenanflug in die Platzrunde ein. Mit Freigabe kann aber auch direkt in den Quer- oder Endanflug eingeflogen werden. * „Geradeausanflug = Straight In Approach" * „Direkter Einflug in Queranflug = Direct Base" Aus betrieblichen Gründen kann es notwendig sein, die Platzrunde zu verkürzen oder zu verlängern. Auf Anweisung fliegt man einen „kurzen oder langen Anflug": Normalerweise liegt es im Ermessen des Luftfahrzeugführers, den Aufsetzpunkt zu bestimmen. Aus flugbetrieblichen Gründen muß u.U. der Aufsetzpunkt auf Anweisung möglichst kurz hinter der Landebahnschwelle liegen („Kurze Landung/Short Landing") oder flugsicherheitstechnisch so weit wie möglich hinausgezögert werden („Lange Landung/Long Landing").
Freigaben für überfliegende Lfz	Beabsichtigt ein Luftfahrzeugführer, eine Kontrollzone (zwecks Abkürzung) zu durchfliegen, muß er sich vor Einflug eine Durchflugfreigabe (i.d.R. TWR) einholen.
Platzrunde (Traffic Circuit)	Alle Richtungsänderungen in der Platzrunde, nach dem Start und beim Landeanflug müssen nach LINKS ausgeführt werden, sofern keine andere Regelung getroffen ist. Es ist gegen den Wind zu starten und zu landen, sofern nichts anderes vorgeschrieben oder aus betrieblichen Gründen sinnvoller ist. Wenn nichts anderes angewiesen wird, ist RECHTS NEBEN dem Landezeichen aufzusetzen.
Rollfreigaben	Rollfreigaben an kontrollierten Plätzen notwendig für: • Rollen zwischen zwei Punkten auf dem Flugplatz, wenn das Rollfeld benutzt wird • Rollen zum Start • Rollen nach der Landung Anm.: In Betrieb befindliche S/L-Bahnen dürfen nur überquert werden, wenn eine ausdrückliche Genehmigung erteilt worden ist, oder die Rollfreigabe das Überqueren der entsprechenden Bahn mit einschließt.
Rollhalt (Holding Position)	Der Rollhalt befindet sich kurz vor der Einmündung einer Rollbahn in die Piste. Er ist durch zwei parallele, senkrecht zur Rollrichtung gelbe Streifen markiert, von denen der erste durchgezogen, der zweite unterbrochen ist. Eine z.B. von der Rollkontrolle erteilte ROLLFREIGABE ZUR PISTE gilt grundsätzlich NUR BIS ZUM ROLLHALT, wenn man nicht ausdrücklich angewiesen worden ist, zum ABFLUGPUNKT zu rollen.
Sonder-VFR-Freigaben	Sind die Wetterminima für den Luftraum D in einer Kontrollzone nicht gegeben, wird eine Sonder-VFR-Freigabe erteilt.
Abflugpunkt (Departure Point)	Der Abflugpunkt befindet sich direkt auf der Piste. Um den Verkehrsablauf zu beschleunigen, können Rollfreigaben ausdrücklich bis zu diesem Punkt erteilt werden, aber: EINE STARTFREIGABE IST DAMIT NOCH NICHT ERTEILT.

3. Funkausfallverfahren

Fällt bei Flügen in Lufträumen, bei denen Hörbereitschaft bzw. eine Sprechfunkverbindung vorgeschrieben ist (in Deutschland sind das die Lufträume C, D und D-Kontrollzone; s. 3.4.2), die Sende- und/oder Empfangsanlage des UKW-Sprechfunkgerätes aus, sind folgende Verfahren zu befolgen:

- Wenn es nicht gelingt, mit der vorgeschriebenen Kontrollstelle Funkkontakt aufzunehmen, sind **Sekundärfrequenzen** dieser Kontrollstelle zu benutzen. Sind keine Sekundärfrequenzen veröffentlicht, sind andere Boden- oder Luftfunkstellen zu rufen
- Der Transponder ist auf **A/C 7600** zu schalten
- In die **Lufträume C und D**, darf auf keinen Fall (also auch nach dem Erhalt einer Flugverkehrsfreigabe) nach einem Funkausfall eingeflogen werden; fällt der Funk erst nach dem Einflug in einen dieser Lufträume aus, kann entsprechend der bereits erteilten Freigabe weitergeflogen werden, wenn die für den Luftraum vorgeschriebenen Wetterminima eingehalten werden können; sind die Wetterminima für den Weiterflug gem. Freigabe nicht gegeben, oder scheint es aus anderen Gründen nicht ratsam, weiterzufliegen, sind diese Lufträume unter Einhaltung der Wetterminima auf dem kürzesten Weg zu verlassen und es muss anschließend auf einem nächstgelegenen geeigneten (unkontrollierten) **Flugplatz** gelandet werden, um die Flugsicherung unverzüglich informieren zu können
- **Nur für Kontrollzonen vom Typ Luftraum D** gilt, dass **nach Erhalt einer Flugverkehrsfreigabe** trotz anschließenden Funkausfalls gemäß einer erteilten Freigabe ein- bzw. weitergeflogen werden darf; ohne Flugverkehrsfreigabe darf auch in diesen Luftraum nicht eingeflogen werden, außer es liegen **zwingende flugbetriebliche** Gründe vor; in jedem Fall sind beim Ein- bzw. Weiterflug die Flugverkehrsfreigabe bzw. – wenn diese nicht vorliegt - die veröffentlichten **Anflugverfahren** (s. Anflugkarte aus AIP) und die **Lichtsignale** der Flugsicherung (s. L 6.3) zu befolgen
- Vermutet man, daß der Sendeteil noch funktioniert, können wichtige Meldungen als **Blindsendungen** durchgegeben werden. Dabei ist jeder Meldung das Wort "BLINDSENDUNG" bzw. "TRANSMITTING BLIND" voranzustellen. Am Ende jeder Blindsendung wird die Zeit einer beabsichtigten weiteren Blindsendung angegeben. Ein ggf. beabsichtigter Frequenzwechsel ist ebenso anzugeben. Blindsendungen sind grundsätzlich zweimal zu übermitteln, da die sendende Stelle nicht sicher sein kann, ob die Frequenz mit anderem Funkverkehr belegt ist. Beispiel:

Hannover Turm	Hannover Tower
D-ENTE	D-ENTE
Blindsendung	Transmitting blind
Position Echo 2	Position Echo 2
Fliege Südplatzrunde 27L	Joining southern traffic circuit 27L
Ich wiederhole	I say again
Position Echo 2	Position Echo 2
Fliege Südplatzrunde 27L	Joining southern traffic circuit 27L
Nächste Sendung um 25	Next transmission at 25
D-ENTE	D-ENTE

Folgende Abbildung fasst die Funkausfallverfahren noch einmal zusammen:

colspan Sekundärfrequenzen ausprobieren (ggf. Notfrequenzen: 121,50 MHz / 243,000 MHz)
Alternatives Funkgerät ausprobieren
ggf. Blindsendungen
Transponder A/C 7600

Lufträume C + D		Luftraum D (Kontrollzone)	
vor Einflug	nach Einflug	vor Einflug	nach Einflug
ohne Freigabe	mit Freigabe	ohne Freigabe	mit Freigabe oder flugbetrieblichen Gründen
Meiden	unter VMC gem. Freigabe weiter oder unter VMC auf kürzestem Wege verlassen	Meiden	weiter gem. Freigabe bzw. veröffentlichter Anflugverfahren und Lichtsignale befolgen
	außerhalb landen und ATC informieren		

4. Beispiele für An- und Abflugverfahren

4.1 Deutsch

4.1.1 Abflug

Luftfahrzeug	Schönefeld Rollkontrolle
Schönefeld Rollkontrolle, D-ENTE	
	D-ENTE, Schönefeld Rollkontrolle
D-ENTE C 172 Position GAT VFR nach Leipzig Ausflug über SIERRA Erbitte Rollen	
	D-TE Rollen sie zum Rollhalt Piste 07R Über Rollwege A und B QNH 1017
D-TE Rolle zum Rollhalt Piste 07R Über A und B QNH 1017	
D-TE Abflugbereit, Rollweg Lima, Rollhalt Piste 07R	
	D-TE Rufen sie Turm 120.02
D-TE Rufe Turm, 120,02	

Luftfahrzeug	Schönefeld Turm
Schönefeld Turm, D-ENTE Abflugbereit, Rollweg Lima, Rollhalt Piste 07R	
	D-ENTE Schönefeld Turm hier ist ihre Verkehrsfreigabe Sind sie schreibbereit ?
D-ENTE, positiv [oder: „schreibbereit"]	
	D-TE Verlassen sie die Kontrollzone SVFR über SIERRA Nach dem Abheben steigen sie geradeaus auf Flughöhe 800 ft Nach Erreichen Rechtskurve Steuerkurs 170 Nach Erreichen der BAB steigen sie auf Flughöhe 1200 ft und folgen sie BAB Melden sie SIERRA Squawk 5640
D-TE Verlasse die Kontrollzone SVFR über SIERRA Nach dem Abheben geradeaus Steigen auf 800 ft Nach Erreichen Rechtskurve Steuerkurs 170 Nach Erreichen der BAB steigen auf Flughöhe 1200 ft und folge der BAB Werde SIERRA melden Squawk 5640	
	D-TE Zurücklesen ist korrekt Wind 090 Grad 24 Knoten Start frei Piste 07R

Luftfahrzeug	Schönefeld Turm
D-TE Start frei Piste 07R	
D-TE SIERRA Flughöhe 1200 ft	
	D-TE Squawk 0021 (= squawk VFR) Frei zum Verlassen der Frequenz
D-TE Squawk 0021 (= squawk VFR) Frei zum Verlassen der Frequenz	

4.1.2 Anflug

Luftfahrzeug	Schönefeld Turm
Schönefeld Turm D-ENTE	
	D-ENTE Schönefeld Turm
D-ENTE C 172 5 Meilen südlich SIERRA Flughöhe 1700 ft VFR aus Leipzig Zur Landung	
	D-TE Sie sind frei zum Einflug in die Kontrollzone über SIERRA Flughöhe 1500 ft oder darunter Piste 25R in Betrieb QNH 1017 Squawk 7046
D-TE Frei zum Einflug über SIERRA Flughöhe 1500 ft oder darunter Piste 25R in Betrieb QNH 1017 Squawk 7046	
D-TE SIERRA in Flughöhe 1400 ft	
	D-TE Fliegen sie Südplatzrunde Piste 25R
D-TE Fliege Südplatzrunde Piste 25R	
D-TE Drehe ein Gegenanflug Piste 25R	
	D-TE Setzen sie Gegenanflug fort Ich rufe zurück für Queranflug
D-TE Setze Gegenanflug fort verstanden	
	D-TE Drehen sie ein in den Queranflug Wind 230 Grad 15 Knoten Landung frei Piste 25R

D-TE Drehe ein in den Queranflug Landung frei Piste 25R	
	D-TE Verlassen sie Piste nach links über E halten sie vor Piste 25L Rufen sie Rollkontrolle auf 121.6
D-TE Verlasse Piste nach links über E halte vor Piste 25L Rufe Rollkontrolle 121,6	

Luftfahrzeug	Schönefeld Rollkontrolle
Schönefeld Rollkontrolle, D-ENTE Piste 25L verlassen über E erbitte Rollen zum GAT	
	D-TE Rollen sie zum GAT über E und M Überqueren Piste 25L ist genehmigt Melden sie Erreichen der Parkposition
D-TE Rolle zum GAT über E und M Überqueren Piste 25L ist genehmigt Melde Erreichen der Parkposition	
D-TE Parkposition erreicht	
	D-TE frei zum Verlassen der Frequenz
D-TE frei zum Verlassen der Frequenz	

4.2 Englisch

4.2.1 Departure

Aircraft	Schönefeld Ground
Schönefeld Ground - D-ENTE	
	D-ENTE - Schönefeld ground Go ahead
D-ENTE C 172 Position GAT VFR to Oehna Request taxi	
	D-TE Taxi to holding position runway 07R Via taxiway L QNH 1017
D-TE Taxi to holding position runway 07R Via taxiway L QNH 1017	
	D-TE This is your traffic clearance - are you ready to copy ?
D-TE Affirm [or: „ready to copy"]	

Aircraft	Schönefeld Tower
	D-TE Leave control zone SVFR When airborne climb straight ahead on runway heading to altitude 800 ft When reaching altitude turn right heading 170 When reaching BAB climb to altitude 1200 ft and follow BAB Report SIERRA When airborne squawk 5640
D-TE Leave control zone SVFR When airborne climb straight ahead on runway heading to altitude 800 ft When reaching altitude turn right heading170 When reaching BAB climb to altitude 1200 ft and follow BAB [Will report SIERRA] When airborne squawk 5640	
	D-TE Read back is correct When ready for departure contact tower on 120.02
D-TE When ready for departure will contact tower on 120.02	
Aircraft	**Schönefeld Tower**
Schönefeld Tower - D-ENTE Ready for departure, taxiway Lima, holding position runway 07R	
	D-TE - Schönefeld Tower Wind 090 degrees 24 knots Cleared for take off runway 07R
D-TE Cleared for take off runway 07R	
D-TE SIERRA at altitude 1200 ft	
	D-TE Cleared to leave frequency Squawk 0021 (squawk VFR)
D-TE Cleared to leave frequency Squawk 0021 (= squawk VFR)	

4.2.2 Arrival

Aircraft	Schönefeld Tower
Schönefeld Tower - D-ENTE	
	D-ENTE - Schönefeld Tower
D-ENTE C 172 5 miles south of Sierra Altitude 2300 ft VFR from Leipzig Request landing	
	D-TE Enter control zone via SIERRA At altitude 2500 ft or below Runway in use 25R QNH 1017 Squawk 7046

Aircraft	Tower
D-TE Enter control zone via SIERRA At altitude 2500 ft or below Runway in use 25R QNH 1017 Squawk 7046	
D-TE SIERRA at altitude 1500 ft	
	D-TE Join downwind runway 25R
D-TE Join downwind runway 25R	
D-TE turning downwind 25R	
	D-TE Continue downwind I will call you back for base
D-TE Continue downwind	
	D-TE You are no.2 behind Airbus on short final use caution of wake turbulences Wind 230 degrees 15 knots cleared to land runway 25R
D-TE No.2 behind Airbus on short final wake turbulences cleared to land runway 25R	
	D-TE Vacate the runway to the left via taxiway E hold short runway 25L When runway vacated contact ground on 121.60
D-TE Vacate the runway to the left via taxiway E holding short runway 25L When runway vacated contact ground on 121.60	

Aircraft	Schönefeld Ground
Schönefeld Ground - D-ENTE Runway 25R vacated request taxi to GAT	
	D-TE - Schönefeld Ground Taxi to the GAT via taxiways E and M hold short of runway 25L
D-TE Taxi to the GAT via taxiways E and M will hold short of runway 25L	
D-TE holding short of runway 25L	
	D-TE Crossing of runway 25L is approved Report when reaching parking position
D-TE Crossing of runway 25L is approved Will report reaching parking position	
D-TE, parking position	
	D-TE, Cleared to leave frequency
D-TE, Cleared to leave frequency	

Stichwort-verzeichnis

1013,2 hPa L 41
1013,2 T 59
150-NM-Dreiecksflug L 13
45-Tage-Zeitraum L 12
90-Tage-Regel L 23

A

A 0 / A 1 FN 4
A 0 FN 4
A 1 FN 4
A 2 FN 4
A 3 FN 4
A 9 = A 2 / A 3 FN 4
a AN 16
Abblockzeit L 35
Abdrift AN 9
Abkommen über die internationale Zivilluftfahrt von Chicago L 1
Ablageanzeige FN 15
Absinkinversion M 23
Absolute Luftfeuchtigkeit M 4
Absoluter Druck T 71
Absorption FN 2
Abstandsbestimmungen FN 22
Abtrift AN 16
Abweitung AN 2
ACC L 26
Achsensystem T 1
ACL L 58
Actual Time of Departure AN 21
AD L 61
Adaption ML 6
Additive T 38
ADF FN 7
Adiabatische Vorgänge M 16, 18
Advektion M 2
Advektionsnebel M 12
Aerodynamische Schränkung AE 5, 13
Aerodynamische Steigung der Luftschraube T 48
Aerodynamisches Anemometer M 31
Aeronautical Information Circular L 60, 62
Aeronautical Information Publication L 60
Aeronautical Information Service L 31
Aeronautical Medical Center L 7, 11
Aeronautical Medical Examiner L 7, 11
Aeronautical Medical Section L 7, 11
Aeronautical Telecommunication Service L 31
A-Fehler AN 12, 15
AFIS L 3
AFTN L 60
AFWA M 38
Aggregatzustände von Wasser M 3
AIC L 60, 62
AIP L 60, 61
Airport Surface Detection Equipment FN 17
Airport Surveillance Radar FN 17
AIS L 31, 35
Akkomodation ML 6
ALERFA L 31
Alerting Service L 31
Alkohol ML 13
Alleinflüge L 23
Allein-Überlandflüge L 13
Allgemeine atmosphärische Zirkulation M 31
Allgemeiner Anruf S 4
Allgemeines Gasgesetz M 16
ALS L 3, 31
Alternator T 30
Altitude T 59
Altocumulus Lenticularis M 20
Altocumulus M 20

Altostratus M 19
AMC L 7, 11, ML 1
AMD L 60
AME L 7, 11, ML 1
Amendments L 60
Amperemeter T 32
Amplitude FN 1
AMS L 7, 11, ML 1
An- und Abflugkontrolldienst L 30
An- und Abflugverfahren (Sprechfunk) S 8
Analog-Radar L 38
Anflug L 52, T 14
Anflugkontrolle L 31
angezeigte Fluggeschwindigkeit T 54
Anhänge (ICAO) L 1
Anlasseinspritzpumpe T 40
Anlasser T 32
ANNEX (ICAO) L 1
Anordnung der Luftschrauben T 23
Anstellwinkel AE 7
antarktische Zone AN 4
Anti Collision Lights L 58
Antizyklone M 32
Antriebe T 33
Antriebsarten T 24
Anwerfen T 52
Anzeigepflichten L 54
Approach Control L 30
Äquator AN 2
Äquatorebene AN 4
äquatorständige Mercatorprojektion AN 6
Area Control Centers L 26
Area Control L 30
Argon M 1
arktische Zone AN 4
ASDE FN 17
ASR FN 17
Astronavigation AN 1
ATD AN 21
ATIS S 2
Atmen in eine Tüte ML 5
Atmosphärische Schichtung M 17
Atmospherics Effect FN 3
Atmung ML 2
ATO AN 21
Auffanglinien FN 22
Aufgabe des Flugplanes L 35
Aufgelöste Auftriebspolare T 5
Aufgelöste Polaren AE 8
Aufgleitinversion M 23
Auflösestadium M 22
Aufsetzzone L 44
Auftrieb AE 1
Auftriebsbeiwert AE 2
Auftriebsformel AE 1
Auftriebszusammenbruch AE 7
Auge ML 6
Ausbildung von Privatflugzeugführern L 9, 16
Ausbildungsbetrieb L 22
Ausbreitungsgeschwindigkeit FN 1
Ausland L 44
Aussenbordanschluß T 32
Außenlandung L 51
Außentemperatur T 74
äußere Atmung ML 2
Ausweichempfehlungen L 37
Ausweichrangfolge L 42
Ausweichregeln L 42
Ausweise L 40
Automatic Direction Finder FN 7
Automatisches Peilfunkgerät FN 7
AZF L 22

B

Barisches Windgesetz M 28
Barograph M 3
Barometrische Höhenstufe M 8
Barometrischer Druckaufnehmer T 52
Barometrischer Höhenmesser T 58
Basic-T T 54
Batterie T 31
Batterieschütz T 31
Bauform der Tragflügel T 23
Baugruppen T 23
Bauschutzbereich L 3, 49
Bauvorschriften L 58
Beaufortgrad M 31
Beauftragter für Luftaufsicht L 40
Bedeckungsgrad M 13
Beförderungsdokumente L 1
Beförderungsvertrag L 65
Behörden L 2
Bends ML 5
Beplankung AE 12
Berechtigungen L 18
Bereitschaftsstufe L 31
Bergwacht L 3
Bergwind M 29
Bernoulli AE 1
berufliche Tätigkeit L 16
Berührkegelprojektion AN 5
Beschleunigerpumpe T 40
Beschleunigungsfehler AN 15
Besitzstandswahrung L 8
Best Angle of Climb T 8
Best Rate of Climb T 8
Bestätigung von Meldungen S 3
Beste Steigrate T 8
Bester Sinkwinkel T 9
Bester Steigwinkel T 8
Betanken T 29
Betriebsarten (Land / See) T 23
Betriebsaufzeichnungen L 55
Betriebsbremse T 27
Betriebsordnung für Luftfahrtgerät L 5
Betriebspflicht L 51
Betriebsstrom T 30
Betriebsüberdeckung FN 7
Betriebsverhalten T 50
Beugung FN 2
Bevorzugte Freigabe L 35
Beweglicher Flugfunkdienst L 22
Bewegungskrankheit ML 11
Bewerber L 9
Bezirkskontrolldienst L 30, 31
Bezugsbreitenkreis AN 2
Bezugsdruckeinstellungen T 59
Bezugspunkt T 19
B-Fehler AN 15
BFS L 3, 30
BFU L 3
Blauthermik M 17
Blindsendung S 6
Blitz M 22
Blocktime L 17
Blockzeit L 17
Blutkreislauf ML 2
Blutstau ML 4
Blutverlust ML 4
BMVBW L 2
Bodenfunkstelle L 22
Bodeninversion M 23
Bodensicht L 26, M6
Bodensignale L 45
Bodenwelle FN 2
Bodenwetterkarte M 51
Bodenwind M 28
Bogengänge ML 9

Bogenminute AN 1
Böigkeit M 30
Bora M 30
Bord-Bord-Sprechfunkverkehr S 4
Bordbuch L 56
Bordinstrumente T 52
Borduhr T 32
Bourdonrohr T 72
Boxer-Motor T 36
Breitenkreis AN 2
Breitenparallel AN 2
Bremsen T 27
BRK M 13
Brücken L 42
Bügelkante T 5
Bugfahrwerk T 25
Bugrad T 25
Bund L 2, 4
Bundesanstalt für Flugsicherung L 3, 30
Bundesgrenzschutz L 3
Bundesminister für Verteidigung L 3
Bundesministerium für Verkehr, Bau- und Wohnungswesen L 2
Bundesrat L 5
Bundesstelle für Flugunfalluntersuchung L 2
Bundeswehr L 3
Büro der Nachrichten für Luftfahrer L 60
BZF I L 22
BZF II L 22

C

Caissonkrankheit ML 5
Calibrated Airspeed T 55
Calibrated Altitude T 59
Cardioide FN 8
Carrier Wave FN 4
CAS T 55
CAVOK M 44
CDI FN 14
Ceiling L 26
Central European Time AN 3
CET AN 3
C-Fehler AN 15
Chicago L 1
Chokes ML 5
CHT T 74
Cirrocumulus M 20
Class Rating Instructor L 7
Class Rating L 7, 8, 18
clean configuration T 2
Colesman Window T 58
COM FN 10
Commercial Aviation No T 45
Commercial SAE No T 45
Cone of Silence FN 12
Constant Bearing FN 21
Constant Speed Propeller T 49
Coriolis Effekt ML 11
Corioliskraft M 27
Course Deviation Indicator FN 15
Course Index FN 9
CR L 7, 18
CRI L 7
Crosswind Taxi T 13
Cumulonimbus M 19, 20
Cumulus M 19
Cumulusstadium M 21
CW FN 4
Cylinder Head Temperature T 74

D

Dämmerungs- und Nachteffekt FN 3
Dampfblasen T 38
Dampfdruckthermometer T 73
Danger Areas L 29
danger L 29
Dead Cut Check T 44
Definitionen von Meldungen S 1
Deklination AN 11
Deltaflügel AE 10
Detonation T 37
DETRESFA L 31
Deutsche Flugsicherung GmbH L 2, 3, 30
Deutscher Wetterdienst L 2, 3
DEV AN 13, 16
Deviation AN 13, 16
Deviationstabelle AN 13
Dezimeterwelle FN 1
DFS L 2, 3, 30
DFS-Gesetz L 4
diastolischer Druck ML 2
Dichtefehler T 57
Dickenrücklage AE 6
Dickenverhältnis AE 6
Dieselmotor T 33
Differences Training L 19, 20
Differenzdruck T 71
Differenzierte Querruder T 1, 2
Diffusion ML 3
Difraktion FN 3
Digital-Radar L 38
Dioptrien ML 6
Dip Sticks T 75
Dipolantenne FN 15
Direkte Welle FN 2
Discharger FN 3
DME FN 15, 16
dog leg FN 21
Dokumente L 40, 56
Donner M 22
Doppelzündung T 44
Doppler-VOR FN 12
Doppler-VORTAC FN 12
Dosenbarometer M 3
Dosenvariometer T 62
D-Plus 30-Methode FN 20
Drehfehler AN 14
Drehmoment T 18
Drehschwindel ML 11
Drehzahlmesser T 69
Dringlichkeitsmeldungen S 1
Drittschäden L 64
Druck- oder Formwiderstand AE 4
Druckabweichungen T 60
Druckfallkrankheit ML 5
Druckhöhe T 59
Druckmesser T 71
Druckpunkt AE 6
druckpunktfeste Profile AE 6
Dunst M 11, 12
Durchführungsverordnungen L 4, 5
Durchgehende Ausbildung L 9
DVOR FN 12
DVORTAC FN 12
DWD L 2, 3
Dynamischer Druck AE 1

E

EAS T 55
ED-D... L 29
ED-P... L 29
ED-R... L 29
Eigengeschwindigkeit AN 20
Eigenpeilung FN 5

Eigentümer L 53
Einbaufehler
Eingeschränkte Flugtauglichkeit ML 1
Einspritzsystem T 41
Einstellpropeller T 49
Einstellung der Motorleistung T 42
Einstellwinkel AE 7
Eins-zu-Sechzig-Regel AN 16
Eintragungsschein L 55
Einwinker L 47
Einziehbares Fahrwerk T 26
Eiskörner M 25
Ekliptik AN 4
Elastizitätsfehler T 60
Elektrik T 29
Elektrische Energiequellen T 30
Elektromagnetische Wellen FN 1
Elevation T 59
Ellipsenbrennpunkte AN 4
Ellipsenflügel AE 10
Endolymphe ML 8
Endscheiben AE 14
ENR L 61
Enroute Chart L 62
Entfernungen AN 21
Entfernungsbestimmung FN 16
Entscheidungsrecht L 23
EOBT L 35
Equivalent Airspeed T 55
Erdatmosphäre M 7
Erdbewegung AN 3
Erdkoordinatensystem AN 2
Erdmagnetfeld AN 11
Erdradius AN 1
Erdrevolution AN 4
Erdrotation AN 3
Erdsicht L 26, M 6
Erdstrahlung M 2
Erdumfang AN 1
Ergänzungsausrüstung L 58, 59
Erkältung ML 8
Erleichterungen L 13
Ermittlung der CAS bzw. RAS T 56
Ermittlung der EAS T 56
Ermittlung des aktuellen Windes AN 10
Ermittlung von Abtrift und Geschwindigkeit über Grund AN 10
Erneuerung L 16
Erstanruf S 2
Erstuntersuchung L 11
Erteilung der Lizenz L 16
Estimated Off Block Time L 35
ETO AN 21
EUROCONTROL L 32
Exosphäre M 11

F

Fading FN 3
Fahrlässigkeit L 63
Fahrtmesser T 54
Fahrwerk T 25
Familiarization L 19, 20
FCL L 7
FE L 7
Federkrafttrimmung T 5
Federung T 26
Fehlsichtigkeit ML 7
Feldstärke FN 7
Fernmeldeanlagengesetz L 6
Fernmeldedienst L 1
Fernmeldegeheimnis L 6
Fernmeldegesetz L 4
Fernmeldehoheit L 6
Ferritkern FN 8
Feststellbremse T 27

feuchtadiabtischer Vorgang M 16
Feuerwehr L 3
FEW M 13
FF L 31
FI L 7
FIR L 25
FIS L 31
Flächenbelastung AE 10
Flächentreue AN 5
Flachtrudeln T 12
Flammpunkt T 38
Flettnerruder T 7
Fliegerarzt L 11, ML 1
Fliegerärztliches Tauglichkeitszeugnis L 11
Fliehkraftdrehzahlmesser T 69
Fliehkraftfehler AN 14
Flight Crew Licensing L 7
Flight Examiner L 7
Flight Information Region L 25
Flight Instructor L 7
Flight Level T 59
Flight Navigation Procedure Trainer L 7
Flight Training Organization L 7, 22
Flossentrimmung T 5
Flugalarmdienst L 3, 31
Flugauftrag L 23
Flugausbildung L 9
Flugberatung L 3, 40
Flugberatungsstelle L 35
Flugbeschränkungsgebiete L 29
Flugbuch L 17
Flugdatenbearbeitung L 3
Flugdurchführungsplan L 40, AN 20
Flügelaufbau AE 12
Flügelformen AE 10
Flügelgeometrie AE 10
Flügelprofile AE 6
Flügelschattenfläche AE 2
Flugerfahrung L 23
Flugfeld L 50
Flugfernmeldenetz L 60
Flugfläche T 59
FlugfunkV L 5
Flugfunkzeugnis L 6, 22
Fluggäste L 23
Fluggeschwindigkeit über Grund AN 7
Fluggeschwindigkeiten T 55
Flughafenbezugspunkt L 50
Flughafen-Rundsichtradar FN 17
Flughandbuch L 56
Flughöhe AN 20, T 59
Fluginformationsdienst L 50
Fluginformationsgebiete L 24, 25
Fluglärmgesetz L 4
Flugleistungen AN 19, T 77
Flugleitung L 3, 50
Flugmechanik T 1
Flugmedizinisches Zentrum L 11, ML 1
Flugphasen T 7
Flugplan L 32
Flugplanänderung L 35
Flugplanformular L 33
Flugplanpflicht L 32
Flugplanung AN 18
Flugplatzanlage L 50
Flugplätze L 49
Flugplatzhalter L 50
Flugplatzhöhe über N.N. T 59
Flugplatzinformationsdienst L 3, 50
Flugplatzzwang L 51
Flugregelwechsel L 32
Flugschüler L 9
Flugsicherheitsmeldungen S 2
Flugsicherung L 30
Flugsicherungsausrüstung L 58, 59
Flugsicherungsmeldungen L 45

Flugsicht L 26, M 6
Flugsimulator L 10, 13
Flugüberwachungsinstrumente T 54
Flugunfälle ML 1
Flugverkehrsbetriebsdienste L 30
Flugverkehrsdienste L 30, 31
Flugverkehrskontrolle L 3, L 50
Flugverkehrskontrollfreigabe L 26, 35, 36
Flugvorbereitung L 40
Flugwerk- und
  Anlagenüberwachungsinstrumente
  T 75
Flugwetterberatung M 37
Flugwetterdienst L 3
Flugwetterwarten L 3
Flugzeiten AN 21
Flugzeugausrüstung L 58
Flugzeugkategorien T 10
Flugzeugkunde T 22
FNPT II L 7, 10, 13
Föhn M 19, 30
fouled plugs T 44
Fowler- und Vorflügelsystem T 4
Fowlerklappe T 4
Fowlersystem T 4
Fractocumulus M 19
Freigaben im Sprechfunk S 6
Freileitungen L 42
Fremdpeilung FN 5
Frequenz FN 1
Frequenzbänder FN 1
FROM FN 13
Fronten M 32
Frontenbewölkung M 16, 20
Frontengewitter M 21
FS-AuftragsV L 5
FSAV L 5
FSBetrV L 5
FST L 31
FTO L 2, 7, 22
Fuel Additional AN 18
Fuel Grade T 39
Führungszeugnis L 11
Funkausfallverfahren S 7
Funknavigation AN 1
Funknavigationsgeräte T 69
Funknavigationsmodul L 8, 10
Funknavigationsverfahren FN 19
Funkseitenpeilung FN 6
Funkstandlinie FN 5
FVK-Freigabe L 26

G

GAFOR M 38
GAMET M 46
Gasaustausch ML 3
Gasgesetz von Dalton ML 3
Gashebel T 29
Gefahrengebiete L 29
Gefrierpunkt T 38
Gegenwindkomponente AN 8
Gehör ML 7
Gehörnerven ML 8
Gehörorgan ML 7
Geldbußen L 63
Gemischhebel T 28
Gemischregulierung T 41
GEN L 61
Generator T 30
Generator T 31
Generatorfeld-Schutzschalter T 31
Generator-Sicherung T 31
Generatorstrom T 30
geographisches Koordinatensystem AN 2
Geometrie der Erde AN 1

Geometrische Schränkung AE 5, 12
Geometrische Steigung der Luftschraube
  T 48
Geostrophischer Wind M 28
Gerätekennblatt L 53, 54
gerichtetes Umlaufsignal FN 11
Geringste Sinkrate T 9
Gesamtdruck AE 1
Geschwindigkeit über Grund AN 20
Gesetz über das Luftfahrt-Bundesamt L 6
Gesetz von Bernoulli AE 1
Gesetz zum Schutz gegen Fluglärm L 6
Gesetzesgrundlagen L 1
Gesetzgebung L 2, 4
Getrennte Platzrunde L 45
Gewicht feuchter Luft M 6
Gewicht L 50
Gewichtsausgleich T 7
Gewichtstrimmung T 5
Gewitter M 21
Gewitterstadien M 21
GG L 2, 4
Gieren T 1, 15
Gierrollmoment T 1
Gipfelhöhe und Dienstgipfelhöhe T 77
Gleichgewichtssinn ML 9
Gleichrichter T 31
Gleichstromgenerator T 30
Gleitpfadwinkel L 48
Globales Wetter M 31
Glüh- oder Frühzündungen T 38
Glühzündungen T 37
GMT AN 3
Gradientkraft M 27
Graupel M 25
Graveyard Spin ML 10
Greenwich AN 2
Greenwich Mean Time AN 3
Grenzschicht AE 3
Grenzschichtabsaugung AE 14
Grenzschichtausblasung AE 14
Grenzschichtbeeinflussung AE 13
Grenzschichtzaun AE 13
Grenzübergangsstelle L 44
Grenzüberschreitende Flüge L 44
Griesel M 25
Große Reparaturen L 57
Großkreis AN 1
Grundausrüstung L 58
Grundgesetz L 2, 4
Grundmoment T 19
Gültigkeitsdauer L 16
Gültigkeitszeitraum Tauglichkeitszeugnis L 12
Gurte AE 12
Güter L 1
Gyro AN 3

H

Haarhygrometer M 4
Haftpflicht L 4, 63, 64
Haftpflichtversicherung L 54
Haftung L 64
Haftungsausschluß L 65
Haftungssummen L 64
Hagel M 25
Halbkreisflugflächen L 41
Halter L 53
Hangabwind M 29
Hangaufwind M 29
Hauptfahrwerk T 25
Hauptluftmassen M 35
Hauptschalter T 31
Hauptwohnsitz L 16
Hauptwolkenuntergrenze L 26, M 12, 13
HEAVY L 37

Hebelarm T 18
Hebungsgradient M 16
Hebungsnebel M 12
Height T 59
Heizwert T 38
Henrysches Gesetz ML 5
Hertz FN 1
Hilfsantenne FN 7
Hindernisbewölkung M 16, 19
Hindernisfreiheit L 44
Hindernisfreihöhe L 48
Hochachse T 1
Hochdruckgebiete M 32
Hochleistungsflugzeug L 20
Hochnebel M 20
Hochspannungsanlage T 43
Höchstflugdauer L 34
Höhe über Grund T 59
Höhenbegriffe T 59
Höhenmesserbezugseinstellungen L 41
Höhenruder T 1
Höhenrudertrimmung T 5
Höhenwetterkarten M 52
Hoher Anflug T 13
Holme AE 12
Homing FN 21
Hörbereitschaft L 50, S 4
Horizontal Situation Indicator FN 14
Horizontalflug T 8
Horizontalintensität AN 12
Hornausgleich T 7
Hörprozess ML 8
Hörschädigung ML 8
HPA L 20
HSI FN 14
Hundekurve FN 21
HX L 29
Hydrometeore M 4, 24
Hyperventilation ML 5
Hypotenuse AN 7
Hypoxie ML 3
Hysteresefehler T 60

I

IAS T 54, 55
ICAO L 1
ICAO-Alphabet S 3
ICAO-Mitglieder L 1
IDENT FN 13
Identification Zone L 29
Identifizierungszone L 29
IFV L 1
ILS-LLZ FN 12
Immediate Takeoff L 52
Impfungen ML 13
Impulsdrehzahlmesser T 70
IMSAFE? ML 1
inbound FN 5, 14
INCERFA L 31
Indicated Airspeed T 54, 55
indifferente Luftschichtung M 17
induzierter Widerstand AE 4
INFOMET M 37
Initial Call S 2
Inklination AN 12
innere Atmung ML 2
Instandhaltung L 57
Instandhaltungsbetrieb L 56
Instandhaltungsprüfungen L 55
Instrument Rating Instructor L 7
Instrument Rating L 7
Instrumentenbeleuchtung L 44
Instrumentenfehler T 60
Interception FN 20
Interferenz FN 3

Interferenzwiderstand AE 5
International Civil Aviation Organization L 1
Internationale Fernmeldeunion L 1
internationale Privatpilotenlizenz L 8
Internationale Standardatmosphäre M 7
Internationaler Fernmeldevertrag L 1
internationaler Luftverkehr L 1
Interrogator FN 17
Inversion M 23
Ionosphäre M 11
IR L 7
IRI L 7
ISA M 7
Isobaren M 51
Isochrone AN 8
Isogonen AN 11
Isohypsen M 47
Isoklinen AN 12
Isooktananteil T 39

J

Jahresnachprüfung L 56
Jahreszeit M 3
JAR L 7
JAR-FCL 3 L 11
JAR-FCL L 6
Joint Aviation Regulations L 7
Junkers Doppelflügel T 4

K

Kaltfront M 34
Kaltfrontbewölkung M 20
Kanalabstände FN 2
Kardanrahmen T 68
Kartenkunde AN 5
Kartenmaßstab AN 5
Kategorie L 54
Kennzeichen L 55
Kinder L 23
Kinetose ML 11
Kippen T 53
KK AN 16
Klareis M 26
Klasse 2 L 11
Klassenberechtigung L 8, 18
kleine Reparaturen L 57
Kleinkreis AN 1
Klopfen T 37, 38
Klopffestigkeit T 38
KN AN 16
Kohlendioxid ML 2, 5
Kohlendioxyd M 1
Kohlenmonoxid ML 4
Kolbentriebwerke T 33
Kommandoanzeige FN 14
Kompaßfehler AN 14
Kompaßkreisel AN 3
Kompaßkurs AN 16
Kompaßnavigation AN 1
Kompaßnord AN 16
Kompaßsteuerkurs AN 12, 16
Kompensationsmagneten AN 13
Kompressibilitätsfehler T 56
Kondensationskeime M 5
Kondensationsniveau M 17
Kontrollampen T 76
Kontrollbezirke L 26
Kontrollzentrale L 26, 30
Konvektion M 2
Konvektionsbewölkung M 16, 18
Konvergenz M 32
Koordinierte Kurve T 9

Koppelnavigation AN 1
Körperkreislauf ML 2
körperlicher Trainingszustand ML 4
Kostenverordnung der Luftfahrtverwaltung L 5
Kräfteparallelogramm T 8
Kraftstoffanlage T 28
Kraftstoffberechnung AN 18, 27
Kraftstoffdruck T 72
Kraftstoffe T 38
Kraftstofffilter T 28
Kraftstoffpumpe T 28
Kraftstoffvoreinspritzung T 28
Kraftstoffvorratsanzeige T 28
Kreiselprinzip T 53
Kreuzpeilung FN 19
Krügerklappe T 4
KSK AN 16
Kühlung T 33
Kulminationspunkt AN 3
Kunstflüge L 32, 44
Künstlicher Horizont T 65
Kurbelwelle T 34
Kursdreieck AN 7, 18
Kursflugverfahren FN 22
Kursgleiche AN 2
Kurskorrekturen AN 16
Kurskreisel T 68
Kursrose AN 3
Kursschema AN 14, 16
Kursstabilität T 14, 15
Kurven nach Zeit AN 15
Kurvendrehgeschwindigkeit T 64
Kurvenfehler T 66
Kurvenflug T 9
Kurvengewichtskraft T 10
kurze Landung L 52
Kurzwelle FN 1
Küsteneffekt FN 3

L

L AN 16
L'Union internationale des telecommunications L 1
Labile Luftschichten M 17
Ladedruck T 71
Ladestrom T 30
Lambertsche Schnittkegelprojektion AN 5
laminare Anlaufstrecke AE 3
laminare Grenzschicht AE 3
Laminarprofil AE 9
Landebahnsicht M 6
Landeklappen T 2, 4
Landemeldung L 36
Landestrecke T 3, 77
Lande-T L 45
Landeverbot L 45
Landeverhalten T 25
Landung bei böigem Wind T 14
Landung bei starkem Gegenwind T 14
Landung T 14
Landwind M 29
lange Landung L 52
Längendifferenz AN 3
Längenkreis AN 2
Längentreue AN 5
Längsachse T 1
Langsamflug T 11
Längsstabilität T 14, 15
Längsstaffelungskriterien L 37
Langwelle FN 1
Lärm ML 7
Lärmschutzbereich L 6
Lärmschutzforderungen L 54
Lastvielfaches T 10

Latitude AN 2
Lautsprecherübertragungen L 44
LBA L 2
LBA, Referat Flugmedizin ML 1
LBA-Gesetz L 4
Leeseite M 20
Leewellenbewölkung M 16, 20
Leistungserhöhung T 50
Leistungsreduzierung T 50
Leistungszahlen T 39
Leitwerk T 25
Leuchtraketen L 46
Leuchtstablampen L 47
Libelle T 63
Lichterführung L 58
Lichtgeschwindigkeit FN 1
Lichtsignale L 46
LIGHT L 37
Line of Position FN 5
Lineare Interpolation AN 19
Longitude AN 2
Loop Antenna FN 7
Low Level SWC M 53
Low Stratus M 20
Loxodrome AN 2
LTA L 56
LTB L 56
Luft M 1
Luftaufsicht L 2, 3, 50
Luftbildaufnahmen L 3
LuftBO L 5
Luftdichte M 1, 6, 9
Luftdruck M 1
Luftfahrtbehörden der Länder L 2, 3
Luftfahrtberatungszentralen L 3
Luftfahrt-Bundesamt L 2
Luftfahrtdateien L 4
Luftfahrthandbuch L 61
Luftfahrtkarte ICAO (1:500.000) L 62
Luftfahrtpersonal L 7
luftfahrttechnische Anweisung L 56
luftfahrttechnischer Betrieb L 56
Luftfahrtunternehmen L 3, 64
Luftfahrtveranstaltungen L 3
Luftfahrzeugbesitzer L 64
Luftfahrzeugeigentümer L 64
Luftfahrzeugführer L 64
Luftfahrzeughalter L 64
Luftfahrzeugrolle L 2, 4, 55
Luftfeuchtigkeit M 1, 3, 4, 10
Luftfrachtführer L 64
Luftfunkstelle L 22
LuftGerPV L 5
Lufthoheit L 2, 4
LuftKostV L 5
Luftkrankheit ML 11
LuftPersV L 5
Luftraum L 24, 28
Luftraumgestaltung L 3
Luftraumklassen L 26
Luftraumstruktur L 26
Luftschraube T 47
Luftsportgeräteverzeichnis L 4
Lufttemperatur M 1, 10
Lufttemperatur M 2
Lufttüchtigkeit L 53, 57
Lufttüchtigkeitsforderungen L 58
Lufttüchtigkeitszeugnis L 54
Luftverkehrsgesetz L 4
Luftverkehrsordnung L 5
Luftverkehrsrecht L 4
Luftverkehrsregeln L 39
Luftverkehrs-Zulassungs-Ordnung L 5
LuftVO L 5
LuftVZO L 5
Lungenkreislauf ML 2

Luvwinkel AN 7, 10, 16, 20

M

Magnetcheck T 44
Magnetic Bearing Indicator FN 9
magnetischer Äquator AN 11
magnetischer Nordpol AN 11
Magnetkompaß AN 11
Magnetnadel AN 12
Magnetzündung T 43
Mängel L 57
manifold pressure T 71
Markierungen auf der Piste L 44
Masse und Schwerpunkt T 16
Masseneinteilung T 17
Massenerhaltungssatz AE 1
Maßstabstreue AN 5
Maximale Luftfeuchtigkeit M 4
MAYDAY S 1
MBI FN 9
MDI FN 9
Medikamente ML 13
Medikamentensucht L 11
MEDIUM L 37
Mehrfachanruf S 4
Membrandosenvariometer T 62
MEP L 18
Meridiane AN 2
Meridiankonvergenz AN 2, 7
Mesopause M 11
Mesosphäre M 11
Messung des rechtweisenden Kurses AN 7
METAR M 41
Meteorologische Navigation AN 1
MEZ AN 3
Militärflugplätze L 53
Militärflugzeuge L 49
Millimeterwelle FN 1
Min. Sinkrate und bestes Gleiten T 77
Minderjährige L 11
Mindestalter L 9, 11
Mischungsnebel M 12
mißweisend Nord AN 16
mißweisender Grundkurs AN 16
mißweisender Kurs AN 16
mißweisender Steuerkurs AN 16
Mistral M 30
Mittelbereichs-Rundsichtradar FN 17
Mitteleuropäische Zeit AN 3
Mittelohrentzündung ML 8
Mittelwelle FN 1
Mittlere Flügeltiefe AE 11
Mixture T 41
Modul 1 L 10
Modul 2 L 10
Modul 3 L 10
Modulare Ausbildung L 10
Modulation FN 4
Modus S L 59
Morsecode FN 7
Motorenanzahl T 23
Mountain Effect FN 3
Moving Dial Indicator FN 9
Musterberechtigung L 20
Musterprüfung L 53
Musterzulassung L 53
mwGK AN 16
mwK AN 16
mwN AN 16
mwSK AN 16

N

Nachprüfschein L 55
Nachprüfungen L 55
Nachrichten für Luftfahrer L 60, 62
Nacht L 43
Nachtblindheit ML 7
Nachtflugausbildung L 10
Nachtflugberechtigung L 44
Nachtflüge L 17
Nachtflugqualifikation L 20
Nachuntersuchung L 11
Nasenausgleich T 7
Nasssumpfschmierung T 45
nationale Berechtigungen L 20
nationale Privatpilotenlizenz L 8
Nautische Meile AN 1
Navigationsarten AN 1
Navigationsinstrumente T 68
Navigationskarten L 62
Navigationsrechner AN 18
NDB FN 7
Nebel M 11
negatives Giermoment T 1
Negatives Wendemoment T 1
Neuausstellung L 16
NfL L 60, 62
Nichtpräzisionsanflüge L 44
Nicken T 1
Nicken T 15
Niederschlag M 24
Niederspannungsanlagen T 43
Niesel M 25
Nimbostratus M 19
Non Directional Beacon FN 7
Normal- oder Steiltrudeln T 12
Normalprofil AE 9
NOTAM L 60, 62
Notfrequenz L 49
Notices to Airmen L 62
Notmeldungen S 1
Notstufe L 31
NSC M 13
Nutzungsbedingungen L 28
NVFR L 43

O

O/R L 51
OAT T 74
Obere Zündgrenze T 38
Oberer Luftraum L 24
Obstruction Clearance L 48
Oilpressure Transmitter T 72
Okklusion M 34
Oktanzahl T 39
Öldruck T 72
Öldruckabfall T 47
Öldruckschalter T 32
Öltemperatur T 47, 73
OM AN 11, 16
On Request L 51
Optische Sinnestäuschung ML 12
Ordnungswidrigkeit L 2, 63
Orographische Gewitter M 21
Orographische Winde M 30
Orthodrome AN 1
Ortskennung L 49
Ortsmissweisung AN 11
Ortsmißweisung AN 16
Ottomotor T 33
outbound FN 5, 14
Outbound Interception FN 22
Outside Air Temperature T 74
ovales Fenster ML 7
OVC M 13

Overhead-Overhead AN 18

P

PAN PAN PAN S 1
PAPI L 48
PAR FN 17
Parallelkurs AN 17
Partialdruck ML 3
Passagierunfallversicherung L 65
pc_met M 41
PEAK EGT T 41
Peilfunkmeldungen S 1
Peilsprung AN 10, FN 6
Peilungen FN 5
Personalausweis L 11
Pfeilung AE 11
Phasendifferenz FN 11
Pitotrohr T 52
Platzkontrolldienst L 31
Platzrunde L 52
Pluviometer M 26
Pointer FN 14
Polarendiagramm nach Lilienthal AE 8
Polarkreise AN 4
Polarnacht AN 4
Polartag AN 4
Polständige Stereographische Projektion AN 6
Positionslichter L 44, 58
PPL(A) nach JAR-FCL L 8, 13
PPL-N L 8, 10, 13
PPR L 51
Praktische Flugausbildung L 13
Praktische Prüfung L 9, 15
Präzession T 53
Präzessionsmoment T 51
Präzisionsanflüge L 44
Präzisionsanflugradar FN 17
Precision Approach Path Indicator L 48
Precision Approach Radar FN 17
Preignition T 38
Pressure Altitude T 59
Primärradar FN 17
Primärsteuerung T 1
Primer T 40
Prior Permission Required L 51
Privatpilotenlizenz L 8
Profilarten AE 9
Profildicke AE 6
Profilgeometrie AE 6
Profilpolaren AE 8
Profilsehne AE 6
Profiltiefe AE 6
Prohibited Areas L 29
Projektionsverfahren AN 5
Promille ML 13
Propellderdrall T 51
Propellerverstellung T 49
Prüfungsfächer L 15
Push the ball T 65

Q

QDM FN 5
QDR FN 5
QFE T 59
QFF T 59
Q-Gruppen FN 5
QNE T 59
QNH L 41, T 59
QTE FN 5
quasioptische Reichweite FN 2
Quecksilberbarometer M 3

Querachse T 1
Querlagewinkel T 10
Querneigungsfehler AN 14
Querruder T 1
Querstabiliät T 14, 16
Querwindkomponente AN 8
QUJ FN 5

R

RADAR FN 17
Räder und Felgen T 26
Radial FN 11
RAdio Detecting And Ranging FN 17
Radio Magnetic Indicator FN 9, 13
Radiokompaß FN 7
Rahmenantenne FN 7
Randkörper AE 14
Randwirbel AE 5
Rangfolge von Meldungen S 1
rapid decompression ML 5
Rate One Turn FN 19
Rauheis M 26
Rauhreif M 26
Räumliche Desorientierung ML 11
Raumstabilität T 53
Raumwelle FN 2
Rauschsperre FN 10
RB FN 6
RBI FN 9
Reale Erdatmosphäre M 10
Realisieren von Beschleunigungen ML 9
Rechteckflügel
Rechtsplatzrunde L 52
Rechtsverordnungen L 4, 5
Rechtsverstöße L 63
rechtweisend Nord AN 16
rechtweisender Grundkurs AN 16
rechtweisender Kurs AN 7, 16, 20
rechtweisender Steuerkurs AN 7, 16
Recommended Practices L 1
Referat Flugmedizin L 11
Reflexion FN 2
Refraktion FN 2
Regen M 25
Regenschauer M 25
Registered Facility L 7, 22
Registrierte Ausbildungseinrichtung L 22
RegTP L 5, 6, 22
Regulierungsbehörde für Telekommunikation und Post L 5, 6, 22
Reibungswiderstand AE 4
Reichweiten T 77
Reif M 26
Reifestadium M 21
Reihenmotor T 37
Reiseflug AN 24
Reisekrankheit ML 11
Reiseleistung T 77
Reklameflüge L 44
Relative Bearing FN 6
Relative Bearing Indicator FN 9
Relative Luftfeuchtigkeit M 4
Resorption ML 13
Responder FN 17
Restricted Areas L 29
Rettungseinheiten L 3
RF L 7, 22
Richtlinien L 1
Right of Way L 42
Rippen AE 12
RMI FN 9, 13
ROGER S 3
Roll-Cumuli M 20
Rollen am Boden T 13

Rollen L 51, T 1, 16
Rollfeld L 50
Rollfeld-Überwachungsradar FN 17
ROLLHALT L 51
Rollschein L 24
Rotationsanemometer M 31
Rotationsellipsoid AN 1
rote Blutkörperchen ML 2
Rotoren M 20
Route Surveillance Radar FN 17
RSR FN 17
Rückseite M 34
Ruderausgleich T 7
Ruderumkehrwirkung T 11
Rufzeichen von Bodenfunkstellen S 3
Rufzeichen von deutschen Luftfunkstellen S 2
Ruhen des Tauglichkeitszeugnisses ML 2
Rule of sixty AN 16
Rumpf T 24
Runway visual range M 6
Rutschmarke T 26
RVR M 6
rwGK AN 16
rwK AN 7, 16
rwN AN 16
rwSK AN 7, 16

S

SAR L 2, 3
Sauerstoff M 1
Sauerstoffmangel ML 3
Schallemission
scheinbares Kippen T 66
Schengen L 32, 44
Scherwinde M 24
Schichtwolken M 20
Schiebekurve T 11
Schleifsporn T 25
Schleppen L 16
Schleppflüge L 44
Schlitzklappe T 4
Schlupf der Luftschraube T 48
Schmierkurve T 11
Schmierung T 44
Schnee M 25
Schnellprofil AE 9
Schnittkegelprojektion AN 5
Schnupfen ML 8
Schrägsicht M 6
Schränkung AE 12
Schränkung der Luftschraube T 48
Schränkung des Tragflügelprofils AE 5
Schwangerschaft ML 2
schwebende Strafverfahren L 11
Schwefelgehalt T 38
Schweigekegel FN 12
Schwelle L 44
Schwerpunkt T 18
SCT M 13
Secondary Surveillance RADAR FN 17
Seewind M 29
Segelflugbetrieb L 45
Sehfarbstoff ML 6
Sehhilfe L 12
Sehstörungen ML 7
Sehvermögen ML 6
Seitengleitflug T 12
Seitenruder T 1
Seitenstabilität T 14, 16
Seitenverhältnis AE 11
Seitenwindlandung T 13, 14
Sekundärradar FN 17
Sekundärsteuerung T 2
Selbsteinschätzung ML 1
Selbstkostenflüge L 24

Selbstzündungspunkt T 38
Selfbriefing System L 35
Sendearten FN 4
Senkungsgradient M 16
Sense Wire Antenna FN 7
SEP L 8, 18
Separation L 37
SET L 18
SFI L 7
Shoreline Effect FN 3
Sicherheitshöhe AN 20
Sicherheitsmindestabstand L 42
Sicherheitsmindesthöhen L 42
Sicherungen T 31
Sicherungsautomaten T 31
Sichtanflugkarte AN 23
Sichteinschränkung M 5
Sichtweitenmessung M 6
SIGMET M 46
Signale und Zeichen L 44
Signalfläche L 45
Signalkellen L 47
Significant Weather Charts M 53
Sinkflug T 8
Sinneshärchen ML 8
Sinusschwingung FN 1
SKC M 13
Skelettlinie AE 6
skip distance FN 2, 3
slant range FN 16
Slaved Gyro FN 14
Slip T 12
Sofortmaßnahmen am Unfallort L 11
Sofortstart L 52
Sommersonnenwende AN 4
Sonneneinstrahlung M 1
Spannungsregler T 31
Spannweite AE 11
SPECI M 41
Sperrgebiete L 29
Spezifische Luftfeuchtigkeit M 4
Spoilers T 5
Spornrad T 25
Spread M 5
Sprechfunkverfahren S 6
Sprechfunkverkehr L 36
Spreizklappe T 4
S-Profil AE 9
Spurenelemente M 1
squawk-code FN 17
SRE FN 17
SSR FN 17
Stäbchen ML 6
stabile Schichtung M 17, 20
Stabilität T 14
Stabmagnet AN 11
Staffelung L 37
stagnierende Hypoxie ML 4
Stall Speed Clean T 55
Stall Speed Landing Configuration T 55
Stall T 12
stall warning T 76
Standarddruckflächen M 47
Standard-Höhenmessereinstellung L 41
Standardkurve FN 19
Standardplatzrunde L 52
Standards L 1
Standortmeldungen S 2
Startlauf L 44
Startmeldung L 36
Startrichtung L 45
Startrollstrecke T 77
Startstrecke T 77
Startstreckenberechnung T 79
Static Port T 52
Statics Effect FN 3

Stationäre Front M 35
Stationskreis M 48
Statischer Druck AE 1
Statischer Luftdruck M 2, 8
Staubewölkung M 19
Staudruck AE 1
Staupunkt AE 2
Stauscheibenvariometer T 62
STD L 7
Stehende Peilung FN 21
Steigflug AN 24, T 8
Steigung der Luftschraube T 48
Steilkurven T 11
Steilspirale T 13
Steilstes und bestes Steigen T 77
Stellungsanzeigen T 75
Stern- oder Doppelsternmotor T 36
Steuerung T 1
Stickstoff M 1
Stockwerke M 14
Störklappen T 5
Störungen auf die Wellenausbreitung FN 2
Störungen des Druckausgleichs ML 8
Störungen des Gleichgewichtssinnes ML 11
Störungen L 2
Straf- und Bußgeldvorschriften L 4
Straftaten L 63
Strahlungsbewölkung M 20
Strahlungsnebel M 11
Stratocumulus M 19
Stratopause M 11
Stratosphäre M 11
Stratus M 19, 20
Streckenfunkfeuer FN 7
Streckenkarte L 62
Strecken-Rundsichtradar FN 17
Strecken-VOR FN 12
Streckung AE 11
Stromkreise T 32
Stückprüfung L 54
Such- und Rettungsaktionen L 3
Such- und Rettungsdienst L 2, 3
Suction T 73
SUP L 60, 61
Supplements L 60
Surveillance Radar Equipment FN 17
SWC M 53, 54
Symmetrisches Profil AE 9
SYNOP-Code M 48
Synthetic Flight Instructor L 7
Synthetic Training Device L 7
systolischer Druck ML 2

T

TACAN FN 12
Tactical Air Navigation Aid FN 12
TAF M 41
Takte T 33
Talwind M 29
Tankentlüftung T 29
Tankverschluß T 28
Tankwahlschalter T 28
TAS AN 20, T 55, T 57
Tatsächliche Abflugzeit AN 21
Tatsächliche Überflugzeit AN 21
Tau M 26
Tauchen ML 5
Tauglichkeitsuntersuchung L 11
Tauglichkeitszeugnis L 11
Taupunkt M 5
Telefaxabruf M 41
Telefonansagedienst PID M 41
TEMP oder Schichtungsgradient M 17
Temperaturabweichungen T 60

Temperaturgradient M 16
Temperaturmesser T 73
Temperaturumkehr M 23
Temporary Reserved Area L 29
Terminal-VOR FN 12
terrestrische Navigation AN 1
Testsendung S 4
Test-VOR FN 12
Tetraeder L 45
Theorieausbildung L 9, 12
Theorieprüfung L 9, 15
Thermik M 17
Thermikbart M 17
Tiefdruckgebiete M 32
Time Additionals AN 18
Time and Distance Checks FN 22
Time of Useful Consciousness ML 4
Timed Turns AN 15
TMG L 8, 18
TO FN 13
TOC AN 18
TOD AN 18
Toleranzen L 15
Top of Climb AN 18
Top of Descent AN 18
Totalintensität AN 12
touchdown zone L 44
Touring Motor Glider L 8
Tower L 30
TR L 7, 20
TRA L 29
Tracking FN 22
Trägerfrequenz FN 4
Trägerwelle FN 4
Trägheitsnavigation AN 1
Tranponder-Modi FN 18
Transceiver FN 17
Transmissiometer M 6
Transponder L 41, FN 17
Trapezflügel AE 10
TREND M 44
TRI L 7
Triebwerksüberwachungsinstrumente T 69
Trimmklappe T 5
Trimmruder T 5
Trimmung T 5
Trimmungsarten T 5
trockenadiabatischer Vorgang M 16
Trockensumpfumlaufschmierung T 46
TRTO L 2, 7
Trudeln T 12
True Airspeed T 55
True Altitude above MSL T 59
True Altitude T 59
Trunksucht L 11
TUC ML 4
turbulent AE 3
Turbulenzblech AE 13
Turbulenzen M 30
Turbulenzkante AE 13
TVOR FN 12
Twilight Effect FN 3
TWR L 31
Type Rating Instructor L 7
Type Rating L 7, 20
Type Rating Training Organization L 7

U

UAC L 26
überadiabatisch M 18
Überdruckkammer ML 5
Überformung M 36
Überholen L 42
Überholung L 57
Überlandeinweisung L 23

Überlandflüge L 32
Überlandflugzeit L 17
Übermittlung von Buchstaben S 3
Übermittlung von Zahlen S 3
Überspannungswarnleuchte T 31
Übertragungsmechanismen T 26
Überziehen T 12
Überziehgeschwindigkeit T 10, 77
Überziehverhalten AE 8
Überziehwarnung T 76
UDF FN 10
UIR L 25
UIT L 1
UKW-Sprechfunkgerät FN 10
Ultra High Frequency Direction Finder FN 10
Ultrakurzwelle FN 1
Umfang der Lizenz L 16
Umkehrsteuerkurs AN 17
Umschulungen L 13
Umsetzungen M 2
Unfall L 2
ungerichtetes Bezugssignal FN 11
ungerichtetes Funkfeuer FN 7
Ungewißheitsstufe L 31
ungewohnte Perspektive beim Landeanflug ML 12
Universal Time Coordinated AN 3
Unklarheit über eine Meldung S 4
untauglich L 11
unteradiabatisch M 18
Unterdruck T 73
Unterdruckanzeigen T 76
Untere Zündgrenze T 38
Unterer Luftraum L 24
Unterkühlter Regen M 25
Unterrichtsbuch L 12
Unterrichtsstoff L 12
Unterschiedsschulung L 19, 20
UTC AN 3

V

Valsalva-Manöver ML 8
VAR AN 11
Variation AN 11
Variometer T 61
VASI L 48
VDF FN 10
Verantwortlicher Flugzeugführer L 16, 23
Verbrauchsmesser T 74
Verdampfen T 38
Verdichtungsverhältnis T 37
Verdunstungsnebel M 12
Vereisung M 26
Verfahrenskurven FN 23
Vergaser T 39
Vergasertemperatur T 74
Vergaservereisung T 40
Vergaservorwärmung T 40
Vergiftung ML 4
Verhaltensgrundregeln L 39
Verkehrslenkung L 3
Verkehrsregeln L 51
Verkehrszulassung L 2, 54
Verlängerung L 16
Veröffentlichungen L 60
Verordnung über die Betriebsdienste der Flugsicherung L 5
Verordnung über die Flugsicherungsausrüstung der Luftfahrzeuge L 5
Verordnung über Flugfunkzeugnisse L 5
Verordnung über Luftfahrtpersonal L 5
Verordnung zur Beauftragung eines Flugsicherungsunternehmens L 5
Verordnung zur Prüfung von Luftfahrtgerät L 5
Versetzungspunkt AN 17
Verspätungsmeldung L 35
VERSTANDEN S 3
Verstellpropeller T 49
Vertigo ML 11
Vertikalintensität AN 12
Vertikalstaffelung L 37
Vertrautmachen L 19, 20
Verweis auf die JAR-FCL L 5
Very High Frequency Direction Finder FN 10
Very Light Aircraft L 8
Verzerrungen AN 5
Vestibularorgan ML 9
V-Form AE 11
VFR on Top L 44
VFR über Wolken L 44
VFR-Bulletin L 35, 62
VFR-Nachtflüge L 43
VHF-Transceiver FN 10
Viertakt-Ottomotor T 34
virtuelle Modulation FN 11
Viskosität AE 3, T 44
Visual Approach Slope Indicator L 48
Visuelle Anflughilfen L 48
VLA L 8
V-Motor T 37
VOLMET M 46, S 2
VOR FN 11
VOR/DME FN 12, 16
Voraussichtliche Überflugzeit AN 21
Vorderseite M 34
Vorfeld L 50
Vorflügel T 4, 5
Vorhaltewinkel AN 7
vorläufige Verkehrszulassung L 54
Vorratsmesser T 75
Vorsatz L 63
Vorsicht L 45
VORTAC FN 12, 16
vortex generator AE 13
Vorzeichenregel AN 14
VOT FN 12
vS T 55
vS0 T 55
VVZ L 54

W

Wahre Eigengeschwindigkeit T 57
Wahre Höhe T 59, 60
Wahre Eigengeschwindigkeit AN 7
Wake Turbulences L 38, AE 5
Wärme M 1
Wärme (latente~) M 4
Wärmeabsorption M 1
Wärmeenergie M 2
Wärmegewitter M 21
Wärmeleitung M 2
Wärmestrahlung M 1
Wärmeübertragung M 1
Warmfront M 33
Warmfrontbewölkung M 20
Warmsektor M 34
Warnsignale L 46
Warschauer Abkommen L 1
Wartung L 57
Wassergehalt T 39
WE AN 16
Wechselstromgenerator T 30
Weisung ML 1
Wellenarten FN 2
Wellenausbreitung FN 1
Wellenband FN 1

Wellenlänge FN 1
Weltzeit AN 3
Wendekreise AN 4
Wenderollmoment T 1
Wendezeiger T 63
Westeuropäische Zeit AN 3
Wetterberatung L 40
Wetterkarten M 47
Wetter-Minima L 26
Wetterschlüssel M 44
WEZ AN 3
Whip Antenna FN 7
Widerstand AE 4
Widerstandsanteile AE 6
Wiedererlangung der Tauglichkeit ML 2
Wiederholungen L 9
WILCO S 3
Wind M 27
wind milling effect T 51
Windbezeichnung
Winddreieck AN 7, 9
Windeinfallswinkel AN 8, 16
Windfahne M 31
Windmessung M 31
Windmühleneffekt T 51
Windpunkt AN 8
Windsack M 31
Windscherungen M 30
Windstillepunkt AN 8
Windwinkel AN 8, 16
Winkeltreue AN 5
Wintersonnenwende AN 4
Wirbelkeulen AE 14
Wirbelschleppen L 37, 38
Wirbelstromdrehzahlmesser T 69
wirkliches Kippen T 66
Wolkenarten M 12, 13, 14
Wolkenflüge L 32
Wolkengattungen M 13
Wolkenmessung M 12
Wolkenstockwerke M 13
Wolkenuntergrenzen M 12
WW AN 16

Z

z AN 16
Zäpfchen ML 6
Zapklappe T 4
Zeit AN 3
Zelle T 24
Zellvergiftung ML 4
Zentimeterwelle FN 1
Zigarettenrauch ML 4
Zollabfertigung L 44
Zollflugplatzzwang L 44
Zulassung L 53
Zulu-Time AN 3
Zündpunkt T 38
Zündstrom T 43
Zündsystem T 32
Zündverteiler T 43
Zündzeitpunkt T 37
Zusammenstoßwarnlichter L 58
Zusätzliche Drift AN 9, 16
Zusatzsauerstoff ML 3
Zuspitzung
Zweitakt-Ottomotor T 36
zweites Flugzeugmuster L 10
Zwischenhoch M 34
Zwischenständige Gnomische Projektion AN 6
Zyklone M 32
Zylinder T 33
Zylinderkopftemperatur T 74
Zylinderprojektion AN 6